中芬合著 造纸及其装备科学技术丛书（中文版）第十二卷

"十三五"国家重点出版物出版规划项目

森林资源与可持续性管理

Forest Resources and Sustainable Management

［芬兰］Seppo Kellomäki 著
［中国］殷锡纬 著
肖 慧 朱 颖 余 华 译

中国轻工业出版社

图书在版编目(CIP)数据

森林资源与可持续性管理/(芬)塞波·凯里麦奇(Seppo Kellomäki),殷锡纬著;肖慧,朱颖,余华译.—北京:中国轻工业出版社,2019.6

(中芬合著造纸及其装备科学技术丛书;12)

"十三五"国家重点出版物出版规划项目

ISBN 978-7-5184-0997-6

Ⅰ.①森… Ⅱ.①塞… ②殷… ③肖… ④朱… ⑤余… Ⅲ.①森林资源-资源管理-研究 Ⅳ.①F316.2

中国版本图书馆CIP数据核字(2016)第140454号

责任编辑：林　媛

策划编辑：林　媛　　责任终审：滕炎福　　封面设计：锋尚设计
版式设计：锋尚设计　　责任校对：燕　杰　　责任监印：张　可

出版发行：中国轻工业出版社（北京东长安街6号，邮编：100740）

印　　刷：三河市万龙印装有限公司

经　　销：各地新华书店

版　　次：2019年6月第1版第2次印刷

开　　本：787×1092　1/16　印张：26.5

字　　数：678千字

书　　号：ISBN 978-7-5184-0997-6　　定价：160.00元

邮购电话：010-65241695

发行电话：010-85119835　传真：85113293

网　　址：http://www.chlip.com.cn

Email：club@chlip.com.cn

如发现图书残缺请与我社邮购联系调换

190588K4C102ZBW

中芬合著：造纸及其装备科学技术丛书（中文版）编辑委员会

名誉主任：杨　波　杨志海　余贻骥

顾　　问：（特聘中国工程院院士）

　　　　　　陈克复　孙优贤　柳百成　陈蕴博　姚　穆

主　　任：步正发

副 主 任：钱桂敬

委　　员：（**按姓氏拼音排序**）

步正发	巴云平	才大颖	曹春昱	曹朴芳	曹振雷
陈鄂生	陈洪国	陈嘉川	陈克复	陈小康	陈永林
陈蕴博	程言君	崔棣章	杜荣荣	樊　燕	范　泽
房桂干	顾民达	郭海泉	郭永新	何维忠	侯庆喜
胡　楠	胡宗渊	黄孝全	黄运基	贾克勤	江化民
江曼霞	姜丰伟	邝仕均	李　平	李　耀	李朝旺
李发祥	李国都	李洪法	李洪信	李建国	李建华
李金良	李威灵	李祥凌	李有元	李志健	李忠正
林　媛	林美婵	林昭远	刘焕彬	刘铸红	柳百成
陆文荣	马明刚	马思一	马志明	牛　量	牛庆民
庞景方	彭葵生	戚永宜	钱桂敬	裘　峥	邵爱民
沈　滨	沈根莲	宋鸿林	孙润仓	孙树建	孙优贤
孙有根	谭国民	田立忠	童来明	王淼辉	王维俭
王永平	徐　林	徐正源	许本棋	许超峰	许连捷
杨　旭	杨延良	姚　穆	姚献平	于　宏	于学军
袁晓宇	张　辉	张　磊	张　亮	张　熙	张　茵
张国安	张美云	张新平	张战营	赵　伟	赵传山
赵志顺	詹怀宇	郑　晓	钟侠瑞	周景辉	朱根荣

主　　编：**胡　楠**

副 主 编：**姜丰伟　曹振雷　曹朴芳**

序

芬兰造纸科学技术水平处于世界前列,近期修订出版了《造纸科学技术丛书》。该丛书共 20 卷,涵盖了产业经济、造纸资源、制浆造纸工艺、环境控制、生物质精炼等科学技术领域,引起了我们业内学者、企业家和科技工作者的关注。

姜丰伟、曹振雷、胡楠三人与芬兰学者马格努斯·丹森合著的该丛书第一卷"制浆造纸经济学"中文版将于 2012 年出版。该书在翻译原著的基础上加入中方的研究内容:遵循产学研相结合的原则,结合国情从造纸行业的实际问题出发,通过调查研究,以战略眼光去寻求解决问题的路径。

这种合著方式的实践使参与者和知情者得到启示,产生了把这一工作扩展到整个丛书的想法,并得到了造纸协会和学会的支持,也得到了芬兰造纸工程师协会的响应。经研究决定,从芬方购买丛书余下十九卷的版权,全部译成中文,并加入中方撰写的书稿,既可以按第一卷"同一本书"的合著方式出版,也可以部分卷书为芬方原著的翻译版,当然更可以中方独立撰写若干卷书,但从总体上来说,中文版的丛书是中芬合著。

该丛书为"中芬合著:造纸及其装备科学技术丛书(中文版)",增加"及其装备"四字是因为芬方原著仅从制浆造纸工艺技术角度介绍了一些装备,而对装备的研究开发、制造和使用的系统理论、结构和方法等方面则写得很少,想借此机会"检阅"我们造纸及其装备行业的学习、消化吸收和自主创新能力,同时体现对国家"十二五"高端装备制造业这一战略性新兴产业的重视。因此,上述独立撰写的若干卷书主要是装备。初步估计,该"丛书"约 30 卷,随着合著工作的进展可能稍许调整和完善。

中芬合著"丛书"中文版的工作量大,也有较大的难度,但对造纸及其装备行业的意义是显而易见的:首先,能为业内众多企业家、科技工作者、教师和学生提供学习和借鉴的平台,体现知识对行业可持续发展的贡献;其次,对我们业内学者的学术成果是一次展示和评价,在学习国外先进科学技术的基础上,不断提升自主创新能力,推动行业的科技进步;第三,对我国造纸及其装备行业教科书的更新也有一定的促进作用。

显然,组织实施这一"丛书"的撰写、编辑和出版工作,是一个较大的系统工程,将在该产业的发展史上留下浓重的一笔,对轻工其他行业也有一定的借鉴作用。希望造纸及其装备行业的企业家和科技工作者积极参与,以严谨的学风精心组织、翻译、撰写和编辑,以我们的艰辛努力服务于行业的可持续发展,做出应有的贡献。

中国轻工业联合会会长 步正发

2011 年 12 月

中芬合著:造纸及其装备科学技术丛书(中文版)的出版
得到了下列公司的支持,特在此一并表示感谢!

芬欧汇川集团

维美德集团

河南江河纸业有限责任公司

河南大指造纸装备集成工程有限公司

前　言

木材诚可贵,立树价更高。若为生态故,两者不可抛。

诚然,这是模仿先人殷夫在不足20周岁时对匈牙利人裴多菲《自由与爱情》一诗的译作。不妨冠以《生态与立树》。

《生态与立树》是对本书主题背景的诠释。

木材诚可贵,自古如此。人类文明何去何从,历来以名以利相论,这里不妨按寻常百姓的主要经历依次分为原始社会、劳役社会、打工社会、技能社会、生活社会;对应的突破性标志技术则分别为石器、铜铁、煤油、离子(核子电子)、(姑且称为)立树。石器时代,据说最早是以卵石为工具,不难想象更常用更重要的该是木棍。铜铁时代(农业时代),炼铜炼铁全靠火,无木不成火。煤油时代(工业革命时代),煤炭与石油,源自近三亿年之前的树木。一句话,那些时代须臾不离木的铺垫,无不以树为代价。例如,古埃及早在四五千年前就航海从比布鲁斯(当今黎巴嫩首都贝鲁特北部)载回黎巴嫩雪松。一两千年后,闪族沙漠部落腓尼基人占据地中海东岸,采伐当地盛产的黎巴嫩雪松林,出口给埃及、巴勒斯坦等造船、建宫殿,是为历经数世纪不衰的世界首商,因首创拼音字母等而永垂于世。而黎巴嫩雪松作为森林早已烟消云散,只剩偶尔可见的侏儒植株。

立树价更高,只是进入了离子时代的20世纪后半叶才开始首先渗入先进社会的主流意识。对于立树(森林)的许多非木材裨益,诸如庇护野生动物,保护土壤,维护水资源,改善小气候,数百年前就有认识。在林业和森林政策中,欧洲在20世纪30年代发展的森林功能理论考虑了这些保护性功能。在20世纪60年代,美国率先为联邦森林创建了多用途框架。但森林的生态和社会功能在全球、区域、国家和地方各级水平上的重要性,要到20世纪80年代后期,才得到越来越多的鉴赏和研究。对森林给予人类的各种裨益(统称森林生态系统商品和服务,抑或简称服务),进行系统梳理,分门别类,尤其就生态方面的服务,明码标价,交易买卖,则主要是进入了21世纪才有的事。同时,对待森林的范式从最早的一味开采和19世纪提出的永续木材生产理论,演进为兼顾多项服务的生态系统性管理(20世纪80年代末),可持续性森林管理(20世纪90年代),乃至注重培育未来选择余地以便应对变化的生态系统照管(21世纪初)。对立树的态度,多少成了反映文明程度的尺度。这在我国21世纪初提出的"三生态"(生态建设、生态安全、生态文明)中也有印证。因此,前面把人类文明的高级阶段称为生活社会,立树时代。

若为生态故,两者不可抛。这是从木材诚可贵和立树价更高衍生出来的必然结论。木材作为天然的有用之材,具有不可替代性。即使在离子时代和立树时代,对木材的需求不是依然增长,也会居高不下。此其一。其二,养护立树,不可以是一味地封山育林,将林区束之高阁,随森林自生自灭。适当管理,适当采伐,可以提高森林的服务效益,拓展应变余地,避免恶性灾变。木材与立树,不像熊掌与鱼那样不可兼得,而更像生命与爱情,只要处理得当,反能相得益彰。

本书介绍如何可持续性兼管木材和立树,既具学术性,又是工具书,以芬兰人 Seppo Kellomäki 主编(兼第1、2章作者和第6章合作者)的2008年同名英文原版为基础,经更新完善而成。可以把这些看成是芬兰卓有成效的经验之谈。那里,林业是支柱产业之一,但森林却似乎越采越多。《芬兰2013年林业统计年鉴》数据显示,在2012年,芬兰森林覆盖率高达3/4,木材资源在一个世纪内增长了60%,单位面积林地上的平均蓄积量自20世纪70年代增长了48%。立树如此,立人亦然。芬兰是典型的高福利社会,寻常百姓生活有保障,享有免费高等教育,工龄满一年后,每年至少享有国定带薪的30天假期加9天节日(富裕的21国之最)。但在世界经济论坛的《2014—2015年全球竞争力报告》中,芬兰在综合指数上却能名列世界第四,在高等教育及培训系数和创新力指数上更是独占鳌头。

全书的特点是跨幅广博,视角周全,如下图所概括。主题上涵盖美国林学会所定义的林业学全部领域(生态学与生物学,森林资源测量,森林资源管理,森林资源政策、经济和行政),外加森林机械学、木材学等等;工序上涵盖木材和其他森林生物质从生产到输入工业界的全过程;产品追求上不但涵盖数量,而且涵盖质量、多样性和可持续性;自然条件上涵盖现实气候下的情况和气候变化下的情景;时间上涵盖整个21世纪;空间上涵盖从立树和林分直至全球的各级尺度。

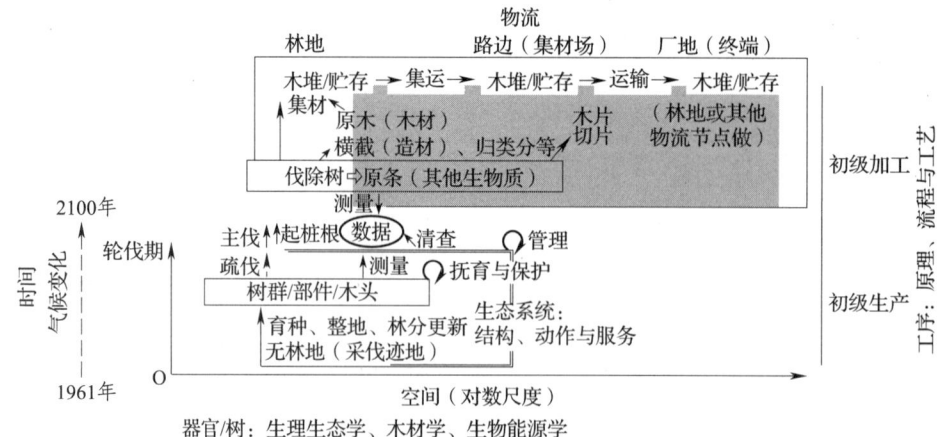

全书阐述的关键概念及其相互关系

毋庸讳言,这样的书一般都面临保鲜期问题,因为学术与工具等无不与时俱进。以森林资源和可持续性管理为主题的书尤其如此,因为正如前面的背景介绍所佐证,这些概念在英文原版发表的2008年还相当新,尚在发展早期。2008年恰巧是个分水岭式的年份。最概括地说,在森林资源方面,当时只能主要依据联合国粮农组织的《2005年全球森林资源评估》及其相关资料。这些评估的主要指标值都被较后的评估悉数实质性否定,所关联的对森林变迁和现状的描述以及对未来的预估有太多的不着边际。至于可持续性管理,这在很大程度上是应全球变化而发的范式。正是在2008年,跨政府气候变化专门委员会就预测气候变化及其可能效应推出了全新的排放情景作为分析基础,使先前的有关文献顿时似乎成了过时之物。当然,还有以2008年命名的全球金融危机,作为20世纪30年代后最大的经济动荡,把诸多国家的国民经济,乃至把木材市场,把整个林业和森林工业,打入了全新的轨道,使先前的相关展望与现实相去甚远。如此等等。一句话,英文原版大约有1/3的内容必须更新,不能只翻译。

除了更新更正,中文版对原版第1章和其他几乎每章的引言做了大量修改,抑或重写,提供必要的背景、纲领、全局观;对其他部分也做了全面调整,订正,补遗,充实,使细节严谨。原创图有40多幅。中文版另立有诸多重要新说,例如:

- 森林的裨益可以按生命需求概括为生计、生产、生态和生性服务(第1章)。
- 第四、五次气候变化评估分别采用的情景系统之间能明确换算(第2章)。
- 《2015年全球森林资源评估》依然问题多多——本书全面重估(第3章)。
- 非木浆产量的历史趋势必须分离出中国的特殊性才能指示未来(第4章)。
- 森林资源清查的意义和范围已扩展而超越林主的一般规划需要(第5章)。
- 森林在集约管理下增产率胜过农作物,无论所在国的工业化程度(第6章)。
- 木材进口大国与出口大国一样不乏富林国:积蓄立树,造福世代(第7章)。
- 木材测量规程各地不同,方法上在21世纪10年代业已呈现新趋向(第8章)。
- 圆木价格与需求互成因果,遵循捕食间关系模式,周期性强烈(第9章)。
- 森林议题有赖于健全公民社会,主体各方积极参与,博弈推进(第10章)。
- 纸品消费与纸浆需求不可等同,可以从经济生产总值有效预测(第11章)。

森林资源在变,全球在变。变化是常态。有人说,这是人类在20世纪最重大的发现。变化是现实在两个时间点上的差异。那意味着现实是时间的函数。因此,有了管理范式之变:可持续性管理本质是变化管理。也因此,但凡数据,如属易变量,应该标明时间,犹如必须标明单位那样。这迟早会成为常规。中文版开个先例,并尽可能提呈时间序列数据,昭示变化,展现趋势。

中文版还有至少两大特点。

第一,书末的索引配有汉英对照。这样既避免了在正文中夹带英文字的需要,又提供了连接汉英的便捷桥梁。当然,为了简明,引文作者、物理单位缩写和公式符号还是用英文字母表达。在图表中,为了避免误解,生物种名配有拉丁名;化学物质名则适当配有英文名,甚至分子式。

第二,对词汇进行了适当梳理,使之跨语言跨领域统一,而且在汉语中具有顾名思义的效应。跨语言统一主要体现为汉英术语尽可能逐一对应。跨领域统一就是至少在本书涉及的各主题领域之间,同义则同词。这"双跨"既是目标,也是方法,借以在南京林业大学主编的《新英汉林业词汇》(中国林业出版社,1988年)和林学名词审定委员会的《汉英林学名词》(科学出版社,1989年)等"标准译法"的基础上,与时俱进,精益求精。这里在下表中仅举几例。

一些英语词汇的汉语表达:回归原义,讲究一致性

英语	汉语	说 明
tree	树	立木、优势木、被压木、样木、伐木之类中的木一应改为树
stocking	立树量	蓄积量、立木度只是具体指标(断面积、生物量等也是)
wood	木/木头	与木材不同,否则就无"造材"之说,何况"材积"常包括树皮
management	管理	经营、经理基本隶属管理,难以确切区分
silvicultural	育林	不能是"营林":既然 silviculture 是森林培育学,不是营林学
shelterwood method	庇护法	是更新技术:着眼于新苗保护,而非采伐,因此渐伐法等说法欠妥
regime	体制	攸关命运的体系制度:去留(采伐体制),对错(国际体制)
foliage	叶系	"叶系"之于叶,犹如"根系"之于根
availability	可获量(性)	"有效性"之类有失偏颇。含后缀 ability 的其他词都以此类推
aim, goal, objective, target	目的、目标、追求、指标	这是最优化规划技术中的排序,适当推广到其他领域
site preparation, soil preparation, screefing, pruning	整地、整土、整植物、整枝	从整地衍生出其他说法,自成体系,词义一目了然

其中,第一项最似平淡,却最为重要。森林可持续性管理,作为起点,首先就是要从见木不见树的传统狭义林业变成有树才有木的宏观前瞻性林业。用语上应该尽快相应从"木"回归"树"。木材诚可贵,立树价更高。木的价值始于伐,因此伐木似乎天经地义。而伐树,生灵所系,也许更能令人三思。

凡是没有"标准译法"的术语,或与"标准译法"不一致的词语,在正文中按需要像上表中那样有说明,并在书末索引中列有汉英对照。

寻求中文版作者的信息从编辑林媛经张辉和方炎明传达殷锡纬。对英文原版,朱颖初译了第1~5章,肖慧初译了第6、7、9、11章,余华初译了第8、10章。所有其他,林林总总,都是殷锡纬的事。林编的信任、鼓励和召唤"新的内容和观点"成全了本书的上述特点。诚致谢意和敬意。

是为前言,也兼后语。

殷锡纬
2015年11月定稿
于南京林业大学

目 录
CONTENTS

第①章 绪论 ··· 1
   1.1 森林：用途诸多的资源 ·· 1
   1.2 可持续性：挑战林地的管理与使用 ································ 3
   1.3 本书的目标与范围 ·· 5
   参考文献 ··· 5

第②章 树、森林和森林生态系统 ······································ 7
   2.1 引言 ·· 7
      2.1.1 概念 ··· 7
      2.1.2 树的分类 ··· 8
   2.2 树的结构 ·· 13
      2.2.1 概念 ·· 13
      2.2.2 木头的结构 ··· 13
      2.2.3 皮 ··· 14
      2.2.4 叶 ··· 14
      2.2.5 根系 ·· 16
   2.3 树的运作 ·· 16
      2.3.1 概念 ·· 16
      2.3.2 光合作用 ··· 17
      2.3.3 蒸腾作用 ··· 20
      2.3.4 呼吸作用 ··· 21
      2.3.5 生长 ·· 22
      2.3.6 死亡过程 ··· 26
      2.3.7 繁殖过程 ··· 27

2.4 森林生态系统及其动态 ··· 29

2.4.1 概念 ··· 29
2.4.2 生态系统的运作和结构 ·· 30
2.4.3 通过能量固定反馈 ·· 31
2.4.4 通过养分循环反馈 ·· 32
2.4.5 通过水分循环反馈 ·· 37
2.4.6 生态系统随时间演替 ·· 40
2.4.7 森林生态系统的生产力 ·· 42

2.5 气候变化下生态系统中的树 ··· 47

2.5.1 全球气候变化 ·· 47
2.5.2 全球气候变化对植被的影响 ···································· 50
2.5.3 对森林结构和运作的全球影响 ·································· 52
2.5.4 对森林结构和运作的局地影响 ·································· 53

参考文献 ·· 57

第③章 全球森林资源 ··· 62

3.1 生物圈、植被带和森林群系 ··· 62

3.1.1 生物圈 ·· 62
3.1.2 植被带 ·· 63
3.1.3 森林群系 ·· 63

3.2 森林生物量和生产力 ··· 64

3.3 全球森林资源现状 ··· 66

3.3.1 概念 ··· 66
3.3.2 森林覆盖 ·· 67
3.3.3 生长蓄积量和采收 ·· 69
3.3.4 圆木的生产和消费 ·· 71
3.3.5 森林保护 ·· 74
3.3.6 森林健康与活力 ·· 76
3.3.7 木能源 ·· 78
3.3.8 气候变化 ·· 79
3.3.9 人工林 ·· 81

3.4 森林资源的未来作用 ··· 86

3.4.1 森林资源的未来发展和利用 ···································· 86
3.4.2 人工林在生物量和木材供应中的作用 ···························· 87

| 3.4.3　人工林发展的趋势 | 88 |

参考文献 ... 90

第④章　木头及其生物质的结构和性质 ... 95

4.1　树的生物质部件 ... 95

4.1.1　引言 ... 95
4.1.2　树冠生物量 ... 96
4.1.3　桩木和根木 ... 98

4.2　木头作为制浆造纸原料 ... 98

4.2.1　木头的宏观特性 ... 98
4.2.2　木头的形成 ... 100
4.2.3　木头的化学成分 ... 102
4.2.4　细胞壁的结构 ... 109
4.2.5　木细胞 ... 111
4.2.6　木头的异常性 ... 119
4.2.7　木头的含水量 ... 127
4.2.8　木头的基本密度 ... 129
4.2.9　树皮 ... 136

4.3　木头作为能源 ... 139

4.3.1　木能源 ... 139
4.3.2　木与皮的热值 ... 140

4.4　回收性木纤维和非木质纤维充当制浆造纸原料 ... 142

参考文献 ... 146

第⑤章　森林资源清查和规划 ... 153

5.1　引言 ... 153

5.2　树的测量 ... 154

5.3　林分测量 ... 155

5.3.1　林分和林班 ... 155
5.3.2　林分特征 ... 155
5.3.3　立地特征 ... 156
5.3.4　林分样地 ... 156
5.3.5　林班清查 ... 157

5.4 大面积清查 158
5.4.1 抽样的概念 158
5.4.2 简单随机抽样 159
5.4.3 系统抽样 159
5.4.4 分层抽样 160
5.4.5 成群抽样 160
5.4.6 双重抽样 161

5.5 遥感在森林资源清查中的应用 162
5.5.1 航空相片 162
5.5.2 卫星图像 162
5.5.3 激光扫描 163

5.6 森林管理传统规划法 163
5.6.1 伐树预算规划法 163
5.6.2 林分经济学规划法 164

5.7 数学程序规划法 164
5.7.1 现有最优化技术 164
5.7.2 线性程序规划法 165
5.7.3 目标程序规划法 166

5.8 启发式规划方法 166
5.8.1 概论 166
5.8.2 模拟退火法 168
5.8.3 禁忌搜索法 169
5.8.4 遗传算法 169
5.8.5 元胞自动机 170

5.9 非木材裨益及风险考虑 170
5.9.1 非木质林产品 170
5.9.2 游憩宜人性 171
5.9.3 狩猎和猎物 172
5.9.4 生物多样性 173
5.9.5 环境服务 173
5.9.6 风险 174

参考文献 175

第 6 章 森林生态系统管理 ⋯⋯⋯⋯⋯⋯⋯⋯⋯⋯⋯⋯⋯⋯⋯⋯⋯⋯⋯⋯⋯ 176

6.1 引言 ⋯⋯⋯⋯⋯⋯⋯⋯⋯⋯⋯⋯⋯⋯⋯⋯⋯⋯⋯⋯⋯⋯⋯⋯⋯⋯⋯⋯⋯⋯ 176

6.1.1 森林生产中的生态系统服务 ⋯⋯⋯⋯⋯⋯⋯⋯⋯⋯⋯⋯⋯⋯⋯⋯ 176
6.1.2 管理和森林演替 ⋯⋯⋯⋯⋯⋯⋯⋯⋯⋯⋯⋯⋯⋯⋯⋯⋯⋯⋯⋯⋯ 176
6.1.3 森林结构和生态系统服务 ⋯⋯⋯⋯⋯⋯⋯⋯⋯⋯⋯⋯⋯⋯⋯⋯ 177
6.1.4 管理措施和产量效应 ⋯⋯⋯⋯⋯⋯⋯⋯⋯⋯⋯⋯⋯⋯⋯⋯⋯⋯ 178

6.2 建立林分:流程与措施 ⋯⋯⋯⋯⋯⋯⋯⋯⋯⋯⋯⋯⋯⋯⋯⋯⋯⋯⋯⋯ 180

6.2.1 概念 ⋯⋯⋯⋯⋯⋯⋯⋯⋯⋯⋯⋯⋯⋯⋯⋯⋯⋯⋯⋯⋯⋯⋯⋯⋯ 180
6.2.2 天然更新的措施 ⋯⋯⋯⋯⋯⋯⋯⋯⋯⋯⋯⋯⋯⋯⋯⋯⋯⋯⋯⋯ 180
6.2.3 人工更新的措施 ⋯⋯⋯⋯⋯⋯⋯⋯⋯⋯⋯⋯⋯⋯⋯⋯⋯⋯⋯⋯ 183
6.2.4 遗传改良和树木育种 ⋯⋯⋯⋯⋯⋯⋯⋯⋯⋯⋯⋯⋯⋯⋯⋯⋯⋯ 186
6.2.5 树木育种的未来挑战 ⋯⋯⋯⋯⋯⋯⋯⋯⋯⋯⋯⋯⋯⋯⋯⋯⋯⋯ 192

6.3 促进树种群生长:流程和措施 ⋯⋯⋯⋯⋯⋯⋯⋯⋯⋯⋯⋯⋯⋯⋯⋯ 193

6.3.1 生长和生长空间的需求 ⋯⋯⋯⋯⋯⋯⋯⋯⋯⋯⋯⋯⋯⋯⋯⋯ 193
6.3.2 疏伐及其资源可获量效应 ⋯⋯⋯⋯⋯⋯⋯⋯⋯⋯⋯⋯⋯⋯⋯ 196
6.3.3 疏伐体制 ⋯⋯⋯⋯⋯⋯⋯⋯⋯⋯⋯⋯⋯⋯⋯⋯⋯⋯⋯⋯⋯⋯ 199
6.3.4 疏伐规则 ⋯⋯⋯⋯⋯⋯⋯⋯⋯⋯⋯⋯⋯⋯⋯⋯⋯⋯⋯⋯⋯⋯ 201
6.3.5 管理树种的混交 ⋯⋯⋯⋯⋯⋯⋯⋯⋯⋯⋯⋯⋯⋯⋯⋯⋯⋯⋯ 202
6.3.6 管理旨在缓和气候变化及其影响 ⋯⋯⋯⋯⋯⋯⋯⋯⋯⋯⋯⋯ 203

6.4 改善木材质量:流程 ⋯⋯⋯⋯⋯⋯⋯⋯⋯⋯⋯⋯⋯⋯⋯⋯⋯⋯⋯⋯ 206

6.4.1 株距和疏伐对木节子的效应 ⋯⋯⋯⋯⋯⋯⋯⋯⋯⋯⋯⋯⋯⋯ 206
6.4.2 整枝对木节子的效应 ⋯⋯⋯⋯⋯⋯⋯⋯⋯⋯⋯⋯⋯⋯⋯⋯⋯ 208
6.4.3 株距对木头基本密度的效应 ⋯⋯⋯⋯⋯⋯⋯⋯⋯⋯⋯⋯⋯⋯ 209
6.4.4 气候变化对木头性质的效应 ⋯⋯⋯⋯⋯⋯⋯⋯⋯⋯⋯⋯⋯⋯ 209

6.5 管理养分资源和立地肥力 ⋯⋯⋯⋯⋯⋯⋯⋯⋯⋯⋯⋯⋯⋯⋯⋯⋯⋯ 210

6.5.1 概念 ⋯⋯⋯⋯⋯⋯⋯⋯⋯⋯⋯⋯⋯⋯⋯⋯⋯⋯⋯⋯⋯⋯⋯⋯⋯ 210
6.5.2 管理立地肥力:整地 ⋯⋯⋯⋯⋯⋯⋯⋯⋯⋯⋯⋯⋯⋯⋯⋯⋯⋯ 210
6.5.3 管理立地肥力:施肥 ⋯⋯⋯⋯⋯⋯⋯⋯⋯⋯⋯⋯⋯⋯⋯⋯⋯⋯ 212
6.5.4 木材收获及其对养分资源的影响 ⋯⋯⋯⋯⋯⋯⋯⋯⋯⋯⋯⋯ 214

6.6 管理非生物性风险 ⋯⋯⋯⋯⋯⋯⋯⋯⋯⋯⋯⋯⋯⋯⋯⋯⋯⋯⋯⋯⋯ 218

6.6.1 概念 ⋯⋯⋯⋯⋯⋯⋯⋯⋯⋯⋯⋯⋯⋯⋯⋯⋯⋯⋯⋯⋯⋯⋯⋯⋯ 218
6.6.2 风害危险 ⋯⋯⋯⋯⋯⋯⋯⋯⋯⋯⋯⋯⋯⋯⋯⋯⋯⋯⋯⋯⋯⋯ 218
6.6.3 雪害危险 ⋯⋯⋯⋯⋯⋯⋯⋯⋯⋯⋯⋯⋯⋯⋯⋯⋯⋯⋯⋯⋯⋯ 222

6.6.4 火灾危险 ········ 224
6.6.5 霜冻风险 ········ 225

6.7 管理生物性风险 ········ 226

6.7.1 概念 ········ 226
6.7.2 侵害树的食植生物种 ········ 228
6.7.3 树对食植生物和病原体的抗性机制 ········ 230
6.7.4 解释植物间化学防御变异的模型 ········ 234
6.7.5 管理森林有害生物 ········ 235
6.7.6 气候变化与森林害虫 ········ 241

6.8 管理旨在适应气候变化 ········ 242

6.8.1 概念 ········ 242
6.8.2 林业适应及其管理 ········ 243

参考文献 ········ 247

第 7 章 木材采置 ········ 255

7.1 引言 ········ 255

7.1.1 发展历程 ········ 256
7.1.2 木材品种 ········ 257

7.2 木材收获和运输 ········ 259

7.2.1 收获方法和收获作业系统 ········ 259
7.2.2 采运机械 ········ 261
7.2.3 收获木物质作能源 ········ 266
7.2.4 筑路开通林区采运 ········ 268
7.2.5 贮存木材 ········ 269

7.3 收获作业的组织与规划 ········ 270

7.3.1 组织木材收获 ········ 270
7.3.2 规划与监督木材采置 ········ 270

7.4 收获工业林 ········ 274

7.4.1 收获条件 ········ 274
7.4.2 采运工艺 ········ 275
7.4.3 采运期剥皮 ········ 276

7.5 木材损伤 ········ 276

7.5.1 损伤原因 ········ 276

  7.5.2 非生物性损伤 ················ 276
  7.5.3 真菌性腐解 ·················· 277
  7.5.4 腐朽类型对比和腐朽预防 ········ 278
  7.5.5 昆虫侵害和水生生物侵害 ········ 278
  7.5.6 细菌和生物反应性腐解 ·········· 279
  7.5.7 贮存对工序的影响 ············· 279
  7.5.8 木片贮存 ···················· 280
  7.5.9 树皮贮存 ···················· 283

 7.6 木材收获的环境影响 ················ 283
  7.6.1 常用概念 ···················· 283
  7.6.2 能源消耗和温室气体排放 ········ 284
  7.6.3 疏伐对森林立地的影响 ·········· 284
  7.6.4 主伐对生物多样性、森林多用途和景观的影响 ··· 285

 7.7 木材贸易 ······················· 286
  7.7.1 国内市场上购置木材 ············ 286
  7.7.2 国际木材市场 ················· 287

 参考文献 ··························· 290

第8章　木材测量 ······················ 295

 8.1 原则和概念 ······················ 295
  8.1.1 测量的原因 ·················· 295
  8.1.2 材积与重量 ·················· 295
  8.1.3 准确度与精确度 ··············· 296
  8.1.4 测量的地点 ·················· 297

 8.2 测量立木 ······················· 298

 8.3 在采运中测量木材 ················· 298
  8.3.1 机械化采运 ·················· 298
  8.3.2 手持机动采运 ················ 302

 8.4 路边木材测量 ···················· 303
  8.4.1 锯材原木和单板原木 ············ 303
  8.4.2 测量木垛 ···················· 304

 8.5 厂地测量木材 ···················· 306
  8.5.1 概念 ······················· 306
  8.5.2 木材的测重 ·················· 307

8.5.3　测量造纸材 ……………………………………………………… 307
　　8.5.4　测量锯材原木和单板原木的体积 …………………………… 310
　　8.5.5　测量机械木材加工的副产品 ………………………………… 311
8.6　探测木材质量 ……………………………………………………………… 311
　　8.6.1　木材质量的概念 ………………………………………………… 311
　　8.6.2　质量测量方法 …………………………………………………… 312
8.7　测定含水量 ………………………………………………………………… 313
　　8.7.1　概念和用途 ……………………………………………………… 313
　　8.7.2　方法选择 ………………………………………………………… 313
　　8.7.3　发展潜力 ………………………………………………………… 314
8.8　木材测量的成本 …………………………………………………………… 314
　　8.8.1　概念 ……………………………………………………………… 314
　　8.8.2　收获联合机兼做测量 …………………………………………… 314
　　8.8.3　卡车或集材机兼做的测量 ……………………………………… 315
　　8.8.4　路边测量 ………………………………………………………… 315
　　8.8.5　厂地测量 ………………………………………………………… 316
8.9　木材测量方法的未来发展 ………………………………………………… 316
参考文献 …………………………………………………………………………… 318

第 9 章　木材市场和成本 ……………………………………………………… 323

9.1　引言 ………………………………………………………………………… 323
9.2　木材采置的经济结构 ……………………………………………………… 323
　　9.2.1　非工业私有林所有权：私人林 ………………………………… 323
　　9.2.2　工业私有林所有权：工业林 …………………………………… 324
　　9.2.3　公共所有权 ……………………………………………………… 325
9.3　森林管理和木材生产经济学 ……………………………………………… 325
　　9.3.1　所有权目的 ……………………………………………………… 325
　　9.3.2　木材销售收入 …………………………………………………… 325
　　9.3.3　成本 ……………………………………………………………… 326
　　9.3.4　木材生产的财务分析 …………………………………………… 327
9.4　圆木市场 …………………………………………………………………… 329
9.5　总结 ………………………………………………………………………… 331
参考文献 …………………………………………………………………………… 331

第 10 章　全球森林政策及治理 ……334

10.1　背景 ……334

10.2　全球森林议程上的主要议题 ……334
10.2.1　毁林、退化、荒漠化 ……334
10.2.2　多维度可持续性森林管理的挑战 ……335
10.2.3　气候变化和生物能源 ……335
10.2.4　生物多样性 ……336
10.2.5　其他森林裨益和生态系统服务 ……336
10.2.6　森林和减贫 ……336
10.2.7　林产工业与产品：未来、竞争力和表现 ……336
10.2.8　森林治理 ……337

10.3　国际体制、民族国家和全球治理 ……337

10.4　全球森林进程与森林资源的可持续性管理 ……338
10.4.1　两个先驱 ……338
10.4.2　联合国环境与发展大会环境公约 ……341
10.4.3　联合国环境与发展大会启动的森林进程 ……345

10.5　市场性参与者和进程 ……351
10.5.1　世界银行和战略性森林筹资 ……351
10.5.2　世界贸易组织：自由贸易和森林可持续性？ ……353
10.5.3　森林工业联合会：在皮木之间 ……354
10.5.4　森林业主联合会：提升非企业私有林业的名声 ……355
10.5.5　森林认证：市场份额争夺战 ……356
10.5.6　森林执法治理：打击非法采运 ……357

10.6　公民社会参与者和进程 ……358
10.6.1　环境性非政府组织和市场运动 ……358
10.6.2　工会处于防御战 ……360
10.6.3　其他公民社会参与者和进程 ……361

10.7　朝向更好的全球森林治理？ ……362
10.7.1　诊断全球森林治理状况：体制、治理和无治之间？ ……362
10.7.2　全球森林治理软弱的原因 ……364
10.7.3　改善森林治理：原木堵塞还是进展缓慢？ ……366

参考文献 ……367

第⑪章 地方和全球环境中的森林部门 ·········· 373

11.1 森林部门与国民经济 ·········· 373
11.1.1 概念 ·········· 373
11.1.2 输入输出表 ·········· 373
11.1.3 生产模型 ·········· 374
11.1.4 总输出 ·········· 375
11.1.5 附加价值 ·········· 378
11.1.6 雇用 ·········· 378

11.2 世界经济中的森林工业、林业和森林产业链 ·········· 379
11.2.1 概念 ·········· 379
11.2.2 国际森林产业链实例:欧洲森林产业链 ·········· 380

11.3 林业和森林工业的全球化 ·········· 380
11.3.1 纸浆工业愈益全球化而造纸工业愈益地方化 ·········· 380
11.3.2 纸浆生产的焦点转向速生人工林 ·········· 381
11.3.3 速生人工林支撑的纸浆业成本和质量都有竞争力 ·········· 382
11.3.4 全球森林工业作为可持续工业的例子 ·········· 382

参考文献 ·········· 383

附录 单位名称、符号和换算 ·········· 384

索引兼汉英对照 ·········· 386

第①章 绪 论

1.1 森林:用途诸多的资源

生产基于森林的商品和服务是为林业。商品和服务是经济学术语,统称人类为了满足其需求所作努力的成果;商品通常是物体性产品,感官能及,而服务一般是非物体性的,生产与消费互为形影,同时发生。林业代表直接和间接利用可以在森林中获取的材料和资源,为制造各种商品和服务提供这类材料和资源。林业,作为第一产业,在地方上操作,但其影响,通过各种林产品贸易,通过影响全球生态系统,却能抵及全球范围。就工业(第二产业)而言,林业属于林产工业和相关工业的产业链,包括机械木加工业、木家具制造业、制浆造纸业、印刷出版业。此外,在可更新性能源受到优先的条件下,森林生物量是能源工业的重要原料。建筑业,尤其在美国等民居多为木屋的地区,显然也有赖于大量木材。森林在供水与治废工业中的潜在作用正不断受到积极开发。环保、游憩、饮食、扶贫等各类服务业(第三产业)中都不乏森林成分。

森林是以树群为主体的生态系统,包括内在的一切生物和非生物成分,与全球大气圈、地圈、水圈和生物圈环环相连,息息相关(图 1-1)。全球森林总面积近 40 亿公顷,占全球陆地面积的 30% 左右,包含了陆地生态系统中活物量的大部分。构成森林的木本植被包括数十万树种。树种的寿命漫长,极端的如银杏已野生延续了两三亿年[a]。树的寿命因种而异,从十几到上千年不等,抑或数千年[b]。树作为生物有需求,先有种子落定之地,再随时间的推移,从环境中摄取资源(及无用抑或致害物质),将其同化(总初级生产),借以维持呼吸,扩展并繁衍自身(净初级生产),还更新部件(周转),为防

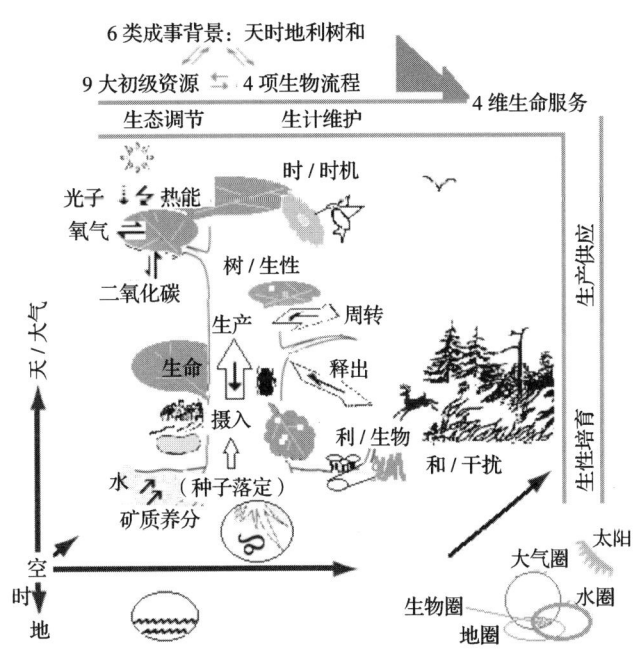

图 1-1 森林要素与运作:从一般需求到
人类不可或缺的生命服务

御、交际、繁殖等适当释出,收支平衡有余,长期累积,直至死亡(周转)。源自太阳辐射(抑或经中转)的光和热能(温度),大气圈的氧气和二氧化碳,水圈的水和溶自地圈的矿质养分是树必需摄取的资源。这六大能量与物质资源,外加基础资源空间、时间和生命(及其称为基因型的遗传特征)本身,合称初级资源——一切光合初级生产者不可或缺的资源。资源的可获量及其效应多变,取决于对应常言"天时地利人和"的六类成事背景——天时地利树和:天气(大气状况)及其长期平均(气候),时机(昼夜、季节、年代乃至地质期),地圈(地理、母质、土壤),共生互利等源自其他生物的裨益,树本身的生性(基因型、后天习性),和谐(有无自然或人为干扰)。这些差异起着自然选择的作用,使相似的环境产生相似的生活型(赖以生活的外表类型),因而相似外表的森林。树的生活型主要按叶子的形状(针、阔)和寿命(常绿、落叶)划分。森林按这些生活型以及相对应的主要初级资源特征规划群系。初级资源中的热量条件是造成森林群系从赤道向两极、从低海拔到高海拔不同的首要因素:依次代表热性(热带)、温性(温带)、凉性(寒温带)森林,分别以常绿阔叶、落叶阔叶、常绿针叶林为典型。在每个热量带内,因水分条件的极端又有雨林旱林之别。地圈状况的参差不齐,干扰的出现,及至森林的毁损和可能恢复,等等,使各地森林多样多变。

既然森林天然就能运作,依靠森林生产的一个独特点是,所需投入可以很小。而且,这种生产通常是整合性的:同一林地,多重效益。树从环境中的摄取客观上有净化水、土、大气的作用。树的生长繁殖不仅导致木材等树物质产品,还为动物等异养生物提供生计等,导致其他生物质产品。树的枯枝、落叶、换根和整体死亡对食腐生物也有类似作用。树结构高大(5～115m)而又盘根错节,森林连绵,林冠又相当稠密,足以形成有效屏障,缓冲风力和雨水冲击力,保养土壤,涵养水源;还足以在周边和内部形成小气候,随空间,从树顶到根尖,从树干到林窗,也随时间,因季节,还因种群演替,分化出种种微生境,促进生物多样性。如此等等(图1-1)。《千年生态系统评估》[c]把人类从生态系统获取的裨益统称为生态系统服务(但文献中经常沿袭经济学的商品和服务说法)。森林的裨益可以按生命的需求概括为生计、生产、生态和生性四类服务,不仅适用于人类,也适用于其他一切生物(表1-1)。森林提供这些服务的功能是可持续性森林管理的基础。可持续性管理旨在为后代提供与当代人相等的森林生态系统服务。本书的重点是木材和树生物质,但采用较为宽广的视角,涵盖所有四类森林服务功能。

表1-1　森林生态系统的裨益:生命服务功能分类与常用体系的大致对应关系

森林的生命服务功能	《森林原则》[d]: 人类需要	《千年生态系统评估》[c]: 生态系统服务
生计服务:提供生活场所和谋生之计,包括人类社区就业、收入,即所谓的靠山吃山	社会	支撑:初级生产、土壤形成等
生产服务:提供有形产品(生活资料、商品)	经济	供给:木材、水、纤维等
生态服务:调节环境(大气、水、地和生物四圈)	生态	调节:气候、水、病等
生性服务:促进基因型多样化和后天习性发展,包括人类的个人乃至全民精神素质	文化 精神	文化:精神、美学、游憩、教育等

木材及其生物质性质对木产品制造极为重要。树干尤其如此,但因森林生物质在能源工业中用得越来越多,枝桩根的性质也重要。木头和生物质性质因树种有别,与树的遗传特性相关。不过,这些性质的表现型变异很大,既影响制造过程,也影响木材的各种用途。在此背景

下,木材和生物质的收获技术和价格也影响木材品种的区分,继而影响林业的盈利性。

森林的功能是森林生物和非生物成分及其结构作为显性硬件与生态系统过程作为隐性软件相辅相成、互动运作的结果(图1-1)。例如,光合作用这个过程因为叶子这个硬件的存在成为可能,通过光子等其他初级资源的参与成为现实,促进树的增长过程;树的增长又反过来改变树的维度、根枝叶的空间分布等结构,乃至叶可能得到的光照度和实现的光合作用率。林业商品和服务的生产是靠调控(管理)森林生态系统的硬件,使生态系统按期望运作。管理树种群的遗传性质,改变树种群的生境性质,或者两者双管齐下,都能维持产量,抑或增加产量。说到底,管理是为了改变遗传因子、环境因子及其交互作用,优化森林生态系统的运作与结构,满足生产的需要。方法上则是引导树的种群(以及其他生物种群)的生理生态表现,使之产生特定的生态系统结构,生产出管理者所追求的商品和服务。

1.2 可持续性:挑战林地的管理与使用

森林固然能自然运作,还能自我更新,但这些都是有先决条件的(图1-1)。那是,森林属于有条件的可更新资源——初级资源必须得到满足,长期自然选择下形成的生态平衡不得偏失过度。但潜在干扰无处不在。采收产品,就是从林地移走养分。采收木材,意味着损坏林冠。如果强度过大,间隔过短,都能使林地衰退。另一方面,不采收,又不管理,也不等于万事大吉。有种种天灾,诸如野火、病、虫害爆发,以及暴风、极温、久旱等等极端气象事件,能使森林毁于一旦。人为造成的大气、水、土壤污染,以及外来种入侵等生物污染,能使森林每况愈下。即使某些似乎良性的环境变化,诸如全球热能(温度)、大气二氧化碳和土壤矿质氮这些初级资源的增加,也能使原始条件下进化出来的优势树种变得水土不服,失去优势,使原始森林面临重组之痛。在与原始林相反的无林地上,造林的一时成功可以是长期隐患的开始,如果土壤厚度不足以支持最终的成年大树,如果原先地下水源的存在只是因为没有森林这样的用水大户,等等。

森林管理及利用的范式一直在进化,各地参差不齐(图1-2)。可持续性利用自从20世纪50年代早期就是林业的一项主要原则,但至今依然是种挑战。从20世纪90年代初以来,林业的可持续性愈益吸引国际林业政策的兴趣。在此背景下,据欧洲森林保护部长级会议[f](现称欧洲森林进程),可持续性森林管理是指照管和利用森林及林地,维持森林生态系统的生物多样性、生产力、更新能力、活力和潜力,借以履行森林从地方到国家乃至全球的生态、经济和社会功能,不但现在,而且将来,同时又不损害其他生态系统。

常用的相关概念还有生态系统管理和生态系统照管。生态系统管理(又称生态系统性管理、生态系统法)是指基于生态系统观的适应性管理:理解生物生态关系的交互反馈性,兼顾生态和人类诸多需

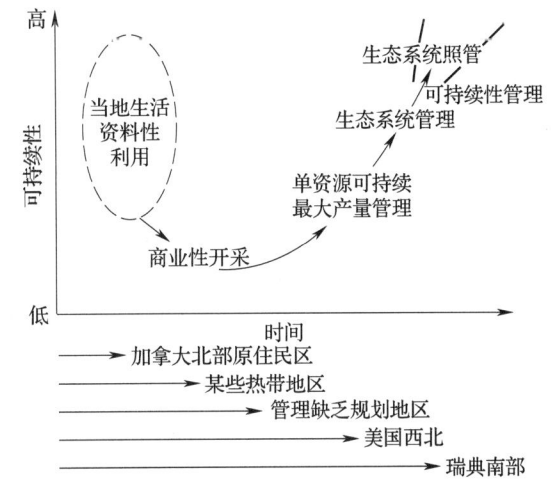

图1-2 森林管理及利用的范式与资源的可持续性

注:从 Chapin et al. 原图[e]改作。

求,确保生态系统的质量不受伤害[g,h]。在操作上,生态系统管理类似仿生学,可被称为仿生态学:常以工业革命前的生态系统为参照体系,仿效自然干扰,借以维持或复制出生态系统犹如天然一般的形形色色,千差万别[i]。生态系统照管是有鉴于全球变化而提出的:全球环境今非昔比,未来更不可同日而语,因此,仿"古"不足以指导未来生态系统的建立和维持。据Chapin et al.[e],生态系统照管是以预报的变化为参照点,以人类社会-生态可持续性为中心目标,着手于稳定和加强生态系统的反馈机制,尽可能增大生态系统的回弹力,使生态系统能自如应对未来变数。总之,生态系统管理和生态系统照管与可持续性管理在可持续性这一宗旨上没有差异(图1-2),在方法上主要是相互取长补短的关系。哪边被取长,哪边就被视为方法。因此,有人把生态系统管理看成是可持续性森林管理的方法[i],而《生物多样性公约》的缔约国则把可持续性森林管理看成是把生态系统管理应用于森林生态系统的具体手段[j]。从字面上说,生态系统管理,尤其生态系统照管,可以被诠释为以生态系统为中心的管理,也就是相对于人类中心论(以人类自我利益为中心)的生态中心论、生物中心论。

整合性森林生产的一个主要难题是,林产商品和服务中只有木材等具有市场价值,而其他如景色之美则没有市场价值或难以定价(这方面 TEEB[k]做了全面的梳理)。各种商品和服务之间常常不能兼得[k],尤其是生产服务与诸如生态调节之类的服务之间(图1-3),因为采收木材至少毁了所涉及的树。有些生态问题可以通过在采伐时多保留生物元素缓和(图1-3);这种着眼于保留的所谓保留性林业,据 Mori & Kitagawa[l]对全球各地相关试验的综合统计分析,似乎要比更传统的着眼于采伐的择伐在维护生物多样性方面更有效。至于因保留而造成的潜在产品或其他经济损失,则可能通过木材的环保认证而在市场上获取较好的收益作为补偿,或者通过种种公共机制获得所谓的生态补偿(参见 Deng et al.[m])。非兼容性问题如果不解决,就会在森林资源的多目的性管理中引起麻烦,造成冲突。多目的性林业、多用途森林和多功能林业这些概念强调以平衡的方式整合不同的管理追求,以便持续满足各种需求。

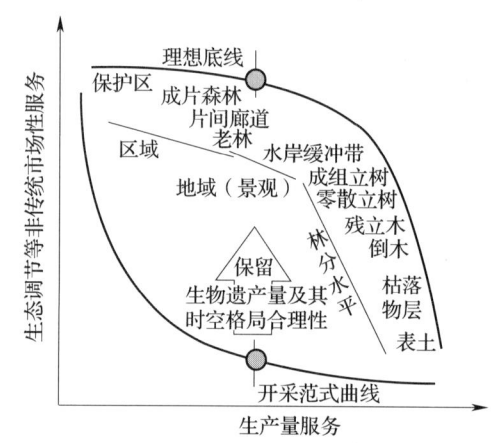

图1-3 森林服务功能间的关系与管理范式的效应

注:林分水平的保留是基础,地域和区域层面的配合是保障。

世界各地不乏试图确保可持续性社会发展的努力。世界森林的发展与这些努力的成败息息相关。这些努力的一个共同特征是,决意促进全球生态系统的保护和可持续性管理,使地球继续适合人类居住。可持续性林业是个关键议题,因为如前所述,森林作为生物群区,保护着全球遗传资源和生态系统的多样性,为人类福祉提供资源。今后,将会更集约地用森林保护其他生态系统。例如,流域管理会把森林管理与水分管理以不同的方式联系起来——可谓地域或景观生态系统管理。

1992年在巴西里约热内卢召开的联合国环境与发展大会是国际林业探讨上的转折点。该会通过了两个重要文件:《森林原则》[d]和《生物多样性公约》[n]。《森林原则》,全称为《关于所有类型森林的管理、保护和可持续性发展的全球协商一致的无法律约束力的权威原则声明》,代表了国际间就森林达成的首次共识,是缔约国森林资源保护和可持续性发展的工具。《森林原则》的文本承认各国对各自森林资源的主权,既提供了一个通用框架,又赋予各国以灵活性,使各国能根据各自的目标和环境政策管理各自的森林资源。

《生物多样性公约》的目标是促进生物多样性的保护和可持续性使用,确保遗传资源衍生利益的公平分配。这受到同一大会通过的《气候变化框架公约》[o]进一步加强。《气候变化框架公约》旨在把大气中温室气体(以二氧化碳为主)的浓度稳定在人类干扰不至于危及气候系统的水平。其签署国同意就各自温室气体的排放列出清单。《气候变化框架公约》阐明了森林既是碳源也是潜在碳汇的作用,以及调节气候的作用。总的来说,《气候变化框架公约》敦促各国制定森林策略,解决毁林问题,而森林生态系统还是碳汇除的重要工具,能用于缓和全球变暖,减小人类所面临的气候风险。

1.3 本书的目标与范围

本书概述生态系统和森林的管理,特别是采用生态、技术、经济上可行的方式生产木材和生物质的可持续性森林管理。本书以寒温带(欧美俗称北方带)和温带(严格意义上的中、暖温带)的森林及林业为起点,尽量适当拓展讨论,涵盖世界的其他地区,使局地的发现推广到更大的范围。全书共分11章,包括讨论全书背景的第1章。第2章和第3章讲解森林生态系统的概念和世界森林的主要特征,同时还探讨气候变化对森林生态系统及森林动态的影响。那些讨论为第4章提供背景。第4章概述木头和树生物质的技术性质、化学性质及其对木产品的影响。木头性质随树种而异,但也实质性地受管理影响。这些在第5章和第6章中分别从规划和育林的角度阐述。再往后,又从生态学的角度说明,以便分析管理如何适当应对气候变化,森林生态系统又会如何汇除大气中的碳。第7章到第9章把管理和森林资源与林产工业相联系,讨论木材的收获、测量和定价。最后,第10章和第11章把森林和林业置入全球背景,讨论全球环境和森林政策,阐述森林工业、林业和森林产业链在世界经济中的重要性。

参考文献

[a] Tang, C. Q., Yang, Y., Ohsawa, M., Yi, S. - R., Momohara, A., Su, W. - H., Wang, H. - C., Zhang, Z. - Y., Peng, M. - C. & Wu, Z. - L. 2012. Evidence for the persistence of wild *Ginkgo biloba* (Ginkgoaceae) populations in the Dalou Mountains, southwestern China. *American Journal of Botany*, 99: 1408 - 1414.

[b] Anon. Oldlist: a database of ancient trees. Rocky Mountain Tree - Ring Research. Last updated in January 2013. Available at http://www.rmtrr.org/oldlist.htm.

[c] MEA (Millennium Ecosystem Assessment). 2005. *Ecosystems and Human Well - being: Synthesis*. Island Press, Washington.

[d] United Nations. 1992. Report of the United Nations conference on environment and development (Rio de Janeiro, 3 - 14 June 1992). Annex iii non - legally binding authoritative statement of principles for a global consensus on the management, conservation and sustainable development of all types of forests.

[e] Chapin, F. S., III, Kofinas, G. P., Folke, C., et al. 2009. Resilience - based stewardship: Strate-

gies for navigating sustainable pathways in a changing world. In: Chapin, F. S., III, Kofinas, G. P., Folke, C. (eds). Principles of ecosystem stewardship: Resilience – based natural resource management in a changing world. Springer, pp. 319 – 338.

[f] MCPFE. 1993. Resolution H1: general guidelines for the sustainable management of forests in Europe. Second Ministerial Conference on the Protection of Forests in Europe, 16 – 17 June 1993, Helsinki/Findland. Available at http://www.foresteurope.org/docs/MC/MC_helsinki_resolutionH1.pdf.

[g] Grumbine, R. E. 1994. What is ecosystem management? Conservation Biology 8: 27 – 38.

[h] UNEP. 2015. Ecosystem management: introduction. United Nations Environment Programme. Available at http://www.unep.org/ecosystemmanagement/Introduction/tabid/293/language/en – US/Default.aspx

[i] Patry, C., Kneeshaw, D., Wyatt, S., et al. 2013. Forest ecosystem management in North America: from theory to practice. The Forestry Chronicle 89: 525 – 537.

[j] CBD. 2004. Decision adopted by the Conference of the Parties to the Convention of Biological Diversity at its seventh meeting VII/11. Ecosystem approach. Available at https://www.cbd.int/doc/decisions/cop – 07/cop – 07 – dec – 11 – en.pdf.

[k] TEEB. 2010. The Economics of Ecosystems and Biodiversity: Ecological and Economic Foundations, edited by Pushpam Kumar, London and Washington D. C., Earthscan.

[l] Mori, A. S. and Kitagawa, R. 2014. Retention forestry as a major paradigm for safeguarding forest biodiversity in productive landscape: a global meta – analysis. Biological Conservation 175: 65 – 73.

[m] Deng, H., Zheng, P, Liu, T. and Liu, X. 2011. Forest ecosystem services and eco – compensation mechanisms in China. Environmental Management 48: 1079 – 1085.

[n] CBD. 1992. Convention on Biological Diversity. United Nations. 28 pp. Available at https://www.cbd.int/doc/legal/cbd – en.pdf.

[o] FCCC. 1992. United Nations Framework Convention on Climate Change. United Nations. 33 pp. Available at http://unfccc.int/files/essential_background/background_publications_htmlpdf/application/pdf/conveng.pdf.

第 ② 章 树、森林和森林生态系统

2.1 引言

2.1.1 概念

树是森林的主体。树属于维管束植物,其冠、干、根三大体系清晰可辨。冠(叶及枝)、干和根(粗根及细根)各结构部件之间具有一定的平衡关系。各部件在总生物量中占的比例随树种而异,也随树龄变化。随着树龄的增长,叶所占的比例下降,而干的比例则上升。全树的生物量通常有50%~60%是干,10%~25%是根,10%~20%是枝,不足10%是叶。

此外,树是木本植物,能长到适当大小。这意味着维管形成层(简称形成层)是包围树干的连续层,向内形成木质部、向外形成韧皮部,如图2-1所示。木质部在汉语文献中常被称为木材,但带不带皮都可以是"木材"(见第5章5.2节,第8章8.1节),而且木质部与木材的质量等不是一回事(见第6章6.2.4.3节),这里用俗称木头。韧皮部习称树皮,是树器官(枝、干、根)表皮中活的那部分。在寒温带和温带(中温带加暖温带),成年树干是个由下往上逐渐变细的圆柱体,由年复一年生长出的木圆锥(年轮)形成,封闭于覆盖株干的树皮之内。因此,树的主要部件是木头,由木质器官的扩张(径向)生长而产生。枝、干和根则靠顶端分生组织加长。树结构的性质受基因控制,但生理生态学上都能实质性响应周围条件,因此也能受环境因子改变。

树的基因随树种乃至个体不同。基因代表潜力。要使这潜力变成现实,树首先必须占有适量的空间,并随时间持续生存。要生存,树必须从环境中摄取资源,进行光合作用和呼吸作用,还必须应对干扰。光合作用

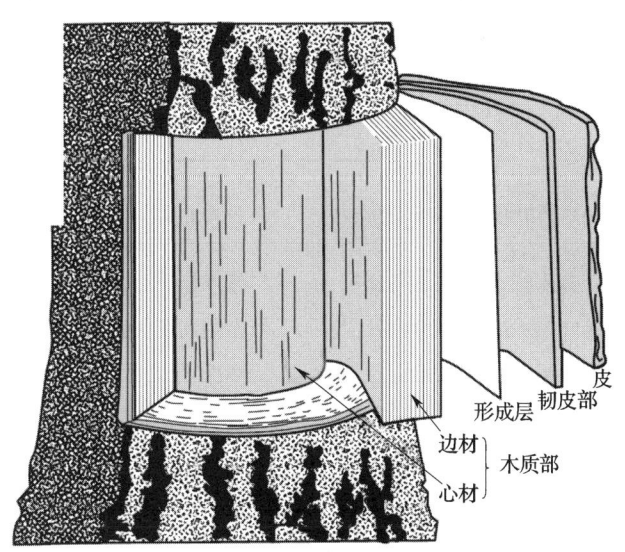

图2-1 寒温带和温带木质树干的主要结构
形成层—内向形成木质部(木头)、外向形成皮的活细胞层
韧皮部—皮内活的那部分   边材—株干外层传输水分的木质部分
心材—株干内里不传输水分、颜色往往比边材较深的木质部分

和呼吸作用是过程,需要时间,还必须有六类资源:光、热能(温度)、二氧化碳、氧、水、矿质养分(从土壤摄取的必需元素氮磷钾钙镁硫氯硼铁锰锌铜钼镍)。这些资源,外加空间、时间和基因,是初级资源。其他因子都是通过改变这些资源的可获量间接影响树。树通过摄取以及其他过程反馈影响资源的可获量。

树和其他生物(包括邻树)与环境如此相互反馈影响,一起构成生态系统。森林是生态系统。理解这些反馈影响是实践可持续性森林管理的理论基础。

2.1.2 树的分类

在分类学上,依据繁殖过程,把树向上归属种子植物,向下进一步分为裸子植物和被子植物。裸子植物的种子发育于附属体的表面或顶尖,无包被。实例包括寒温带和温带结球果的树(针叶树)。那是,裸子植物结种子的结构可以是球果,隐藏但不包被种子。被子植物的种子位于作为果实的结构内。实例包括寒温带和温带开花的树(阔叶树)。

针叶树出现于植物界大致是在1.8亿~2.3亿年前,但可以一直回溯到4亿~5亿年前维管束植物的出现。目前,世界上有700多种针叶树,代表了大约50个不同的属。如表2-1所示,在北半球最重要的针叶树科是松科、杉科、柏科。在南半球(表2-2)则是罗汉松科和南洋杉科两个科最重要。在寒温带和温带,只有松科的针叶树有经济价值。这些树种代表下列属:松属、落叶松属、云杉属、黄杉属、铁杉属、冷杉属。这些属总计大约有210种树,地理上从热带到北方的树木线都有分布。

表2-1　　寒温带和温带有林业价值的针叶树种:20世纪80年代初选表[2]

树种	分布或种植区域及说明	用途
欧洲赤松 Pinus sylvestris	欧洲,西伯利亚	锯材、单板、干材、造纸材、燃料,另如树脂、橡胶、食品
欧洲云杉 Picea abies	欧洲,西伯利亚	锯材、单板、干材、纸浆原料、燃料
新疆落叶松 Larix sibirica	俄国	锯材、单板、干材、造纸材
日本落叶松 Larix leptolepis	日本北方	锯材、单板、干材,另如树脂、橡胶、食品
新疆冷杉 Abies sibirica	俄罗斯	造纸材
落叶松 Larix gmelini	西伯利亚,远东	锯材、单板、干材、造纸材
银冷杉 Abies alba	中欧	锯材、单板、干材
鱼鳞云杉 Picea jezoensis	俄罗斯东、日本	造纸材、锯材、单板、干材
香脂冷杉 Abies balsamea	加拿大东	造纸材、锯材、单板、干材
白冷杉 Abies concolor	落基山脉	锯材、单板、干材
北美黄杉 Pseudotsuga menziesii	美国西北(中欧、新西兰等人工林)	锯材、单板、干材、造纸材
异叶铁杉 Tsuga heterophylla	美国西北	锯材、单板、干材、造纸材
黑云杉 Picea mariana	加拿大	造纸材、锯材、单板、干材

续表

树种	分布或种植区域及说明	用途
白云杉 Picea glauca	加拿大	造纸材、锯材、单板、干材
北美山地云杉 Picea engelmannii	落基山脉	造纸材、锯材、单板、干材
西加云杉 Picea sitchensis	加拿大西,美国西海岸、阿拉斯加	锯材、单板、干、造纸材
欧洲落叶松 Larix decidua	欧洲	锯材、单板、干、造纸材
北美落叶松 Larix laricina	加拿大	造纸材
红松 Pinus koraiensis	中国东北、俄罗斯东、朝鲜	锯材、单板、干材,另如树脂、橡胶、食品
北美乔松 Pinus strobus	北美东北	锯材、单板、干材
乔松 Pinus griffithii	印度北、喜马拉雅山	锯材、单板、干材
欧洲黑松 Pinus nigra	西欧大陆、地中海国家	造纸材、锯材、单板、干材
赤松 Pinus densiflora	日本、中国、朝鲜	造纸材、锯材、单板、干材、水土保持、燃料
黑松 Pinus thunbergii	日本、中国、朝鲜	造纸材、锯材、单板、干材、水土保持、燃料
北美短叶松 Pinus banksiana	加拿大、美国五大湖区	造纸材
扭叶松 Pinus contorta	落基山脉(苏格兰、北欧人工林)	造纸材
阿拉斯加扁柏 Chamaecyparis nootkatensis	加拿大卑诗省(不列颠哥伦比亚省),美国阿拉斯加、西海岸	造纸材、锯材、单板、干材
北美乔柏 Thuja plicata	加拿大卑诗省,美国阿拉斯加、西海岸	造纸材、锯材、单板、干材
侧柏 Thuja orientalis	中国(中东、地中海国家人工林)	水土保持、燃料、造纸材、锯材、单板、干材
北美圆柏 Juniperus virginiana	美国东	锯材、单板、干材

表2-2　亚热带和热带具有林业价值的针叶树种:20世纪80年代初选表

树种	分布或种植区域及说明	用途
日本柳杉 Cryptomeria japonica	日本、中国	锯材、单板、干材
智利南洋杉 Araucaria araucana	智利、阿根廷	锯材
窄叶南洋杉 Araucaria angustifolia	巴西南、阿根廷	锯材

续表

树种	分布或种植区域及说明	用途
湿地松 Pinus elliottii	美国东南	造纸材、锯材、单板、干材
火炬松 Pinus taeda	美国东北	造纸材、锯材、单板、干材
辐射松 Pinus radiana	人工林:新西兰、澳大利亚、南美、南非	锯材、单板、干材、造纸材
展叶松 Pinus patula	墨西哥(非洲人工林)	造纸材、锯材、单板、干材
墨西哥柏木 Cupresus lustianica	墨西哥、危地马拉(非洲人工林)	木材
意大利果松 Pinus pinea	地中海国家	水土保持,另如树脂、橡胶、食品
喜马拉雅长叶松 Pinus roxburghii	印度北、喜马拉雅山	锯材、单板、干材
苏门答腊松 Pinus merkusii	东南亚(中国西南云南松的近缘种)	造纸材、水土保持,另如树脂、橡胶、燃料
西黄松 Pinus ponderosa	落基山脉	造纸材、锯材、单板、干材
长叶松 Pinus palustris	美国东南	造纸材、锯材、单板、干材
罗汉松属 Podocarpus	南半球、亚、非、大洋洲	锯材、单板、干材
萌芽松 Pinus echinata	美国东北	造纸材、锯材、单干、干材
加勒比松 Pinus caribaea	中美洲(南半球、东南亚人工林)	造纸材、锯材、单干、干材
思茅松 Pinus kesiya	东南亚	造纸材、水土保持,另如树脂、橡胶、食品

阔叶树种远比针叶树种年轻,大约在5000万年前出现于植物界。目前,估计有25万多种阔叶树。阔叶树种的分类包括44个属。如表2-3所示,在寒温带和温带,重要的是桦科和杨柳科,包括桦属、桤木属、杨属、柳属。这些属的树种遍布寒温带和温带,但在温带最常见。热带树种的丰富度要高得多,如表2-4所示。

表2-3 寒温带和温带有林业价值的阔叶树种:20世纪80年代初选表

树种	分布或种植区域及说明	用途
杨属 Populus	许多种,人工林类别丰富	造纸材、锯材、单板、干材
欧洲山杨 Populus tremula	欧洲、西伯利亚	锯材、单板、干材、造纸材
美洲山杨 Populus tremuloides	北美	造纸材、锯材、单板、干材
香脂杨 Populus balsamifera	加拿大,美国中西、阿拉斯加	造纸材
毛果杨 Populus trichocarpa	落基山脉	锯材、单板、干材、造纸材
柳属 Salix	许多种(中国、南美等)	造纸材、燃料,另如树脂、橡胶、食品

续表

树种	分布或种植区域及说明	用途
黑胡桃 Juglans nigra	北美东	锯材、单板、干材
核桃楸 Juglans mandshurica	中国东北、俄罗斯东(日本有近缘种)	锯材、单板、干材
垂枝桦 Betula pendula	欧洲、西伯利亚	锯材、单板、干材、造纸材、燃料
柔毛桦 Betula pubescens	欧洲、西伯利亚	造纸材、锯材、单板、干材、燃料
纸皮桦 Betula papyrifera	北美	造纸材
加拿大黄桦 Betula allegheniensis	北美东	锯材、单板、干材
欧洲桤木 Alnus glutinosa	欧洲	锯材、单板、干材、造纸材
红枝桤木 Alnus rubra	北美西	锯材、单板、干材、造纸材
欧洲鹅耳枥 Carpinus betulus	中欧(其他种:北美东、东亚)	锯材、单板、干材
欧洲水青冈 Fagus sylvatica	中欧(其他种:北美东、东亚)	锯材、单板、干材
英国栎 Quercus robur	欧洲	锯材、单板、干材
美国白栎 Quercus alba	北美东部(白栎组许多种:欧、亚、北美洲)	锯材、单板、干材
美国红栎 Quercus rubra	北美东(还有几种)	锯材、单板、干材
蒙古栎 Quercus mongolica	东亚	锯材、单板、干材
山榆 Ulmus glabra	欧洲、西亚	锯材、单板、干材
美国榆 Ulmus americana	北美东	锯材、单板、干材
北美鹅掌楸 Liriodendron tulipifera	北美东(中国有一重要近缘种)	锯材、单板、干材
刺槐 Robinia pseudoacacla	北美东(中欧、东欧、中国人工林)	锯材、单板、干材
挪威槭 Acer platanoides	欧洲	锯材、单板、干材
糖枫 Acer saccharum	北美东(有硬枫组其他种)	锯材、单板、干材,另如树脂、橡胶、食品
银槭 Acer saccharinum	北美东(有银枫组其他种)	锯材、单板、干材
心叶椴 Tilia cordata	欧洲、西西伯利亚(欧、亚、北美东有几种)	锯材、单板、干材
欧洲白蜡树 Fraxinus excelsior	欧洲	锯材、单板、干材
洋白蜡树 Fraxinus pennsylvanica	北美东(有几种)	锯材、单板、干材
水曲柳 Fraxinus mandshurica	中国东北、俄罗斯东	锯材、单板、干材
南青冈属 Nothogagus	南美洲许多种	锯材、单板、干材、制浆材

表2-4　亚热带和热带具有林业价值的阔叶树种:20世纪80年代初选表

树种	分布或种植区域及说明	用途
柚木 Tectona grandis	印度、东南亚(非洲人工林)	锯材、单板、干材
蓝桉 Eucalyptus globulus	澳大利亚(人工林遍布亚热带、热带)	锯材、单板、干材、造纸材,另如树脂、橡胶、食品
柳桉 Eucalyptus saligna	澳大利亚(南非等人工林)	锯材、单板、干材、造纸材,另如树脂、橡胶、食品
桃花心木属 Swietenia	中美、南美	锯材、单板、干材
娑罗双树 Shorea robusta	印度、东南亚	锯材、单板、干材,另如树脂、橡胶、食品
银合欢 Leucaena leucocephala	太平洋(夏威夷、东南亚人工林)	锯材、单板、干材、造纸材、燃料、水土保持,另如树脂、橡胶、食品
木麻黄 Casuarina equisetifolia	澳大利亚(亚热带、热带人工林)	锯材、单板、干材
栎属 Quercus	200多种主要在温带,但也在亚热带、热带;不少常绿种	锯材、单板、干材、造纸材、燃料
油橄榄 Olea europaea	地中海国家	锯材、单板、干材,另如树脂、橡胶、食品
翅龙脑香 Dipterocarpus alatus	东南亚	锯材、单板、干材
轻木 Ochroma lagopus	南、中美洲(非洲、亚洲人工林)	锯材、单板、干材、造纸材
印度黄檀 Dalbergia sisso	印度、东南亚	锯材、单板、干材
克儿木荚豆 Xylia kerrii	东南亚	锯材、单板、干材
云南石梓 Gmelina arborea	印度(热带人工林)	锯材、单板、干材、造纸材、燃料、水土保持
竹类:箣竹 Bambusa、青篱竹 Arundinaria、毛竹 Phyllosthachys、牡竹 Dendrocalanus 等属	亚、非、南美:亚洲种植尤多	锯材、单板、干材、造纸材,另如树脂、橡胶、食品

　　树种,作为植物种,传统上是用形态特征描述的——假定每个种都是不随时间变化的一组个体或群体。物种的这一概念价值有限,因为任何物种的群体都是以内部拥有多维的变异性为特征的。这意味着,由群体所代表的物种能随时间而变化,因此在功能和结构特性上含有很大的种内变异性。种内变异性为通过选择最合适的种源(特定区域群体内的亚群体)优化木材生产提供了巨大的机遇。

　　树的寿命几十年至几千年不等,与树的分类地位或其他性质没有明显的关系。树的死因通常不是单一的。通常的死因是,树生长、成熟而生理过程恶化,遭遇昆虫或真菌的侵袭。裸子植物和被子植物都能活到数百乃至数千年[1]。

2.2 树的结构

2.2.1 概念

树干,因经济价值,一般是林业的首要关注点。树干在树运作中的功能是连接叶与土壤系统,并连同枝一起为叶吸收太阳辐射提供框架,借以推动光合作用和其他的生理过程。树干通常是一个向上逐渐变小的圆锥体,由每年的径向生长层(年轮)形成(图2-2)。在任何高度,径向生长都是越近树干表面越小。随着树龄的增长,最大的径向生长逐渐向上转移,高生长减缓。许多树种的高生长要比径生长减缓得早而快。木头在密度分布上与径向生长分布是一致的:年轮宽指示密度小,反之亦然。

叶系和枝构成冠部。枝发育于株干顶芽周围的侧芽。起源于同龄芽的枝组成枝轮。每一枝条最初由年轮外延长在株干上,属于该枝出现的那个季节中株干生长的一部分。枝因径向生长而形成的年轮与株干的年轮相似。较之株干的生长,枝的生长一般早早地就停止了。枯枝会自行整除,但会以节子的形式在株干木上留下明显的印记。株干的内部因此总带有绿节木(株干的最中心部分)和死节木(绿节之外)。株干下部的表层木通常是无节木。

随着枝的形成、生长、死亡和整除,树冠系统呈现动态变化。这种关系在枝轮生的裸子植物上最为清晰。树长高,冠部底层上移,每一轮枝都依次经历那四个过程。这意味着,光合作用效率最高的新叶主要在冠部上层,很少受邻树遮阴。冠部下层则很少有光合产物输出。

2.2.2 木头的结构

图2-3说明形成层形成木头结构特征的基本活动。形成层向内形成木质部(木头),向

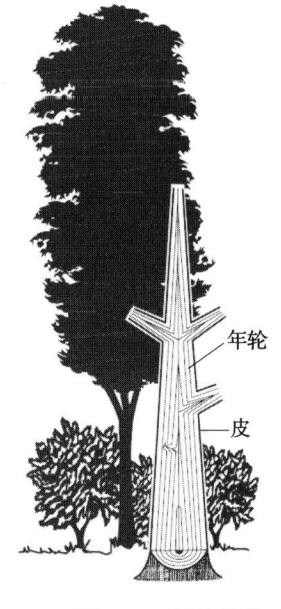

图2-2 树木结构

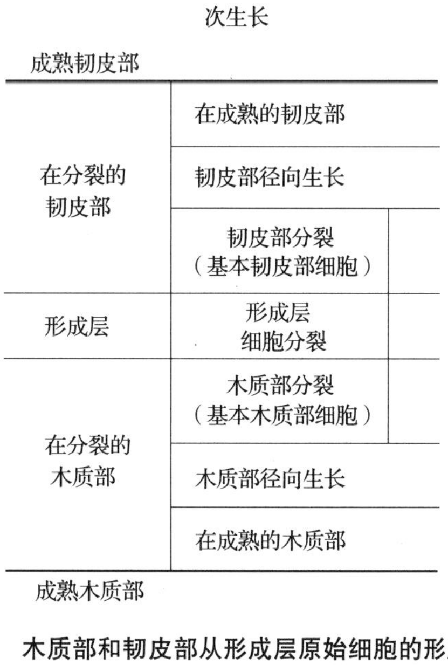

	次生长	
成熟韧皮部		
在分裂的韧皮部	在成熟的韧皮部	
	韧皮部径向生长	
	韧皮部分裂 (基本韧皮部细胞)	
形成层	形成层细胞分裂	
在分裂的木质部	木质部分裂 (基本木质部细胞)	
	木质部径向生长	
	在成熟的木质部	
成熟木质部		

图2-3 木质部和韧皮部从形成层原始细胞的形成

外形成韧皮部(皮),从而围着株干、枝和粗根形成一个连续层。结果是直径生长,以径向为主,但也有切向。同时,木质部和韧皮部的细胞先分裂,再分化成各种类型的纵向和横向成分,继而变为成熟的木质部和韧皮部。

在裸子植物中,木头的纵向元素主要是管胞(90%)(图2-4)。这些管胞是从土壤到叶的通道,用于运输水分以及其中的溶解性养分。木头的横

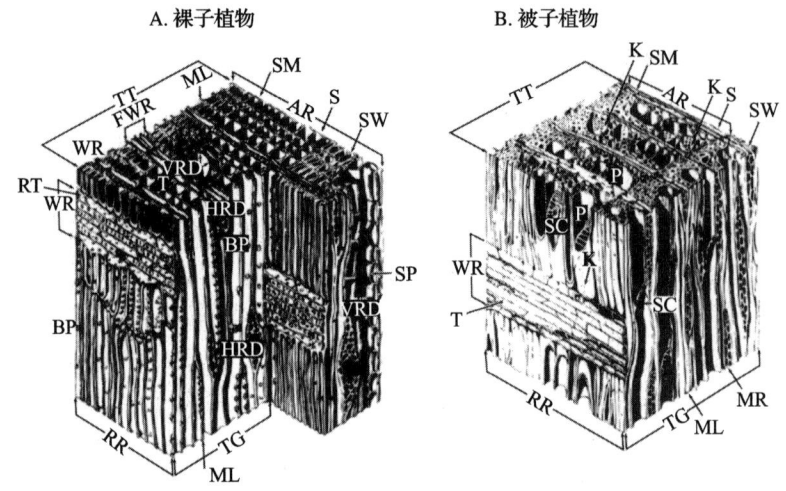

图2-4 木头的结构[3]

TT—横剖面　RR—纵剖面　TG—弦剖面　T—管胞
ML—胞间层　S—早材　SM 或 SW—晚材　AR—年轮　WR—木射线
RT—射线管胞　FWR—纺锤形木射线　SP—单纹孔　BP—具缘纹孔
HRD—横向树脂管　VRD—垂直树脂管　P—导管　SC—导管末端穿孔板　K—纹孔

向元素主要包括射线管胞和射线薄壁组织细胞。在针叶树的木质部中,树脂沟有纵向,也有横向;其周围的上皮细胞(泌脂细胞)分泌树脂。管胞是狭窄、厚壁的细胞,可达7cm长。管胞由纹孔相连,纹孔主要位于径向胞壁。胞壁由层层纤维微丝组成,靠木质素胶合。这些纤丝含有纤维分子组成的胶束。胶束间的空隙构成毛细管系统,使水能从根流向叶。管胞仅在有必要形成时才是活的。因此,木头中的大多管胞都是死的。

在被子植物中,木头的元素是纵向的导管、管胞、两端变细的细纤维(锐端型),还有纵向薄壁组织和上皮细胞。被子植物木头的主要部件是又长又细、垂直指向的纤维细胞(高达60%)。导管由穿孔壁相连通,水分则通过导管垂直运动。导管在木头的横切面上的分布是随机的(散孔材、散孔种),但有时呈环状安排(环孔材、环孔种)。液体的横向运动靠纹孔。被子植物木头的横向元素主要是射线薄壁组织。在寒温带和温带,被子植物没有树脂沟。

2.2.3　皮

如图2-5所示,树皮分为内皮(韧皮部)或外皮(粗皮,又称落皮层)。内皮形成于形成层与周皮或粗皮的最内层之间;粗皮是死去的部分,在树干的下部最厚。韧皮部提供物质转移的通道;粗皮则减少水的损失,并防止机械性和温度性损伤。树皮组织包括初生韧皮部,次生韧皮部,薄壁组织细胞构成的皮层,以及周皮。韧皮部,或次生韧皮部,出自纵向筛管细胞,以及薄壁、组织细胞,带有树脂单宁和纤维。横向射线含有薄壁组织细胞。外皮在树干下部占的比例较大,并朝树干顶部减少。

2.2.4　叶

裸子植物的叶系一般是由常绿针叶组成,但落叶松属是主要例外。针叶起始于针叶原生

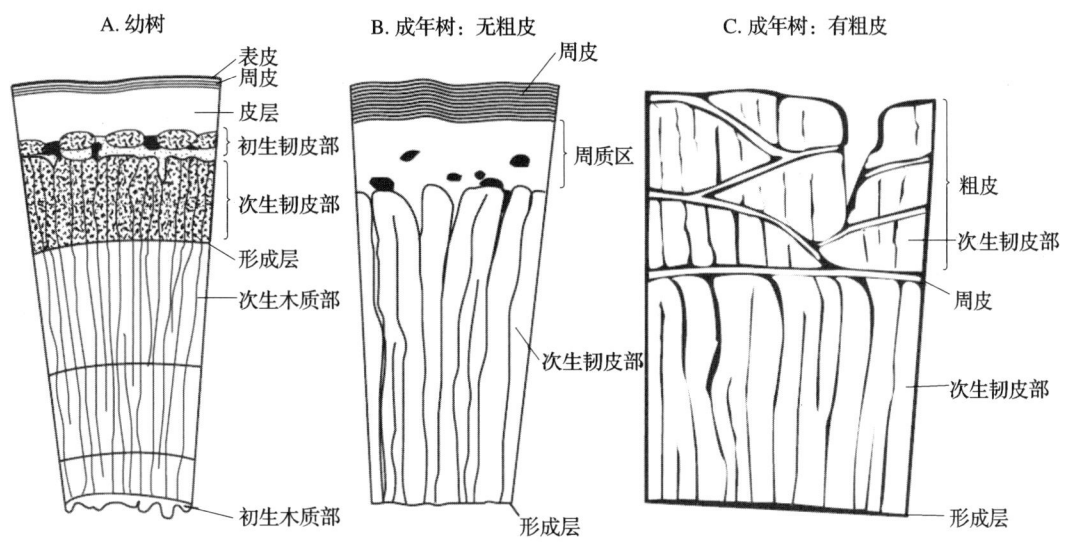

图 2-5　树干皮的结构[3]

细胞(束),每束能长几根针叶。确定每束的针叶数目是鉴别松树种的常用方法。针叶按一定的格局依附在枝条上,代表株干和主枝(以及主枝上的分枝)的延伸生长。

大多数裸子植物的叶,作为针叶,呈线形,或披针形,双面扁平。针叶表面(表皮)一般有蜡层覆盖,使叶中的水蒸气主要只能通过气孔蒸发,如图 2-6 所示。气孔还为二氧化碳的摄入针叶提供通道。气孔响应环境因素或开或闭,从而优化水分用于光合生产。

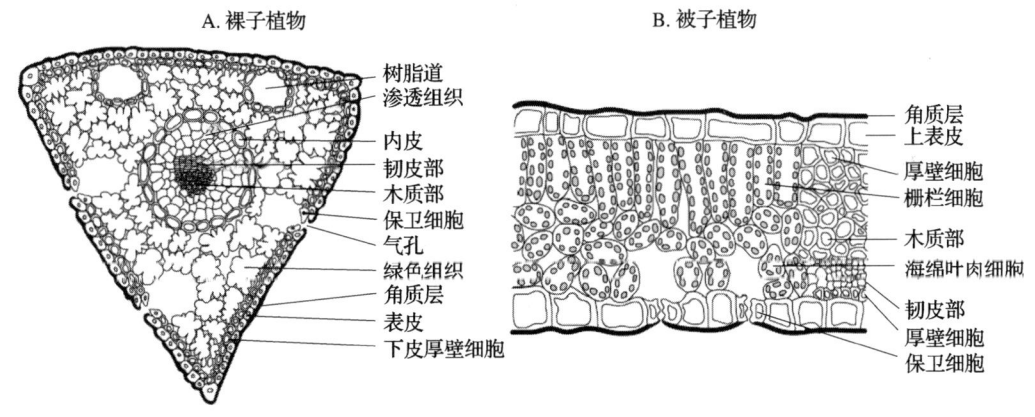

图 2-6　树叶结构[3]

针叶组织最多的是叶肉,由栅栏细胞与薄壁组织细胞构成。在针叶的内表面(内皮层)有木质部和韧皮部合成的维管束,构成运输系统,为叶的光合组织供应水分和养分(木质部),也从光合组织向叶内和其他生长组织转移物质(韧皮部)。松树等裸子植物的叶还有树脂管。

原则上,被子植物的叶在结构上与裸子植物的叶相同,但通常平展,有叶柄支撑。叶组织主要是叶肉,上、下有表皮层包裹。叶脉系统凭维管束运输水分和矿物质。叶脉安排构成一定的网络系统,是许多被子植物种的识别特征。被子植物的叶通常有蜡、毛或其他覆盖性器官,能有效减少气孔之外的表面损失水蒸气。

2.2.5 根系

根使树固定于土壤。土壤中的水分和养分借此得以吸收,供给叶和其他器官的活组织,用于生理过程,支持树的繁殖和生长(图2-7)。根分为粗根和细根,分别起支撑作用(固定)和生理作用(吸收水分、养分)。模型通常把根系视为地下的树冠系统。这是假定冠部与根部在水分集流方面具有紧密的功能关系。粗根(木质根)以长根构成永久性根系;长根像株干和枝一样能增长、增粗。永久性根系主要是水平方向生长的长根,但也有垂直生长的长根,其中有一条或多条主根具有很高的抗风能力。

长根分支而成短根,构成根系中富有生理活性的部分。大部分短根有菌根形成。这意味着,真菌菌丝包围短根,提高短根吸收水分和养分的能力。树与真菌间的共生关系在世界各地所有类群的树中普遍存在。树种不同,根在土层中占据的深度也不同。挪威云杉的根系接近土壤表面,而欧洲赤松的根系则要深得多。根能连接邻树(根接)。

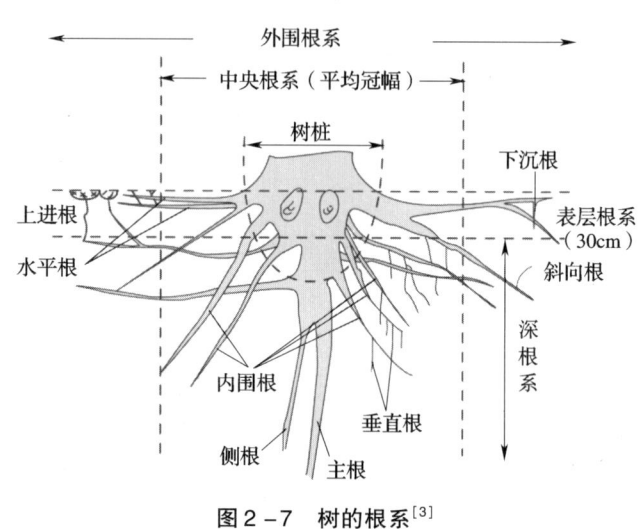

图2-7 树的根系[3]

2.3 树的运作

2.3.1 概念

在寒温带和温带,树的运作随生命周期变化,每年经历活动期和休眠期的循环(年循环),进行各种生理过程,满足繁殖、生长和防御的需求(图2-8)。在这方面,树能适应高度变化的条件。在寒温带,欧洲赤松等树种在休眠期能忍受-50℃以下的低温。在春季,日长增加,温度上升,夜间霜冻的风险减小,休眠打破,树芽开放。春夏形成的新枝、叶、花所需要的一切,芽内都有。与阔叶树不同,针叶林每年只脱落最老的针叶(落叶松是个例外,这方面更像阔叶树)。在休眠期到来之前,落叶树把所有的光合产物和叶绿素从叶部运往株干和根部。新芽在叶落前形成。

树的主要运作特征是生长,产生树的各种结构。通常把树生长定义为单位时间内生物量的增加。生物量的增加也意味着单位时间内其他维系的增加,诸如树干的直径、长度和体积。生长是多种新陈代谢过程的表现,受制于树的遗传特性以及影响该树的环境因子。

在年循环中,物质因子(二氧化碳、水、养分)和能量因子(辐射、热、重力、风的机械力、雪的机械力)影响树的生

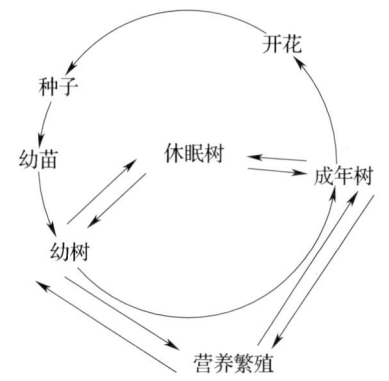

图2-8 树一生中的年循环

长。能量因子控制物质因子的摄取和利用,以及随后的代谢和生长。光合作用、蒸腾作用、呼吸作用、养分摄取、水分摄取、代谢物转移以及活组织的生长和维持是直接或间接影响树生长和繁殖的主要生理过程。树的生长与随后形成的结构代表了基因型对盛行环境条件的交互作用性响应,如图 2-9 所示。

叶内形成的光合产物被分配到顶端分生组织(如,株干的高生长,枝、根的长生长)和形成层(在株干、枝与木质根上形成木质部与包皮的年轮)。光合过程在辐射、温度以及土壤有效水分和养分的控制下固定大气中的二氧化碳。重力影响风等因素给树干施加的压力,从而影响树干上下各部位直径生长的分配。

2.3.2 光合作用

2.3.2.1 生物化学

光合作用是个过程:在一定的水分和养分条件下,叶内扩散的二氧化碳在叶绿体中被还原成碳水化合物和其他物质(图 2-10)。该过程受太阳辐射和温度驱动。2%~5% 的太阳能被转化成化学能,如下列等式所示:

$$6\times 二氧化碳 + 6\times 水 \rightarrow 叶绿素 \rightarrow 葡萄糖 + 6\times 氧气 \tag{2-1}$$

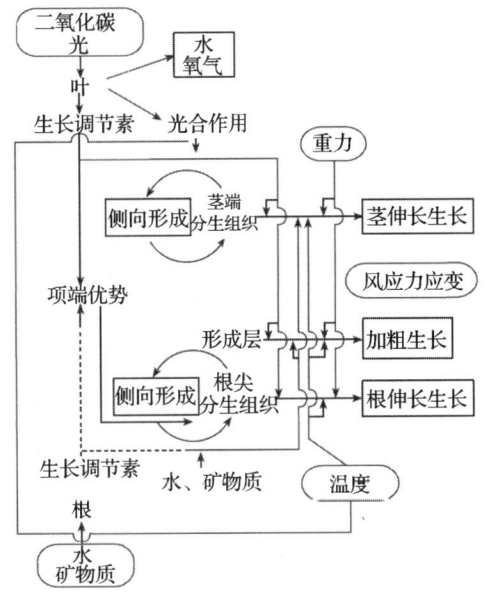

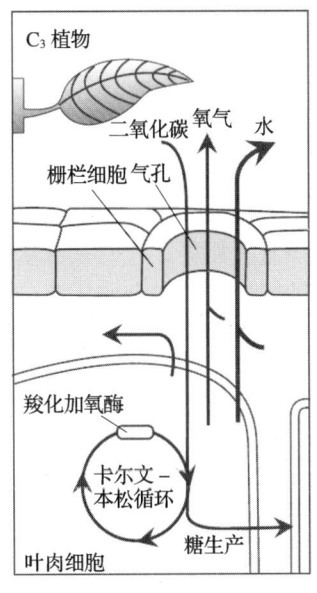

图 2-9 影响树生长的一些主要
因子及其相互关系[4]

图 2-10 碳三植物光合作用的基本过程[5-6]

卡尔文-本松循环是叶绿体内的一系列生化反应

光合作用收获日辐射,再通过一系列反应使之转换成化学能。这些反应有的需要光(光反应),有的不需要光(暗反应)。叶肉组织内有许多绿色素(叶绿素)(图 2-11)。叶绿素能吸收光能,借以把水氧化成氧分子,把二氧化碳(CO_2)还原成糖。被吸收的光驱动电子从供体化合物向受体化合物转移。光反应产生三磷酸腺苷和还原型辅酶Ⅱ(学名:烟酰胺腺嘌呤二核苷酸磷酸);两者都是高能量,用于合成糖(CH_2O)。

在光合作用中,寒温带和温带的树(碳三植物)白天不能像某些热带植物(碳四植物)那样直接回收叶内释放的二氧化碳。碳三植物能利用大气二氧化碳的富集,而碳四植物对这种增加只有很小的响应。

糖的合成不需要光,而是经过光和碳还原循环:碳和水在酶的作用下与五碳糖受体分子结合,产生两个三碳糖中间物分子,再用光化生成的三磷酸腺苷和还原型辅酶Ⅱ进一步还原成碳水化合物。五碳糖受体的再生标志循环的完成。位于叶绿体的羧化加氧酶(学名:二磷酸核酮糖羧化酶/加氧酶)催化碳和一种五碳糖(1,5-二磷酸核酮糖)之间的反应。该酶约占叶中可溶性蛋白质的40%。

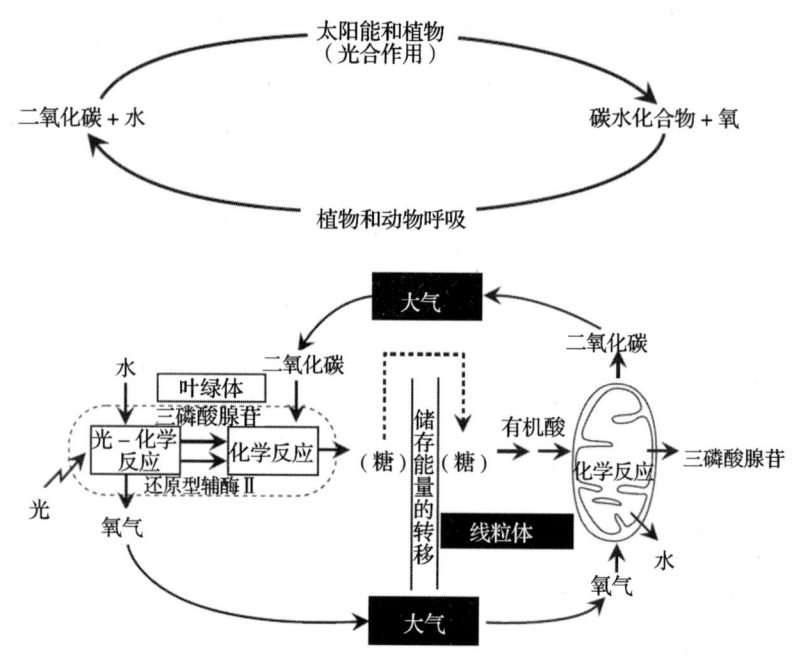

图2-11 叶子在叶绿体内光合作用固碳和所固能量在线粒体内用于生活功能[5-6]

详见文内解释

氮与驱动光合作用的生化过程密切相关。树的光合活性与叶中的氮含量成线性正比。这一关系把树的生产力与氮循环联结起来,因此也与立地的肥力联结起来;那是,叶的氮含量与立地的供氮量相关。叶的氮含量变动于干重的0.5%~4%之间,诚如欧洲赤松的典型情况。这种变动能使最大光合作用率(在没有其他因子限制的条件下的光合作用率)从下限到上限增长一倍。树的叶量随光合作用总量同步增加。

2.3.2.2 树的光合生产

光合过程发生于各个单叶中。单株树的所有叶合成叶系。相邻的树冠一起构成林冠(图2-12)。林冠能随叶量及其空间分布改变内部盛行的环境(小气候)。这对光的影响尤其大:光在穿越林冠时迅速减弱。而且,林冠内叶系的温度和空气的湿度都随林冠结构变化,影响能量、水分和养分的可获量,进而影响气孔功能和光合速率。

生态模型通常使用碳三植物光合速率的基本原则[8]计算对二氧化碳的生化需求。依据二氧化碳的扩散进入叶内,以及光合过程的生化特性,有如下总方程:

$$v_n = \min(v_c, v_q) - v_{day} \tag{2-2}$$

式中 v_n——净光合速率,$\mu mol/(m^2 \cdot s)$

v_c——羧化加氧酶活性限制下的光合总速率,$\mu mol/(m^2 \cdot s)$

v_q——电子传输再生三磷酸核酮糖的速率限制下的光合速率,$\mu mol/(m^2 \cdot s)$

v_{day}——白天的呼吸速率,$\mu mol/(m^2 \cdot s)$

在全日照下,增加二氧化碳会提高净光合速率,直到二氧化碳不再限制暗反应。在二氧化碳供应充裕的情况下,增加光照会提高净光合作用,直到光反应不再限制净光合作用。

下面的公式给出羧化加氧酶活性限制下的同化速率[7]:

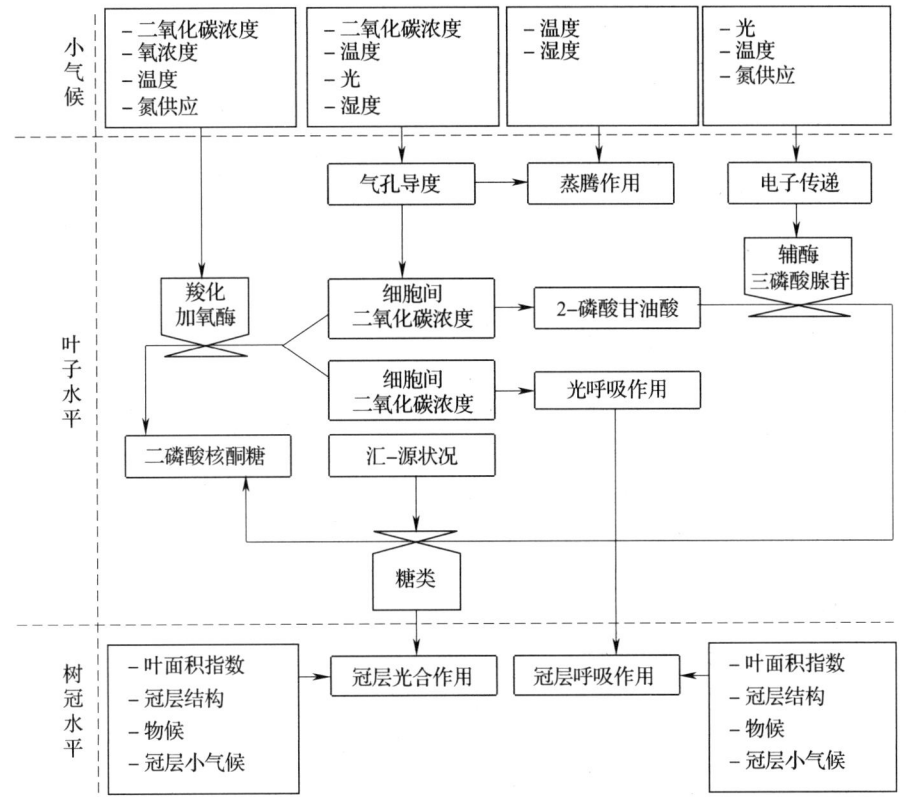

图2-12 制约光合作用生化过程的二氧化碳和光在树林及盛行环境条件下的供应[7]

注:光合过程在叶中进行,叶构成树冠及林冠,冠层性质影响制约光合过程的小气候。

$$v_c = \frac{v_{cmax}(c_i - \Gamma_*)}{c_i + K_c(1 + c_{oi}/K_o)} \tag{2-3}$$

式中 v_{cmax} ——最大羧化速率,$\mu mol/(m^2 \cdot s)$

c_i ——叶内空间中的二氧化碳浓度,$\mu mol/(m^2 \cdot s)$

Γ_* ——零呼吸下的二氧化碳补偿点,$\mu mol/(m^2 \cdot s)$

c_{oi} ——细胞间隙中的氧浓度,$210 \mu mol/mol$

K_c ——二氧化碳的米氏常数

K_o ——氧气的米氏常数

最大羧化速率发生于三磷酸核酮糖和二氧化碳饱和条件下,常假定与叶系氮含量呈线性函数关系[9-10]。下式给出三磷酸核酮糖再生限制下的同化速率 v_q[7]:

$$v_q = \frac{v_J(c_i - \Gamma_*)}{4.5(c_i + 7/3 \Gamma_*)} \tag{2-4}$$

式中 v_J ——电子传输速率,$\mu mol/(m^2 \cdot s)$

按投影面积求解 v 如下[7]:

$$\theta v_J^2 - (Q\alpha + v_{max})v + \alpha Q v_{max} = 0 \tag{2-5}$$

式中 v_{max} ——电子传递的最大速率,$\mu mol/(m^2 \cdot s)$

α ——电子传递的量子需要量

θ ——曲线的凸形系数,量纲值为0.5

Q——光系统吸收的光子通量密度[10-11]

下式计算特定时刻 t 的 c_i 值[7]：

$$c_{i,t} = c_{a,t} - \frac{1.6 v_{n,t-1}}{gs_{t-1}} \quad (2-6)$$

式中　$c_{a,t}$——同时刻大气二氧化碳的浓度

　　　1.6——水蒸气和二氧化碳二元分子扩散系数之间的大致比值

　　　v_n——光合速率，$\mu mol/(m^2 \cdot s)$

　　　gs——气孔导度，m/s

气孔导度受土壤水分、土壤温度、日最低气温、水蒸气压亏缺、大气二氧化碳浓度和光子通量密度的限制[12]。

在式(2-3)到式(2-5)中，参数 Γ_*、K_c、K_o 和 v_{day} 的取值都取决于温度，就像参数 v_{max} 和 v_{cmax} 那样[13]。这意味着，净光合作用随温度增升，但在更高温度时反而会下降，如图2-13所示。提高二氧化碳水平也增加光合速率，但总输出密切取决于当时的光照和温度条件。这些因子对光合作用的影响是间接性的，因为光和温度也控制气孔导度。

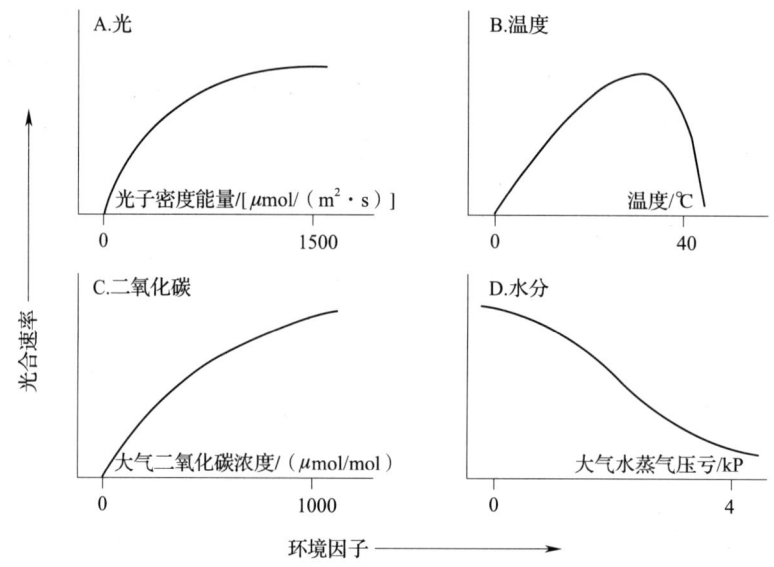

图2-13　光合速率对几个环境因子的响应曲线

2.3.3　蒸腾作用

蒸腾作用是物理过程：土壤和大气之间的水势差使水从土壤，经过根系、株干和叶系，流向大气，如图2-14所示。这流动给各种器官的细胞供水，维持细胞膨压和生理过程。同时，水流还给叶系和其他器官输送养分，用于生理和生长过程。下式把单位叶面积的蒸腾速率与叶系的能量平衡联系起来[14]：

$$R - H - \lambda E = 0 \quad (2-7)$$

式中　R——单位时间净辐射能量，$J/(m^2 \cdot s)$

　　　H——空气和树叶间的不同温度造成的显热损失，W/m^2

　　　λ——水的潜热，2453000J/kg

　　　E——蒸腾速率，$g/(m^2 \cdot s)$

同时，

$$E = \frac{c_p \rho}{\gamma \lambda} \cdot \frac{e_s(t_1) - e_a}{r_1} \qquad (2-8)$$

式中 c_p——空气的比热容，1004.0J/(kg·℃)

ρ——空气密度，1.220kg/m³

γ——湿度计常数，66.0Pa/℃

t_1——叶温，℃

$e_s(t_1)$——作为叶温函数的水蒸气压，Pa

e_a——空气的水蒸气压，Pa

r_1——叶和相邻空气对水蒸气流向大气的总阻力

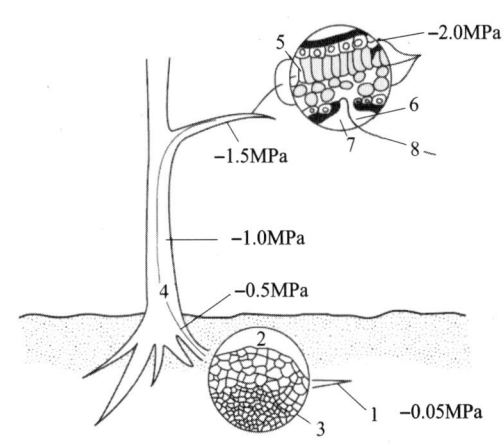

图 2-14 驱使水从土壤流经根茎叶而进入大气的水势差以及影响水流的一些树器官性质
1—根际土壤毛细管性质 2—根表皮 3—根内皮层
4—运水管胞 5—叶薄壁组织 6—气孔 7—叶边界层
8—气孔腔和大气之间的水汽压差

上式表明，蒸腾率与叶和大气间的水汽压差相关。气孔导度有效地控制蒸腾率，使辐射的增加促进蒸腾，但叶系水势的减小和大气水蒸气亏缺的增大都降低气孔导度，如图 2-15 所示。由于土壤供水影响叶系水势，只要根系周围水量减少，气孔导度就会降低。

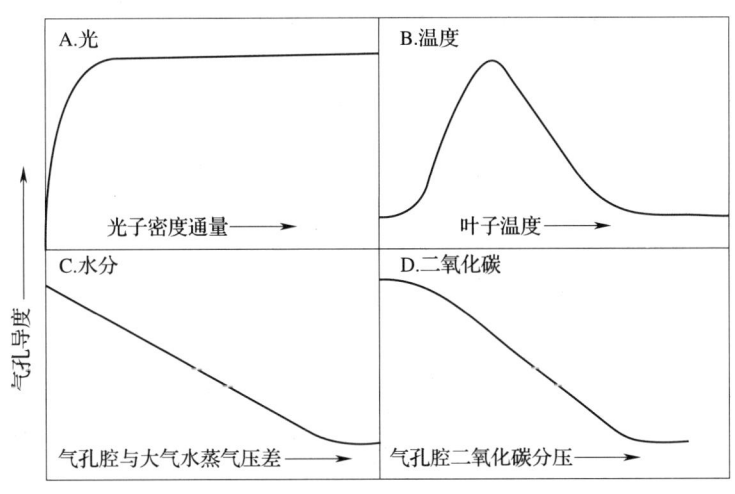

图 2-15 气孔导度的响应曲线

2.3.4 呼吸作用

呼吸作用意味着化学能量用于维持活组织(维持性呼吸)和生长新组织(生长性呼吸)。现有组织的维持性呼吸(暗呼吸)率按下式与温度条件和活组织量相关：

$$v_{m,t} = a \cdot Q_{10}^{t/10.0} \cdot m \qquad (2-9)$$

式中 $v_{m,t}$——暗呼吸率，μmol/(m²·s)

t——各器官所处大气(干、枝、叶)或土壤(根)的即时温度，℃

m——器官中具有呼吸能力的组织的物量，kg

a——参数，指示单位物量组织的呼吸率，μmol/(kg·m²·s)

Q_{10}——温度系数,指示呼吸率在温度变化10℃时的相对变化

呼吸组织的氮浓度对呼吸水平(参数 a)有强烈影响;组织中氮越多,呼吸率就越高[15]。同时,呼吸率与所有化学反应一样,随温度呈指数增长(图2-16)。从总光合量中减去呼吸值,便得到可供生长的光合产物量。

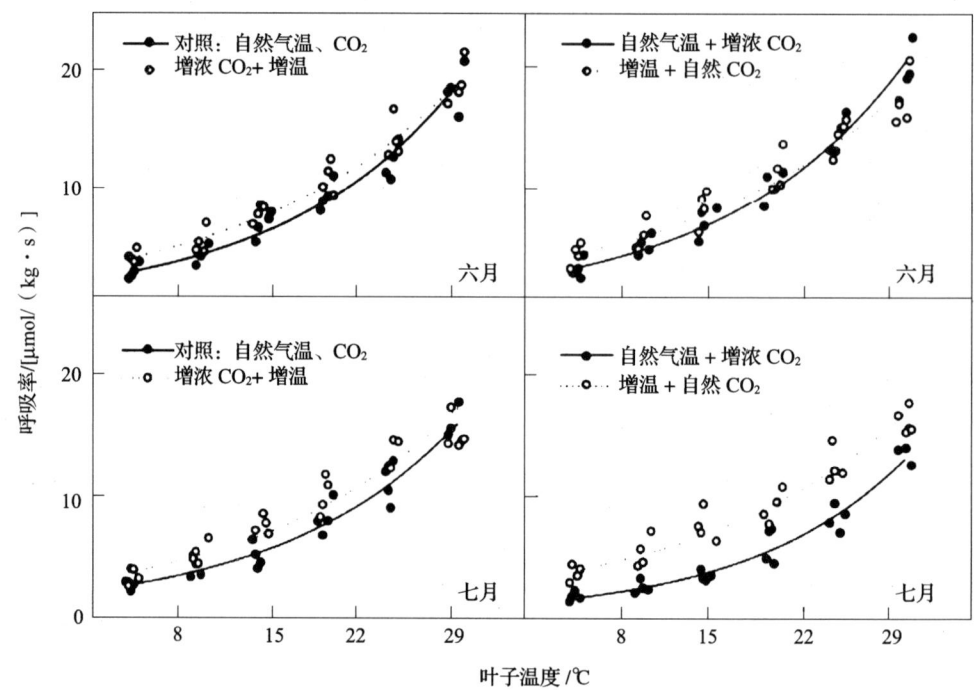

图2-16 欧洲赤松呼吸率随大气温度和二氧化碳(CO_2)浓度变化[16]

增温—夏季增2℃,春秋增4℃,冬增6℃ 增浓CO_2—翻番为700mg/kg

在生长呼吸中,葡萄糖和其他碳水化合物转化为形成层的生长组织(生长性分生组织),形成由碳水化合物、纤维素、木质素、蛋白质和脂肪组成的新组织。以北美黄杉为例,碳水化合物和木质素分别占针叶生物量的60%和15%,占树干生物量的65%和30%。蛋白质、脂肪和矿物质的比重较小(不超过10%),随组织类型而异[16]。每千克葡萄糖生产约0.65kg干物质;这与组织类型无关。这意味着,生长中每形成1kg干物质就会生产0.35kg左右的二氧化碳。生物质的碳含量是每千克干物量含0.50~0.55kg碳[17]。

2.3.5 生长

2.3.5.1 生长:概念与组分

生长是个过程,使光合产物转化为特定的结构而变成树器官的永久性组织。光合产物从叶系转移到不同器官的生长性分生组织,再转化成那些器官的组织,如图2-17所示。这种转移依赖于消费点(汇,如芽、根)和生产点(源,如正在进行光合作用的针叶)之间的光合产物梯度。光合产物从源向汇的流动发生于韧皮部。氮和矿质养分也通过韧皮部从衰老器官向生长器官转移,再被结合进生长器官的组织。

2.3.5.2 高度生长与径向生长

树的生长通常分为高度生长和直径生长。这意味着顶生分生组织和侧生分生组织的活

动。高度生长也指树的任何器官(干、枝、根)从顶生分生组织的伸长。在树的结构中,芽是微型枝(图2-18),有节和节间,还有叶的初始部件。绽芽后,叶展放,节间延伸。整个枝条伸长,生长组织开始执行枝条的功能。枝条生长主要表现为节间组织的伸长和扩展。

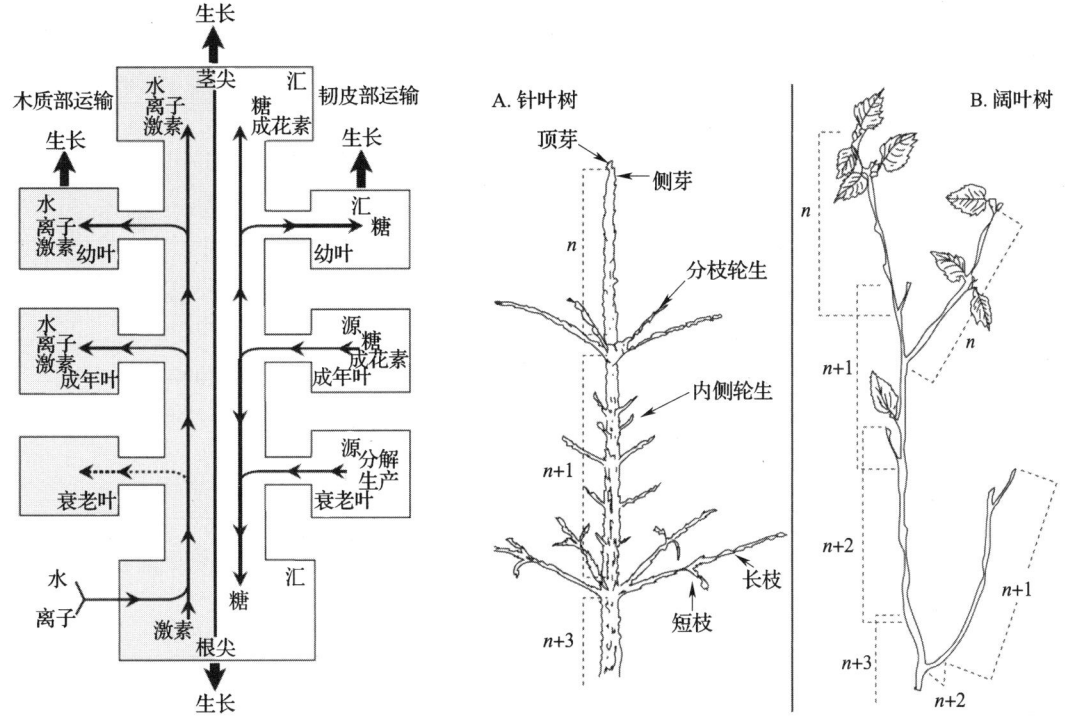

图2-17 树内的团流和光合产物 图2-18 树的高生长模式;n
等从源向汇的转移[6] 代表枝的出生年份

在寒温带和温带,夏季(高温)和冬季(低温)之间的轮回循环控制生长。许多针叶树的高生长是单轴、预定的:株干的伸长是以顶芽为基础。高生长随着顶芽的形成而结束,再随顶芽经历冬眠后在翌春绽放而开始。在寒温带条件下,芽极少在自身形成的同一生长季抽发(夏枝、秋枝)并长出新芽。许多阔叶树的生长是合轴、连续的。这意味着高生长能从顶芽开始,但随后的生长可能来自其他芽。生长的开始也起动新芽的形成;这些新芽会在同一生长季内绽开,继以尽量生长,就如桦属的树种那样。

在寒温带和温带条件下,径向生长始于芽绽之后,取决于温度(图2-19)。径向生长从株干的上部开始,逐渐向下延展,使韧皮部的形成早于木质部。径向生长的开始都晚于高生长。这意味着,当高生长停止时,木质部细胞开始成熟。木质部的形成表明由薄壁细胞构成的早材(春木)转向由厚壁细胞构成的晚材(夏木)。同时,欧洲赤松等北方针叶树的针叶生长达到峰值,新的针叶逐渐进入全面成熟期。径向生长的终结取决于光周期的长度和白昼时间的减少。径向生长停止后,新的细胞不再形成,但细胞壁仍可以继续增厚。

2.3.5.3 气候变化下的高度生长与直径生长

图2-20显示实验室条件下,增温(单独或同时提高二氧化碳浓度)比现实条件下绽芽(高生长起始)的时间提早10多天。另一方面,生长也要早结束3周左右。这意味着,增温后生长期长度缩短了10d左右。与现实条件下相比,单提高二氧化碳浓度对生长的时间没有影响。

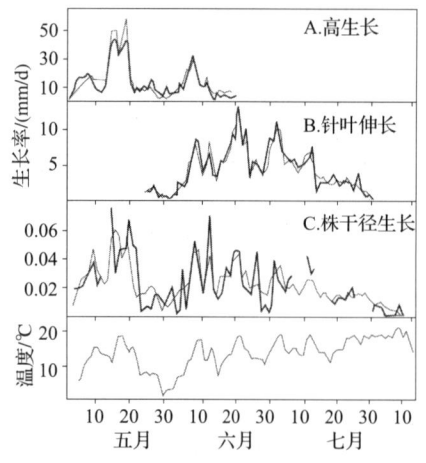

图2-19 季节对欧洲赤松生长的影响：
寒温带条件[18]

细线—实测值 粗线—模拟值

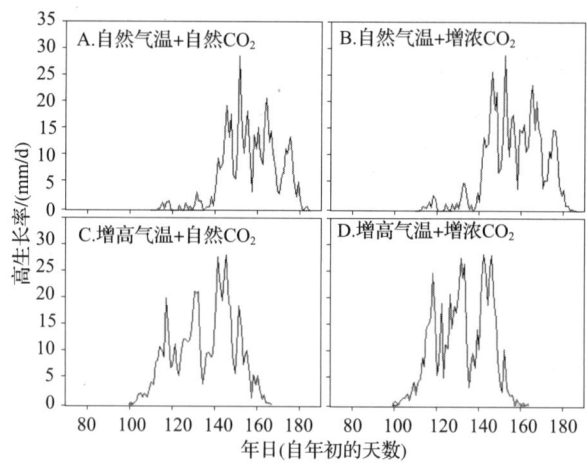

图2-20 欧洲赤松在对照(1997—2002年)
和气候变化条件下的高生长：封闭箱实验[19]

增温—夏季增2℃，春秋4℃，冬6℃

增浓二氧化碳(CO_2)—翻番为700mg/kg

因此，就日历时间而言，增温明显改变了高生长的季节曲线。高生长的季节曲线是与如下温度累积总数(积温)相关的：

$$TS_{>5} = \sum_{d=1}^{n} \max(0, T_d - 5) \quad (2-10)$$

式中 $TS_{>5}$——积温值，℃·日(阈值为+5℃)

T_d——日平均气温，℃

n——年日，自年初的第 n 天

显然，与其他处理相比，高生长在增温(单独或同时增加二氧化碳浓度)条件下开始与结束的积温值都要高(表2-5)。因此，生长顺应升温而推迟起始。另一方面，生长季的长度，若用积温度量，则与处理无关(450℃·日左右)。

表2-5 欧洲赤松高生长的始末时间：封闭箱实验[19-20]

处理	起始时间/ 年日	终结时间/ 年日	生长期长度 /d	生长期 初积温/ (℃·日)	生长期 末积温/ (℃·日)	生长期长度/ (℃·日)
现实条件	112	182	71	25	468	443
单增二氧化碳	110	182	73	20	479	459
单增气温	102	162	61	76	530	454
气温、二氧化碳同增	98	159	62	68	518	450

增温处理下的早绽芽也许表明，在气候变化下会有冻害风险——假定芽绽后温度还会降到零下。基于封闭箱实验中对欧洲赤松耐冻性的测定，发生冻害的风险可能很小，因为即使在单增温(或同时提高二氧化碳浓度)的条件下，绽芽时的抗凉性约为-30℃。这个值比现实条件下的绝对值(-70～-60℃)小很多，但在生长季开始时，温度低于-30℃的可能性纵然在气候变化下

大概也极小。如果只增高二氧化碳浓度,树的表现则与现实条件下的表现相当类似。

图2-21显示,总的高生长在现实条件下较小,但这种与其他处理之间的差异在统计意义上是不显著的。径生长的对比则不同。在6年的观测期内,单增高二氧化碳浓度使直径多长了66%。这幅度明显大于同时提高温度和二氧化碳浓度的情况(47%)。显然,增高温度会增加呼吸,从而减少了可供生长的光合产物量;那就是单增温的情况。在这种情况下,直径生长比现实环境中的树增加了19%。

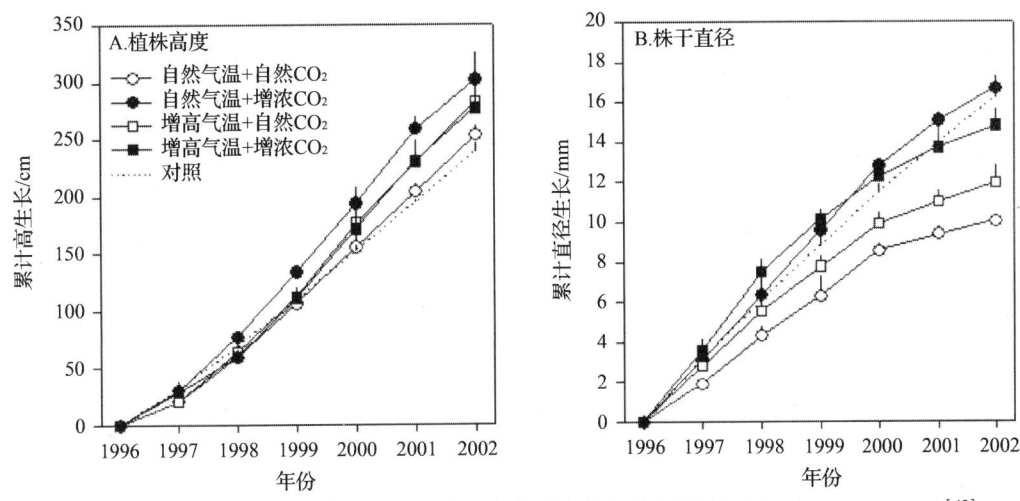

图2-21 欧洲赤松在对照(1997—2002年)和气候变化下的高度和株干直径:封闭箱实验[19]

增温—夏季增2℃,春秋增4℃,冬增6℃ 增浓二氧化碳(CO_2)—翻番为700mg/kg

2.3.5.4 生命全期的生长

年生长循环逐年重复,但在树的一生中,年生长量先加速,几十年后达到鼎盛。之后,年生长量则逐渐下降。生长速度鼎盛值的发生没有确切的时刻,但往往在林冠郁闭之后。这一模式在桦树那样的速生先锋树种中表现得尤为明显。该模式同样适用于挪威云杉那样的顶极树种,但在这种情况下,与桦树相比,鼎盛生长来得迟,持续时间长得多。这一鼎盛生长模式既适用于高生长,也适用于径生长。逻辑斯谛函数可以用来描述树一生的生长格局:

$$dbh_t = \frac{k}{1 + a \cdot \exp(b \cdot t)} \tag{2-11}$$

式中 dbh_t——树干在胸高处的直径(胸径)

t——树的年龄

k——树的最大可能直径

a, b——参数

该模型的一阶导数给出连年生长速率。相对生长速率(年生长除以总生长)同时减小,如图2-22所示。

2.3.5.5 树株的生长分布与树的比量性

直径和高度生长的密切关系表示,全树的生长配置具有一定的格局。树的年生长总量分布于各器官之间,使器官之间保持比量平衡。这意味着,可以借用某个器官(如株干)

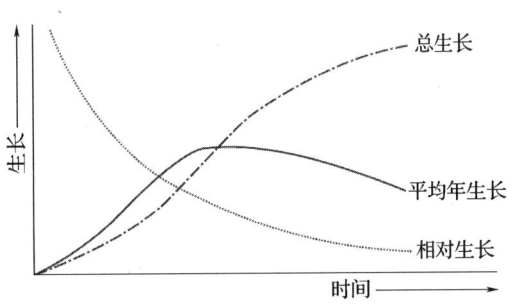

图2-22 树高和干径的进程:年生长率、总生长量及相对生长率(年生长率/总生长量)

的度量预测其他器官的量(如叶量、根量)。器官间的这种比量性(在汉语文献中习称异速生长,但实际不仅因为生长)被广泛用于开发以株干直径间接确定不同器官量的简单方法。

比量性决定了代表树结构的两个量之间的关系,如下列等式所示[21-22]:

$$y = Ax^k \tag{2-12}$$

式中 y——待定的如针叶之类的器官量

x——另一器官的某种度量

A, k——常数

这意味着,定量 x 和 y 的生长是彼此相对的。参数 k 表示这种相对生长速率的比值。由此导出下式:

$$\frac{1}{y} \cdot \frac{dy}{dt} = h \frac{1}{x} \cdot \frac{dx}{dt} \tag{2-13}$$

简化得到:

$$\frac{1}{y} \cdot dy = h \frac{1}{x} \cdot dx \tag{2-14}$$

如果 t 趋向无穷时,y 收敛于上限 Y,那么,

$$\frac{1}{y} \cdot dy = h \frac{1}{x} \cdot \left(1 - \frac{y}{Y}\right) \tag{2-15}$$

积分上式给出:

$$\frac{1}{y} = \left(\frac{1}{y_1} - \frac{1}{Y}\right) \cdot \frac{1}{x^h} + \frac{1}{Y} \tag{2-16}$$

式中 y_1——$x = 1$ 时的 y 值

代入下式:

$$\frac{1}{y_1} - \frac{1}{Y} = \frac{1}{A} \tag{2-17}$$

得出:

$$\frac{1}{y_1} = \frac{1}{Ax^h} + \frac{1}{Y} \tag{2-18}$$

当 Y 趋向无穷时,可以得出比量性公式 $y = Ax^h$。该式描述林分内的树间差异性,但不包括林分间的变异性。如果引入多项树结构的度量,再进行计算,就能避免这个问题。比量性公式的一种常用形式是:

$$w = A(dbh^2 \cdot H)^h \tag{2-19}$$

式中 w——器官(如叶系)量

H——树高

该式隐含有树林的结构信息,因此,要比仅以株干直径为独立变量的公式具有更广泛的适用性[21-22]。

2.3.6 死亡过程

就树而言,死亡可以指器官的枯损和全树的死亡。树器官叶、枝、根逐渐衰老、死亡,随之带着体内的有机化合物和营养物质变成枯落物(在汉语文献中常称枯枝落叶,但还包括其他器官)。图 2-23 显示,枯落物基本是器官中积累的最老的同龄群。因此,树器官中枯落物的形成代表了依据各器官特定的预期寿命,对其生物量进行废弃。这也涉及树干木:相对各器官的寿命,株干最内部的心材相当于其他器官的枯落物。

例如，欧洲赤松长有4个年龄级的针叶，其中当年生(新生)的针叶只有一小部分死亡，而1年生的针叶约有80%继续存活。2年生针叶的死亡率仍然较低，有60%能活到下一年。3年生的针叶只有40%存活而形成4年生龄级。欧洲赤松针叶同龄群的最大龄级为2~7年不等：较低纬度的寿命较短，较高纬度的则寿命较长。叶的这一模式也适用于其他器官的活组织，只是总的寿命和每年的存活率随器官不同。

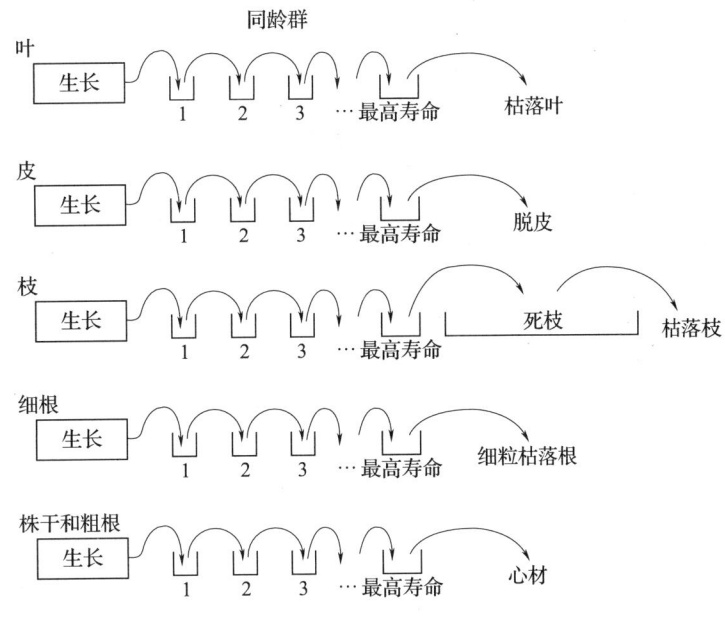

图2-23 树的各种器官同龄群枯落物的形成[23]

全树的死亡取决于树因生物量的增长而需要的空间配置。生物量长了，树就需要更多资源；最初同龄群中的一些树会在树林的发育演替过程中被淘汰或死去，如图2-24所示。特定的一块地只能支撑一定的生物量，只能供给演替中越来越少的几棵越来越大的树。在演替早期，林冠尚未郁闭，树间即使很近，也不会造成过多死亡。林冠郁闭会使死亡率大幅度上升，因为空间限制加剧。往后，死亡率会随树林生物量达到立地载容量(能支撑的最大植物生物量)而回降。这一模型适用于各种肥力的立地，但淘汰过程在肥力较差的地方会较慢。

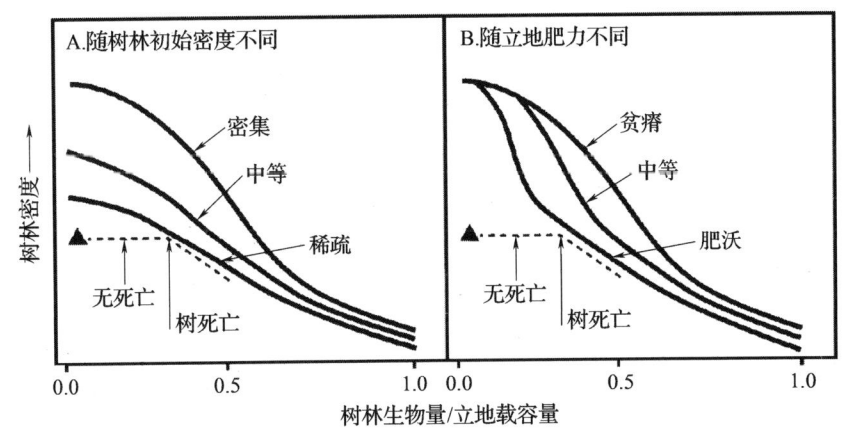

图2-24 树种群密度随自身生物量(作为立地载容量的分数)的变化[23-24]

2.3.7 繁殖过程

更新是指树产生后代。更新靠有性繁殖或营养繁殖。在有性繁殖中，树生产种子，种子在有利条件下发芽而长成幼苗，幼苗能进行生长必需的各项重要生理过程。树过幼年期后达到性成熟，开始开花结实。在寒温带，树一般在20~60年龄时开始大批生产种子；

被子植物比裸子植物要成熟得早。雌花雄花可以长在同株树上，或者不同株；这方面因树种而定。

有性繁殖包括形成花芽、开花、形成种子、种子成熟、种子脱落、种子萌发、幼苗建立。在被子植物中，这些阶段需要两年。裸子植物的繁殖周期则可以长达数年。就欧洲赤松，繁殖周期是4年(图2-25)。欧洲赤松的有性繁殖受制于气象条件造成的很大不定性，因为气象能相当强烈地影响繁殖的每个阶段。特别是在高纬度和林木线，由于温暖夏季的匮乏，极少具备繁殖更新的条件。

如果平均积温值长期低于800℃·日，那么，欧洲赤松就只能生产少量的成熟种子。图2-26显示，从芬兰北部的北极圈(北纬66°)到林木线(北纬70°)这一区域，夏季气温低，严重限制了欧洲赤松的更新繁殖。如果积温超过900~1000℃·日(北纬66°以下的芬兰南部)，欧洲赤松的种子一般能正常成熟，极少会因为种子欠成熟而延长林分的更新时间。即使在芬兰南部，气温的年变化也会影响更新，只是程度上比芬兰北部要小。

营养繁殖主要是靠根和株干上休眠芽的激活。这种繁殖如果是经由根系则尤为有效：树株可以借此扩展所占据的地域。营养繁殖在欧洲山杨等被子植物中颇为普遍，但在裸子植物中几乎是闻所未闻。在某些情况下，树枝接触土壤后会生根。在林木线条件下，挪威云杉能通过生根的树枝更新。即使在这些条件下，裸子植物的营养繁殖仍属罕见。

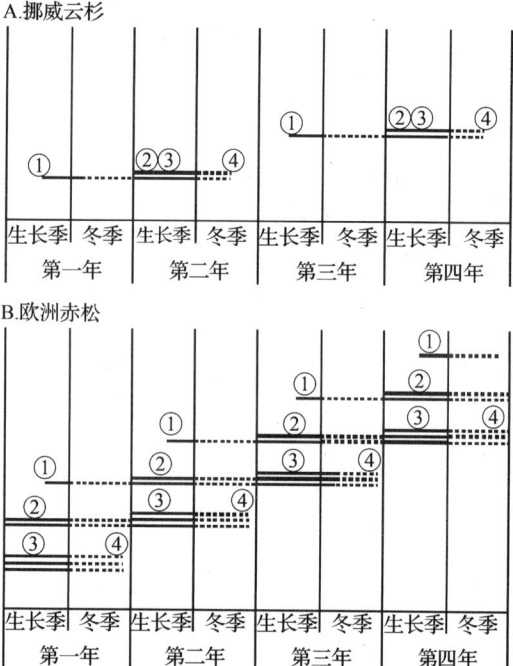

图2-25 两种针叶树历时4年的繁殖周期
①—花芽形成　②—开花和授粉　③—实际受精　④—播种
实线—活动期　虚线—休眠期　线数—自起始后的第几年数

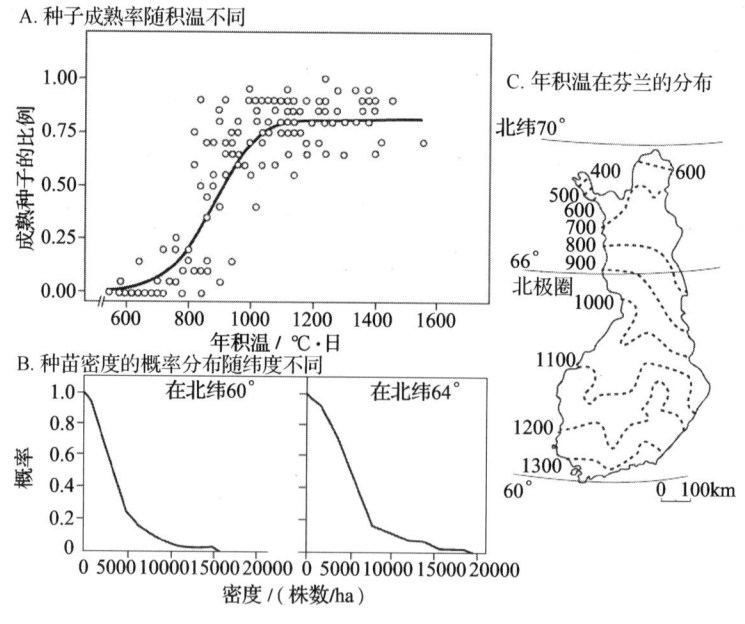

图2-26 繁殖更新随温度条件变化：芬兰的欧洲赤松[25]

2.4 森林生态系统及其动态

2.4.1 概念

森林是树和其他绿色生物在气候和土壤因素控制下占据立地而截留太阳能的生态系统。太阳能从生产者(绿色植物)流向消费者(绿色植物之外的生物)。在森林生态系统中,各种生物形成复杂的食物网。不同生物间的联系是动态的。这些联系是森林生态系统管理的钥匙。适当操控森林动态,既使森林生产木材和其他商品,同时又维护森林的环境价值。

生态系统的概念最早于20世纪30年代提出[26],在20世纪60年代得到广泛接受,用于分析生物与环境之间交互作用的动态关系,对生态资源的可持续性利用多有启示。据Odum[27],生态系统的概念是指有生命的生物与无生命的环境之间的交互作用,两者关系不可分离,彼此相互作用。"任何单元,如果包括了给定区域内的所有生物(即群落),这些生物与所在物理环境相互作用,使能量的流动导致系统内拥有清晰可辨的营养结构、生物多样性和物质循环(即生物和非生物间的物质交换),那么,就是生态学意义上的系统,即生态系统。"因此,生态系统包括生物体(生物群落)及其非生物环境,相互影响彼此的特性,乃至两者对维持生物圈的生命都是必不可少的(表2-6)。

表2-6 生态系统的结构特点,代表生物与环境之间的相互作用[27]

因子		描述	特征
非生物	气候因子	日辐射、温度、湿度、降水	独立于种群密度,代表的主要是驱动个体、种群和群落生理与生态过程的能量
	非气候性物理与化学因子	重力和压力 颗粒大小与物理结构 化学成分与矿质盐分 气体含量与基质的化学结构	独立于种群密度,代表可供生产的物质和驱动个体、种群和群落生理与生态过程的能量
生物	营养结构	无机养分浓度 食物供应的可获性 种内和种间相互作用—— 竞争、食植、捕食、寄生	受制于种群密度,代表食物网链中能量的流动和可供各营养级生产的物质。 受制于种群密度,代表能量流过反映不同营养级的食物网链时生物的食物供给与表现。

广泛用于描述生态系统性质的是结构与功能的概念。结构指各种群在群体中的存在和分布,受制于物理与化学性质在空间上分布的多样性。生态系统的结构描述通常包括[27]:
① 无机化合物,诸如碳、氮、二氧化碳、水;
② 有机化合物,诸如蛋白质、碳水化合物、脂类、腐殖质;
③ 气候体系,就辐射、温度、降水和风而言;
④ 生产者(自养生物),或绿色植物,能从简单的无机物生产出有机物质;
⑤ 大型消费者(异养生物),消费自养和其他生物;

⑥ 小型消费者(异养生物),消费和分解死亡了的有机材料中的复杂化合物。

生态系统的功能描述通常包括:
① 能流的固定与通过食物链;
② 食物链反映植食和更高水平的能量利用;
③ 时间和空间上的多样性格局;
④ 养分循环(生物地球化学循环);
⑤ 生态系统的发育和演变;
⑥ 生态系统的控制(控制论)。

生态系统的结构与功能通常是在各级组织水平上研究。从孤立的个体水平考虑生态系统的生物和非生物成分间的交互作用,产生个体生态学或生理生态学。从整个种群的层面考虑,则是把种群生态学和种群统计学引入生态系统中生物和非生物交互作用的分析。最后,考虑生物群落,导致生态系统生态学的研究,即群落生态学,适用于整个群落中相互作用的分析。

2.4.2 生态系统的运作和结构

在生理水平上,运作是指代谢过程(光合作用、呼吸作用、养分吸收、水分吸收)及其在控制种群和群落的繁殖、生长及死亡中的作用,如图2-27所示。在生态水平上,运作涉及繁殖、生长和死亡如何改变种群结构以及相应的群落结构。因此,生理过程通过能量流动、养分循环和水分循环把立地的气候和土壤特性与森林生态系统的动态联结起来。森林生态系统的长期运作(演替)则逐渐改变森林的结构。这一点明显体现于树种和地面植被组成的变化,以及树木、地面植被和土壤中有机物质的积累。森林的结构因此是所选时间段内运作的结果。

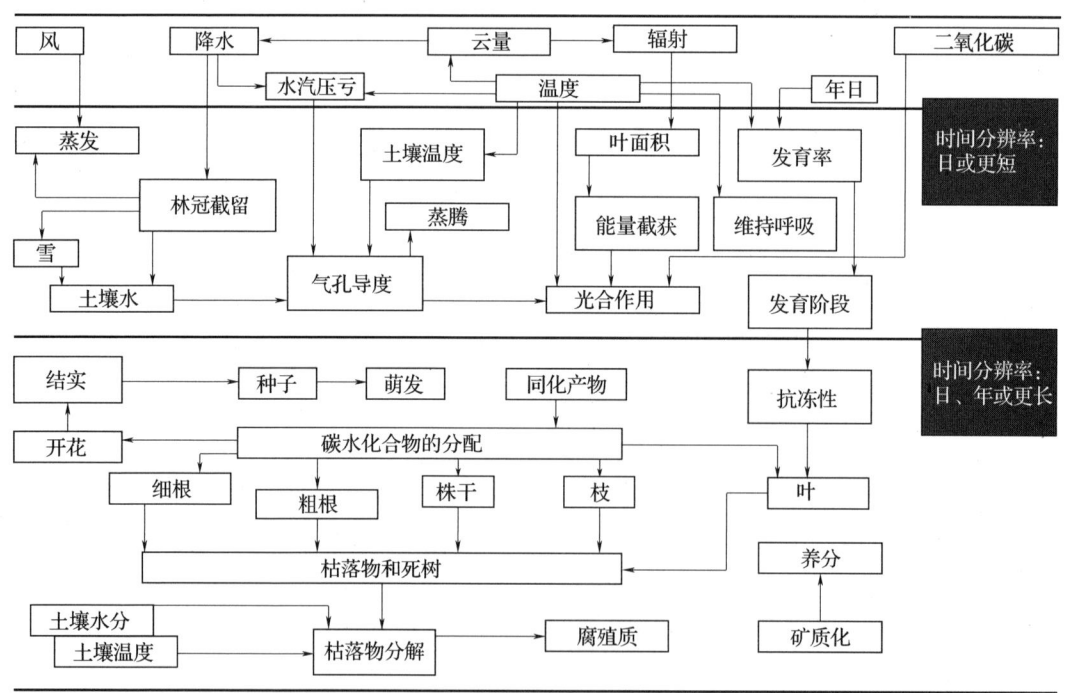

图2-27 森林生态系统的一些主要结构和功能性质:气候和土壤因子与树群间的交互作用[28]

2.4.3 通过能量固定反馈

能量通过光合作用和植物生长固定而进入森林生态系统,既为固能的植物自身,也为生态系统动能学中代表较高营养级水平的消费性生物(消费者)和分解性生物(分解者)提供能源。这些化学能在呼吸作用中,或者在微生物的发酵过程中,作为热能不断损失,直至耗竭殆尽。养分循环与能流平行。生物质中的养分随枯落物和腐殖质分解而得到释放。生态系统的食物网通过土壤因子反馈控制有赖于养分的光合作用。

树的生理过程逐株发生,但也能调节种群或群落中树与树之间的相互影响。树种群(或林分)是同一立地上树的集合。树冠及其组成的林冠改变这些树周围的气候(小气候)和土壤获得的降水量。反馈到生理过程(光合作用、呼吸作用、蒸腾作用)便把树的生长与大气和土壤因子联结起来。树冠中的总叶量和林冠结构是决定森林生态系统的总固能量以及水分和养分循环的主要因素。因此,林分密度(单位地面上的树株数)对林分的资源利用率和总生长量都有重要影响。这一点,对于备受树和林分性质控制的光效应,尤为如此(图2-28)。

在林分中,树间相互遮挡散射和直射辐射。假定树冠一生都呈椭球形,叶系面积在冠层内又分布均匀,而且林分内树的大小与数量的关系服从泊松分布。那么,太阳直射辐射在树冠内某定点(x,y,z)上的透射率(P_o)(冠隙概率)可由下列计算式得出[30-31]:

$$P_o = \exp(-\lambda \cdot A_{z,\alpha}) \cdot \exp(-k \cdot LAD \cdot t_{\alpha,x,y,z}) \qquad (2-20)$$

式中 λ——林分株密度,株数/m²

z——树顶到所在冠层距离,m

α——太阳高度,弧度

$A_{z,\alpha}$——在α时z深处水平面上的树冠投影面积,m²

LAD——树冠叶面积密度,m²/m³

k——消光系数,量纲为1

$t_{\alpha,x,y,z}$——直射辐射在冠内的途径长度,m

另外,两项指数分别为穿透相邻树冠间空隙的概率和穿透特定树冠内空隙的概率。

下列等式计算树冠投影面积:

$$A_{z,a} = \int_0^z \iint_{A_z} \exp(-k \cdot LAD \cdot t_{\alpha,x,y,z}) \cdot k \cdot LAD/\sin(\alpha) \, dxdydz \qquad (2-21)$$

式中 A_z——树冠在深度z处的水平横截面

入射特定冠层的辐射是直射与散射之和。下式给出定点(x,y,z)叶面积上的直射入射强度(在汉语文献中常称直接辐照度):

$$I_{MD} = k \cdot I_D \cdot P_o \qquad (2-22)$$

式中 I_{MD}——平均直射入射强度,W/m²

I_D——届时在树顶的天空直射辐射量,W/m²

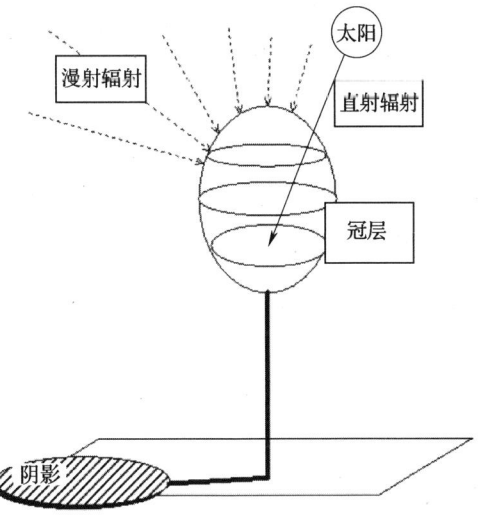

图2-28 辐射在树冠中被截留,受树冠和林冠性质影响[29]

就整个天庭,积分相对平均直射入射强度,分别按天空辐射量加权而得出平均直射入射强度。为了简化计算,散射入射强度可以取水平面上的平均值。有下式:

$$I_{\text{ID}} = 2 \cdot k \cdot I_d \int_0^{\pi/z} \exp(-\lambda \cdot T_{z,a}) \cos(\alpha) \cdot \left[\frac{1}{A_z} \cdot \int_{A_x} \exp(-k \cdot LAD \cdot t_{\alpha,x,y,z}) \mathrm{d}x\mathrm{d}y \right] J \mathrm{d}\alpha \quad (2-23)$$

式中 I_{ID}——冠深 z 处叶系上的平均散射入射强度,W/m^2

I_d——树顶的天空散射量,W/m^2

式(2-23)表明,有两方面的因子决定到达各冠层叶系上的辐射量:一是影响消光性的树冠性质(冠幅内叶系密度、冠宽、冠内叶系面积、叶系的空间布局),二是影响途径长度的林分密度。太阳位置(因而纬度和季节)对林分的光照条件有重要影响。如图2-29表明,在高纬度,年辐射总量比低纬度要小得多,相同的树间距所允许到达树冠下部的辐射量要少得多。高纬度树林在生产潜力上因此比低纬度树林更受限制。

Yin[a]显示,可以用地理位置和地形信息(海拔高度、坡向、坡度)计算世界各地的潜在(没有大气层时的)日辐射。要估计到达林冠顶部的日辐射,则需要气温和降水量这些用于计算大气光学特性的数据。再加上植物种类和覆盖率这些植被特征描述,就能更准确地模拟植被的反照率以及辐射吸收。这种方法也揭示了各地光照以及温度条件不同的主要原因。

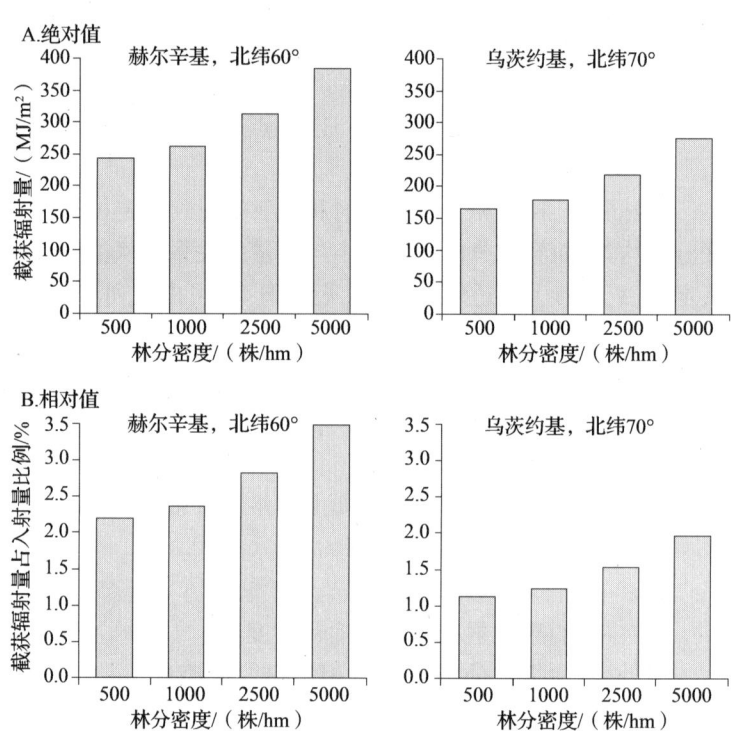

图2-29 林分密度和纬度影响林内光照条件:实例

2.4.4 通过养分循环反馈

2.4.4.1 树生物质中的养分

树在轮伐期内可以固定而积累每公顷几百公斤的养分。叶汇集的养分尤多,但如图2-30所示,在欧洲赤松林中,其他器官也随生物量增加而累积养分。成熟欧洲赤松林中树器官的含氮量与土壤中氮的可获量处于同一数量级。这意味着,收获木材会从森林生态系统中移走大量固定在树器官内的养分。

林冠养分含量各地不同,呈有一定的地理规律。例如,Yin[b]发现,叶系的氮浓度在北美沿正常气温梯度变化:七月份气温越高,阔叶林的氮浓度越低;相比,针叶林的氮浓度在中纬度最高。

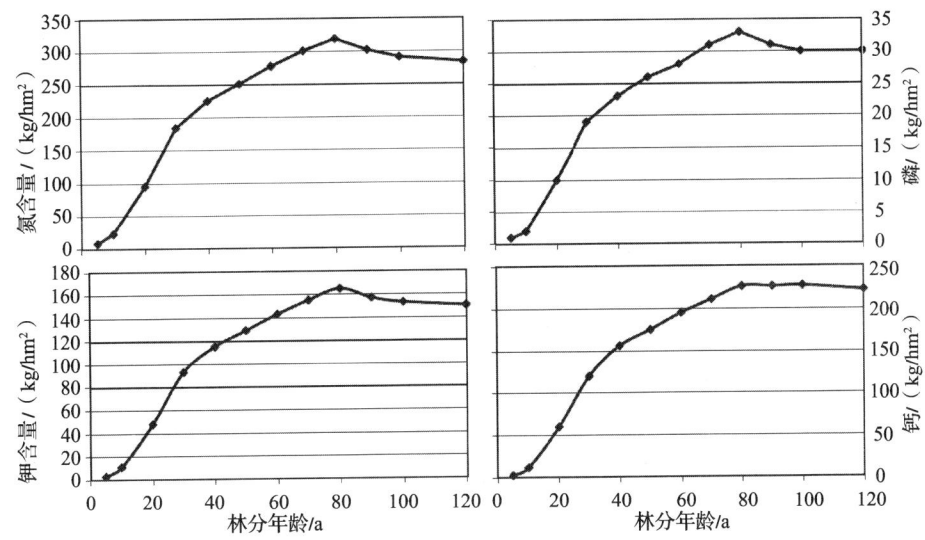

图 2-30　一些大量养分元素在欧洲赤松树中的含量:寒温带偏南肥沃立地模拟值[23]

注:基于 Kimmins – Scoullar 模型的模拟。

2.4.4.2　地理生物循环影响养分的可获量

如图 2-31 所示,树内的养分来自几种起源(循环)。地球化学循环代表不同生态系统之间化学物质的交换。在这种情况下,风雨把养分作为干湿沉降物带至立地。另一种可能性是,钙、镁、钾、磷可以从母质土壤中风化出来。地球化学循环使养分流经森林生态系统,是全球性循环。不过,养分也随水流出生态系统。这些养分进入沉积型循环,最终沉降于海洋的沉积层。地壳上升运动再把它们带到新的地表,供植物利用。这种循环的时间跨度为数百万年,空间跨度数千公里。由地质过程控制的沉积型循环时空跨度尤大。

生物地球化学循环是生态系统内部的化学物质交换。例如,氮由树根从腐解着的枯落物中截获,再向生长着的叶转移,最终又随着枯落物返回林地枯落物层。养分由生物地球化学循环向地球化学循环的损失很少。养分在各个生态系统内循环,一般都能有效地在立地上得到保留、累积。这意味着生物地球化学循环在时空尺度上远较地球化学循

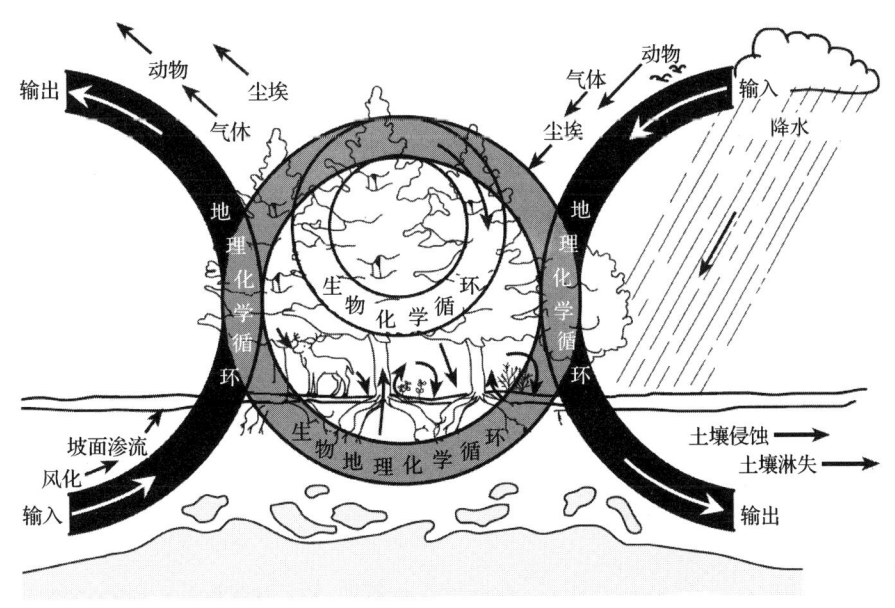

图 2-31　给植物生长供应养分的三大循环[32]

环小。

生物化学循环使化学物质在生物个体内进行再分配。植物从行将脱落的叶子等寿命较短的组织中移走养分,使之得以保存。养分被转移到较为年轻而旺盛生长的组织,或贮藏待用于植物总体的新陈代谢。顾名思义,生物化学循环代表植物生理生态过程控制下的养分流动。生物化学循环则代表养分的来源,控制着时空尺度上都可以应用于管理的森林生态系统动态。木材中的养分正是在生物地球化学循环中被固定的养分,对森林生态系统的养分平衡具有实质性影响。

土壤中的可获性养分由植物吸收,随生长结合进植物组织,再随枯落物回归土壤,最后随土壤有机质(枯落物和腐殖质)的腐解而又恢复可获性。土壤有机质的腐解(因而养分回归于树木生长)是立地养分管理的钥匙。在自然条件下,相比生物地球化学循环,地球化学循环(风化、干沉降、湿沉降)提供的养分不多。不过,由于空气污染的地方性沉降,大气沉降量可以相当可观。

2.4.4.3 有机质的腐解和养分的可获量

土壤有机质的腐解指枯落物(地上起源可辨的死有机质,诸如树的各类器官)和腐殖质(地上或地下起源不可辨的死有机质)化解为二氧化碳、水和养分的过程。

腐解包括由于淋溶、风化和生物作用的有机质分解。在淋溶和风化(物理和化学分解)过程中,多种有机和无机物质释放而增加土壤有机质中的养分量。这与酶的参与有一定的关系。生物性腐解代表真菌和细菌获取能源的活动(图2-32)。一些非脊椎动物也食用土壤有机质。枯落物逐渐转化为腐殖质,质量不断下降。在腐解的最后阶段,有机质中的养分获得释放,枯落物转化为能够存在数百乃至数千年的腐殖质胶体。矿物质从草本枯落物中的释放要比从针叶和木质枯落物中的释放来得早。

令 X 表示时刻 t 单位地面积中土壤有机质的含量,那么,它的变化如下[34]:

$$\Delta x/\Delta y = 有机质的增加 - 有机质的减少 \quad (2-24)$$

假定地面枯落量是 L,而且是恒定的,诚如稳定森林生态系统条件下成熟林分中的典型状况那样。那么,土壤有机质的变化如下:

$$dx/dt = L - kX \quad (2-25)$$

式中 k——腐解速率

在稳定条件下,地面有机质的增加和减少是相等的。那是,$L = kX_s$,其中 X_s 是单位面积内有机质的恒定量。

地上的所有有机质都来源于年复一年形成的枯落物。枯落物同龄群(各年形成的枯落物)的腐解可以当成是上述公式在没有枯落量($L = 0$)情况下的一个特例。这意味:

$$dx/dt = -kX \quad (2-26)$$

枯落物同龄群如果有初始量 X_0

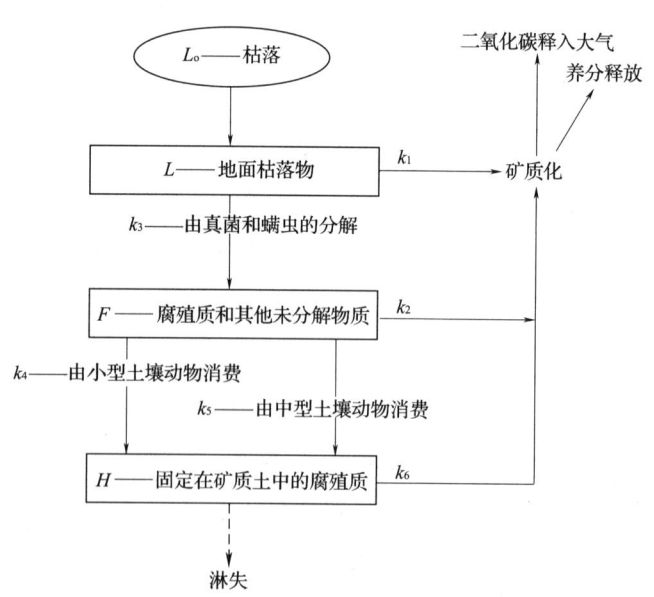

图2-32 枯落物在土壤生物驱动下分解:转化成腐殖质,释放养分,把二氧化碳排入大气[33]

$(t=0)$，那么，到时刻 $t(t>0)$ 的残剩量所占初始量的比例为：

$$X/X_o = \exp(-kt) \qquad (2-27)$$

在枯落量恒定的条件下，有机质在地上的累积最终会稳定下来，达到最大值(X_s)。随着时间的推移，实际值与这最大值的比数是腐解率和枯落物同龄群年龄的函数：

$$X/X_s = 1 - \exp(-kt) \qquad (2-28)$$

这公式意味着有机质的积累会随腐解率下降而迅速提高，如图 2-33 所示。例如，枯落物同龄群的量在 $k=1/4$ 时会在 2.8 年内减半，但在 $k=1/8$ 时则需要 11.1 年才减半。需要同样长的时间才能实现枯落量和枯落物腐解之间的平衡，使地上的有机质量达到稳定。

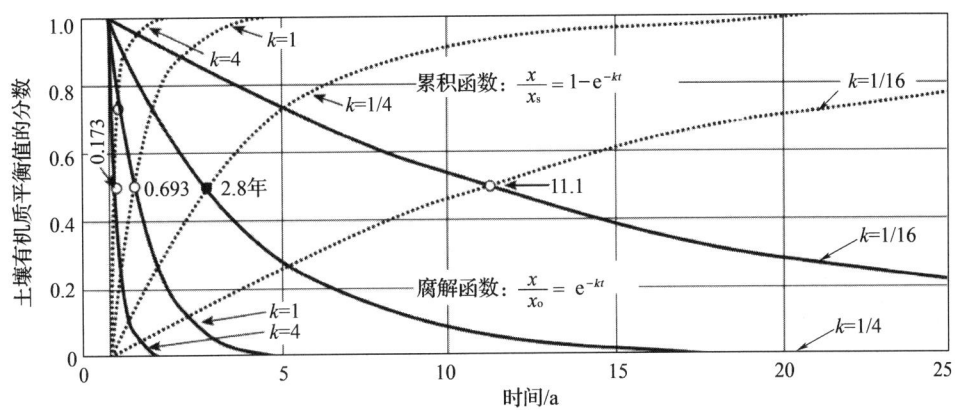

图 2-33 枯落物同龄群的残留量（实线）和恒定枯落量条件下土壤有机质的累积（虚线）：作为腐解速率（k）和时间（t）的函数[34]

土壤有机质的腐解速率（k）是立地肥力（土壤和气候因子）和枯落物质量的函数。如表 2-7 所示，腐解速率随温度的上升、水分和养分的充裕而提高。枯落物中氮与木质素两者的比值越高，分解速率也越高。因此，阔叶通常比针叶分解快。另外，真菌的盛行意味着腐解速率相当低，这在寒温带比较典型。在温带，细菌起主导作用，腐解较快。在热带，许多脊椎动物对土壤有机质的快速腐解也有实质性影响。木质枯死物有内部结构，粗大的通气排水排二氧化碳都能成问题，细小的能硬化而长久维持初始状态，因此腐解特性似乎不能依据氮含量等化学性质简单推估[c]。

表 2-7 普遍影响土壤有机质腐解速率的一些因子

环境条件	温度较高	比较湿润	供氮较多
对腐解速率的影响	增加	增加	增加
枯落物性质	木质素含量较高	氮含量较高	木质素与氮比值较高
对腐解速率的影响	降低	增加	降低
分解性生物	真菌比例较高	细菌比例较高	非脊椎动物和食草动物比例较高
对腐解速率的影响	降低	增加	增加

分解速率的变异基本上取决于温度的影响，如图 2-34 中不同生物气候区土壤有机质的积累所显示的那样。另一方面，枯落时的养分含量与林地枯落物层的累积量和养分含量呈负

相关。在潮湿热带森林中,枯落量高,养分含量高,这等于地面有机质累积少。与之相反,凉性森林尽管枯落量小,地面却堆积有大量的有机质和养分。在湿润热带,大部分养分锁定在树生物质中。在寒温带条件下,土壤有机质是个巨大的养分库,在适当的土壤管理下,能变得可供树生长用。

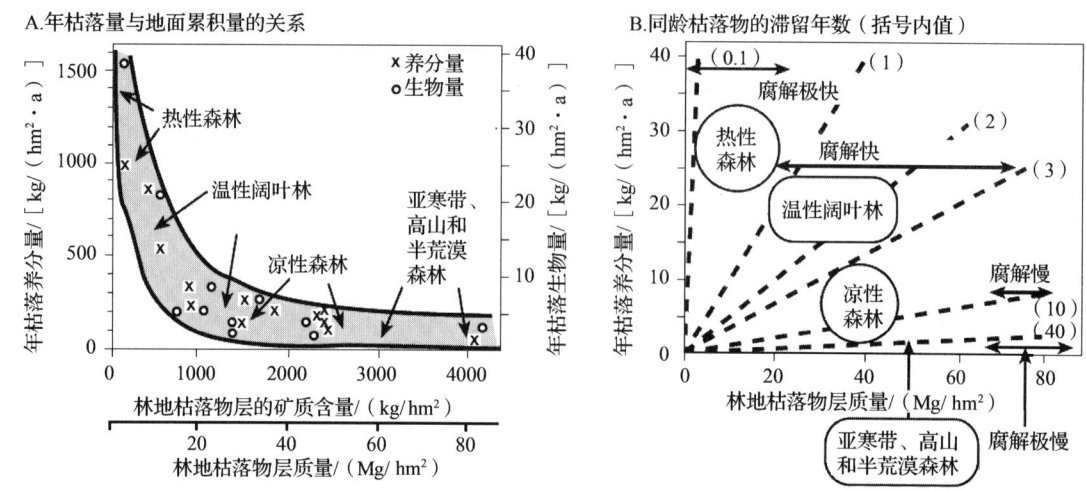

图 2-34　林地枯落物层的累积、地上年枯落量及其腐解速率:植被带之间的对比[32]

在生物地球化学循环中,森林生态系统内的养分总量和可获量(养分库存)与多个养分循环中养分的输入和输出处于平衡状态,如下式:

$$库存量_t = 库存量_{t-1} + 输入量_t - 输出量_t \quad (2-29)$$

式中　$t, t-1$——相以为继的两个时刻

生态系统的输入包括:立地母质的风化,大气中各种化合物的干湿沉降,氮的生物性固定,养分由地表径流的带入,人工施肥(表 2-8)。生态系统的养分输出则包括:养分随地表径流和渗流(纵穿整个土壤剖面直到地下水位)的淋失,随生物量的收获而从立地的移走。森林生态系统的养分库存包括:固定在树等绿色植物和其他生物体内的养分,地上的死有机质(枯落物和腐殖质)和土壤剖面(腐殖质)中的养分。在自然条件下,每年每公顷有几公斤养分经风化和干湿沉降进入森林生态系统。

表 2-8　　　　　　　　森林生态系统中增减养分库存的主要过程

养分的库存	增加养分库存的一些过程	减少养分库存的一些过程
固定于植物中的养分	养分的摄取、积聚、内部循环	枯落,死亡,火烧,收获,捕食
固定于土壤有机质(枯落物、腐殖质)的养分	枯落物中的养分,微生物活动,施肥	水土流失,火烧,腐解和矿质化,收获
土壤中的可获养分	枯落物和腐殖质腐解使养分矿质化,火烧,沉降,母质风化	养分摄取,水土流失,脱氮,养分固定,淋溶

在生物地球化学循环中,养分平衡基本是林分内两个过程之间的平衡:树的养分吸收,枯落物的养分回归林地。养分从濒死组织向活组织的转移实质性地影响这一平衡,

因为这种内部循环能满足树养分需求的一大部分,如表 2-9 所示。这意味着木材的收获,通过移走木材中的养分,会对养分平衡产生实质性影响。在该实例中,氮却是平衡有余;这主要得益于管理机制,包括无疏伐,只在选定的轮伐期末皆伐。如果采用常规疏伐,轮伐期内的氮平衡则很可能是透支,因为疏伐时树年龄较小,其氮含量比成年树木的要高。

表 2-9　欧洲赤松林氮循环:轮伐期末皆伐收获树干,按 Kimmins – Scoullars 模型计算[23]

	氮动态对生产力的影响	100 年增减总量/(Mg/hm²)
增加性过程	干沉降、湿沉降	0.3
	生物性固定	0.1
	枯落物回归土壤	2.5
	从濒死组织转移而回收	2.8
减少性过程	树生物质的摄取	3.0
	从立地淋失	0.3
	木材收获	0.2
增减间的平衡		0.2
总树干木生长量		1170
每单位氮的总树干木生长量		0.4

2.4.5　通过水分循环反馈

水分循环是物理现象,通过水分可获量影响光合作用等生理过程,因而与树的功能相联。林内的水分循环是全球水分循环的一部分。它是开放的:水分能在各森林生态系统内作短期滞留。一个或多个生态系统构成集水区(流域),其中有些降水量蒸发进入大气,有些渗入地下水库,或者流过地面(地表径流),经河流系统进入湖泊和海洋。滞留的降水量反映为流域的水分平衡,确定土壤水分状况和可供树生长的水量。因此,各个森林生态系统的水分平衡一起决定整个流域的性质,如图 2-35 说明。

在森林生态系统中,叶和其他地上生物量部件都保持水分。水也来自积雪、土壤有机质、土壤的各个层次和地下水。所有这些储蓄库的总水量是降水、蒸散和出入生态系统水流之间的综合平衡。水平衡可以按整个生态系统或者各个储蓄库分项表达如下:

$$蓄水量_t = 蓄水量_{t-1} + 降水量_t + \cdots + 流入量_t - 蒸散量_t - 流出量_t \tag{2-30}$$

长期而言,流入和流出是平衡的。降水进入地面,蒸散(蒸发和蒸腾)水散失,还有渗透(向下穿过土壤剖面);这些过程决定土壤剖面的各层中会有多少水可供树的生长:

$$AW = (W - W_{min})/(W_{max} - W_{min}) \tag{2-31}$$

式中　AW——可获水量,作为田间持水量的分数

W——土层容积含水量,m³/m³

W_{max}——田间持水量(植物可获含水量达到饱和),m³/m³

W_{min}——萎蔫持水量(植物可获含水量为零),m³/m³

降水及其通过水分条件的反馈影响树生长,而气候因子和树群性质则影响森林生态系统的生产力。这两种影响之间又有诸多交互作用。立地上如果没有树,降水则全部进入地表;有树时,部分降水会被树(林)冠截留。降水量超过林冠的截容量与蒸发失水后,会被储蓄或穿透。穿透林冠的水称为透冠水(在汉语文献中常称净降水,但这名称无视与树冠的本质关系),与沿树干流下的水(茎流水)一起,是进入地面的水,是可供补充土层的潜在水量。

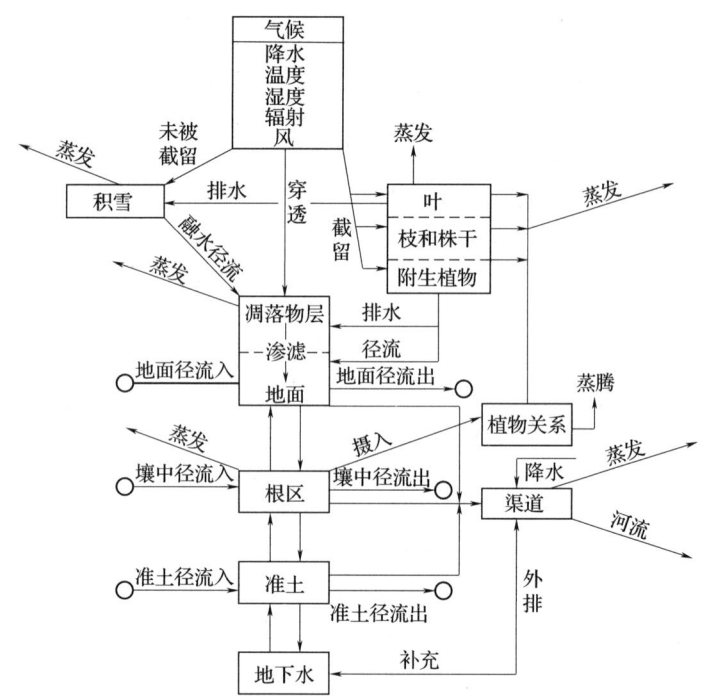

图2-35 森林生态系统的水流:横纵经各储蓄库进入河流,由蒸发和蒸腾进入大气[35]

就每天而言,林冠中各天的水量(AWV,mm)是:

$$AWV = (日截留量 - 日蒸发量) \cdot s \quad (2-32)$$

式中 s——积分距

日蒸发量是从林冠蒸发的水量:

$$日蒸发量 = \min[日截留量/s, PTR \cdot \max(1, PEV/PTR)] \quad (2-33)$$

式中 PEV——日潜在蒸发量,mm/d
　　PTR——日潜在蒸腾量,mm/d

有些降水落在林冠上,但会直接穿透($INFIL$,mm):

$$INFIL = \max[0, D + (AWV - i)/s] \quad (2-34)$$

式中 D——日降水量,mm/d
　　i——林冠截容量,mm

林冠截容量是叶面积指数(m^2/m^2)及其每单位截容量(c mm)的乘积。日截留量则是:

$$日截留量 = \min(i, D \cdot s + AWV) \quad (2-35)$$

潜在蒸发量是水分被截留后的潜在蒸发量,用盆曼-蒙太史公式[36]计算。该式以能量和植物表面对气流的阻力整合代表气候因子和植物性质的影响如下:

$$PEV = \frac{d \cdot R + \rho_a \cdot c_{p,a} \cdot p_{vpD}/F_a}{d + G \cdot (1 + F_{ini}/F_a)} / h_v \quad (2-36)$$

式中 d——温度与饱和水蒸气压关系曲线斜率
　　R——日净短波辐射量,J/m^2
　　ρ_a——大气密度,1.220kg/m^3
　　$c_{p,a}$——大气的定压比热容,1004.0J/(kg·℃)
　　p_{vpD}——蒸发起源点和相邻大气间的水蒸气压差,Pa
　　G——干湿表常数,66.0Pa/℃

F_{ini}——截获水时的表面阻力，S/m

F_a——大气的阻力，S/m

h_v——水汽化的热量，2453000J/kg

林冠的截容量和总表面积基本是由叶面积确定，决定树冠截留的总水量。林冠截容量是单位面积树冠上能截留的水量。如欧洲赤松，针叶表面能保留0.3mm雨水量。在寒温带，欧洲赤松林的叶面积指数（每平方米地面上总叶面积的平方米数）能高达5~6m²/m²。天然欧洲赤松林在林龄为40~60年时郁闭，总叶面积达到最大值。之后，树的死亡率上升，株数变少，叶面积逐渐下降。

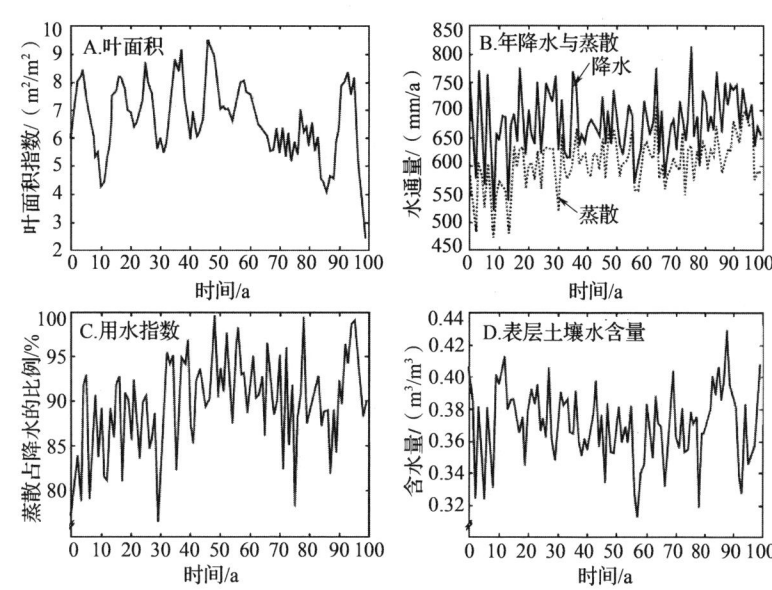

图2-36 天然欧洲赤松林在100年轮伐期中的水分平衡[28]

Kellomäki–Väisänen 模型模拟

在叶面积最大时，欧洲赤松的林冠能截留15%~20%的降水，如图2-36所示。

雾，有时被称为横向或隐性降水，在多发地区，也能给森林提供不少的水，还降低蒸散量。例如，在加拿大东部的滨海诸省，这一增一减相当于每年100~200mm的净降水[d]。云性质上类似于雾，能浸润高海拔森林（云林）。

进入土壤的水一部分被植物吸收而在蒸腾作用中丢失。蒸腾和蒸发一样，是物理过程，受能量驱使，因此与叶的能量平衡有关。气孔过程，因而植物的生理过程，也影响蒸腾失水。树叶的蒸腾失水与蒸发失水由相同的方法计算。日潜在蒸腾量（PTR）如下：

$$PTR = \frac{d \cdot R + \rho_a \cdot c_{p,a} \cdot p_{vpD}/F_a}{d + G \cdot (1 + ef/F_a)}/hv \qquad (2-37)$$

式中 ef——有效表面阻力

在寒温带条件下，蒸发和蒸腾失水可以高达林中降水量的80%~90%；在叶面积达到峰值时，损失也最大。

渗入土壤中的水量（未从树冠和地面蒸发掉的降水），土壤的田间持水量，渗入地下水的水量，以及树根吸收的水分（蒸腾水损失），都影响土壤的蓄水量。土壤的渗水速率和田间持水量基本取决于土壤质地。土壤水的冻融年循环也控制土壤水分的渗透和储蓄。积雪庇护土壤不冻结，所储蓄的水供来春补充土壤水分。这使土壤含水量比没有积雪补给的地方高。

降水等气候因子和土壤性质决定土壤的含水量，但树的覆盖也有重要影响，尤其对表层的土壤。表土的含水量随叶面积的增长而减小，由于蒸散失水的增加。积雪也随树冠的增多而减少。在寒温带条件下，土壤会因此冻得更深，更久，渗入的水会较少，含水量会较低。

2.4.6 生态系统随时间演替

生态系统的结构和功能,在生物干扰(空间限制而引发的死亡,昆虫及其他有害生物的侵害)和非生物干扰(风、火、雪)下,随着时间的推移而变化(演替)。干扰使生态系统的发展阶段返回早期;例如,野火烧死树,提供更新空间,继而促进生长和生物量的累积。这意味着林区在结构上是由形形色色的树种群和群落镶嵌组成,年龄上从幼苗种群到成年种群,功能上高度变异。

生态演替反映基因型与环境(生态位)之间的交互作用,由此决定种群和群落变化的极限、格局和速率(图2-37)。这意味:环境性质随时间变化,新的生境不断呈现,为其他生物种(而非已有优势种)提供最佳条件。因此,繁殖和生长特性适合新环境的生物种会获得优势,随之又导致环境的进一步变化,如此等等。不能做出最佳响应的生物种则会在数量上减少,甚至从群落中消失,给新生物种的进占释放空间。因此,群落中环境与现有基因型之间的交互作用,通过干扰控制的生态位分化,随时间引发生态演替。

生态系统的演替(即生态演替)以下列倾向为特点[27]:

① 生物种结构和群落过程随时间发生定向性和可预测的变化。

② 物理环境受到群落的改变,取决于群落的性质,但物理环境本身决定这种改变的格局、速率和极限。

③ 发展的顶峰是稳定的生态系统,维持单位有效能量可能生产的最大生物量和交互作用。

演替早期和晚期生态系统在动能学、物流和稳定性方面的性质如表2-10所示[27]。这两个例子指明最佳利用能量进行繁殖和生长的两种不同方式。在第一种情况下,所用的能量繁殖多于生长,在早期演替中提供明显的优势:使物种能在资源供应充裕而食物链(食草型)又简单的条件下侵入并占据可利用的空间。在第二种情况下,所用的能量生长多于繁殖,在后期演替中提供明显的优势:使物种能在资源稀缺而食物链(碎屑型)又复杂的空间生存。

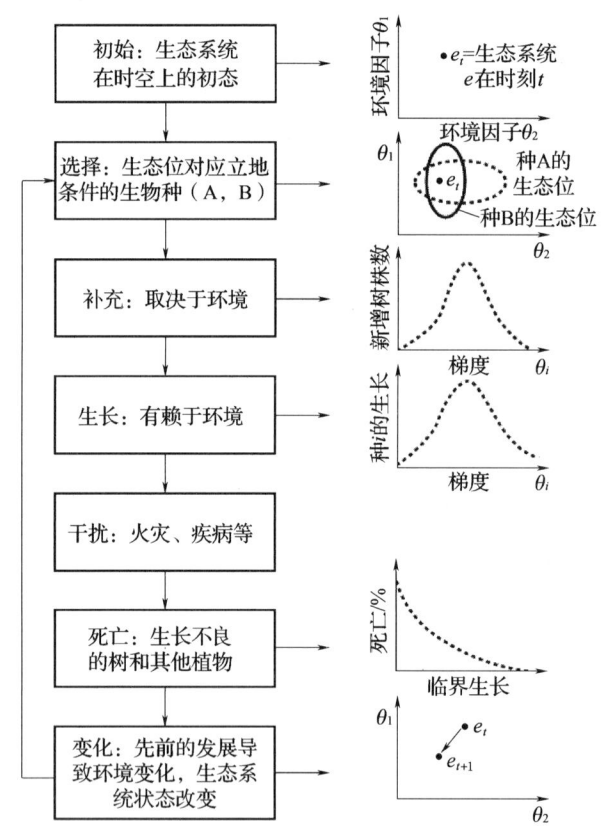

图2-37 群落生态演替背后的基因型与环境交互作用[37]

注:干扰导致生境变异,为生物种进占提供各种生态位,但只有最适生物种才能生存而成功。这却又使生境更适合于其他生物种而非现有优势种,引发群落结构和功能的进一步改变。

表 2-10　　　　　　　　　　　生态系统生态演替的趋势特征[27]

生态系统属性		群落生态演替早期	群落生态演替的后期
群落动能学	总生产与群落呼吸的比值	大于或小于 1	等于 1
	总生产与蓄积量的比值	高	低
	蓄积量与能流量的比值	低	高
	群落净生产(产量)	高	低
	食物链	线性,基本为食植型	网状,基本为碎屑型
养分循环	矿质循环	开放	闭合
	生物和环境间的养分交换率	迅速	缓慢
	碎屑在养分再生中的作用	不重要	重要
群落结构	有机质总量	少	多
	无机养分	生物体外	生物体内
	物种多样性:种类数	低	高
	物种多样性:均匀性	低	高
	生化多样性	低	高
	格局多样性:分层性和空间异质性	组织不明	组织分明
生活史	生态位宽度	宽	窄
	生物大小	小	大
	生命周期	短,简单	长,复杂
动态平衡	内部共生	不发达	发达
	养分保存	低	高
	稳定性:对外来干扰的抵抗力	低	高

控制演替的干扰可以划分为内生和外生两类。在内生性演替中,单株树的繁殖、生长和死亡(与树生命周期相关的小型干扰)驱动森林生态系统的结构动态(图 2-38)。单株树死亡,

图 2-38　森林演替通常是由小型干扰和大型干扰引发的内生性和外生性演替的组合

注:生态系统演替的顶极阶段可以受火灾、风暴等非生物因子干扰(大型干扰),使演替回归更新阶段,重新向顶极阶段发展;顶极阶段的特点是空间和资源紧缺,树间竞争激烈,有些个体被淘汰(小型干扰)。

在林冠中造成空当(林窗),使资源获得释放而促进更新和生长。长期而言,内生性演替产生的森林景观结构混杂,从幼苗到成年大树异龄共处,参差不齐,无格局可循;那是,假定地域上没有立地条件的分化。

外生性演替是指由火灾、狂风和暴雪等引发的大型干扰所驱动的动态变化。在大型干扰下,多株树一起死亡,释出的空间足以让大致同龄的一群树(种群)一起更新,成长。从长期看,大型干扰创造的森林景观是树种群的镶嵌组合,特征多变。随着时间的推移,镶嵌的种群块各自从一个阶段发展进入另一个阶段。在转化中,各块也许代表结构上的分化,反映树的生命周期。但火灾或风暴迟早会中断这个过程,使生态系统回到演替的较早阶段。

不耐阴的树种通常在火灾后主宰演替的早期阶段;那是,如果立地肥力足以让需求各异的多个树种一起生存(图2-39)。即使是幼树种群也能改变立地条件,林中庇荫的增加使之更利于较耐阴的树种,不利于

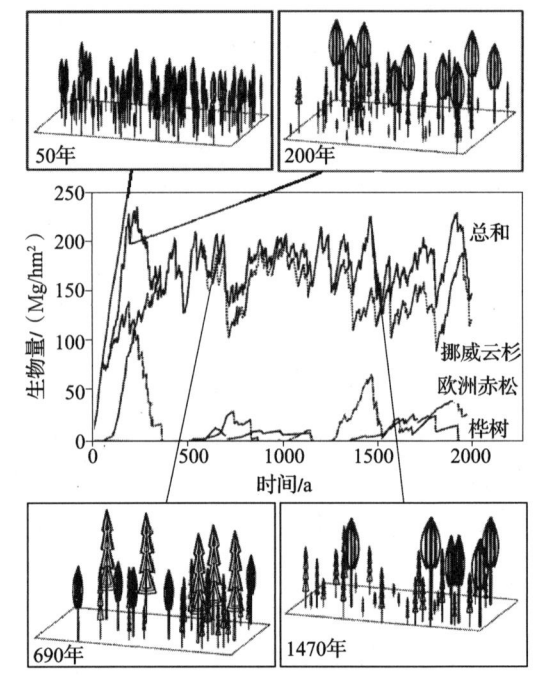

图2-39　肥沃地凉性森林树种组成和生物量的动态:模拟[38]

注:早期以桦和松类为主,但随着树生物量增多,云杉侵入。生物量随树的死亡、更新和生长而变动,云杉则作为该类生境中最强的竞争者变成优势种。

最初建立的不耐阴树种。在寒温带,较耐阴的诸如挪威云杉那样的针叶树种,入侵后经常取代不那么耐阴的阔叶树种,除非新的干扰把演替打回早期阶段。在美国南方那样的暖温带条件下,较耐阴的则是阔叶树种,而不那么耐阴的是松树类针叶树种。干扰和树种动态使森林生态系统中的有机材料量变差不小,但长期而言,树生物质的生产和存储量大致在立地肥力决定的载容量左右摆动。

2.4.7　森林生态系统的生产力

2.4.7.1　概念

森林生态系统的长期与短期功能可以用多个生产力概念总结,如表2-11所示的能量截获和利用指标。总初级生产力是光合作用总速率,包括植物赖以维护和生长的自养呼吸所消费的有机质。总光合速率和总同化速率这些概念与总初级生产力的内涵相同。如果从中扣除用于自养呼吸的有机质,则得出净初级生产力。从总生态系统生产量减去生态系统的自养呼吸和异养呼吸给出净生态系统交换率。异养呼吸是指由于异养生物的功能而使生态系统排放出的碳量。

表2-11　用于分析森林生态系统生产力和树林生长与产量的概念　　　　单位 $g/(m^2 \cdot a)$

概念	定义
总初级生产力	森林生态系统中树和其他绿色生物的总碳固定
自养呼吸	自养呼吸造成的碳损失 = 白昼呼吸 + 夜晚呼吸 + 生长呼吸

续表

概念	定义
净初级生产力	总初级生产减去自养呼吸=总初级生产力−自养呼吸
异养呼吸	次级生产者呼吸造成的碳损失
总呼吸	自养和异养呼吸之和=自养呼吸+异养呼吸
净生态系统交换率	总初级生产力−自养呼吸−异养呼吸=净初级生产−异养呼吸
净生物群系生产	净生态系统交换,外加损失于干扰、收获、火灾等等的二氧化碳

2.4.7.2 大气和森林生态系统的碳交换

森林生态系统碳循环中各部分间的关联可以用系统的碳平衡总结,如图2−40所示。碳平衡指生态系统是碳源还是碳汇。碳源就是生态系统排入大气的碳多于吸收。反之,生态系统则是碳汇。汇与源效应上的差异指示生态系统是净吸收还是净排放碳量。在确定碳平衡值时,生长代表碳汇,而采收和自然死亡则均为碳源。还有,树中的碳和土壤中的碳(枯落物、腐殖质)构成碳储,可以用管理进行调控。

图2−41显示森林生态系统的碳动态,用净交换的年循环表达,以寒温带欧洲赤松占优势的生态系统为例[39]。这些结果出自涡动相关法,包括测量初级生产和次级生产等大气和生

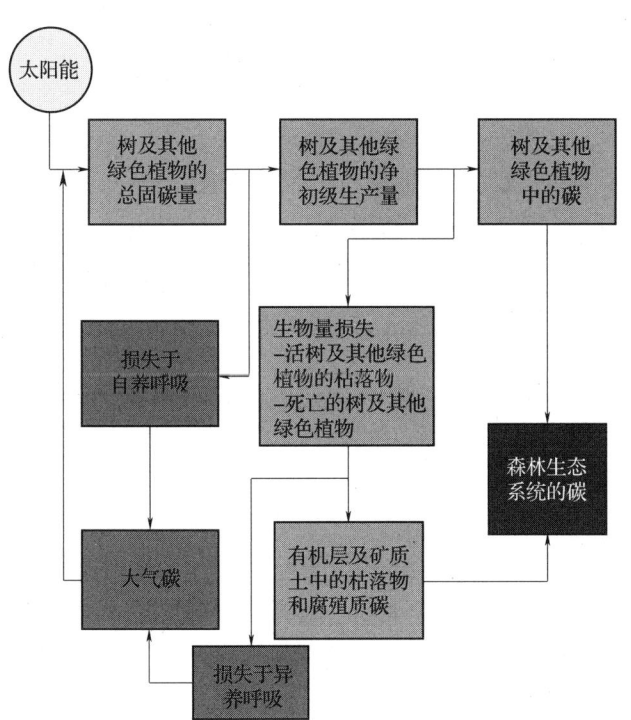

图2−40 森林生态系统中碳吸收和排放与碳存储
之间的关联:生长、死亡和采伐的影响

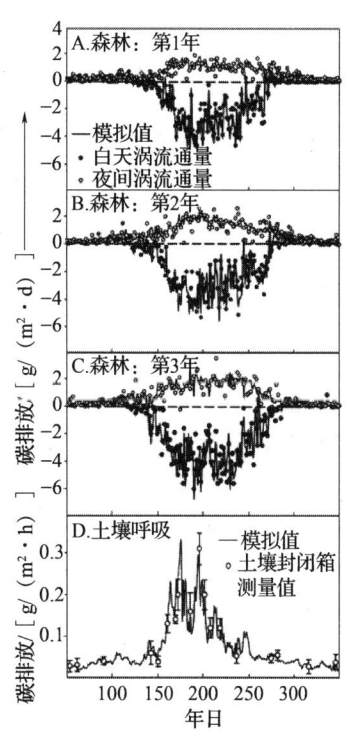

图2−41 森林与大气间的
二氧化碳交换[39]

注:帚石楠型沙质土贫瘠地欧洲赤松为主的森林,
年蓄积生长量为2~3m³/hm²。

态系统之间二氧化碳的交换。生长季内的负值表明,树和其他绿色植物在白天固定大气中的二氧化碳。在夜间,二氧化碳流量为正值,表示流入大气。在冬季,极少甚至没有固碳,反而一直有二氧化碳排入大气;那是因为积雪下土壤温度接近冰点,甚至高于冰点,异养呼吸活跃。在这特例中,相同的现象年复一年,与当地气候的年循环保持一致。

在这特例中,从大气摄取的二氧化碳总量为 700~100 g/(m^2·a)(如表2-12)。同时,生态系统的总呼吸量是 500~700 g/(m^2·a),生态系统的净固二氧化碳量为 200~300 g/(m^2·a)。森林土壤排放的碳占 40%~60%,具体数值取决于气候条件(温度和降水影响异养呼吸)和树的固碳量。那是,光合作用固定的碳中有相当大的一部分会通过细根在根系的生长和更新中排出。在冬季,异养呼吸的作用则更为突出。

表2-12 凉性森林生态系统和大气之间的二氧化碳交换:总结(具体见图2-41)[39]

〔生长季从4月初到11月底。碳交换中树不同部分(叶、枝、株干)所占百分比是模型估计值〕

参数	2000年		2001年		2002年	
	生长季	其他季	生长季	其他季	生长季	其他季
总摄取/[g C/(m^2·a)]	-718	2	-808	-9	-980	1
阳叶量/%	39	54	42	56	45	60
阴叶量/%	61	46	58	44	55	40
生态系统呼吸/[g C/(m^2·a)]	501	64	572	57	686	54
叶量/%	48	17	33	18	28	18
枝+株干量/%	10	4	9	5	11	4
森林地表枯落层量/%	42	79	58	77	61	78
净生态系统碳交换量/[g C/(m^2·a)] = 总摄取 - 生态系统呼吸						
模拟值	-217	52	-236	48	-294	43
测量值	94	63	-261	51	-316	58

图2-41和表2-12所示的例子代表典型的中、幼龄树林情况:树生长依然相当旺盛,生态系统净固碳。在更成熟和正成熟的种群中,净固碳量会较小,会随树的成熟而下降,如图2-42所示。

总初级生产(总生长)的速率和呼吸速率之间的差值起先增加很快,说明树生物质的加速积累。在寒温带和温带条件下,随着林冠郁闭,资源充分用于树生长,总初级生长率达到峰值;这在寒温带肥沃立地上需要大约50~60年。之后,生

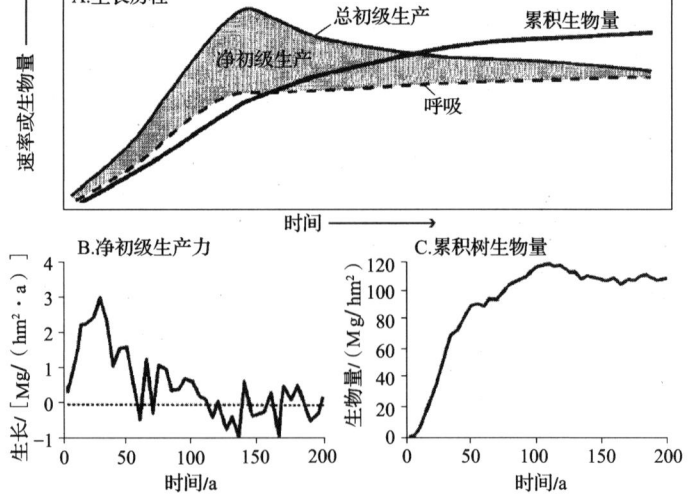

图2-42 森林生态系统的生长进程:一般模式和模型模拟[40-41]

寒温带南部条件,立地肥沃,没有人工管理

物质的积累(净初级生长率)开始下降。与此同时,总初级生长率和呼吸率逐渐平衡,生物质的累积减缓,存储量趋向稳定。在顶极阶段,总固碳量和呼吸量相互平衡,树群和土壤都不再积累碳。在寒温带条件下,演替顶极成熟林生态系统中的碳量高达 $300\sim400\mathrm{Mg/hm^2}$。其中,超过 70% 在土壤中,30% 左右在树(包括根)中[42]。不过,实际碳量随立地变异不小,取决于土壤肥力和树种组成;肥沃立地上以挪威云杉为优势种的生态系统值最大。总碳量在常规疏伐的森林中要少得多,约为 $50\sim200\mathrm{Mg/hm^2}$;决定这些变异的因子与天然林分条件下相同。

2.4.7.3 生长和产量

树种群(或群落)的生物量动态定义为立树量、死亡和新株建立(出生、更新)间的平衡:

$$M_t = n_{t-1} \cdot m_t + n_{t-1} \cdot g_t + h_t \cdot s_t - k_t(m_t + g_t) \tag{2-38}$$

式中 M_t——时刻 t 树的生物量

n_t——树的株数

m_t——树株平均生物量

g_t——树株平均生长量

h_t——新树株数(更新)

s_t——新树株平均生物量

k_t——时刻 t 濒死树株数

给定时刻的立树量因此就是平衡量,基于前一时刻的生物量,加上树的生长和新生树株(更新)的生物量,减去濒死树的生物量及其间生长量。可以根据需要把生物量改成其他度量,如树干体积(蓄积量)。

在生长与产量研究中,重点是更新、生长和死亡;这些一起控制树种群和群落水平的生长和发育(动态)。这类研究中应用的基本概念列于表 2-13。总生长率的累计给出特定时段的总生长量。死亡指树的垂死率,其累计则给出特定时段的总死亡量。总生长率和死亡率之间的差值给出净生长率,其累计则给出总的净生长量。蓄积量是指给定时间点的树干木量。在生长与产量研究中,生长和死亡量的单位通常是树干体积在单位公顷立地上每年的立方米数,即 $\mathrm{m^3/(hm^2 \cdot a)}$;蓄积量的单位则是树干体积在单位公顷立地上的立方米数,即 $\mathrm{m^3/hm^2}$。

表 2-13 用于生长与产量研究的一些概念

概念	解释
总生长率/[$\mathrm{m^3/(hm^2 \cdot a)}$]	树的年生长总量
总生长量/($\mathrm{m^3/hm^2}$)	时间段内的累计总生长量
死亡率/[$\mathrm{m^3/(hm^2 \cdot a)}$]	树的年死亡率
总死亡量/($\mathrm{m^3/hm^2}$)	时间段内累计的死亡率
净生长率/[$\mathrm{m^3/(hm^2 \cdot a)}$]	总生长率和死亡率之间的差值
总净生长量/($\mathrm{m^3/hm^2}$)	时间段内累计的净生长率
蓄积量/($\mathrm{m^3/hm^2}$)	特定时间点的树干木量

树种群(或群落)在生物量积累方面的动态与立地肥力密切相关。如果仅考虑生长和死亡,可以用下式把树群净生长的积累作为林龄的函数进行模拟[23]:

$$M_t = B_1 \cdot \{1.0 - \exp[B_3 \cdot (t - B_2)]\} \tag{2-39}$$

式中 M_t——林分中树在年龄为 t 时的生物量(蓄积量)

B_1——林中生物量的最大值

B_2——生物量积累开始提高的时间点

B_3——生物量积累达到最大值的时间点

B_1、B_2 和 B_3 都是参数。表 2-14 是欧洲赤松占优势的凉性森林的典型值。

表 2-14　　式(2-39)的参数值:适用于模拟各种立地上欧洲赤松蓄积量的积累

立地类型	立地类型说明	$B_1/(m^3/hm^2)$	B_2/a	B_3/a
OMT	酢浆草-黑果越橘:很肥	600	10	135
MT	黑果越橘型:肥沃	520	15	160
VT	越橘型:贫瘠	400	25	175
CT	帚石楠型:很贫	300	40	185
CIT	石蕊型:极贫瘠	200	65	190

无论什么立地肥力,生物量的积累都会在尚待成熟的年轻树群中加快。往后,生长达到峰值,再随着中龄树的进一步成熟而开始下降。最终,树的死亡与生物质积累达到平衡。在这个阶段,树的蓄积量趋近立地所能稳定承载的生物量(参数 B_1)。在这方面,立地之间的差异很大,如图 2-43 所示。另一方面,与贫瘠的立地相比,在肥沃的立地上,生物质的积累一开始就明显较快(参数 B_3),但达到承载量也早(参数 B_2)。这意味着,增加立地的肥力能提高森林生态系统中生物质的更换速率。

演替中有死亡,因此只有一部分的总生长量在树中积累,如图 2-44 所示的生长于肥沃立地上的欧洲赤松那样。100 多年后的立木量大约占同期生产的总株干量

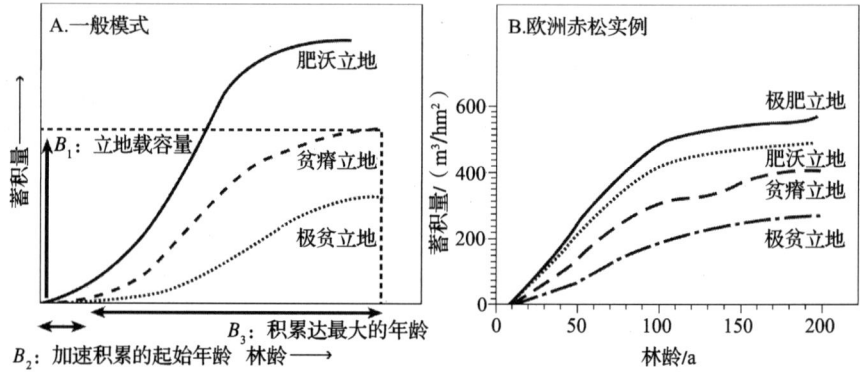

图 2-43　树群生物量随时间的积累:作为立地肥力的函数

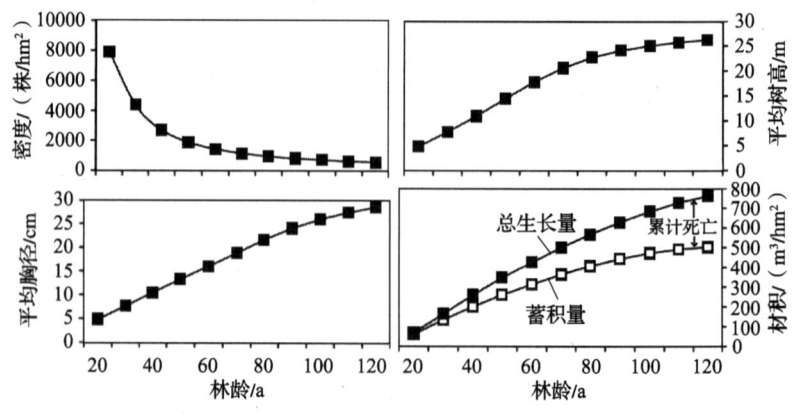

图 2-44　生长和产量:寒温带南部(北纬 62°)肥沃地天然欧洲赤松林[24]

的60%。这时的林分密度大致为每公顷700株,高度平均在25m左右,树干胸径平均约26cm。在同期的贫瘠生地上,立木约占总生长量的80%,说明生长和死亡之间有关联。那是,高生长率也意味着高死亡率,或者说,生物量的高更换率。因此,贫瘠地上百年林分的密度大致为每公顷900株,高度平均约21m,树干胸径平均约22cm;所有这些参数都说明要比肥沃地上发展得慢。

树干之外其他器官的生物量取决于树的年龄或生物量。在演替中,各部件生物量的增长遵循树结构的比量性,但树总量中叶、枝、皮和根的份额会下降,由于各器官寿命不同,成批枯死更换(汉语文献中常称周转)。例如,欧洲赤松成熟林的最大平均生物量高达240Mg/hm^2,其中树干木占75%,树干皮6%,枝7%,叶1%,根11%(表2-15)。

表2-15　林分密度和生物量:寒温带南部肥沃立地欧洲赤松天然林[24]
Kimmins-Scoullar模型[23]模拟值

年龄/a	密度/(株/hm^2)	树的生物量组分/(Mg/hm^2)					
		树干木	树干皮	枝	叶	根	总计
20	7900	16	3	4	3	2	29
30	4370	39	7	7	6	5	65
40	2700	65	9	9	6	8	97
50	1885	88	11	11	6	11	127
60	1415	108	11	13	7	14	153
70	1140	127	12	14	7	17	177
80	940	144	13	15	7	20	198
90	800	157	13	15	5	23	214
100	703	168	14	15	4	25	226
120	570	179	15	15	3	26	238

2.5　气候变化下生态系统中的树

2.5.1　全球气候变化

2.5.1.1　概念

在世界各地,气候变化正在干扰可持续性林业的生态基础。根据跨政府气候变化专门委员会,气候变化是指气候随时间的任何变化,无论是自然变异还是人为活动造成的结果[43]。与之不同,《气候变化框架公约》把气候变化定义为可以直接或间接地归咎于人类活动改变大气成分的气候上的变化,而且,这部分的变化,外加自然变异,是能在同时期观测出来的。这里采用跨政府气候变化专门委员会的定义,概要介绍分别在2007年和2014年发布的第四次和第五次评估,《气候变化2007》[43]和《气候变化2014》[e],以便显示长期与短期趋势。

2.5.1.2　大气性质的全球变化

与气候变化紧密相关的是大气中二氧化碳、甲烷和一氧化二氮等温室气体浓度的增加。二氧化碳的浓度已经从1750年的278mg/kg升到了2005年的379mg/kg和2011年的391mg/kg,

2002—2011年的每年2.0mg/kg的上升速率是实测到的历来最高。其主要来源是能源生产中化石燃料的利用,另外的来源是用地变化(如森林转变成农业用地)和农业。在同一时期,甲烷浓度已经从715ug/kg升到1774和1803ug/kg,主要由于农业和化石燃料的利用,而氧化亚氮的浓度已经从270ug/kg升到318和324ug/kg,其中1/3是人类活动产生的,主要由于农业[43,e]。

大气性质的上述变化使辐射胁迫(又称气候胁迫,指地球吸收的太阳辐射量与地球辐射回太空的能量之间的差值)增加了+2.29和2.82W/m²。辐射胁迫随着卤烃类排放造成的对流层及平流层臭氧等的变化进一步净增加0.30和0.18W/m²。此外,太阳入射强度(在汉语文献中常称辐照度、单位面积辐照)自1750年以来的自然变化,据估计使辐射胁迫增加了+0.12和+0.05W/m²。另一方面,辐射胁迫的这些增加受到人类活动引起的其他因素抵消。人类使更多的气溶胶(分散并悬浮在气体介质中的固体或液体小质点,诸如硫化物、有机碳和尘埃)进入大气,直接导致-0.5和-0.27W/m²的冷却效应,间接通过影响云量导致-0.7和-0.55W/m²的冷却效应。用地变化引起的地表反照率也缓解辐射胁迫的增加(-0.2和-0.15W/m²)[43,e]。

2.5.1.3 观测到的全球气候变化

从全球看,气候在1850—2005年间变暖了0.76℃[43],1880—2012年间变暖了0.85℃[e],在其中的最后50年间变化尤其明显(图2-45)。《气候变化2007》认为,从1900年至2005年,降水在北美、南美、北欧和中亚显著增多,而在萨赫勒、地中海、南非和部分南亚则减少。温度较高而降雨减少已导致旱灾越加频繁,而暴雨的频率随着气候变暖和大气水汽增加而不断增加。此外,中纬度的西风带自20世纪60年代以来加强了。相比,《气候变化2014》就降水只作了如下陈述:降水量在北半球中纬度地区总体上自1901年起有增加;在其他纬度各地有增有降,而且带有很高的不确定性。

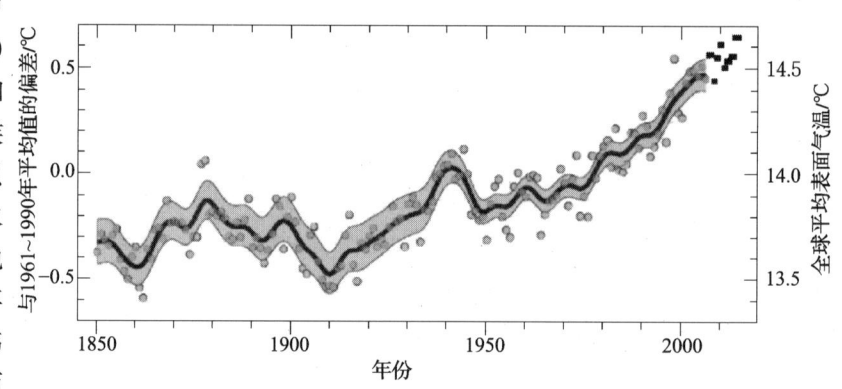

图2-45 全球平均表面温度在1850—2014年间的变化:观测值[43,f]

平滑线—10年平均值　圆点(及2005年后附加方点)—年平均值　阴影区—不确定性区间

2.5.1.4 推测的未来气候

未来气候的情景分析是基于温室气体排放的情景分析,而排放情景是基于有关下列人类活动的预期:未来人口增长、经济增长、消费等驱动排放的因素。图2-46显示全球气温会如何变化,基于下列引自《气候变化2007》的预期未来发展情节[43]:

①"A1情节情景族:未来世界经济急速增长,全球人口在本世纪中叶达到峰值后下降,更高效的新技术迅速推出。主要支撑主题是:地区间趋同、能力建设、更多的文化和社会互动,同时伴随着地区间人均收入差距的实质性缩小。本情节情景族进一步分化为三组,分别描述能源系统中技术变化的不同选择方向。这三组按技术重点区分为:化石燃料密集型(A1FI)、非

化石燃料能源(A1T)、各种能源之间的平衡(A1B)(平衡在这里定义为:在所有能源的供给和终端利用技术平行发展的前提下,不过于依赖某种特定的能源)。

② A2 情节情景族:未来世界很不均衡。支撑主题:自给自足,保持当地特色。区域间生育率格局的趋同非常缓慢,导致人口持续增长。经济发展主要面向区域。较之其他情景族,人均经济增长和技术变化零散而缓慢。

③ B1 情节情景族:未来世界趋同,全球人口与 A1 情节情景族中相同,在 21 世纪中叶达到峰值后下降,但经济结构快速转向服务和信息经济,材料密集度下降,清洁和资源高效技术得到引进。其重点是全球解决经济、社会和环境的可持续性,包括提高公平性,但不增加新的气候政策干预。

④ B2 情节情景族:未来世界强调局地解决经济、社会和环境的可持续性。在这个世界,全球人口持续增长,但比 A2 情节情景族的慢;经济发展处于中等水平;技术变化较之 B1 和 A1 情节情景族要缓慢而多样化。本情节情景族尽管也致力于环境保护和社会公平,但着重点在于局地和区域层面。"

如图 2-46 所示,未来的温度条件取决于排放情景和气候模型,但可以预期全球温度明显增加。暖化在陆地上最高,特别是在北半球的高纬度;那里的降水也很可能有实质性的增加。降水在亚热带地区很可能减少,如已有的观测所显示。

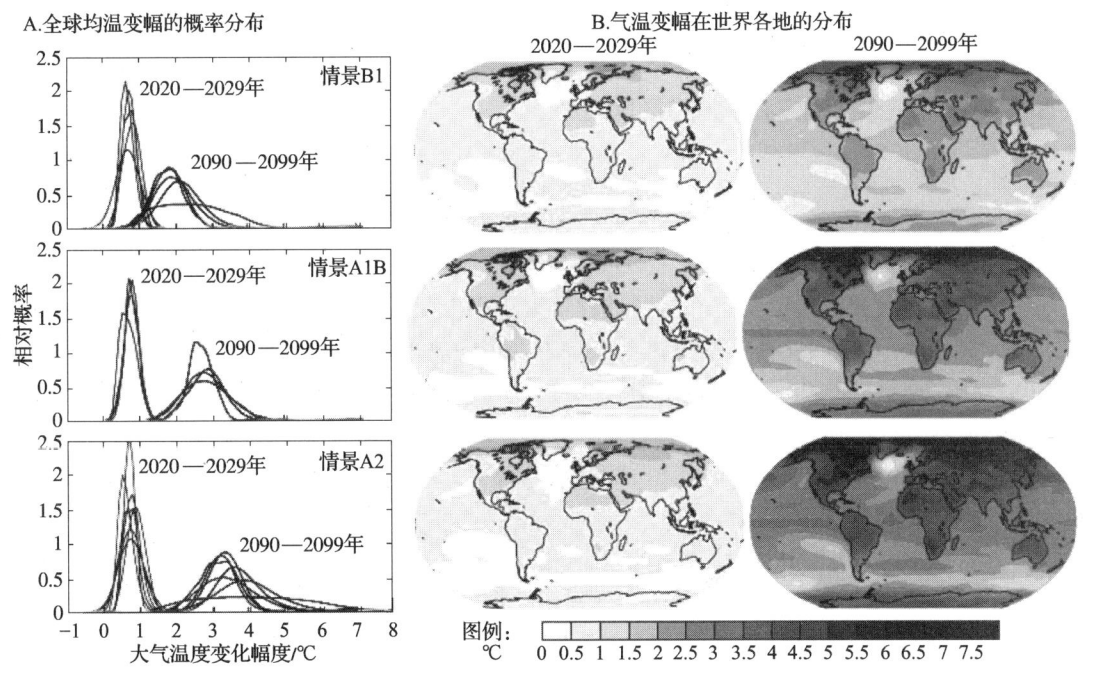

图 2-46　全球表面气温在 21 世纪初期和晚期相对于 1980—1999 年时的变化[43]

《气候变化 2007》的预测方法是单向循序法:从设定的人类活动(排放与社会经济情景)逐步预测辐射胁迫,气候预测,及至最终的影响、适应和易损性。《气候变化 2014》代之以平行反馈法:从代表性浓度路径和辐射胁迫情景开始,允许各环节之间互有反馈。这些情景分别为 RCP2.6,RCP4.5,RCP6.0,RCP8.5。其中,RCP 是"代表性浓度路径"的英文缩写,数码指辐射胁迫从 1750 年到 2100 年时的增值(W/m²)[g]。如前所述,2010 年的增值已经是 2.82W/m²。所以,RCP2.6 意味着人类将加强措施,大力减排,使辐射胁迫能在 21 世纪内达到峰值3W/m²

后,回降到 2010 年之前。RCP8.5 是不采取额外减排措施而持续增长的结局。RCP4.5 和 RCP6.0 则介于那两种极端之间,能在 2100 年后达到稳定[g]。

就 21 世纪末的大气成分、辐射胁迫和全球气温从 21 世纪初的预测增幅而言,《气候变化 2014》和《气候变化 2007》所用两套情景的关系如图 2-47 所示。这里,二氧化碳当量浓度是按照辐射胁迫效应,把其他温室气体和气溶胶也换算成二氧化碳浓度。跨政府气候变化专门委员会用下式换算二氧化碳当量浓度(mg/kg)与辐射胁迫(W/m²)[g]:

二氧化碳当量浓度 = 278exp
(辐射胁迫/5.325)   (2-40)

《气候变化 2014》的预测变幅(不定性)比《气候变化 2007》的小。对两套情景的最佳气温增幅估计值进行的回归分析显示,每单位辐射胁迫的增加,使气温上升 0.44℃。对气温增幅以及降水变幅的区域变异,两次评估大同小异。

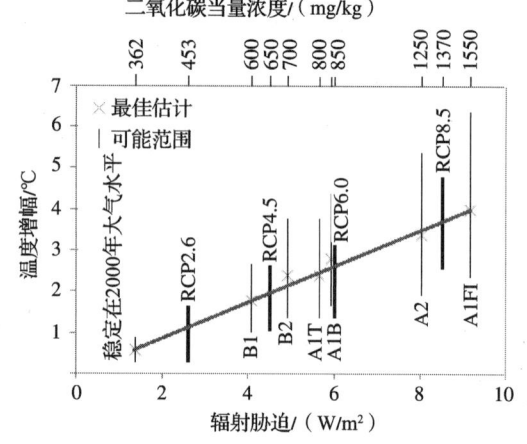

图 2-47 《气候变化 2014》的代表性浓度路径(RCP)与《气候变化 2007》情景的对比
线性回归:增幅 = 0.4366 × 胁迫(解释最佳估计增幅值变差的 98%)

2.5.2 全球气候变化对植被的影响

2.5.2.1 短期机制

森林生态系统和森林对气候变化的响应密切关联到气候变化对生态系统结构和运作长期动态的改变。一个关键问题是,气候变化如何影响总固碳量,如何影响树的出生、成长和死亡,及其确定的树种群和群落的动态。这些过程很大程度上受控于温度、降水(土壤水分可获量)和大气二氧化碳浓度,因此在气候变化下直接影响树的成败。

气候变化通过气孔功能和光合作用功能直接影响碳的固定(图 2-48)。气孔功能控制二氧化碳的流入气孔腔而得以用于周围细胞中的光合过程。支撑气候变化的大气二氧化碳富集会提高碳的最初固定,从而为树的繁殖和生长增加资源。另一方面,经由气孔摄取碳会让水分蒸发进大气,随之影响叶的水状态。不过,在高二氧化碳浓度状态下,每单位光合生产所用的水分会随树的用水效率的提高而减少,从而降低干旱影响生长的可能性。

大气二氧化碳浓度和温度的上升直接影响羧化加氧酶,因而可以预期影响碳三植物的光合作用速率。大气二氧化碳的增加促进羧化、光合碳还原循环的速率、进而光合速率。在羧化加氧酶限制光合速率下的净响应可以根据羧化加氧酶的动力学性质直接

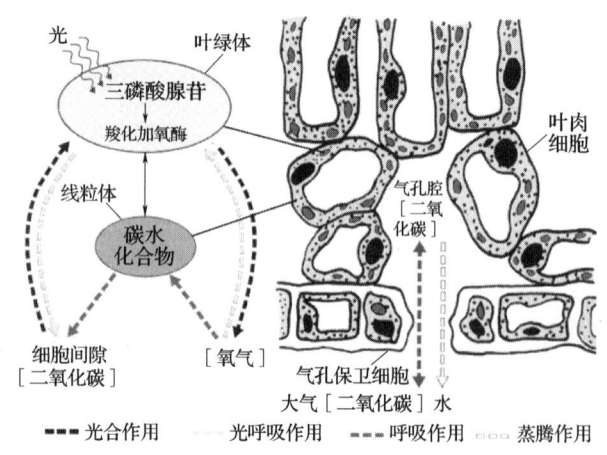

图 2-48 气候变化对叶净光合作用的影响

算出。把环境中的二氧化碳浓度从350mg/kg翻番到700mg/kg会刺激羧化净速率提高78%(25℃温度和21%氧气浓度条件下)。这一刺激可能随温度进一步增加[44]。不过,潜在羧化能力可以受某些其他片面过程的限制,诸如光的截获、氮的供应和最终产品的合成。考虑到这些限制因子,二氧化碳浓度翻番预期可以刺激净光合作用平均提高52%[45]。

2.5.2.2 长期机制

生物在森林生态系统中代表营养等级制中的初级(树等绿色植物)、次级和更高级别的生产者(习称消费者)。在初级生产水平,树的新陈代谢率追随气候变化引发的能源和资源因子的变化。这些变化可以相当即时而直接,也许已经短期改变了树种群和群落的成长和发育[46]。就长期而言,生态系统的初级生产力可能会在气候变化的控制下明显改变。另一方面,响应率本身(单位响应率,响应敏感性)可能受能源和资源因子变化的驯化而生理适应[47-48]。结果,树种群和群落的初级生产力可能不同于基于对资源可获量变化的即时响应而产生的预期[49]。控制树在气候变化下成败的关键因子包括:季节性的变化、树生理活动和生长年循环对不断变化的气候的生理适应,等等(表2-16)。

代谢的变化也影响繁殖、生长和死亡,气候变化的影响由此介入生态系统中树种群和群落的动态(表2-16)。这些过程的长期动态控制树群在树一生中的生长和发育,借以影响树种群和群落随时间演替的速率、模式和极限[50]。生态系统中养分和水分的可获量因此是由群落控制的,受气候引发的变异的影响,也受管理的影响。这种交互作用可以受新树种自然入侵的干扰,不过这也许是上百年乃至上千年一遇的事。可能性要大得多的是新的昆虫和有害生物,尤其昆虫的入侵[51],伴随着现有的昆虫和其他有害生物在气候变化下向北扩张。这可能会实质性地影响生态系统的营养结构,改变能量流动和养分循环。

表2-16 森林生态系统的结构和动态在气候变化下的一些主要变化

森林生态系统的组成		近期响应	长期响应
通过生物种群和群落	初级生产:树和其他植物种群和群落	树和其他绿色植物的新陈代谢(光合作用、呼吸作用、水分吸收和养分吸收)	初级生产的物质数量和质量,树和其他植物的繁殖、生长和死亡,新种的入侵,现有种地理分布的变化,种的灭绝
	次级生产:食植和更高营养级的各类脊椎和非脊椎动物	各类脊椎和非脊椎动物所用食物的数量和质量,对新陈代谢的影响	生物种组成,新种入侵,现有种地理分布的变化,种的灭绝
通过环境	大气:物质和能量因子	二氧化碳浓度、温度及其变异、降水及其变异、空气湿度、风力及其变异、降雪的质和量	受气候因子影响的立地肥力
	土壤:物质和能量因子	土壤水分、土壤温度、养分、土壤有机质的分解、养分循环、淋失	土壤水分、土壤温度、养分、土壤有机质分解、养分循环、淋失、土壤剖面的形成、立地肥力

植物的新陈代谢也因为养分和水分的可获量而通过土壤与气候变化相连。降水的任何变化都会改变土壤水分。土壤水分，与土壤温度一起，还控制着枯落物和腐殖质（土壤有机质）的分解，因此代表气候变化对森林生态系统动态的间接和长期的影响[52]。生态系统水分和养分循环的变化，只要使有效水分和养分的变化超过初级生产中的摄取量，就会延伸到立地之外。这会导致过度的地表和地下水流，同时使养分从立地淋失，进入地下水和地表水体（河流、湖泊）；或者，如果增强了的蒸发超过降水，或者降水本身因气候变化而下降，则导致水分亏缺。

森林生态系统的动态还通过种种机械力与气候变化关联。这些机械力折断和吹倒树，就像大风和降雪即使在现有气候条件下所做的那样[53]。另一方面，降雨量的增加可以降低土壤承载质量的能力，从而妨碍收获和管理作业，减弱树在土壤中的固着强度，增加树倒风险。而且，土壤变暖会缩短土壤的霜冻期，从而降低冬季土壤的载重能力和树的固着。在气候变化下，如果夏季蒸发比降水增加得快，旱期频率随之增加，那么，火灾的风险也可以上升。

2.5.3 对森林结构和运作的全球影响

《气候变化2007》[54]中有报道，基于卫星监测结果，净初级生产力从1982年到1999年在全球增长了6%，在1982—1999年间在欧亚大陆增加了12%，在北美增加了8%（图2-49）。《气候变化2014》[h]认为21世纪初的全球性趋势也是如此。这些变化与大气二氧化碳浓度的同期增加、生长季的延长、氮沉降和管理上的变化都相关。所报道的净初级生产力增加是与北半球的绿化所一致的；这最可能是因为春季温度的升高而使生长季延长。

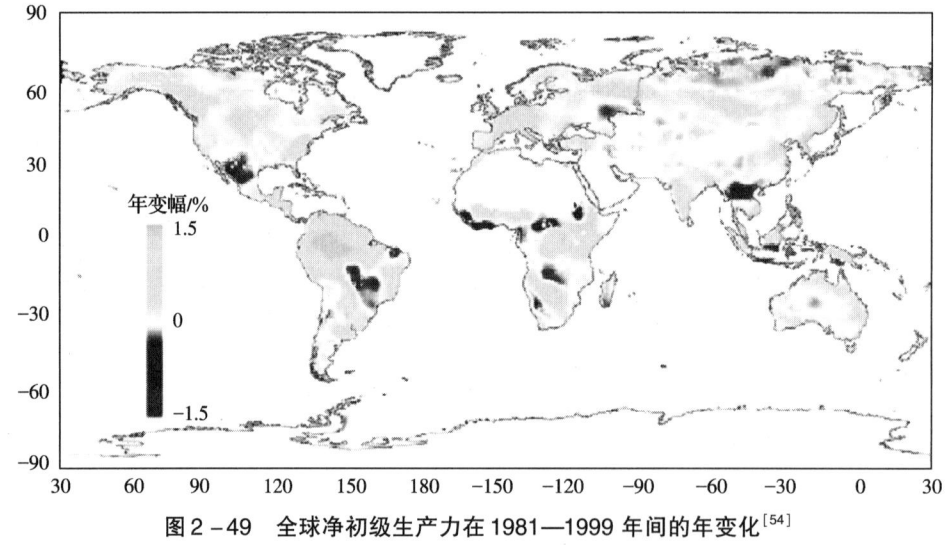

图2-49 全球净初级生产力在1981—1999年间的年变化[54]

另外，在南半球和热带，净初级生产力也有增加，但空间变异大，甚至有减产的。减产可能与温度升高而造成的呼吸损失增大有关（例如热带），但生物量的减产却与降雨减少和干旱增频相关（尤其地中海区域）。另一方面，有记录显示，在北美洲，北部森林相当大的一部分有衰退，而同时苔原生产力则有增加；这可能是由于生长期的延长和变暖以及干旱的增频。从长远看，这些变化会导致森林覆盖率的下降和森林类型的改变。由于较高纬度地区干旱、昆虫和火灾的影响增加，如图2-50显示，凉性森林可能在高纬度侵入苔原，而在南部撤出交错过渡区域[54]。

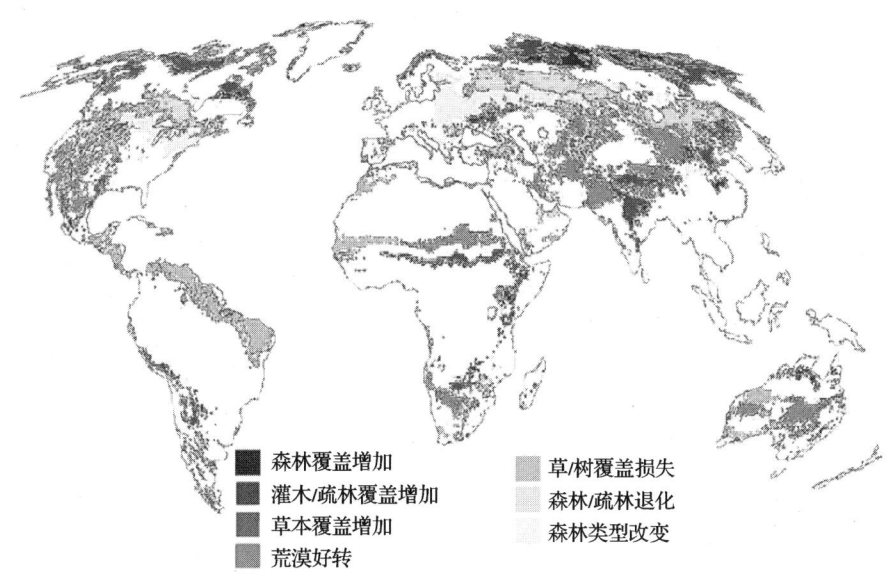

图 2-50　全球植被从 2000 年到 2100 年的预期变化：基于 A2 气候情景计算[54]

在中、低纬度，气候变化对热带荒原和木本植被型之间过渡的影响不明确。例如，对于萨赫勒和其他半干旱地区，有些模型预测干旱增加，同时也有预测水利用效率的增加会导致更多的绿化。在稀树草原，木本植物可能会更成功，因为有些区域水利用效率的提高和降水量的增加。在所有纬度，落叶植被会普遍增加而常绿植被则普遍减少；但美国东部和亚洲东部的森林好像对干旱比较敏感而会在气候变化的有些情景下衰退。预期热带生态系统会有变化，尤其在亚马逊；那里的气候情景显示，降水会有中等或更大幅度的减少，其结果是常绿热带森林过渡为旱季落叶林或草地[54]。

2.5.4　对森林结构和运作的局地影响

2.5.4.1　人工管理下的凉性森林案例：概况

气候变化的影响因局地条件而定，与当地盛行的生物气候条件、土壤条件、树种相关。而且，对森林的管理会改变生态系统对气候变化的纯生态性响应。这进一步强调了需要根据局地情况分析气候变化的影响，以便更好理解气候变化会如何影响林业的未来潜力。因此，这里采用模型分析，显示气候变化会如何影响芬兰各地凉性森林的生长——《气候变化2007》和《气候变化2014》都预测芬兰会有大幅度的气候变化[43]。

在本评估所采用的森林生态系统模型中，森林的生长和发育受下列因子的影响：温度、光照、水分，以及氮可获量变化下枯落物和土壤有机质的分解[29]。这些因子影响树种群和群落的统计过程（出生、生长、死亡）。模拟范围覆盖 2600 万 hm^2 林地，以芬兰全国森林资源清查的永久性样地为代表，位于从北纬 60°~70°的凉性森林区域。对比模拟中使用的"目前"是指 1961—1990 年的气候（这也是本案例分析所用"目前"一词的内涵）。这些气候数据在全国的观测点与全国森林资源清查的永久样地的网络在空间尺度上相同。气候变化的情景分三个时期：1991—2020 年、2021—2050 年、2070—2099 年，基于《气候变化2007》的 A2 排放情景[55]。到 2070—2099 年，平均气温预计在夏季升高近 4℃，冬季超过 6℃。大气二氧化碳浓度在模拟起始的 1990 年为 352mg/kg，相比在模拟终结的 2099 年则为 841mg/kg。模拟中假定管理实践不变,一直沿用现实做法。

2.5.4.2 温度和降水的变化

图 2-51 显示芬兰现实和气候变化下年平均气温的分布。年平均气温目前在最南部为 +5~+6℃,中部为 0℃ 左右,最北部则是 -3~-2℃。在气候变化下,这些气温带向北转移:在所模拟的后期(2070—2100 年),年均温在最南部达到 9℃ 左右,零值线从中部向北移大约 500km 而处在高于目前林线的最北部。年降水量目前在最南部为 600~700mm,中部为 500~600mm,最北部为 300~400mm。在气候变化下,降水量在北部增加最多:到 2021—2050 年,最大增幅可达 15%,到 2071—2100 年,增幅可达 40%。相比,降水在西南部到 2071—2100 年只增 10%。

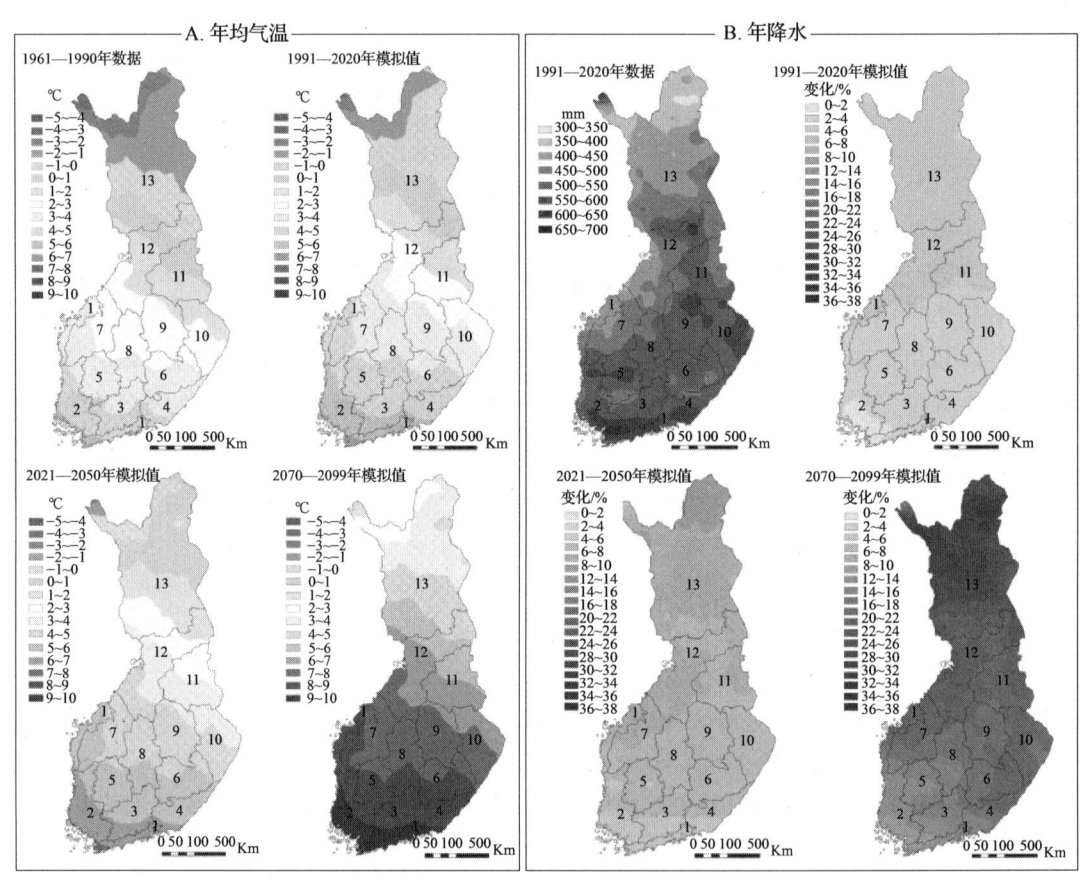

图 2-51 年平均气温和年降水在芬兰的分布:1961—1990 年与气候变化下[29]
图中的数字标志作为地方林业管理单位的森林中心

2.5.4.3 对生长的影响

如图 2-52 所示,芬兰森林的生长目前变化于北部的不足 $1m^3/(hm^2 \cdot a)$ 到南部的高达 $6m^3/(hm^2 \cdot a)$。在整个北部,气候变化下生长的增幅都是百分之几十。在南部,增幅要小不少,主要在 10%~20% 之间。挪威云杉在许多地方(主要为北纬 62°以南)的生长增幅很小,甚至有负的;在所模拟的后期阶段尤其如此。这在很大程度上是因为随温度的升高干旱的发生变多。挪威云杉可能只在肥沃又湿润的立地(如酢浆草-黑果越橘型立地)成功;这里,即使干旱期持续较长,水分供应仍会不失充裕。在这些条件下,挪威云杉可能足以与桦树和其他落

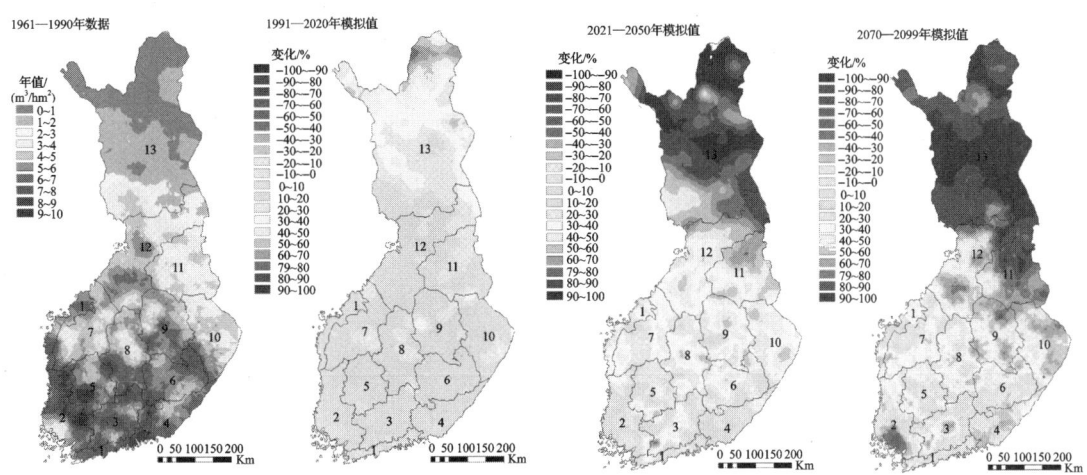

图 2-52 芬兰森林蓄积量生长率：1961—1990 年的实际情况与气候变化下的预估变幅[29]

图中的数字标志作为地方林业管理单位的森林中心

叶树种竞争，尽管在肥沃的立地上桦树的优势度增加。另一方面，欧洲赤松在目前由挪威云杉占据的黑果越橘型等不那么肥沃的立地上增获优势。

在生长和树种组成上的变化能降低局地的总生长量，但全国范围内总生长可以增加（表 2-17）。这主要是由于在北部所有树种的生长都增加，在南部和中部欧洲赤松的生长普遍增加。西南和东南角是例外：这里欧洲赤松目前主要占据贫瘠的立地。在这种条件下，干旱期的增多可能减少欧洲赤松的成功。

表 2-17 芬兰森林蓄积平均生长率：对照（1961—1990 年）和气候变化下[29]

区域	生长量/[m³/(hm²·a)]（括号内：变化/%）			
	1961—1990 年	1991—2020 年	2021—2050 年	2070—2099 年
南部：1~10 号区	5.5	5.9(7)	6.3(11)	6.8(12)
北部：11~13 号区	2.2	2.6(18)	3.7(68)	4.6(109)
全国	4.1	4.5(10)	5.3(29)	5.9(44)

2.5.4.4 对树种组成的影响

在芬兰南部，欧洲赤松的份额比例在整个模拟期都持续增长；到 21 世纪后叶，占总材积的比例高达 60%（表 2-18）。与此同时，挪威云杉的比例会降到 10%。这种下降主要发生于所模拟的后期；挪威云杉好像在许多地方被桦树取而代之。在芬兰北部，挪威云杉的比例也下降，但取而代之的是欧洲赤松；后者在总材积中的比例超过 70%。桦树在芬兰北部的比例变化不大，抑或甚至略有下降。

表 2-18 芬兰森林对照（1961—1990 年）和气候变化下的树种组成[29] 单位：% 总蓄积量

区域和树种		1961—1990 年	1991—2020 年	2021—2050 年	2070—2099 年
南部：1~10 号区	欧洲赤松	42	44	54	62
	挪威云杉	49	45	33	8
	桦树	9	11	13	30

续表

区域和树种		1961—1990 年	1991—2020 年	2021—2050 年	2070—2099 年
北部:11~13 号区	欧洲赤松	62	63	68	77
	挪威云杉	27	26	22	14
	桦树	11	11	10	8
全国	欧洲赤松	47	49	59	68
	挪威云杉	43	39	29	12
	桦树	10	12	12	20

2.5.4.5 对潜在最大可伐量的影响

潜在最大可伐量是指给定管理条件下,从立地可持续性采收产品的最大量。在芬兰,到本世纪末,森林的潜在最大可伐量在南部可以增加多达 56%（表 2-19）。北部增幅则要大得多（上限 170%）,但其绝对值 $3m^3/(hm^2 \cdot a)$ 仍然不足南部 $5m^3/(hm^2 \cdot a)$ 的 2/3。全国的总潜在最大可伐量增至 8300 万 $m^3/(hm^2 \cdot a)$,其中 5300 万 $m^3/(hm^2 \cdot a)$ 来自南部,2700 万 $m^3/(hm^2 \cdot a)$ 来自北部。需要注意的是,这些数值只代表矿质土立地,不包括泥炭地。部分由于这个原因,目前气候下的潜在最大可伐量模拟值是林业统计数值 5600 万 $m^3/(hm^2 \cdot a)$ 的 85%。此外,木材品种的分布也有变化:锯材的比例在南部从 1990 年时的 77% 上升到 2099 年的 82%,在北部则分别为 74% 和 82%。

表 2-19　芬兰森林对照(1961—1990 年)和气候变化下不同时期的潜在最大可伐量[29]

区域	潜在最大可伐量/[$m^3/(hm^2 \cdot a)$]（括号内:变化/%）			
	1961—1990 年	1991—2020 年	2021—2050 年	2070—2099 年
南部:1~10 号区	3.2	3.3(3)	4.2(31)	5.0(56)
北部:11~13 号区	1.1	1.2(9)	2.2(100)	3.0(168)
总计	2.3	2.4(4)	3.3(52)	4.2(82)

2.5.4.6 对碳汇除的影响

芬兰森林生态系统的碳量目前与生长量和蓄积量遵循相同的格局:总碳量在南部普遍为 $100Mg/hm^2$,在北部则维持于 $50Mg/hm^2$（表 2-20）。在气候变化下,总碳量增长在北方多于南方,这从生长的变化可以预期。不过,平均总碳量在北部还是稍低于南部,尽管南部在挪威云杉生长量和蓄积量下降最大的地区总碳量会减少。从全国来看,生态系统的总碳量仍会比目前值大出近 30%。

表 2-20　芬兰森林生态系统对照(1961—1990 年)和气候变化下不同时期的碳含量[29]

区域		碳含量/(Mg/hm^2)（括号内:变化/%）			
		1961—1990 年	1991—2020 年	2021—2050 年	2070—2099 年
树	南部:1~10 号区	49	52(59)	57(17.1)	53(8.3)
	北部:11~13 号区	25	28(11.9)	36(45.8)	40(60.8)
	全国	39	42(8.3)	50(28.8)	51(29.7)

续表

区域		碳含量/(Mg/hm²)（括号内：变化/%）			
		1961—1990 年	1991—2020 年	2021—2050 年	2070—2099 年
土壤	南部:1~10 号区	40	40(0.1)	43(7.2)	50(23.9)
	北部:11~13 号区	32	32(0)	34(6.1)	41(28.4)
	全国	37	37(0)	39(6.8)	46(25.7)
树加土壤	南部:1~10 号区	89	90(1.5)	100(12.6)	102(14.7)
	北部:11~13 号区	57	58(2.2)	70(23.0)	82(45.3)
	全国	76	77(1.8)	89(16.8)	96(27.1)

参考文献

[1] Sarvas, R. 1964. Havupuut. Helsinki. Werner Söderström Oy. 518 pp.

[2] Luukkane, O. 1981. Liite dendrologian kurssimonisteeseen. Helsingin yliopisto. Helsinki. 183 pp.

[3] Kramer, P. J. and Kozlowski, T. T. 1979. Physiology of woody plants. New York. Academic Press. 811 pp. ISBN 0-12-425050-5.

[4] Wilson, B. F. 1970. The growing tree. Amhest. The University of Massachusetts Press. 152 pp.

[5] Hall, D. O. and Rao, K. K. 1994. Photosynthesis. 5th edn. Cambridge. Cambridge University Press. 211 pp. ISBN 0-521-43622-2.

[6] Taiz, L. and Zieger, E. 1991. Plant Physiology. Redwood Ctiy. Benjamin/ Cummings Publishing Company Inc. 565 pp. ISBN 0-8053-0245-X.

[7] Wang, K. 1996. Effects of long-term CO_2 and temperature elevation on gas exchange of Scots pine. University of Joensuu. Research Notes 47: 1-37.

[8] Farquhar, G. D, von Gaemmerer, S. and Berry, J. A. 1980. A biochemical model of photosynthetic CO_2 assimilation in leaves of C3 species. Planta 149(1): 78-90.

[9] Kellomäki, S. and Wang, K. 1997. Effects of long-term CO_2 and temperature elevation on crown nitrogen distribution and daily photosynthetic performance of Scots pine. Forest Ecology and Management 99: 309-326.

[10] Pettersson, R. and McDonald, J. S. 1994. Effects of elevated carbon dioxide concentration on photosynthesis and growth of small birch plant (Betula pen-dula Roth.) at optimal nutrition. Plant, Cell and Environment 15: 911-919.

[11] Farquhar, G. G. and Wong, S. C. 1984. An empirical model of stomatal conductance. Australian Journal of Plant Physiology 11(4): 191-210.

[12] McMurtrie, R. E., Rook, D. A. and Kelliher, F. M. 1990. Modelling the yield of Pinus radíata on a site limited by water and nitrogen. Forest Ecology and Management 30(4): 381-413.

[13] Brooks, S. and Farquhar, G. D. 1985. Effect of temperature on the CO_2/O_2 speci-fity of ribu-

lose – 1,5 – biphosphate carboxylase/oxygenase and the rate of respiration in light. Estimation from gas – exchange measurement on spinach. Planta 165(3): 397 –406.

[14] Montheith, J. L. and Unsworth, M. H. 1990. Principles of Environmental Physics. London, New York, Melbourne, Auckland. Edward Arnold. 291 pp. ISBN 0 –7131 –2931 – X.

[15] Ryan, M. G. 1995. Foliar maintenance respiration of subalpine and boreal trees and shrubs in relation to nitrogen content. Plant, Cell and Environment 18(7): 765 –772.

[16] Zha, T. , Ryyppö, A. and Kellomäki, S. 2001. Effects of elevated carbon dioxdie concentration and temperature on needle growth, respiration and carbohydrate status in field – grown Scots pines during the needle expansion period. Tree Physiology 21: 1279 –1287.

[17] Mohren, G. M. J. 1987. Simulation of Forest Growth, Applied to Douglas Fri Standin the Netherlands. Wageningen. 184 pp.

[18] Kanninen, M. , Hari, P. andKellomäki, S. 1982. A dynamic modelfor above ground growth of dry matter in a forest community. Journalof Applied Ecology 19 (2): 465 –476.

[19] Kilpeläinen, A. , Peltola, H. , Rouvinen, I. and Kellomäki, S. 2006. Dynamics of daily height growth in Scots pine trees at elevated temperature and CO_2. Trees 20: 6 –27.

[20] Raulo, J. and Leikola, M. 1974. Tutkimuksia puiden vuotuisen pituuskasvun ajoittumisesta Communicationes Instituti Forestalis Fenniae 81 (2): 1 –19.

[21] Mälkönen, E. 1974. Annualprimary production andnutrient cycle in some Scots pine stands. Communicationes Instituti Forestalis Fenniae 84 (5): 1 –87.

[22] Mälkönen, E. 1977. Annualprimary production andnutrient cycle in a birch stand. Communicationes Instituti Forestalis Fenniae 91 (5): 1 –28.

[23] Kimmins, J. P. and Scoullar, K. A. 1983. Forcyte – 10, A user's manual. Vancouver. University of British Columbia. 112 p.

[24] Koivisto, P. 1962. Growth and yield tables. Communicationes Instituti Forestalis Fenniae 65 (8): 1 –49.

[25] Henttonen, H. , Kanninen, M. , Nygren, M. and Ojansuu, R. 1986. The maturation of Scots pine seeds in relation to temperature climate in Northern Finland. Scandinavian Journalof Forest Research 1 (2):243 – 249.

[26] Tansley, A. G. 1935. The use and abuse of vegetational concepts and terms. Ecology 16: 284 –307.

[27] Odum, E. P. 1971. Fundamentals of Ecology. 3rd edn. Toronto. W. B. Saunders Co. 574 pp. ISBN 0 –7216 –6941 –7.

[28] Kellomäki, S. and Väisänen, H. 1997. Modelling the dynamics of the boreal forest ecosystems for climate change studies in the boreal conditions. Ecological Modelling 97 (1,2): 121 –140.

[29] Kellomäki, S. , Strandman, H. , Nuutinen, T. , Peltola, H. , Korhonen, K. T. and Väisänen, H. 2005. Adaptation of forest ecosystems, forests and forestry to climate change. FINADAPT Working Papers 4, Finnish Environmental Institute. Mimeographs 334: 1 –44.

[30] Oker – Blom, P. 1985. Photosynthesis of Scots pine shoot: simulation of the irradiance distribution and photosynthesis of a shoot in different radiation fields. Agricutlural and Forest Meteorol-

ogy 34(1): 31-40.

[31] Oker-Blom,P. 1986. Photosynthetic radiation regime andcanopy structure in modelled stands. Acta Forestalia Fennica 197(1): 1-44.

[32] Kimmins,J. P. 1987. Forest Ecology. New York. Macmillan Publishing Company. 531pp. ISBN 0-02-36405-2.

[33] Chertov,G. and Komarov,A. S. 1997. SOMM - a model of soil organic matter dynamics. Ecological Modelling 94: 177-189.

[34] Olson,J. S. 1963. Energy storage and balance of producers and decomposers in ecological systems. Ecology 44(2): 322-231.

[35] Waring,R. H.,Rogers,J. J. and Swank,W. T. 1982. Water relations and hydrological cycles. In: Dynamic Properties of Forest Ecosystems (D. E. Reichle,ed.). London. Cambridge University Press. p. 205-264. ISBN 0-521-22508-6.

[36] Campbell,G. S. 1977. An Introduction to Environmental Biophysics. New York. Springer-Verlag. 159 p. ISBN 0-387-90228-7.

[37] Reed,K. L. and Clark,S. G. 1976. SUCcession SIMulator: a coniferous forest simulator. University of Washington. Biome Bulletin 11: 1-96.

[38] Kellomäki,S.,Väisänen,H.,Hänninen,H.,Kolström,T.,Lauhanen R.,Mattila,U. and Pajar,i B. 1992. A simulation modelfor the succession of the boreal forest ecosystem. Silva Fennica 26: 1-18.

[39] Zha,T.,Kellomäki,S.,Wang,K. and Rouvinen,I. 2004. Carbon sequestration and ecosystem respiration for 4 years in Scots pine forest. Global Change Biology 10: 1492-1503.

[40] Kira,T.,and Shidei,T. 1967. Primary production and turnover of organic matter in different forests ecosystems of westem Pacific. Japanese Journal of Ecology 17 (2): 70-87.

[41] Kellomäki,S. 2005. Metsäekologia. Joensuu. Joensuu yliopistopaino. 297 pp. ISBN 952-458-635-5.

[42] Garcia-Gonzalo,J.,Peltola,H.,Briceño-Elizondo,E. and Kellomäki,S. 2007. Changed thinning regimes may increase carbon stock under climate change: A case study from a Finnish boreal forest. Climatic Change 81(3-4): 431-454.

[43] IPCC. Climate Change 2007: The Physical Science Basis. Contribution of Working Group I to the Fourth Assessment. Report of the Intergovemmental Panel on Climate Change [Solomon, S.,D. Qin, M. Manning, Z. Chen, M. Marquis, K. B. Averyt, M. Tignor and H. L. Miller (eds.)]. Cambridge University Press,Cambridge,United Kingdom and New York,NY,USA, 2007,996 p. ISB 13-9780521705967.

[44] Stitt,M. 1991. Rising CO_2 levels and their potential significance fro carbon flow in photosynthetic cells. Plant,Cell and Environment 14: 741-762.

[45] Cure,J. O. and Acock,B. 1986. Crop responses to carbon dioxide doubling: a literature survey. Agricultural and Forest Meteorology 38: 127-145.

[46] Kirschbaum,M. U. F 1999. CenW,a forest growth model with linked carbon,energy,nutrient and water cycles. Ecological Modelling 118: 17-59.

[47] Medlyn,B.,Jarvis,P.,Badeck,F.,Pury,D.,Barton,C.,Broadmeadow,M.,Ceulemans,R.,

de Angelis, P. , Forstreuter, M. , Jach, E. , Kellomäki, S. , Laitat, E. , Marek, M. , Philippot, S. , Rey, A. , Strassemeyer, J. , Laitinen, K. , Liozon, R. , Portier, B. , Roberntz, P. and Wang, K. 1999. Effects of elevated CO_2 on photosynthesis in European forest species: a meta-analysis of model parameters. Plant, Cell and Environment 22: 1475-1495.

[48] Medlyn, B. E. , Barton, C. V. M. , Broadmedow, M. S. J. , Ceulemans, R. , Dangeles, P. , Forstreuter, M. , Freeman, M. , Jackson, S. B. , Kellomäki, S. , Laitat, E. , Rey, A. , Roberntz, P. , Sigurdsson, B. O. , Strassemeyer, J. , Wang, K. , Curtis, P. S. and Jarvis, P. G. 2001. Stomatal conductance of forest species after long-term exposure to elevated CO_2 concentrations: a synthesis. New Phytologist 149(2): 247-264.

[49] Oren, R. , EIlsworth, D. S. , Johnsen, K. H. , Phillips, N. , Ewers, B. S. , Maier, C. , Schäfer, K. V. R. , McCarthy, H. , Herdrey, G. , McNulty, S. G. and Katul, G. G. 2001. Soil fertility limits carbon sequestration by forest ecosystems in a CO_2-enriched atmosphere. Nature 411: 469-472.

[50] van der Meer, P. J. , Jorritsma, I. T. M. and Kramer, K. 2002. Assessing climate change effects on long-term forest development: adjusting growth, phenology, and seed production in a gap model. Forest Ecology and Management 162: 39-52.

[51] Parmesan, C. , Gaines, S. , Gonzales, L. , Kaufman, O. M. , Kingsolver, J. , Townsend, J. T. and Sagarin, R. 2005. Empirical perspectives on species borders: from traditional biogeography to global change. Oikos 108: 58-75.

[52] Mummery, D. and Battaglia, M. 2004. Significance of rainfall distribution in predicting eucalypt plantation growth, management options, and risk assessment using the process-based model CABALA. Forest Ecology and Management 193: 283-296.

[53] Lexer, M. , Hönninger, K. , Scheifinger, H. , Matulla, Ch. , Groll, N. , Kromp-Kolb, H. , Schaudauer, K. , Starlinger, F. and Englisch, M. 2002. The sensitivity of Austrian forests to scenarios of climate change: a large-scale risk assessment based on modified gap modeland forest inventory data. Forest Ecology and Management 162: 53-72.

[54] IPPCC. Climate Change 2007: Impacts, Adaptation and Vulnerability. Contribution of Working Group II to the Fourth Assessment Report of the Intergovernmental Panel on Climate Change, M. L. Parry, O. F. Canziani, J. P. Palutikof, P. J. , et al. (Eds) Cambridge University Press, Cambridge, UK,976 p. ISBN 978-0521-70597-4.

[55] Ruosteenoja, K. , Jylhä, K. and Tuomenvirta, H. 2005. Climate scenarios for FINAOAPT studies of climate change adaptation. FINAOAPT Working Paper 15, Finnish Environment Institute Mimeographs 345: 1-38.

[a] Yin, X. 1999. Evaluation of solar irradiance models with a special reference to globally-parameterized and land cover-sensitive SR123. Theoretical and Applied Climatology 64: 249-261.

[b] Yin, X. 1993. Variation in foliar nitrogen concentration by forest type and climatic gradients in North America. Canadian Journal of Forest Research 23: 1587-1602.

[c] Yin, X. 1999. The decay of forest woody debris: numerical modeling and implications based on some 300 data cases from North America. Oecologia 121: 81-98.

[d] Yin, X. & Arp, P. A. 1994. Fog contributions to the water budget in forested watersheds in the

Canadian maritime provinces: a general algorithm. Atmosphere – Ocean 32: 553 – 566.

[e] Stocker, T. F., Qin, D., Plattner, G. – K., et al, 2013: Technical Summary. In: Climate Change: The Physical Science Basis. Contribution of Working Group I to the Fifth Assessment Report of the Intergovernmental Panel on Climate Change, T. F. Stocker, D. Qin, G. – K. Plattner, et al. (eds.) Cambridge University Press, Cambridge, UK.

[f] Hansen, J., Sato, M., Ruedy, R., et al. 2015. Global Temperature in 2014 and 2015. http://csas.ei.columbia.edu/2015/01/16/global – temperature – in – 2014 – and – 2015/

[g] Moss, R., Babiker, M., Brinkman, S., et al. 2008. Towards New Scenarios for Analysis of Emissions, Climate Change, Impacts, and Response Strategies. Intergovernmental Panel on Climate Change, Geneva, 132 pp.

[h] Nakićenović, N. and Swart, R. (eds.) 2000: Special Reporton Emissions Scenarios. A Special Report of Working Group III of the Intergovernmental Panel on Climate Change. Cambridge University Press, Cambridge, UK, 599 pp.

第 3 章　全球森林资源

3.1　生物圈、植被带和森林群系

3.1.1　生物圈

"圈"是范围的意思。生物圈是地球表面活生物赖以存在、生物循环赖以发生的那部分，包括土壤剖面的较浅层次，近地表大气和表层水体[1]。陆地生态系统占全球面积的 26% 左右，却含有 99% 的生物量(不计海底生物)。陆地生态系统面积之大，式样之繁，使陆地生物量的各家估计值有实质性的差异。据估计[2]，全球植被约含 470Pg(Pg = 10^{15} g = 1 百兆克 = 10 亿吨)的碳。陆地生物量分布极不均匀。森林生物量包含那些生物量的 80% 左右。森林本身包括多种多样的群系，从高密度的热性雨林(热带雨林)，到不那么密的高纬度或高海拔森林。

植被群系是指生物圈的陆地植被中性质相似的大面积植物覆盖，诸如针叶森林、阔叶森林。植被的性质在全球从赤道向两极的各带内多有不同。热条件是植被带的一个基本区别特征。湿度条件则把各带进一步分为多个亚组或分区。植被带在南、北半球理论上本来可以是相同的，但由于大陆分布的不均匀，某些植被类别并不是南北都有。图 3-1 显示世界的热量

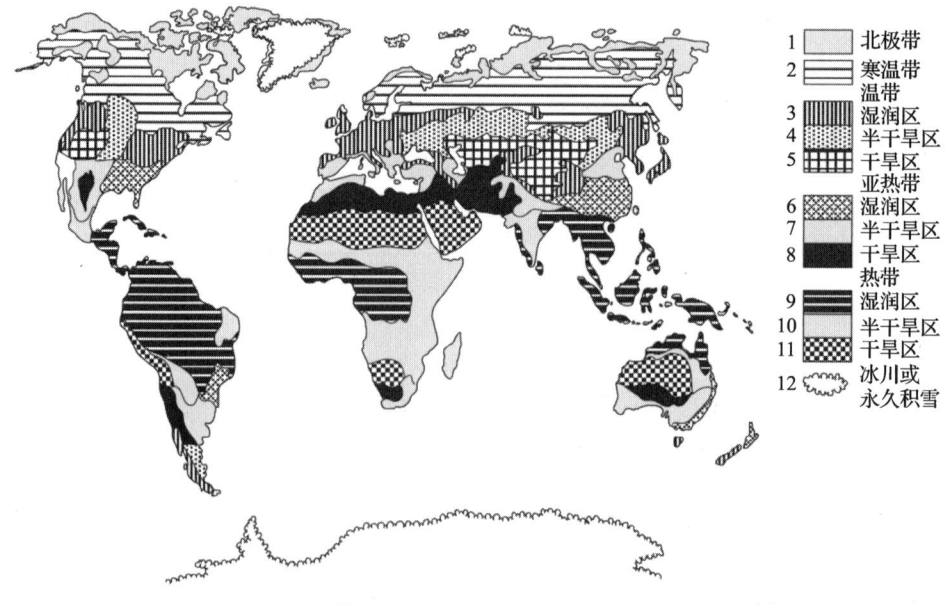

图 3-1　热量带及其按照热量和水湿划分的生物气候区[1]

带,以及按照温度和湿度进一步划分的生物气候带。

3.1.2 植被带

地球北部的北极带和南部的南极带是没有树的地域,超出林木线,夏季最热月份的平均气温不足10℃。那里,苔藓和地衣种类繁多,矮灌木常见。在北半球,由此向南进入北方带(寒温带)。这里,年平均气温处于 -5~5℃ 之间,年降水为 300~1500mm;夏季最热月份的平均最高温度超过10℃,夏季只有4个月长。寒温带偏湿,一般以针叶树种为特征,常被称为针叶林带或泰加林带。由于冬季寒冷,积雪覆盖较薄,美国阿拉斯加与加拿大和西伯利亚的高度大陆性寒温带有大面积的永冻地。夏季土壤温度经常保持在冰点以下。

温带代表赤道南、北向的中纬度区域。年平均气温为 5~15℃,夏季有 4~7 个月,最冷月的温度低于 2℃。年降水量为 500~2000mm。温带一般湿润,降雨的季节性影响植被。森林通常含有落叶阔叶树种,但针叶树种也常见。

热带覆盖赤道附近的区域,最冷月温度超过18℃,年平均温度 22~28℃。这里,森林的存在强烈取决于降水量及其分布。世界上的主要荒漠都在热带。这指明降水是个决定性因子,其影响随温度升高而增长。图3-2显示所有植被带与气温和降水的关系。

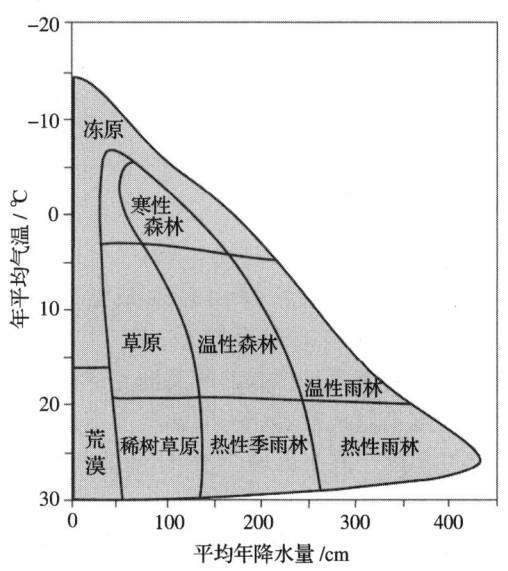

图3-2 主要植被型(生物区系)随平均年降水和温度的分布[3]

3.1.3 森林群系

3.1.3.1 凉性森林

世界森林的类别按树种和生产力区分。凉性森林(寒温带森林)的环极地带覆盖北美洲、北欧国家和俄罗斯的高纬度地带。凉性森林位于更北的冻原和较南的温性混交林之间,还处于温带的高海拔地域(因此,寒温带森林等以地带命名是有欠缺的)。寒温带占地近10亿 hm^2,其中有6成左右是森林。气候偏湿,降水量超过潜在蒸散量,水平衡有余。水不流入河流就提升地下水位,形成沼泽地。泥炭土覆盖大面积的寒温带。

世界工业木原料的20%左右来自凉性森林。这里,商业上最重要的针叶树属是松属、云杉属、冷杉属、落叶松属、刺柏属、崖柏属和铁杉属。最常见的落叶树属则是杨属、桦属、柳属和桤木属。

3.1.3.2 温性森林

温性森林(温带森林)位于凉性森林和热性森林之间(北纬和南纬25°~50°),覆盖北半球的诸多大片地域,包括加拿大南部、美国、北欧外的欧洲、部分俄罗斯、日本、中国和东亚其他地区。温性森林在南半球热带往南也有:智利部分地区、阿根廷、新西兰和澳大利亚。郁闭温性森林的面积已经降到7亿 hm^2 左右,将近原有面积的1/2。温性森林有1/2在北美洲,1/4 在欧洲。人类利益长期影响了这些森林,使之大面积用于木材生产或诸多其他目的。

温性森林由阔叶树种和针叶树种组成。主要森林树属包括:松属、刺柏属、冷杉属、栎属、水青冈属、槭属、榆属、白蜡树属、胡桃属、鹅耳枥属、栗属、悬铃木属、柳属和椴木属。南半球的温性森林包括南青冈属和一百多种桉树。

在温带,旱性森林发生于年降水量低于 1000mm 的地区。这类森林沿气候梯度变化,从结构有致的郁闭森林,到疏林地,乃至既矮又稀疏的木本植被。旱性森林在北美西南部有大面积存在,也见于地中海盆地的大部地区。有些地域的旱性森林是数千年反复火烧的结果。

3.1.3.3 热性森林

热性森林(热带森林)遍布五大洲,覆盖 17.9 亿 hm^2 左右。这些森林位于南、北纬 25°之间,主要在发展中国家。热性森林占全球森林面积的 1/2 以上,全球森林生物量的 60% 左右,土壤有机质的 25%。这些森林覆盖地球表面积的 15% 左右,但拥有所有动植物种的近 1/2。

热带区域包括常绿雨林。那里,年降水大于 2000mm,全年分布均匀——每月超过 100mm。主要雨林区域有如下三个:

① 亚马逊及其相邻的南美洲北部以及中美洲和墨西哥南部的大西洋海岸;

② 刚果盆地及其相邻的非洲赤道西部;

③ 印度—马来区域,包括印度的西海岸、东南亚的大片区域、巴布亚新几内亚及其他太平洋岛屿、澳大利亚东北沿海。

雨林群系树种数量丰富。每公顷可能多达 40~100 种——其中大多数属于不同的科。具有实质性商品价值的落叶树属是:桉属、柯属、南青冈属。针叶树属则是:罗汉松属、陆均松属、贝壳杉属、翠柏属和芹叶松属。

在年降水量为 1000~2000mm、旱季持续 1 个月以上的区域是热带湿润落叶林。有些优势树种在旱季末期落叶。南亚和东南亚的落叶(或半落叶)森林是季雨林,经过非常干旱的 2~6 个月后迎来暴雨期。亚洲的热带落叶林含有重要的森林工业木组类,诸如龙脑香科的娑罗双属,唇形科的柚木,楝科的桃花心木属,山榄科的铁榄属。

热带也有既矮小又结构简单的森林地域,其年降水量小于 1000mm。这些旱性森林沿着气候梯度变化,从结构有致的郁闭森林到疏林地、棘刺、灌丛、稀树草原和其他既小又稀疏的木本植被。旱性森林分布在非洲撒哈拉以南赤道雨林之外的大部分地区,还在印度、澳大利亚、南美洲、中美洲、墨西哥大面积出现,也见于加勒比盆地多地。有些地域的旱性森林是数千年反复火烧的结果。栎属,牧豆树属和金合欢属的树种是各类旱性森林中的常见种。

3.2 森林生物量和生产力

据 Potter et al.[2],森林覆盖 30% 左右的全球陆地面积(表 3-1),但含有近 80% 的陆地总生物量。超过 40% 的森林在热带,1/4 左右在温带,1/3 左右在寒温带。荒漠和半荒漠约占全球陆地的 30%,而荒漠植被则不到陆地总生物量的 2%。

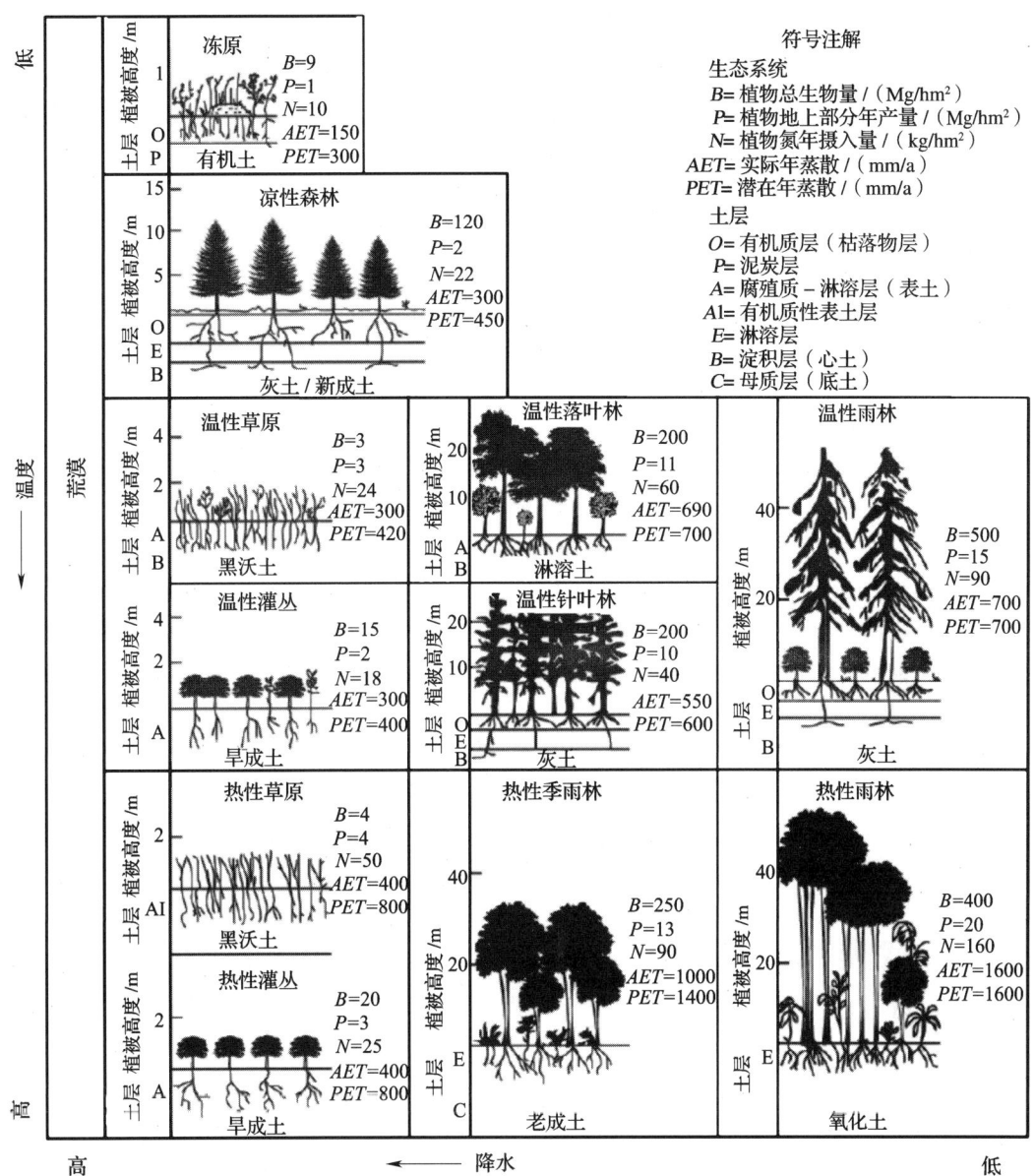

图3-3 主要生态系统类型的结构和功能性质:与降水量和温度的关系[5]

表3-1 全球陆地面积与植被和土壤碳储量的分布

数据年代	生物群区	面积/万 km²	碳储量/Pg		
			植物	土壤*	合计
20世纪80年代[2]	森林	4170	359	787	1146
	热性森林	1760	212	216	428
	温性森林	1040	59	100	159
	凉性森林	1370	88	471	559
	热性稀树草原	2250	66	264	330

续表

数据年代	生物群区	面积/万 km²	碳储量/Pg		
			植物	土壤*	合计
20世纪80年代[2]	温性草原	1250	9	295	304
	荒漠和半荒漠	4550	9	191	200
	苔原	950	6	121	127
	湿地	350	15	225	240
	农田	1600	3	128	131
	总计	15120	467	2011	2478
2015年[a]	森林	3998	297	47+264=311*	608
2013年[b]	陆地		450~650	1500~2400	2000~3000

注:*地表1m内的土壤碳储量[2];或分别为枯死木与枯落物,另加土壤有机质(大多限于30cm内)[a];或没说明[b]。

如图3-3所示,不同植被带的植被生产力取决于温度和降水量的变异性。在偏湿的条件下,干物质的年生产随温度升高而增加:从寒温带的不足 $2Mg/(hm^2 \cdot a)$ 到热带的超过 $20Mg/(hm^2 \cdot a)$。同样,在温度逐渐升高的有利条件下,单位面积上的生物量随着温度条件的改善而增加:从凉性森林的大约 $120Mg/hm^2$,到热性雨林的 $400Mg/hm^2$。土壤的有机质含量在寒温带达 $400\sim1000Mg/hm^2$,高于热带的 $250\sim300Mg/hm^2$。这反映死植物材料在温度较高的条件下腐解较快。供水的稀缺实质性地降低生产力和单位面积上的生物量。偏湿和半干旱区域之间在生产力上的差别不如在单位面积存储生物量上的差别那么大。这里,更重要的是草本植物的快速腐解,而非木本植物的缓慢腐解。

3.3 全球森林资源现状

3.3.1 概念

联合国粮农组织自1945年成立后,一直在协调评估全球森林资源;自1990年以来,每5年一次。本章材料主要基于《2015年全球森林资源评估》[a],简称《森林评估2015》。《森林评估2015》的信息来自234国(有些为地区,下同),分1990年、2000年、2005年、2010年和2015年5个时间点,覆盖了117个变量的现状(抑或还有趋势),包括森林和其他林地的范围、状态、利用和价值。必须认识到的是,这些数据常随新信息被不断充实、修正,使先前的许多评估值甚至不着边际。

这些评估分"森林""其他林地"和"其他用地"。自2000年,森林定义为:地面积超过 $0.5hm^2$,内有树高超过5m,林冠覆盖率超过10%,或者,树可望就地达到这些阈值。其中,不包括主要为农业或城镇的用地。其他林地指没有划入"森林"之地,面积超过 $0.5hm^2$:要么已有(或可望就地达到)树高于5m,但林冠覆盖率为5%~10%;要么灌木、灌丛和树的合计覆盖率大于10%。这同样不包括主要为农业或城镇的用地。既没划入"森林"也没划入"其他林地"的地统称"其他用地"。其中有树的地域如果符合如下标准则被列入其他有树地:面积超过 $0.5hm^2$,内有树在成熟时高可达5m,覆盖率大于10%。本章只涉及"森林",除非另有说明。

3.3.2 森林覆盖

《森林评估2015》的资料[a]显示,全球森林面积近40亿hm²,约占土地面积的31%(图3-4A)。其中,超过2/3(67.2%)位于10个国家(图3-4B):包括领土最大的7国(俄罗斯、中国、美国、加拿大、巴西、澳大利亚、印度),以及领土名列前20位且森林覆盖率超过50%的刚果(金)、秘鲁和印度尼西亚。按所用定义,有11国没有任何森林。国土森林覆盖率高于70%的都是低纬度国家(大多是小岛国),除了芬兰。大致有1/4的国家享有1/2以上的森林覆盖率(56国),或者另一个极端,森林覆盖率不足10%(59国)。南美洲是森林覆盖率最高的区域(48%),亚洲最低(19%)。作为全球平均,每人拥有森林面积0.6 hm²。

其他林地面积估计为12亿hm²,相对2010年的9.7亿hm²。这主要是因为澳大利亚的上报数字从先前年份的空白一跃成了2.51亿hm²(而为《森林评估2010》[c]填的是1.35亿hm²),也因此反映了这种评估的一大局限。但不管怎样,森林和其他林地之间相互渗透,尤其在各干旱带,确实分而不明。其他林地有30%在非洲,21%在大洋洲(98%在澳大利亚),19%在亚洲(其中近1/2在中国),15%在拉丁美洲(56%在阿根廷和巴西),8%在欧洲(3/4在俄罗斯),5%在加拿大和美国。有树覆盖的其他用地至少有1亿hm²:从《森林评估2015》估计值减去利比里亚的1.8亿hm²,那是该国土地面积的19倍。有60%的国家,包括中国等大国,没有提供这方面的信息。

世界森林面积自从1990年(及1948年)的变化趋势如图3-4A所示。采用了统一的森林定义后,每次评估的结论都是森林面积在减少,但在《森林评估2015》之前,给出的面积估计值却总比前次多2%。《森林评估2015》则是从《森林评估2010》[c]的面积值下调。这意味着《森林评估2015》在很大程度上是对先前评估的否定。必须审慎对待基于那些评估的文献。

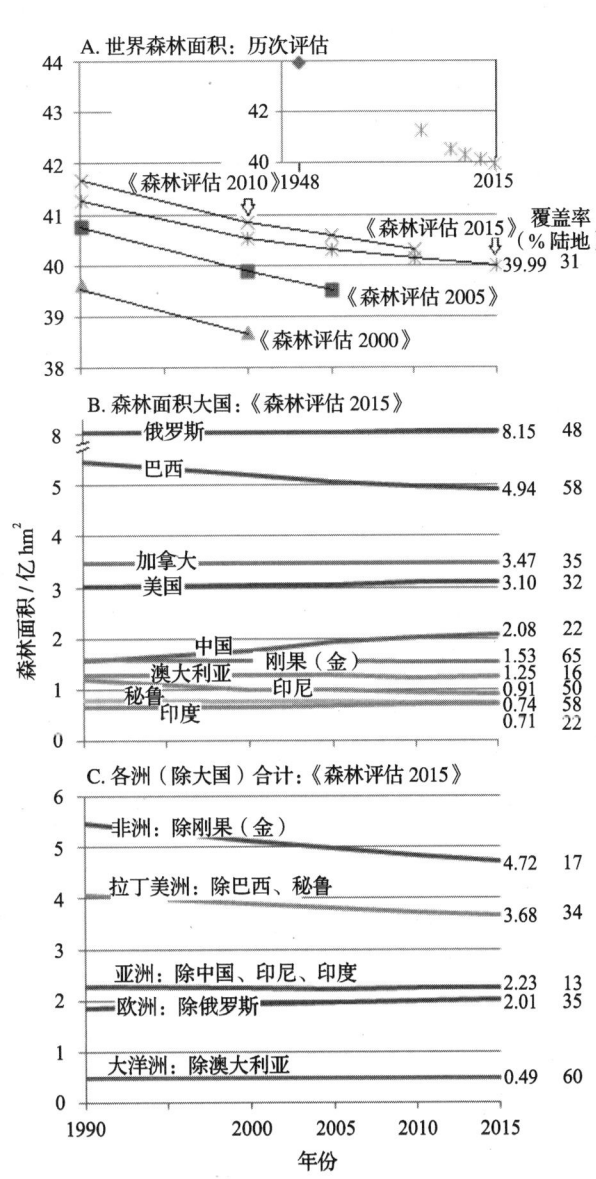

图3-4 世界森林面积及其分布与变迁:据联合国资料[6,8,a,c,d]

如果数据没有偏差,森林变化的动态最简单地说有两个部分:人工破坏和自然灾害使森林面积减少(毁失),人工造林和自然扩展使森林面积增长(扩张)。人类清除森林,把土地转作他用,如农业和基础设施。森林也可以因自然灾害而消失:受害地域如果不能天然更新,也没人栽植,就会转为其他用地。在先前没有森林的地上,植树(非林地造林),抑或森林向诸如废弃农田上的自然延伸,使森林面积增长。森林曾覆盖世界土地面积的45%,但自工业革命以来损失率明显加剧[d]。如图3-4A显示,每年的净损失在20世纪90年代平均高达727万hm^2,往后总体上不断有所缓和,从2000—2005年的457万hm^2,到2010—2015年的331万hm^2,但依然惊人。净损失率的下降不一定是毁林的减少,部分可以是有些国家和地区非林地造林和森林自然扩张的补偿。在2010—2015年间,森林面积的净损失在非洲和拉丁美洲最大,分别为每年284万和218万hm^2左右(图3-4B、C)。其他各洲总体森林面积有净增长,但各国差别很大,尤其在亚洲。中国每年净增154万hm^2(但只是2000—2005年时的1/2);菲律宾、老挝、印度、越南和土耳其各国则每年净增10~20万hm^2;印度尼西亚和缅甸每年净失68万和55万hm^2。森林面积净损失最多的是巴西,每年98万hm^2。同期,森林面积在净损失最大的前10国总共每年净损失453万hm^2,而在净增长最大的前10国则每年净增348万hm^2。

除了毁林造成的森林面积损失,森林退化也能削弱森林供应商品和服务的能力,以及维持生物多样性的能力[7]。这可以出于各种不同的形式,特别在较稀疏的森林中,主要由于人类活动,诸如放牧过度、开采薪柴(或木材)过度、反复火烧,或者由于病虫害的侵害或旋风等自然起因[8]。在大多数情况下,退化并不表现为木本植被面积的减少,而是生物量的逐渐减少,物种组成的变化和土壤的退化。不可持续性的伐木实践能促成退化,如果采收成熟树后不配以更新,或者如果重型机械的使用造成土壤板结或高产森林地域的损失。退化的反面是森林改善[8]。对这两种过程的进展,定量估计尚在尝试阶段[e]。

按照地面积,世界上森林的大多数是公共所有,但区域间有实质性差异(图3-5)。在2010年,所有森林的75%为公有,约21%为私有,余下4%的所有权不清。私有林比例最高的是欧洲(不包括森林全部国有的俄罗斯),达52%,以及大洋洲(42%)。私有林在非洲不常见(15%),但在持续增多,在亚洲和拉丁美洲也在增多。私有林在森林面积10大国中的份额美国最高(58%),中国其次(43%),其他都不高(0~27%)。《森林评估2010》的数据[c]显示,全球私有林中约有6成为私人林,其余大致是工业林和集体林对分;但北美没有集体林,私人林占7成;欧洲私人林占8成,集体林占5%左右。其他区域数据有限。就全球而言,在1990~2010年间,公有林约每年减少1460

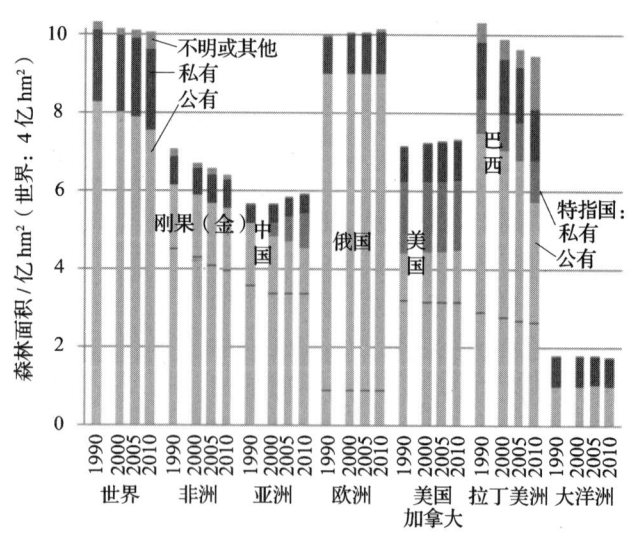

图3-5 林地所有权:据联合国资料[a]估算

万 hm^2（即0.46%）——由于毁林或转为私有；私有林每年增加495万 hm^2（即0.64%）——大多可能靠造林。而且，公有林由私有公司授权管理的比例在同期以类似的速率（每年0.6个百分点）上升，从3%变成15%。

3.3.3 生长蓄积量和采收

生长蓄积量是材积（木质材料的体积）的估计值，包括所有胸高直径超过一定阈值的活树。所测量的是从地面（树桩高度）到一定顶端直径的树干，也可能包括超过一定直径的树枝。据《森林评估2015》资料[a]，全世界的生长蓄积量有5305亿 m^3，其中30%在拉丁美洲（图3-6）。世界总量的57%位于五个国家：巴西967亿 m^3（18%），俄罗斯815亿 m^3（15%），加拿大472亿 m^3（9%），美国407亿 m^3（8%），刚果（金）355亿 m^3（7%）。世界平均生长蓄积量为 $133m^3/hm^2$。但当然，不同的国家和地区之间参差不齐。共有20个国家报告平均生长蓄积量超过 $250m^3/hm^2$，包括高蓄积的热带国家法属圭亚那（$350m^3/hm^2$）和喀麦隆（$308m^3/hm^2$），但大多是伐树量长期远低于增长量而导致蓄积量高度累积的欧洲国家（瑞士352、斯洛文尼亚346、德国321、卢森堡299、奥地利299、捷克297、罗马尼亚281、比利时275、斯洛伐克274、波兰269、列支敦士登 $254m^3/hm^2$），虽然都没有新西兰高（$392m^3/hm^2$）。中国的总蓄积量是160亿 m^3；平均蓄积量为 $77m^3/hm^2$，为世界均值的58%。

生长蓄积量自1990年以来的变化趋势如图3-6所示。在《森林评估2015》之前，每次评估给出的估计值不但总比前次大得多，而且增幅加大（12%上升为21%）。同样重要的是，所得生长蓄积量值在评估期内随时间的变化方向截然不同：《森林评估2000》[8]显示增，《森林评估2005》[6]显示降，《森林评估2010》[c]则显示基本持平。这些差异是因为《森林评估2010》对单位林地上的平均蓄积量普遍上调了估计值：同为2005年，与《森林评估2005》对应值相比，上调幅度从欧洲的3%到大洋洲的200%，全球净增18%。

《森林评估2015》总体上是从《森林评估2010》的估计值下调（图3-6A）。但各国的估计值有升有降。最突出的是，加拿大和美国的数值几乎是对换。另一个森林面积大国，澳大利亚，长期没有蓄积量数据，其估计值是用大洋洲有数据国家的平均蓄积量（高达 $200m^3/hm^2$ 左右）推算出来的。因此，蓄积量估计值还会有调整。例

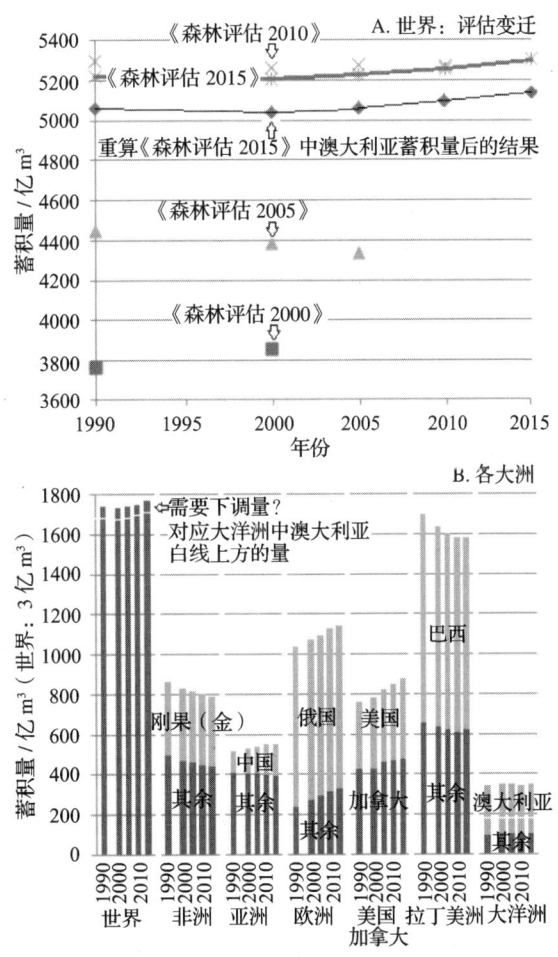

图3-6 森林生长蓄积量：据联合国资料[6,8,a,c]重估

如,如果利用已知的森林生物量数据估计,那么,澳大利亚的蓄积量就会从 252 亿 m^3 下调到 88 亿 m^3(表 3-2)。世界蓄积量相应变成 5142 亿 m^3,下调幅度达 3%(图 3-6)。

表 3-2 澳大利亚森林生长蓄积量的估算:原始数据都取自《森林评估 2015》资料[a]

方法	变量	单位	2000 年	2010 年
依据森林面积:《森林评估 2015》	大洋洲已有数据的平均蓄积量:A	m^3/hm^2	196.4	200.0
	澳大利亚的森林面积:B	万 hm^2	12884	12321
	澳大利亚的生长蓄积量估计:C = A × B	亿 m^3	253	246
依据已知森林生物量	大洋洲已有数据的森林生物量与蓄积量比值:D	t/m^3	1.844	1.827 新西兰:0.70;巴布亚新几内亚:2.66*
	澳大利亚的森林生物量:E	亿 t	160	159
	澳大利亚的生长蓄积量估计:F = D/E	亿 m^3	86.9	87.2 区间:60~229

注:* 新西兰拥有大量人工松林,巴布亚新几内亚以天然热带林为主,两国分别占大洋洲除澳大利亚外森林面积的 21% 和 72%。

平均蓄积量在各大洲都一直在增长,尤其在中高纬度(欧洲、北美、东亚)。这种增长自 2000 年后不但补偿了全球森林覆盖率的下降,还使全球总生长蓄积量有所上升(图 3-6B)。总之,在生长蓄积量这个森林量的综合指标上,《森林评估 2015》否定了先前的大尺度评估。商品性生长蓄积量是被认为具有商业性或商品潜力的木材量,通常指允许收获木材的森林中的活木体积[6]。《森林评估 2005》基于 113 个国家提供的资料,给出各区域商品性生长蓄积量在总蓄积量中的百分比。表 3-3 列出这些比值,图 3-7 显示计算出的商品性生长蓄积量:在 2015 年,全球总计 2943 亿 m^3,是总生长蓄积量的 57%。其中,欧洲和北美占 6 成。总生长蓄积量中商品性部分的比重热带区域不如欧美高。这主要是由于森林结构和收获作业法上的差异。热带森林树种丰富,但只有少数几种能超过商品利用和选伐所设的最小直径阈值。温性森林树种远为较少,但其中许多可以商业利用。此外,温带收获作业法通常不是基于最小允许直径,或者这种直径阈值要比用于热带雨林的低,因此,大部分生长蓄积量可用于供应木材。在欧洲,尽管总生长蓄积量一直有增长,但商品性生长蓄积量曾在 20 世纪 90 年代有所下降;这意味着森林被设定有其他用途。

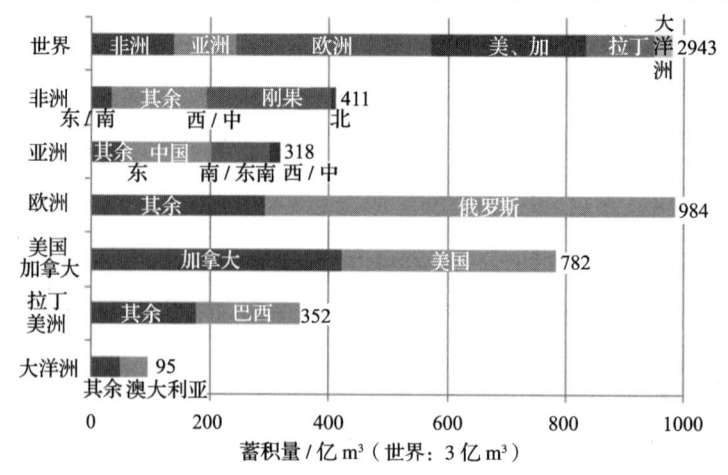

图 3-7 商品性森林蓄积量:据联合国资料[6,8,a]估算

表 3-3　　　　　商品性生长蓄积量占总生长蓄积量的份额:联合国资料[6]　　　　　单位:%

区域	东、南非	西、中非	北非	东亚	中国	南、东南亚	西、中亚
份额	22	26	30	86	92	34	60
区域	欧洲	俄罗斯	北美	中美洲	加勒比	南美洲	大洋洲
份额	85	88	87	19	64	20	51

为《森林评估2015》提交的数据[a]显示,世界森林的30%被指定基本用于生产(木材和非木质林产品),另有27%既用于生产,也为其他功能,诸如保护土壤和水分资源,维护生物多样性,提供游憩。相比,这些比例在1990年分别为28%和24%。

全球木材采收的数值有很大的不确定性。具体地说,薪材采收可能远高于报道值。非法采收通常得不到报道。应该在使用有关统计数据时加以考虑。还应该指出,采收不同于伐倒(下节讨论的圆木生产),不包括伐倒但留在立地的树。但是,稍微查对一下《森林评估2015》的数据表[a]就不难发现,所列各国的木材采收值要么与圆木生产值完全相同(如,美国、芬兰、菲律宾、所罗门群岛),要么只是圆木生产值微不足道的一小部分(如巴布亚新几内亚、缅甸、莫桑比克、秘鲁),或者干脆是空白(如,中国、印度尼西亚、泰国、苏丹)。估计木材采收的最合适方法因此是参照圆木生产量。

各种各样的非木林产品可以从森林、其他林地和林外树株采收。这些产品通常是自家消费,抑或在当地出售,但也有出口。非木质林产品关系到农村的可持续性发展,在扶贫和保障粮食方面尤其重要。这种重要性在国家或全球的统计数据中得不到充分反映,因为非木质林产品通常不列入国家核算和贸易统计,其数值易被低估,诚如《森林评估2005》和《森林评估2010》中都有陈述。有许多森林植物产品可供食用。在这类产品的全球总采收量中,中国占的比例最大(主要为坚果和竹笋),达74%[6]。大量采收食物性产品的其他国家在亚洲还有印度、韩国、巴基斯坦共和国,在欧洲有捷克共和国、芬兰、意大利和瑞典,在南美洲有巴西。表3-4显示《森林评估2005》中数据最充实的4类非木质林产品的采收概况。

表 3-4　　　　　一些非木质林产品(植物产品)的采收量:2005年[6]　　　　　单位:万 t

区域	食品	药物和香料原料	分泌物	其他植物产品
非洲	6 国:8.9	2 国:2.0	3 国:1.3	2 国:1.1
亚洲	14 国:360	13 国:9.0	11 国:150	9 国:61
欧洲	17 国:27	9 国:0.65	6 国:0.22	11 国:23
美国加拿大	1 国:0.64	0 国:-	0 国:-	0 国:-
拉丁美洲	2 国:35	4 国:0.44	5 国:5.6	6 国:44
大洋洲	0 国:-	1 国:0.0038	1 国:0	1 国:0.59
全球	40 国:428	29 国:12	26 国:157	29 国:130

3.3.4　圆木的生产和消费

据联合国粮农组织统计[f],在2013年,世界圆木的生产为36.6亿 m^3(去皮),其中薪材略过 1/2(51%),如表 3-5 所示。如前所述,圆木生产是指伐倒,不同于采收。在工业圆木中,约 56% 是软木(针叶树),主要生产区在欧洲和北美;约 35% 是造纸材,近似在软木中造纸材的比例(32%)。硬木(落叶树)的 39% 是造纸材。

表 3-5 圆木生产(去皮):2013 年[f] 单位:万 m³

区域		工业圆木				薪材 (占全球值/%)	圆木总量 (占全球值/%)
		软木		软木+硬木(占全球值/%)			
		原木	造纸材	原木	造纸材	合计		
非洲		842	375	5942(5)	1353(2)	7295(4)	64987(35)	72282(20)
亚洲	全洲	5422	1685	29306(25)	8959(14)	38266(21)	74293(40)	112559(31)
	中国	2261	690	13336(11)	3532(6)	16868(9)	17883(10)	34751(9)
欧洲	全洲	28078	12221	35311(30)	19704(31)	55015(31)	14624(8)	69639(19)
	欧盟	15930	9607	19216(16)	14202(22)	33418(19)	9868(5)	43286(12)
美国加拿大		24169	14214	29650(25)	20619(33)	50269(28)	4621(2)	54889(15)
拉丁美洲		5993	3335	12050(10)	11109(18)	23159(13)	26367(14)	49526(14)
大洋洲		3519	892	4388(4)	1601(3)	5989(3)	1063(1)	7052(2)
全球		68023	32720	116647(100)	63346(100)	179993(100)	185955(100)	365948(100)

注:工业圆木包括杆材、坑木、梁材、桩材等。薪材用于生产木炭。

圆木生产在美国最高,约 3.97 亿 m³,其中工业圆木占 89%。在欧盟 28 国,圆木总产为 4.33 亿 m³,工业圆木占 77%;瑞典为最大生产国(0.70 亿 m³),芬兰其次(0.57 亿 m³)。第 2 至第 6 名圆木生产大国依次为印度(产量 3.57 亿 m³,其中薪材占 86%)、中国(3.48 亿 m³,薪材 51%)、巴西(2.64 亿 m³,薪材 45%)、加拿大(1.52 亿 m³,薪材 3%)、俄罗斯(1.94 亿 m³,薪材 7%)。这六国的圆木生产总量为 17.13 亿 m³,接近世界总量的 1/2。圆木生产中的薪材比例在非洲是 90%,亚洲 66%,拉丁美洲 53%。

世界圆木总生产从 1961 年至 1990 年稳步上升,由 25.2 亿 m³ 增加到 35.4 亿 m³;然后由于苏联的解体而下滑到 20 世纪 90 年代中期的 33 亿 m³ 左右;再历经 2005 年的小峰(33.8 亿 m³)及 2008 年金融危机造成的低谷(33.5 亿 m³);在 2014 年处于前所未有的 36.9 亿 m³。这些波折主要由于软木产量(图 3-8A),来自欧洲、北美及亚洲(图 3-8B)。圆木生产在非洲从未间断增长,主要由于薪材(对比图 3-8B、D);在拉丁美洲也是一直增长,除了 21 世纪初的小幅度三落三起;在大洋洲那年代也有起伏;在亚洲从 1990 年一路下跌 11 年(总降幅近一成),到 2014 年大致恢复了一半;在北美洲从 1986 年起持续稳定了 20 年后,随着美国建房业泡沫的破灭,连降四年(总降幅 1/3),到 2014 年也大致恢复了 1/2;在欧洲连降四年则始于 1991 年(总降幅 37%),2014 年处于 2008 年开始的新一轮下跌后的恢复期。中国的圆木生产在 1977 年达到峰值(4.0 亿 m³)后,连降 29 年(总降幅 1/4),再连升四年恢复 1/2 后处于稳定状态。

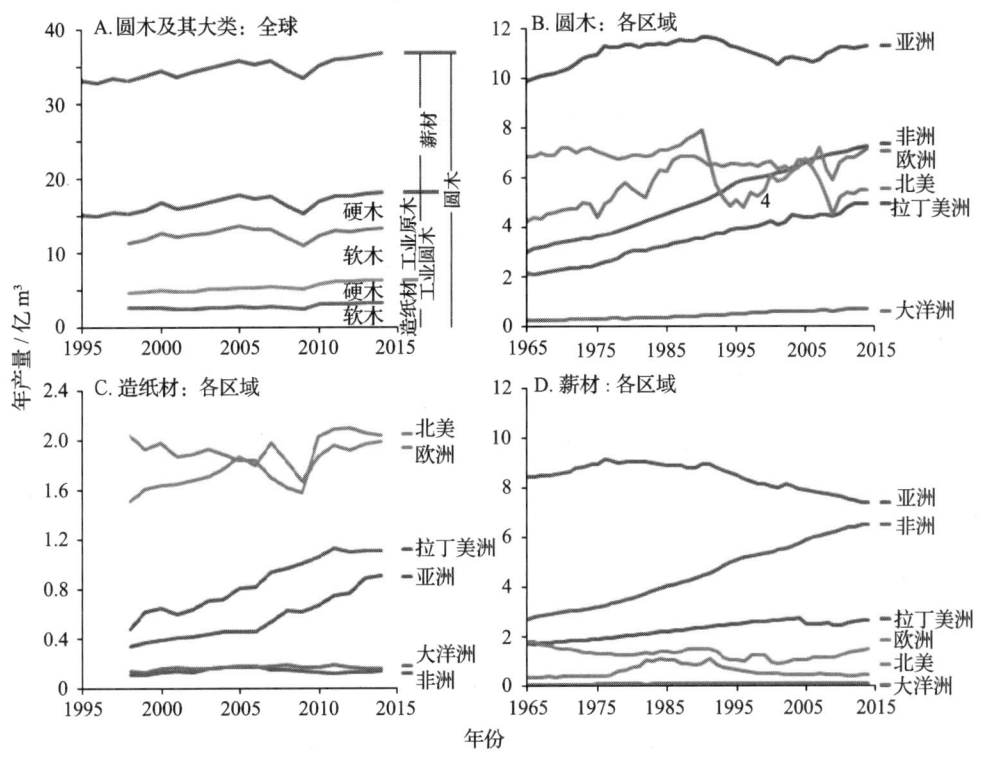

图 3-8　圆木及其大类的年产量历史趋势：据联合国统计资料[f]

造纸材产量的趋势在大多数区域对应圆木总产量的上述趋势，但在北美能从 2008 年金融危机造成的低谷迅速回升，在亚洲则一直保持增长（图 3-8C）。相比，薪材在亚洲自 20 世纪 70 年代中后期就持续下降，在北美的下降则起始于 20 世纪 80 年代（图 3-8D）。

圆木量在工业圆木主要生产区欧洲和北美的年平衡如表 3-6 所示，包括独立国家联合体（独联体：此时含欧洲的俄罗斯、白俄罗斯、摩尔多瓦、乌克兰，亚洲的亚美尼亚、阿塞拜疆、格鲁吉亚、哈萨克斯坦、吉尔吉斯斯坦、塔吉克斯坦、土库曼斯坦、乌兹别克斯坦）。圆木的表面消费等于采收加进口减出口。其数值表明，对圆木需求，欧洲不能自给自足，必须依赖进口才能满足。独联体和北美则能自足。尽管如此，在 2008—2013 年间，采收量在欧洲削减了 23%，对应表面消费量的下跌比例。在北美也经历了不小的下滑（15% 左右）。独联体国家出口所占采收木材量的比例从 2008 年的 20% 下降到 2013 年的 12%。

表 3-6　　　　圆木量在欧洲和北美的平衡：据联合国统计资料[f]　　　　单位：万 m³/a

类别	欧洲		独立国家联合体		北美	
	2008 年	2013 年	2008 年	2013 年	2008 年	2013 年
采收量	46922	36264	20868	19966	51546	44171
进口量	6151	5002	80	62	629	589
出口量	3930	3793	4198	2377	1337	2350
净贸易量＝出口－进口	-2222	-1209	4119	2315	708	1761
表面消费量＝采收－净贸易	49143	37473	16750	17651	50838	42600

3.3.5 森林保护

生物学意义的多样性涵盖现有生活型的品种及其生态作用和遗传多样性[10]。在森林中，这种多样性使生物种能不断适应动态演化的环境条件，维持树木育种和改良的潜力（以满足人类对商品和服务的需求以及不断变化的最终用途要求），支持自身的生态系统功能。生物多样性没有简单而客观的度量。在《森林评估 2005》中，作为相关森林生物多样性的变量包括：原始森林的面积，专为保护生物多样性设置的森林面积，森林的生物种组成，本源树种的数量，受危森林树种。往后的评估中没有后两项。

森林资源评估的一部分是请各国提供关于各自森林的天然程度、育林强度和管理实践方面的信息，把森林分归五级：原始、受扰自然、半自然、防护性人工林、生产性人工林。基于这些信息，在 2015 年，全球总森林面积中 33% 左右（13 亿 hm^2）是原始森林，定义为本源树种的森林，没有明显可见的人类活动迹象，生态过程没有受到显著干扰[6]。如表 3-7 所列，原始森林在森林面积中的份额在俄罗斯之外的欧洲只有 2%，拉丁美洲最高（50%），北美（美国和加拿大）其次（43%），亚洲、非洲和大洋洲都是 20% 左右。在森林面积最大的 7 国中，这种份额在刚果（金）最高（67%），澳大利亚和中国最低（5% 左右）。原始林面积最大的 3 国占全球原始林总面积的 52%，最大的 5 国占 65%，最大的 10 国则占到 83%。这 10 国依次为俄罗斯、巴西、加拿大、刚果（金）、美国、秘鲁、印度尼西亚、委内瑞拉、玻利维亚、墨西哥；其余从南美洲热带一直往北到加拿大，都在西半球。

表 3-7　2015 年全球原始森林的面积和生物多样性保护林的面积：据联合国资料[a]重估

区域		原始森林面积/万 hm^2（份额/%）	占森林面积的份额/%	设定保护区面积/万 hm^2（份额/%）	占森林面积的份额/%
非洲	全洲	14383(10.9)	23.0	8159(15.6)	13.7
	刚果(金)	10269(7.8)	67.3	2631(5.0)	17.2
亚洲	全洲	11747(8.9)	19.8	9051(17.4)	15.3
	中国	1163(0.9)	5.6	1043(2.0)	5.0
欧洲	全洲	27702(21.0)	27.3	5635(10.8)	5.5
	俄罗斯	27272(20.7)	33.5	2651(5.1)	3.3
北美	美国	7530(5.7)	24.3	6476(12.4)	20.9
	加拿大	20592(15.6)	59.3	2392(4.6)	6.9
拉丁美洲	全洲	46963(35.7)	50.2	16848(32.3)	18.0
	巴西	20269(15.4)	41.1	4697(9.0)	9.5
大洋洲	全洲	2694(2.0)	15.5	3582(6.9)	20.6
	澳大利亚	504(0.4)	4.0	2640(5.1)	21.2
全球		131612(100.0)	32.9	52143(100.0)	13.0

全球原始林总面积一直在以惊人的高速率下降，森林评估历来都如此陈述。但《森林评估 2015》[g]却发现，"从 1990 年到 2015 年，原始林面积在各个气候带似乎不是增加，就是趋于

稳定"。这种增加主要是由于越来越多的国家提交了报告而已,并不反映森林现实。既然已知各国的森林总面积,就不难据此估算原始林的份额,如图 3-9 所示。结果表明,世界原始林从 1990 年至 2015 年平均每年减少 223 万 hm^2,其中 80% 发生在拉丁美洲。这一方面是由于毁林,也由于择伐和其他人为干扰引发的森林变化。

全球森林中大多是被改变了的天然森林(60%,约 24 亿 hm^2)。这类森林由天然更新的本源树种组成,但有显而易见的人类活动迹象。其余(7.4%)是种植林:或是半天然林,或是人工林。半天然林是由本源树种组成,但出自人工栽植,人工播种,或人工促进天然更新。人工林的面积一直在增长。对人工林,第 3.3.9 节和 3.4.2 节作进一步介绍。

截至 2015 年,已设定森林总面积的 13%(即 5.2 亿 hm^2)为保护区,以维持生物多样性为基本功能(表 3-7)。这相对于 1990 年增加了 2.3 亿 hm^2,即 81%。1990—2015 年间增幅最大的一直是在拉丁美洲和除俄罗斯外的欧洲,如图 3-10 所示。生物多样性保护林面积最大的是美国(6476 万 hm^2)和巴西(4697 万 hm^2)。中国有 1043 万 hm^2,所占本国森林面积的份额与俄罗斯一样明显偏低(表 3-7)。另外,还有更多森林(6.5 亿 hm^2)位于其他法定保护区,其中近 1/3 是 1990 年后设立的(图 3-10)。这方面巴西独占鳌头,拥有世界总数的 31%,而第 2~4 名的美国、印度尼西亚和中国只分别占 5%、5% 和 4%。必须注意的是,有些大洲的综合数据及其趋势与先前评估所报告的对应资料相差很大。

本源树种数在热带国家相当高,在温带国家则要低得多(图 3-11)。本源树种在许多国家尽管多,但只有相对很少几种构成了大部分的生长蓄积量。在大多数区域和亚区域中,常见的十大树种能占到总蓄积量的 1/2 以上[6]。

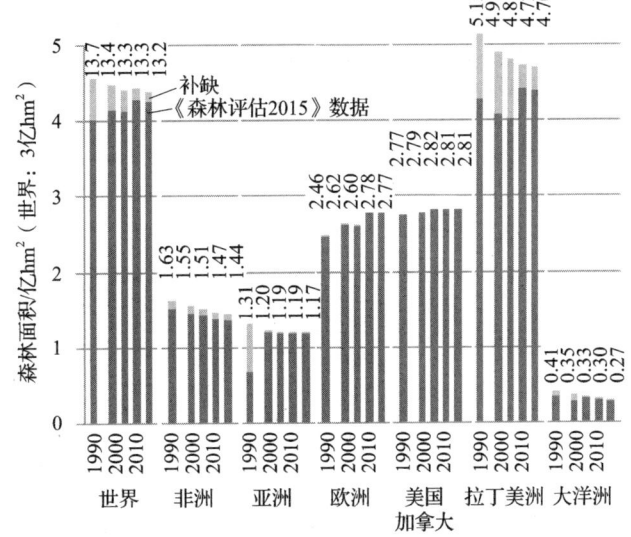

图 3-9 世界原始森林面积的变迁与分布:据联合国资料[a]重估

补缺:由各国森林面积乘以原始林在该国后续年份(或所处区域)的份额得出

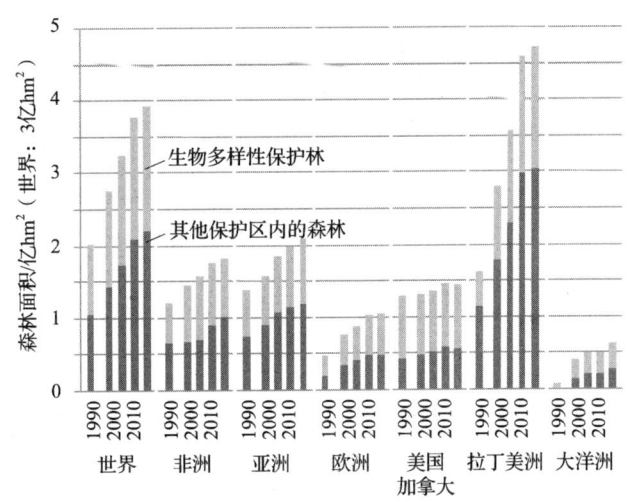

图 3-10 生物多样性保护林和其他保护区内的森林面积:据联合国资料[a]重估

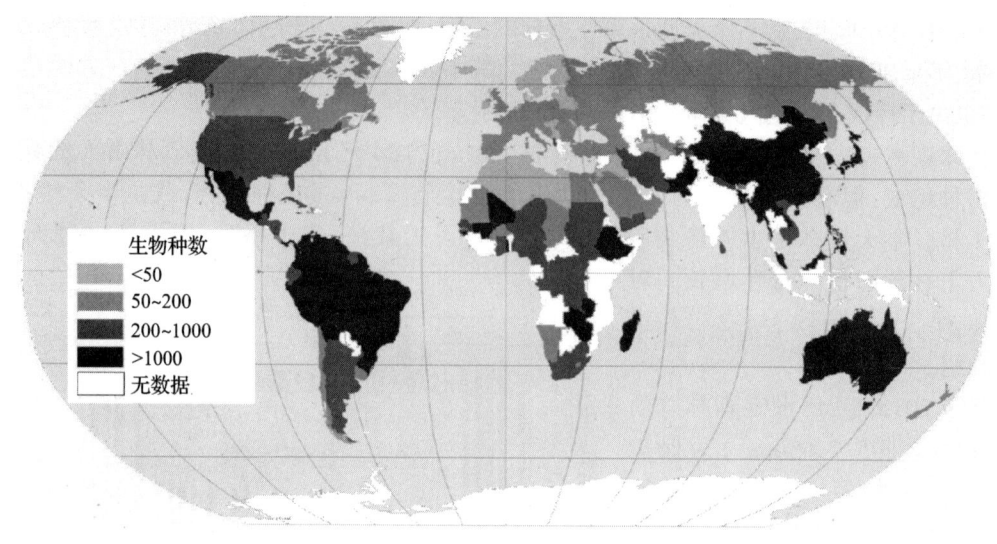

图 3-11 本源森林树种数:2005 年[6]

稀有树种和具有很高木材价值或非木产品价值的树种往往濒临灭绝。根据《森林评估 2005》，各国的本源树种中平均有 5% 易危、濒危或极危[6]。各国平均受危树种数目在拉丁美洲最大，亚洲其次，欧洲最低，如图 3-12 所示；无论是森林面积大国单独计算，还是许多其他国家的平均值，都是如此。显然，这些平均值是偏高估计，因为没有提供数据的国家一般都是小国(种数相应偏少)。

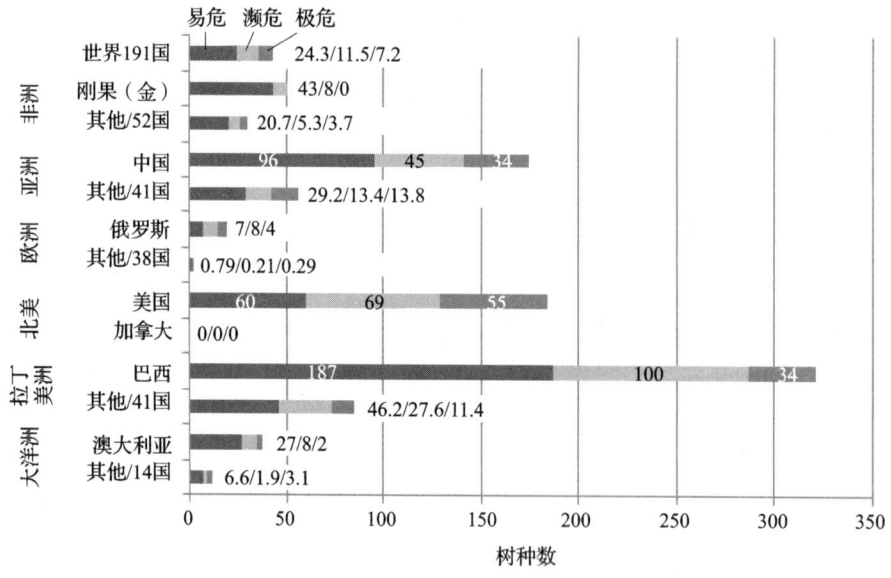

图 3-12 2005 年受危森林树种在不同区域的各国平均数:据联合国资料[6]重估

3.3.6 森林健康与活力

树死亡是个自然过程。死亡率能变，所以死亡不一定意味健康问题。但是，很高的死亡率，或树木死亡率的意外变化，可以指示可能的健康问题。欧洲森林的健康自 20 世纪 80 年代就一直得到测量,由欧洲联盟(欧盟)与联合国欧洲经济委员会评估和监控空气污染森林效应的国际合作项目联合进行[h]。美国的森林健康监测项目是另一例子[i]。

在欧洲,空气污染,尤其硫沉降,21世纪以来已有下降,但先前沉降物的积累可以导致较高水平的氮、硫酸和土壤酸化,使森林易受环境压力和气候条件变化的损害[11]。在北美,对森林健康的一些最大冲击来自入侵性森林昆虫和病原,也来自本源害虫的严重爆发[12]。加拿大西部自20世纪90年代经历了北美洲有记录以来最大的山松大小蠹爆发。有科学家在2006年曾模型模拟预测,如果山松大小蠹继续以当时的速度蔓延,卑诗省高达80%的成熟松树会活不过2013年。山松大小蠹一直是北美松林生态系统的天然组成部分,在自然条件下受啄木鸟等食肉动物、野火和寒冬的联合控制。连续多年的温和冬季使山松大小蠹种群得以增长,同时防火的成功为这害虫提供大量的成熟松树。加拿大政府启动了一项联邦程序应对。受灾率在2005年达到最大值后下降。截至2012年5月,卑诗省累计受灾面积达1810万hm^2,致死7.10亿m^3蓄积量,大致为北美总损失的1/2。此时的预测下调为,松林蓄积量的58%过不了2021年[j]。

综合为《森林评估2015》提交的数据[a],平均每年约有1亿hm^2的森林受火烧,病虫害爆发或种种气候事件(干旱、风、雪、冰和发水等)的显著影响(表3-8)。应该指出的是,具体估计值有很大的不定性,因为许多国家信息不全,还因为年间变幅大(图3-13)。

表3-8 各种干扰所影响的平均森林面积:据联合国资料[6,a]重估

变量		非洲	亚洲	欧洲	美国加拿大	大洋洲	南美洲	世界
受干扰的森林面积占森林总面积的份额/%								
火灾:每年		2.63	0.466	0.179	0.671	3.73	3.71	1.69
其他爆发事件:10年	昆虫	9.12	1.85	1.11	7.77	0.158	3.66	4.14
	疾病	0.998	1.31	0.497	0.407	3.90	0.0143	0.714
	气象	2.46	4.46	0.527	4.23	0.0591	0.0219	1.88
	不明	0.00179	0.0768	0.507	0	0	0.0372	0.149
	合计	12.6	7.70	2.64	12.4	4.12	3.73	6.88
	极大值	9.12	4.46	1.11	7.72	3.90	3.66	4.68
木本入侵:10年		5.30	0.162	0.129	24.0	16.7	4.10	6.51
林冠稀疏:10年		7.89	9.14	1.77	1.38	3.16	6.69	4.91
森林面积/万hm^2								
森林总数		63828	58941	101357	65602	17200	94639	401567
年平均	火烧	1699	272	181	439	683	3545	6818
	其他爆发事件:全重合~无重合	582 ~803	263 ~454	113 ~268	510 ~814	67 ~71	346 ~353	1881 ~2763
	木本入侵	338	10	13	1577	287	388	2613
	林冠稀疏	503	539	179	61	54	633	1970

火能显著影响森林的结构和运作。换林性火烧毁除几乎所有的植被,而非换林性火烧则毁除部分植被。林火的频率取决于立地条件、森林结构、燃料量、气候、人类影响。曾普遍认为,林火在热带雨林比较罕见。但基于卫星监测的资料显示,巴西以世界 1/8 的森林面积承受着世界 1/2 的林火面积,相当于每年有 6.8% 的森

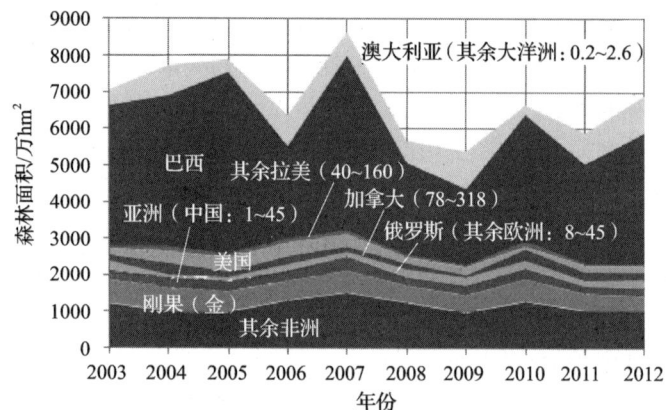

图 3-13 森林火烧面积的分布和变迁:据联合国资料[a]重估

林失火。只是这种火势不那么猛,一定程度上因为干燥的植物燃料相对有限。火情固然常见于旱性森林,热带如此,温带也是。非洲占到世界林火面积的 1/4,平均每年有 2.6% 的森林失火。澳大利亚的森林面积失火比率达 5.4%。印度、缅甸和孟加拉这些喜马拉雅山南麓国家也是林火频发区,林火面积比常为 1%～2%。林火在温带生态系统动态中起重要作用,尽管诸如人工火烧或炼山等控制措施,依然发生于不仅澳大利亚,而且美国、欧洲的地中海流域。在寒温带各地的广大区域,包括加拿大和俄罗斯,自然林火普遍。在 2003—2012 年间,年火烧面积在加拿大达 78 万～320 万 hm²(森林面积的 0.6%),比 20 世纪后期的 50 万～200 万 hm²[13]明显增多;在俄罗斯则变动于 54 万～230 万 hm²(森林面积的 0.05%),比 1971—1991 年间的 140 万～1000 万 hm²[14]似乎有下降。在全球水平上,每年的火烧面积有 12% 发生于森林。

入侵性物种是指生态系统中这样的外源物种:其引入和扩散有可能会给社会、文化、经济、环境或人类健康造成伤害。外源木本植物种(树、灌木、木质藤本)每年入侵的森林面积大致与非火灾爆发性事件影响的森林面积一样多。但入侵率在各区域间相差悬殊:在北美最高,在欧亚大陆最低(表 3-8)。

无论是火烧,还是其他爆发事件,抑或外源木本物种的入侵,都能使林冠变得稀疏。《森林评估 2015》的资料显示,在 21 世纪 00 年代,近 5% 的世界森林在林冠覆盖度上下降了至少 20 个百分点(表 3-8)。其中,亚洲和非洲森林呈现下降的比例达 8%～9%,欧美的比例则不足 2%。事实上,美国的林冠总体上倒是变密了 17%[k]。

3.3.7 木能源

约有 25 亿人做饭和取暖用薪材、木炭、农业废除物和动物粪便(合称传统生物质)[15]。在许多国家,这些资源占到家庭耗能总量的 90% 以上,低效和非可持续性地利用生物能对健康、环境和经济发展造成严重后果。全球范围内,总初级能供应一直在增长,在 2005、2008 和 2013 年分别为 480、492 和 566EJ($1EJ=1J\times10^{18}=277.8TW\cdot h$),其中生物能(从生物质衍生的能)的份额一直维持在 10% 左右[16,l,m]。但应当注意的是,生物能统计不全面,数据滞后。木燃料利用的 2007 年估计值约为 38EJ;其中,薪材约为 30EJ,木炭 3EJ,森林废除物 1EJ,造纸黑液 2.2EJ,回收木燃料(木制品在生命终点用作能源)1.8EJ[17]。

正如前面提到的,全球的常规薪材代表木材采收和圆木生产的一大份额。目前,木燃

料是远为最常用的生物能源,独占鳌头,不仅仅在欠发达区域[16]。木燃料为社会的广泛阶层提供能源保障;木燃料工艺也正迅速发展和扩大。现代生物能(相对传统生物能)依赖于种种高效转换工艺,适用于家庭、小型企业和产业化规模[16]。木燃料可以分为以下几大组:

① 实木燃料:薪材,木炭,采运废除物制成的木片,锯屑,燃料砖,燃料丸;

② 液化木燃料:化学纸浆业副产品黑液,木头热化和生化分解产品乙醇、甲醇和热解油;

③ 气化木燃料:气化固态(或液态)木燃料而产生的热解气。

究竟有多少木头用于产能?木能源对各国供能究竟有多重要?就这些问题,联合国欧洲经济委员会、联合国粮食及农业组织、国际能源机构和欧盟从2005年起联合收集信息,最初在2007年发布了报告[18](但其中详细分析的数据却被排除出2013年的综合表[n])。收集过程表明,许多国家难以给出可靠的资料。来自欧美的数据显示,用于产能的木量似乎显著多于官方的国际统计数据。这些木头大多出自木加工(间接木)以及各种后消费来源(回收木,图3-14)。直接来自森林的木头(直接木)所占比例较小(近4成),虽然在不少国家超过一半。这项研究还表明,在欧洲,用作能源实际是木头的最大终极用途,几乎相当于实录圆木(包括直接木、间接木和回收木)消费量的1/2。这一比例在北美较小,略低于40%[18]。

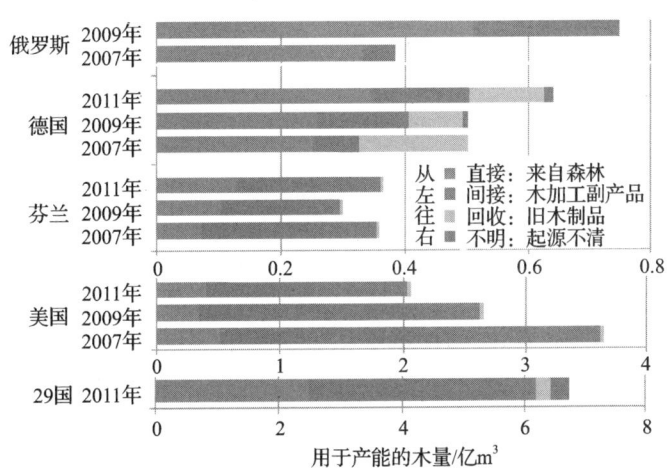

图3-14 木燃料来源:据欧美综合及代表国资料[n]

注:29国中加拿大、意大利和罗马尼亚是2010年估计值,俄国是2009年值。

3.3.8 气候变化

跨政府气候变化专门委员会一直在三方面分析气候变化:物理学基础,对自然和人类系统的预期后果,适应及缓解的选择方案。该委员会自1990年起不时发布有关气候变化的全面科学报告。下面是有关林业与气候变化影响、适应和缓解的主要发现,取自《气候变化2007》[19]。温室气体排放的增加主要源于人类活动,是气候变化的主要起因。人为温室气体排放总量中毁林(包括森林退化)的份额一般估计为1/8~1/3,抑或是仅次于化石燃料的燃烧,位列第二[o]。

各个大陆和多数海洋都有观测证据显示,许多自然系统正受区域性气候变化的影响,特别受温度升高的影响[19]。在北半球高海拔地区,升温效应包括各种对森林的效应,诸如由火灾和病虫害引发的干扰作业法方面的变化。凉性森林和山区对气候变暖较敏感,因此特别可能受气候变化影响。地中海型森林和热带雨林随降水量下降也会遭殃。气候变化引发的极端气象和气候事件可能造成的影响如表3-9举例说明。

表 3-9　极端气象气候事件的变化及其对农业、林业和生态系统可能造成的一些影响[19]

现象和趋向	趋向发生的可能性	农业、林业和生态系统
在大多地域,寒冷昼夜变暖、变少,炎热昼夜更热、更多	几乎肯定	产量在现有较冷地区增加,在现有较暖地区下降;虫害爆发增加
暖潮/热流:在大多地域频率增加	很可能	产量在现有较暖地区因热胁迫而下降;野火风险增大
大雨:在大多地域频率增加	很可能	作物受损;水土流失;因土壤水涝,不能耕种
受干旱影响的地域增多	可能	土地退化;产量下降/作物受损、歉收;牲畜死亡增加;野火风险增大
热带强气旋活动增加	可能	作物受损;树拔倒;珊瑚礁受损
非海啸性极高海平面事件增多	可能	灌溉水、河口和淡水系统盐碱化

注:预测基于21世纪中叶到后叶,不考虑适应容量上的变化发展,采用跨政府气候变化专门委员会所描述的各种排放情景(参见第2章2.5.1.4节)。

气候变化截至2030年对有些区域在林业方面的预期影响[19]举例如下:

① 澳大利亚和新西兰:林业产量会在澳大利亚南部和东部以及新西兰东部因干旱和火灾增多而大面积下降。在新西兰,西部和南部靠近主要河流的诸多地域会经历生长期延长,霜冻减少和降雨增加而先有获益。

② 中欧和东欧:夏季降水会减少,使干旱增多,森林生产力下降,泥炭地火灾频率上升。

③ 北欧:气候变化的初期效应有好有坏,包括诸如森林生长加快等益处。随着气候变化的持续,冬季洪水频发,生态系统受到威胁,地基稳定性下降,等等,负面影响可能超出正面影响。

④ 拉丁美洲:温度升高,使土壤含水量减少,会导致亚马逊东部流域的热带雨林逐渐被稀树草原取代。半干旱植被则会被干旱植被代替。在拉丁美洲热带的许多地域,有物种灭绝而使生物多样性显著受损的风险。

⑤ 北美:来自病虫害和火灾的干扰会加剧影响森林,火灾高风险季节延长,受灾面积大幅度增加。

有许多适应方法可供选择,但要增加对气候变化影响的抵抗力,必须有更为广泛的适应举措[19]。有障碍,有局限,还有成本,方方面面,理解不充分,限制着适应。表3-10举例说明农业部门(其中包括林业)的适应规划。

表 3-10　农业(包含林业)适应规划选例[18]

适应选项/策略	支撑性政策框架	关键制约和实施机遇
调整种植日期和作物品种;作物换地;改善土地管理,诸如栽树控制水土流失,保护土壤	研究与开发政策;机构改革;土地制度和土地改革;培训;能力建设;作物保险;财务激励,如补贴、税优惠	技术和财务制约;新品种的获取;市场;高纬度地域生长期延长,"新"产品带来收入

研究表明,缓解未来数十年间全球温室气体的排放,具有实质性经济潜力,可能足以抵消全球排放量的预期增长,或者把排放降至低于2007年的水平;在这方面,已有高度共识和许多证据[19]。表3-11举例列出森林部门的关键缓解方案。

表3-11　林业/森林部门缓解排放的关键性技术、政策与措施、制约与机遇:选例[19]

关键缓解技术和实践:市场上已有,或预计2030年前会有	业已证实环境上有效的政策、措施和手段	关键制约和机遇
非林地造林;更新造林;森林管理;减少毁林;采收木产品管理;林产品用于生物能源替代化石燃料;树种改良旨在提高生物质生产力和碳汇除;改善遥感技术以分析植被/土壤碳汇除潜力和绘制用地变化	国家和国际金融激励旨在增加森林面积,减少毁林,维护和管理森林;用地调控和执行	缺乏投资资本;土地制度问题;帮助扶贫

3.3.9　人工林

3.3.9.1　人工林的概念

植树造林,形式多异,原因多样(图3-15,表3-12)。联合国粮农组织把种植林划分成人工林和种植起源但树种组成、年龄结构、株距分布之类像天然林的半天然林两大类[20]。"人工林"概念广阔,从集约管理的"树作物"到粗放管理的"森林",还有管理程度上位于这两极之间的所有森林。人工林在生态特性上不同于天然林。在人工林中,树通常同龄,同等大小;林相均匀;养分循环随管理周期变化。在高度集约的那个极端,人工林在特性和管理上更像农业生产,而非一般的林业。这些人工林常简称为工业林或速生(丰产)林。

按照这种划分,美国、俄罗斯和日本等国的种植林全是人工林,而加拿大和芬兰虽然在种植林面积上也名列世界前10位,却没有人工林(表3-13)。联合国粮农组织对全球种植林面积的评估(图3-16),与森林总面积的评估(图3-4)一样,每次都有大幅度的调整,但调整的方向在这两项评估之间却正好相反。全球人工林有81%是为了木头和纤维生产,其余则为土地恢复、水土保护、宜人性等[20]。

```
人工林:工业性                人工林:环境性
● 木材                       ● 防风
● 生物质                     ● 水土保持
● 食品                       ● 狩猎/野生动物管理
● 其他                       ● 立地拓宽
人工林:家庭性与农场性         ● 宜人性
● 薪材
● 木材                       人工林:农林间作
● 饲料
● 果园
● 林园
● 其他
次生林:管理兼带补植
次生林:管理不带种植
次生林/天然林:人工恢复
```

图3-15　种植林的类型学[21]

表3-12　种植林类型学中的元素描述[21]

类型	描述
工业人工林	集约管理的林分:旨在产量,供当地出售或外销,人工栽植或播种造林。各林分或其成分通常龄级单一,株距规则,而且: - 树种引进(全部栽植林),抑或只用或还用一两个本源种 - 通常规模大,或者作为地域上某家大型企业的一部分

续表

类型	描述
家庭与农场人工林	管理的森林：自用或当地出售,人工栽植或播种,龄级单一,株距规则 通常规模小,销售时市场分散
环境人工林	管理的林分：基本为了提供环境稳定性或宜人性,用人工栽植或播种营造 通常龄级单一,株距规则
管理兼带种植的次生林	管理的森林：维持树种组成和生产力,用人工栽植或播种补充
管理不带种植的次生林	管理的森林：维持树种组成和生产力,靠天然更新,包括用母树
恢复的天然/次生林	恢复的森林：创建接近原始天然林的树种混合和生态性质,用人工栽植或播种,或靠天然更新

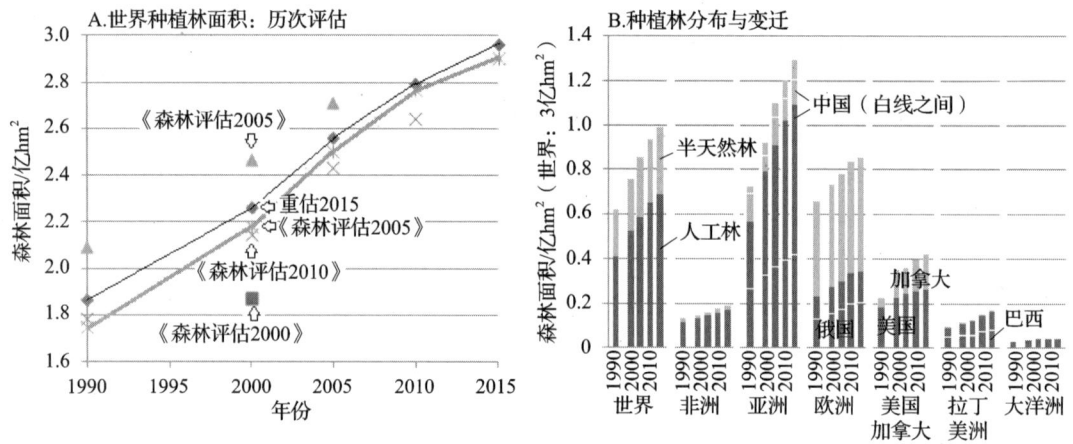

图3-16 种植林和人工林面积：据联合国资料[6,20,a,c]重估

速生人工林提供的工业用木比例远大于所占地面积的比例。这些集约管理的商业林木头生长快,收获周期短。大多数速生人工林是私有,主要属于大公司独家或连同合作伙伴[22]。

3.3.9.2 全球人工林资源

人工林业在世界各地的重要性自20世纪初就开始增长,但人工林面积只有到了20世纪80年代才迅速扩大,进入21世纪后增速明显放缓(图3-16)：年增长率从20世纪90年代的2.6%(353万hm²)持续下降为2000—2005年的2.3%,2005—2010年的2.1%,乃至2010~2015年的1.2%(232万hm²)。不难想象,放缓是因为人工林就像其他用地方式一样不可能无限扩张。

假定人工林在既有条件下可能达到的极限面积是A_{max},人工林面积(A)在不受限制时的净增长率是r_A,实际增长率随着已有面积的扩充成比例下降,那么,瞬时增长量可以用下式给出：

$$\frac{dA}{dt} = r_A \left(1 - \frac{A}{A_{max}}\right) A \tag{3-1}$$

对之积分,得出人工林面积随时间t变化的函数为:

$$A = \frac{A_{\max}}{1 + \exp[r_A(t_{1/2} - t)]} \quad (3-2)$$

式中 $t_{1/2}$——A 达到 $A_{\max}$ 的半数时所处的时刻

式中的全部 3 项系数，$A_{\max}$、r_A 和 $t_{1/2}$，可以用 3 个时间点的人工林面积值求解。例如，已知 2005 年、2010 年和 2015 年的人工林面积依次分别为 A_{05}、A_{10} 和 A_{15}——具体为 17612 万 hm^2、19581 万 hm^2 和 20742 万 hm^2，那么，逐对作为 (t,A) 代入式(3-2)，适当整理，导出：

$$A_{\max} = \frac{\frac{1}{A_{05}} + \frac{1}{A_{15}} - \frac{2}{A_{10}}}{\frac{1}{A_{05}A_{15}} - \frac{1}{A_{10}^2}} = 2.2053 (亿\ hm^2) \quad (3-3)$$

$$r_A = \frac{\ln\left(\frac{A_{\max}}{A_{05}} - 1\right) - \ln\left(\frac{A_{\max}}{A_{10}} - 1\right)}{2010 - 2005} = 0.1384 (1/年) \quad (3-4)$$

$$t_{1/2} = \frac{\ln\left(\frac{A_{\max}}{A_{10}} - 1\right)}{r_A} + 2010 = 1995 (年) \quad (3-5)$$

因此，

$$A = \frac{220530000}{1 + \exp[0.1384(1995 - t)]} \quad (3-6)$$

图 3-17 对比式(3-6)的计算值与已有的两套最新估计值。最大的差异见于 1990 年。在 1990—2015 年的那一套中，该年的估计值有许多国家是用近年的实际统计数据线性回推得出的，因此很可能过高。1950—1990 年的估计值[p]原作者声明是保守估计，即很可能过低。计算值介于这两者之间，显然是合理的。

全球人工林面积在 2015 年估计已超过 2 亿 hm^2，占森林总面积的 5%（表 3-13）。这样的面积与农作物相比很不显眼，但在地方和区域尺度上，人工林常构成用地的重要成分。人工林在亚洲占全球值的 53%，从 1990 年的 46% 持续上升，在 2010—2015 年依然比在其他洲都增长得快（图 3-16B）。欧洲的份额从 1990 年的 19% 下降到 16%。美国独占 13%。随着巴西、智利等国发展形成了规模可观的基于人工林木的制浆造纸业，拉丁美洲的份额上升到 8%，在 2010—2015 年的增幅仅次于亚洲。大部分人工林集中在少数几个国家。中国、美国、俄罗斯和日本分别有 1000 多万 hm^2 的人工林，合起来占世界值的 60%。人工林中工业林的份额从南向北减少：在南美洲和大洋洲几乎百分之百，在非洲接近 1/3，在亚洲约 1/6，在欧洲除了伊比利亚半岛（西班牙和葡萄牙）似乎微不足道；全球平均 1/4。据工业林数据库[q,r]，工业林如果只限于旨在工业圆木而集约管理的速生丰产林，排除非工业薪材林，也排除橡胶木林，那么，有近 1/4 在美国，中国和巴西的份额各为 1/8 左右，印度、印度尼西亚、智利、澳大利亚、日本、新西兰和南非一起另占 1/4（表 3-13）。

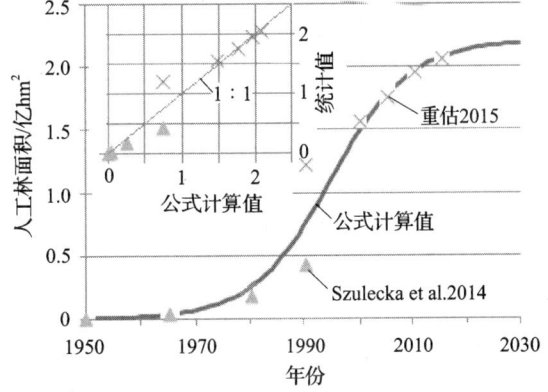

图 3-17 世界人工林面积：式(3-6)计算值与两套统计值

重估 2015—图 3-16 数据　Szulecka et al.—见文献[p]

表 3-13 主要人工林国家的森林情况(据联合国资料[20,a]重估*)及展望   单位:万 hm²

区域		全部森林:2015年		种植林:2015年			人工林:2015年		工业林[q,r,s,t]	
		总面积	生产性	总面积	生产性	外源种	总面积	生产性	2012年	2030年
非洲	全洲	62411	16539	1861	1215	466	1714	1447	500	700
	刚果(金)	15258	1230	6	4	不明	与种植林等同		不明	不明
	苏丹	1921	980	612	525	1	500	437	78	不明
	南非	924	176	176	同左	176	与种植林等同		127	200
亚洲	全洲	59336	24667	12927	8440	2677	10938	8118	1770	3800
	中国	20832	9296	7898	5991	2212	6743	5991	720	2000
	印尼	9101	5767	495	同左	0	与种植林等同		250	500
	印度	7068	1853	1203	686	158	409	134	320	500
	日本	2496	0	1027	0	不明	与种植林等同		170	不明
	泰国	1640	327	399	257	不明	与种植林等同		不明	不明
	越南	1477	687	366	243	不明	与种植林等同		65	300
欧洲	全洲	101548	51687	8561	6824	685	3368	2658	200	500
	俄国	81493	41507	1984	1390	7	与种植林等同		不明	不明
	瑞典	2807	1970	1374	同左	69	92	同左	不明	不明
	芬兰	2222	1885	678	同左	3	0		不明	不明
	西班牙	1842	347	291	同左	109	218	同左	65	不明
	波兰	944	371	896	575	6	3	同左	不明	不明
	葡萄牙	318	159	89	77	89	67	58	56	不明
北美	加拿大	34707	1831	1578	同左	不明	0	同左	0	300
	美国	31010	9134	2636	同左	36	与种植林等同		1280	2500
拉丁美洲	全洲	93550	14113	1619	1466	1360	1619	1573	1280	2200
	巴西	49354	6378	774	同左	742	与种植林等同		660	1200
	秘鲁	7397	1788	116	不明	不明	与种植林等同		不明	不明
	阿根廷	2711	120	120	同左	118	与种植林等同		103	200
	智利	1774	684	304	同左	304	301	同左	220	300
	乌拉圭	185	122	106	104	106	与种植林等同		92	200
大洋洲	全洲	17352	1346	439	435	330	439	436	370	400
	澳大利亚	12475	202	202	同左	103	与种植林等同		200	200
	新西兰	1015	207	209	同左	209	209	207	170	200
	全球	399914	119316	29623	22594	5570	20715	16867	5430	10400

注:* 人工林面积:中国按自报数据,其他依据《森林评估 2005》资料所给各国人工林面积与种植林面积的比值换算。如果这个比值不是 1 或 0(除欧洲之外只有中国、印度、苏丹等极少几国不是 1 或 0),而种植面积又不同于《森林评估 2015》资料的 2005 年值(几乎每个国家都修改了数据),那么,就用后者取代前者计算人工林面积与种植林面积的比值。生产性人工林的比例:依据《森林评估 2005》资料所给出的各国相应数据,或用区域内有资料国家的总比例补缺。下划线指示属于所在栏目的前 10 位。

就面积而言,在 2015 年,世界人工林中约 80% 是生产性人工林,旨在生产(表 3-13)。这个份额自 20 世纪 90 年代起一直以每 6 年 1 个百分点的速率在上升,主要反映了亚洲的趋势(每年上升半个百分点),而在拉丁美洲、非洲和欧洲都是先降后升(最低在 2000—2005 年间),在北美和大洋洲则没什么变化。这个份额大大高于生产性森林在全球森林中的份额(30%),使生产性人工林占生产性森林总面积的 1/7。

全球种植林中有 1/4 是由外源种组成,如表 3-13 所列。这个比例在种植林基本全为生产性人工林的拉丁美洲最高(84%,南美洲达 88%);大洋洲其次(75%,因为澳大利亚在 20 世纪 90 年代大力以本源的桉树建林);在非洲为平均数(25%,但东非与南非达 65%),在本源种丰富的亚洲略低(21%,中国 28%);在种植林中人工林份额低的欧洲不足 10%。美国很少用外源种(1%),主要依赖本源的南方松等。

相比,世界工业林至少有 1/2 是外源种。据工业林数据库[q],来自 6 个属的树种占了工业林的 80% 以上,仅松桉两属就占 68%,如图 3-18 所示。其他树种构成的工业林主要在亚洲。

生产性种植林近 1/2 基本是为了生产锯材,生产造纸材(纤维生产)的份额大致为 1/4,生产各种非木林产品的份额占 14% 左右(表 3-14)。其中,造纸材林的增长率在拉丁美洲最高(图 3-19)。以造纸材为主要目的产品的速生人工林代表管理梯度序列上最为集约的极端,以桉属、金合欢属和热带松的树种为主。

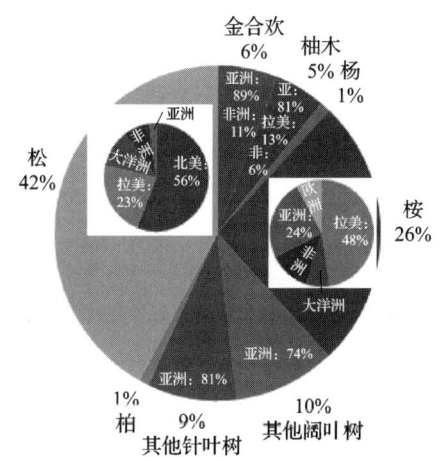

图 3-18　2012 年世界工业林的组成:
据工业林数据库资料[q]

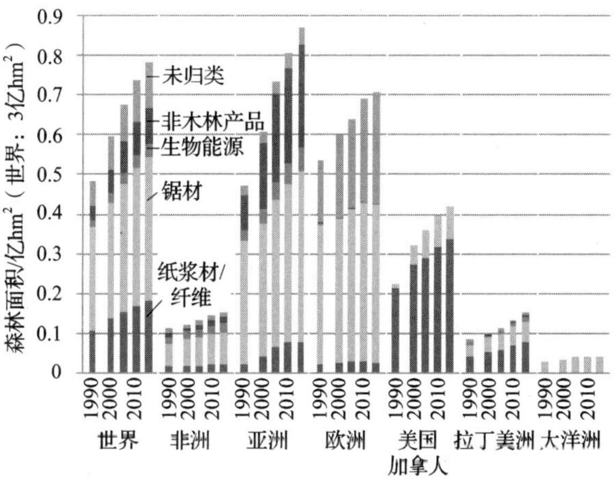

图 3-19　生产性种植林工业最终用途的分布和变迁:
据联合国资料[20,a]重估

表 3-14　　生产性种植林工业最终用途:2015 年,据联合国资料[20,a]重估*　　单位:万 hm²

区域	最终用途					合计
	造纸材/纤维	锯材	生物能源	非木林产品	未归类	
非洲	94 ~ 205	374 ~ 818	105 ~ 230	72 ~ 157	57 ~ 124	703 ~ 1535
亚洲	695 ~ 781	3832 ~ 4312	508 ~ 571	2316 ~ 2606	398 ~ 447	7748 ~ 8718
欧洲	132 ~ 264	1995 ~ 3997	13 ~ 26	2 ~ 4	1386 ~ 2777	3527 ~ 7067
北美	2109 ~ 3372	527 ~ 843	0	0	0	2636 ~ 4215

续表

区域	最终用途					合计
	造纸材/纤维	锯材	生物能源	非木林产品	未归类	
拉丁美洲	614~780	407~517	93~118	18~23	65~83	1198~1522
大洋洲	2~4	204~424	0	0	0	206~428
全球	3646~5407	7340~10910	719~946	2408~2791	1905~3431	16018~23484

注：* 依据《森林评估2015》资料重估的各国生产性种植林面积（表3-13）乘以《森林评估2005》资料所给各类用途的相对份额算得。下限是沿袭粮农组织的估算法，只包括中选并提交了数据的26国；例如，非洲只有南非、阿尔及利亚和苏丹3国，拉丁美洲也仅3国（巴西、智利、阿根廷），北美只有美国，没有加拿大，大洋洲只有新西兰，没有澳大利亚。上限还包括其他国家，等于下限值乘以扩展系数；扩展系数是各区域生产性种植林总面积除以那26国中在该区域内的生产性种植林面积之商。

防护性人工林是为环保、游憩和小规模薪材供应建立的人工林。大部分（73%）位于亚洲（表3-13中人工林总面积与生产性部分之差）。防护性人工林份额高的国家包括日本（100%）、墨西哥（93%）和印度（67%）。

随着政策趋向国有人工林权力下放和私有化，人工林的权属一直在朝私有方向发展，与森林总体的趋势相一致（见本章3.4.3节和第9章9.2节）。据《森林评估2005》的资料[20]，全球的生产性种植林约有1/2属于企业（18%）或私人。

3.4 森林资源的未来作用

3.4.1 森林资源的未来发展和利用

根据《千年生态系统评估》[7]的情景分析，森林面积在工业国会在2000—2050年间增加0.6亿~2.3亿hm²左右。同时，在发展中国家，随着农业扩张，城市化和基础设施建设，森林面积会下降2亿~4.9亿hm²。变化的速率取决于人口增长、经济发展、全球化、区域化、生态问题的处理，等等。结果是，温暖混交林、热带林和热带稀疏林会比其他类型的森林更快地损失生境和本源生物种[7]。据《森林评估2015》的资料，如图3-4所示，在2000—2015年的15年间，世界森林面积"实际"下降了不足0.6亿hm²，接近所展望范围的中点。

就林业的长期趋势和未来发展预测，联合国欧洲经济委员会给林业部门的决策者提供信息和分析。这里以涵盖欧洲和独立国家联合体（独联体）的2005年报告[25]为例，说明得失。

该报告预计工业圆木的生产会在2000—2020年间增长40%（图3-20）；伐树也增加，但在涉及的各国依然低于生产增长。非木质林产品的商业性采收在西欧因劳力成本高可能继续下降，但游憩性采收可能扩大。商业性采收在东欧和独联体倒可能扩大。对森林游憩的需求在西欧已经很高，因此可能提高的是森林游憩的质量，而非访问人次。在东欧和独联体，森林游憩的流量则会增加。保护土壤、水和基础设施的要求预计会依然很强烈，而且地方化。对生物多样性保护的要求很可能在整个欧洲增强，在东欧和独联体尤其如此。政府政策将影响森林游憩服务的提供，影响生物多样性。这些服务的供应固然取决于公众的支持度和林主面临的法律要求，但会有林主开发商业性供应。森林还将在缓解气候变化的策略中起重要作用:可以采取措施维持或增加森林的碳存储,采用激励机制使木头为能源所用,采纳方法使可更新的木(或木纤维)制品替代非可更新材料的制品。

对森林生长蓄积量的预测及中期检验如图3-20所示。预测是,到2020年,生长蓄积量增长20%左右[25]。增幅在西欧和东欧与独联体相比会相当小;其背后的假设是,森林资源的现状在很大程度上决定未来的发展。欧洲森林总面积预计从2000年至2020年增加5%左右。这是在山区和寒温带地域两种过程的混合结果:一是原有农用地上的非林地造林,二是沿着树林边缘的自然演替。保留森林的要求不断增长,为了生物多样性的维护、游憩和各种保护功能,使可供生产木材的面积可能萎缩。应当指出的是,这些预测没有考虑技术变化、办公自动化的提

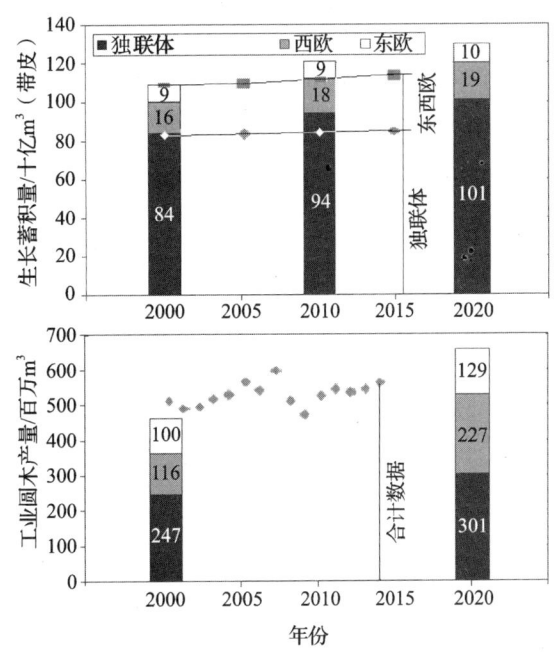

图3-20 欧洲森林可供木材的生长蓄积量和工业圆木生产预测至2020年[25]及其对比数据[f,u]

高、新型实木产品的发展及其市场的接受,也没有考虑可更新能源政策会增加对木头用作能源的需求。这些问题可以显著影响木头和各种木制品的未来供求。统计数据显示,对独联体的预测过于乐观,截至2015年,时间过了3/4,而生长蓄积量却只增长了2%[u]。欧洲森林总面积,截至2012年,实际多了不足1%[f]。

新一轮[v,w]的预测是,从2010年至2030年,无论森林面积,还是生长蓄积量,都会在欧洲持续增长。但如表3-15所示,截至2015年,这些预测与先前一样,总体上又似乎过于乐观。俄国的森林面积和生长蓄积量都经历了净损失[u]。

表3-15 森林面积和生长蓄积量:展望与验证 单位:2010年值的百分比

	欧洲(不包括俄国)					俄国			
	情景	面积		蓄积量		情景	面积		蓄积量	
		2015年*	2030年	2015年*	2030年		2015年	2030年	2015年	2030年
预测[v]	参照气候变化B2	1.46	5.86	3.7	14.7	预测[w]	惰性	0.30	0.91	1.57	2.21
	最大化生物碳量	1.46	5.86	5.6	22.5		中等	0.42	1.16	1.72	3.54
	优先生物多样性	1.46	5.86	6.3	25.2		创新	0.54	1.52	1.84	4.87
	促进木能源	1.46	5.86	3.4	13.6						
	数据[u]	1.26	—	5.8	—		数据[u]	−0.043	—	−0.025	—

注:*假定为2010—2030年变化值的1/4。

3.4.2 人工林在生物量和木材供应中的作用

人工林作为用地方式和工业圆木的来源愈益重要。建立人工林受欢迎,至少由于三方面

的不断增长:一是对工业林产品的需求,二是贸易自由化,三是用天然林合法生产的成本[26]。而且,许多政府把人工林看成是创造国家或区域经济、社会和环境效益的载体。

据 Warman[x]分析,采自天然林的圆木量自从 1989 年以来一直在下降。人工林在 2012 年生产了至少 5.6 亿 m^3 工业圆木,占全球工业圆木生产的 1/3,如果再加上其他种植林的产量,份额则高达 46%[y]。这已经接近 2000 年时某些对 2050 年预测的下限值。在 2050 年,人工林在全球工业圆木消费量中的份额,在极端供求情况下,可以低至 20%(最低产量和最高需求),高达 64%(最低需求和最高产量)[27,t]。最显著的增产预计会在亚洲(对比表 3-13 的最后两栏)。这些消费和生产预估值都含有本质上的不确定性,但一个合理的可能情景是,工业圆木来自人工林的比例会增加,而天然林却继续占到 1/2 以上[27]。在短期内,人工林的木生产预计会增加,无论人工造林的速率如何。这主要是由于以前大量建立的人工林正在成熟。例如,中国人工林占工业圆木生产的份额在 2012 年大约为 45%,预计在 2020 年会达到 80%[y]。

3.4.3 人工林发展的趋势

规模经济使工业人工林投资愈益集中,资源扩张都着眼于拥有大量人工林资源的国家[26,z]。人工林大国,诸如巴西、智利和新西兰(参见表 3-13),都在人工林业部门创立有竞争优势。其基础一是物理条件,二是可用的土地都有利于树的生长,但没有其他用处能产生更丰厚的利润。由于各种经济力和机遇,大多数工业林投资在世界的南方。同样值得注意的是,自从 20 世纪 80 年代以来建立的温带和热带引进树种的人工阔叶林几乎全部旨在出口市场[26]。

全球人工林资源尽管自 20 世纪 80 年代以来增长迅速(图 3-17),但要进一步扩展却受多项因素的限制。缺乏适宜种植的土地可能是最为普遍的物理限制[27]。适于规模工业林的土地常常已经另作他用,诸如农业、城市发展和产业。土地的竞争在人口稠密和农业用地需求高的发展中国家最为激烈。也有大面积土地明显适合人工林却没有种上树的,由于诸如土地制度没有保障等社会限制,或者诸如地形、土壤、降水量等方面的物理限制,或者社会和物理双重限制。有几个国家人工林资源丰富却因水分短缺得不到开发。非洲南部,澳大利亚和南美洲的有些地区就是这样。因为造林的最佳立地大多已被占据,未来人工林的主要经济原则可能是报酬递减法则[27]。

人工林快速扩张,产生社会经济和环境影响(无论正负),使集约人工林业的可持续性成为人工林议题的核心。管理好这些影响已经成为人工林企业成败的一项关键性因素。社会方面基本关联到人工林对地方社区的效应(诸如土地制度、就业机会、商业机会、税收和社会投资)、股东们的参与、合约人的管理。主要环境问题关联到人工林对生物多样性、水分和土壤的影响。为了促进正面影响,缓解负面影响,人工林的设计和管理越来越多地采用更为宽广的景观视角(图 3-21)。整体人工林管理旨在从景观水平结合集约木生产与当地民众的生计和本源生态系统的保护。用地决策基于参与性进程和裨益的产出,从基层到全国各个层面。任何现代人工林作业都必须使用诸多的规划工具和管理工具,例如,环境和社会影响评估[28-29]、森林认证和相关的产销监管链认证[30]、景观生态规划[31]、森林景观恢复[32]。

在某些条件下,人工林能在提供生态系统服务中起有重要的作用,诸如碳汇除、流域保护和生物多样性保护[7]。这些服务的市场开发尚且不力(碳汇除是个例外),但其规模和重要性预计会在未来增长[33]。这可能会为人工林在景观水平上的规划和管理带来新的激励。与人工林业部门的高期望相反,碳市场中人工造林项目的比重一直低下[23,34]。人工林在一定条件下的碳汇除潜力显著,但《京都协议》和有些非京都市场的现有界定和规则限制了商业林项目的资格。不管碳市场的现行和未来规则如何,高强的公众意识和环保法规正把新的人工林作业转向增加碳汇除,远离负碳平衡。

图 3-21 特设速生桉树人工林:帮助保护和恢复巴西东部残余的本源大西洋雨林[25]

除了生态系统服务,人工林在有些情况下还能促进本源生态系统的恢复和重整(图 3-21)。要做到这一点,基本上有三种方式:a. 人工林为自然演替创造适宜条件,催化本源林更新;b. 人工林为变更用地实践提供直接或间接激励,等等,消除或减少生态系统退化的起因;c. 人工林公司积极承担项目,在人工林影响范围内恢复和重整价值性生态系统[35]。要求重整和恢复价值性生态系统同样是可持续性人工林管理的最重要标准之一,构成现代人工林作业的一部分[36]。

越来越多的工业用木起源于农户和社群人工林,由外包种植计划之类的公司与社区林业伙伴体系管理[37]。这些安排已经成为速生造纸材人工林实践中不是标准的标准,尤其在人口稠密的地区,往往是公司获得更多土地的唯一途径。木材供应的核心通常是公司拥有或管理的人工林,使断货的风险最小化,但外包种植计划常常是木资源的重要补充。外包种植计划不但提供新的木材供应源和量,而且还使农业生产多样化,增加收入,强化土地权,因此能降低人工林的监管成本,使原有的闲置地产生利润,产生积极的社会经济影响[37]。另一方面,要做出外包种植计划,常常既费钱也费时,特别在几乎毫无育树文化传统的区域。还有批评说,外包种植计划是公司用转包推卸责任的一种方法,与无地、最穷的人无缘,扩大不平等。据确定,成功的外包种植计划拥有一些共同的要素,诸如正式而又现实的合同,奉献(如土地、金融、劳力)的安妥,决策权分享的机制,有第三方(例如政府、筹资人)起明确的支持作用[37]。

在人工林大国,诸如澳大利亚、新西兰、南非、智利、中国和印度,政府一直起重要作用,既是人工林的开发者和管理者,还是人工林私人投资的倡导者和补贴者。同时,从 20 世纪 80 年代开始,政府又一直在作越来越大的努力,试图减少直接介入人工林管理[38]。其动机多种多样,但常常是为了要提高效率和利润,缓和对国库的压力。主要转让措施包括:服务外包(营造、采伐、产苗等),使用权转让,所有权转让。改变所有权,凡是成功的,都提高了树的培育部门和加工部门的效率,增加了对人工林的创业动力和投资,改善了森林治理[38]。另一方面,也有后果堪忧,一是追求短期最大利润,把森林当成矿藏开采;二是社会和环境上的有害效应,诸如本地社区反而用不到土地,价值性生态系统随着集约用地被迫转成人工林,等等[38]。

人工林在全球纤维供应中的作用日益重要,有可能会继续增强。北半球的森林工业越来越多地在南方投资,获取较便宜的木原料。同时,许多政府正在减少直接参与人工林管理。不过,在许多地区,适宜而又可以获取的土地有限,还有形形色色的社会和法规问题,使人工林的扩展越来越受限制。政府、市场和社会总体上高强的环境和社会意识把人工林管理导向更接近整体管理方法。要创有多重效益,获得股东们的认可,人工林正越来越多地融入本地的土地使用。已经开发有复杂的工具(诸如森林管理认证、综合性社会和环境影响评估、环境管理作业法),供整体人工林管理使用。公司与社群的各类合伙关系,诸如外包种植计划,已经成为木头的重要来源,将使人工林业更加多样化。

参考文献

[1] Walter, H. 1979. Vegetation of the earth and ecological systems of the geo – biosphere, 2nd edn., Springer – Verlag, New York. 274 pp.

[2] Potter, C. S., Randerson, J. T., Field, C. B., et al. 1993. Terrestrial ecosystem production, a process model based on global satellite and surface data. Global Biogeochemical Cycles 7 (4): 811 – 841.

[3] Whittaker, R. H 1975. Communities and Ecosystems, 2nd edn., Macmillan Publishing Co., New York. 387 p.

[4] Watson, R. T, Noble, I., Bolin, B., Ravindranath, N. H., Verardo, D. J., and Dokken, D. J. (eds.). 2000. Land use, land use change and forestry. A special report of the IPCC. Cambridge, UK, Cambridge University Press. 377 pp.

[5] Aber, J. D. and Melillo J. M. 1991. Terrestrial Ecosystems, Saunders College Publishing, Philadelphia. 429 pp.

[6] Anon. 2006. Global forest resources assessment 2005. Progress towards sustainable forest management. FAO Forestry Paper 147, FAO, Rome. 320 pp.

[7] Anon. Millennium Ecosystem Assessment. 2005. Ecosystems and Human Well being: Synthesis. Island Press, Washington DC, USA. 137 pp.

[8] Anon. 2001. Global Forest Resources Assessment 2000. Main report. FAO Forestry Paper 140, FAO, Rome. 479 pp.

[9] UNECE/FAO TIMBER database, 2008.

[10] Anon. 1989. Plant genetic resources: their conservation in situ for human use. Document prepared in collaboration with UNESCO, UNEP and IUCN. FAO, Rome.

[11] Anon. 2007. State of Europe's forests 2007, The MCPFE report on sustainable forest management in Europe, Ministerial Conference on the Protection of Forests in Europe, Warsaw, Poland. 247 pp.

[12] Tkacz, B., Moody, B, Castillo, JV, and Fenn, ME. 2008. Forest health conditions in North America. Environmental Pollution 155 (3):409 – 425.

[13] Kurz, W. A. and Apps, M. J. 1995. An analysis of future carbon budges of Canadian boreal forests. Water, Air and Soil Pollution 82(1/2):321 – 332.

[14] Dixon, R. K. and Krankina, O. N. 1993. Forest fires in Russia: contribution of carbon dioxide to the atmosphere. Canadian Journal of Forest Research 23(4):700 – 705.

[15] Anon. 2006. World energy outlook 2006. International Energy Agency. IEA Publications, Stedi,

Paris, France. 596 pp.

[16] Anon. 2007. Bioenergy development in G8 + 5 countries. A review of the current state. FAO, Rome. 62 pp.

[17] Sims, R. E. H, Schock, R. N. , Adegbululgbe, A. , et al. 2007. Energy supply. In Climate Change 2007: Mitigation. Contribution of Working Group III to the Fourth Assessment Report of the Intergovernmental Panel on Climate Change [B. Metz, O. R. Davidson, P. R. Bosch, R. Dave, L. A. Meyer (eds)], Cambridge University Press, Cambridge, United Kingdom and New York, NY, USA. pp. 251 – 322.

[18] Anon. 2007. Wood energy in Europe and North America: A new estimate of volumes and flows. http://www.unece.org/trade/timber/docs/stats – sessions/stats – 29/english/report – conclusions – 2007 – 03. pdf.

[19] IPCC. 2007. Climate Change 2007. Synthesis Report. An Assessment of the Intergovernmental Panel on Climate Change.

[20] FAO. 2006. Global planted forests thematic study: results and analysis. Planted Forests and Trees Working Paper 38. Food and Agriculture Organization of the United Nations, Rome. 178 pp.

[21] Anon. 2002. Typology of planted forests. CIFOR infobrief. UNFF 2, UN Headquarters, 4 – 15 March 2002. Center for International Forestry Research, Bogor, Indonesia. CIFOR. 4 pp.

[22] Cossalter, C. and Pye – Smith C. 2003. Fast – wood forestry. Myths and realities. CIFOR Forest Perspectives. Center for International Forestry Research, Bogor, Indonesia. 50 pp.

[23] Anon. 2007. State of the World's Forests. Food and Agriculture Organization of the United Nations, Rome. FAO. 144 pp.

[24] Anon. 2006. World Fibre Outlook up to 2020. Volume 1, Executive Report. Pöyry Forest Industry Consulting Oy, Vantaa, Finland. Pöyry. 282 pp.

[25] Anon. 2005. European Forest Sector Outlook Study. 1960 – 2000 – 2020. Main report. UNECE and FAO. Geneva Timber and Forest Study Paper 20. Geneva, Switzerland. UN. 234 pp.

[26] Kanowski, P. 2005. The Forests Dialogue on Intensively Managed Planted Forests. Background paper. The Forests Dialogue Secretariat, Yale University, New Haven, Connecticut, USA. 8 pp.

[27] Anon. 2000. The global outlook for future wood supply from forest plantations. Working Paper: GFPOS/WP/03. Food and Agriculture Organization of the United Nations, Rome. FAO. 146 pp.

[28] Anon. 2008. Environmental Assessment Sourcebook and Updates. The World Bank. [Accessed 30 April 2008]. http://web.worldbank.org/WBSITE/EXTERNAL/TOPICS/ENVIRONMENT/EXTENVASS/0,contentMDK:20282864 – pagePK:148956 – piPK:216618 – theSitePK:407988, 00. html.

[29] Anon. 2003. Social Impact Assessment. International Principles. Special Publication Series No. 2. May 2003. International Association for Impact Assessment, Fargo, USA. IAAI. 8 pp.

[30] Nussbaum, R. and Simula, M. 2005. The Forest Certification Handbook. Second edition. ProForest and Earthscan, London, U. K. and Sterling, VA, USA. 316 pp.

[31] Karvonen, L. 2000. Guidelines for Landscape Ecological Planning. Forestry Publications of Metsähallitus 36. Metsähallitus, Vantaa, Finland. 49 pp.

[32] Anon. 2005. Restoring Forest Landscapes: An introduction to the art and science of forest landscape restoration. ITTO Technical Series No 23. International Tropical Timber Organization, Yokohama, Japan. ITTO and IUCN. 140 pp.

[33] Landell-Mills, N. and Porras, I. T. 2002. Silver bullet or fools' gold? A global review of markets for forest environmental services and their impact on the poor. Instruments for sustainable private sector forestry series. International Institute for Environment and Development, London, UK. 254 pp.

[34] Hamilton, K., Bayon, R., Turner G. and Higgins, D. 2008. State of the Voluntary Carbon Markets 2007: Picking Up Steam. The Katoomba Groups' Ecosystem Market Place and New Carbon Finance, Washington OC, USA and London, UK. 59 pp.

[35] Marjokorpi, A. 2006. Biodiversity management in fast-growing tree plantations: a case study from West Kalimantan, Indonesia. Annales Universitatis Turkuensis, Ser. AII, TOM. 200. 115 pp.

[36] Marjokorpi, A. and Salo, J. 2007. Operational Standards and Guidelines for Biodiversity Management in Tropical and Subtropical Forest Plantations – How Widely Do They Cover and Ecological Framework? Silva Fennica 41(2): 281-297.

[37] Mayers, J. and Vermeulen, S. 2002. Company-Community Forest Partnerships: From Raw Deals to Mutual Gains? Instruments for Sustainable Private Sector Forestry Series. International Institute for Environment and Development, London, UK. 154 p.

[38] Garforth, M. and Mayers, J. (eds.) 2005. Plantations, Privatization, Poverty and Power. Changing Ownership and Management of State Forests. Earthscan, London, UK and Sterling, VA, USA. 294 pp.

[a] FAO. 2015. Global Forest Resources Assessment 2015: desk reference. Food and Agricultural Organization of the United Nations, Rome. 244 pp. Available at http://www.fao.org/forest-resources-assessment/current-assessment/en/

[b] Stocker, T. F., Qin, D., Plattner, G.-K., et al, (eds) 2013. Climate Change: The Physical Science Basis. Contribution of Working Group I to the Fifth Assessment Report of the Intergovernmental Panel on Climate Change. Cambridge University Press, Cambridge, UK.

[c] FAO. 2010. Global Forest Resources Assessment 2010. Main report. FAO Forestry Paper 163, Food and Agricultural Organization of the United Nations, Rome. 340 pp.

[d] FAO. 2012. State of the world's forests 2012. Food and Agricultural Organization of the United Nations, Rome.

[e] van Lierop, P., Lindquist, E., Sathyapala, S. and Franceschini, G. 2015. Global forest area disturbance from fire, insect pests, diseases and severe weather events. Forest Ecology and Management 325: 78-88.

[f] FAO. 2015. Forestry database. Available at http://faostat3.fao.org/forestry

[g] FAO. 2015. Global Forest Resources Assessment 2015: how are the world's forest changing? Food and Agricultural Organization of the United Nations, Rome. 47 pp. Available at http://www.fao.org/forest-resources-assessment/current-assessment/en/

[h] ICP Forests. 2015. International Cooperation Program on Assessment and Monitoring of Air Pol-

lution Effects on Forests. Available at www.icp-forests.org

[i] USDA Forest Service. 2015. National Forest Health Monitoring Program. Available at www.fhm.fs.fed.us

[j] Anony. 2015. A history of the battle against the mountain pine beetle:2000 to 2012. British Columbia Ministry of Forests, Lands and Natural Resource Operations. Available at https://www.for.gov.bc.ca/hfp/mountain_pine_beetle

[k] FAO. 2015. Global Forest Resources Assessment 2015:country reports/United States of America. Food and Agricultural Organization of the United Nations, Rome. Available at http://www.fao.org/forest-resources-assessment/current-assessment/country-reports/en

[l] Chum, H., Faaij, A., Moreira, J., et al., 2011. Bioenergy. In IPCC Special Report on Renewable Energy Sources and Climate Change Mitigation, O. Edenhofer, R. Pichs-Madruga, Y. Sokona, et al. (eds), Cambridge University Press, Cambridge, UK.

[m] Anony. 2014. Renewables 2014:Global status report. Available at www.ren21.net/status-of-renewables/global-status-report

[n] UNECE/FAO Joint Wood Energy Enquiry (JWEE) 2013. United Nations, Geneva. Available at http://www.unece.org/forests/jwee.html

[o] van der Werf, G. R., Morton, D. C., DeFries, R. S., et al. 2009. CO_2 emissions from forest loss. Nature Geoscience 2:737-738.

[p] Szulecka, J., Pretzsch, J. and Secco, L. 2014. Paradigms in tropical forest plantations: a critical reflection on historical shifts in plantation approaches. International Forestry Review 16:128-143.

[q] INDUFOR. 2012. Strategic Review on the Future of Forest Plantations in the World. Study done for the Forest Stewardship Council, Bonn, Germany. Available at http://ic.fsc.org/download.strategic-review-on-the-future-of-forest-plantations-full-report.672.htm

[r] Barua, S. K., Lehtonen, P. and Pahkasalo, T. 2014. Plantation vision: potentials, challenges and policy options for global industrial forest plantation development. International Forestry Review 16:117-127.

[s] Chamshama, S. A. O. 2001. Forest plantations and woodlots in the eastern and north eastern African countries: a regional overview. African Forest Forum Working Paper Series 1(18), Nairobi, Kenya. 69 pp. Available at www.afforum.org.

[t] Anony. 2015. Timberland investment outlook:2015-2019. New Forests Pty Ltd, Australia. Available at www.newforests.com.au.

[u] UNECE. 2015. Forests in the ECE region:Trends and challenges in achieving the Global Objectives on Forests. United Nations Economic Commission for Europe ECE/TIM/SP/37, Geneva. ISBN 978-92-1-117088-7. 207 pp.

[v] Anon. 2011. The European forest sector outlook study II 2010-2030. UNECE. Geneva. ISBN 978-92-1-117051-1. 107 pp.

[w] FAO. 2012. The Russian forest sector outlook study to 2030. Rome. Food and Agricultural Organization of the United Nations, Rome. ISBN 978-92-5-107309-4. 84 pp.

[x] Warman, R. D. 2014. Global wood production from natural forests has peaked. Biodiversity Con-

servation 23:1063 = 1078.

[y] Jürgensen, C., Kollert, W. and Lebedys, A. 2014. Assessment of industrial roundwood production from planted forests. FAO Planted Forests and Trees Working Paper FP/48/E. Rome. Available at http://www.fao.org/forestry/plantedforests/67508@170537/en/

[z] ITTO. 2009. Encouraging industrial forest plantations in the Tropics. Report of a global study. ITTO Technical Series #33. Internationl Tropical Timber Organization, Yokohama, Japan. ISBN 4 - 902045 - 52 - 4. 141 pp.

第④章 木头及其生物质的结构和性质

4.1 树的生物质部件

4.1.1 引言

森林生物质广义指森林内所有的生物物质,但这里一般限指地上和地下累积的木本植物(树与灌木)的木、皮、叶,无论生死。森林工业选择性地利用这种可更新资源做原料。并不是所有树种都利用。即使优选种,工业上也就用树干的最好部分。树的其他部分传统上一般作为采运废除物留在迹地上。

有时,昨天的废除物可以是明天的原料,用于生产纤维、化学物质、能源等等。在详细介绍树干木(树干材)性质之前,本节先考察树的其他生物质部件。图4-1显示树的各种生物质部件,采用以下术语:

树干的木和皮构成原条。树干上下能分成无用干顶和可用干材,具体划分位置取决于最小直径要求。树干是树的支撑、输导和贮藏器官。

树冠包括活枝和死枝,外加叶系和繁殖器官。这是树的同化与贮藏器官。

桩和根组成树的桩根系统。桩是可用干材底下不用的地上生物质及其地下突出部分(主根),但不包括侧根。根则特指所有的侧根,不包括主根。主根是株干在地下的自然延伸,因此属于桩。桩根系统使株干固定在地上,摄取水分和矿物质,充当食物贮藏器官。

树株(整株)包括桩根系统之上所有的树生物质部件,诸如树干和树冠。全树则指树的全部,包括地上地下的所有树生物质部件。

站立株干(立木)和常规木材品种传统上是按体积(材积)检尺的,有时带皮算,有时不带皮。枝、叶、桩和根形状不

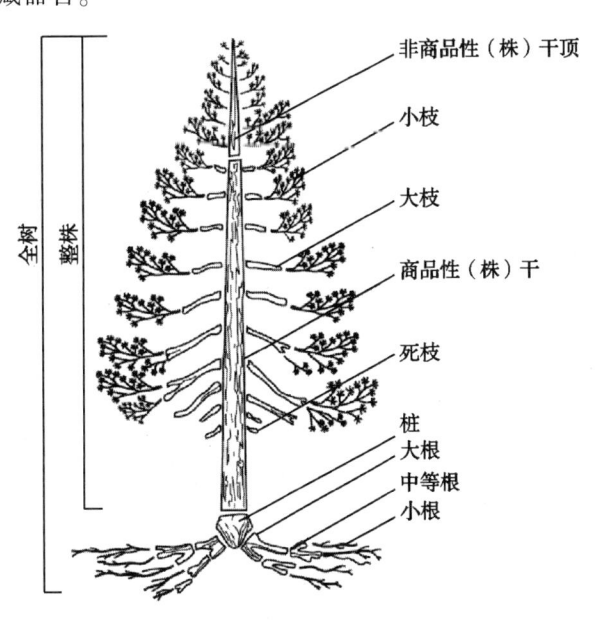

图4-1 树的生物质部件

(从 Young et al.[1] 重画)

规则,密度差异大,也用体积度量则不切实际。因此,要对树的部件、整株和全树进行测定、比较,最可行的单位是物质量,而不是体积。物质量在此简称物量(如生物量),而非汉语文献中习用但明显带有歧义的所谓"质量"。

在新鲜状态下,活树总生物量有 1/2 左右是水。实际含水量则随树种、树株和株内部件有变异。含水量不是恒定的,很大程度上取决于气象情况:在活树中随季节变化,甚至还随昼夜变化,在木头和其他生物质中随贮存变化。因此,干物量,而非鲜物量,是测定树诸多部件物量最精确和稳定的单位。

关于森林废除物的定量、性质、收获和利用,Hakkila 曾在 1989 年发表过综述[2]。下文讨论树冠和桩根系统作为纤维和能的潜在来源,在与树干生物量对比时采用下列关系:

① 各部件的干物量作为原干(带皮株干)干物量的百分比;
② 各部件的干物量作为整株(即,限于地上部分)干物量的百分比。

4.1.2 树冠生物量

树冠的第一功能是为树生产光合产物。随着树长高,冠的下部一直处于被遮阴状态。随着光照条件变得不怎么有利于同化作用,那里的叶子就凋零。较低的枝条也随之死亡,逐渐脱落。树不但在冠底失去活枝,还给冠的上部增添新的生长,林冠整体随之上移。耐阴树种(如云杉)失去冠底活枝最慢,与不耐阴的树(如松树)相比,纵向冠幅(冠长)一般较大。

冠长占树高的百分比是冠长比。冠长比随树种特定,但也受树株活力和林分密度(株间竞争)影响。冠长比如果迅速减小,则意味林分密度过大,需要疏伐。

所谓良好的管理实践,传统上是指疏伐林分下层,保留优势树,去除被压树。这样,后期疏伐的树在冠长比上既小于林分密度适中的树,也小于其他时期伐除的树。表 4-1 显示芬兰森林研究所在这方面广泛研究的成果。值得注意的是,21 世纪 00 年代后期提出的疏伐作业法强调生长质量:从下层伐除被压,还从上层淘汰外部质量低劣的优势树。

表 4-1 树冠长比随发育阶段变化:芬兰的欧洲赤松和挪威云杉[2]　　　　单位:占树高的比例/%

发育阶段	初期疏伐的树	后期疏伐的树	更新采伐(主伐)的树	平均立木度的树
欧洲赤松	57	43	45	54
挪威云杉	78	67	75	79

树冠量的多少取决于许多因子,诸如树的年龄和大小,林分密度,树株在林分中地位,树种。森林如果没有人工管理,密度大,树冠量就会比既有人工管理又被反复疏伐的情况下要小。种内和种间变差都很大。表 4-2 显示多种树在胸高干径为 20cm 左右时冠部与株干生物量的平均比例。

表 4-2 树冠与树干的干物量比例:北美洲树种[3-4]　　　　单位:占树干量的比例/%

树种和地区	枝	叶	冠
加拿大卑诗省 17 种软木	20	13	33
美国缅因州 7 种软木	20	14	34
美国缅因州 9 种硬木	14	5	18

树冠生物量构成实质性的原料储备。要收回这些原料,可以综合作业:采用某种整株收获技术;或者,先按常规收获树干材,再挽回采运废除物。要利用这些原料,理论上有三种选择:提取纤维、化学物质、能量。

如图4-2所示,集约的整株收获有潜力大量增加生物质产量。树越小,相对增幅越大。树冠生物量中不到1/2实际含有木头。

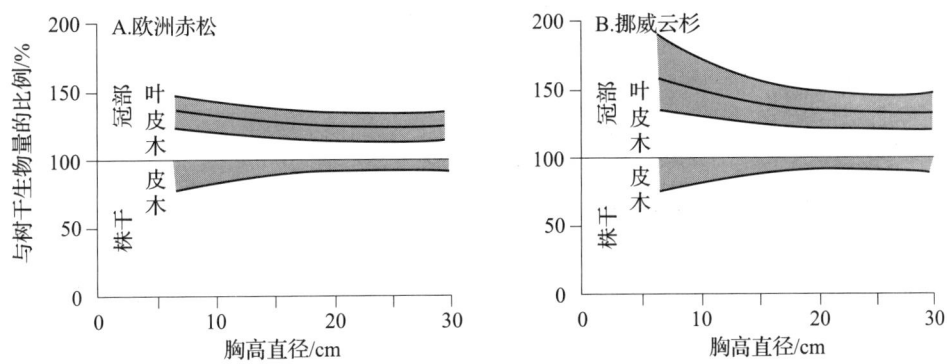

图4-2 整株部件的相对干物量与胸高直径的关系:芬兰的欧洲赤松和挪威云杉

(从Hakkila et al.[5]重画)

如果不收叶,只收枝,皮的比例依然很高。对于锯材径级的树,枝平均有20%~45%是皮。枝越细,皮比例越大。在直径不足1cm的短枝和枝梢中,皮比木多。树冠含皮量高,能用于生产能量或化学物质,但不怎么适合其他目的。树冠充当制浆造纸的原料有如下缺点:

① 皮和叶占的比例通常超过1/2。

② 叶中纤维性细胞比例很低,提取物含量高。用硫酸盐法制浆,产量只有20%左右;质量也差,因为非纤维性组织百分比高,细胞短小。

③ 枝木含有活性材料,因此化学组成上与株干木相差不小。软木枝含木质素和提取物多,纤维素少。硬木枝含纤维素和提取物多,木质素少。

④ 枝木细胞一般比株干木小。此外,枝木中应力木含量不小,纤维质量低劣。表4-3显示美国东部多种树在株干木和枝木细胞长度上的平均差异[6]。

表4-3　　　　　　　树干木和枝木的细胞长度:美国东部树种[6]　　　　　　单位:mm

细胞类型	管胞: 8种软木	纤维: 8种散孔硬木	纤维: 4种环孔硬木	导管分子: 8种散孔硬木	导管分子: 4种环孔硬木
树干木	3.44	1.16	1.24	0.54	0.31
枝木	1.81	0.83	0.94	0.45	0.25

由于上述原因,要用树冠当制浆原料,并没有多少吸引力。但树冠作为清洁而又可更新的能源储备,用以替代化石燃料,减少二氧化碳的排入大气,潜力确实不小。例如,在芬兰,主伐欧洲赤松林和挪威云杉林时,每收获1m³树干,相应的树冠物质分别拥有0.4和1.0兆瓦时(MWh)的供能潜力。

4.1.3 桩木和根木

根系有三个功能:吸收及输导水、矿物质,传输及贮藏食物,使株干固定在地上。桩根系有三个明显不同的区段:根冠,在株干基部;高削度椎体区段,由提供横向支撑和总体固着能力的根组成;更细的根,形成广泛网络。

树桩和根系生物量在数据资料上较之株干相对贫乏。土壤和立地引起变异,但树间变异要比树冠生物量小不少。适用于凉性森林的粗放规律是,桩根系统干物量大致是株干的30%,整株的25%,全树的20%。技术上可以收获的桩根系统在比例上要略为小些,因为无法收回细根。对美国南方松和芬兰以及俄罗斯西部欧洲赤松的研究结果显示,桩根系统在可收获量上是株干的20%~24%。对于浅根性的挪威云杉,这个比值甚至更高,达24%~30%。

对于锯材径级的成熟树,桩根木在许多性质上与株干木相同。以下特点对化学制浆有重要影响:

① 在皮的比例上与株干没有显著差异。

② 细胞在株干基部与根部之间的过渡带中较短,但沿着根向根尖不断变长。根木的细胞径大,腔宽,壁薄。这些性质也是离根基越远越明显。在所有的桩根系统中,松木管胞较长,但有些其他软木的管胞要比株干管胞短。在硬木桩根系统中,平均纤维长度与株干差异不大。导管分子较株干少,但直径较宽。

③ 化学成分上的差异小,但桩木提取物含量较株干高。只有直径不到2cm的根木比株干含更多的木质素,较少的纤维素。

树桩与根木适合做硫酸盐浆,是纤维性质使然。要把桩与根起出、劈开、运输、清理、削成木片,成本很高。在纤维严重不足的情况下,桩木与根木可以充当制浆原料的边际来源。瑞典和芬兰的纸浆业曾在20世纪80年代用过作为欧洲赤松和挪威云杉林分主伐废除物的桩木和根木,但终因削片成本过高,被迫中止。芬兰自2002年后一直用桩根木做大型电厂的燃料,但仅限于云杉桩,因为其他树种不那么容易用挖掘机配套设备起出、劈开。

4.2 木头作为制浆造纸原料

4.2.1 木头的宏观特性

木头在各个维向上的性质都不是均匀的(各向相异性):各切向之间在外观和物理性质上都有变异。图4-3显示以下3个平面:

① 横向切面(横截面),与树干长轴相垂直;

② 径向切面,通过髓心,横穿生长轮,与树干轴相平行;

③ 弦向切面,与生长轮相正切,与树干轴相平行;

如图4-4所示,树干横切面从中心向外依次是髓、次生木质部(木头)、皮鞘。皮鞘内则依次是浅色活内皮(韧皮部)、深色死外皮(粗皮)。木质部和韧皮部之间是维管形成层带,用肉眼或透镜看不见。

在寒温带和温带气候下,树干呈有规律性的同心年增长(生长轮),反映生长季早期和晚期所生产的各类细胞在结构、维度和比例上的差异。树株的材积生长通常在生长季早期较快,往后开始放缓,最终在生长季结束前中止,每年产生一轮浅深色相间的木质部。

第 4 章　木头及其生物质的结构和性质

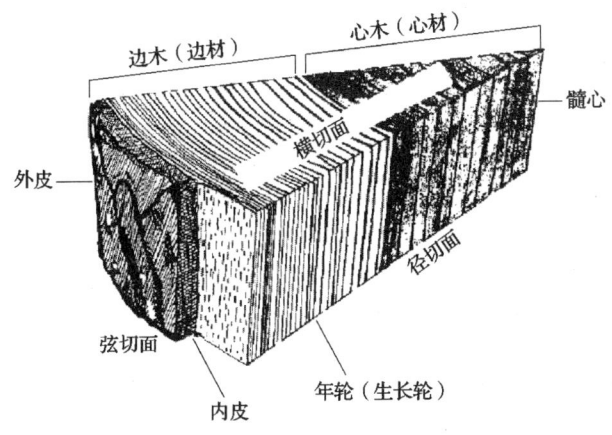

图 4-3　木头三基面

图 4-4　树干横向切面：树龄为
85 年的新疆落叶松

（照片：Hannu Kalaja）

在软木中，早材细胞形成于生长季早期，正当名为生长素的生长激素丰富可用。早材的首要功能是运水。细胞径大、腔宽、壁薄。晚材细胞形成于生长季后期，正当光合产物供应充裕。晚材为树干提供机械强度。如图 4-5 所示，晚材细胞径小、腔小、壁厚。由于直径、壁厚和粗糙度上的不同，早材和晚材细胞在造纸性能上的差别不小。

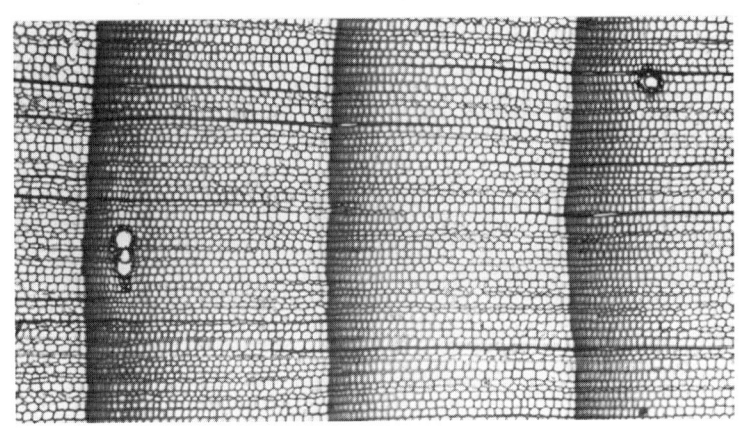

图 4-5　软木的横向切面：挪威云杉的三个年轮和两个树脂道

（照片：Pekka Saranpää）

依据莫克定义[7]，在软木生长轮内，如果有两个管胞之间的切向公共壁在宽度上正好是管腔径宽的 1/2 或更大，所在区段就属于晚材；不然，则属于早材。这一定义原本是为云杉提出的，但同样适用于其他软木。软木从浅色早材到深色晚材的过渡有的是逐渐的，也有突变的；究竟是哪种，则主要取决于树种和离髓心的年数，在较小程度上还取决于环境条件。

木头总体积中晚材的比例，简称晚材百分比，是木头用于锯成材、制浆或其他目的时的重要质量指标。晚材百分比只指最小细胞壁厚度满足上述莫克定义的材积；对于早材和晚材内部在胞壁厚度上的变异，不提供任何信息。晚材百分比不适用于硬木，因此用途有限。

在硬木中，早材与晚材的径向细胞排列和轮回交替不太明显。在有些硬木中，诸如栎类和水青冈类，以运水为主要功能的大径孔（导管分子）在生长季早期特别多，也尤其大。这些树种是环孔硬木,因为生长轮中大直径早材孔呈环状排列,如图4-6所示。在散孔硬木中,如杨类和桦类,气孔大小均匀,分布也均匀,如图4-7所示。有些树种并不明显属于哪一类,导管的大小从早材到晚材逐渐过渡。这些是半散孔硬木(或半环孔硬木)。

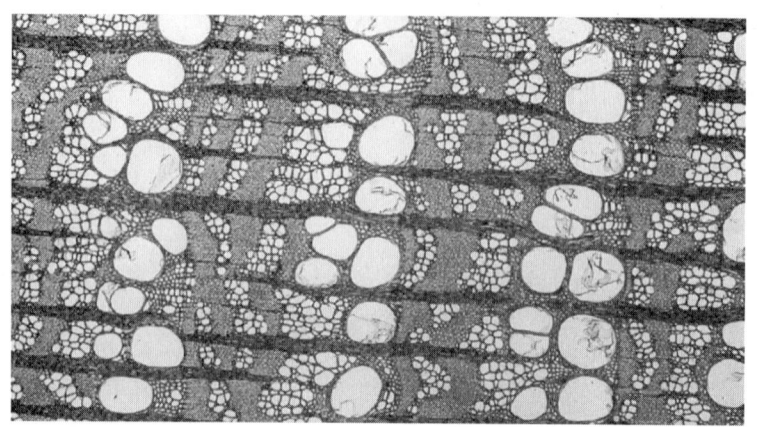

图4-6 环孔硬木横切面:山榆的3个生长轮和生长季内先宽后窄的导管
(照片:Pekka Saranpää)

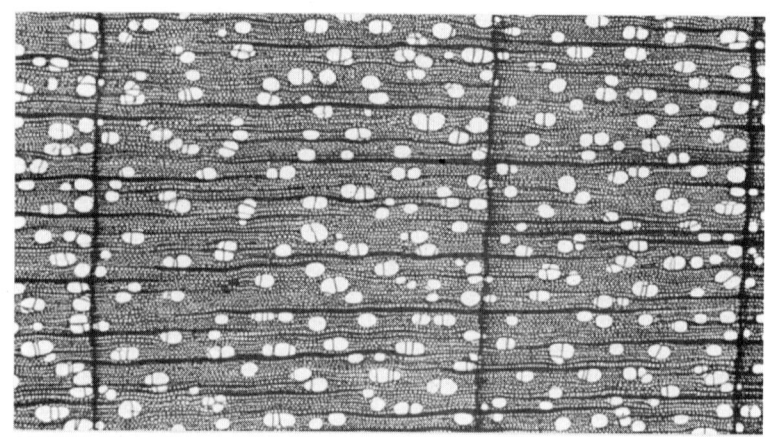

图4-7 散孔硬木横切面:垂枝桦的3个生长轮和直径分布均匀的导管
(照片:Pekka Saranpää)

锐端细胞充当输导组织和支撑组织。这些细胞一旦胞壁增厚,木质化,便失去原生质而死亡。只有少数锐端细胞继续充当纵向或径向贮藏组织,保留原生质。只要这些细胞持有生理活性,所在的木质部被称为边材。许多年后,它们的原生质终究会死亡;究竟多久,则取决于树的种类、生长条件和活力。死后是次生性变化,最终导致株干中心形成生理上死亡的心材。大多数树种的心材与边材在颜色或含水量上不同,或者两方面都不同,用肉眼就能分辨(参见图4-3、图4-4)。

4.2.2 木头的形成

植物具有许多类型的细胞,形态不同,功能各异。形态和功能上类似的细胞聚集构成组织。木本植物不可或缺的一个特征是维管组织:输导水用的专化组织。

细胞分裂产生木物质。生长过程在两个水平上同时进行:长度生长、直径生长。伸长(纵向生长)源于树芽,在茎(株干)、枝、根尖端的顶端生长点(顶端分生组织或初生分生组织)或其附近。初生分生组织由薄壁细胞组成,富含原生质,能反复分裂。所造成的初生长控制树的株干高度和整体结构,但只负责株干体积生长的极小部分。在薄薄的顶端细胞形成区后,新细胞在形状、大小和功能上发生变化,形成永久组织。初生长在木材中的可见结果是株干中心的髓。

在初生长和延伸点的后面,位于顶端生长区之外的原生细胞群并不变成永久性组织,而是继续充当分生组织,集体构成富含原生质的细胞鞘,称为维管形成层。这个鞘只有单个细胞宽,圆筒状,从株干的尖端延伸到枝和根的生长尖。在生长季,维管形成层的细胞不断分裂,向内产生次生木质部(木头),向外形成次生韧皮部,造成树的次生长(径向生长)。

维管形成层的分生细胞是形成层原始细胞,由纺锤形原始细胞和形成层射线原始细胞组成。木质部和韧皮部的纵向(轴向)细胞起源于纺锤形原始细胞。这些原始细胞又细又长,尖削度小。具体长度多变:取决于树种和形成层年龄,在软木中从不到1mm到超过9mm不等。直径通常为30μm以上。对于专化度较低的硬木,如桦类或北美鹅掌楸,纺锤形原始细胞长1~2mm。对于高度专化的硬木,如刺槐,0.3~0.6mm则是对应的长度范围[8]。纺锤形原始细胞的长度在相当大的程度上决定木头中纵向细胞的长度,因此具有一定的重要性。

形成层射线原始细胞产生构成径向射线的薄壁组织木质部和韧皮部细胞。随着树干加粗,形成层附近只有薄薄的一层垂直细胞继续活着。其他垂直细胞则在木质化过程后死亡。径向有连成狭带的短形薄壁组织细胞继续存活,构成连接髓心与形成层和韧皮部的初生射线。随着新生长轮形成,株干直径增加,出现径向次生射线。射线组织的生理功能是贮藏树的同化产物,并对此进行横向分配。纵向(轴向)细胞基本形成运水的输导组织和支撑干、枝、根的机械组织。

在软木中,射线在切向通常只有单个细胞宽,1~20个细胞高,占木材积的5%~11%,如图4-8所示。在硬木中,射线在维度和体积上变化较大,如图4-9所示。例如,射线在杨木中是切向单列(只有单个细胞宽),桦木是1~3列,而栎木则是1~30列。射线高度上的细胞数在硬木中少到单个,多至数百。栎木射线能有50mm高,对肉眼清晰可见。硬木射线占材积的7%~30%[9],强烈影响木工注重的木纹和纸浆的纤维性质。

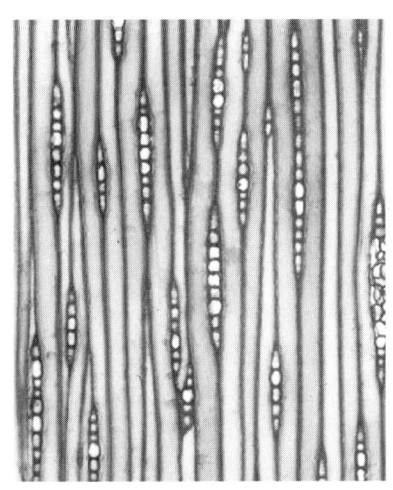

图4-8 软木弦切面上的射线:欧洲赤松
(照片:Pekka Saranpää)

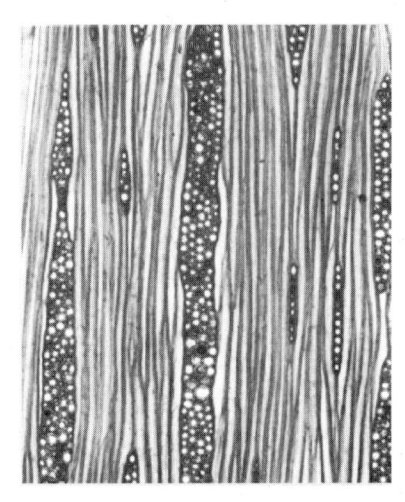

图4-9 硬木弦切面上的射线:挪威槭
(照片:Pekka Saranpää)

维管形成层的细胞(形成层原始细胞)能反复分裂。细胞分裂成两半,要么沿径向,在弦切面上与株干鞘平行(平周),增加株干直径;要么沿弦向,与株干鞘垂直(垂周),增加形成层本身的周长,一起造成株干直径生长。形成层周长还随纺锤形原始细胞逐渐变长而增加。例如,北美乔松的纺锤形原始细胞长度在第1个生长轮中只有0.9mm,但在第60个生长轮中是4mm。同时,细胞直径从16μm增加到42μm[10]。在这数十年间,随着株干直径增大,形成层外移,纺锤形原始细胞的平均长度在软木中增加100%~400%,在硬木中增加50%~100%[8]。这种逐渐增长的后果在纸浆和造纸工业中具有重大实践意义:最终致使早期疏伐年轻速生人工林所收获的原料纤维短,使锯机板皮削片生产的纸浆纤维特别长。

当纺锤形原始细胞沿切向和纵向分裂成两个相同细胞时,其中一个继续充当形成层纺锤形原始细胞,永远保持双向分裂能力。另一个成为母细胞,分裂能力有限,而且只沿径向。母细胞进一步分裂形成2个子细胞,子细胞通常只分裂1次。新细胞在形成层内侧分化形成次生木,在形成层外侧则分化形成次生内皮(韧皮部)。形成层外侧形成的母细胞数量少,进一步分裂的能力弱,使皮生长比木头生长要慢得多。

单细胞宽的形成层及其周围的母细胞和子细胞一起构成薄薄的一层未分化组织,称为形成层带。纺锤形原始细胞在形成层带的分化模式使木细胞沿径向与皮细胞对齐排列。这种径向细胞排列在软木中得以保留(见图4-5);在硬木中,则随导管分子在分裂终止后(后生形成层)增大而被扰乱(见图4-6、图4-7)。形成层带受到任何干扰或损伤都会使树干有缺陷。

在形成带分裂停止后,细胞可以继续增大。这种后生形成层的径向生长表现得最为突出,在软木中是早材管胞,在硬木中是早材导管分子。后生形成层的伸长(纵向增长)在软木管胞中不到10%~15%。在硬木中,纤维性元素长度在成熟时是形成层原始细胞时的加倍。

随着子细胞在形成层带细胞分裂中的初现,富胶质的新细胞壁形成。这些是包裹新单元的初生壁和分隔相邻细胞的中片(胞间层)。一旦新细胞完成增大,初生壁内侧开始形成刚性的次生细胞壁。在随后的细胞壁增厚阶段,纤维素和半纤维素在细胞内形成,在初生壁和新的次生壁上沉积。木质素在这个阶段尚未结束之前开始形成,先在细胞的各个角落,再沿初生壁和胞间层扩散。

随着次生壁的增大和形成,成熟着的细胞还同时发生进一步变化,诸如纹孔形成,螺纹增厚,胞壁穿孔。在锐端细胞中,活性内含物随后死亡,消失。细胞成熟的整个过程通常需要几周[8]。薄壁组织细胞则继续生存,生理上活跃许多年,直至心材开始形成。

4.2.3 木头的化学成分

4.2.3.1 概念

木物质有三种主要元素:碳、氧、氢。干木物量约50%是碳,超过40%是氧,6%是氢。还有量少而多变的氮和矿质元素(灰分)。在温带树中,灰分含量在木中不到0.5%,但在皮和叶中要高得多。

碳、氧和氢结合形成碳水化合物和木质素——木头的初生细胞壁成分。木质部的碳水化合物部分是纤维素和半纤维素,统称全纤维素。纤维素、半纤维素和木质素在细胞壁中以复杂的方式混杂。

各种化学成分的组合和比例随树种不同,而且锐端细胞组织不同于薄壁细胞组织,早材不同于晚材,幼龄木不同于成熟材,边材不同于心材,正常木不同于应力木,等等。树的木、皮和叶之间的差异更大。Fengel & Grosser 汇编发表了 153 种温带树的木头化学成分数据[11]。

表 4-4 显示温带软木和硬木中初生细胞壁成分的平均数量。树还含有较少量的非结构性碳水化合物,诸如淀粉和蔗糖。与细胞壁材料不同的是,这些碳水化合物基本充当能量储备,归属提取物。初生胞壁成分和提取物都是聚合物,含有大分子,由小结构单元重复组合而成。

表 4-4　　　　温带软木和硬木中各种初生细胞壁成分的平均量[11]　　单位:占干物量的比例/%

细胞壁成分	纤维素	半纤维素	木质素
软木	40～45	25～30	25～35
硬木	40～45	25～35	20～25

Sjöström[12] 综合了常见商品树种的化学成分数据(表 4-5)。软木中纤维素含量最高的是新疆落叶松、欧洲赤松和挪威云杉;其中,落叶松的商品价值不那么大。硬木中纤维素含量最高的是桉类、轻木和石梓,相当高的有黑荆树、红花槭和垂枝桦。轻木和石梓在此代表新奇商品种。应该注意的是,亚热带和热带速生人工林的树在化学组成上经常与天然更新的同种树不一样。例如,与表 4-5 总结的数据相比,新西兰的辐射松木在纤维素含量上要平均高出两个百分点,而在半纤维素含量上却较低[13]。

表 4-5　　　　多种树株干木的化学组成[12]　　单位:占干物量的比例/%

	树种	纤维素	半纤维素	木质素	提取物	剩余成分
软木	香脂冷杉 Abies balsamea	38.8	28.5	29.1	2.7	0.9
	欧洲刺柏 Juniperus communis	33.0	30.3	32.1	3.2	1.4
	新疆落叶松 Larix sibirica	41.4	29.6	26.8	1.8	0.4
	欧洲云杉 Picoa abies	41.7	28.3	27.4	1.7	0.9
	白云杉 Picea glauca	39.5	30.6	27.5	2.1	0.3
	辐射松 Pinus radiata	37.4	33.2	27.2	1.8	0.4
	欧洲赤松 Pinus sylvetica	40.0	28.5	27.7	3.5	0.3
	北美黄杉 Pseudotsuga menziesii	38.8	26.3	29.3	5.3	0.0
	加拿大铁杉 Tsuga canadensis	37.7	27.9	30.5	3.4	0.5
硬木	黑荆树 Acacia mollissima	42.9	33.6	20.8	1.8	0.9
	红花槭 Acer rubrum	42.0	28.9	25.4	3.2	0.5
	糖槭 Acer saccharum	40.7	30.8	25.2	2.5	0.8
	美国桤木 Alnus incana	38.3	30.9	24.8	4.6	1.4
	纸皮桦 Betula papyrifera	39.4	34.5	21.4	2.6	2.1
	垂枝桦 Betula pendula	41.0	32.4	22.0	3.2	1.4

续表

	树种	纤维素	半纤维素	木质素	提取物	剩余成分
硬木	赤桉 Eucalyptus camaldulensis	45.0	19.2	31.3	2.8	1.7
	蓝桉 Eucalyptus globulus	51.3	25.2	21.9	1.3	0.3
	欧洲水青冈 Fagus sylvatica	39.4	33.3	24.8	1.2	1.3
	石梓树 Gmelina arborea	47.3	21.1	26.1	4.6	0.9
	轻木 Ochroma lagopus	47.7	27.6	21.5	2.0	1.2

Willför et al.[14]研究了11种重要的工业造纸材中的高聚糖。这些硬木的高聚糖总含量为60%~80%不等,自然以纤维素为主(表4-6)。非纤维素性的糖单元则变动于20%~38%,金合欢木居高,水青冈木居低。其中,酸性糖分子占15%~23%。一般来说,酸性高聚糖主要是果胶和酸性木聚糖(另外参见4.2.3.2)。水溶性碳水化合物的含量和组成对于机械和化学机械制浆都重要,还是生物活性聚合物的一个可能来源。在所研究的树种中,与心材相比,边材在大多数树种中释放较多的碳水化合物,但无一例外地含有较少酸性溶解糖。

表4-6　　　　　　　纤维素在11种硬木干物量中的百分比[14]　　　　　　　单位:%

树种	边材	心材	合计(树干材)
厚荚相思 Acacia crassicarpa	51.5	50.0	
马占相思 Acacia mangium	47.8	45.3	
垂枝桦 Betula pendula			41.5
邓恩桉 Eucalyptus dunnii			47.8
蓝桉 Eucalyptus globulus	41.3	41.6	
欧洲水青冈 Fagus sylvatica	42.2	36.3	
美洲黑杨 Populus deltoides	46.6	44.2	
大齿杨 Populus grandidentata	37.4	42.8	
欧洲山杨 Populus tremula			41.6
美洲山杨 Populus tremuloides	33.4	33.1	
英国栎 Quercus robur	50.1	43.9	

4.2.3.2　初生细胞壁成分

纤维素是地球上最丰富的有机材料,任何高等植物都有。纤维素占细胞壁干重的40%~50%,是木头的主要成分;主要出现在次生细胞壁中,通常伴有半纤维素和木质素。纤维素属于高聚糖,不容易发生化学反应。这一性质在化学纸浆的生产上意义非常重要。纤维素在碱性水溶液中不溶,因此在离散分析上有别于半纤维素。与木质素的区别是,纤维素对氧化剂有抵抗力,容易被酸水解。与提取物的区别是,纤维素不溶于水和有机溶剂。纤维素在强无机酸中水解溶化成糊精($C_8H_{10}O_5)_n$和低聚糖,最终形成右旋糖(D-葡萄糖)[15]。

纤维素由光合作用产生的葡萄糖分子$C_6H_{12}O_6$组成。这些单体单元先转换成葡萄糖酐

$C_6H_{10}O_5$，再由氧原子首尾相连，形成长链分子$(C_6H_{10}O_5)_n$（聚合物）。单位大分子中的单体数指示纤维素的聚合作用度。据Timell[16]，天然木纤维素的n值是8000~10000。在细胞壁中，纤维素大分子之间纵向相互平行，侧向由氢键相连，一起构成名为微纤丝的长链。

化学制浆产量和纤维强度与木中纤维素的含量呈正相关。在影响纸浆板性质的物理因子中，最重要的自然是单个纤维本身的强度，其次是纤维素的聚合作用度。后者在化学制浆中的正常值是1000~2000[17]。

半纤维素组成细胞壁质量的25%~35%，在软木中稍低于硬木中。半纤维素也是高聚糖，但分子量低，性质杂异，在树的顶端和形成层生长组织中由葡萄糖以及其他六碳和五碳糖分子形成。半纤维素不溶于水，但溶于碱性水溶液。据此能把半纤维素从总的碳水化合物成分（全纤维素）中分离，产生几乎纯粹的纤维素（α-纤维素）。半纤维素还容易在稀酸中水解成单体组分，在名为水解作用的过程中形成糖和糖酸；在水解作用完成时，产生两类单糖（己糖：D-葡萄糖、D-甘露糖、D-半乳糖，戊糖：D-木糖、L-阿拉伯糖）和甲基葡糖醛酸（或含有该酸的低聚糖）。均聚物如果只含一种糖单元，则以这种单糖命名，被分别称为葡聚糖、甘露聚糖、半乳聚糖、木聚糖、阿拉伯聚糖。非系统性名词己聚糖和戊聚糖常常应用于水解后分别产生己糖和戊糖的聚合物[15]。

半纤维素分子只有150~200个单体单元，因此比纤维素短，聚合作用程度低。纤维素链分子呈线性，只有葡萄糖分子。半纤维素分子有分支，含各种单糖。主要有两组物质：木聚糖和半乳葡甘露聚糖。木聚糖是由五碳糖和4-O-甲基-D-葡糖醛酸先脱水、再聚合作用后形成。半乳葡甘露聚糖则由六碳糖聚合作用后形成。Willför et al.[14]和Timell[18-19]详细讨论了半纤维素的性质和含量。

半乳葡甘露聚糖是软木半纤维素中的主要成员，占木头干物量的15%~20%。葡萄糖与甘露糖的比率约为1:3。半乳糖与葡萄糖的比率则是1:1~1:10不等。软木还含有约10%的木聚糖。在硬木半纤维素中，酸性木聚糖是主要成员，占木头去除提取物后干物量的25%±5%。对于很少几种树，诸如某些桦木，木聚糖含量能高达35%。硬木还含有5%左右的葡甘露聚糖。在造纸中，半纤维素充当黏接剂、增塑剂和溶胀剂。

半纤维素这一术语既不系统也不明确。半纤维素与某些水溶性提取物之间有时难以区别。例如，有些非纤维素高聚糖，诸如阿拉伯半乳聚糖，在冷水中大多能溶解，因此通常归类为提取物。阿拉伯半乳聚糖是落叶松属的一个特性，位于心材管胞腔，占5%~30%，使木头的耐久性大大增加。

木质素在特性上把木头从植物界有的其他纤维素材料区分开来。天然的木质素，诚如木细胞中发现的那样，是一种形态不定、大小不限的聚合物，被称为天然木质素或原生木质素。这种木质素最重要的性质是赋予细胞壁刚性和增添的挺度。木质素存在于细胞壁内的细孔，充当膨胀剂；因为吸湿性低，还改善细胞壁在维度上的稳定性。

木质素相当难溶。其基本结构单元是苯基丙烷，这些苯基丙烷有1个酚环可能被1~2个甲氧基取代。在酚环上加1个甲氧基，产生1个愈创木基单元；加2个甲氧基，则生成1个紫丁香单元。软木含有1个愈创木基木质素；硬木具有1个愈创木紫丁香木质素（愈创木和紫丁香残基的共聚物）[20]。

木质素占正常木干物量的20%~35%不等，取决于树种。表4-7显示世界各地许多种软木和硬木的平均硫酸木素含量（克拉松木素含量）。温带硬木在木质素的比例上较之温带软木和热带硬木要小不少。

表4-7　　硫酸木质素在许多种软木和硬木中占干物量的平均含量和标准差[21]　　　　单位:%

区域	美国	前苏联	日本	中国台湾	菲律宾	莫桑比克
软木	28.8±2.6	29.0±1.6	29.6±2.6			
硬木	23.0±3.0	21.9±3.2	22.1±3.0	25.0±3.8	29.4±5.6	27.3±3.4

化学制浆把木质素从细胞壁中去除。木质素含量越高,化学纸浆的产量越低。在实践中,有些木质素会留在纸浆中。降低这种含量能改善纸浆强度,因为木质素只要有任何残留,就会妨碍细胞的结合能力。两组的木质素(愈创木基和紫丁香)在制浆中的行为不同,使混合软木和硬木制浆变得复杂。

在软木中,晚材木质素含量较低,由细胞壁厚度上的差异间接引起。随着晚材比例增加,木质素含量减少,这好像首先是由于胞间层木质素的稀释效应,造成次生壁整体水平上的实际下降。另一个差别是,晚材水解产物形成较多的甘露聚糖,但较少的阿拉伯聚糖和木聚糖。这些变化直接关系到管壁增厚,因此是定量的;但同时还是定性的,因为晚材的细胞壁在发育过程中有明确的成分变化[22]。

4.2.3.3　提取物

纤维素、半纤维素和木质素基本决定木头的化学和物理性质。此外,形形色色的次生部件(编外部件)发生于细胞壁和细胞腔内。编外部件在汉语文献中的习称"抽提物组分"既容易与提取物搞混,也不能反映这些物质的意义。编外部件,如果或多或少容易溶解于中性有机溶剂或水,则是提取物。有些其他编外部件,诸如蛋白质、有机酸盐和无机材料,在用于移除提取物的溶剂中只能部分溶解或完全不能溶解[23]。

中性溶剂的例子有:冷水、热水、石油醚、乙醚、二氯乙烷、二氯甲烷、乙醇、丙酮。要从木头中移除提取物,可以用这类溶剂。但没有哪一种溶剂能移除所有提取物。要移除得足够彻底,必须循序使用两种或更多种的溶剂;例如,依次用醚、醇、水处理。

提取物包括树代谢过程中的许多种化合物。初生代谢物是几乎一切生物都不可或缺的有机中间产物。常常有可能使初生代谢物相互转化。初生代谢物通常包括单糖、氨基酸、简单脂肪、各种羧酸。这些总是出现在活树的提取物中。其含量取决于生长时期、营养状态和具体组织。

次生代谢物是更复杂的化合物,在生物体内的形成基本不可逆。光合作用的初级产物葡萄糖是起点材料,用于生产不仅细胞壁部件,而且大部分次生代谢物,包括淀粉、谷甾醇、简单萜烯化合物、叶绿素、苯丙、常见类黄酮、简单单宁。这些中间物,在有些树种或组织中,积聚库存,能大量分离;在其他情况下,则边形成,边进一步代谢[24]。

大多数提取物是树代谢过程的中间化合物,质与量都变差不小,取决于生产的具体组织和影响生物的环境。叶子进行光合作用,因此也合成并储存碳水化合物和分子量小的其他化合物,含有大量成分复杂的提取物。连干带冠一起做的"整株木片"在贮存时败坏迅速。

糖、淀粉、脂肪和脂肪酸构成树的食物内供储备。萜烯、树脂酸和酚类都来自代谢过程,既是防御元素,又是有毒废物。固醇可能充当生长激素,蛋白质部件则在合成过程中充当酶[25]。各成分在一年内的浓度随树的需求变化而变化。

边材和内皮的射线以及其他薄壁组织富含简单的单体物和养分,诸如脂肪、淀粉、蔗糖、单糖、肌醇、简单糖苷、游离甾醇、酯化甾醇、苯丙和其他简单酚类。心材和外皮缺乏养分、糖苷和代谢中间产物,但富含其他化合物,诸如水解性和缩合单宁等许多酚类,还诸如生物碱、树脂、精油以及各种各样的专化化合物。心材和外皮还可以含有各种树胶、基诺胶、香脂,随受伤反应机制进化而来;还有其他化合物,使这些没有代谢能力的组织少受生物性侵害[24,26]。

株干木的提取物浓度在心材最高。心材中,许多提取物,如银松素 $C_{14}H_{10}(OH)_2$,浓度是周边高于中心,预防没有活性的中心受微生物侵害。心材提取物的百分比在温带生长的树木中通常低下,在热带和亚热带树木中则要高得多。

随着心材形成,提取物含量增加,还出现新的化合物。硬木通常比软木有更多的提取物,但具体量随树种不同。提取物在有些热带硬木中可多达干物质质量的20%~30%,在温带树种中则普遍不到5%~10%。对于美国南部的22种硬木,先用苯醇、再用乙醇获得的提取物占干重的平均量在株干木中是4.9%,在皮中是14.4%[24]。表4-8显示芬兰欧洲赤松和挪威云杉剥皮造纸材中的丙酮提取物量。

表4-8　　　　芬兰造纸材中的丙酮提取物占干物量的比例[28]　　　　单位:%

造纸材品种	欧洲赤松:芬兰南部	欧洲赤松:芬兰北部	挪威云杉:芬兰南部	挪威云杉:芬兰北部
边材	3.0	3.2	1.5	1.9
心材	5.0	5.7	1.6	1.9
所有木头	3.3	4.0	1.5	1.9

提取物虽然不是木组织的结构部分,但有助于木材的许多特性,诸如气味、颜色、耐久性、可透性和基本密度。提取物对了解树的生物化学和分类相当重要,还有助于生物质原料的性质,尤其与制浆和生化工业相关。Hillis综合分析了木材提取物的意义[26-27]。

大多数提取物通常在制浆工艺的木质素脱除阶段迅速溶解于碱性蒸煮液。产生的纸浆只会留有微量的提取物。按单位原料量计算,纸浆产量随提取物的浓度增加而下降。例如,落叶松单位干木量含有高浓度的水溶性阿拉伯半乳聚糖,给出的硫酸盐纸浆产量低。

提取物常常能分解蒸煮化学剂,从而增加化学剂消耗。还有提取物能阻止蒸煮化学剂扩散渗入原材料,从而抑制制浆反应,减少木质素的脱除。提取物也可能损害化学纸浆的颜色、漂白性和可湿性。在机械纸浆的制备中、在新闻纸的制备和贮存中,多酚和其他提取物能造成各种颜色问题。颜色上的变化可以是由于化合物暴露于空气和阳光而氧化,射线等薄壁组织的细胞液产生酶催化效应,以及多酚或其他化合物与金属组合[29]。

自由树脂能在纤维和金属表面上凝固,黏附,造成制浆和造纸中的各种"浓缩树脂"问题(简称树脂问题)。浓缩树脂沉积物可以干扰造纸机的运作,使成品纸上出现斑点或孔洞。树脂沉积在纤维表面可以阻碍纤维之间以及胶与纤维材料之间的黏合。有能力形成氢键是纤维的基本性质,也是纸张强度的先决条件。浓缩树脂来自树脂酸,是酸性和机械制浆工艺清除不彻底所遗留,或是制浆液由于温度、酸碱度或其他条件突变所沉淀。碱性工艺能容忍树脂。浓缩树脂在软木的硫酸盐制浆中通常不是问题。对于树脂含量高的树种,诸如美国的南方松类(主要是火炬松、湿地松、长针松、短针松),要机械制浆,就必须加用化学剂,限用树龄小而树脂含量较低的原料,或两方面都做,才能控制浓缩树脂问题。

树被伐后,提取物含量下降,组分改变。这起初是由于射线细胞的苟延残喘(呼吸作用),往后越来越多是因为受微生物入侵和降解。树脂反应涉及空气作用下的同时氧化和酶作用下的水解。脂肪和蜡主要是酶作用下的水解。水解和氧化使树脂组分的亲水性增加。木片作为原料成堆贮存时,由于堆内温度高,树脂反应迅速;如果还含有叶和内皮等活性薄壁组织细胞含量高的材料,则反应愈烈。

在酸性亚硫酸盐制浆中,树脂上的变化是有益的。要尽量减少浓缩树脂问题,降低纸浆的树脂含量,可以先把木头存放多月。在硫酸盐制浆中,贮存木头则有不良后果,因为松节油和浮油产量都会下降[12]。高聚糖在木头的长期贮存中会受到微生物侵害,纸浆的产量和质量都会因此下降。

对于化工业,提取物既是巨大的挑战,也是巨大的机遇。组成松脂(松木的含油树脂)的各种树脂和相关材料是机遇的例子。商品性树脂、脂肪酸类和松节油产品就是从活松树截流获取的;是从成熟松树的伐桩做成的木片中提取的;在远为更大的规模上,是从硫酸盐制浆中作为副产品回收的。

4.2.3.4 无机部件

木物质中含有少量无机编外部件,是树通过根系和汁液流动从土壤中摄取的。化学元素,如果浓度在根外的土壤液中高于根内的汁液,就会流过半透膜,进入根毛和根尖,再到达株干和冠部。因此,树内化学元素含量反映的不仅是树的需求,还有地里的可获量。木、皮和叶还含有自身显然不需要的元素,诸如重金属。

在温带树中,无机元素的量(灰分含量)在株干木中极少超过 0.5% ~0.7%。这些元素以提取物部件或晶体形式出现在树中。碱土金属,如钙、钾、镁,通常是主要无机部件。某些树种,诸如各种杨树,可以含有大量硅石,特别在株干基部。这能使链锯、削片机刀等工具变钝。在制浆中,尤其在化学回收系统中,无机部件还会增加机械磨损,引发化学问题。在复合板中,无机部件代表严重缺陷。

在灰分浓度上,幼龄的树要比成熟树高,硬木比软木高,热带硬木比温带硬木高。在表4-9中,每个数值代表所选地区大量软木和硬木树种在干木中的平均灰分含量。

表4-9　灰分在许多种软木和硬木中占干物量的平均比例值和标准差[21]　　　　单位:%

区域	美国	前苏联	日本	中国台湾	菲律宾	莫桑比克
软木	0.3±0.1	0.5±0.4	0.4±0.4			
硬木	0.5±0.3	0.6±0.4	0.5±0.2	0.9±0.4	1.2±0.7	1.6±1.1

用生物质生产能源,可以涉及树的所有部分。相比树干木,树的其他部件包含的灰分比例要高得多。对于美国的南方硬木,在灰分的比例上,树干皮是树干木的10倍,枝皮是枝木的7倍,如表4-10所示。在寒温带条件下,树生物质含有较少灰分。芬兰5个主要树种的平均灰分含量在树干木中是0.46%,树干皮2.97%,带皮枝1.52%,叶子4.97%。

表4-10　灰分在美国南方硬木树干和树枝中占干物量的比例[25]　　　　单位:%

部件	木	皮
树干	0.75	7.87
树枝	0.94	6.76

表4-11显示美国22种南方硬木和芬兰主要软木和硬木在皮木干物量中重要矿质元素的平均浓度。无一例外,大量元素的浓度都是在皮中较高,尤其在内皮。

表 4-11　矿质元素在树干中的浓度：芬兰的主要5种树[30]和美国的22种南方硬木[25]　　单位：%

部件	大量元素				微量元素					
	磷 P	钾 K	钙 Ca	镁 Mg	锰 Mn	铁 Fe	锌 Zn	硫 S	硼 B	铜 Cu
芬兰：2种软木										
木	0.01	0.06	0.12	0.02	147	41	13	116	3	2
皮	0.08	0.29	0.85	0.08	507	60	75	343	12	4
芬兰：3种硬木										
木	0.02	0.08	0.08	0.02	34	20	16	90	2	2
皮	0.09	0.37	0.85	0.07	190	191	131	341	17	13
美国南部：22种硬木										
木	0.02	0.16	0.19	0.04	89	67	11			5
皮	0.03	0.20	3.05	0.11	568	135	35			13

木物质燃烧时，矿质元素以氧化物形式留在灰渣中。灰中没有任何氮和氯；这些挥发性元素早在燃烧时逃之夭夭。木灰中最多的元素是钙，外加镁，使灰成为酸性土壤的有效中和剂。皮尤其富钙。钾和磷是常用肥料，许多微量元素也是树所必需。由于这些元素对树的生长都至关重要，从那些以木头和木片为燃料的供热厂、发电厂回收植物灰分，能帮助保持森林土壤的养分平衡和可持续性。

4.2.4　细胞壁的结构

木细胞有个空心，名为细胞腔；还有叠层细胞壁，通常穿有小孔。细胞壁的厚度、结构和化学组成大大影响木头在各种用途中的行为。在化学制浆中，蒸煮液要么沿纹理通过胞腔渗入木头；要么更多地从所有方向，以同等速度扩散进入。

4.2.4.1　成分

如图 4-10 所示，初生细胞壁成分是纤维素、半纤维素和木质素。这些聚合物质是由较小的结构单元以高度有序的方式结合而成。此外，木细胞可以含有微量部件（编外材料），诸如有机提取物和无机材料（灰分）。这些次生部件有些在胞腔中，对细胞壁的结构没有实质性影响。

纤维素是细胞壁物量的主要部件，对木头性质具有最显著的效应。纤维素的基本单元是葡萄糖分子，在叶内由同化作

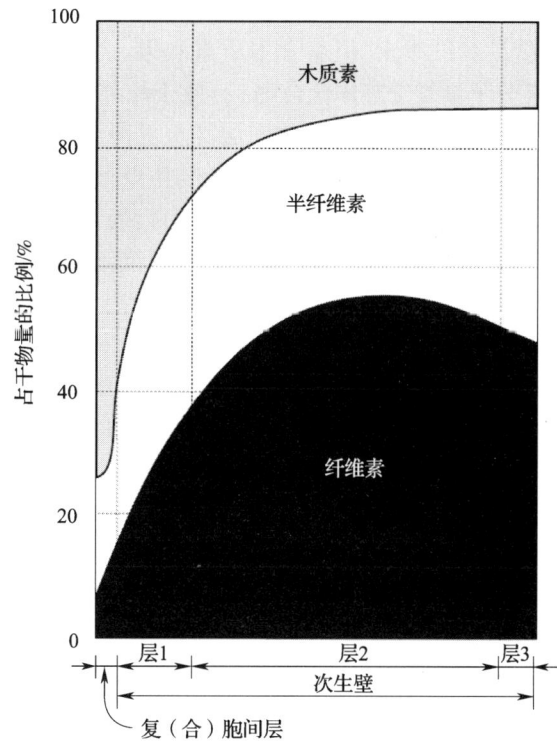

图 4-10　纤维素、半纤维素和木质素在针叶树细胞壁中的分布

（从 Panshin & Zeeuw[8] 原图重画）

用形成,再穿过维管韧皮部组织,进入树的顶端和形成层生长点。在生长点,葡萄糖分子转化成葡萄糖酐后,相互间首尾相连,形成长链聚合物$(C_6H_{10}O_5)_n$(纤维素)。聚合纤维素分子不到$5\mu m$长,大约1nm宽,在电子显微镜下看不见。

在木细胞中,这些高聚糖分子以精确的格式排列成长束,称为微纤丝,如图4-11所示。微纤丝的核心含有一束纤维素分子,被包裹在短链半纤维素分子形成的壳中。微纤丝宽10~12nm,厚5~6nm,能在电子显微镜下看见[31]。在微纤丝的大部分区域,纤维素分子像晶体那样平行排列,称为微晶或胶束。这些区域被纤维素分子没有精确排法而形态不定的区域中断。约2/3的纤维素呈微晶形式。半纤维素基本限于形态不定区,位于微纤丝之间的空隙,把微纤丝黏合在一起[33]。

木质素结合进细胞壁的机制尚不清楚。微纤丝的形态不定区之内和微纤丝之间可能都有木质素,使胞壁结构既刚挺又稳定。微纤丝之间有微小空隙,使水能渗入细胞壁。这使木头在含水量低于纤维饱和点时能吸水膨胀,失水收缩。

4.2.4.2 初生壁和次生壁

随着形成层子细胞的最终分裂,新形成的木细胞立即有液体充入,但只裹有薄薄的膜状初生壁,因此仍能增大。初生壁缺少纤维素,但富含木质素和果

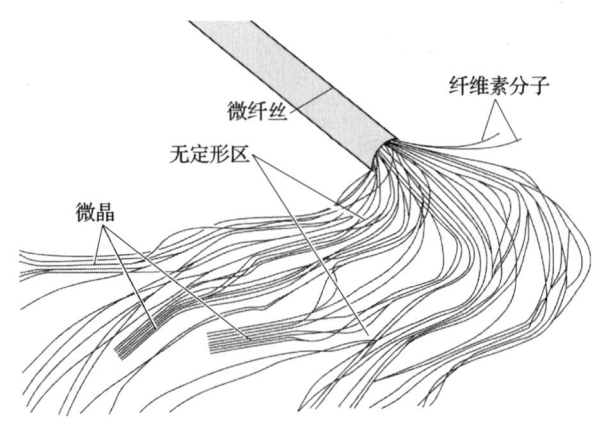

图4-11 微纤丝的结构

(从Shmulski et al.[32]原图重画)

胶(高分子量复杂胶体化合物)。位于相邻细胞初生壁之间的富果胶材料构成胞间层。初生壁厚度只有$0.1\mu m$左右,胞间层甚至更薄,因此难以区分初生壁之间的区域。为了某些实际需要,真正的胞间层和相邻的两个初生壁被合称为复合胞间层。

细胞完成增大后,次生壁开始发育,表现为各种材料在初生壁内侧沉积。在次生壁中,微纤丝相互之间沿纵向平行排列,螺旋围绕细胞的长轴,构成若干薄片,如图4-12所示。干木块吸水膨胀时,正是这些微纤丝的角度决定膨胀在木块纵向、径向和切向上的分布。

在胞壁增厚过程的初始,次生壁最先的4~6个薄片构成第1层(次1层):$0.1 \sim 0.3\mu m$厚,富含木质素,微纤丝的走向多变。这些微纤丝通常呈50°~70°角,向左扭曲,但在软木(如挪威云杉)中可以高达70°~90°。随着胞壁继续增厚,微纤丝的走向变为右向扭曲,角度减到10°~30°,构成次生壁的第2层(次2层)。在温带软木中,次2层厚1~$5\mu m$不等。在晚材细胞壁中,次2层约由30~40个薄片组成;与初生壁或次2层相比,含有较多的纤维素,较少的木质素。在早材细胞壁中,次2层要薄不少。这是为什么薄壁早材细胞在木质素含量上高于厚壁晚材细胞。图4-10显示纤维素、半纤维素和木质

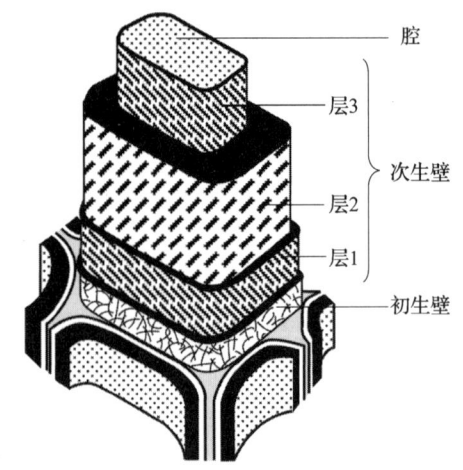

图4-12 软木管胞中胞壁的层次和微纤丝的组织

(从Cote[34]原图重画)

素在针叶树细胞壁中的分布。

在细胞壁停止增厚前,微纤丝的走向再次逐渐改变。次生壁的第3层(次3层)在胞壁的内侧形成:微纤丝往细胞轴线的角度是60°~90°;比次1层还薄,约0.1μm;木质素贫乏,但半纤维素丰富[33]。在次3层内部,许多硬木但很少软木有螺纹脊,由微纤丝束构成。这些螺纹加厚不影响纸浆性质,在细胞中的频率、大小、形状和位置都随树种不同,因此能用于木头及其纤维成分的显微鉴定。

细胞壁厚度有变异,取决于树种、细胞类型、形成的季节,等等。下列是香脂冷杉、挪威云杉和欧洲赤松的平均值,说明寒温带软木中细胞壁各层的相对体积比例[8]:胞间层加初生壁2%,次1层16%,次2层74%和次3层8%。其中次2层占的份额远大于其他层,因此很大程度上决定木头作纸浆和锯成材原料的性质。

4.2.4.3 纹孔

在所有类型的细胞中,次生壁都有微小缺口,使液体和气体能在细胞间流动。这些没有次生壁的区域名为纹孔。纹孔的基本部分是纹孔膜和纹孔腔。纹孔膜由胞间层和初生壁组成,调控液体的流动。纹孔腔是次生壁缺口内的空间,靠近胞腔的那一端是纹孔口。

纹孔有两种主要类型:单纹孔和具缘纹孔。单纹孔有个直壁腔,表面轮廓呈圆形。单纹孔出现在所有的薄壁组织细胞和一些硬木的锐端细胞中。在具缘纹孔中,腔是个圆锥形的室,凹向膜。从正面看,有边缘包围开口(纹孔口)。在软木管胞中,所有的纹孔都具缘。

纹孔通常在相邻细胞壁中有互补纹孔相匹配,一起构成纹孔对。相邻纹孔如果还相似,则构成单纹孔对,或具缘纹孔对;如果不一样,诸如软木中的薄壁组织细胞和管胞之间,或硬木中的薄壁组织细胞和导管分子之间,那么,构成的是半具缘纹孔对,如图4-13所示。

在软木中,具缘纹孔的膜有两部分。一是纹孔塞:盘形中心,直径比纹孔口稍宽。一是塞缘:由周边的膜构成,从纹孔的边界延伸到纹孔塞。塞缘的微纤丝束之间的开口使液体和气体能通过纹孔膜。纹孔塞可以关闭纹孔口,造成闭塞纹孔。这会在有些软木形成心材时发生,使液体通不过。在这样的心材中,与具缘纹孔开放的边材比,防腐剂和制浆化学剂的渗透较慢,蒸煮时间较长。

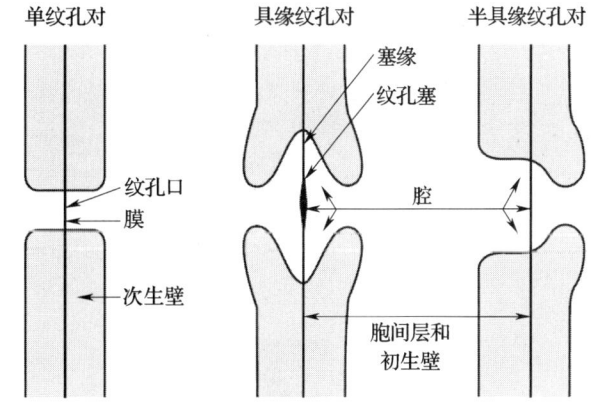

图4-13 细胞壁纹孔对的剖面

(据Shmulski et al.[32]原图重画)

4.2.5 木细胞

4.2.5.1 概念

木头含有许多类型的细胞,各有特定的功能。每立方厘米木头含有数十万细胞。就木细胞来说,功能决定大小、形状、壁厚和纹孔。可按功能分有三大类:输导细胞、支撑细胞、贮藏细胞。前两类细胞是纵向(轴向)性的,形态细长。贮藏细胞基本是径向性,但也有纵向性的;通常形短,壁薄。输导细胞和支撑细胞是锐端细胞,贮藏细胞则是薄壁组织细胞。

　　软木结构简单:细胞类型少而排列规则。硬木结构较复杂:细胞类型多而功能专化,如图4-14到图4-16所示。不是每种树都俱全所有类型的软木细胞或硬木细胞。表4-12举例给出几类细胞在一些树种中的含量。各类细胞在大小、壁厚和其他性质上大有不同,相互间的比例因此影响木头在制浆中的行为,最终影响纸浆的性质。

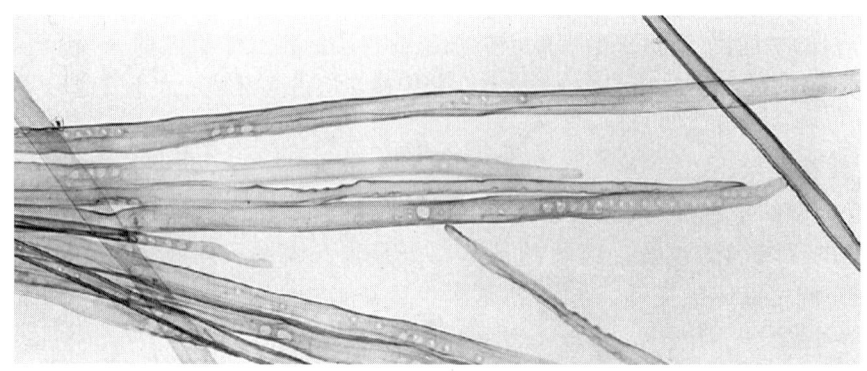

图4-14　软木管胞:欧洲赤松

(照片:Pekka Saranpää)

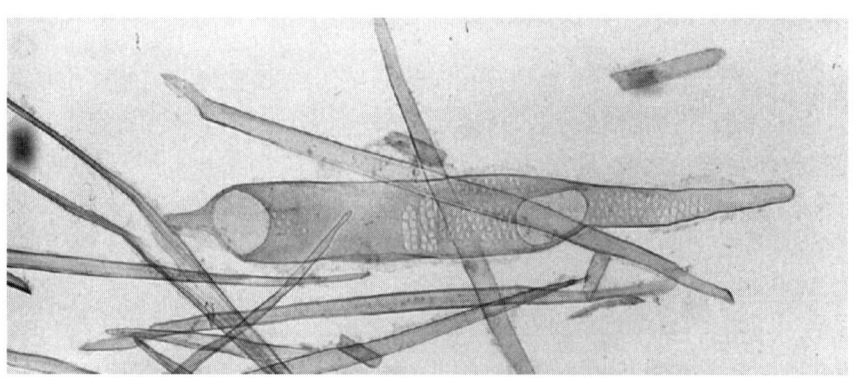

图4-15　散孔硬木的纤维和导管片段:欧洲山杨

(照片:Pekka Saranpää)

图4-16　环孔硬木的纤维、宽导管片段和窄导管片段:山榆

(照片:Pekka Saranpää)

表 4-12　　　　　　　　　　　不同类型的细胞在木中占体积的比例　　　　　　　　　　　　单位:%

	类型	管胞	射线	纵向薄壁组织	树脂道
软木	银冷杉 Abies alba	90.4	9.6	微量	
	胶冷杉 Abies balsamea	94.3	5.7		
	巴西南洋杉 Araucaria angustifolia	94.5	5.5	微量	
	欧洲落叶松 Larix decidua	91.2	8.8	0.9	
	美洲落叶松 Larix laricina	89.0	10.0	0.9	
	欧洲云杉 Picea abies	95.3	4.7	1.4(含上皮)	
	黑云杉 Picea mariana	94.8	5.0		0.2
	西加云杉 Picea sitcensis	92.5	7.2		0.3
	长叶松 Pinus palustris	90.8	8.4		0.8
	西黄松 Pinus ponderosa	93.0	6.7		0.3
	辐射松 Pinus radiata	88.6	11.2		
	北美乔松 Pinus strobus	94.0	5.3		0.7
	欧洲赤松 Pinus sylvestris	93.1	5.5		
	北美黄杉 Pseudotsuga menziesii	89.0	9.0	2.0	
硬木	红花槭 Acer rubrum	68.0	18.0	13.3	0.1
	糖槭 Acer saccharum	61.0	21.0	17.9	0.1
	纸皮桦 Betula papyrifera	75.7	10.6	11.7	2.0
	垂枝桦 Betula pendula	64.8	24.7	8.5	2.0
	蓝桉 Eucalyptus globulus	49.0	21.0	14.0	16.0
	美国水青冈 Fagus grandifolia	56.7	21.4	20.4	
	欧洲水青冈 Fagus sylvatica	37.4	31.0	27.0	4.6
	美国枫香 Liquidambar sryraciflua	26.6	54.9	18.3	0.2
	北美鹅掌楸 Liriodendron tulipifera	49.0	36.6	14.2	0.2
	美国蓝果树 Nyssa sylvatica	45.0	38.4	17.6	
	美洲黑杨 Populus deltoids	53.1	33.0	13.7	0.2
	欧洲山杨 Populus tremula	60.9	26.4	12.7	
	美国白栎 Quercus alba	47.8	16.1	28.0	8.0
	英国栎 Quercus robur(窄年轮)	44.3	39.5	16.2	
	英国栎 Quercus robur(宽年轮)	58.1	7.7	29.3	4.9

注:根据 Ilvessalo - Pfäffli[9],原始资料出自 Isenberg[35]、Wagenführ[36]、Panshin & de Zeeuw[8]

4.2.5.2　软木细胞

软木体积多达89%～95%是由垂直管胞(纵向管胞)组成的。管胞是细长管状细胞,横向切面呈方形,两端不尖、封闭。软木管胞是制浆造纸的首要纤维来源。这种原料使纸产品强度高,也使高速运行造纸机成为可能。对于长纤维纸浆的用户,管胞的长度、直径、胞壁和厚度,以及这些指标的相互关系,都至关重要。

管胞的维度树种间不同,还取决于环境因子和形成层年龄(年轮距离髓心的年数)。如果把造纸材分成一类出自幼树或出自较成熟树的梢顶,另一类出自成熟树或出自制材厂板皮,那么,前一类的管胞不如后一类长。对于最常见的造纸材树种,成熟木管胞的平均长度通常是3~4mm。云杉管胞比松木管胞长。如表4-13所示,巴西南洋杉和北美红杉的管胞超长。应该注意的是,成批的造纸材原木,无论树龄,总含有尚待完全成熟的木头,因此会有较短的管胞。

表4-13　　　　　　软木纵向管胞的维度:据 Ilvessalo-Pfäffli[9]　　　　　　单位:mm

树种	管胞长度		管胞宽度	
	均值	区间	均值	区间
欧洲冷杉 Abies alba	3.7	1.6~5.7	38	18~58
香脂冷杉 Abies balsamea	3.5	1.9~5.6	30~40	
巴西南洋杉 Araucaria angustifolia	7.2	5.6~9.0	47	19~60
欧洲落叶松 Larix decidua	3.5	1.4~6.2	38	24~52
北美落叶松 Larix laricina	3.4	1.1~6.0	31	21~40
白云杉 Picea glauca	3.5		25~30	
西加云杉 Picea sitchensis	5.6	3.6~7.3	35~45	
北美短叶松 Pinus banksiana	3.5	1.5~5.7	28~40	
加勒比松 Pinus caribaea	4.6		41~52	
扭叶松 Pinus contorta	3.1		35~45	
湿地松 Pinus elliottii	4.0		43	
黑松 Pinus nigra	3.2	0.5~4.9	39	16~60
长叶松 Pinus palustris	4.0		41	
辐射松 Pinus radiate	3.0		44	
脂松 Pinus resinosa	3.4	1.2~5.2	30~40	
欧洲赤松 Pinus syvestris	3.1	1.8~4.5	35	14~46
火炬松 Pinus taeda	4.0		45	
北美黄杉 Pseudotsuga menziesii	3.9	1.7~7.0	35~45	
北美红杉 Sequoia sempervirens	7.0	2.9~9.3	50~65	
加拿大铁杉 Tsuga canadensis	3.0		28~40	
异叶铁杉 Tsuga heterophylla	4.2	1.8~6.0	30~40	

管胞的切向宽度为30~50μm。软木管胞的长度与直径比率是100:1左右,在树种之间、树株之间和树内都有不同。软木每克纸浆含的纤维数通常偏少(150万~450万),使纸浆刚硬又粗糙[37]。在功能上,早材管胞主要是输导水分,而晚材管胞则是支持树的结构。细胞壁

厚度反映了这种差异。早材管胞壁薄,内腔明显,纹孔较多,适于导水。如图4-17所示,晚材管胞壁厚,直径较小,内腔也小,纹孔既少又小。在造纸中的行为相当不同:刚硬的厚壁晚材管胞保持原有的横向切面形态,而薄壁早材管胞则皱缩,变成布条状。

一些软木有短短的矩形纵向细胞成束竖放。这些是锐端束状管胞或纵向薄壁组织细胞。这种细胞太小,在造纸中无足轻重,松木没有。主要由径向薄壁组织细胞组成的射线约占软木体积的5%~10%。这些细胞通常是填满了东西,壁薄,形似砖块;只有0.1~0.2mm长,因此不适宜造纸。径向薄壁组织细胞一直存活到心材形成。在有些软木中,射线可能有一些这样的锐端射线管胞:与射线薄壁组织细胞一般大,但已经死亡;有具缘纹孔,而非单纹孔。

落叶松、云杉、松和黄杉各属的树种都有径向和纵向树脂道,构成树内树脂运输的网络。树脂道是细胞之间的空隙,纵向处于纵向管胞之间,径向位于射线内。树脂道衬有生产树脂的薄壁组织细胞,名为泌脂细胞,如图4-18所示。形成层受伤导致创伤树脂道的形成。树脂道综合容积不大,即使在出现频率最高的松木中也不足材积的1%,但因含有树脂,对制浆和造纸都颇为重要。

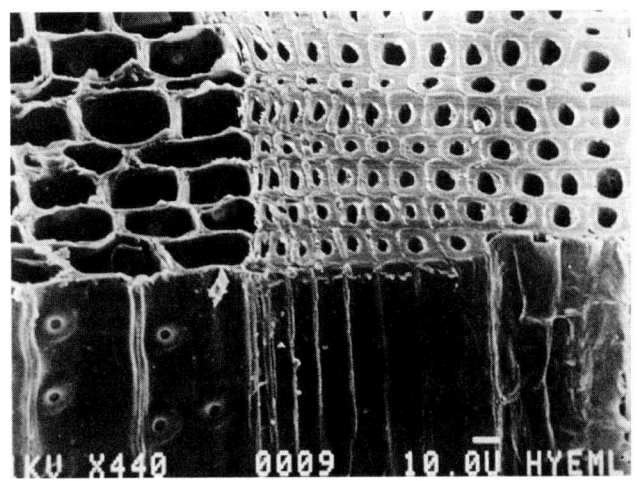

图4-17 软木的管胞:欧洲赤松早木(左)和晚木(右)

(照片:Pekka Saranpää)

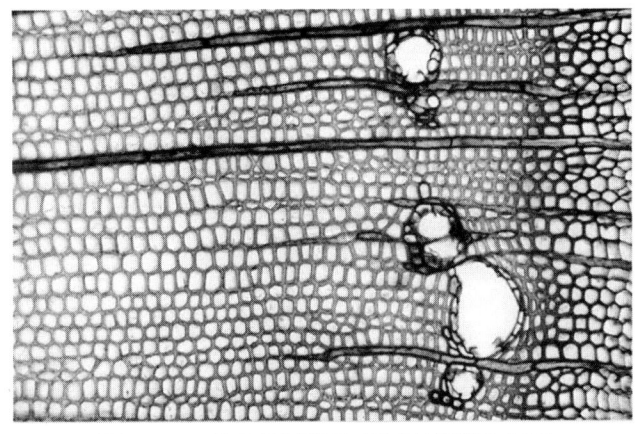

图4-18 软木的树脂道:挪威云杉横向切面

(照片:Pekka Saranpää)

4.2.5.3 硬木细胞

硬木在细胞结构上比软木复杂:专化细胞类别多,比例变幅大。硬木的具体特点是:径向没有细胞的对齐排列,细胞维度和组分不一,射线丰富,细胞有孔(导管分子)。硬木有四大细胞类型,如图4-19所示:纤维、导管分子、管胞和薄壁组织细胞。制浆造纸业用"木纤维"泛指所有的木细胞。

在大多数硬木中,纤维占材积的40%~75%。纤维的首要功能是支撑树的结构,但也能输导水分。纤维因此是又长又窄的尖削形细胞,两端封闭,胞壁很厚。给定密度、木强度随纤维含量升高。有两类纤维:纤维管胞、韧型纤维。前者有具缘纹孔,后者有单纹孔。

纤维是硬木纸浆最重要的成分。在大多数硬木中,纤维长0.7~1.2mm,宽10~30μm,长度与直径的比率50:1左右,如表4-14所示。

在每克纸浆所含的纤维数上,硬木通常比软木多,最多的要数欧洲山杨(约2000万)、桉树和金合欢(约1700万),桦木则较少(800万~1300万)[37]。硬木纤维形状狭窄,结构容易压缩,使做成的纸张表面光滑,质地均匀,透明度低。这些性质在很大程度上补偿了硬木纤维较短所造成的强度损失。因此,硬木纤维尽管在强度性质上不如软木纤维,但在制造高档印刷纸时,必须配有一定比例,使产品达到理想的表面性质和不透明性。

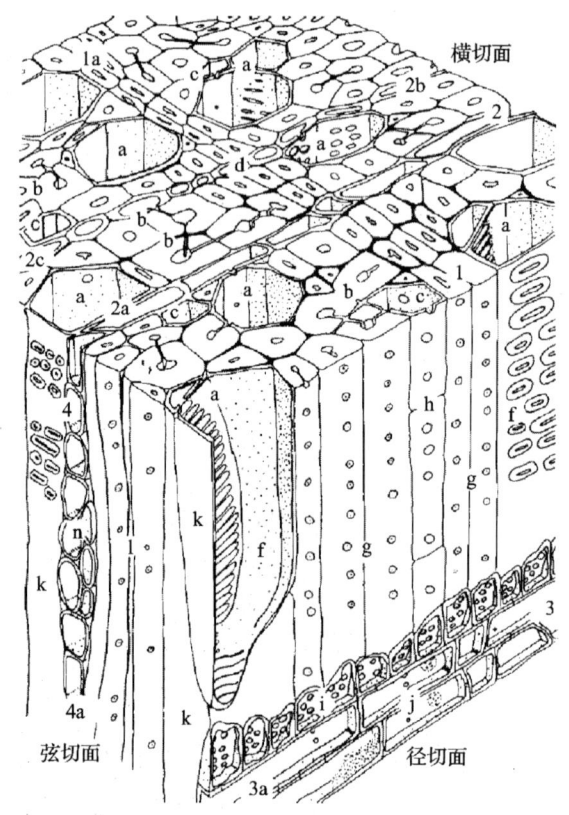

图4-19 散孔硬木的三切面:美国枫香

(从 Panshin & de Zeeuw[8] 重绘)

横切面:1-1a 两个年轮间的边界/从右向左生长 2-2a 横卧细胞构成的木射线 2b-2c 直立细胞构成的木射线 a—导管 b—纤维管胞 c—纵向薄壁组织的细胞 d—管胞 径切面:f—导管分子的片段 g—纤维管胞的片段 h—一束纵向薄壁组织 3-3a 异形细胞射线的上部 i—边缘一排直立细胞 j—两排横卧细胞 弦切面:k—导管分子的片段 l—纤维管胞 4-4a 木射线的片段 n—射线体中的横卧细胞

表4-14 硬木纤维的维度:据 Ilvessalo-Pfäffli[9]

树种	纤维长度/mm		纤维宽度/μm	
	均值	区间	均值	区间
大叶相思 Acacia auriculiforms	0.8		14	
红花槭 Acer rubrum	0.8	0.3~1.1	16~30	
糖槭 Acer saccharum	0.8	0.3~1.3	16~30	
南洋楹 Albizia falcataria	1.0~1.1		24~42	

续表

树种	纤维长度/mm		纤维宽度/μm	
	均值	区间	均值	区间
红桤木 Alnus rubra	1.2		16~40	
纸皮桦 Betula papyrifera	1.3		25	
垂枝桦 Betula pendula	1.3	0.8~1.8	25	18~36
蓝桉 Eucalyptus globulus	1.1	0.3~1.5	20	10~28
柳叶桉 Eucalyptus saligna	0.8~0.9		16~20	
美国水青冈 Fagus grandifolia	1.2	0.6~1.9	16~22	
欧洲水青冈 Fagus sylvatica	1.2	0.5~1.7	21	14~30
石梓 Gmelina arborea	1.0		28~38	
北美枫香 Liquidambar styraciflua	1.7	1.0~2.5	20~40	
美国鹅掌楸 Liriodendron tulipifera	1.9	0.8~2.7	24~40	
美洲黑杨 Populus deltoids	1.0		25~40	
欧洲山杨 Populus tremula	0.9	0.2~1.6	19	13~30
颤杨 Populus tremuloides	1.0	0.4~1.9	10~27	
美国白栎 Quercus alba	1.4		14~22	
英国栎 Quercus robur	1.1	0.5~1.6	23	14~30
白柳 Salix alba	1.1		22	

硬木不可或缺的一个解剖特征是,具有导管元素或导管分子,而软木没有。导管分子是又短又粗的薄壁细胞,两端有孔而被称为穿孔板。导管分子沿树干纵轴首尾相连,构成长度不限的管状结构,称为导管。在木头的横向切面上,导管分子表现为孔洞。硬木有时被命名为多孔木。导管充当分配水的渠道,在大多数硬木中占木材积的10%~40%,但重量比例较小。作为一般规则,导管分子比硬木纤维短,如表4-15所示。

如前面提到,导管的直径树种间变差大。在某些硬木中,导管直径甚至在生长轮内也参差不齐。取决于年变化的幅度和格局,硬木可以分成三类:散孔类的导管直径相当均匀,环孔类的导管在早材中大、晚材中小,半环孔类的导管情况是上述两种极端的中和。

直径小的导管宽20μm左右。栎木早材中的大导管可以达300μm宽。在诸如栎木那样的环孔木制成的锯成材中,早材的大导管可能构成随树种而异的刻痕,与晚材的小导管区相间隔。

Patt et al.[38]比较了欧洲生长的蓝桉与硬木造纸材的传统树种之间在细胞性质上的异同,如表4-16所列。

表4-15 纤维和导管分子的平均长度: 美国的7种硬木[21] 单位:mm

树种	导管分子	纤维
红花槭 Acer rubrum	0.42	0.92
红枝桤木 Acer rubra	0.85	1.19
纸皮桦 Betula papyrifera	1.00	1.35
美国水青冈 Fagus grandifolia	0.61	1.28
北美枫香 Liquidambar styraciflua	1.32	1.82
美洲山杨 Populus tremuloides	0.67	1.32
美国白栎 Quercus alba	0.40	1.39

表4-16　　欧洲生长的4种硬木的细胞性质[38]

性质		蓝桉 E. globulus	垂枝桦 B. pendula	欧洲山杨 P. tremula	欧洲水青冈 F. sylvatica
薄壁组织	含量/%	15~30	12	13	20
导管	含量/%	8~20	25	26	40
	长度/mm	0.15	0.08	0.05	0.05
	比数/(个/万根纤维)	80	450	400	1270
纤维	含量/%	60	63	61	40
	长度/mm	1.0	1.3	1.3	1.3
	直径/μm	18	19	21	18
	比重/(数/μg干重)	17	10	13	6

导管分子在制浆过程中相互分离、破裂。它们胶合性差,对纸的强度贡献极小,因此造纸性质低劣;在印刷期间,还会偶尔升离纸张表面。木头导管比例高,则制浆产量低。硬木纸浆的鉴定基本是依据导管分子的大小、纹孔和穿孔格局。

在有些硬木种中,侵填体可能阻塞导管。侵填体囊状,是相邻薄壁组织细胞的原生质,在心材形成之前,通过纹孔腔,进入导管腔,外生长成。侵填体发达的木头不易干燥,也不易浸注防腐剂或化学剂。对于侵填体对木材性质的效应,一个常用的例子是白栎和红栎心材之间的差异:前者导管被堵,是水桶的优良材料,后者则导管开放,不适合做水桶。

硬木管胞在不多的几种树中有,量也少。这些是纵向输导的小细胞,通常布满具缘纹孔。硬木管胞充当主要类型的细胞之间的过渡元素。有两类:一是维管管胞,很像晚材的小导管分子,但两端没有穿孔。二是环管管胞,两端封闭的短细胞,横向切面上形态不规则,像轴向薄壁组织细胞。硬木管胞量太少,在造纸中作用不大。

纵向薄壁组织细胞在硬木中比在软木中普遍。这种细胞存在于大多数硬木,但极少占到木头体积的2%,却在蓝桉[39]中高达16%,在有些热带硬木中甚至超过1/2。薄壁组织细胞短、砖形、壁薄。其功能是贮存、运输碳水化合物。因此,薄壁组织细胞一直活到心材开始形成。纵向薄壁组织中最常见的类型是束状薄壁组织。

射线是硬木中的仅有横向元素,完全由薄壁组织细胞组成,正常占木头体积的10%~20%,但在栎木中能超过30%。射线在速生树中比长得慢的树木中多。在同型细胞射线中,细胞大小整齐,而且同形。射线如果有不止一类薄壁组织细胞,则是异型细胞射线。硬木射线的细胞正常是径向延长(横卧式),但也可以是垂直向的(直立式)。

多种重要的商品性热带硬木,诸如桉类、桃花心木或非洲楝,具有特殊的细胞腔,名为树胶管,类似软木的树脂道[26]。其中的腺细胞分泌胶状乳液(胶乳)等化合物,有些化学上复杂。树胶管在树中通常仅纵向出现,长数毫米到数米不等。树胶管有例外是径向的,这种只位于射线内。硬木中的树胶管在生理功能上显然与软木中的树脂道类似,诸如隔离伤口等。

射线中各类细胞的构形在木鉴定中有用。要辨别纸浆中的纵向薄壁组织细胞与射线薄壁组织细胞则不容易。两者都是形短、壁薄,常常含有晶体、树脂、丹宁、油、树胶、乳胶、淀粉等编外材料。这些材料可以加速木片在贮存期的败坏。硅石在热带木的射线细胞中常见,造成木切割和加工器械的磨损。

4.2.6 木头的异常性

4.2.6.1 幼龄木

木头的形成在树的生命周期中有三个阶段。在幼龄,形成层带形成不成熟的幼龄木。随后是成熟木(成年木)。在年龄更高时,过熟木形成。从一个阶段向另一个阶段的过渡是逐渐的,没有任何明显的界定(图4-20)。

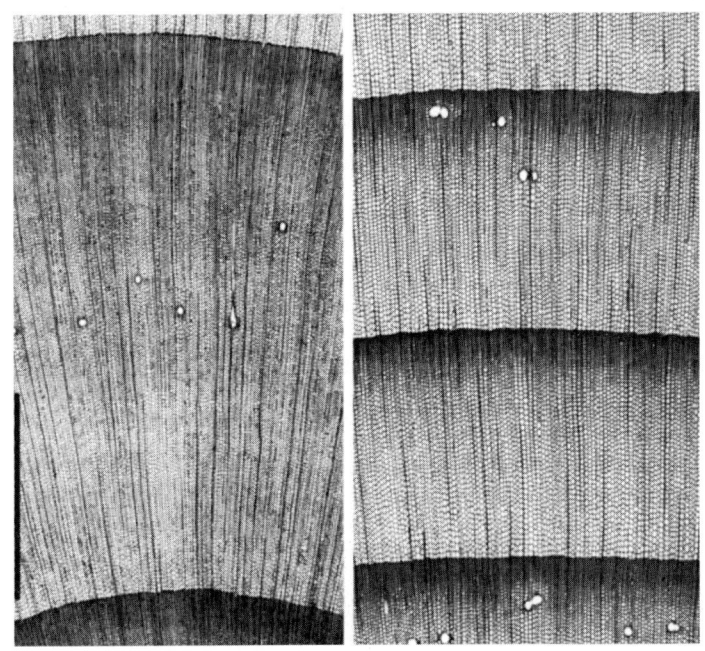

图4-20 近髓心的幼龄木(左)和外围的成熟木(右):挪威云杉软木

(照片:Pekka Saranpää)

幼龄木又称冠成木(汉语文献中习称树冠材,易生歧义,如,似指树除了主干之外的地上部分),在结构上与正常成熟木不同。其存在影响木头在机械木工业和制浆造纸业中的技术性质[40]。

软木的典型幼龄木较之成熟木的特性如下:a.管胞较短;b.细胞壁较薄;c.管胞的质量与长度比率较小;d.晚材比例较低;e.从早材向晚材的过渡是逐渐的;f.微纤丝角度较大;g.木质素份额较高;h.纤维素份额较低;i.应力木比例较高;j.节子木比例较高;k.基本密度较低;l.纵向收缩度较高。

幼龄木的重要制浆造纸特性如下:a.制浆产量较低;b.粗浮油产量较低;c.打浆较快;d.淘汰率较高;e.抗撕系数较低;f.抗爆系数较高;g.抗拉系数较高;h.耐折强度较高;i.光散射系数较高;j.透明度较低;k.纸张密度较高而体积较小;l.纸面较光滑;m.机械制浆耗能较少。

对株干内部变化的大量研究表明:从髓心到皮,细胞长度增加,微纤丝角度下降。在最近髓心的年轮中,软木管胞长度是0.5~1.5mm,硬木纤维长度0.1~1.0mm。从髓心向外,这些长度先是迅速增加。几个年轮后,增长率下降,直至长度达到最大值,相当于3~5倍的初始长度。在速生人工林树种中,以新西兰的辐射松为例子,管胞长度在幼龄木的早材中通常是

2.0mm,晚材中2.5mm,而在成熟木中则分别为3.5mm和4.0mm[41]。

在大多数软木中,微纤丝角度近髓心是20°,但在成熟木开始形成时则不到10°。不过,对于美国南部的黄松和欧洲的挪威云杉,这些值分别是25°和5~7°。在硬木中,微纤丝角度的径向发展有例外。从幼龄木到成熟木,微纤丝角度在混交的速生桉树中一直很低,维持在9°左右,而在蓝桉中,则从30°下降到10°。

形成层在特定树高处的年龄是从髓心开始的年轮数(而非树的生理年龄),影响所形成细胞的结构。幼龄树株只生产幼龄木,而成熟树株则在桩端生产成熟木,在梢顶生产幼龄木。

幼龄木表现为株干贯穿全长的圆柱体内芯,通常由10~20个生长轮组成。幼龄木形成于活性的树冠区域,是顶端分生组织长期影响形成层的结果。随着树的生长,树冠不断上移,顶端分生组织对给定形成带的影响下降,成熟木形成[8]。例如,云杉中幼龄木和成熟木之间的差异,与松木相比,可以是由于活性树冠长度上的相对差异。

就商品用途而言,有些树种在同一株干内产生的幼龄木和相对成熟木,可能如同两种不同的材料。从髓心向外,解剖结构和化学组成上的变化是逐渐的,没有明显边界,但幼龄木实际是个圆柱体内芯,从株干基部到顶端,直径均匀不变。

这个幼龄木柱的直径取决于生长速率。生长越快,幼龄木体积就越大,对木材性质的影响也越大。因此,在热带和亚热带轮伐期短、株间距宽的速生人工松林中,幼龄木比例特高,是个问题。相比,软木树种在寒温带生长缓慢,轮伐期长,株间距窄,幼龄木问题相对较小。图4-21显示南半球人工林的辐射松和寒温带天然林的欧洲赤松幼龄木的典型形态学特征。

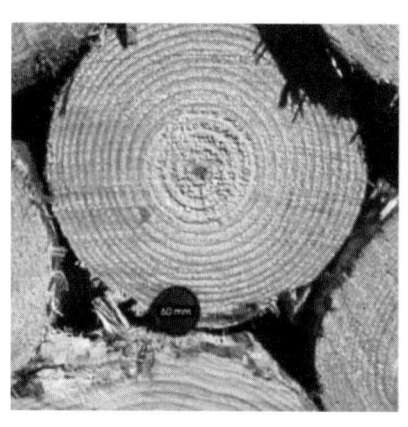

图4-21　根基材横向切面中的幼龄木

左—新西兰人工林的辐射松　右—芬兰天然林的欧洲赤松

(照片:Pekka Saranpää)

株干在特定的高度含有的幼龄木年轮数各树种特定。幼龄木年轮数在寿命短的树种中通常较少;在生长缓慢的欧洲赤松和挪威云杉中是15~25年,在速生的辐射松和美国南方松中只有10~15年。火炬松幼龄木在株干总体积中的比例在20年时是60%左右,但在40年时仅为20%左右。达到正常成熟木的状态所需要的年数,在诸多的木特性之间,不一定相同。例如,软木管胞先完成长度生长,再结束胞壁增厚。

在软木株干中,应压木出现的频率在最靠近髓心的那些生长轮中最高。其原因是,年龄极小的整个树干,以及成熟树干的顶梢部分,既柔软又纤细,容易被植物竞争、风、雪或冰弄得不再垂直。因为幼树和干梢一般回归垂直相当迅速,靠近髓心的应压木量通常有限,只涉及几个生长轮。在倾斜多年的株干中,应压木在中心占据全部增长量,是较严重的类型。幼龄木不仅是应压木含量高,含有的节子也比成熟木多[17]。

早期疏伐的造纸材,以及锯材级树干的顶梢,都有幼龄木含量异常高的特点。幼龄木在制浆行为上与正常木不同,尤其与制材厂板皮做成的木片不同。因此,要达到最佳的产量和质量结果,在用富含幼龄木的原料时,必须选择相应最佳的条件制浆,与正常木分开做。分开制浆产生特殊的产品,称为幼龄纤维(幼龄浆)。诸如印刷纸和书写纸那样的产品应该在表层施用幼龄纤维,而不是某种要求高撕裂强度的品种。

纸浆业原料将越来越多地来自短轮伐期的速生人工林。幼龄木在原料流中的比例因此将进一步增加。随着小径材供应的增多,对早期疏伐的幼龄木单独剥皮、削片、制浆、漂白可能会变得更为可取。

4.2.6.2 应力木

风、雪、地面不稳或倾斜、栽植不慎,等等因素,都能使树株倾斜,抑或弯曲。树便试图返正:开始生长特殊的木组织,沿着纹理施加压力,恢复垂直生长的格局。这只影响软木管胞和硬木纤维这些支撑细胞。因为是出自树对干扰的反应,这种反常组织被称为应力木。应力木在几乎所有的株干木中都有,通常含量小,但幼树干木中特别常见,在枝木和节子中则必定有。

在针叶树中,应力木形成于株干的较低边,在枝下方,有时也在根中。在硬木中,应力木形成于倾斜或弯曲株干的较高边,在枝上方;但也已被发现有处于株干的较低边的,甚至在笔直的株干中,尤其在各种桉树和杨树中。应力木在针叶树中是应压木,在硬木中则是应拉木。与应力木相背处于株干另一边的组织是对应木。应力木的特殊性质通常有损于商品用途,尤其应变很严重时。

软木中的应压木具有多项明显解剖学特征。应压木尽管坚硬致密,但比同物量的正常木要弱。生长轮偏心,色暗红,通常指示应压木的存在。用肉眼就不难在原木横向切面上以及锯成材木块上看出应压木。在软木枝的横切面上,髓心靠近较高那边,应压木出现在枝的较低边,表现为拱门形或月牙形的暗色斑块。应压木在生长最快区域中含有特大比例的晚材。图4-22显示倾斜松树干的严重应压木。应压木管胞比正常木管胞短;在顶端有频繁的扭曲,而正常管胞通常有很简单的轮廓。应压木管胞在横向切面上呈圆形,正常管胞则轮廓有角。管胞因形状较圆满,如图4-23所示,相互间排列不紧密,有胞间隙。

应压木管胞壁比正常早材要厚得多,内腔较窄。次生胞壁缺少次3层。次2层微纤丝与细胞轴成30°~50°角(微纤丝角度),而在正常木中是10°~30°。应压木有狭窄的螺旋裂缝,宽约0.1μm,盘旋围绕管胞,与纤维素微纤丝相平行。裂缝之间有1~2μm宽的螺旋棱。常常有瘤覆盖螺旋裂缝和螺旋棱。应压木管胞壁在压力下会在最弱点(通常沿螺旋裂缝)开裂,形成0.5~1.5μm宽的斜向螺旋裂纹[42]。

微纤丝角度和螺旋裂缝,如果异常大,会使针叶树应压木收缩纵向大、横向小。纵向收缩即使大于正常木的10倍也不足为奇。在应压木与正常木相邻的地方,干燥扭曲和纵向收缩上的差异引发内应力,使锯成材弯曲,扭曲,开裂。

应压木在化学组成上显著异常。这方面的差异是定量的,而非定性的。特征是:木质素和半乳聚糖的含量高,纤

图4-22 倾斜树干横向切面上的严重应压木:欧洲赤松软木

(照片:Hannu Kalaja)

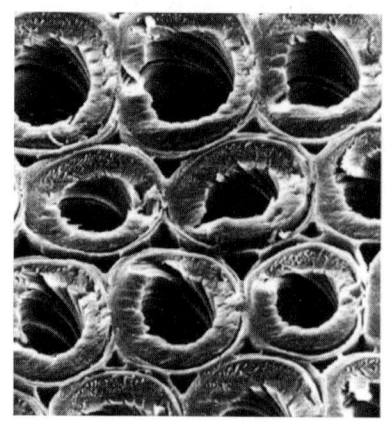 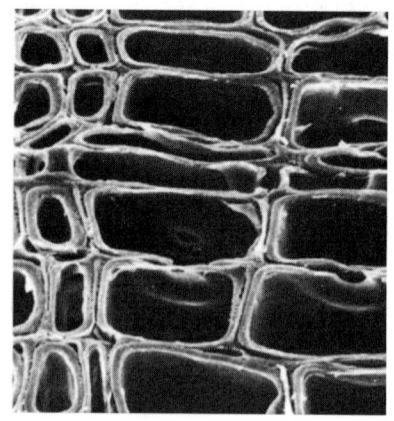

图4-23 枝木中的应压木和对应木:欧洲赤松软木

左—生长轮中部的应压木 右—两个生长轮边界的对应木

(照片:Pekka Saranpää)

维素和半乳葡甘露聚糖的含量低,如表4-17以27种针叶树的平均组分为例所示。正常木和应压木之间的化学差异在性质上不那么明显,但软木应压木在木质素的结构上不同于正常木[42]。

表4-17　　27种针叶树的正常木和应压木的平均化学成分:占去除提取物后的木物量比例[42]

单位:%

组成	木质素	纤维素	落叶松素	半乳葡甘露聚糖	半乳聚糖	木聚糖	其他高聚糖
正常木	30	42	微量	18	微量	8	2
应压木	39	30	2	9	10	8	2

与应压木相比,硬木应拉木较难用肉眼识别。最典型的宏观特征是板面起毛。但凭借化学组成上的差异,先染色处理,再在显微镜下观察,就能轻易鉴别应拉木。应拉木在解剖特征上的改变主要涉及纤维:较之正常木,纤维比例高、直径小、长度大,通常壁厚,轮廓圆满。如图4-24所示,导管频率和维度可以较小。

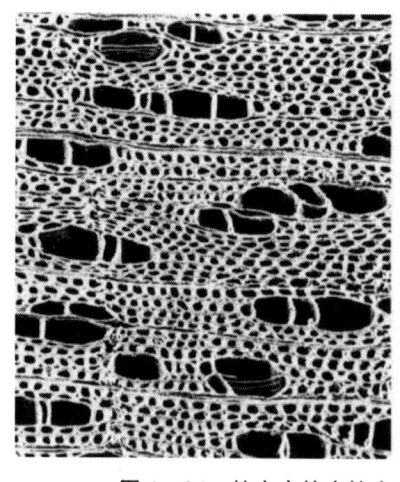 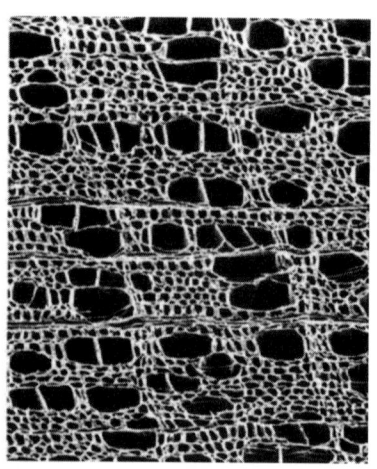

图4-24 枝木中的应拉木(左)和对应木(右):柔毛桦硬木

(图片:Pekka Saranpää)

纤维壁的最内心部分相当厚,非木质化,看似胶质。这是胶质层,而纤维本身则是胶质纤维。胶质层几乎由纯粹的纤维素微纤丝构成,有时能几乎填满纤维细胞腔。在纵向切面上,胶质纤维几乎总是显有斜向的初期滑移面,还有细微的压缩破坏。胶质层的存在通常使次2层狭窄许多,使次1层有可能对纵向收缩施有主要影响。尽管微纤丝几乎没有轴向可言,应拉木的纵向收缩却大致是正常木的5倍。

应拉木不如正常木强,但在抗拉强度上却不是那样。胶质层与次2层之间缺乏黏合力,本质上使大量的高强度纤维素不能有效影响木材的强度。在应拉木中,早材的纤维在化学和解剖上都被改变,而晚材的纤维、导管和射线则依然如故。胶质层在相当大的程度上是由平行于纤维轴的高晶体纤维素微纤丝组成。在细胞壁的这一附加层内,几乎没有任何木质素。表4-18列出正常木和应拉木在10种硬木中的平均化学组成。纤维素在软木的应压木中含量特别贫乏,而在硬木的应拉木中则含量丰富,往往比正常树干木高出至少10个百分点。

应拉木纤维的木质素含量按绝对值与正常木大致相同,但由于非木化胶质层的存在,相对值较低。应拉木在木聚糖含量上也低,因为纤维还含有其他纤维素。对应木在组织上有改变,但只在纤维方面。对应木处于髓心较低的那边,区域较窄,纤维达不到正常长度;相比,应拉木纤维则超过正常长度。

表4-18 正常木和应拉木的平均化学组成: 美国东北的10种硬木[43]

组成	正常木	应拉木
	占木头去除提取物后的含量比例/%	
木质素	23	19
纤维素	42	53
葡甘露聚糖	4	2
半乳聚糖	2	5
木聚糖	28	21

4.2.6.3 心材

木头容易受外来生物的败坏。随着边材变为生理上死亡的心材,不再需要输导水分,贮藏食物,木头的天然耐久性和树的寿命都得以延长。这涉及许多生物化学上的变化:

① 薄壁组织中活细胞核消失。
② 薄壁组织细胞中淀粉和糖之类储备食物的贮藏减少,乃至消失。
③ 糖在边材和心材之间的边界带分解,转化形成对败坏木头的生物有毒的多酚提取物。这类提取物在细胞腔或细胞壁中积累,使许多树种的心材呈较暗的特征色。
④ 在大多数树种中,尤其在软木中,含水量降得极低。如表4-20所示,有些硬木含水量较高。
⑤ 有些树种为了进一步降低木头的可透性,干脆关闭或闭塞管胞的具缘纹孔,如图4-25所示。有些硬木,诸如各种白栎、白蜡树和山核桃,用侵填体堵塞导管。细胞结构在其他方面则保持不变。

在几种树中,随着心材形成,木头的颜色和含水量开始分化(参见4.2.7节)。以此为基础,可以把树分为有色心材种和无色心材种。再可以根据含水量上的明显差别把有色心材种进一步分类:要么潮湿与干燥木之间的边界均匀(诸如松树、红豆杉 Taxus、黄杉、落叶松等),或有色和无色木之间有干燥的无色圈(诸如榆树);要么含水量上没有可观测的差别(诸如美国红栎等红栎类、刺槐、栗树)。同样,依据边材与心材之间在含水量上的差异,可以把无色心材种,分成明显差异种(诸如云杉、冷杉),中等差异种(诸如水青冈、枫树、椴树),缺乏差异种(诸如桦树、桤木、美国白栎等白栎类)。

开始形成心材的树龄在美国南方生长的南方松中是 15~20 年[44],在芬兰生长缓慢而寿命漫长的欧洲赤松中则要晚不少,是 30~45 年。心材通常在高出地面 1~3m 处开始形成,心材的树龄在美国南方生长的南方松中是 15~20 年[44],在芬兰生长缓慢而寿命漫长的欧洲赤松中则要晚不少,是 30~45 年。心材通常在出地面 1~3m 处开始形成,从这最初高度既向桩端、也向梢顶两头削尖变细。心材带向梢顶削尖的梯度取决于树种[26]。林分中最有活力的树株也是保持边材带最宽的树株。对扭叶松木材质量的一项调查显示,最高的心材比例发生于这样的树株:既大又老,树冠长比低,枝大,冠内尖削度大[45]。

心材在边材内构成一个圆锥体芯,年复一年在株干中向上延伸,向外扩展。在欧洲赤松中,心材占的百分比在树高的 20%~30% 处达到最高值。心材的百分比值取决于树株的种类、年龄和生理状态。来自老熟树的造纸材富含心材,而出自早期疏伐、株干梢部和制材厂板皮的造纸材则基本没有心材。寒温带软木一般情况是,随直径生长率增加,心材比例下降。但在多种生长较南的硬木(如桉树)和有些软木中,心材比例却随生长率增加。

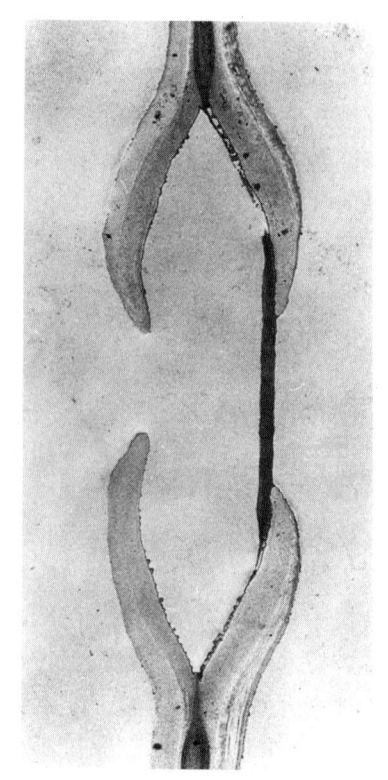

图 4-25 软木心材的一个闭塞具缘纹孔:欧洲赤松

(图片:Pekka Saranpää)

据 Koch[45],扭叶松心材的百分比与纬度呈正相关。在宽针扭叶松中,心材的比例从北纬 45°的 17% 增加到北纬 60°的 42%。在芬兰,欧洲赤松心材的百分比同样从南到北增加[28]。那是生长速率下降而收获年龄上升的直接后果,如表 4-19 所示。

表 4-19　　芬兰各地欧洲赤松心材占造纸材的百分比[28]

北纬/(°)	60~62	62~64	64~66	66~68
心材占材积比例/%	16.4	21.2	27.2	35.5

心材有利于木材运输。那是因为含水量低而质量小,使卡车载荷和木材漂流浮力都增大。

提取物增加,具缘纹孔闭合,侵填体形成,渗透性下降,这些特性都使心材能抗拒各种液体的渗透。人工的防腐剂和制浆化学剂也在被拒之列。结果是,制浆时必须延长蒸煮时间。提取物增加硫酸盐制浆的浮油产量。软木心材的低含水量不利于机械制浆的能量消耗和纤维质量。提取物干扰漂白,需要额外处理。酸性提取物可以使金属受蚀。

总之,由于上述缺点,心材的百分比高明显不利于化学制浆,尤其不利于机械制浆。边材和心材在制浆中的行为还可能恰如两个不同的树种。纯松木制浆,或纯云杉木制浆,都是个混合过程。随着造纸材在许多国家的收获从生长缓慢的天然林转向轮伐期较短的速生人工林,心材的比例及其在原料中的变差不断下降。对于热带的速生硬木,目标是采用超短的轮伐期,紧密的株间距,借以尽量降低心材的百分比。

4.2.6.4 节子

树枝正常起源于树干的髓心,依照各树种的特定模式排列。圆柱形的形成层鞘覆盖树株,使树干和树枝细胞分裂分化形成的组织系统相互连接。每年都有持续的生长增量形成,遍布树干和树枝表层。随着树干直径的生长,枝基先被包埋,继而逐渐与树干木愈合。包埋的枝基不能长粗,因此发育成圆锥体,朝髓心尖削。枝在树干内的这部分便是图 4-26 所示的节子。在锯成材的表面上,如果锯口与节的纵向垂直,那么,节子呈圆形;如果成对角,节子则呈椭圆形。如果延节子全长锯开,结果是尖节。

在树干木中,节子使周围的纹理走向扭曲。枝越粗,扭曲越大。枝只要活着,基部就会不断被连续的形成层鞘包埋进树干,造成混生节(紧节、活节)。这种节不会随木头干燥而变松脱落。随着树长高,冠基最老的枝被遮阴。这些枝随之死亡,脱落。其形成层停止运作,使枝的隐桩(包埋在树干内的部分)不再能去紧贴相邻的树干木组织,从而变成皮包节(又称松动节、死节),如图 4-27 所示。树干的细胞与节子的细胞不相连。因此,树干木在死节周围的纹理不那么扭曲,死节也不如活节那样降低锯成材的机械强度。但是,死节在木头干燥收缩时容易脱落,留下节孔,因此是个对锯成材特别有害的缺陷。

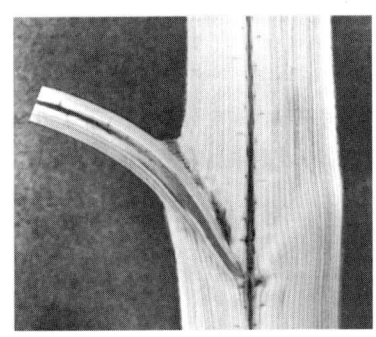

图 4-26 枝条干内被包埋的基部:
欧洲赤松

(图片:Hannu Kalaja)

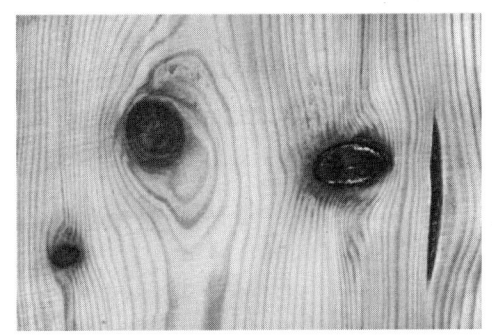

图 4-27 锯成材中的活节(左上)和
两个死节:欧洲赤松

(图片:Pekka Saranpää)

死枝在结构上逐渐破损,最终断裂,但会在树表留下短短的残桩(明桩)。残留的时间能长达数年,甚至数十年,取决于树种、枝粗、林分密度和诸如温度、湿度、雪、风之类的气候因子。在保留死枝的时间上,云杉长于松类,美国北方松类长于南方松类。这很可能是因为死枝木在寒冷气候中破损较慢。

枝的明桩完全脱落时,在树干上的残痕(隐桩的外端)长满创伤组织。之后,树干开始产生无节木(净木)。要加速这种发展,增加高价净木量,可以用手锯等给树干的桩端部分进行人工整枝。人工整枝作为培育措施特别适用于新西兰等某些南半球国家的辐射松人工林,因为那里生长的辐射松自然整枝能力差,但整枝能迅速增产净木[41]。

节子占树干体积的比例受许多因子影响,包括枝条的数量、维度和角度,尤其是树的自然整枝能力,因此取决于树种,林分密度,树株的林冠地位、年龄,等等。节子的比例在树干外围低于内部,而且如图 4-28 所示,从桩端向梢顶越来越高[46]。在芬兰的扭叶松人工林中,节子木的比例在桩端是 0.4%,在树干的 90% 高度处增至 2.4%[47],比天然林的高。

在北欧国家,节子约占欧洲赤松和挪威云杉树干体积的1%。这个比例在锯材原木中稍微低些,在造纸材原木中略高,在用制材厂板皮做成纸浆原料的木片中特低。早期疏伐的小径级造纸材富含节子木,尤其如果林分株距大,立地肥沃。锯材级树株的梢顶也比后期疏伐的被压木含有的节子木比例大。节子木因为基本密度较高,所占质量比例要比体积比例高:在欧洲赤松中前者至少是后者的1.5倍,在挪威云杉中是2倍,如图4-29所示。

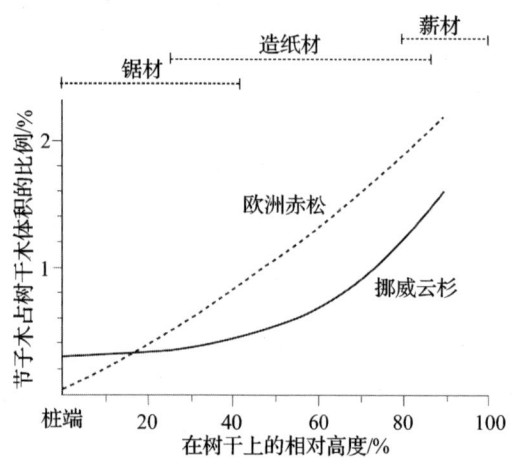
图4-28 主伐时树干不同高度处节子木的比例:芬兰南部的欧洲赤松和挪威云杉[46]

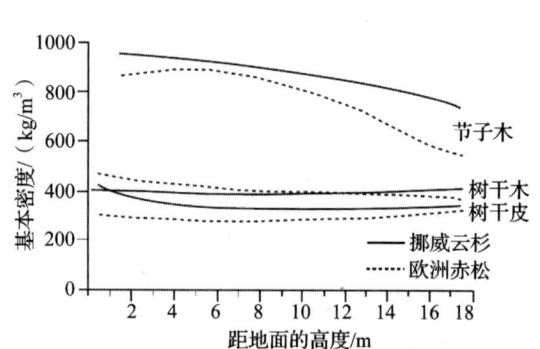
图4-29 树干不同高度处净木、节子木和皮的基本密度:20m高欧洲赤松和挪威云杉[46]

如图4-23、图4-24所示,枝木在许多方面不同于正常树干木。这些差别在很大程度上是由于枝内应力木丰富。关于枝木的技术性质,信息充足[2],但很少有研究直接涉及枝的被包埋部分(节子)。可能得出的结论如下:

① 节子木与正常树干木在各种细胞类型的比例上没有太大差别。较之树干木,软木节子树脂道多而小,硬木节子导管多。

② 软木节子纤维素和半乳葡甘露聚糖的含量低,木质素和半乳聚糖的含量高。硬木节子木质素、木聚糖和葡甘露聚糖的含量低,纤维素和半乳聚糖的含量高。纤维素的含量在软木节子中大致要比树干木中低10个百分点,在硬木节子中则要高出10个百分点。

③ 细胞维度及其变幅在节子中明显较小。软木枝的管胞和硬木树干的纤维之间在维度上有些相似之处,但造纸性质上不同。对欧洲和北美大量树种的多项研究显示如下相对于树干木细胞的结果:

① 软木树种枝木的管胞短45%~50%,细25%。

② 硬木树种枝木的纤维短25%~30%,细15%~20%。

③ 硬木树种枝木的导管分子短15%~20%。

④ 枝木的基本密度异常高,一是由于应力木的细胞壁厚,管腔狭窄,二是由于提取物含量高。如图4-30显示,每种树中基本密度的最高值通常都是节子的。例如,节子木密度在欧洲赤松中是树干木的1.5~2倍,在挪威云杉中则是2~2.5倍。这种比值在硬木中相对较小,尤其如果树种株干木的密度本身就高时。

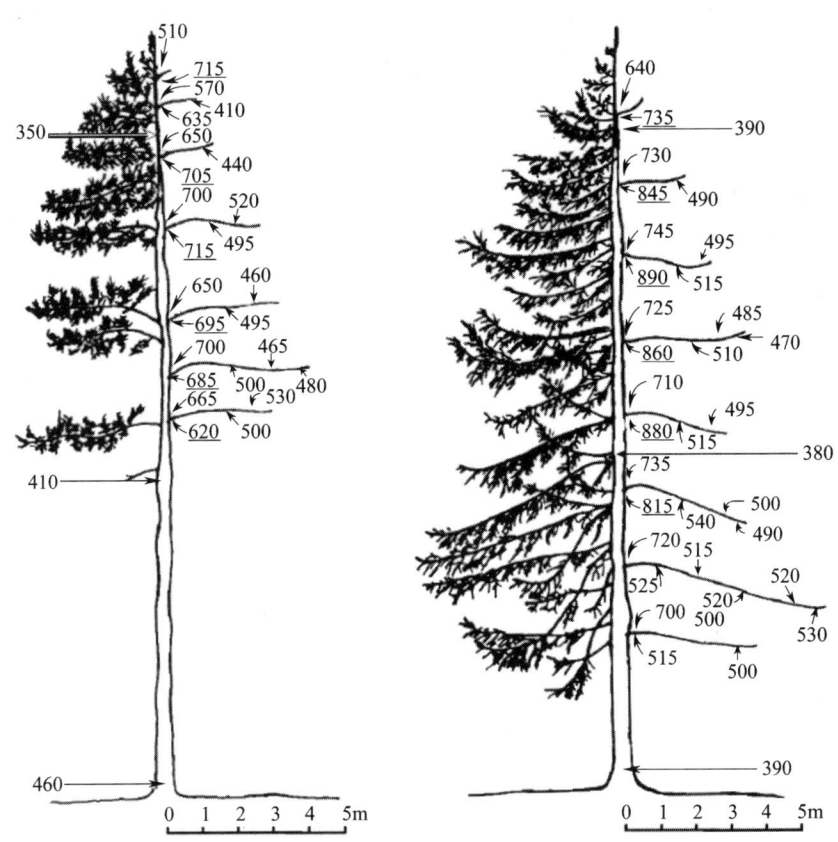

图 4-30　枝木的基本密度变异：欧洲赤松（左）和挪威云杉

注：带下画线的数字指枝的被包埋部分。从 Hakkila[48] 重绘。

节子是木材中的不良分子，对木材价值的影响巨大，远不是所占体积上的份额值能反映的。在锯成材中，节子造成的缺陷严重性取决于纹理的大小、排列、位置、角度、形状、健全和斜率。节子扭曲纹理，降低锯成材的强度性质；需要更大的力才能切割、削片；使切面不均匀，干燥时裂缝；给涂漆之类的表面装饰造成种种问题。

节子因密度大、提取物含量高、水含量低、纹理扭曲，还有害于纸浆生产。节子密度高，纹理扭曲，使造纸材原木削片时，产生更多既不规则又过厚的木块。节子及其相邻木是从原木撕裂，而不是经历正常削片。在软木片的化学制浆中，这些富含木质素、浸有树脂的高密度大木块相对蒸煮不足，使淘汰率增加，纸浆产量下降。大木块还增加蒸煮和漂白用的化学剂消耗、机械制浆的能源消耗，以及打浆需要的时间。所有这些都给制浆厂的生产能力增加压力。要缓和有些加工问题，可以先在旋转的钢辊之间过筛木片，压碎过厚的块粒，然后再制浆。但纤维质量依然低劣。

4.2.7　木头的含水量

木头是种吸湿性材料：既吸水，又失水。其含水量可以用干物量，也可以用湿物量为基础确定，如下面的等式所示：

$$\text{干基含水量}(\%) = 100 \times (\text{木中水量}/\text{木的干物量}) \tag{4-1}$$

$$\text{湿基含水量}(\%) = 100 \times (\text{木中水量}/\text{木加水的总物量}) \tag{4-2}$$

测量基于干物量对制材业和木质人造板业重要,基于湿物量则对制浆业和木燃料重要。

在活树中,水的物量常常大于干物量。在软木中,边材含水量是心材的许多倍。在硬木中,这种差异较小,而且如表4-20所示,含水量本身通常较低。造纸材的含水量对机械制浆尤其重要。要确保机械浆亮度高,木材必须新鲜。

表4-20　　新鲜边材和心材的湿基含水量:一些北美洲的软木和硬木树种[49]　　　　单位:%

软木	边材	心材	硬木	边材	心材
红云杉 Picea rubens	56	25	糖槭 Acer saccharum	42	39
白云杉 Picea glauca	56	25	纸皮桦 Betula papyrifera	42	47
黑云杉 Picea mariana	56	25	美国水青冈 Fagus grandifolia	42	35
脂松 Pinus resinosa	57	24	北美鹅掌楸 Liriodendron tulipifera	51	45
扭叶松 Pinus contorta	55	29	美国梧桐 Platanus occidentalis	57	53
火炬松 Pinus taeda	52	25	北美山杨 Populus tremuloides	53	49
长叶松 Pinus palustris	51	24	北美白栎 Quercus alba	44	39
北美黄杉 Pseudotsuga menziesii	53	27	北美红栎 Quercus rubra	41	44
加拿大铁杉 Tsuga canadensis	54	49			
西加云杉 Picea sitchensis	59	29			

活树的含水量呈季节性变化,甚至呈昼夜性变化,取决于气象。要在厂地用称重测量造纸材,必须考虑含水量的波动。在芬兰的桦木(垂枝桦、柔毛桦)中,平均含水量在冬季无叶休眠时为45%,春季无叶但根系已经积极向株干运水时上升到48%,夏季叶蒸腾处于最高水平时降到39%,秋季落叶时又升至45%。在针叶树中,季节性变化普遍较小。

水在木头中以两种形式存在——细胞壁中的结合水,细胞腔中的自由水。两种水对木头性质的影响不同。

结合水扩散进入微纤丝紊乱而形态不定的区域以及细胞壁开放的空隙,以氢键与纤维素、半纤维素和木质素进行化学结合。随着水进入细胞壁,微纤丝框架横向膨胀。木头在纵向、径向和切向的膨胀程度取决于微纤丝与细胞长轴的夹角。在纤维饱和点,细胞壁中可供氢键结合的所有位置都由水占满,但细胞腔内没有自由水。此时,木块达到最大溶胀体积。木头的湿基含水量,就大多数重要商品树种而言,是室温下纤维饱和点的24%~32%不等;但在有些热带硬木中,低至15%;在某些北美软木中,则高达34%[50]。除了树种和环境温度,木组织的结构也影响纤维饱和点;这方面,边材高于心材,早材高于晚材,应压木高于正常木。

水分如果达到纤维饱和点后继续在木头中积聚,则在物理化学上不与细胞壁物质结合,而在细胞腔内保持自由状态。因此,木头内自由水的最大含量取决于开放空隙的容积。也因此,活树的木头密度越高,含水量一般就越低。

木产品的含水量随大气的相对湿度和温度波动。木头在某些大气条件下达到的稳定含水量称为平衡含水量。平衡湿基含水量,在寒温带和温带有覆盖的正常室外条件下通常是11%~13%;在供有暖气的建筑物中,因相对湿度低,只有4%~8%。木头在努力达平衡条件时,有水移入移出。迁移的一个结果是,水分梯度在木块的表面和中心区之间发展形成。水分迁移顺着纹理要比横越纹理快12~15倍。对于树皮完好无损的造纸材原木,干燥是通过两端进行的。

在使用中,木头一直处于含水量发生变化的条件下。在低于纤维饱和点的条件下,变化的是微纤丝之间结合的水分,使木头胀缩。微纤丝的走向决定木头体积变化在三向(纵、横、弦)上的分配。表4-21显示北美树木从新鲜到烘干状态的收缩幅度。高密度木头接近所列变幅的上限,低密度木头接近下限。

表4-21　木头从新鲜到烘干状态的维度变幅:北美洲的各种软木和硬木[49]　　　单位:%

维度	纵向	径向	弦向	体积
软木	0.1~0.3	2.5~5	5~8	8~13
硬木	0.1~0.3	3.5~6	7~11	11~17

气体和液体的流速是木头可透性的结果,由细胞内和细胞间通道的大小所决定。在软木中,纹孔膜塞缘的开口,或具缘纹孔随心材形成的闭合,通常是纵向可透性的限制因子。在硬木中,纵向可透性基本受制于导管的大小和侵填体的存在与否。无论树种,横越纹理的可透性都很小。对于使用木原料的森林工业,可透性十分重要:影响锯成材的干燥,防腐剂对木头的处理,木头的化学制浆。

4.2.8　木头的基本密度

密度指物质在单位体积内的量,表达为每立方米固体中的质量(kg)(kg/m^3)。密度关联木头和纤维的某些性质(诸如细胞壁的厚度),是造纸材质量的一个有用指标。密度与锯成材、造纸材和干材的机械强度密切相关。密度反映原料在制浆中的行为,每吨纸浆消耗的材积,以及纸浆和纸张性质;还是造纸材体积与质量比较的转换因子。

就物质量密度(简称物量密度),木头的量和体积都是按收货时的含水量确定的。物量密度因此与物质的含水量有直接关系:绝对干燥时值最小,完全饱和时值最大。新伐造纸材的物量密度,在大多数寒温带和温带树种中,是800~1000kg/m^3,但在许多热带硬木中则超过1000kg/m^3。随着含水量降到低于纤维饱和点,不但水分的损失,还有体积(木、皮)的收缩,都影响物量密度。

木头的基本密度是每立方米鲜木(汉语文献中习称生材)体积的烘干物量(kg/m^3)。体积是在未经收缩的状态下测定的:此时的含水量必定高于纤维饱和点。对于大多数商品造纸材树种,基本密度为330~600kg/m^3不等。木材的基本密度除以水在温度为4℃时的密度(1000kg/m^3),给出相对密度。常见造纸材种的相对密度为0.330~0.600。木材的基本密度和相对密度是以下因子作用的结果:

① 细胞壁物质本身的密度(而非可能含有空隙的细胞壁的密度):树种间差别取决于细胞壁各种物质的比例,但总体上微乎其微。木纤维素密度约为1560kg/m^3,半纤维素1500kg/m^3,木质素1300~1350kg/m^3。综合的细胞壁物量密度在硬木中因木质素含量较低,要比软木中大致高出2%[51-52]。细胞壁物质在正常木中的平均密度为1480~1500kg/m^3。

② 细胞壁的体积与细胞腔和胞间隙所占有空间的关系:例如,软木中,纤维壁厚的晚材在基本密度上是纤维壁薄的早材的2~3倍。据Spurr & Hsiung[53],软木晚材基本密度是600~900kg/m^3,而早材则为250~320kg/m^3。图4-31和图4-32举例说明软木晚材和早材在基本密度上的变差。

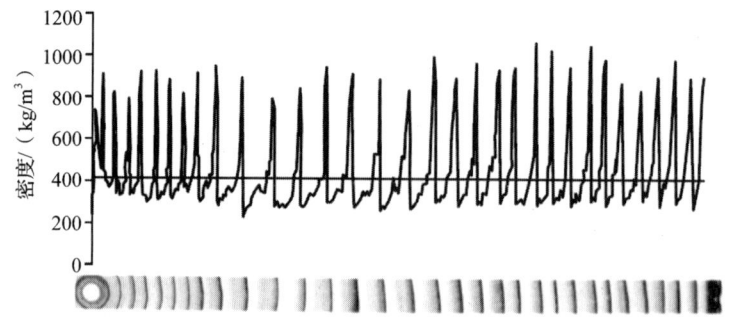

图 4-31　木头基本密度在生长轮之内和之间的变差:挪威云杉

(照片:Kari Sauvala)

③ 木头中的编外物质量:提取物和无机部件因填补空腔而提高基本密度。由于心材积累提取物,老树髓心周围的幼龄木密度比幼树高。提取物的形成使基本密度不能有效指示造纸材的质量,例如,不能用于计算制浆木材的消耗量。要使基本密度更适合用作工具,可以先除去提取物,再确定提纯木的值。

基本密度在不同树种之间差异大,在同种的树株之间变差也大,因此没有准确的种内平均值。硬木密度值通常大于软木,环孔硬木大于散孔硬木,热带硬木通常大于温带和寒温带硬木。

表 4-22 列举加拿大和芬兰的一些主要工业树种的基本密度。加拿大的数值代表整个株干的平均值,样本取自加拿大以及美国北部的天然林分,按照 Gonzales[55] 汇集的许多研究计算得出。芬兰的数值代表人工管理的林分,年龄较小的树株。需要注意的是,造纸材的基本密度要比表中的树干整体平均值低,因为最粗树干的高密度桩端原木通常已被切去当锯材原木。

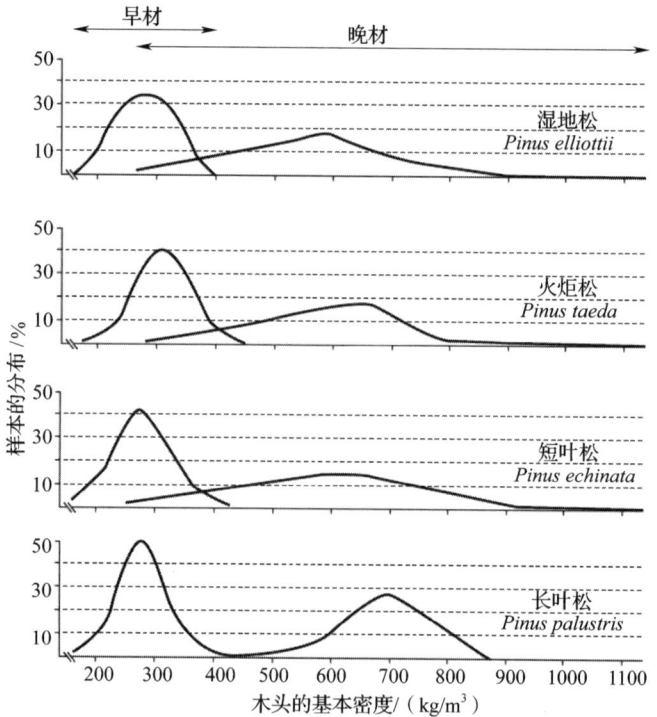

图 4-32　基本密度在早材和晚材中的变幅:美国南方松

(从 Paul[54] 重绘)

表 4-22　　　加拿大和芬兰主要软木和硬木的平均基本密度　　　单位:kg/m³

软木	基本密度	硬木	基本密度
加拿大树种			
北美落叶松 Larix laricina	474	粗皮山核桃 Carya ovata	674
北美黄杉 Pseudotsuga menziesii	438	美国白栎 Quercus alba	623
黑云杉 Picea mariana	423	糖槭 Acer saccharum	591

续表

软木	基本密度	硬木	基本密度
加拿大树种			
异叶铁杉 Tsuga heterophylla	410	美国水青冈 Fagus grandifolia	586
北美短叶松 Pinus banksiana	399	美国红栎 Quercus rubra	575
扭叶松 Pinus contortav. latifolia	399	加拿大黄桦 Betula alleghaniensis	568
西黄松 Pinus ponderosa	392	纸皮桦 Betula papyrifera	507
加拿大铁杉 Tsuga canadensis	387	美洲山杨 Populus tremuloides	386
脂松 Pinus resinosa	381	大齿杨 Populus grandidentata	382
美国红果云杉 Picea rubens	380	香脂杨 Populusbalsamiphera	363
白云杉 Picea glauca	359		
北美乔松 Pinus strobus	344		
香脂冷杉 Abies balsamea	333		
北美乔柏 Thuja plicata	319		
北美香柏 Thuja occidentalis	302		
芬兰树种			
新疆落叶松 Larix sibirica	490	垂枝桦 Betula pendula	490
欧洲赤松 Pinus sylvestris	420	柔毛桦 Betula pubescens	475
挪威云杉 Picea abies	385	欧洲山杨 Populus tremula	400
		美国桤木 Alnus incana	360

在硬木中,桉属树随树种、种源和育种改良的遗传起源在基本密度上变幅巨大。有树种是亚热带和热带地区树木育种项目的成功例子,在树生长和木头密度上取得了相当大的改善。在各种桉树之间,生长速率和木头密度通常不具相关性[56]。表4-23列出4种桉树的种源在密度上的平均值及其变幅。

表4-23　　　　4种桉树的基本密度及其种源间的变化范围[56-57]　　　　单位:kg/m³

桉树种	平均值	变化范围
蓝桉 Eucalyptus globulus	520	492~600
杏仁桉 Eucalyptus regnans	485	390~580
大桉 Eucalyptus delegatensis	524	445~605
斜叶桉 Eucalyptus obliqua	580	470~700

在寒温带地区,曾在山杨上尝试过类似于桉树的那种项目,开发速生种植材料。具体目标是缩短木材生产的轮伐期,同时还为机械制浆开发超级特性。对欧洲和北美的山杨进行了杂交,生产杂种无性系,诸如欧洲山杨×美洲山杨;结果早期生长超快。但是,杂种在木头密度上普遍低于纯种山杨[58];例如,363kg/m³对376kg/m³。在一项实验中,4个杂种的密度是353~412kg/m³不等[59]。

基本密度的种内变异一般是软木大于硬木。种内变异有多个部分:树株内变异、树株间变异、林分间变异、地理变异。例如,据观测,在芬兰南部的挪威云杉中,基本密度的变异可以表达为标准差65kg/m³;其中,株内、株间和林分间变异分别占40%、36%和24%[60]。株内的生长速率及其垂直和水平分布解释了总变异的23%。不过,把这些变异考虑进去后,只降低了株内和林分间的变异估算值,株间变异居高不下。

基本密度的株内变异有两部分:树干在横向切面上从髓心到形成层的变异,在纵向切面上从桩端到梢顶的变异。密度朝形成层增长是大多数软木的一个特征,松树尤其如此。瑞典的一项研究显示,这种增长在10%的相对高度处是25~109kg/m³;表面与髓心的差异在这高度达最大[61]。但是,过熟的松树可能又开始生产密度较低的木头。对于云杉,密度从髓心到树皮增长得相当小,而且断断续续。提取物的渗入,心材的形成,都干扰密度的径向变异。

晚材在年轮中的比例,以及晚材的密度,都趋向于逐年增加,直到一定的年轮数,使总密度不断增长[62]。在许多种树中,晚材百分比在临近树干髓心的幼龄木中异常低,造成初始木的低密度。例如,在芬兰条件下,晚材在欧洲赤松和挪威云杉最初5个年轮中的比例大致为15%,但到第30个年轮时,在欧洲赤松中达29%,在挪威云杉中达22%[63]。基本密度在树干的径向也相应变化。可以按照密度变异模式把软木分为两组:要么像松树(明显朝树皮增加),要么像云杉(先减小,再稳定,最后变为增加)。但在少数几种软木树中,诸如日本柳杉,密度从髓心向树皮不断下降。

大多数散孔硬木在径向密度变化的模式上类似于软木。密度向树皮的增幅有些树种大,如轻木和多种桉树;有些树种小,如柚木。还有些树种,如桦树和北美鹅掌楸,在密度上一直强度增长到树龄为50年后,在接近树皮时再次下降。水青冈、桤木和许多种杨树是散孔硬木中的例外:密度相当明显地从髓心向树皮下降。这种模式在环孔硬木中最为常见,如栎类和刺槐。应当指出的是,有些硬木,诸如山杨和杂种山杨,在密度的径向变异上类似云杉。

木头密度从髓心到形成层的变异对利用具有重要意义。例如,制材厂板皮削成的针叶树木片通常含有锯材原木外部生长轮的成熟木[13,63],因此,做出的纸浆具有厚壁长纤维,最终的纸张和纸板产品具有优秀抗撕裂强度等优异性质。表4-24对比芬兰两种木片的基本密度:制材厂和单板厂木片与原料传递到厂的造纸材木片。应当注意的是,制材厂木片中还含有少量的淘汰木,出自原木加工为锯成木而产生的边皮和截头。单板厂木片也含有淘汰木,出自原木横截、木段旋圆、旋切材芯剔除和鲜单板剪切;换言之,源于原木的各个部分。

表4-24 基本密度对比:芬兰制材厂及单板厂木片和造纸材木片[64] 单位:kg/m³

树种:区域	制材厂和单板厂木片	造纸材木片
欧洲赤松 Pinus sylvestris:芬兰南部	435	409
欧洲赤松 Pinus sylvestris:芬兰北部	407	395
挪威云杉 Picea abies:芬兰南部	404	393
桦木 Betula:芬兰南部	496	494

木头密度在径向的变异引发树干在轴向(纵向)上的进一步变异。在大多数针叶树中,木头密度从桩端向梢顶下降。影响因子有:年轮宽度上的变化,晚材的比例,特别是幼龄木的存在。有些针叶树,尤其云杉,在木头密度上只有轻微的纵向变异。

木头密度在树种间的差异在硬木中较大。在散孔硬木中,有些是密度先明显降低,再向梢顶增加(山杨、杂种山杨、椴树、北美鹅掌楸);有些从桩端向梢顶稳步增加(桤木、桉树)或降低

(桦木、白蜡树)。在各种环孔硬木中,诸如栎树和刺槐,密度在纵向的变化常常可以忽略不计。

在北欧树种中,树干的平均木头密度大致相当于25%高度处的密度值[63,65-66]。图4-33显示木头密度在芬兰的5种本源树木和一种外来树木中的纵向变化模式。欧洲赤松和西伯利亚落叶松代表桩端和树顶之间差异明显的树种。相比,在挪威云杉和其他长型活树冠的树木中差异微小。

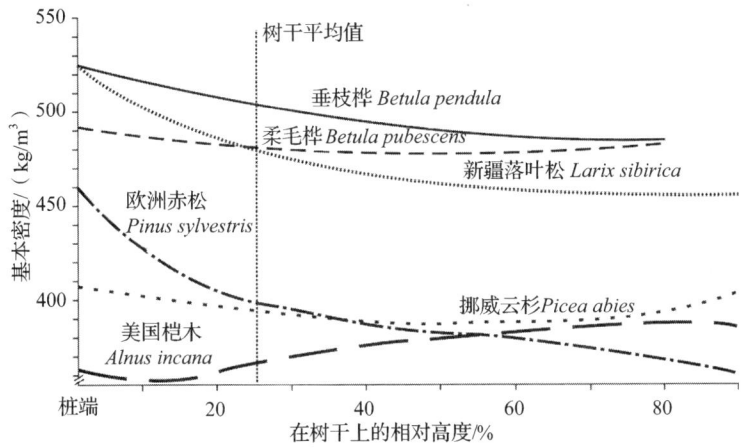

图4-33 基本密度在芬兰主要树种树干木中的纵向变异
(从Hakkila重绘)

密度从桩端到梢顶的纵向变化有相当大的实用意义。例如,在同一株欧洲赤松中,桩端原木在密度上可以高出梢顶原木15%~20%。如果用桩端原木做锯材,7~14cm粗的原木做造纸材,梢顶做燃料,那么,这3种软木产品在基本密度和纤维特性上的相差就相当大(图4-34)。要控制造纸材质量,也可以分开桩端原木和梢顶原木,形成两类或更多。这样分门别类后,就可以分别处理低密度和高密度的木头,生产品质均匀的多种特殊纸浆。

图4-35给出基本密度和树皮百分比在芬兰初次商业性疏伐的幼龄树干中的纵向变化。这两项因子在相当大的程度上决定每立方米带皮造纸材的木物质量和制浆消耗的带皮木量。树干在桩端和梢顶之间的差异非常明显。

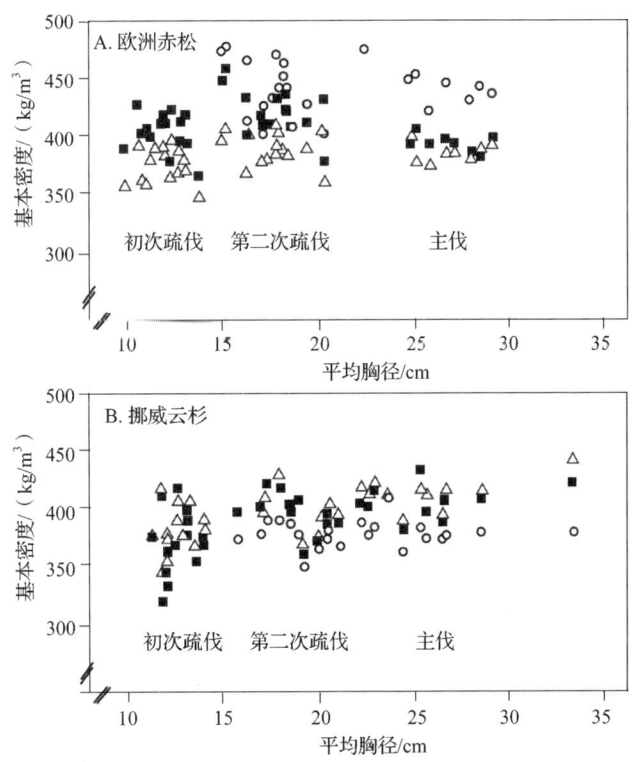

图4-34 基本密度在林分之间的变异[46]
○锯材(小头直径≥15cm) ■造纸材(小头直径7~14cm) △薪材(小头直径≤7cm)

基本密度在同一林分中的不同树株之间有相当大的差异。原则上,这是由于各树株在年龄、大小、生长速率、株干尖削度和遗传方面有差异。但具体关系复杂,而且随树种差别大,研究结果有时相互矛盾。对于大多数针叶树,年龄可能比生长速度更能决定木头密度[53],但各种因素的相对影响是随树种特定的。对于松木,树龄是株间变异的最佳解释。对于云杉,生长速度是主要因子。生长轮宽度对木头密度的效应导致下列结论[33]:

① 针叶树中,云杉类的密度随生长轮宽度的减小而增加。随着生长轮增宽,松类和落叶松类的密度先增大,直到年轮宽度为1~1.5mm时达最大值,之后则减小。冷杉类和北美黄杉的模式显然处于上述两类之间。

② 在散孔硬木中,生长轮宽度与密度没有显著相关性。

③ 在环孔硬木中,生长轮宽意味木头密度高。

那些负责株间变异的环境、遗传和森林管理因素也引发林分之间的变异。例如,初次商业性疏伐的幼龄人工林松木密度低,纤维壁薄;而云杉造纸材,只要出自速生林,密度就最低,无论年老年幼。在瑞典,基本密度在所有年龄的挪威云杉中平均是400kg/m³,但在南部废弃的肥沃农耕地上生长的宽生长轮树木中却只有250~275kg/m³。这意味制浆时必须多用40%的材积[40]。

无论速生是由于立地肥沃或施肥,还是由于株距宽大,所造成的生长轮宽度对木头基本密度的影响都一样。图4-36对比芬兰南部挪威

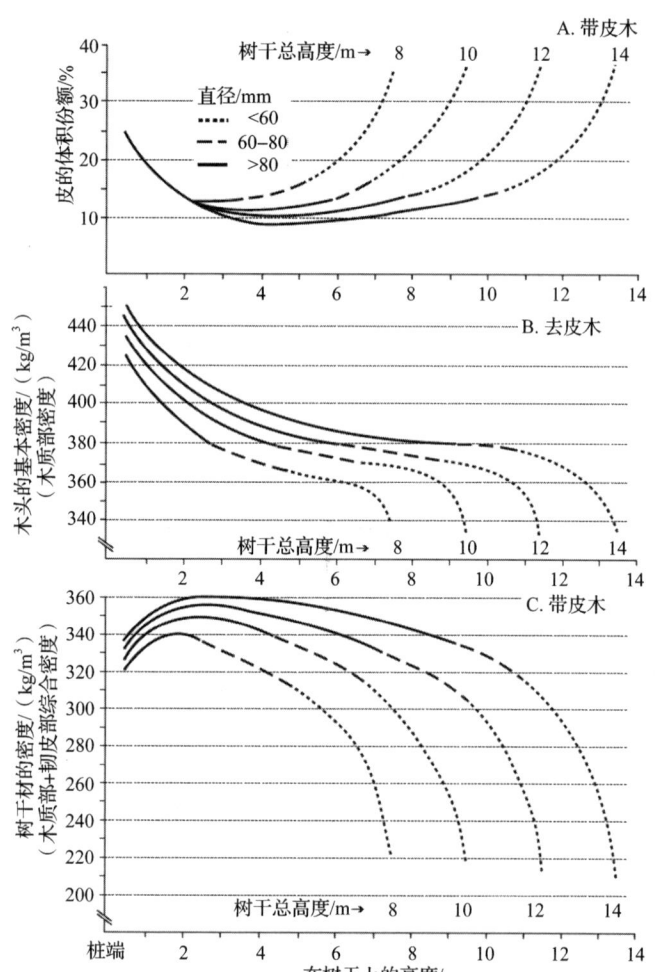

图4-35 树皮材积比例、木头基本密度和带皮木干物量密度的纵向变化[67]

基于芬兰欧洲赤松初次商业性疏伐的材料

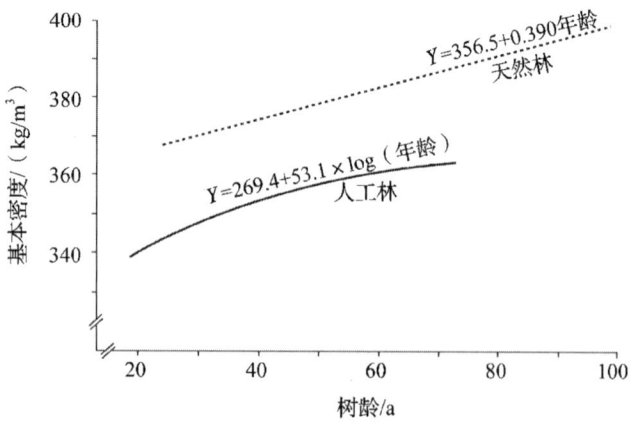

图4-36 木头基本密度与树龄的关系:芬兰挪威云杉人工管理的天然更新林和人工林[68]

云杉人工管理的天然更新林和人工林之间的基本密度与林分年龄的关系。在相同林龄,人工林因生长较快木头密度要低5%。所出造纸材在基本密度上的差异更大,因为人工林在采伐时要比天然林年幼[68]。

林分的地理位置也影响木头密度。气候、土壤肥力、森林管理实践、森林的年龄结构和遗传因子上的差异都能造成木头密度的地理变异。在北方森林中,树种的基本密度常常是越北越低,虽然也有例外。尚待充分证实的常有说法是,每种树大致在自然生长区的中部达到最佳木头质量。在芬兰,欧洲赤松在拉普兰北部基本密度最低,因为那里气候寒冷,生长期短暂,厚壁纤维的晚材比例低;在全国中部密度最高(表4-25)。因此,一般趋势是,硫酸盐制浆厂的地点越北,每吨纸浆消耗的松木量越高,纸张的抗撕强度越低。挪威云杉与欧洲赤松趋势类似,但北部效应较小。

表4-25　欧洲赤松和挪威云杉造纸材在芬兰各地的基本密度[28]　　单位:kg/m³

北纬/(°)	60~62	62~64	64~66	66~68
欧洲赤松	399	410	387	375
挪威云杉	380	396	387	387

同样,在美国东南部,火炬松基本密度向北减小,因为生长期缩短,晚材比例下降[69]。在巴西、阿根廷、澳大利亚等南半球国家,速生人工林产的火炬松造纸材平均基本密度比在美国低,因为生长快,轮伐期短,幼龄木含量高。辐射松人工林在基本密度上也有相当大的地理变异:几乎全在南半球,变异应该归咎于种源在土壤肥力、降水和遗传特性上的差异(表4-26)。

表4-26　辐射松基本密度在各龄级的平均值:南半球不同地区[41]　　单位:kg/m³

区域	树龄/a				
	未知	0~10	11~20	21~30	31~40
东非	390	430	465	485	
南非	455	429			430
澳大利亚		365	415	450	450
新西兰		325	380	415	420
智利	420		390		
阿根廷			370		

木头密度在种内的变异,既然取决于细胞壁厚度与内腔直径的相对变异,就能用于预测,乃至调控纤维和纸浆的性质。高密度木头的厚壁纤维硬挺,在造纸中保留原始横向切面。由于每根纤维强度高,生产出的纸抗撕性高。这样厚壁纤维造成的张纸,在每平方米质量一定的条件下,每单位面积含有的纤维数必然较少,因此纤维之间的表面积少,黏合性差。

相比,低密度木头的薄壁纤维在造纸中皱缩,变成布带形。这能增加纤维的黏合,造成致密、无孔、不透明的薄片。低密度木头增加抗拉强度、耐破强度和耐折强度,生产结构紧密而光滑平整的纸张。皱缩纤维的百分比取决于细胞壁厚度,也取决于制浆工艺。皱缩越多,木质素脱除就越多,制浆产量越低。

高抗撕强度是个重要性质,尤其对牛皮纸。这种强度得益于厚壁细胞和高密度木头。高抗拉强度,或耐破强度,则恰恰相反,需要薄壁组织细胞和低密度木头。如果首要考虑是纸张的光滑度和致密性,高比例的薄壁细胞能有所帮助。要制造新闻纸和半透明卫生纸,耐折耐破又耐拉,低密度木头往往是最佳选择。

低密度木头比高密度木头在制浆中更容易吸水,摄取化学物品。混合蒸煮密度相差很大的木块片会降低化学制浆的产量:不是低密度木头蒸煮过头,就是高密度木头蒸煮不够。这两种情况都使淘汰率过高。大量的厚壁粗纤维还延长必要的打浆时间,使浆板较难形成。薄壁的早材纤维,因为色泽浅淡,不需要太多漂白就能达到理想的白度。在机械制浆中,生产每吨纸浆的耗能量随木头的基本密度增加。

没有哪种木头是每种纸的理想材料。纤维壁厚壁薄,各有优点缺点。要调控制浆工艺,确保最终产品的质量,应该依据基本密度和纤维粗糙度,对造纸材分类筛选。前提是,必须先知道原料在基本密度上如何变异,哪里能获得一定密度或纤维粗糙度的原料。

与原料的变异相比,加工条件对纸浆和纸张性质的影响较小。要是有可能控制早材与晚材的比率,调配细胞壁的厚度,就有可能改变纸浆质量,生产出具有预定特性的纸浆[70]。有三种方法可供选择:

① 把木片劈成春材片和夏材片,再根据基本密度进一步分离归堆。这种处理不实际,因为损伤纤维。

② 制浆后,先离析各类纤维,再打浆。例如,采用多级水力旋流离析,技术上有可能生产合格和等外两种纸浆。合格纸浆薄壁纤维含量高,适用于需要优良印刷性质和抗拉强度的产品。等外纸浆厚壁纤维含量高,适用于卫生纸和木板之类需要压缩性、硬挺度、孔隙率、吸水性和抗撕性俱高的产品。在 1998 年,这一技术要达到厂的作业规模尚不经济。

③ 遴选原料:依据关键性木头性质在株间和株内变异的基础知识。世界各地的许多制浆厂都用这种方法,具体是按各种比例混合制材厂板皮做的木片与正常造纸材做的木片。在新西兰,辐射松市场硫酸盐纸浆按粗糙度分成低、中、高三等。据 Kibblewhite & Bawden 的研究[71],幼龄疏伐木做的纸浆纤维短而壁薄,粗糙度 0.218Mg/m;锯材原木的边皮材碎料做的纸浆则纤维长而壁厚,粗糙度高,为 0.306Mg/m。

4.2.9 树皮

如 4.2.2 节所述,树的干、枝和根被包围在一个单细胞宽的圆柱鞘(维管形成层)内。在生长季,形成层富含原生质的细胞不断分裂,朝内产生次生木质部(木头),朝外产生次生韧皮部(内皮)。每年产生内皮层在厚度上只有木层的 1/10~1/6。

木细胞大多数变得壁厚,木质化,而韧皮部的细胞则保持薄壁,不木质化。随着树干变粗,每层新内皮都向外推先有的韧皮部。从形成层向外的某段距离处,较老的韧皮部中出现单层的分裂细胞,名为木栓形成层。木栓形成层生产弦向的周皮,借以保护脆弱的韧皮组织,隔离外部影响。周皮层不透水,使外围的韧皮部得不到树内的水和养分而死亡。随着新周皮产生的位置相对不断内移,每层周皮及其隔离的韧皮部都依次被外推,逐渐死亡[44]。

对于皮质光滑的树,诸如欧洲水青冈和垂枝桦,最初形成的周皮可能持续许多年。但是,在大多数木本植物中,首层周皮在几年内就随着周皮其他层次的形式而被取代。这些较后形成的层次不是连续的,呈重叠式短弧形(半月形),只存活短时间。同时,随着株干直径增长,位于木栓形成层的这些层次外围的死皮先开裂,最终脱落[8]。

树皮因此有两个明显不同的带:狭窄的浅色内皮(韧皮部)和较厚的暗色外皮(粗皮),由周皮的最里层分开。内皮有个薄层,不超过 200～300μm 厚,参与碳水化合物的输导,从冠部到株干和根系所有部分的形成层。内皮主要由伸长的筛胞(针叶树皮中唯一明显伸长的主要元素)和较短的薄壁组织细胞构成。外皮不是输导组织,但保护输导组织,由栓化的木栓细胞和木化的石细胞形成。例如,美国的南方松内皮的含水量是 150%～300%,而外皮的含水量只有 25%～30%[8]。

树皮的两个带在组分和性质上大有差别。因此,树皮在剥皮、制浆和燃烧中的行为取决于内皮与外皮两者物量的比值。这个比值从桩端向梢顶增大,反映树皮厚度在内皮层相当恒定,在外皮层逐渐减小。在欧洲赤松中,内皮的比例在桩端仅为 15%,在树干的粗皮区之上则高达 60%[46]。

与木头相比,树皮含有大量的木质素和提取物。在欧洲赤松和挪威云杉的树皮中,水和醚溶性提取物的含量是干物量的 25%[72]。对制浆而言,树皮细胞太短,只有内皮的筛胞适用于造纸。

树皮引起的制浆问题关联最终产品的纯度、光学性质和其他质量,还关联工序。操作上的困难,在相当大的程度上,是因为加工机械是为无皮材料设计的。如果木片含的污染物超过设计标准,生产过程就会出现瓶颈,乃至降低加工厂的整体能力。树皮的存在使蒸煮器产量下降,化学剂消费量增加。较之木头,欧洲赤松和挪威云杉皮的相对硫酸盐制浆产量约为 40%,相对化学剂消耗为 130%,相对强度指数为 50%[73]。因为很难把皮木一起蒸煮到相同的木质素脱除程度,残留皮材料的卡伯值常常比木纤维高。树皮因此增加纸浆中蒸煮不当而分离不充分的小纤维束以及污垢含量。

还有,矿物质在树皮中的浓度要比木头中大得多。在北方树中,灰分含量在无皮木中一般为 0.4%～0.5%,而在皮中则为 2%～4%。包埋在皮细胞中的矿物质有些形成大粒晶体,常常作为硅石或草酸钙。在收获、运输和制材厂原木楞场处理时,更多的粗细沙粒在树皮中聚集。污染物造成设备磨损,从削片到造纸,遍及整个加工链;还增加蒸煮液中钙和硅的水平,造成结垢沉淀,提高清理费用。

由此可见,造纸材必须剥皮。最容易从造纸材原木上分离树皮的时间是生长季早期,趁原木还新鲜,或者原木一直贮存在水中。一旦原木干燥或冻结,皮木间黏合就加强,剥皮变难。典型情况下,原料的含皮量在化学制浆中不应超过 1%,机械制浆中不应超过 0.5%。鼓式剥皮的废除物可以用作燃料;在工业国,树皮是木燃料的一个主要来源。

造纸材积可以带皮或去皮检尺。检尺做法上的差异能造成混乱,例如,在比较欧洲各国之间的造纸材价格时。问题也能出在机械化采运中:木材价格的确定和材积的检尺都包括树皮,但收获联合机的打枝刀常常把树皮也去掉。树皮损失在生长季早期尤为严重,因为维管形成层和内皮之间的黏合此时特别松散。

图 4-37 显示欧洲赤松和挪威云杉树皮的厚度沿株干高端向梢顶减小,先急剧,后缓和;在欧洲赤松中尤为明显。此外,树越高,皮就越厚。不过度的纵向变异。皮的厚度从桩树株之间和林分之间都有不规则变异,桩端尤其如此。

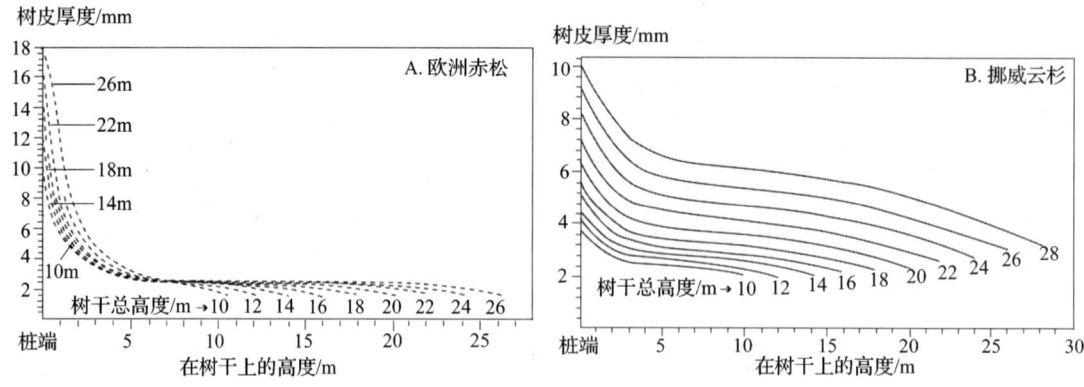

图 4-37 树皮厚度沿树干高度的纵向变化：芬兰
南部的欧洲赤松和挪威云杉[46]

树皮在厚度上的变异造成体积百分比上的变异（图 4-38）。欧洲赤松以株干桩端皮厚耐火为特点,皮在地表处的百分比大大超过 20,但往上急剧下降,直到粗皮区结束,之后朝梢顶一直增加。挪威云杉的变化模式与之大同小异,只是变幅较小。

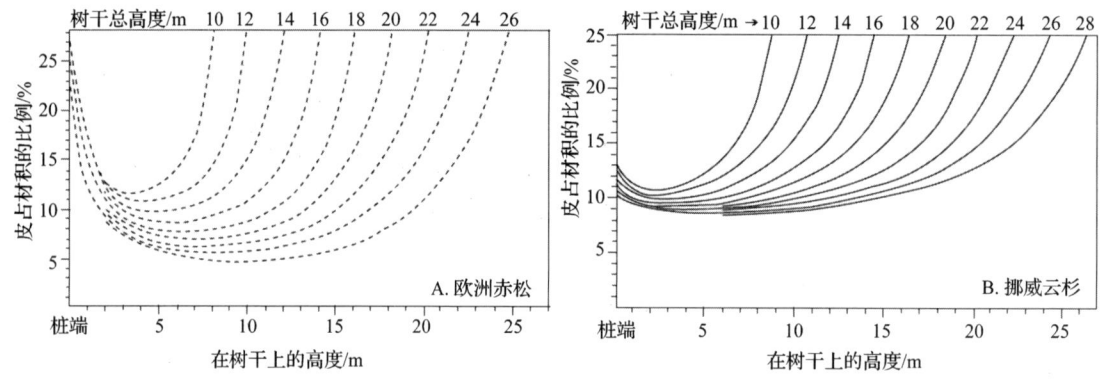

图 4-38 树皮体积百分比沿树干高度的纵
向变化：芬兰南部的欧洲赤松和威云杉[46]

因此,欧洲赤松树皮在造纸材中的百分比随不同来源有相当大的差异：初期疏伐的小径级材中最高,来自主伐的造纸材中最低。主伐的造纸材中不包括分出用于锯材的厚皮桩端原木,基本是树干上端的薄皮部分。挪威云杉造纸材中的差异要小得多（表 4-27）。需要认识到的是,树皮的体积百分比要比干重百分比高。这是因为树皮的基本密度较低。在芬兰南部,松木造纸材树皮的基本密度低至 $286kg/m^3$,云杉造纸材的为 $346kg/m^3$,都比木头的基本密度低不少[46]。木与皮之间的差异又是欧洲赤松大于挪威云杉。

表 4-27 树皮在造纸材中的体积和干物量百分比：
芬兰南部的欧洲赤松和挪威云杉[46]　　单位：%

原料来源	欧洲赤松		挪威云杉	
	基于体积	基于干物量	基于体积	基于干物量
首次疏伐	15.1	9.6	10.6	9.2
第二次疏伐	10.1	6.8	10.4	8.8
主伐	7.1	5.8	12.5	10.6

4.3 木头作为能源

4.3.1 木能源

树通过光合作用生产木物质。光合作用把来自大气的二氧化碳和来自土壤的水转换为简单的糖(单糖),单糖进一步转化为高聚糖。通过叶绿体的叶绿素和其他色素中的反应,同一过程还把来自太阳辐射的能量(日能)转化为化学能。化学能贮存在生物质中的碳水化合物内。落叶树单位叶量的光合潜力比针叶树高,但叶量较少。绿色植物吸收太阳辐射400~700nm波长之间的可见光。在温性森林中,可见太阳辐射向长期贮存于木组织的转换效率是0.6%~3.1%,外加短期贮存于叶子和果实之类非木本成分的0.4%~0.8%。热带森林的转换效率较低,但生长期较长[74]。

因此,森林减少大气中的二氧化碳含量,构成碳的可更新储备(碳汇)。树整株或部分死亡后,死有机质开始分解。氧化反应释放碳和能量。这种释放可以通过自然分解,缓慢进行,也可以通过森林火烧,迅速完成。那样的能量不能回收,不能用于人类的需求。但是,在人工控制下,用锅炉系统燃烧森林生物质,所释放的能量就能用于生产热量、蒸汽或电力;也可以把生物质精炼成液体燃料,诸如生物柴油或生物乙醇,用于运输。

燃料的热能含量取决于燃料的化学成分,具体就是碳水化合物有机分子贮藏的能量。燃烧使碳和氢之间的高能键断裂,能量得到释放。因此,碳、氢含量高意味热值高。生物质中的氧、氮和无机元素毫无贡献。软木干物质的平均碳含量是50.7%,硬木是49.0%。氢含量分别是6.2%和6.0%[75]。硬木可燃化合物的比例低是因为木质素和提取物的含量低。

燃烧产生二氧化碳的排放,是气候变化的首要原因。为了减轻这方面的影响,理想燃料的二氧化碳排放比(二氧化碳的释放量与产生的能量之间的比值)应该低。这个比值指示燃烧产生的排放总水平。具体值取决于燃料中碳与氢的比率,因为在完全燃烧中,碳与氧气结合,释放能量和二氧化碳,而氢气也与氧气结合,释放能量和水。碳与氢的比率高,二氧化碳排放比也就高。

各种燃料的二氧化碳排放比如下:天然气 $202g/kW \cdot h$,重燃油 $277g/kW \cdot h$,煤 $342g/kW \cdot h$,泥炭 $382g/kW \cdot h$,含水量为40%的木头 $396g/kW \cdot h$。其中,以甲烷(CH_4)为主要成分的天然气比值最低,因此比其他化石燃料较有利于环境。木物质的碳氢比高。但是,只要生物质是可持续林业的产物,碳就是在封闭系统中循环,不会永久性增加大气中的二氧化碳含量。因此,在可持续森林管理的前提下,生物质几乎是碳中性燃料。只有用于采置和制造机器的燃料以及润滑油造成排放。在人工控制的条件下燃烧森林废除物时,能量的输入与输出比率低,为1:30。如果还燃烧森林工序废除物,比率甚至更低。在排放贸易的情况下,这是个巨大的优势,因为来自化石燃料的二氧化碳排放可能面临收费。

木头在森林工业中用作原料时价值最高。但是,森林工业利用木原料是有选择性的。即使在最有利的市场条件下,对森林生物量的工业利用一般只限于树干,还有维度和质量要求必须满足。在材前疏伐中,树常常还达不到工业利用的维度要求,因此被悉数留在立地上,当育林废除物。在商业性收获作业中,树干的低质区段和树的其他成分

(冠和桩根系统)被留在立地上,当采运废除物。育林废除物和采运废除物合称森林废除物。另一方面,森林工业也不能完全利用已在厂地的木原料,产生工业程序废除物。有出自初级森林工业的一次工序废除物,诸如树皮、锯屑、板皮、髓心、整剪废除物、木片筛渣、木质素性黑液。下游行业,诸如细木工、家具业和预制房屋制造业,产生二次工序废除物。这类废除物一般块粒小,含水量低,因此常常运往对口厂地,用以转换为能源,或者制成燃料丸[76]。

木头在发达国家基本用作工业原料,在发展中国家基本用于做饭和供暖。薪材在发达国家的作用不是很清楚,因为森林工业消耗的原料中有相当大的一部分成为工序废除物,最终被二次利用,生产能源。燃料成分在各种森林工业的原料中的平均比例如表4-28所示。

表4-28　　　　　　　　森林工业原料中的燃料成分[76]

产品	原料的燃料成分	燃料占体积的比例%
化学浆	树皮,筛除料,黑液	50~60
机械浆	树皮,筛除木片	10~20
锯成材	树皮,锯屑,板边,等外原木,筛除木片,等	15~60
胶合板	树皮,原木梢末,废板层,粉屑,筛除木片,等外原木,等	40~75

燃烧这些工序废除物曾经只是为了摆脱有害废物,并不回收能量。但这些与其说是废除物,不如说是有实际价值的副产物。即使在林业高度发达的国家,诸如芬兰和瑞典,木头总消费量的几近1/2最终在一次或二次利用中充当燃料(参见3.3.7节)。

不过,木物质充当能源的作用在发达国家还相当平庸。从绝对值看,美国是生物能源的最大用户,而且遥遥领先,但是,总初级能供应中在2011年只有2.3%来自生物质,从2009年的3.0%和2007年的3.1%一路下跌。就欧洲26国,这个比值是4.3%,但各国之间差异大。芬兰最高,有22%的初级能源出自木头,而在英国、乌克兰等国,仅1%左右[a]。在发展中国家,农业和林业生物质平均提供初级能源消耗的1/3。

4.3.2　木与皮的热值

带皮木材干物质的平均元素组成是:碳48%~52%,氧38%~42%,氢6.0%~6.5%,氮0.2%~0.5%,各类矿质元素(灰分)0.3%~5%。软木碳含量一般略高于硬木,皮的灰分含量总比木的高出不少。

如前所述,燃料的热能量取决于燃料的化学组成。可燃元素是碳和氢。在生物质燃烧彻底时,氧气结合碳,产生二氧化碳;也结合氢气,产生水。同时,树先前从太阳辐射吸收到的热能则根据下式获得释放:

$$C + O_2 \rightarrow CO_2 + 32.8 \text{MJ 热能/kg 碳} \tag{4-3}$$

$$2H_2 + O_2 \rightarrow 2H_2O + 142.2 \text{MJ 热能/kg 氢气} \tag{4-4}$$

燃料释放的总热量是热量值(高热值)。生物质在炉中燃烧时,必定消耗一些释放的热量,用以蒸发两个来源的水。一是带皮木材中含有的水,为150~550kg/m³。一是氢气和氧气结合产生的水,为140~350kg/m³,具体释水量取决于带皮木材的密度。

在大多数燃烧系统中,蒸发消耗的热量散入大气。因此,即使是完全燃烧,也不可能完全开采到生物质的热量值。也因此,在实际计算中,要从热量值中扣除蒸发花费的能量,假定水冷却到初始温度但保留蒸汽形式。这个差值是有效热值(低热值),取决于燃料含水量。

如果生物质绝对干燥,下面的等式给出热量值与有效热值之间的转换关系:

$$W_{ea} = W_c - (2.45 \times 0.09 \times w_{H_2O}) = W_c - 0.22 w_{H_2} \quad (4-5)$$

式中 W_{ea}——绝对干物质的有效热值,MJ/kg

W_c——绝对干物质的热量值,MJ/kg

w_{H_2}——绝对干物质的氢含量,%

w_{H_2O}——绝对干物质在完全燃烧的过程中所产生的水量,kg/kg

2.45——在20℃时蒸发水所必需的热能,MJ/kg

0.09——代表1份释放氢和8份氧结合形成9份水

因此,如果森林干物质的氢含量是6%,那么,有效热值比热量值小1.3MJ/kg。

生物质总含有水。由于冷凝潜热,还必须从热量值做进一步扣除,具体扣除多少则取决于燃料的含水量,如下式所示:

$$W_{em} = W_{ea} - 2.45w/(100-w) \quad (4-6)$$

式中 W_{em}——带水生物质的有效热值,MJ/kg 干物量

w——带水生物质的含水量,% 鲜物量

树种之间的热值差异狭小。热量值约为20.5MJ/kg,干燥木的有效热值约19.2MJ/kg。木质素、树脂、萜烯和蜡增加热值,无机材料降低热值。据Kollmann[75],纤维素的有效热值是17.4~18.2MJ/kg,木质素25.5MJ/kg,树脂35.6~38.1MJ/kg。

由于木质素和提取物含量上的差异,软木热值略高于硬木。树部件之间的差异大于树种之间。例如,桦树的热量值木头是19.9MJ/kg;内皮20.2MJ/kg;外皮超高,达33.3MJ/kg,因为木栓质含量高[77-78]。表4-29以美国南方松类为例,列出树不同部件的热量值。这些差异由基本密度、晚材百分比和生长轮宽度等木头性质解释不了,但大多能归咎于提取物含量。

表4-29 美国南部松树不同部件的热值[79]

材料	热量值/(MJ/kg)	材料	热量值/(MJ/kg)
液态树脂	34.0~37.8	树干木	19.3~21.7
带皮木制成的商品木炭	26.1~29.6	早材木	19.7~20.4
成熟树桩的多脂木	23.8~25.2	晚材木	19.5~20.4
针叶	20.8~21.2	根木	19.9~20.2
桩端的树干皮	20.6~21.3	老球果	18.8~19.0
梢顶的树干皮	19.9~20.5	去除浮油后的干化硫酸黑液	13.5~14.3

木燃料常常按体积而非质量检尺。按体积确定含能量时,生物质的基本密度成为重要因子,因为树种之间密度差异大于干物质的热值差异。基本密度高意味体积热值高。表4-30显示欧洲赤松和垂枝桦有效热值与含水量之间的关系。

表4-30　造纸材废除物的有效热值与含水量的关系：芬兰欧洲赤松和桦树[2]

废除物	树种	基本密度/(kg/m³)	湿基含水量/%					
			0	40	60	0	40	60
			MJ/kg 干物量			MJ/m³ 固体		
木	松	405	19.3	17.7	15.6	7817	7169	7318
	桦	480	18.6	17.0	14.9	8928	8160	7152
皮	松	265	19.5	17.9	15.8	5168	4744	4187
	桦	480	22.6	21.0	18.9	10848	10080	9072
枝	松	415	20.2	18.6	16.5	8383	7719	6848
	桦	500	19.7	18.1	16.0	9850	9050	8000

木燃料的体积在实践中是疏松检尺决定的。因此，还必须考虑实积含量（松密度或容重）的变异。生物质的组成、破碎和装载的方法、运输的距离，等等，都影响实积含量。对于破碎的带皮木材废除物，实积含量通常为 0.25～0.55。

4.4　回收性木纤维和非木质纤维充当制浆造纸原料

在2014年，世界为制造纸张和纸板生产的机械浆、半化学浆、化学浆和溶解浆总计 1.72 亿 t[b]。另外，回收纸张和纸板多达 2.21 亿 t。两者之差是 21 世纪 00 年代中以来原生木纤维产量基本维持稳定而回收量继续增长的结果（图4-39）。

虽然纸浆纤维最丰富的来源是木头，适于生产优质纸的纤维可以来自大量的维管植物。这些纤维与软木和硬木纤维在关键形态特征上不同，如表4-31所示。

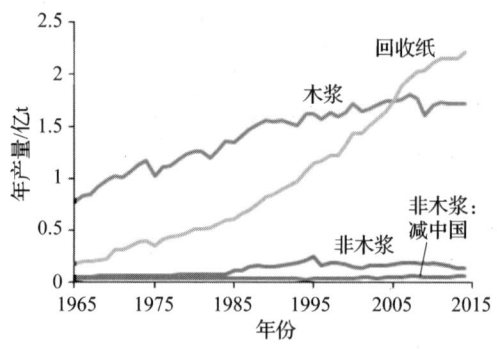

图4-39　全球纸浆产量：据联合国资料[b]

制浆的纤维必须是可调和的：能形成稳定而均匀的薄片，还必须建立纤维间的黏合。机械处理（打浆）改善纤维的这两项性质。不幸的是，很少有植物纤维能经济划算地培育，收获，运输，加工。要用于造纸，供应量得大，成本得合理。

表4-31　木浆和非木浆纤维的大致维度[81]和产量[84]

纸浆来源	纤维长度/mm	纤维直径/μm	纤维长径比	纤维年产/(t/hm²)	出浆率/%
软木	3.0	30	100	1.5～8.6	50
硬木	1.0	16	62	3.4～15	50
小麦：秸秆	1.5	13	120	4	48
稻草：秸秆	1.5	9	170	3	40
西班牙草	1.1	10	110	8	50
芦苇	1.5	13	120	—	—
干蔗：蔗渣	1.7	20	80	9	47
竹子	1.7	14	120	4	40
棉花	25.0	20	1250	—	—

非木质纤维在造纸中的利用曾稳步增长,在20世纪90年代中达到2536万t;之后有降有升,但总体上降多升少(图4-39)。全球非木浆生产在2014年只是峰值时的1/2(1323万t),占全部制浆的7%。这些起伏基本出自中国,是数千家设备陈旧的地方性小厂急剧兴亡的结果[c]。世界其他地方的总产量一直徘徊在三四百万吨之间,在21世纪内则持续上升到2014年的568万t。

原生木纤维、回收性木纤维和非木质纤维可以分别生产各种等级的纸张和纸板,但成本质量比率不同:哪种比率好,就用于生产哪种。如表4-32所示,回收性木纤维大多用于瓦楞纸板和一般纸板,还有不少用于卫生纸、新闻纸和各种各样的专用纸,较少用于印刷纸和书写纸。非木制浆大多用于特种等级纸,不含磨木浆的书写纸和印刷纸,以及卫生纸,还有一定量充当制板材料。

表4-32　　　　　　　　全球各种纸张和纸板的平均原料份额[82]

产品:纸张或纸板类型	原料(见表底注释)							
	1	2	3	4	5	6	7	8
	占产品的物量比例/%							
新闻纸	51.6	6.6	1.0	0.1	2.0	36.7	0.8	1.3
含磨木浆的书写和印刷纸	35.3	19.4	4.5	0	1.6	10.6	0.4	28.2
无磨木浆的书写和印刷纸	1.1	21.3	37.2	<0.1	2.7	7.0	10.3	2.4
卫生纸	2.9	14.2	19.3	0.5	5.0	49.2	7.5	1.4
瓦楞纸板材料	6.4	1.5	2.6	23.4	0.2	61.9		1.8
纸板	5.2	9.8	11.5	5.8	1.1	58.3	3.9	4.3
其他	2.3	10.7	10.5	20.5	2.8	38.7	11.3	3.8

注:原料:1—机械或半化学浆;2—漂白软木硫酸盐浆;3—漂白硬木硫酸盐浆;4—未漂白硫酸盐浆;5—亚硫酸盐浆;6—回收性木纤维;7—非木质纤维;8—颜料和填料。

图4-40显示非木浆生产量在各大洲的历史趋势:在亚欧起伏最大,大致以20世纪90年代中后期为分界,欧洲由降变升,中国则由升变降,印度(因此中国之外的亚洲总体)不时经历急剧增长期。在2014年,中国生产了755万t,占世界总产量的57%;亚洲的其他国家和欧洲分别生产了全球的23%(印度15%)和13%(西班牙7%)。

非木浆的原料基础包括农业废除物(秸秆、蔗渣等),天然生长的植物(竹子、芦苇等)和专为生产纤维而栽培的植物(洋麻、大麻)。在1985—2014年期间,非木浆产量尽管经历了大起大落,秸秆浆和蔗渣浆的份额一直维持在60%左右,竹浆年产量则为一两百万吨(表4-33)。

表4-33　　　　　　　　非木浆产量的主要原料*　　　　　　　　单位:万t

原料		秸秆	蔗渣	竹子	其他	合计
年产/万t (份额/%)	1985年,世界[84]	617(46)	234(18)	155(12)	330(25)	1335(100)
	1993年,世界[84]	957(46)	298(14)	132(6)	687(33)	2074(100)
	2014年,中国[d]	335(44)	111(15)	154(20)	154(20)	755(100)

注:* 中国占全球的份额在这三年依次分别为68,82和57%。

农业废除物秸秆是纤维的一大潜在来源,是最重要的非木浆原料(表4-33)。全球禾谷产量不断增长,意味着秸秆的持续增多(图4-41)。但秸秆有许多其他用途,诸如当饲料和燃料。在2013年,中国、美国和印度分别占世界禾谷总产量的20.0、15.7和10.6%。

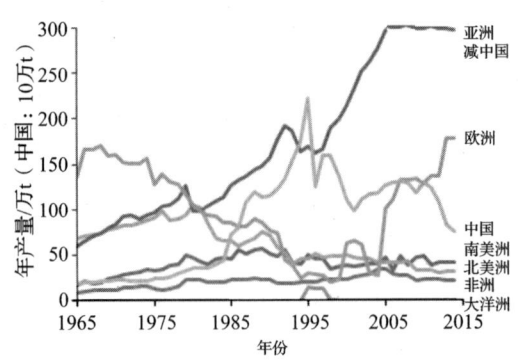

图4-40 非木浆产量在各大洲和中国的历史变迁:据联合国资料[b]

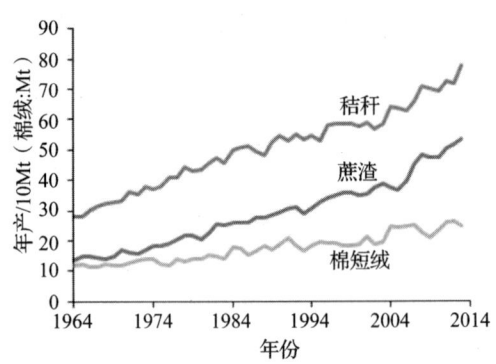

图4-41 全球潜在可用秸秆、蔗渣和棉短绒量:据联合国资料[b]

秸秆为禾谷产量乘以0.28[e];蔗渣为甘蔗产量乘以0.28[f]

作为制浆原料,小麦和黑麦秸秆优于燕麦和大麦,稻秆最差;这些秸秆较之木头都有某些缺陷。因为收获季节短,秸秆供应只能时有时无,必须长时间贮存;还必须干贮,否则容易腐烂。秸秆松空,体积大,集运成本高;硅石、灰分含量高,容易损坏加工系统。稻秆灰分能超过15%的干物质重量,使黑液难以回收。但在开发去除硅石的方法上,2014年似有突破[g]。秸秆纤维约1.5mm长,长度与直径的比率为100:1。秸秆浆还有许多薄壁小纤维,因此排水阻力大。这种浆在高速造纸机上的运行性能差。秸秆尽管木质素含量不如木头高,出浆产量却较低,如表4-34所示。

表4-34　　　　　　　　　　秸秆和木头的化学浆产量[81]　　　　　　　　　　单位:%

制浆工序类型	秸秆浆	木浆
半化学	55~58	65~70
化学:未漂白	40~42	48~52
化学:漂白	35~38	45~50

蔗渣,原义指甘蔗被榨出糖分后留下的渣,是非木浆的另一种重要原料。但广义的蔗渣还包括高粱等其他具有类似用途的植物渣。因为这是糖厂大量积聚的工序废除物,运往制浆厂的成本通常很低,尤其如果联合生产糖和纸浆。糖厂每年只运行75~225天,因此贮存成本较高。贮存期纤维损失大。蔗渣全球年产量增长迅速(图4-41),储备有大量纤维,但还用作饲料、燃料和原料;作为原料,尤其在巴西,用于生产乙醇,以取代石化动力燃料。巴西的蔗渣产量占世界4成左右(但80%以上用于产能[f]),其他份额名列前位的是印度(18%)、中国(7%)和泰国(5%)。在2014年,中国蔗渣浆产量超过100万t(表4-33),哥伦比亚和墨西哥分别具有20多万吨的蔗渣浆生产能力[d]。

蔗渣大约有1/3的干物量是髓心的薄壁表皮组织和薄壁组织。这些组织因细胞组成不适合制浆,必须先去除。蔗渣制浆要比硬木制浆难洗涤,难筛选。其纤维约1.7mm长,长径比率与软木纤维类似。硅石和提取物含量高,但木质素水平与硬木大致相同。蔗渣制浆能用以做卫生纸,瓦楞夹心原纸,包装纸,新闻纸和印刷书写纸。

竹子广泛覆盖亚洲、非洲和南美洲的热带、亚热带和温带地区,20世纪90年代估计共有

45属750种[84]，十年后的说法是70属1200种[h]。有些能达30m高，30cm粗。竹子生长快，人工林产量高。但栽培不易，因为大面积的竹林有时会毫无先兆地突然全部开花，在种子成熟后即便死去。全球竹林面积大约为森林面积的1%。主要生产国是印度和中国（在2005年分别有1140万hm^2和540万hm^2，平均蓄积量$11t/hm^2$和$30t/hm^2$），其产量一直在增长。

竹子是多年生青草，但有木质株干（竹茎）。竹茎有50%是薄壁组织细胞，40%是纤维，10%是输导细胞，诸如导管和筛管。在大多数竹种中，纤维平均长1.7~2.0mm，长径比为150:1~250:1。竹纤维的层状次生壁与木纤维细胞壁在微纤丝的组织和走向上有明显差别。细胞壁薄，半纤维素含量高，因此需要的打浆时间短。竹节点基本密度高，木质化程度高，给制浆带来问题。灰分含量高，达5%~6%，给碱性制浆中的化学品回收造成问题。竹制浆在亮度上也不如混合性热带硬木制浆。上述种种问题已经随着新的生产工艺在相当大的程度上得到解决。竹纤维在生产高质漂白纸中有用。

芦苇在东欧、非洲和亚洲大河的三角洲地区形成茂密的植被。其干物质年产量可达每公顷5~10t，世界总产量能有3000万t。收获浅水体中的芦苇靠驳船和水陆两用机。至少在20世纪90年代，中国、罗马尼亚、俄罗斯、土耳其和伊朗用芦苇制浆造少量的印刷和其他用纸。

西班牙草，又名灰绿针草，实际是两种植物的合称，天然生长于北非和西班牙的干燥沙质土。西班牙草许多年前就在英国用于造纸。其纤维1.5mm长，纤细；生产的印刷和复印纸透明度超低，光滑度超高。不过，西班牙草收获成本高，供应有限，尚未成为纸浆的重要来源。年生物质潜力不足50万t。

棉花的纤维是溶解纸浆的优秀原料，因为天然纤维素纯度高。制浆几乎不需要什么化学降解。原料是破布、纺织废除物、棉短绒（从棉桃提取原棉后留下的废除物）。棉纤维20~30mm长，但必须断成5~6mm才能造纸。棉纤维做轻泡、闭光而耐久的纸，特别适合做特等纸，诸如债券、图纸和电绝缘纸。棉纤维纱在纺织业中通常与合成纤维纱混纺，在回收时难以提纯。因此，越来越少用破棉布造纸。棉短绒产量总体上一直在增长，虽然幅度不大（图4-41）；印度自21世纪初翻了两三番，而中国在2007年达到峰值后一路下跌，在2013年两国各占世界总值的1/4左右。美国棉绒产量自2005年至2013年几乎降了1/2，使之名列第三（占世界1/9）。棉绒有其他用途竞争，价格不菲。

亚麻纤维来自亚麻破布、纺织废除物或亚麻茎本身。这种纤维超长，25~150mm不等，壁厚，难以细丝化。制成的纸强度大、轻泡。亚麻纤维或单独，或与棉纤维混合，用于生产纸币和卷烟纸。但供应很有限，纤维成本高。

造纸还用许多其他植物纤维，包括马尼拉大麻、柽麻、苎麻、剑麻、黄麻类和红麻。这些植物的生物量潜力不太大，因此只适合当地使用。总的趋势是缺乏发展，抑或如剑麻，半世纪内产量反而减少了2/3（图4-42）。在2013年，苎麻

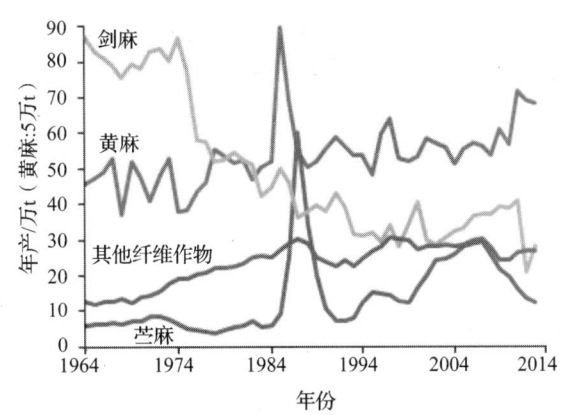

图4-42 全球麻类纤维作物产量：联合国资料[b]
其他纤维作物中包括西班牙草等数十种地方性作物

几乎只有中国生产(96%),黄麻大致由印度(57%)和孟加拉国(41%)分摊(中国1%),剑麻超过1/2由巴西生产(中国6%),列入"其他"的纤维作物则由巴西和越南各占1/3(中国0.1%)。

许多欧洲国家研究了能否用农地栽培非木质纤维植物,诸如藕草,借以缓和粮食的过剩生产。其问题是纤维的成本,而非质量。

非木生物质适用于制浆和造纸的世界年产量总数超过20亿t。何况,只要有需求,还可以增加种植。因此,要增产非木浆,大有可能。适当混合各种非木纤维,选择相应的制浆工艺,就能用这类原料生产任何等级的纸张和纸板。如果条件使然,纵然不添加木浆,也有可能制造任何纸,无论类别或等级。在大多数情况下,非木浆都会或多或少掺有一定比例的木浆。对非木浆的更多利用,可谓万事俱备,只欠经济必要性这一东风[83]。那些还是1988年的陈述。之后,非木浆产量经历了短暂的盛期,在1995年达到了纸浆总产的近14%,但在2014年却比1988年时还要低16%(图4-39)。预计非木原料在纸浆供应中的利用还可能进一步萎缩,除非在中国的崩溃式下跌能得到实质性弥补。

参考文献

[1] Young, H. E., Strand, L. and Altenberger, R. 1964. Preliminary fresh and dry weight tables for seven species in Maine. Maine Agricultural & Forest Experiment Station, Technical Bulletin 12. The University of Maine, Orono. 76 p. ISSN 1070 – 1524.

[2] Hakkila, P. 1989. Utilization of residual forest biomass. Springer Series in Wood Science. Springer – Verlag, Berlin – Heidelberg – New York. 568 p. ISBN 3 – 540 – 50299 – 8.

[3] Young, H. E., Ribe, J. H. and Wainwright, K. 1980. Weight tables for tree and shrub species in Maine. Life Science & Agricultural Experiment Station Miscellaneous Reports 230. University of Maine, Orono. 84 p. ISSN 1070 – 1508.

[4] Standish, J. T., Manning, G. H. and Demaerschalk, J. P 1985. Development of biomass equations for British Columbia tree species. Canadian Forest Service, Pacific Forest Research Centre, Information Report BC – X – 264. Victoria, BC. 47 p. ISBN 0 – 662 – 14013 – 3.

[5] Hakkila, P, Kalaja, H. and Mäkelä, M. 1975. Kokopuunkäyttö pienpuuongelman ratkaisuna. Summary: Full – tree utilisation as a solution to the problem of small – sized trees Folia Forestalia 240. 78 p. ISBN 951 – 40 – 0176 – 1. ISSN 0015 – 5543.

[6] Fegel A. C. 1941. Comparative anatomy and varying physical properties of trunk, branch, and root wood in certain northeastern trees. Bulletin of the New York State College of Forestry at Syracuse University, Technical Publication, vol 55 No. 14, pp. 5 – 20.

[7] Mork, E. 1928. Die Qualität des Fichtenholzes unter besonderer Rücksichtnahme auf Schleif – und Papierholz [The quality of spruce wood with a special consideration of groundwood and paperwood]. Papier Fabrikant 26, No 48:741 – 747.

[8] Panshin, A. J. and de Zeeuw, C. 1980. Textbook of Wood Technology. McGrawHill, New York, pp. 62, 105, 107, 163, 243. ISBN 0 – 07 – 048441 – 4.

[9] Ilvessalo – Pfäffli M. – S. 1995. Fiber Atlas. Identification of papermaking fibers, Springer Series in Wood Science, Springer – Verlag, Berlin – Heidelberg – New York, pp. 15,18,22,28. ISBN 3 – 540 – 553924. ISBN 9 – 783 – 54055 – 3922.

[10] Bailey; I. W. 1919. Phenomena of cell division in the cambium of arborescent gymnosperms and their cytological significance. Proceedings of National Academic Sciences of U. S. A. 5: 283 – 285. ISSN 0027 – 8424.

[11] Fengel D. and Grosser, D. 1975. Chemische Zusammensetzung von Nadel – und Laubhölzern [Chemical composition of coniferous and deciduous tree species]. Holz als Roh – und Werkstoff 33:32 – 34. ISSN 0018 – 3768.

[12] Sjöstöm, E 1993. Wood chemist ry. Fundamentals and applications, Second Edition. Academic Press, New York, pp. 114 – 161. ISBN 0 – 12 – 647480 – X.

[13] Kininmoth, J. A. and Whitehouse, L. J. (eds.). 1991. Properties and uses of New Zealand radiate pine. Volume one – Wood properties. New Zealand Ministry of Forestry, Forest Research Institute. Rotorua, New Zealand. ISBN 0 – 47301181 – 6.

[14] Willför, S, Sundberg, A., Pranovich, A. and Holmbom, B. 2005. Polysaccharides in some industrially important hardwood species. Wood Science and Technology 39:601 – 617. ISSN 0043 – 7719.

[15] Browning, B. L. 1967. Methods of wood chemistry. II. Interscience, Wiley & Sons, New York, PP. 387,388,561,562. ISBN 0 – 470 – 11325 – 1.

[16] Timell, T. E 1965. Wood hemicelluloses II. Advances in Carbohydrate Chemistry and Biochemistry 20:409 – 483. ISSN 0065 – 2318.

[17] Timell, T. E. 1986. Compression wood in gymnosperms, vol. 1 – 3. Springer – Verlag, Berlin. 2150 p. ISBN 3540157158. ISBN 978 – 3540157151.

[18] Timell, T. E 1964. Wood hemicelluloses I. Advances in Carbohydrate Chemistry And Biochemistry 19:247 – 302. ISSN 0065 – 2318.

[19] Timell, T. E. 1967. Recent progress in the chemistry of wood hemicelluloses. Wood Science and Technology (1967) 1:45 – 70. ISSN 0043 – 7719.

[20] Sarkanen, K. V. and Ludwig, C. H. 1971. Lignins: occurrence, formation, struc – ture and reactions. Wiley & Sons, New York. 916 p. ISBN O – 471 – 75422 – 6.

[21] Pettersen, R. C. 1984. The chemical composition of wood. Chapter 2 in: Rowell, R. M. (ed.). The chemistry of solid wood. American Chemistry Society, Advances in Chemistry Series, Volume 207. Washington. 614 p. ISBN 0 – 841 – 20796 – 8.

[22] Larson, P. R. 1966. Changes in chemical composition of wood cell walls associated with age in *Pinus resinosa*. Forest Products JournaI 16(4):37 – 45. ISSN 0015 – 7473.

[23] Browning, B. L. 1967. Methods of wood chemistry l. Wiley Interscience, Wiley &Sons, New York, pp. 75 – 77. ISBN 0 – 470 – 11324 – 3.

[24] Koch, P. 1985. Utilization of hardwoods growing on southern pine sites. Volume 1: the raw material. Agriculture Handbook 605. U. S. Department Of Agriculture, Forest Service, Washington, PP. 400,401,435 – 450.

[25] Hannus, K. and Pensar, G. 1970. Extraktivämnen i barr [Extractives in needle] Abo Akademi,

Institut för Träkemi, Cellulosateknik B44. 41 p.

[26] Hillis, W. E. 1987. Heartwood and tree exudates. Springer Series in Wood Science. Springer – Verlag, Berlin – Heidelberg – New York – Tokyo. 268 p. ISBN 0 – 387 – 17593 – 8.

[27] Hillis, W E. (ed.). 1962. Wood extractives and their significance to the pulp and paper industries. Academic Press, New York. 513 p. ISBN 0 – 123 – 48750 – 1.

[28] Hakkila, P. 1968. Geographical variation of some properties of pine and spruce pulpwood in Finland. Communicationes Instituti Forestalis Fenniae 66(8):1 – 60. ISSN 0026 – 1610.

[29] Gardner, J. A. F. and Hillis, W. E. 1962. The influence of extractives on the pulping of wood. In: Hillis, W. E. (ed.). Wood extractives and their significance to the pulp and paper industries. Academic Press, New York. , pp. 307 – 403. ISBN 0 – 123 – 48750 – 1.

[30] Hakkila, P. and Kalaja, H. 1983. Puu – ja kuorituhkan palauttamisen tekniikka. Summary: The technique of recycling wood and bark ash. Folia Forestalia 552. 37 p. ISBN 951 – 40 – 0612 – 7. ISSN 0015 – 5543.

[31] Donaldson, L. 2008. Microfibril angle: measurement, variation and relationships – a review. IAWA Journal 29 (4):345 – 386. ISSN 0928 – 1541.

[32] Kollmann, F. F. P. and Cote, W. A., Jr. 1968. Principles of wood science. Springer – Verlag, Berlin – Heidelberg – New York, pp. 18 – 64, 160 – 172. ISBN 999 – 14 – 6810 – 2.

[33] Shmulski R., Haygreen, J. G. and Bowyer, J. L. 2007. Forest products and wood science. An introduction. 5th revised ed. The Iowa State University Press, Ames. 576 p. ISBN 0 – 813 – 82036 – 7.

[34] Cote, W. A., Jr. 1967. Wood ultrastructure. An atlas of electron micrographs, University of Washington Press, Seattle. 62 p. ISBN 951 – 22 – 7268 – 7.

[35] Isenberg, I. H. 1975. The structure of wood. In: Browning, B. L. (ed.). The chemistry of wood. R. E. Krieger Publishing Company, Huntington, N. Y. Reprint of the edition published by Interscience Publishers, New York, 1963, pp. 7 – 55. ISBN 0 – 882 – 75245 – 6.

[36] Wagenführ, R. 1996. Holzatlas. Fachbuchverlag, Leipzig, pp. 453 – 459. ISBN 3 – 446 – 00900 – 0.

[37] Ranua, J. 1999. Haavan käyttö paperin raaka – aineena [Use of aspen wood as a raw material for paper]. Finnish Forest Research Institute, Research papers 725, pp. 101 – 106. ISBN 951 – 40 – 1671 – 8. ISSN 0358 – 4283.

[38] Patt, R., Kordsachia, O. and Fehr, J. 2006. European hardwoods versus Eucalyptus globulus as a raw material for pulping. Wood Science and Technology (2006) 40:39 – 48. ISSN 0043 – 7719.

[39] Bustamante Ezpeleta, L. and Serfaty Simon, J. L. 1970. Atlas de fibras para pasta de celulosa. II parte, volumen primero. Ministerio de Agricultura, Madrid, 107 p.

[40] Thörnqvist, T. 1993. Juvenile wood in coniferous trees. Swedish Council for Building Research. Document D13:1993, Stockholm. 109 p. ISBN 91 – 540 – 5605 – 5.

[41] Cown, D. J. 1999. New Zealand pine and Douglas – fir – Suitability for processing. Forest Research Bulletin 2/6. Rotorua, New Zealand. 72 p. ISSN 1174 – 5096.

[42] Timell, T. E. 1982. Recent progress in the chemistry and topochemistry of compression wood.

Wood Science and Technology 16 (2):83 – 22. ISSN 0043 – 7719.

[43] Timell T. E. 1969. The chemical composition of tension wood. Svensk Papperstidning 72:173 – 181. ISSN 0039 – 6680.

[44] Koch, P. 1972. Utilization of the southern pines. Volume 1:the raw material. Agriculture Handbook 420. U. S. Department Of Agriculture, Forest Service, Washington, pp. 87 – 94, 470 – 495.

[45] Koch, P. 1996. Lodgepole pine in North America. Volume 2:Part III:Characterization of tree parts. Forest Products Society, Madison, WI, pp. 512 – 532. ISBN 0 – 935018 – 78 – 6.

[46] Hakkila, P., Repola, J. and Kalaja, H. 2008. Suomalainen havukuitupuu [Finnish pulpwood from softwoods]. Unpublished manuscript at the Finnish Forest Research Institute. 86 p.

[47] Hakkila, P. and Panhelainen, A. 1970. On the wood properties of Pinus con – torta in Finland. Communicationes Instituti Forestails Fenniae 73 (1):1 – 43. ISSN 0026 – 1610.

[48] Hakkila, P. 1971. Coniferous branches as a raw material source. Com – municationes Instituti Forestalis Fenniae 75 (1):1 – 60. ISSN 0026 – 1610.

[49] Anon. 2000. Wood Handbook:Wood as an engineering material. Agriculture handbook 72. U. S. Department Of Agriculture, Forest Service, Forest Products Laboratory, Madison, WI, pp. 3 – 5 – 3 – 1 1. Available at:http://www. fpl. fs. fed. us/documnts/fplgtr/fplgtr113/fplgtr113. htm [Reference 4. 11. 2008]

[50] Higgins, N. C. 1957. The equilibrium moisture content – Relative humidity relationships of selected native and foreign woods. Forest Products Journal 7 (10):371 – 377. ISSN 0015 – 7473.

[51] Stamm, A. J. and Sanders, H. T. 1966. Specific gravity of the wood substance of loblolly pine as affected by chemical composition. TAPPI Journal 49:397 – 400. ISSN 0882 – 5777.

[52] Stamm, A. J. 1969. Correlation of structural variations of lignins with their specific gravity. TAPPI Journal 52:1498 – 1502. ISSN 0882 – 5777.

[53] Spurr, S. H. and Hsiung, W. Y. 1954. Growth rate and specific gravity in conifers. Journal of Forestry 52(3):191 – 200. ISSN 0022 – 1201.

[54] Paul, B. H. 1939. Variation in the specific gravity of springwood and summerwood of four species of southern pines. Journal of Forestry 37:478 – 482. ISSN 0022 – 1201.

[55] Gonzales, J. S. 1990. Wood density of Canadian tree species. Information Report NOR – X – 315. Forestry Canada, Edmonton, AB. 130 p.

[56] Miranda, I., Almeida. M. H. and Pereira, H. 2001. Provenance and site variation of wood density in *Eucalyptus globulus* Labill. at harvest age and its relation to non – destructive early assessment. Forest Ecology and Management 149:235 – 240. ISSN 0378 – 1127.

[57] Ilic, J. 1997. Wood of Eucalyptus – Part 1. Distinguishing three species from the ash group (*E. regnans*, *E. deltoides*, *E. oblique*). IAWA Journal 18(1):27 – 36. ISSN 0928 – 1541.

[58] Heräjärvi, H., Junkkonen, R., Koivunen, H., Metros, J., Piira, T. and Verkasalo, E 2006. Metsä – ja hybridihaapa sahatavaran ja jatkojalosteiden raaka – aineena [European and hybrid aspen as raw material of sawn timber and mechanical further products]. Working Papers of the Finnish Forest Research Institute 31. 102 p. [Website document]. ISBN 951 – 40 – 2008 – 1. ISSN 1795 – 150 – X Available:http://www. metla. fi/julkaisut/workingpapers/2006/mwp031. htm. [Reference 4. 11. 2008]

[59] Pérez, O. P. 2002. Growth and wood properties of aspen (*Populus tremula*), quaking aspen (*Populus tremuloides*) and hybrid aspen (*Populus tremula* x *Populus tremuloides*) in Finland and suitability for industrial processing. University of Helsinki, Department of Applied Biology M. Sc. thesis. 28 p. + App.

[60] Saranpää, P., Repola, J. and Ojansuu, R. 2002. Kuusen puuaineen ominaisuudet ja niiden vaihtelu [Wood properties of spruce and their variation]. The Finnish Forest Research Institute, Research Papers, 841: 7 – 17. ISBN 951 – 40 – 1821 – 4. ISSN 0358 – 4283.

[61] Tamminen, Z. 1962. Fuktighet, volymvikt, mm. hos ved och bark. 1 Tall. Summary: Moisture content, density and other properties of wood and bark. 1 Scots pine. Kungliga Skogshögskolan, Institutionen för Virkes/ära. Rapporter och Uppsatser 41: 1 – 118. ISSN 0037 – 5330.

[62] Rendle, B. J. 1960. Juvenile wood and adult wood. Journal of the Institute of Wood Science 1 (5): 58 – 61. ISSN 0020 – 3203.

[63] Hakklia, P. 1966. Investigations on the basic density of Finnishpine, spruce and birch wood. Communicationes Instituti Forestalis Fenniae 61(5): 1 – 98. ISSN 0026 – 1610.

[64] Lindblad, J. and Verkasalo, E. 2001. Basic density and conversion factors for industrial and pulpwood chips. Paperi ja Puu – Paper and Timber 83(6): 458 – 461. ISSN 0031 – 1243.

[65] Nylinder, P. 1961. Om ved – och trädegenskapers inverkan på ravolymvikt och flytbarhet. I. Tall. Summary: Influence of tree features and wood properties on basic density and buoyancy. I. Scots pine (*Pinus sylvestris*), Kungliga Skogshögskolan, Institutionen för Virkeslära, Uppsatser R 36: 1 – 63. ISSN 0037 – 5330.

[66] Hakkila, P. 1979. Wood density survey and dry weight tables for pine, spruce and birch stems in Finland. Communicationes Instituti Forestalis Fenniae 96(3): 1 – 59. ISSN 0026 – 1610.

[67] Hakkila, P., Kalaja, H. and Saranpää, P. 1995. Etelä – Suomen ensiharvennusmänniköt kuitu – ja energialähteenä. [Young Scots pine stands as a source of fiber and energy in southern Finland]. The Finnish Forest Research Institute, Research Papers, 582. 100 p. ISBN 951 – 40 – 1489 – 8.

[68] Hakkila, P. and Uusvaara, O. 1968. On the basic density of plantation – grown Norway spruces. Communicationes Instituti Forestalis Fenniae 66(6): 1 – 23. ISSN 0026 – 1610.

[69] Megraw, R. A. 1985. Wood quality factors in loblolly pine. The influence of tree age, position in tree, and cultural practice on wood specific gravity, fiber length, and fiber angle. TAPPI Press, Atlanta, GA. 96 p. ISBN 0 – 8985 – 2048 – 7.

[70] Paavilainen, L. 1993. Influence of fiber morphology and processing in the softwood sulphate pulp fiber and paper properties. University of Technology, Helsinki, PhD Thesis. 155 p.

[71] Kibblewhite, R. P. and Bawden, A. D. 1991. Radiata pine thinnings and toplog kraft pulp qualities. Appita Journal 44(4): 247 – 256. ISSN 1038 – 6807.

[72] Norin, T. and Fremer, K. E. 1977. Kuoren rakenne ja kemiallinen koostumus [Anatomic strcture and chemical composition of wood bark]. In: Jensen, W (ed.). Puukemia 1 [Wood Chemistry 1], pp. 83 – 96. ISBN 951 – 99 – 1172 – 3.

[73] Anon. 1977. Projekt helträdsutnyttjande. Helträdsutnyttjande inom massaindustrin. Slutrapport från projektgrupp massa. [Project Whole – tree utilisation, whole tree utilisation in the pulp in-

dustry. Final report from project group "Pulp"]. Stockholm. 64p.

[74] Jordan, C. F. 1971. Productivity of tropical forest and its relation to a world pattern of energy storage. Journal of Ecology 59:127 – 142. ISSN 0022 – 0477.

[75] Kollmann, F. 1951. Technologie des Holzes und der Holzwerkstoffe 1. Springer Verlag, Berlin. 1 050 p.

[76] Hakkila, P. and Parikka, M. 2002. Fuel resources from the forest. In: Richardson, J., Blörheden, R., Hakkila, P., Lowe, A. T., Smith, C. T. (eds.). Bioenergy from sustainable forestry. Kulwer Academic publishers, pp. 19 – 48. ISBN 1 – 4020 – 0676 – 4.

[77] Nurmi J. 1993. Heating values of the above ground biomass of small – sized trees. Acta Forestalia Fennica 236. 30 p. ISBN 951 – 40 – 1280 – 1. ISSN 0001 – 5636.

[78] Nurmi J. 1997. Heating values of mature trees. Acta Forestalia Fennica 256. 28 p. ISBN 951 – 40 – 1561 – 4. ISSN 0001 – 5636.

[79] Howard, E. T. 1973. Heat of combustion of various southern pine materials. Wood Science 5: 194 – 197. Available at: http://www.srs.fs.usda.gov/pubs/ja/ja_howard009.pdf. [Refence 13. 3. 2009].

[80] Anon. 2007. FAO Yearbook of Forest Products 2005. FAO Statistics Series 193. FAO, Rome. 338 p. ISSN 1020 – 458X.

[81] Jeyasingam, J. T. 1988. A summary of special problems and considerations related to non – wood fibre pulping worldwide. Proceedings of TAPPI Pulping Conference 1988. New Orleans, USA. Book 3, pp. 571 – 579. TAPPI Press, Atlanta, GA.

[82] Anon. 2001. Investment opportunities in the Australan forest products industry. Prepared for Department of Agriculture, Fisheries and Forestry – Australia. Jaakko Pöyry Report 51A00B628. 137 p. + Appendices. Available at http://www.daff.gov.au/forestry/national/investment/opportunities. [Reference 4. 11. 2008].

[83] Atchison, J. E. 1988. Worldwide capacities for non – wood plant fibre pulping – increasing faster than wood pulping capacities. Proceedings of TAPPI Pulping Conference 1988. New Orleans, USA. Book 1, pp. 25 – 45. TAPPI Press, Atlanta, GA.

[84] Pande, H. 1998. Non – wood fibre and global fibre supply. Unasylva Vol. 49 – 1998/2:50 – 54. FAO – Food and Agriculture Organization of the United Nations, Rome. ISSN 0041 – 6436.

[a] UNECE/FAO Joint Wood Energy Enquiry (JWEE) 2013. United Nations, Geneva. Available at http://www.unece.org/forests/jwee.html.

[b] FAOSTAT available at http://faostat3.fao.org

[c] Anon. 2007. Non – wood fibre for papermaking. Available at http://vnp.nl/wp – content/uploads/2014/01/37. – Non – wood – fibre – for – papermaking.pdf.

[d] Anon. 2015. Pulp and paper capacities: survey 2014 – 2019. FAO – Food and Agriculture Organization of the United Nations, Rome. ISBN978 – 92 – 5 – 008822 – 8.

[e] IEEP (Institute for European Environmental Policy) 2012. Mobilising cereal straw in the EU to feed Advanced Biofuel production, Report produced for Novozymes, London.

[f] Hofsetz, K. and Silva, M. A. 2012. Brazilian sugarcane bagasse: energy and non – energy consumption. Biomass and Bioenergy 46:564 – 573.

[g] Li, N., Xia, X. and Tong, S. 2014. Removal of silicon from green liquor with carbon dioxide seeding crystal in the chemical recovery process of wheat straw soda pulping. Paper and Paper Making 33(5):16-20.

[h] Lobovikov, M., Paudel, S., Piazza, M. et al. 2007. World bamboo resources: a thematic study prepared in the framework of the Global Forest Resources Assessment 2005. FAO Non-Wood Forest Products 18, Rome.

第 5 章 森林资源清查和规划

5.1 引言

清查意为清点查核,规划意为规则计划。森林资源清查给森林管理规划提供原始资料。森林管理规划则对资源清查提出要求,给决策提供可选方案(图 5-1)。随着对森林服务功能认识的深化和普及,森林议题的公共化、全球化,森林资源清查已经超越林主的一般规划需要,多少兼有义务性,而且内容更广泛。

清查的方法随规划的具体需要有所不同。如果要规划木材管理,就得先了解林分(或森林)的立木材积,商品材积和材积增长量。这些特性很难从立树(尚在林分中站立着的树)直接测得,甚至不可能。因此,总是用容易测量的变量,结合模型,间接确定材积和其他重要特性。

完整的森林资源清查系统利用测量技术和计算技术。如图 5-1 所示,计算就是结合实地测定的信息与模型含有的信息。这些模型给出所测特性与规划决策所考虑的变量之间的关系,表达方式多种多样,常规的诸如材积表、生物量函数和树高曲线。电脑化的计算往往使用等式,比表格更准确灵活,乃至由复杂计算程序构成的互动性数学模型[a]。

森林管理规划是为了制订满足森林生产和其他指标的计划。规划通报各种决策选择的可能后果,帮助管理者确定这些选择的次第,因而支撑林业决策。森林管理规划的任务是显示利用森林资源的最佳方式。"最佳"的标准,则由决策者选定,不一定是经济性的,也不必是材料性的。

规划分战略、战术、作业。战略规划帮助制定林业的主要方向,使森林及其利用以尽可能最好的方式造福业主。森林战略的例子有:尽可能增大木材的稳定流量,最大限度提高盈利性,促进多用途林业和自然保护。战略规划帮助确定战术规划的管理追求。

战术规划回答一个问题:要实现战略决策衍生的生产指标和其他管理追求,应该在森林中做什么?战术规划通常产生一系列的森林作业事项。森林管理规划一词通常是指战术规划。作业规划

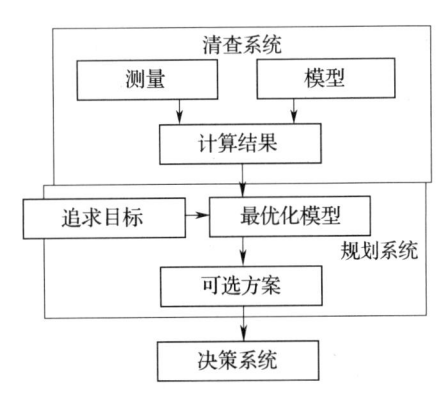

图 5-1 森林资源清查与管理规划要素

是针对战术规划和后续决策所确定的各种处理和其他活动的实施计划。

据《森林评估2015》[b]，在2010—2014年间，112个国家进行了全国森林资源清查，覆盖世界森林面积的77%。在2010年，生产性森林面积的70%有森林管理计划。可持续性森林管理的指标包括如下领域：森林资源规模，生物多样性，森林健康及活力，森林的生产功能，森林的保护功能，森林的社会经济功能，以及相关社会的法律、政策和体制框架。

5.2　树的测量

树有根、桩、干、枝、叶。测量的对象最经常是树干，偶尔包括枝叶，极少涉及根或桩。对于树株，所谓"特征"，是指各种维度。

树龄是树株自从种子发芽（直生林）或抽枝萌发（萌生林）后已经生长的年数。要确定树龄，对于每年产生单个生长轮的树种，可以用特制的生长锥，从树干横向钻取皮层到髓心的样芯，再数上面有多少个生长轮；对于每年产生单轮枝的树种，可以清点树干上有多少个枝轮。有时，可以查林分建立的年份，诸如造林、主伐或火灾的年份。

至于树干的粗度，最常用的指标是树干在齐人体胸部高度处的直径，简称胸径。这个高度一般是固定的：对于直生林，是离地面1.3m高；对于萌生林，则是离萌条的起点1.3m高。也有不少国家用别的高度，如，美国、新西兰、缅甸、印度、马来西亚、南非，都用1.4m高，接近传统用的4.5ft，即1.37m[c]。

树高是从地面到树顶的距离。主干长度是树干在树冠以下完全或几近无枝的部分，如图5-2所示。商品材高度是树干适于销售部分的长度。

直径增长量指直径在一定年数（如1年或5年）内添加了多少，高增长量则是指高度上相应的上升量。如果年生长轮清晰可辨，可以从胸高处钻取的径向木芯上量出径增长量。对于针叶树，有时可以用轮生枝的轮间距作高增长量。如果年轮或枝轮不清，要确定增长量，则必须隔1年或5年两次测量。

树的胸高断面积（简称断面积）是树干在胸高处的横切面面积。树干体积是树干从桩端到梢顶的带皮体积。立树的树干体积通常不能直接测量，必须从胸径和高度值，按材积表或材积公式，进行估计。

对于造纸材、薪材和饲料生产，树的干、枝和叶物质量是重要特征。物量（生物量）可以表示为鲜物量和干物量（风干或烘干），分别俗称鲜重和干重。较之鲜物量，干物量能较好表达树的能量和干物质含量，因此是更好的指标。生物量等于树干体积乘以木头密度（尽管如上段所说，材积通常还包括树皮）。用材积乘以干物密度（基本密度）得出干物量，乘以鲜物密度则求得鲜物量。树如果小，伐倒后可以在林地直接称鲜物量，再乘以干物含量（干物量与鲜物量的比率），就转换成干物量。

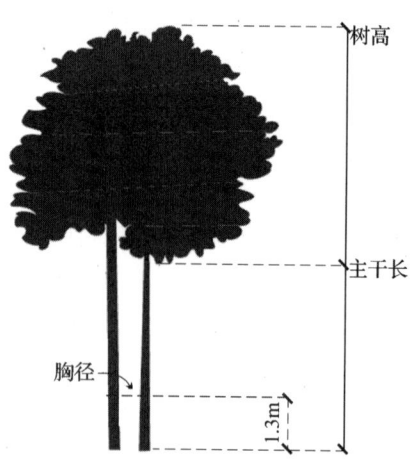

图5-2　胸高直径（胸径）、树高和主干长度

5.3 林分测量

5.3.1 林分和林班

林分是森林内性质相对均匀的亚地域。本章用林班一词表示森林最小的管理单元(这在有些国家被称为小班,若干小班才组成个林班)。林班可以比林分小,不能比林分大。大而均匀的林分可以分成林班分别管理。林班还可以是单独核算的森林资源清查单位。下列变量中的任何一个只要有变化,就能使林班从邻区分开:

① 立地质量(也即树的生长速率);
② 树种组成;
③ 林龄;
④ 管理目标,诸如防护林,生产林(木材林、经济林);
⑤ 林分密度;
⑥ 林分年龄结构——同龄、异龄;
⑦ 坡度和坡向——平地、南坡、北坡,等等;
⑧ 可入性(进出难易程度);
⑨ 管理边界。

树林可以是同龄或异龄(图 5-3)。人工林是同龄林的例子。异龄林的径级分布是小树株数远比大树多。同龄林的管理计划有三个组分:更新,疏伐,林龄一达到轮伐期长就主伐。异龄林通常管理为择伐林,保持异龄结构。有关的管理参数有两项:返伐期(同一森林中相邻两次伐树之间的年数)和收获各树种及径级的方式。

图 5-3 同龄林和异龄林

森林资源清查的测量可以随林分年龄结构而变化。一定林分特征的重要性在同龄林和异龄林之间不同。例如,林分年龄和优势树高度对描述同龄林很重要,而对异龄林则没有意义。

5.3.2 林分特征

林分特征描述树的种群,诸如样地内、林分内或林班内的所有树株。株密度是每公顷的树干总数目。林分断面积是所有单株的断面积之和。林分材积是所有单株的材积之和(蓄积量)。林分树干物量、枝物量和叶物量分别是所有单株的相应部件生物量的加和。这些都代表林分内的树量,可以统称立树量(参见式 2-38),作为林分密度指标,反映对所占地域的利用程度。

计算所有树株的平均直径、高度和年龄时,常常用树的断面积当权重变量。否则,如果不这样加权,只简单平均,实质上就是小树与大树权重相同,尽管小树对总材积、质量或生长的贡献都微不足道。

优势树高度常被定义为每公顷地面上最高的100棵树的平均高度。在特定年龄的优势高是个常用的立地生产力度量。

连年增长量是所有树株在一年(前一年或下一年)中的总材积生长量。平均年增长量,对于同龄林,是林分自从播种(或先前矮林收获)以后的材积平均年增长量。对于幼林,连年增长量通常远大于平均年增长量。对于同龄林,这两项增长量的关系是,平均年增长量达到最大值时,恰好与下降中的平均年增长量相等。把这时的林龄设为轮伐期长度,可以使林分材积产量最大化,如图5-4所示。

5.3.3 立地特征

描述林班的变量还有立地特征,诸如立地生产力等级、土壤类型、土壤深度、海拔、坡度、坡向和纬度。衡量生产力的一种方法是,用地面植被作标尺。地面植被是最贴近地面的那层植被,常常以草本和灌木植物占优势,随立地肥力变化,因此有些种类是立地生产力的有用指示植物。森林按地被植物的主要类型划分的单位称为森林立地类型。

要描述和度量立地生产力,最普遍的做法是用优势树高度和林龄。立地越好,优势树在一定指数年龄(通常接近轮伐期长度)时就越高。指数年龄时的优势树高度称为立地指数。例如,如果优势树高度在林龄为30年时是20m,指数年龄又正好是30年,那么,这个森林的立地指数就是20m。图5-5显示一族立地指数曲线。这种方法只适用于确定同龄林的立肥力,而且这些同龄林必须从未疏伐过,或者只经历过下层疏伐。

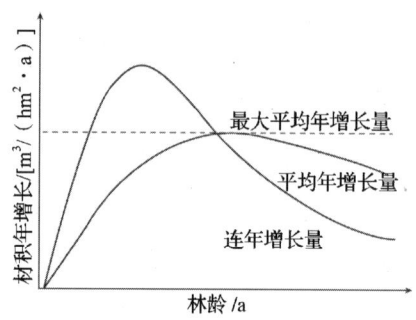

图5-4 同龄林的连年增长量和平均年增长量的时间曲线

注:最大平均年增长量描述立地生产率。

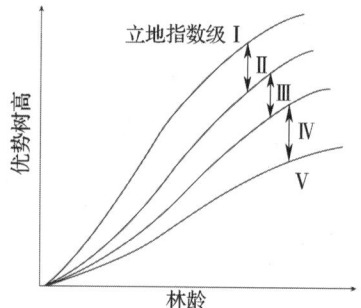

图5-5 立地分类:用林分年龄和优势树高度

5.3.4 林分样地

要获取林分特征,如果测量其中的所有树株,通常花费太大,耗时过多。作为替代,可以抽取样本,用以代表整个林分。样本通常是一个或多个样地。这些样地可以是临时性,半永久性,或永久性。临时样地在森林清查中最常用。这种样地通常不做标记,因此事后找不到,不能重访。样地的定位大多用系统布点法,否则用客观布点法。

对于树大、结构不规则的林分,需要用大样地。对于均匀的幼林,100m² 也许就够了。如果树大而少,在地域上分布又不规则,样地面积应该超过 3000m²。另外,对抽查结果在准确度和精确度上的要求也影响样地面积。

如图 5-6 所示,林分样地有四种基本类型:圆形,半径不定的圆形(也称同心形),矩形,速测镜型。圆形样地和矩形样地适用于同龄林。同心形样地半径随胸径变化,适用于小树株数多出大树株数许多倍的异龄林。最适用速测镜样地的林分可见度好,树干形状规则,树株大小高度变异。哪些树株在速测镜样地内是用速测镜(又称角规)确定的。在这种样地中,每株树,无论实际大小,都代表有相同的断面积。这个断面积等于角规的断面积系数,单位为每公顷立地上的平方米数(m²/hm²)。因此,林分的断面积等于断面积系数乘以树株数。

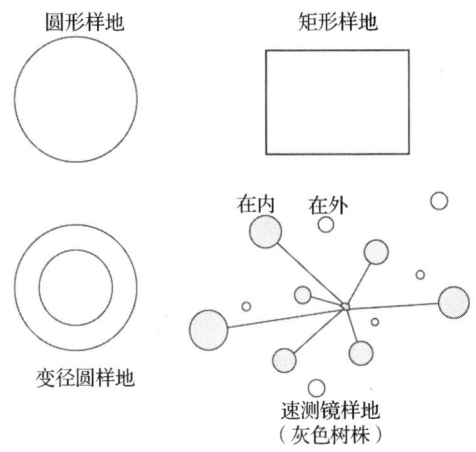

图 5-6 森林清查用的样地类型

如果资源有限,最需要知道的林分特征是活树的树干体积、生物量和价值,那么,最好重点测大树,用速测镜型(或同心型)样地。用这类样地时,每块样地上测量株数相同,大多林分特征的估计值比其他类型的样地更精确。

样地内通常测量的树株有两类:检尺树和样树。所有的树都是检尺树(盘点树)。这意味着,确定树种和树干的直径,有时还确定树干的质量和冠下高度(主干长)。有些树还可以被选为样树,用于测量高度、商品长度、先前的增长量、树皮厚度等等详细特征。样树用于确定胸径与其他特征(诸如树高)之间的关系。再用这关系估计非样树的相应特征。

5.3.5 林班清查

要做林班清查,就像林分清查,一种方法是每树盘点,测定所有树。如果必须有准确估计值才能出售,这种方法值得考虑。每树盘点,对于树株既少又大又贵的成熟林分,也许可取;但在大多数情况下,成本实在太高。

另一种方法是做目测清查。那是,用速测镜、测高计、表格和其他工具,在林地直接估计最重要的林分特征。这种方法速度快,但需要高水平的专业技能和经验。目测清查的准确度通常相当低。如果只是为了对材积有个粗放估计,又有技术熟练的勘测人员做,目测清查也能令人满意。

林班清查最常用的方法都是只抽取林班的部分做样本,再进行准确测量。测量的那些树构成样树。样地通常是圆形、同心形或速测镜型的混合。抽样强度取决于结果要达到的准确度与精密度,林班的异质性,以及拥有的时间和资金。

林班清查是分层抽样的一种特殊情况:每个林班就是一个独立的抽样层。分层使层内变异小于层间变异,因此是改善清查精确度的方法。林班内林分特征变异小,使清查精确度高。这是把森林划分成性质均匀的林班的原因之一。

在地图上标定林班边界是林班清查的一个组成部分。这通常涉及用目测,或靠电脑辅助,解读航空相片。

5.4 大面积清查

5.4.1 抽样的概念

大面积森林的清查采用林班清查,或实施抽样地调查。如果抽样,样地的选择可以是随机性、系统性、整群性,也可以是这些模式的某种混合。此外,样地可以分层或不分。样地大小和类型也有变异。

抽样选中的森林单元称为样本单元,通常是样地,但还可以是样树。有各种方式在目标区域内分布样地。一种可能性是先分层,再每层测一个大样地。但如果森林不够均匀,单片样地可能不足以代表整层的情况。一般规则是,用诸多小样地在精确度上要比用少数几个大样地好。样地相距越远,所获结果通常越精确,越准确。因此,最好是按网格系统布点样地。如果测量许多小样地,需要不少从样地到样地的行程。总之,样地的最佳大小取决于林分结构,精确度要求,旅行及测量成本,拥有的时间和资金。

清查的准确度表达特征的清查结果与真实值的相似程度,取决于精确度和系统性错误(偏差)。精确度是对结果正确性的确定程度,由所测特征的平均值的标准误差以及置信区间描述。

清查的精确度取决于林分特征在清查区域内的变异:变异越小,精确度越高。把清查区域划分成内部均匀的林班(层),往往能改善清查精确度。

清查的精确度在各种林分特征之间不同,通常用立木材积的标准误差和置信区间代表。计算精确度的第一步是计算所测变量的标准差。标准差的计算式如下:

$$S = \sqrt{\frac{\sum_{i=1}^{n}(x_i - \bar{x})^2}{(n-1)}} \quad (5-1)$$

式中　S——标准差

x_i——测量特征在样本单元 i 的值

$\bar{x}$——所有样本单元测量特征值的平均数

n——样本单元数(样本大小)

标准差指示所有样本单元值在平均值周围的变异程度。标准差的平方是方差,由 S^2 代表。平均标准误差($S_{\bar{x}}$)描述独立而重复的清查产生的结果相互间会有多类似,由下式算出:

$$S_{\bar{x}} = S/\sqrt{n} \quad (5-2)$$

置信区间指特征的正确值有一定概率落在这个区间,由下式计算:

$$\bar{x} - t_\alpha S_{\bar{x}} \leq \mu \leq \bar{x} + t_\alpha S_{\bar{x}} \quad (5-3)$$

式中　μ——林分特征的真实平均值

t——t 分布(从正态种群所抽样本的标准差的频率分布)值

α——真实值不在置信区间的概率

t_α——对应于 α 的 t 值

如上式所示,材积(或其他某个特征)的真实平均值(μ)通常是在 $\bar{x} - t_\alpha S_{\bar{x}}$ 与 $\bar{x} + t_\alpha S_{\bar{x}}$ 之间,操作时,α 代表允许的失误概率,人为选定(如5%);再据这选定值,以及样本单元数,从统计表查得。

清查的抽样强度(抽样比)是测量面积与清查区总面积之间的比率,或测量树株数和总树株数之间的比率。抽样技术的效率代表一定抽样比的抽样误差:这一误差越小,抽样技术的效率越高。

5.4.2 简单随机抽样

对于抽样技术,必须了解的项目是如何计算材积的平均值和平均标准误差。有了平均值,才能计算总数;有了标准误差值,才能计算清查的精确度。最简单的抽样方法是不分层进行的随机抽样(简单随机抽样)。这个方法就是完全随机分布样地,如图5-7所示。下式给出平均值:

$$\bar{x} = \sum_{i=1}^{n} x_i / n \tag{5-4}$$

如果是重复抽样(同一样本单元能测量两次),或者抽样比率小,也用式(5-2)计算平均标准差,即:

$$S_{\bar{x}} = S/\sqrt{n} \tag{5-5}$$

因此,结果的精确度取决于样本单元间的变异(S)和样本数(n)。

要规划森林资源清查,最好先知道必须有多少样地,才能达到一定的精确度。要计算这个样地数,必须先知道清查特征的标准差。标准差值可以取自以前的清查,也可以先测一些样本单元,再进行估计。必须决定可以忍受的误差(E)和清查结果的误差超过这个阈值的概率(α),再用下式计算必需的样本数n:

$$n = \frac{t_\alpha^2 S^2}{E^2} \tag{5-6}$$

式中 S^2——方差

t_α——对应于α的t值,如式(5-3)下的说明

简单随机抽样的优点是,简单,又容易估计精确度。缺点是,在森林里难做随机抽样。此外,这种方法效率低:用相同的样本数,精确度上不如其他抽样技术。

5.4.3 系统抽样

系统抽样是指系统(而非随机)选择样本单元,诸如每隔100m,如图5-8所示。估计平均值的公式与简单随机抽样的相同(式5-4)。但估计标准误差、置信区间和样本数则不能用简单随机抽样的公式。事实上,没有一般公式可以估计系统抽样的标准误差。但是,系统抽样精确度通常比简单随机抽样要高。简单随机抽样的公式可以用于近似计算系统抽样的精确度,但通常低估。

与简单随机抽样相比,如果样本单元之间的变异是完全随机的,系统抽样同等好;如果这种变异呈现森林常有的趋势性,系统抽样则较好;如果变异具周期性和系统性,系统抽样可能产

图5-7 简单随机抽样:样地分布   图5-8 系统性抽样:样地分布

生偏差。系统抽样的主要优势是,容易在现场选样,结果通常比简单随机抽样精确。缺点是,难以估计标准误差;对于呈有周期性变异的森林,可能出偏差。

5.4.4 分层抽样

分层抽样先把森林分成性质相对均匀的若干类别(层),再从各层系统地(或随机地)抽取样品,如图5-9所示。计算上也分两步进行。先分层计算参数,诸如平均值、标准差和方差,再汇总计算。

分层样本的总平均值是由各层平均值按下式加权算出:

$$\bar{x}_{STR} = \sum_{j=1}^{m} P_j \bar{x}_j \tag{5-7}$$

式中 m——层数

P_j——层 j 占总面积的比例

平均方差是各层相应方差的加权平均:

$$S^2_{\bar{x}_{STR}} = \sum_{j=1}^{m} P_j^2 S^2_{\bar{x}} = \sum_{j=1}^{m} P_j^2 S_j^2 / n_j \tag{5-8}$$

式中 n_j——层 j 的样本单元数

如果层内变异小于层间变异,分层能提高抽样效率。因此,分层要力求使层内尽量均匀。

分层抽样时,必须确定样本单元在层间的分布。最简单的方法是按比例分配,使各层的样本数与地面积成正比。如果林分特征的变异在层间相等,这种方法效率最高。如果变异在层间不等,则最好用优化配置法:层内变异越大,取样越多。对于层 j,优化配置的样本数由下式给出:

$$n_j = n \frac{P_j S_j}{\sum_{j=1}^{m} p_j S_j} \tag{5-9}$$

式中 n——样地总数

做得好的分层抽样能比非分层抽样精确。而且,平均值和精确度都容易计算。但分层增加工作量,提高成本。

分层抽样在大面积森林清查中用得很普遍。分层通常用航空相片或卫星图像。用航空相片时,可以目测判定各层的边界,手工标定。用卫星图像时,可以靠电脑进行数值解读分层。分层的依据可以是森林类型、林龄、林分密度等等单因子,或多因子组合。

5.4.5 成群抽样

成群抽样意味着样本单元分布不均匀。如图5-10所示,这种方法用地理上相近的成群

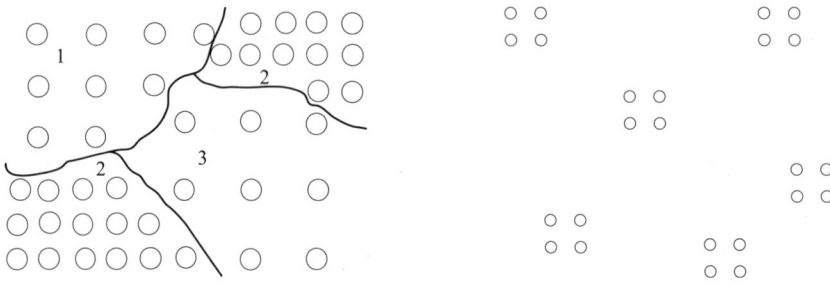

图5-9 系统性分层抽样:样地分布   图5-10 成群抽样:样地分布

样地。成群抽样是双重抽样的例子。先选择要进行样地测量的小区,再在各个选定小区内选择要测量的样地。每次可以是系统抽样,也可以是随机抽样。

成群抽样,在样本数相同的情况下,不如系统抽样和随机抽样精确,但不需要花那么多时间从样本单元到样本单元旅行。如果用这些省下来的时间测量更多的样本单元,成群抽样可以改善一定经济预算情况下的清查精确度。在成群抽样中,结果的计算是先分群,再整合。总平均值的计算式如下:

$$\bar{x}_{CLU} = \sum_{k=1}^{c} \bar{x}_k / c \tag{5-10}$$

式中　$\bar{x}_k$——群 k 的平均值

　　　c——总样本群数

平均方差来自各群平均值相对总平均值的变异:

$$S^2_{\bar{x}CLU} = \sum_{k=1}^{c} \frac{(\bar{x}_k - \bar{x}_{CLU})^2}{c(c-1)} \tag{5-11}$$

这个估计值,在总群数少的情况下,还必须乘以一个校正系数。校正系数是总群数(C)中非样本群数($C-c$)的比例($1-c/C$)。采样比小,就是 c/C 很小,校正系数接近1。

规划成群抽样的目标是,找到一种设计,使群内变异大,群间变异小。在同一群内,样地彼此间不宜过于相似,也不宜过于靠近。成群抽样的效率取决于受清查森林的变异在地域上的分布。如果大部分变异是在短距离内,能被划进单个群内,那么,成群抽样效率就好。如果变异都是逐渐性的,在远距离间才明显,那么,成群抽样就差。大面积清查很普遍的做法是,先分层抽样,再把样地沿清查路线整集成群。每群的样地数通常允许一天测完。有时还可以进行二次组群,一个营地做一组。

5.4.6　双重抽样

双重抽样涉及分前后两期对样本单元进行测量。前期测量大样本。在后期,从这些大样本中抽取较小的样本测量。测量的技术前后期也不同。

通常,前期的样本有许多样地,在航空相片或卫星图像上判读。后期是实地测量这些样地的一部分。前期样地的判读特征可以用于把样地分成均匀的组别(分层),从而构成分层双重抽样法。这与正常分层抽样法不同的是,有可能先做图像判读,再做分层。分层后,实地测量每层中至少一个前期样本。实地测量的林分特征类别一般要比前期测量得多。

通常用前期样本估计各层的比例。这些估计值多少含有误差,给结果带入偏差。因此,在样本数相同的情况下,分层双重抽样法不如正常分层抽样法精确。对于每项林分特征,各层实地样方测得的平均值被用于同层的所有前期样地,所以,最终的估计值都是从实地样本计算得出的。

双重抽样的另一种方式用回归分析,在前后期测量相同的特征。前后期的主导测定特征通常都是林分材积。先以后期的样地数据,确定林分特征的前期(图像判读)结果与后期(实地测量)结果之间的关系。再针对后期没有得到实测的前期样地,用这些关系给预测"真实结果"(实测结果)。在双重抽样的两种变型中,无论是分层还是回归,所有前期样地的林分特征估计值最终都是依据野外样地的实测结果。回归型可以分层做,也可以用来只清查部分森林。如果前期测量比后期要便宜得多,前后期测量值的相关性又高,双重抽样就值得用。

5.5 遥感在森林资源清查中的应用

5.5.1 航空相片

森林资源清查经常用遥感。遥感资料中最古老又最普遍的是航空相片（航片）。航片曾经只是模拟性的（胶片捕获），但现在也能是数字的。此外，胶片能数字化，相片也就有可能用电脑处理。还有胶片和传感器，设计得不但能记录可见光，还能记录近红外辐射量。

清查中用航片最普遍的是林班划分。林班可以在航片上手工划定，也可以让电脑软件自动把图像划成均匀小区。可以把这些小区直接用作林班，或者先把过小而又足够相似的相邻小区合并。航片的另一个用途是分层。先从航片判读某些特征，诸如林分类型、林分密度级和树的大小级别，再用这些信息给整个区域分层，使各层内部在这些特征上尽量均匀。航片判读可以借助仪器，使用林分密度和冠层结构级别。

双重抽样也利用航片。前期样本是在航片上测量的样地。多种林分特征，诸如树高、林分密度（或材积）和树种组成，是从航片上设立的多个样地上评估的。只要每处地面都有两张航片覆盖，分别摄自略为不同的空间位置，就有可能用立体判读测量各树株的高度，使平均林分高度的评估更准确。如果用分层的双重抽样，先把航片上测定的样地分为性质均匀的层，再实地在每层中测量几块样地，最终获得所有层的林分特征。如果用回归的双重抽样，实地测量前期的一部分样地，再用实测值和对应的航片判读值建立回归模型；最后，以航片判读值作自变量，用这些模型为没有实测的前期样地估算林分特征的实地值。

配以特制的软件，数字航片可以用于勾绘各个树冠。据此能计算树冠的面积和直径，进而预测树干的胸高直径。有些三维应用程序能确定树高等特征。这些程序要求同时使用至少两张摄自不同空间位置的航片。依赖航片判读各树株的清查方法在林业中逐渐增多。

5.5.2 卫星图像

卫星图像，诸如美国的陆地卫星和法国的地球观察卫星摄取的图像，含有各森林小区反射或发射的辐射量的信息。这种信息由卫星分别按电磁辐射的数个不同波长（波段，频道，诸如蓝光、绿光、红光、红外辐射，等等）记录。记录辐射的小区称为像元，可以是 80m 见方，甚至远为更小。

卫星图像最普遍的用途是分层。那是，根据不同波段的辐射值把森林分为匀质层。这是用电脑化的分类计算程序做的。往后再从每层抽样，实测样地，获得林分特征在各层的平均值。卫星图像的另一种用法是回归法。先在数个像元中实测样地，再建立模型，描述森林特征（如林分材积量）实测值与辐射值的数学关系。最后用这些模型预测（估算）每个像元的森林特征值。

第三种方法是所谓的最近相邻法，实质上应为最近相邻波段法。这种方法也要有实测样地。必须知道各样地在哪个像元。有实测样地的像元称为样地像元。对于其他像元，只要搜索辐射值上与之最相似的样地像元，这个样地像元的森林特征实测值就是要的估计值。另一个版本是用几个相似样地像元的平均值。这种变型称为 k 型，k 指示平均值的样地数。

5.5.3 激光扫描

第三类遥感是激光扫描。机载激光扫描技术有潜力以具有竞争力的成本,产生准确的信息,正受到积极的研究和开发。这种技术产生三维云点图(图 5 – 11)。最低点是地表的大致位置,最高点则显示树冠表面的位置。

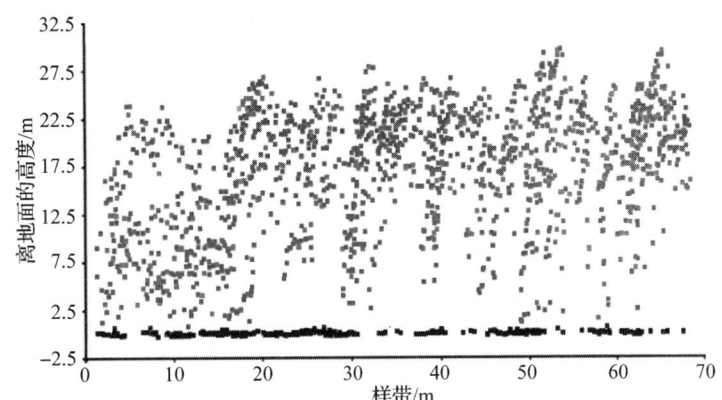

图 5 – 11　机载激光扫描数据:5m 深的样带侧视图
底部黑点—击中地面　其他黑点—击中植冠

有两条判读思路受到研究。一条是试图判读各株树,测量树高、冠幅和冠形。从树高和冠幅能估测树干直径。有时,从冠形还能判读树种。这类判读如此逐株测量所有的树,能产生非常详细的森林信息。缺点是,难以判读被压树。必须用高密度脉冲,才能判读各株树。

另一条判读思路是,分析云点在某种小区(样地、像元、林分)中的垂直分布。第一步是计算代表树冠的点在什么高度占到一定百分比(诸如 80%、60%、40%、20%)。这些高度值可以用于估算林分特征。但必须先有实测样地,建立云点特征和林分特征之间的关系。还能用数字航片提供额外的数据,这尤其有助于对树种组成的判读。

5.6　森林管理传统规划法

5.6.1　伐树预算规划法

对于木材生产,最初的各种规划方法都属于伐树预算法的范畴。其想法是,算出容许伐树量,也就是可持续性年伐树量。有多种方法可以对比现实森林和规范森林。

在同龄林林业中,规范森林在龄级分布上均匀划一(见第 6 章;6.1.3 节)。每年伐除最老的龄级,继之更新。对每个林分的管理,都用最佳处理方案。因此,规范森林提供均匀的木材流量,使产量、收入或盈利性都达到最大。森林一旦全面达到这种状态,就能轻易管理。

对于规范森林,只要知道林分在最佳管理规程下的发育历程,就不难计算平均林分年龄、蓄积量和材积增长量。这些特征构成许多伐树预算法的基础。以奥地利公式为例:

$$H = I + (V - V_r)/T \tag{5 – 12}$$

式中　H——容许伐树量
　　　I——现实森林的材积增长量
　　　V——现实森林的蓄积量
　　　V_r——规范森林的蓄积量
　　　T——现实森林变成规范森林所需要的过渡期年数

伐树预算法的缺点是,不能指示使森林转入规范状态的最佳方式。此外,这类方法也不能指出哪些林班必须采伐。木材均匀流量最大化的规范化森林不一定对应林主的实际追求。这些和其他问题使采伐预算法正逐渐淡出。

5.6.2 林分经济学规划法

依据林分经济学的规划方法,是随林分和林班概念一起形成。其想法是,为各个林班单独规划管理。这种方法使用管理指令和育林指南。这些指南显示伐留管理体制(疏伐和主伐),旨在尽可能增大木材生产、净收入或盈利性。还可能显示的有:疏伐前林分必须超过的断面积阈值,疏伐后林分必须留有的最低断面积阈值,甚至主伐时林分必须达到的最低年龄或树株大小。在这种规划下,森林的容许伐树量是各林班规划伐树材积的总和。常做的是,核查这个总和值与伐树预算规划法得出的对应值。如果相差大,则需要调整给各林班规划的处理。

用林分经济学做的木材管理规划给每个林班提出明确的处理方案,提供可收获材积的准确估计。这种规划容易实施,不难理解,但不乏严重的局限性。林主的追求不一定与指南设定的追求一致。旨在木材高产的指令不一定适合意在盈利性或生物多样性的林主。另一个问题是,有些管理标准的评估必须同时考虑所有的林班。木材的均匀流量就是这样。有了这一追求,各林班的最优管理有赖于其他林班的情况。

5.7 数学程序规划法

5.7.1 现有最优化技术

森林管理规划总是涉及最优化,即使不用数量最优化技术。其目的是,在林业法规设定的限度内,尽可能增大给林主提供的福利或效用。要完成这个任务,规划必须有两类信息,如图 5-12 所示:一是决策者的偏好,具体化为标准,用于比较各种决策选择;二是有关各种决策选择的信息。

对于森林规划的基本任务,伐树预算法有两个缺点:不给选择森林规划提供明确和合理的标准;不能确定所制定的规划是否最优化,是否有效。林分经济性规划法也有缺点:无视林班之间在最佳处理方面的相互影响。在许多情况下,可以用定量最优化克服这些问题。这种规划有以下步骤:

① 明确各项目标和约束;
② 定义各种可能的决策选择方案,给出有关这些方案的信息;
③ 准备规划模型;
④ 求解这个模型;
⑤ 测试求得的解,进行敏感性分析。

解答规划问题用的技术决定选择哪类规划模型,那是,如何用公式表示规划问题。有几种方法可用。最常用的是线性程序法,目标程序法和启发式算法。

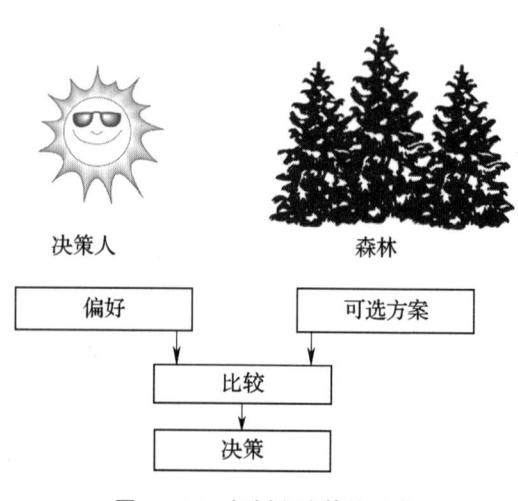

图 5-12 规划和决策的元素

5.7.2 线性程序规划法

在线性程序规划法中,可以用如下公式表示规划问题:

$$\text{最大化} \sum_{j=1}^{n} \sum_{i=1}^{n_j} c_{ij} x_{ij} = z \tag{5-13}$$

约束条件:

$$\sum_{i=1}^{n_j} x_{ij} = A_j \quad j = 1, \cdots, n \tag{5-14}$$

$$\sum_{j=1}^{n} \sum_{i=1}^{n_j} a_{ijk} x_{ij} \geq b_k \quad k = 1, \cdots, K \tag{5-15}$$

$$x_{ij} \geq 0 \quad \forall ij \tag{5-16}$$

式中 z——追求函数

A_j——林班 j 的面积

b_k——约束条件

x_{ij}——林分 j 按方案 i 处理的面积

n——林班的数目

n_j——林分 j 的处理方案选择数目

K——约束条件的数目

c_{ij}——常数,代表按照方案 i 管理单位面积(公顷)林班能生产追求 z 的量

a_{ijk}——常数,代表按照方案 i 管理单位面积林班能生产或消费约束 k 的量

电脑通常用基于单纯形算法的程序求解。

线性程序模型至少有两项假定:一是追求变量和约束变量的总数分别是解中包括的所有方案对应值的加和;二是追求变量和约束变量都是决策变量的线性函数。下面是个简化的森林规划案例:森林有两个林班,面积分别是 3 hm² 和 4 hm²。这些林班在未来 10 年各有三种可供选择的处理方案:a. 没有处理;b. 疏伐;c. 皆伐后用栽植更新。林主希望在 10 年末的收获量尽可能最大,还要求届时保留至少 700m³ 生长蓄积量。规划模型的决策变量是每种供选择的方案在各个林班中处理多少面积。用 x_{ij} 代表决策变量:以方案 i 处理林班 j 的面积。表 5-1 列出电脑模拟计算有关各种活动的收获量和保留蓄积量。

表 5-1 线性程序模型的决策变量和系数:规划举例

因素	林班1			林班2		
	处理			处理		
	1:无	2:疏伐	3:主伐	1:无	2:疏伐	3:主伐
处理面积/hm²	x_{11}	x_{21}	x_{31}	x_{12}	x_{22}	x_{32}
收获量/(m³/hm²)	0	55	200	0	65	230
保留蓄积量/(m³/hm²)	240	195	10	260	200	5

对应这一规划问题,用公式表示线性程序模型如下:

$$\text{最大化 } 0x_{11} + 55x_{21} + 200x_{31} + 0x_{12} + 65x_{22} + 230x_{32} = z \tag{5-17}$$

约束条件:

$$240x_{11} + 195x_{21} + 10x_{31} + 260x_{12} + 200x_{22} + 5x_{32} \geq 700 \tag{5-18a}$$

$$1x_{11} + 1x_{21} + 1x_{31} = 3 \tag{5-18b}$$

$$1x_{12} + 1x_{22} + 1x_{32} = 4 \tag{5-18c}$$

式(5-17)是追求函数,表达收获材积量如何随各种处理的面积变化。式(5-18)陈述三项条件,依次是:保留蓄积量必须是至少 $700m^3$,所有处理选择的总面积在林班 1 必须是正好 $3hm^2$,在林班 2 必须正好 $4hm^2$。有多种软件产品能用单纯形算法解这个题。最佳解如下: $x_{21}=3hm^2$,$x_{22}=0.487hm^2$,$x_{32}=3.513hm^2$,其他 x_{ij} 则是 $0hm^2$。含意是,对林班 1 全部和林班 2 中的 $0.487hm^2$,应该疏伐(方案 2);对林班 2 其余 $3.513hm^2$,应该先皆伐,再栽植(方案 3)。

5.7.3 目标程序规划法

线性程序规划的缺点是,只允许一个追求变量。林主常常同时有多项目标。线性规划处理这种情况的方法是,一个目标变量是追求变量,其他目标变量则充当约束条件。这样的表达并不完全对应实际问题。当成约束的那些目标不一定像约束公式所代表的那样严格。那些目标可以有指标水平和期望值,但这样的具体值并不是绝对必需达到的。

要对应这种实际情况,可以用目标程序模型。这里,追求函数由偏离追求变量的指标水平的差值(d)组成:

$$\text{最小化 } z = \sum_{k=1}^{k} d_k^+ + \sum_{k=1}^{k} d_k^- \tag{5-19}$$

式中 d_k^+——超过追求 k 的指标值的量(盈余)

d_k^-——不足追求 k 的指标值的量(怠慢)

指标水平(b_k)由目标约束给出,每种追求各有一个约束条件:

$$\sum_{j=1}^{n}\sum_{i=1}^{n_j} a_{ijk} x_{ij} + d_k^- - d_k^+ = b_k \quad k=1,\cdots,K \tag{5-20}$$

式中 K——目标的数目

这些约束条件以及上述追求函数一起意味:追求分 b_k 个水平。偏差固然值得遗憾,被尽量压低,但因为约束条件具有灵活性而被忍受。有时,达不到指标值有害,而超过指标值无害,那么,可以把剩余变量(d_k^+)从追求函数[式(5-19)]和目标约束条件[式(5-20)]中删除。有时,只有过量必须避免,则可以删除怠慢变量(d_k^-)。也有可能让各个偏差变量乘以不同的常数,借以反映对应目标的重要性;目标约束条件则保持不变。改进模型的另一种做法是,把各个偏差变量的尺度设得与变异的幅度(通常为 0~1)相同,使测量单位不影响各目标的实际权重。要做到这一点,可以用偏差值除以追求变量的最大可能值(单项追求的最高值)。目标程序模型与普通线性程序模型用相同的软件和算法求解。

5.8 启发式规划方法

5.8.1 概论

5.8.1.1 背景

线性程序法和目标程序法都是数学编程技术。规划的另一类方法使用启发式方法求解。有时,线性程序法和目标程序法有难处,可以用启发式方法。例如,同时有多项管理追求,其中一些是空间性的,或者以其他方式违反线性程序的假设。规划问题的所谓空间性,是指林分的处理方案值取决于邻近林分的性质或处理。

空间最优化变得重要,是因为成熟林生境与其他生境类型的聚集常成为重要的管理追求。要聚集伐树区,减少收获成本和森林破碎化,也需要用空间最优化。需要空间最优化的另一个原因是,用像元(网格细胞)取代林分作为计算的基本单元。这是因为有些清查方法在估计林分特征时,不用传统的林分林班,而用卫星图像或激光数据。对于森林规划,把这些判读单元用作计算单元,能提高分析的准确性,给森林管理的组织提供更大的自由度。但是,作为处理单元,像元太小,必须先聚集。

5.8.1.2 问题公式化

根据实用理论法,启发式方法可以如下公式表示规划问题:

$$\text{最大化 } U = \sum_{k=1}^{k} w_k u_k(q_k) \tag{5-21}$$

约束条件:

$$q_k = Q_k(x) \quad k = 1, \cdots, K \tag{5-22}$$

$$\sum_{i=1}^{n_j} x_{ij} = 1 \quad j = 1, \cdots, n \tag{5-23}$$

$$x_{ij} = \{0, 1\} \tag{5-24}$$

式中 U——总效用

q_k——追求变量 k 的量

w_k——追求变量 k 的权重

u_k——追求变量 k 的效用函数

x——决策变量 x_{ij} 的矢量,表示解中是(1)否(0)有林分 j 的处理方案 i

n_j——林分 j 的处理方案数目

n——林分数目

$Q_k(x)$——函数,指定 q_k 如何取决于决策变量

式(5-21)是加性效用的一般函数。追求变量 q_k 不必是决策变量的线性函数,由规划软件中的子程序求解。允许使用空间性追求变量,等等。

一般加性效用函数假定,一项追求上的失利能由其他追求上的成效补偿。有时,实际偏好不是那样,不同追求的效用不能互换,那么,也许能用乘法效用函数:

$$U = \prod_{k=1}^{k} [u_k(q_k)]^{w_k} \tag{5-25}$$

追求函数也可以不是效用函数,而是处罚函数;最大化的数量是初级追求变量值减去处罚值,而处罚值取决于其他目标离各自指标值的偏差:

$$\text{最大化 } z = Q_1(x) - \sum_{k=2}^{K} w_k |Q_k(x) - T_k|^\alpha \tag{5-26}$$

式中 w_k——追求变量 k 的权重

$Q_k(x)$——追求变量 k 的数量

T_k——追求变量 k 的指标值

α——参数,决定处罚作为目标偏离指标值的函数会随偏差增长多快

处罚函数的想法是,使单项追求变量($k=1$)最大化,但同时也使其他追求变量($k=2,\cdots,K$)获得优值。

第三种可能是用折中规划模型表达规划问题如下:

$$\text{最小化 } H = \left[\sum_{k=1}^{K} w_k^p \left(\frac{q_k^{\max} - q_k}{q_k^{\max} - q_k^{\min}} \right)^p \right]^{1/p} \tag{5-27}$$

式中 $q_k^{\min}$——追求变量 k 在所有决策方案中的最小可能值

$q_k^{\max}$——追求变量 k 在所有决策方案中的最大可能值

w_k——追求变量 k 的权重

p——参数,决定遗憾作为目标偏离最佳可能值的函数随偏差增长多快

这种模式的想法是,损失(遗憾)的衡量是相对于这样一种假设性选择:每项追求变量都处于最佳可能水平。

5.8.1.3 具体方法

各种启发式方法在森林规划中用得最多的包括有:模拟退火法、禁忌搜索法、遗传算法。再可以加个简单方法:随机上升法(对于最小化问题,则为随机下降法)。还有大洪水法和阈值接收法,都与模拟退火法类似,也都在森林规划中测试过。

大多数常用的启发式方法都属于局部改善法一类。想法是,变动只在局部,每次通常只一点点,聚少成多,逐渐使求解完善。这样的小变动称为移动。移动通常是变动一个林分的处理方案,而对其他林分则毫无作为。遗传算法在这方面是个例外,采用较为剧烈的移动。

从现有解做单个移动,能获得若干新的解。这样的新解构成现有解的邻里(邻解)。这个移动如果只涉及单个林分,产生的邻解可以称为单林分邻解;如果涉及两个林分,则产生双林分邻解。还可能说单、双、三最佳等等启发式方法,取决于变动了多少林分的处理方案。

5.8.2 模拟退火法

模拟退火法用林分处理方案的随机组合作初解,也可以先做一系列随机组合,再选用最佳的那组。有些移动不改善解,但模拟退火法也能接受,借以避免过早向局部最优收敛。候选移动是指先随机选择一片林分,再为之随机选择一种方案,这一方案等候待选,可能取代该林分的现有方案。任何移动,只要改善追求函数值,都被接受;否则,作为非改善性移动,有如下概率得到接受:

$$p = \exp[(U_{New} - U_{Old})T_i^{-1}] \quad (5-28)$$

式中 T_i——现有"温度"

U——追求函数值

"温度"是模拟退火法的一个参数,定义候选方案尽管不如现有方案但仍有被接受的概率。随着优化过程的进行,温度逐渐降低,使接受低劣移动的可能性在搜索结束时接近零。温度按照一定的冷却进度表冷却,通常是每一步乘以一个乘数(0.8~0.999),给出下一步的值。在每个温度值,都测试一定数目的候选移动。具体数目可以恒定,也可以随温度下降而增多。后一种方式意味,搜索随着过程的继续("冷却")而强化。可以按各种标准终止搜索,例如,达到了预设的终止温度,或者,温度连续下降了多少次都没有改变解(图5-13)。

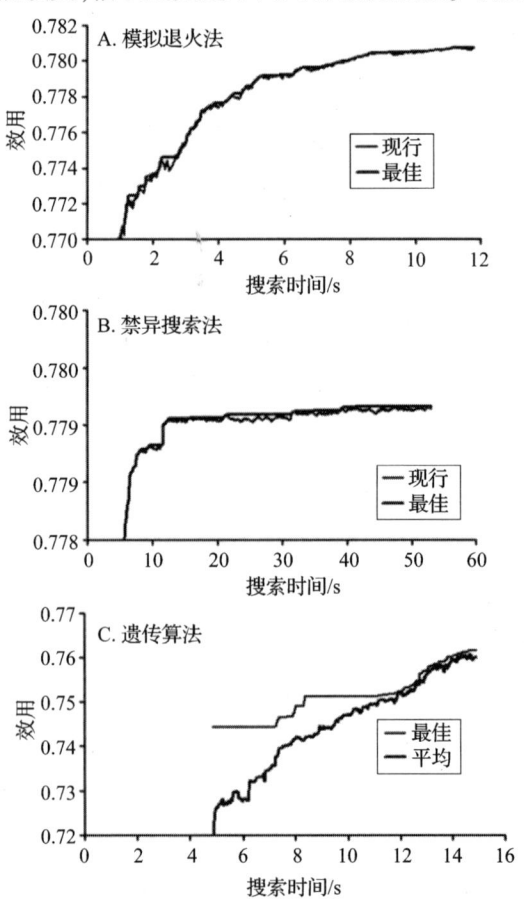

图5-13 追求函数值在模拟过程中的发展曲线

5.8.3 禁忌搜索法

禁忌搜索法的基础是,先搜索邻解空间,再接受解的单项变动。先产生一组候选移动,再接受其中之一,如此重复许多迭代(图5-13)。禁忌搜索法的另一项典型标志是禁忌表。最常用的禁忌表熟记最近的移动,可以禁用这些移动一段时间。参与移动的各种方案被留存在禁忌表中,历时一定数目的迭代。这个数目是那些方案的初始禁忌役期。在下面的例子中,检查了几个候选移动后发现,对于林分3,用管理方案5取代方案2是最佳候选移动;因此,实施这一移动,林分3的方案2和5都被列入禁忌表,开始全长禁忌役期(例如30次迭代):

林分	1	2	3	4	5	6	7	8
处理项目数量	4	4	6	8	8	8	3	5
目前的解	3	1	2	4	8	1	1	2
最好的候选解	3	1	5	4	8	1	1	2
全禁忌表			2,5					

每一次迭代使所有移动(方案)的禁忌役期减小1。哪个方案要有机会再次参与移动,其禁忌役期必须先降到零。从检查的候选移动中,接受最佳的非禁忌移动。如果所有候选移动都在禁忌表中,那么,接受届时禁忌役期最短的那个。候选移动如果比先前遴选的最佳移动更好,即使还在服役期,也被接受。迭代达到预设的次数,或者连续一定的次数后对解都没有改进时,终止禁忌搜索。

5.8.4 遗传算法

与上述启发式优化技术不同,遗传算法不是基于邻解搜索,而是基于候选方案的初始群体及其评估和繁殖(混合、组合)。初始解称为母本染色体,历经杂交(结合两个染色体的部分)和变异(一个或多个基因即林分的随机变化)处理。这些处理使新的染色体(后代)形成。新染色体的母本中至少有一个被选取,基于与各自等级成正比的概率。第二个母本也可以被随机选取,被选中的概率对所有染色体都是相同的。新的染色体取代一个初始染色体。哪个被取代,是基于追求函数值:追求函数值越小,被取代的概率就越高。更新后的染色体群称为世代。下面的例子说明两个母本(两种方案)之间的杂交产生一个新解(后代),每格中的数字指示这个解中的管理方案,纵向粗线标志杂交点:

母本一	3	1	2	4	8	1	1	2
母本二	4	1	5	7	5	2	3	1
后代	3	1	5	7	5	2	1	2

后代可以因一个或多个突变进一步改变。这意味,在同林班内,一个管理方案以小概率被另一个取代:

变异前	3	1	5	7	5	2	1	2
变异后	3	5	5	7	5	2	1	2

对这种方式获取的后代,还得评价是否"适":计算新解的目标函数值。达到用户设定的世代(迭代)数时,搜索终止(图 5-13)。群体这时的最佳成员是森林规划问题的解。

5.8.5 元胞自动机

元胞自动机是种局部最优化技术,有时可以用。局部最优化的想法是,分别为每片林分遴选最佳处理方案。最优化时能考虑林分的毗邻。采用局部最优化,与寻求林分水平管理选择的最佳组合相比,使求解在根本上变得简单,迅速。举个简单例子说明这种情况:如果森林有 100 个林分,各林分有 5 种不同管理方案,那么,总共有 500 种不同的管理方案;但林分层面的管理方案有 5^{100} = 7.88861×10^{69} 种组合,比林分水平管理选择数多 1.57772×10^{67} 倍。因此,要为这森林找到最佳计划,用局部最优化技术只需要评估 500 种管理选择,而如果用全局性技术,原则上则必须评估 7.88861×10^{69} 种组合。

不幸的是,几乎所有的森林规划问题也都具有全局性目标;只有通过考虑林分方案的组合,才能评价。因此,规划如果用局部最优化,就必须设法联结各种林分层面的问题,使全局性目标也能实现。为此,文献[1-3]中已经提出过多种方法。以栅格单元或其他细粒度数据作为计算单位,而非传统的林班,用元胞自动机尤其能显著增加效益(图 5-14)。

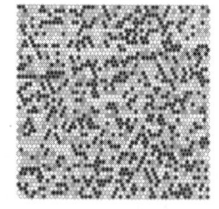
A. 初解
为每片林分都选定了一个随机处理方案

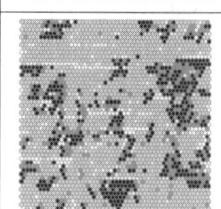
B. 首轮局地最优化之解
为每片林分选了一次方案,使追求函数值在林分水平尽可能最大。这里,追求函数值体现为净现值,有三项相邻目标:成熟林与成熟林相邻要多,采伐地与采伐地相邻也要多,但皆伐地与皆伐地相邻要少

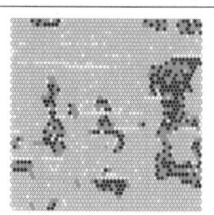
C. 局地最优化的最终解
局地最优方案历经反复遴选后不再变化

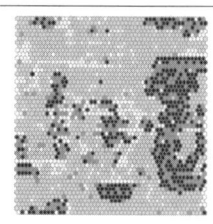
D. 全局最优化的最终解
给林分水平追求函数附加整体森林水平追求函数后,再选定最佳方案。在遴选中,逐渐增加全局函数的加权,直到全局追求得以实现

图 5-14 元胞自动机用于空间最优化:2500 个 1ha 六边形森林在第三个 20 年轮伐期末的主伐量和成熟林蓄积量
目的:使净现值最大,集聚成熟林(浅灰),集聚采伐区(深灰和黑),分散皆伐区(黑)约束条件:20 年时收获量不得少于 17 万 m^3,蓄积量不得少于 50 万 m^3。

5.9 非木材裨益及风险考虑

5.9.1 非木质林产品

非木材裨益,只要能量化(有办法用数值度量),就不难结合进数量规划。非木质林产品,诸如浆果、蘑菇、青草、省藤、水果、焦油、乳胶和药材,都可以用经验产量模型估测。这些模型通常把产量表达为林分和立地特征的函数。重要的是，模型应该把非木质林产品的产量与森林管理可以调控的特征挂钩，诸如林分密度、树株大小分布和树种组成。这使规划者能考察各种潜在管理方案对非木质林产品产量的效应。

对于非木质林产品，只有少数几个经验模型，因为缺乏系统性收集的数据。作为取代，也许可以依赖专家，构建专家模型。这种模型使专家的知识能转入森林规划用的自动化计算系统。一个例子是 Ihalainen et al.[4] 为两种越橘（越橘和黑果越橘），芬兰最重要的两种森林浆果，开发的公式。这些模型依赖 27 名专家对 100 个林分的评估，把林分作为浆果采集地的优劣级别与立地和林分特征联系起来：

$$\ln(vB) = 0.0062T - 0.0136G + 0.0363Hdom + 0.0014Vp - 0.0013Vd + 0.2393S \quad (5-29)$$

$$\ln(vC) = 0.0053T - 0.0024Vp - 0.0033Vd + 1.6652S - 0.1673SD + 0.005SD^2 \quad (5-30)$$

式中　vB——林分黑果越橘产量优劣级

　　　vC——林分越橘产量优劣级

　　　T——平均树龄，a

　　　G——林分断面积，m^2/hm^2

　　　$Hdom$——林分优势高度，m

　　　Vp——欧洲赤松的蓄积量，m^3/hm^2

　　　Vd——落叶树的蓄积量，m^3/hm^2

　　　D——树干平均胸径，cm

　　　S——哑变量，取值 1（越橘型森林立地或更贫瘠）或 0（立地中等或以上）

如果有足够测自各种林分条件下的产量数据，可以据此建立经验模型。一个例子是 Bonet et al.[5] 基于芬兰加泰罗尼亚松林的蘑菇产量模型：

$$\ln(y) = -4.329 + 1.966\ln(G) - 0.118G + 0.636\cos(Asp) + 0.00331Alt \quad (5-31)$$

式中　y——食用蘑菇的鲜重，kg/hm

　　　G——林分断面积，m^3/hm^2

　　　Asp——坡向，弧度

　　　Alt——海拔高度，m

根据这个公式，林分断面积为 15~20m^3/hm^2 时，蘑菇产量最高。在高海拔和北向坡地上，蘑菇较多。

5.9.2　游憩宜人性

森林的宜人性，常常与景色美有关。人在林内时，林内美而非远景变得重要。下式是林分水平景色美模型的一个例子[5]，基于 122 个人对 100 个林分的评价[6]。

$$SB = 4.471 + 0.06450D - 0.0001745N + 0.006439V_PH + 0.005733V_BH \quad (5-32)$$

式中　SB——景美指数

　　　D——树株的断面积加权平均胸径，cm

　　　N——林分密度，株/hm^2

　　　V_P——欧洲赤松的蓄积量，m^3/hm^2

　　　V_B——桦木和杨木的蓄积量，m^3/hm^2

　　　H——哑变量，取值 1（林分优势高度至少 10m），否则为 0

这个公式预测，树稀而大的林分，最好是松林和桦林，使人感觉美丽。整个森林的景色美可以用所有林分的平均景美指数衡量。更先进的一种方式是还考虑林分的可及性和能见度，用林分能见度和面积等加权计算景美指数，当作追求变量(图 5 – 15)。

图 5 – 15　两份管理计划中的主伐区域
左—没有美景目标　右—林分地点加权平均景美指数用作目标(近主道则权重)
黑色—皆伐　深灰—伐除树冠层　浅灰—疏伐

已开发有多种视像化工具，可以用于评价未来森林地域的视觉前景(图 5 – 16)。这些工具能帮助评价候选规划，但因为不是森林服务的数值测量，不能用于最优化。

5.9.3　狩猎和猎物

要评估狩猎的潜力，可以先用经验模型(或专家模型)描述猎物的种群密度，或者森林作为猎物种栖息地(生境)的适宜性。生境适宜性模型可以是林分水平，也可以是森林水平。用这样的模型为可供选择的各种管理方案计算生境适宜性指数。如果用的是林分水平模型，还得进一步计算森林(地域)水平变量，描述生境有多大，如何分布(图 5 – 17)。森林水平生境适宜性模型的一个例子是适用于黑琴鸡的如下公式[7]：

$$HSI = -9.99 + 0.946\ln(B) + 1.44 \times \ln(H_{5-15}) + 0.023\ln(P) \quad (5-33)$$

式中　HSI——黑琴鸡生境适宜性指数
　　　B——总生长蓄积量中桦木占的比例
　　　H_{5-15}——总面积中平均树高为 5～15m 的林分占的比例
　　　P——总面积中至少有 40% 生长蓄积量是松木的林分占的比例

根据这个公式，黑琴鸡偏爱的森林桦

图 5 – 16　不同季节的图视化：Monsu 规划软件

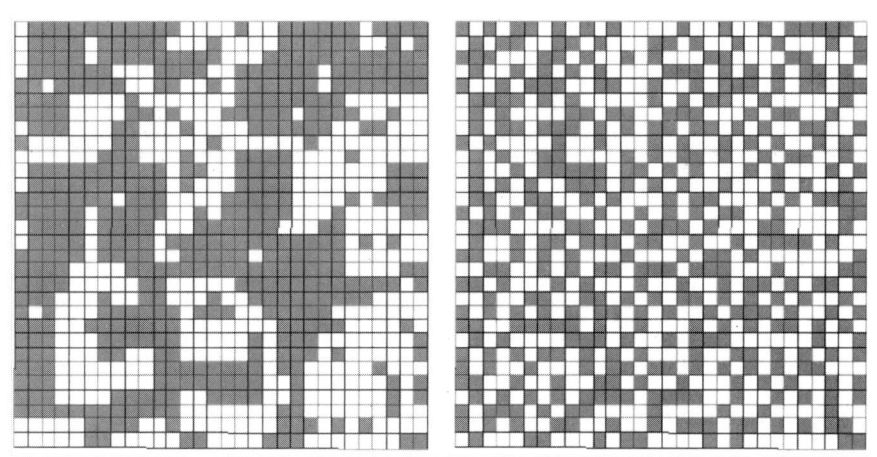

图 5-17 松鸡栖息地块的空间分布：景观标量的影响

注：最优化生境适宜性指数规划 900 个矩形林分组成的虚拟森林所预测的 60 年规划期末的状态。
左—最大化指数值的空间自相关　右—最大化栖息地与其他地之间边界占总边界的比例
暗格—指数值>0.5　亮格—指数值≤0.5

木多，但也有大量的松树占优势的林分，还有充裕的年轻林分。这个模型的依据是 15 名专家对 10 片森林地域的评估。

5.9.4　生物多样性

森林提供的主要生态服务是维持生物多样性。在评估森林这方面的质量上，已出现两种主要路线：生态系统法和生物种法。生态系统法的理念是，测量森林内各种结构元素的数目。这可以在林分水平或森林水平做。在林分水平，不同的树种、枯木组分、林冠层次，等等，都是不同的结构元素。在森林水平，龄级、林分结构、物种组成、林分密度，等等，能是结构元素。不管哪个水平，都能计算多项指数，用单个变量代表结构多样性。生态系统法背后的说理是，不同的结构元素构成不同生物种的生境，因此，结构性元素多，意味着存在的生物种也多。

生物种法评估森林作为生境的适宜性是从作为各个（或成组）生物种生境的角度。为各个林分计算的适宜性指数能以许多形式用于构成适于规划模型的森林水平变量（图 5-18）。这些变量称为景观标量。景观标量代表各生境斑块的大小、形状、相对位置和连通性，以及这些斑块的总面积。有些标量在优化过程中只要做出合理努力就不难计算，诸如：生境面积或比例（指数大于阈值），平均指数值，指数的空间自相关，核心区面积（生境面积减去边缘带面积），生境与生境边界的百分比，生境与非生境边界的百分比，相邻林分之间在指数值上的平均差。

5.9.5　环境服务

森林环境服务的例子有：碳汇除，土壤侵失防止，水分资源调控。森林的碳汇尤其自进入 21 世纪以来一直吸引有浓厚的兴趣，林业被视为减缓气候变化的一条充满潜力的重要途径。森林的这种功能正变得愈益重要，既因为诸多的国际协议，又因为碳排放的可交易性

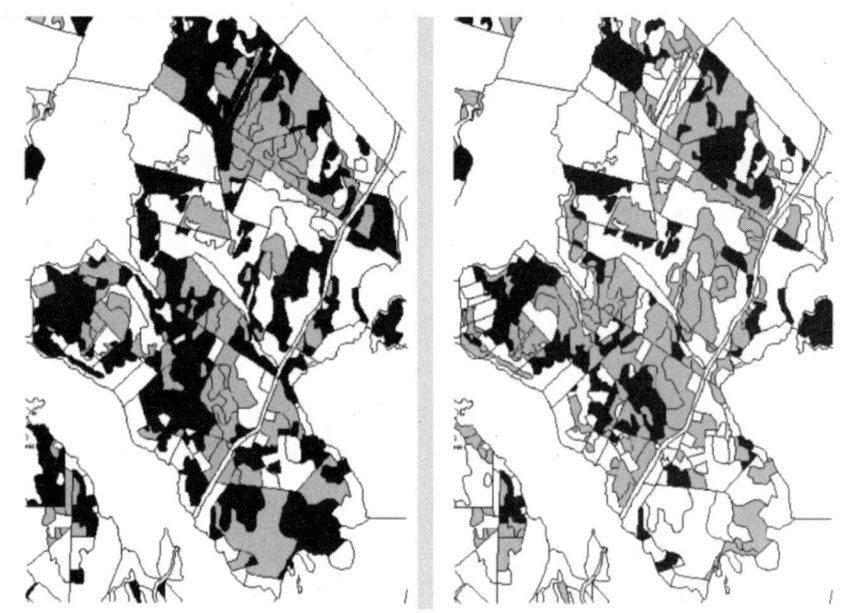

图 5-18　鼯鼠的生境适宜性指数

左—初始状态　右—森林规划(用空间优化和景观标量使栖息地聚集)所预测的 60 年规划期末的状态

黑色小区—指数≥0.4　灰色小区—0.4＞指数≥0.01　白色小区—指数＜0.01,或非林区

正不断增加这一事实。因此,良好的森林规划系统应该能够计算候选方案的碳平衡,确保在规划实施前先评估环境影响。

森林的碳平衡是林分碳平衡的加和。可以从下列五个部分计算林分在一定时段内的碳平衡:a. 生物量的变化;b. 期间收获的树物量;c. 期间死亡的树物量;d. 死树的分解量;e. 被收获的树(根、采运废除物、采收走的木材)的分解量。值得注意的是,产品的分解也被包括在内,尽管这个过程不是发生在林内。有鉴于碳汇除的重要性,确有多种森林规划系统包含碳平衡的计算。

5.9.6　风险

形形色色的环境风险也可以与森林规划有关。例如,降低林火危险可以是管理的一个重要目标。对于风险问题,有两种常用的解决方法。一是用随机程序规划法,但对森林规划,这可能失之复杂。二是把风险当作已知量(指数),处理的方法与其他追求变量和约束变量的一样(确定性变量,而非随机)。例如,González et al.[8-9]用芬兰全国森林资源清查在泰罗尼亚的样地数据,建立了两个经验模型,一个预测 12 年的火灾概率,另一个预测火穿越林分会造成的损害程度。在森林规划中,如果要尽量降低火灾损失,可以用这些模型计算火灾损失指数(＝预测火灾概率×预测损害程度)。

大多数风倒发生在新创林分边缘。如果林分毗邻空地,诸如皆伐迹地,林缘树株容易被风连根拔起。各种林分对风害的敏感度不同。例如,阔叶树、非成年林分和树株又矮又粗的林分通常不如树株又高又细的针叶林敏感。

有模型可以用于计算林分能承受的最大风速(临界风速)。风超过这个速率,就有可能吹倒(或吹断)林缘的树。临界风速"低"(常有现象)的林缘可称为易损林缘。这种林缘通常是,边界一方的临界风速低(如,不足 20m/s),另一方的树低(如,不足 2m)。因此,尽量减小易损林缘的长度是个有关邻里的简单管理追求。追求变量就是这种长度。使之最小化导致森林景观在普通风速下不会有什么大损失。

参考文献

[1] Hoganson, H. M. and Rose, D. W. 1984. A simulation approach for optimal timber management scheduling. Forest Science 30:220-238.

[2] Heinonen, T. and Pukkala, T. 2007. The use of cellular automaton approach in forest planning. Canadian Journal of Forest Research 37(11):2188-2200.

[3] Mathey, A. H. and Nelson, J. 2008. Decentralized Forest Planning Models – A Cellular Automata Framework. In: Gadow, K. V. and Pukkala, T. (eds.) Designing Green Landscapes, Springer. pp. 169-185.

[4] Ihalainen, M., Alho, J., Kolehmainen, O. and Pukkala, T. 2002. Models for bilberry and cowberry yields in Forests. Forest Ecology and Management 157:15-22.

[5] Bonet, J. A., Pukkala, T., Fischer, C. R., Palahí, M., de Aragón, J. M. and Colinas, C. 2008. Empirical models for predicting the yield of wild mushrooms in Scots pine forests in the Central Pyrenees. Annals of Forest Science 65(2).

[6] Pukkala, T., Kellomäki, S. and Mustonen, E. 1988. Prediction of the amenity of a tree stand. Scandinavian Journal of Forest Research 3:533-544.

[7] Kangas, J., Karsikko, J., Laasonen, L. and Pukkala, T. 1993. A Method for estimating habitat suitability on the basis of expertise. Silva Fennica 27(4):259-268.

[8] González, J. R., Palahí, M., Trasobares, A. and Pukkala, T. 2006. A fire risk model for forest stands in Catalonia (north-east of Spain). Annals of Forest Science 63:169-173.

[9] González, J. R., Trasobares, A., Palahí, M. and Pukkala, T. 2007. Predicting tree survival in burned forests in Catalonia. Annals of Forest Science 64(7):733-742.

[a] Turland J. 2007. An Overview of North American Forest Modeling Approaches and Technology and their Potential Application to Australian Native Forest Management. Project PG06-5046: Growth and Yield Modeling and Harvest Scheduling in Uneven-aged Mixed Species Forests. Available at http://wfi.worldforestry.org/media/publications/specialreports/Modeling_Turland.pdf.

[b] FAO. 2015. Global Forest Resources Assessment 2015: how are the world's forest changing? Food and Agricultural Organization of the United Nations, Rome. 47 pp. Available at http://www.fao.org/forest-resources-assessment/current-assessment/e

[c] Anon. undated. Diameter at breast height. Available at https://en.wikipedia.org/wiki/Diameter_at_breast_height.

第 6 章　森林生态系统管理

6.1　引言

6.1.1　森林生产中的生态系统服务

基于森林生态系统的生产可以分为商品生产和服务生产。生态系统商品代表直接利用生态系统的材料和资源,抑或用以制造不同的商品[1]:
① 无机物质(碳、氮、二氧化碳、水等);
② 有机物质(蛋白质、碳水化合物、脂类、腐殖质等);
③ 生产性植物(用无机物质形成有机物质);
④ 消费性生物(消费初级生产的微型生物和大型生物)。
生态系统服务代表利用生态系统改变环境性质:
① 缓和各类能量因子的影响,诸如辐射、热、风、雪压、重力(如滑坡)等机械力,噪音;
② 控制大气中化学物质和颗粒的含量(如空气杂质、二氧化碳的排放),提高环境健康;
③ 促进环境的宜人性,创建适于各种人类活动、维持文化遗产的功能性环境;
④ 维护生态系统功能和生物多样性。
上面开列的商品和服务表明,森林对人类有诸多功能:生态性、社会性、经济性、文化性。这些主要维度概括了可持续性森林管理的宗旨:在拥有森林生态系统的商品和服务方面,为后代提供与当代人同等的机遇。

6.1.2　管理和森林演替

商品和服务的生产是靠操纵(管理)森林生态系统的结构,使之按要求运作。任何基于森林的生产($P_{i,j}$)都是环境(E_j)与基因型(G_i)之间交互作用的结果:

$$P_{i,j} = G_i + E_j + G_i \times E_j \tag{6-1}$$

要维持产量,增加产量,可以管理树种群的遗传性质,改变生境的性质,或者两方面双管齐下。说到底,管理就是要改变遗传型和环境以及两者之间的交互作用,优化森林生态系统运作和结构保护的必需,满足生产要求。其实现得通过调控森林生态系统运作和结构的长期发展(演替),使之生产出管理目标中所确定的商品和服务(图 6-1)。只要森林的未来发展偏离最适于这种目标的状态,那么就需要管理。管理人员想要什么样的商品和服务,就设法引导树种群(和其他种的群体)的生理生态表现,使之产生能提供这些商品和服务的生态系统结构。

6.1.3 森林结构和生态系统服务

选用什么样的管理取决于管理目标的实现需要什么样的森林结构。给定森林地域,内中树或诸多树种群(林分)在龄级分布上可以呈现各种各样的格局,其中最基本的如图6-2所示。均匀分布指各龄级占有的地面积相等(图6-2A),适用于管理森林的任何功能,但就任何单项功能,也许不是最佳选择。正态分布以中龄林分为多(图6-2B),对木材生产更为可取,但对生态性和社会性功能也许不是最好。幼龄林占优势的左向偏态分布(图6-2D)也是如此。相比,右向偏态分布(图6-2C)以成熟林分占据最多地面,则可能最适于提供生态性和社会性功能。

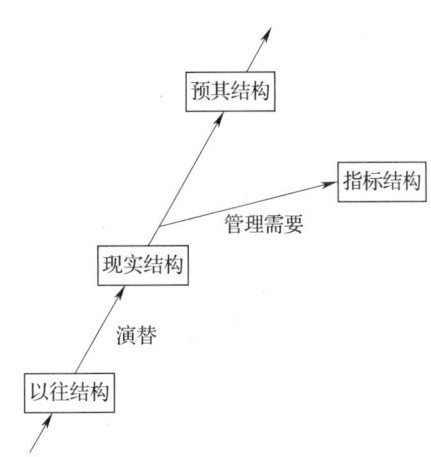

图6-1 森林生态系统的现实运作和结构受先前影响

注:长此以往,导致特定结构,也许能满足对商品和服务生产的现实期望。要是未来结构偏离期望,就必须管理,使生态系统动态(演替)能生产出与管理目标一致的较优化指标结构和运作。

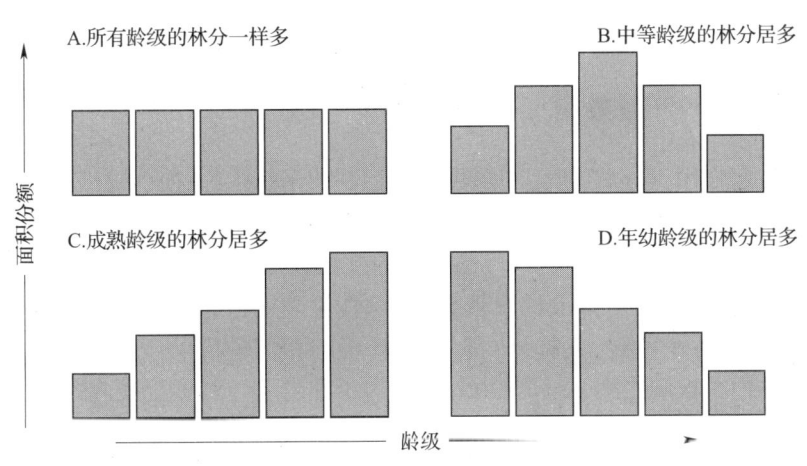

图6-2 森林地域内树或树种群(林分)龄级分布的一些基本模式

森林这种年龄结构影响地域整体上的生长量,如图6-3所示。该例的计算用6个龄级的欧洲赤松林为起点:分别为2、10、22、38、62和82年。这些林分的蓄积量小到幼苗期的几个 m^3/hm^2,多到成熟期的 $350m^3/hm^2$。以10年为一期,第1和第10个年份的生长都是初始年龄为38的林分最大,相当于初始年龄为85的林分的5倍。进一步的计算假定:森林地域共 $100hm^2$,初始由上述6个龄级按各种比例分摊。结果是,成熟林分偏多的分布下蓄积量最大,但增长量却要比正态分布低15%左右。幼林居多的分布总生长量则要比其他分布小得多(正态分布的1/3)。就均匀分布而言,总生长是正态分布的70%~80%。

要林区的木材生产最大化,必须使林龄结构呈正态分布。随着轮伐期的推进,这种分布中的大面积中龄林逐渐成熟,演变为成熟林占优势,蓄积量增加,生长下降。之后,随着这么多成熟林在轮伐期末被采伐,幼林开始偏多。此时,地域内蓄积量低,绝对生长值小,但相对生长率高。因

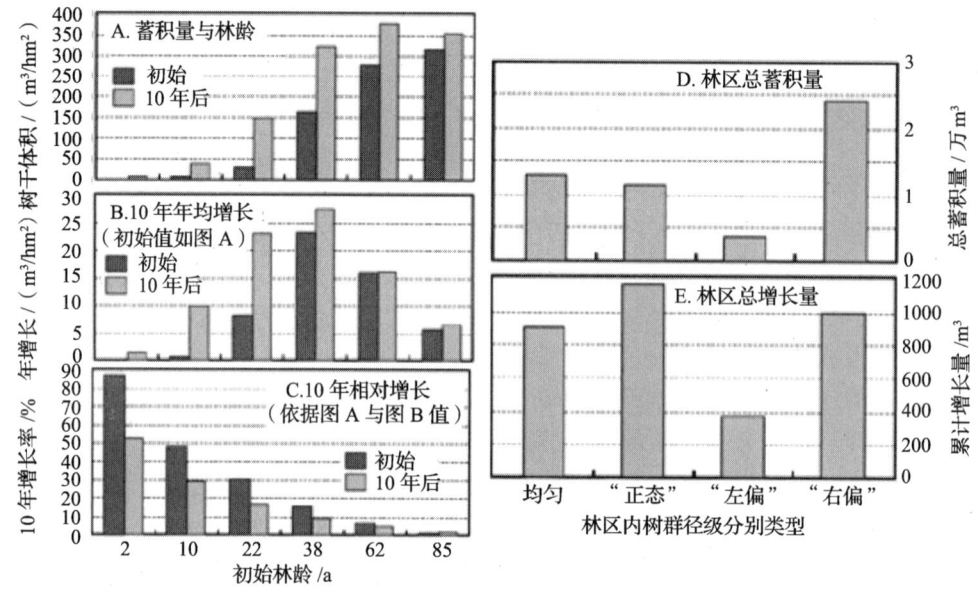

图6-3 林区内林龄分布影响林分生长和积蓄量

此,要使木材生产可持续性地多轮伐期长期最大化,必须把森林地域划分为诸多小区,有幼龄林、中龄林、成熟林占优势的林龄分布,综合起来则是中龄林占优势,总蓄积量中等偏高,生长迅速。

6.1.4 管理措施和产量效应

要引导演替起作用,可以在管理中采用人工控制的干扰措施,使引发的森林运作和结构生产出管理所追求的商品和服务。如果目的是为树的繁殖和生长增加资源可获量,人工措施(即育林管理作业)可以分为内生性和外生性。内生性措施是基于树株的管理(单株性管理),外生性措施则是按种群管理(林分性管理)。单株性管理创造异龄林结构。林分性管理则创造镶嵌型森林结构:各个种群(或林分)都是同龄,但与相邻种群处于不同的发育阶段。森林结构通常是在这两个极端之间,是同时由外生性因子和内生性因子所创造的混合体。

可以用的管理措施很多,对立地和树种性质的效应各不相同;表6-1列出一些例子。要控制土壤系统的性质,调节养分循环和土壤水分,可以用外生性措施干扰土壤表层。这类措施最能促进先锋树种(资源供应充裕条件下最为成功的树种,如肥沃皆伐迹地上的桦树)的生长和繁殖。要减少地面植被对幼苗的影响,调控土壤的理化性质(整土),可以用机械措施整地。要降低地下水位,减少土壤水分过剩,可以开沟。要影响土壤化学性质,减少地面植被对幼苗的影响,可以用人工火烧。要给立地增添养分,为树生长实质性增加有效养分,则可以施肥。

表6-1 各种管理措施对立地和林分性质的效应

措施		对立地和群落的效应				
		养分	水分	温度	土壤物理	树种
外生性措施	整地	大	中	大	大	大
	开沟	中	大	中	中	大
	人工火烧	大	小	中	中	大
	施肥	大	(无)	(无)	(无)	(无)

续表

措施		对立地和群落的效应				
		养分	水分	温度	土壤物理	树种
内生性措施	更新伐	中	中	中	小	大
	幼林抚育	小	小	小	小	大
	疏伐	中	中	小	小	中
	整枝	小	小	小	(无)	小

内生性措施包括疏伐幼林和较年长的林分,基本是调控树株之间的距离,使先锋树种和顶级树种改善生长,繁殖;顶级树种指资源短缺条件下也能成功的树种,如遮阴下的挪威云杉。更新伐是指旨在更新立地林分的主伐:要么靠天然播种而实现天然更新,要么靠人工播种或植树而实现人工更新。幼林抚育旨在适当的株间距,诚如疏伐一般。幼林抚育还去除那些与管理目标不一致的树种。整枝用于去除树冠下部的枝条,无论死活,借以增加可以从树干下部获得的无节木材量。

在长期性管理中,人工措施的实施时间和强度得依据生态系统的运作和结构与管理目标的关系决定,如图 6-4 所示。要促进资源可获量和随后的更新,整地可以在主伐之前做。要为业已显示出生长较快的那些树株提供更多的空间,把林分的生产量集中于这些较少数的植株上,可以在苗期抚育。要不断促进养分循环,加快林分生长,可以定期疏伐。要提高更新率,可以加大成熟林的株距。要进一步促进更新,则可以先做更新伐,再整土。这样,在整个轮伐期中,都能同时提供木材、非木材产品和服务。

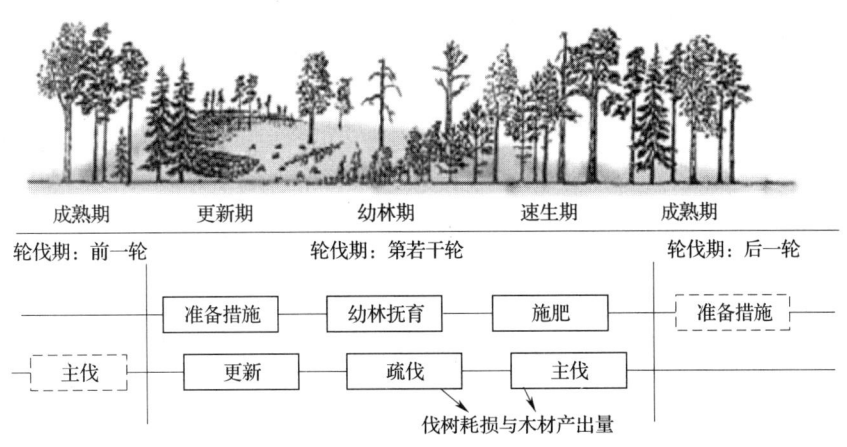

图 6-4 轮伐全期森林生态系统的长期动态和管理措施之间的交互作用

在影响管理实施时间和强度的诸多主要因子中,林业的经济目标也是一个。森林管理投资周期长,回报慢。因此,管理要适当,其投资输入必须导致木材和其他生产的对等增加,如图 6-5 所示。具体的管理强度可以从两条轨迹线界定的区域中自由选择:一是商品产量随管理强度变化的函数轨迹线,二是产量增率与管理强度增率的轨迹线。要在这区域之外加强管理,则盈利性有限。

除了上述轮伐林业,也可以实践持续林冠法。后者采用择伐(或不规则庇护伐),避免在采伐时产生

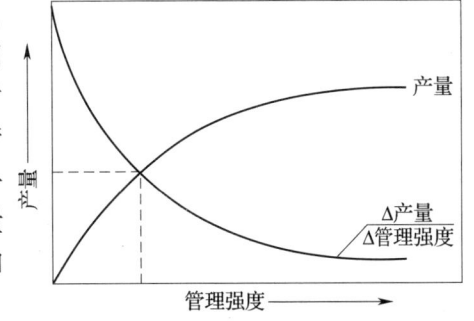

图 6-5 管理强度与生产各种商品和服务之间的关系

大片没有成年树的区域(如,宽度不足两倍于成年树的高度),使林冠常在,生态系统服务不遭中断[a]。持续林冠法在经济效益上也能不亚于轮伐法[b]。

管理措施在不断发展变化,使集约管理的林分持续增产,无论所在国的工业化程度。例如,美国南方松林的平均年材积生长量从天然林的不足 6 m³/hm² 增加到 21 世纪初所建人工林的 27m³/hm²[c](图 6-6A)。增长率为当地同为集约栽培农作物产量的 1.5 倍(图 6-6B)。巴西桉树造纸材人工林的年生长量从 1980 年的 24 m³/hm² 增加到 2008 年的 41m³/hm²(6 年轮伐期)[e],也超过农作物增长率(图 6-6B)。据 Vance et al[j],森林生产力的进一步提高很可能来自遥感监测和遗传工程的应用。

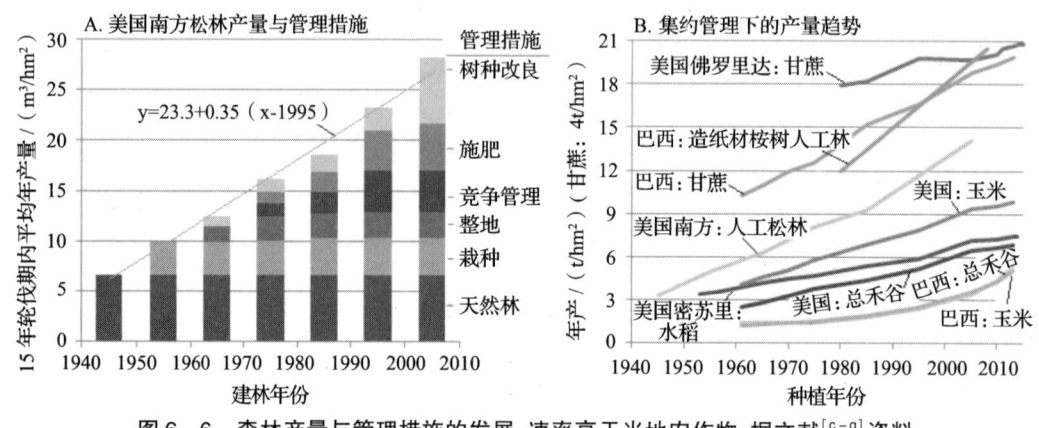

图 6-6　森林产量与管理措施的发展,速率高于当地农作物:据文献[c-g]资料

注:假定美国南方松[h]和巴西所用桉树[i]的基本密度都是 0.5t/m³。

6.2　建立林分:流程与措施

6.2.1　概念

树种群的建立有赖于天然更新或人工更新。树有生产后代(实生苗,简称苗)的天然能力,要么是有性通过种子,要么是无性通过营养器官抽芽。天然更新是指利用这种能力的方法。人工更新则通过栽植苗圃培育的幼苗,或者散播来自森林(或种子园)的种子创建新的树群。天然更新生产的苗代表亲本树的自然遗传变异性,而人工栽植和播种则为操纵所建立种群的遗传特性提供可能。

6.2.2　天然更新的措施

6.2.2.1　影响更新进程的因子

天然播种更新的成败取决于控制树繁殖更新过程的多项环境因子(图 6-7)。其中最关键的因子直接控制开花和种子形成,影响种子的产量和质量。气候因子中重要的是温度,在寒温带和温带影响开花以及种子的产量和质量。温度还与降水量一起影响种子的萌发和幼苗的确立。另一方面,亲本树的选择影响种子的产量和传播。地被植物遮阴,能遏制树苗的初始生长发育,常常决定幼苗的成败。

有性繁殖的成败,从程序上说,取决于种子的产量、质量和萌发率,以及幼苗在立地上的建立,如图 6-8 所示。单株种子产量通常在更新伐后逐渐增加,单位面积上的总产量则随母树

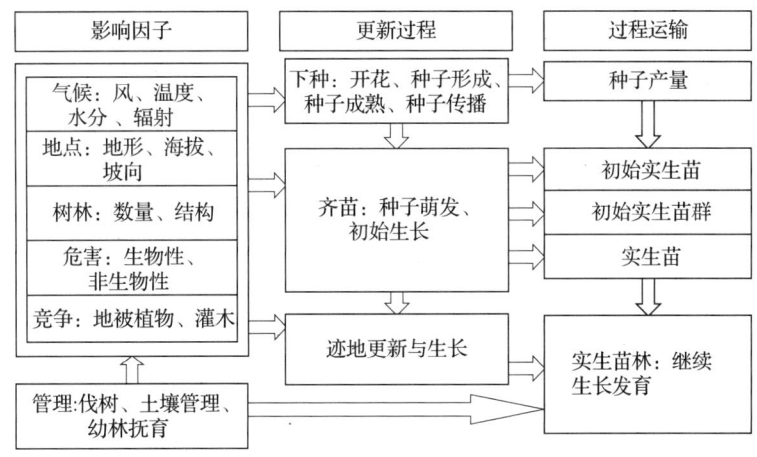

图6-7 影响天然更新成败的一些主要因子

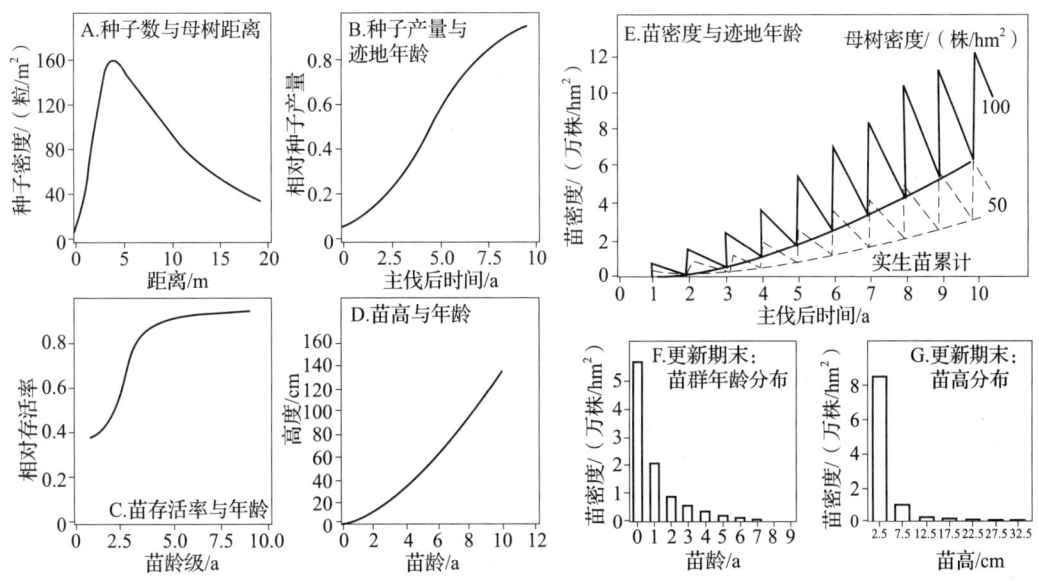

图6-8 幼苗成败与影响因子的关系[2-3]

株数的增加而有限增加。大多数种子落在母树附近,少数传播得远些。幼苗在空间上的分布因此变异相当大。幼苗最初的存活概率与往后相比极小。天然幼苗在早期生长又慢,因此有较长时间面临不测。

更新期是从更新伐到树苗种群达到一定标准的时间。其间,种子生产年复一年,但每年萌发的种子中只有少数发育为成功建立的实生苗,如图6-8所示。因此,树苗在特定时刻的密度代表自从更新伐后多年的累积数。森林土壤为种子萌发提供的种床条件多异,所以幼苗林内各地树苗的分布也参差不齐。天然更新起源的幼苗林在大小分布上不是正态的:偏小的苗株占多数,在更新区各地有疏有密,极不均匀。

6.2.2.2 影响更新进程成败的因子

更新过程涉及树苗建立受局限的概率。更新的成功率因此是获得苗种群满足给定标准的概率,受多项分别代表更新进程各主要阶段的随机过程的影响[4]:

$$种苗数_t = 播种数_t \times S_t \times r_{f,t} \times r_{m,t} \times r_{g,t} \times r_{d,t} \tag{6-2}$$

式中　　t——时刻,年份

　　　　S_t——能生长树苗的有效土壤占地面的比例

　　　　$r_{f,t}$——饱满种子的比例

　　　　$r_{m,t}$——成熟种子的比例

　　　　$r_{g,t}$——实际萌发种子的比例

　　　　$r_{d,t}$——受动物侵害种子的比例

在肥沃立地上,与贫瘠立地相比,草本植物多,竞争激烈,使树苗难在一定时间内形成一定密度的林分,如图6-9以欧洲赤松为例所示。在这种情况下,用整土使更多的矿质土壤裸露,能实质性提高树苗建立率。苗林达到一定密度的概率在不利的温度(低积温)条件下要远低于有利的条件下。

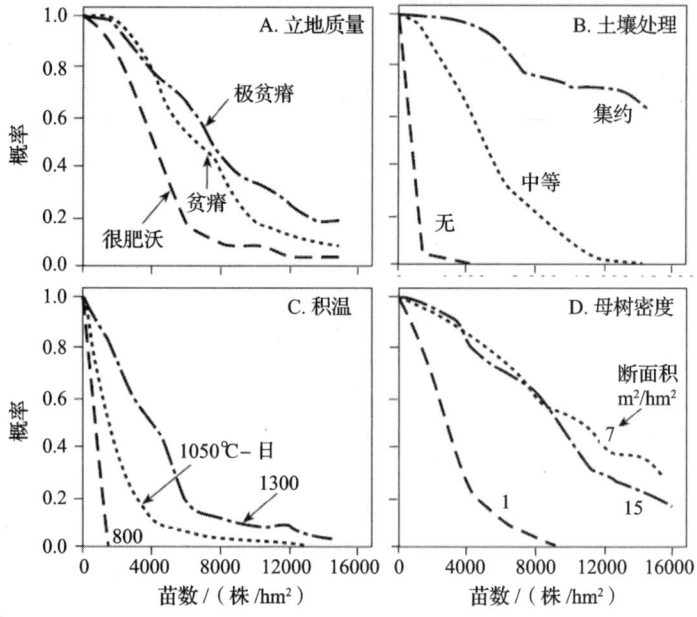

图6-9　一些因子对欧洲赤松成功建立的效应
(更新期内一定数量幼苗变成建立的概率,按照Pukkala[4]方法计算)

即使条件有利,单位地面上的母树株数必须多到足以提高种苗建立率。不过,母树的密度过高会降低幼苗的资源供应,减慢更新速率。

6.2.2.3　技术和应用

天然更新技术,如果保留母树,可以按这些树的密度(株距)分为母树法(10~50株/hm²)和庇护法(50~150株/hm²),如图6-10B和C所示。庇护法在汉语文献中习称伞伐、渐伐,但那样的称谓强调"伐",有违原意对树苗的保护功能。如果采用皆伐法,在空间配置上有两种选择:一是带状展开,种子由带间原封不动的林分播入;二是小面积进行,种子靠周围的林分播入(图6-10A)。母树和庇护更新法都是先促进生长,再促进繁殖,基于种子产量随树的成熟度提高这一特性。这种分离式促进法还为分别优化繁殖和生长的环境条件提供更多的空间。就此而言,择伐法是种组合,同时促进树的繁殖和生长(图6-10D和E)。要给树苗的建立创造空间,可以选单株成熟树而非成片伐除。择伐法是庇护作业下的连续更新,但母树密度高,树种群是异林结构。

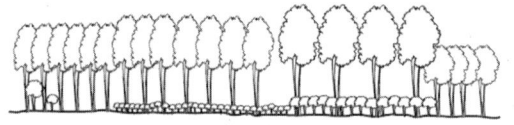

图6-10　人工更新和天然更新技术

母树更新法、庇护更新法及其变体最适用于不耐阴的树种(先锋树种);这些树种能利用林冠开放后实质性增多了的资源(表6-2)。在肥沃立地上,草本植物降低更新的成功率,需要结合整土与母树和庇护更新法。在贫瘠的立地上,整土也能增强促进更新,但效果不如在肥沃立地上。在择伐更新法中,更新最成功的是适于资源稀缺的耐阴树种(顶级树种)。干扰表土也能促进顶级树种的更新率,但高强度整土可能会伤害密集的母树。

表6-2　　　　　　　　　用于森林天然更新的一些主要方法

更新方法	最适用的立地	整地方法
皆伐:依靠邻近林分播种	旱性森林高地,贫瘠松林泥沼地,贫瘠云杉泥沼地,云杉林,桦林	清理伐树迹地,整土
母树法	旱性森林高地,松林泥沼地,湿润森林高地,松林地,桦林地	清理伐树迹地,整土
庇护法	湿润森林高地,云杉(松)林地,云杉泥沼地	清理伐树迹地,整土
择伐法	湿润肥沃立地,耐阴树种(水青冈、冷杉、云杉)	无

6.2.3　人工更新的措施

6.2.3.1　影响更新进程的因子

更新也可以用人工栽植或人工播种,就如人工林业那样做。人工栽植是用苗圃培植的幼苗建立树林,人工播种则是在有待更新的地域散播种子。人工林可以是在近期去除了树林覆盖的地域(更新造林),也可以是近期没有过树林覆盖的地域(非林地造林)。在汉语文献中,更新造林常称重新造林(歧义众多);非林地造林习称荒地造林、荒山造林、绿化造林,但这些习称都有失偏颇。两种造林采用的方法相同。在人工林业中,更新的成败取决于所用繁殖材料(种子、苗)的性质,也就是种源和苗圃实践,如图6-11所示。繁殖材料的基因型和表现型应该匹配更新地的生态条件。选择适合各个管理目的的树种和种源是成功的基础。幼苗在形态上也应该适当,能够生理适应资源供应上的变化和草本植物的竞争;这种竞争可能主宰人工林在肥沃立地上的初期发展。

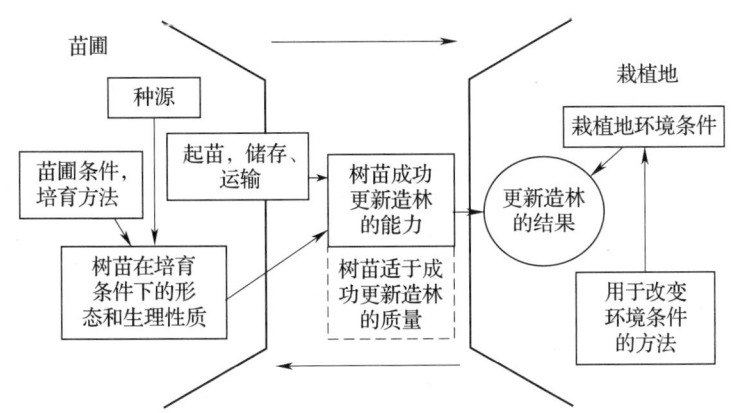

图6-11　影响人工林更新成败的因子[5]

6.2.3.2　树种选择

在人工林业中,选择什么树种强烈取决于期望什么样的生长和产量。而且,如果树种之间在经济价值上有差异,一般优先那些市场需求最大的树种。选择的另一个重要标准是树种能否用于环境保护(诸如控制水土流失或改善土壤肥力)。既速生高产又富有经济和环境价值的任何树种,对于持续森林生态系统的多目标生产力,因此也对于以此为宗旨的林业,都具有重要价值。

在实践中,选择树种的规则寥寥无几。选用本源种,因为主要标准是自然条件下存活和生长力双高。如果地域内气候变异不大,立地类型和土壤质地代表的立地肥力则是树种选择的常用依据,如表6-3所示。优先那些在当地条件下最有能力生理适应并生长的树种。简而言之,在养分和水分等资源供应都充裕的情况下,任何先锋树种都极可能存活、成长,有些顶极树种也可能表现良好。如果资源供应稀缺,最可能存活、成长的,无论短期还是长期,则基本只有顶极树种。

表6-3 依据立地肥力和土壤质地选择树种:芬兰情况

立地肥力	土壤质地	推荐树种
高	细质土、中质土	挪威云杉,桦属
	粗质土	挪威云杉,桦属
中等	细质土、中质土	挪威云杉,桦属
	粗质土	欧洲赤松
低	细质土、中质土	欧洲赤松
	粗质土	欧洲赤松

6.2.3.3 种源选择

树种通常对当地环境高度适应。高纬度的种源在这方面也是如此。但这是以生长为代价的:通常不如较低纬度的种源长得快。此外,高纬度的本地种源在对本地有害生物的抵抗力上要优于较低纬度的种源。如图6-12所示,欧洲赤松年幼时的存活率与代表种源的积温相关。这里,积温的下降意味着种苗相对于所代表的种源向北迁移,积温的上升则指示种苗的相对南移。这种对比也适用于高海拔向低海拔的迁移,而从低海拔向较高海拔的迁移会降低种苗建立的成功率,反之亦然。

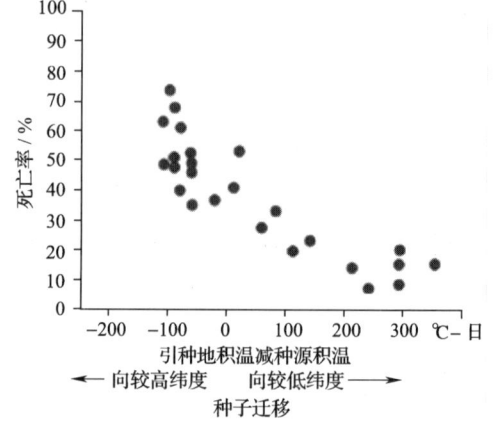

图6-12 欧洲赤松苗死亡率随基因型南北迁移变化[6]
海拔差的影响已消除

6.2.3.4 栽植用苗

栽植用的树苗通常在苗圃培育,其技术设计多种多样。许多发达国家主要用商业性苗圃生产树苗,高度机械化,采用复杂的温室技术,优化生长条件,缩短生产时间,使每苗成本最低。在寒温带和温带发达区域,主要在春天播种,同季栽植。能这么做,是因为进行了处理:人为缩短树苗经历的日长,使树苗年生活周期的节律加速而比自然条件下早熟。夏季培育的树苗则贮存于凉爽的条件下,待翌年夏季栽植。大多数树苗是容器苗,如图6-13所示。

容器为树苗提供建立与扎根的地方。之后,

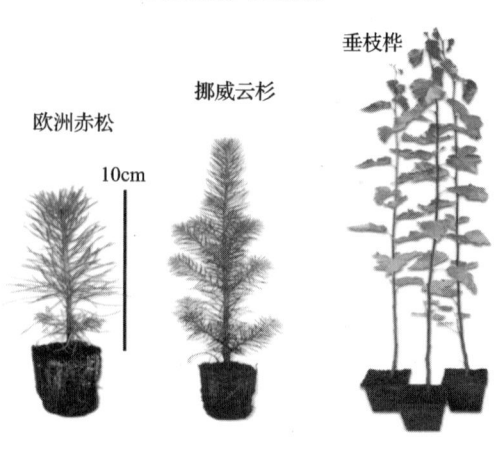

图6-13 容器苗实例

树苗继续从这装满泥炭土的容器获取养分,直到在立地上永久扎根。容器苗可以手工栽植,但也为机械化栽植提供可能。

6.2.3.5 技术与应用

在人工林业中,要调控树和环境之间的交互作用,促进幼苗的存活和生长,可以适当选择树种,操纵立地性质。如表6-4所列,人工播种最适用于土壤质地粗的贫瘠立地。在肥力中等和偏高的立地上,栽植比播种更容易成功。在资源供应充裕的立地上,则不宜播种;即使栽植,也必须配以有效的土壤管理,限制草本植物的竞争。

表6-4 树种选择、立地性质、栽培方法和整地之间的关系:芬兰寒温带条件

树种和立地		栽培方法		先决条件及注释
		播种	栽植	
欧洲赤松	高地森林带有草本地被植物		推荐	整土充分
	湿润森林高地	可以	推荐	整土充分
	中度旱性森林高地	推荐	推荐	整土
	旱性森林高地	推荐	可以	整土,不栽植
	云杉沼泽地		推荐	整土,大苗
	松林沼泽地	可以	推荐	整土
	开阔泥炭地	可以	推荐	整土
	废弃农地		推荐	整土
挪威云杉	高地森林带有草本地被植物		推荐	整土
	湿润森林高地	可以	推荐	整土
	云杉沼泽地		推荐	整土
	废弃农地		推荐	整土
桦树	高地森林带有草本地被植物		推荐	整土
	湿润森林高地		推荐	整土
	废弃农地		推荐	整土

为栽植整土(准备土壤)有多种方法。如果地下水位不成问题,要去除枯落物和腐殖质,暴露矿质土壤,松土就足以实质性改善幼苗的存活和生长(图6-14A、B)。如果是水涝地,则需要加强整土,增加土壤通风性,使根的生长不受干扰(图6-14C)。要促进通风,排水,可以筑土堆。要提高栽植苗在水涝土和通气不良的黏性土上的成功率,在许多情况下,可以整造微地形。另一方面,土堆增加温度和有机质的分解,改善养分供应,是栽植树苗的首选微地点。

6.2.4 遗传改良和树木育种

6.2.4.1 概念

在人工林业中，树木育种的成果能直接用以提高森林生产。树木育种是指利用树的遗传变异性(多样性)和树传承性状的能力，对树的种群进行遗传改良，提高树的存活和生长。遗传改良和树木育种的总目标是开发种子和幼苗(造林材料)，用以更新造林，促成高成活率、速生、木材高质高产，提高人工林的生产力和盈利性。对于提高树生长和木材质量的潜力，图6-15以正号树遴选为例说明。

在遗传变异中，个体间的变异(种群内变异性)占90%以上，种群间的变异因此很有限。种群内的变异是正态的，因此可以应用数量遗传学改善树种群的性质。在这种情况下，基因型(G)、表现型(P)和环境(E)是基本要素。表现型是可见的性状或特征，出自基因型(即，所涉及的基因)和环境的联合效应：

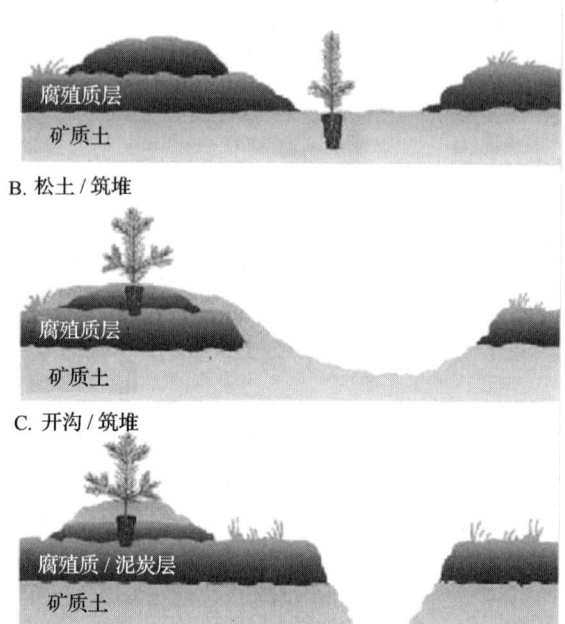

图6-14 为树苗准备土壤和提供微地形的方法选例

$$P = G + E \tag{6-3}$$

种群中表现型的变异(任何特性的 σ_P^2)可以分解为由于遗传变异 σ_G^2 的变异和由于环境条件变异 σ_E^2 的变异[7-8]。遗传变异可以进一步分解为加性的 σ_A^2 和非加性的 σ_{NA}^2 两部分：

$$\sigma_G^2 = \sigma_A^2 + \sigma_{NA}^2 \tag{6-4}$$

因此，性状的表现型变异可以写成：

$$\sigma_P^2 = \sigma_A^2 + \sigma_{NA}^2 + \sigma_E^2 \tag{6-5}$$

加性遗传变异是由于父母间在结合能力上的差别，指示育种价值的变差，而非加性遗传变异则与特定的结合能力相关。因此，加性遗传变异主要用于改善度量性状。

遗传力指变异中个体间遗传差异所占的比例，指示父母把性质遗传给后代的程度。遗传力有助于评估：例如，遴选个体或家系时可以在提高后代性状上实现多大的收益？对于个体，可以估计遗传性的两类值：广义遗传性值(H^2)、狭义遗传性值(h^2)[7-8]：

$$H^2 = \frac{\sigma_G^2}{\sigma_P^2} = \frac{\sigma_A^2 + \sigma_{NA}^2}{\sigma_A^2 + \sigma_{NA}^2 + \sigma_E^2} \tag{6-6}$$

$$h^2 = \frac{\sigma_A^2}{\sigma_P^2} = \frac{\sigma_A^2}{\sigma_A^2 + \sigma_{NA}^2 + \sigma_E^2} \tag{6-7}$$

大多数遗传性估计值代表狭义值，利用遗传变异性的加性部分。那是，树木育种项目主要是为了改善各种性状的一般结合能力。许多经济上重要的树木性状普遍具有相当低的狭义遗

图 6-15　正号树遴选在提高树生长和木材质量中的潜力实例

注:这株欧洲赤松(树 E138)选于 1948 年。株干挺直;活枝和细小死枝在早期就被整除,反映于株干外观上的高质量及其无节木的可能高比例。周围的林分后来被收获,天然更新形成的新一代正在长大。E 138 已经用于许多人工杂交,既为花粉的父本,也为种子的母本。根据后代试验,E 138 的高生长性能等级是 0.77(平均 0.50),配上表现型选择的一般效应,会导致超出非选种子 20%的优势(照片:Teijo Nikkanen)。

传值:0.20 左右。换句话说,80% 的变异是由其他因子引起的。这种"差错性"变异是由于环境因子,因而强调了环境条件和森林培育措施对实现遗传增益的巨大影响。

6.2.4.2　树木育种

在树木育种中,遴选是丰富基因而改善树及其种群表现的核心活动。遴选基于比较:中选的单元(如,中选供进一步遴选的树株)在评估性状上必须超过平均水平或其他参照指标。遴选应用多种遗传单元[7-8]:

① 起源指初始繁殖材料的天然生长地兼收集地的地理位置。

② 种源区指繁殖材料起源地及周围生态上类同的地域。

③ 种子源指种批采自的树群。

④ 种群指共享同一环境、并能更新的一群同种个体。种群由亚种群或林分组成;林分指具有特殊性质的树团体。为育种提供材料的林分是根据表现型性质选出的。中选林分在遴选性状上优于其他林分,构成基本种群,用于遴选优树(正号树)。就表现型而言,正号树在遴选标准上优于基本种群中的其他树。正号树构成种群的第一代育种体。

⑤ 家系由单株树(或基因型)的后代组成。双亲家系源于同对配种,单亲家系则起源于开放性授粉或多系杂交。家系主要用于育种、后代测试、轮回遴选,而双亲家系在某些情况下则

也用于商业性人工林。后代指由同株亲本树的种子生产出的那些树。后代测试确定亲本树的遗传价值,用于遴选基础种群或候选种群,充当下一轮育种的亲本树,或者充当用于繁殖中选基因型的种群。

(1)育种项目

早期的树木育种项目采用逐代高强度遴选的方法,主要追求高遗传增益。如果把1∶10的遴选强度用于1000株树,那么第二代有100株,三个周期后就只剩一个家系。那种高遗传增益会使遗传基础的任何扩充(如,从天然林中引进新树)都减少已经获得的遗传增益。因此,在现今的育种项目中,实际的育种种群是和繁殖种群分开的。在这样的项目中,育种种群由上百个家系组成,中选的亲本树与其后代相互交替。而且,在代间采用低遴选强度,借以维持足够的遗传多样性。

遴选等于是从异质的基本种群中鉴别理想的个体。一般来说,首选的基本种群是本源种的本源林分。在表现型遴选中,把顶好的树选为正号树:通常每公顷1株。在第二轮育种中,基本种群由同一亲本树(正号树)的种子长出的树(后代)组成。从第三轮开始,用于遴选的树都是先前中选的树的后代。基本种群也可以是外源种:如果本源森林衰退,或者外源种比本源种更富生产前景。在这种情况下,遴选前必须先对外源种(及其种源)的田间表现(存活、生长)进行长期试验,因为不是在这些树种的天然生物地理区域内。图6-16显示育种的周期,包括树木遴选育种中一些概念之间的关系[9-10]。

(2)育种材料的测试

一般来说,测试指育种材料的试验性培育。要统计分析结果,试验得采用试验设计。要确保测试的可靠性和可重复性,试验必须在多地、甚至多个时间点重复。在大多数情况下,需要至少有一个参照地块作对比,例如,用以代表测试种的当地种源。

用生物性和技术性试验评估育种价值和表现,如表6-5所列。传统做法是田间试验:树按照常规管理实践培育。这种试验持续时间长,经常一直要到轮伐期末;要求的面积也大,维持成本高。另一方面,大片的试验地块能证明育出的基因型在典型的商业林条件(参差不齐,易受病虫害等等干扰)下会如何表现。通常要在轮伐期内多次评估育种的成败,尽管最终的测试结果必须等到轮伐期末。

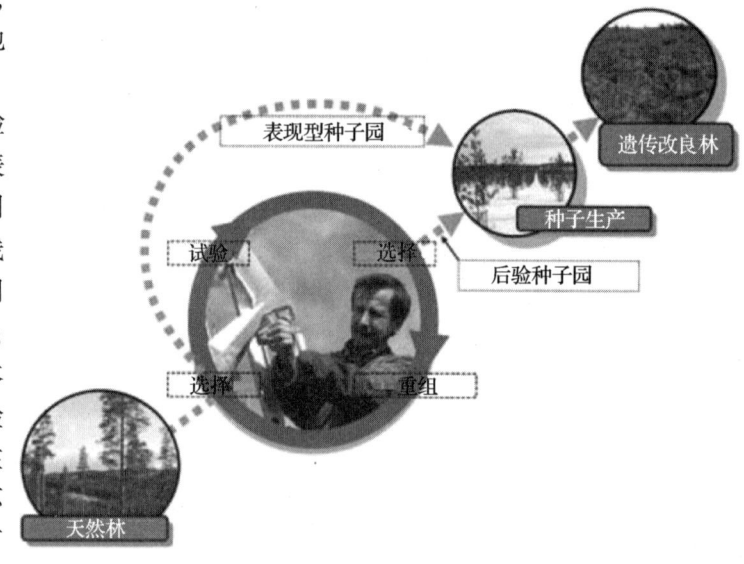

图6-16 育种周期的轮回[10]

始于从天然林按表现型选取正号树。随后建立种子园,进行后代测试。对正号树后代的轮回遴选导致第二轮的测试和种子园。这种循环重复多次,遗传增益随之不断提高

表 6-5　　　　　　　　　　　　　　用于育种的试验类型

技术＼生物	树种测试	种源测试	后代测试	无性系测试
田间试验	主要	主要	次要	主要
试验园			主要	次要
苗圃试验		次要	试探性	次要
人工环境	试探性			试探性

可以用试验园取代田间试验。后代测试尤其如此,只给中选树的后代排名。为了提高测试效率,试验园通常设在环境匀质的肥沃立地。这里,可以采用更先进的试验设计。因此,各个家系的树株数不必像田间试验中那么多,还可以高密度栽植,10~15年就能获得最终结果,所需要的地面积也就比田间试验的面积要小不少。

早期曾有人预料,苗圃试验会是一种经济有效的方法加速树木育种。不幸的是,幼苗与较年长的树之间在表现上的相关性很低,甚至是负的。生长率和质量性状都是如此。因此,苗圃试验的结果需要试验园、甚至田间试验补充。对于有些特征,如耐冻性,苗期获得的结果还是可靠的。

人工环境中的试验涉及使用生长箱和温室,调节温度、光、养分等。这就为研究提供了诸多选择,诸如抗冻性与年生长节律之间如何对应,等等。还有用实验室试验的,与试验栽培相结合。要测试对害虫或霜冻的抵抗力,等等,可以用生物化学和生物电流特征。要进行标记辅助遴选,可以搜索遗传标记(与重要经济性状紧密关联的可测标签);要直接遴选理想的个体,则可以搜索数量性状基因位点。人工环境和实验室试验,与苗圃试验一样,并不能预测较年长树木的田间表现。

(3)改良基因型的生产

生产遗传改良的更新造林材料主要以种子园生产的种子为基础,而种子园则是由育种材料中遴选出来的树形成的人工林。第一代种子园由按照表现型中选的正号树嫁接而成。通过嫁接,从正号树采集的枝条成为另一株树的顶枝而生长。每个种子园包含着许许多多遗传上互不关联的无性系嫁接株,所生产的种子因此能维持与天然林相当的遗传变异性。这有别于用营养繁殖法生产的造林材料。营养繁殖法的优点是,与有性繁殖相比,优越性状的现有组合能得以保留。基于嫁接、插穗生根和微繁殖法的无性繁殖(克隆)已经广泛应用于建立育种种群和种子园,但技术难度高,成本高,在大规模更新造林中仍然相当罕见。只有用于天生容易生根的树种(如杨树)或者具有特别价值的树形(如垂枝桦),克隆才能盈利。

6.2.4.3 育种采用的性状

(1)适应度和抵抗力

在评估树木育种的成败时,存活优先于其他任何特征。存活有适应度和抵抗力两个维度。

适应度指树在特定环境中繁殖和生长的能力。在这方面,温度在寒温带至关重要,因其控制树生理活动和生长的季节性。树能适应气候平均值固然重要,但更重要的是,要能忍耐低温,抵抗霜冻。要评估适应度,可以用试验对比苗生长发育的季节性与气象格局的季节性。

抵抗力指树在食植动物、真菌病害和寄生生物影响下的存活能力。一般来说,树对特定的生物有特定的防御机制。在这方面,树与树之间有遗传变异性,借以缓冲生物性损害的爆发。这可以用于育种,提高树的抵抗力,但没有针对一切病虫害的通用抵抗力。同样,树与树之间对污染物的忍耐性也各不相同,但变异的幅度与形形色色的污染物相比过于狭小,不足以让树木育种消除污染的不利效应。

（2）木材与木头的生长和质量

生长在诸多方面都是个重要的性状。树苗快速生长能提早建立,超越竞争性地被植物和各种寄生生物。速生树能缩短轮伐期,增加单位时间内的产量。生长率是数量遗传学的理想性状:可测量,又准确,允许应用统计方法评估育种的遗传增益。但是,树和家系在一生中生长模式多变,可能会给评估造成偏差。树有冲刺型,也有长跑型:前者开始迅速,但时间一长就会缓慢下来,而后者开始缓慢,却能长期旺盛生长。要给树在相对生长速度上可靠排名,得等到幼年期后:在树高超过 2m 之后。

质量由树干的外部特征和木质部(木头)性质组成。优良的外部特征是:株干挺拔,上下饱满,枝细。这些都能测量,但要大规模记录,却相当乏味。因此,外部质量通常靠目测评估,把树分成质量等级。与树干的外部质量相比,木头质量是个远较复杂的问题:从细胞壁的化学成分,到木头的机械强度和密度。要用木头质量评估育种的成败,必须整合木头的机械性质和化学性质,对之进行排列分析。

在后代测试中,鉴定质量性状需要很长时间,例如,比树长到一定高度所需的时间还要长。试验园林分的高密度会掩盖植株分支多的遗传倾向,而这一特性对树干的外部质量具有显著的效应。木头质量也是个问题,因为对理想木材没有通用定义。建筑材和造纸材各有各的要求。在为能源生产森林生物质时,重要的性状是高热值结合速生。树的生化复合物可以为制药业和化工业提供原材料。为这些最终用途测试育种材料的工作尚为欠缺。

在树木育种中,要优先单个性状,就必定影响其他性状。比如,树干质量优秀,但生长缓慢。对这个问题的一个解决方案是,采用综合性加权遴选指数:按照各项性状的经济和遗传重要性分别配以权重。更务实的途径是基于理想型的概念。理想型树是包含多项理想性状的模型树。理想型的实现超出数量遗传学的范畴:要求特定的组合,转基因,营养繁殖。在林业中,如能建造一株"完美"的树,又能以合理的成本对之成批无性繁殖,那么,就会实质性增加生产潜力(图 6-17)。

6.2.4.4 控制种子和幼苗贸易的规则

在欧洲和其他区域的发达国家,更新造林用的种子和苗必须满足一定标准。特别是,任何商业性更新造林材料的来源必须明了,各批用于苗圃或野外直播的种子必须有这信息。这些规则出自国际性的合约,涉及商品的跨国自由贸易。欧盟用如下定义描述起源和种子源[11]:

① 起源指初始繁殖材料的天然生长地兼收集地的地理位置。

图 6-17 潜在作物理想型:垂枝型挪威云杉
注:异常细小而下垂的枝条表明高收获指数,株干木占总生物量的比例高于平均水平。此外,极其狭窄的冠幅让林分密度能在整个轮伐期居高不下。这意味着单位地面积高产(照片:Pertti Pulkkinen)。

② 种源区指繁殖材料起源地及周围生态上类同的地域。

③ 种子源指种批采自的树群。

任何商业性造林材料必须履行如下四类之一的要求：鉴定、选定、合格、测定。销售基因改良材料不是在合格类，就是在测定类。

一般的推荐是，更新造林要用当地起源的繁殖材料；这样的材料已经适应使用地的环境。这类推荐出于长期的种源试验。这些试验，在时间跨度上，代表了数十年，乃至上百年，相当于整个轮伐期。但推荐相当笼统，包括"当地"这一概念也模糊。实践中，当地的地理尺度大致为 100 km。这尤其适用于沿光周期的梯度南北向迁移基因型。要提高人工林的生长和存活，这尺度也可以用于基因型的东西向迁移。不过，当地繁殖材料固然能降低失败风险，但存活率却永远达不到100%。尤其在恶劣条件下（如高纬度、高海拔），存活率依然要低得多，即使繁殖材料是正宗当地的。已有模型和计算程序协助决定基因型迁移的成败。图6-18以欧洲赤松为例说明种源迁移对树表现的影响。

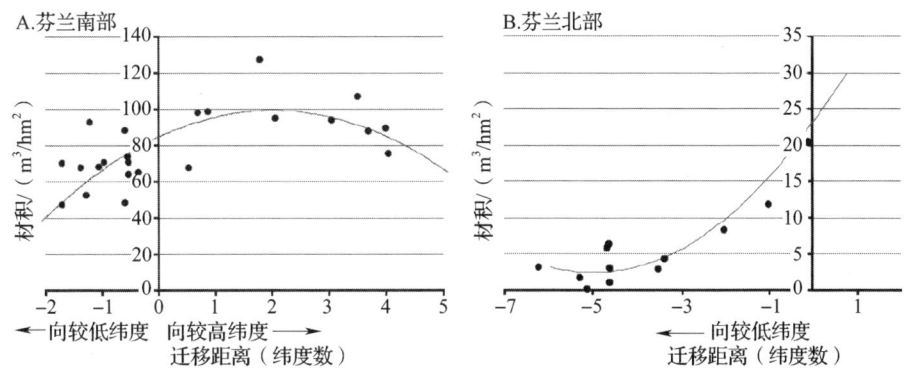

图6-18 欧洲赤松种源试验中各种源的表现

6.2.4.5 基因型改良在更新造林中的成果

在北欧国家，以挪威云杉为例，人工林采用较南的种源可以比当地种源增加生长40%。欧洲赤松用南方种源也能增加生长。在这两例中，生长的增加都是因为生长期要比当地种源长。但是，北移可以增加冬害，表明年生长周期与年气象周期的不完全同步。使用较北的种源，就没有冬害问题，但生长依然比当地种源慢。这是因为较北种源的生长期较短。因此，生长和存活之间有一种权衡取舍关系，从而限制种源迁移在促进林分生长中的应用。

基于第一代表现型遴选的试验表明，育种能增加的生长是有限度的。在许多情况下，生长条件变异的效应大于选树的效应。不过，采用第一代种子园的种子，欧洲赤松可以增加材积生长，多达20%。而且，高质量树干所占的比例也比一般林分的材料有实质性增加，如图6-19所示。随

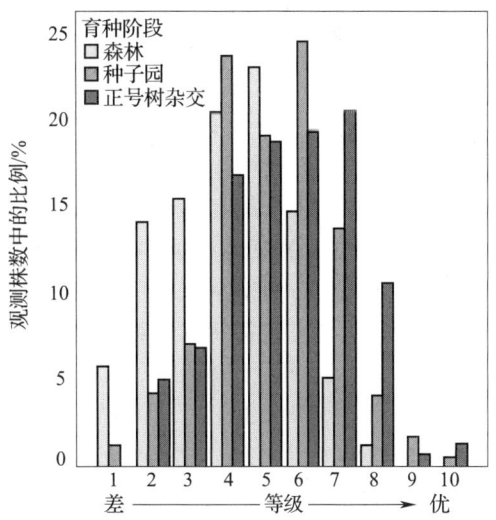

图6-19 育种效应：欧洲赤松在一些芬兰试验中的生长和树干外表质量

注：外表质量是目测对每株树的整体印象（芬兰森林研究所 Matti Haapanen 的未发表材料）。

着种子园代数上升,高世代种子能产生更多的遗传增益;每一轮育种可以提升材积10%左右。森林苗圃已经几乎只用遗传改良过的种子,有些甚至直接播种造林,因此,育种将显著影响未来的木材供应。就具体地点而言,实际增益则基本取决于培育和维护的强度。

6.2.5 树木育种的未来挑战

6.2.5.1 气候变化

气候变化意味着生长条件的变化,树需要适应。变化最明显的是温度、降水、生长季长度、大气二氧化碳浓度。另一方面,总太阳辐射和年光周期格局保持不变。对温度和光照的新组合,树的长期反应尚不清楚。预期许多病虫害都会得益于温和的冬季和延长的生长季,影响树在适应生长条件变化上的成败。这方面,可以区分两个基本维度:生理适应、遗传性适应。

生理适应是指树针对生长条件的变化而调整自我的表现。这些短期(数天到数年)的响应改变树的生理性表现(如光合作用、蒸腾作用等)和结构(叶的更换、比叶面积等)。在这方面,长期的种源测试在评估树的适应能力上具有特殊的价值。例如,已经显示温度的全年增加会增加挪威云杉和欧洲赤松的生长,不会过分增加死亡率。不过,这些试验不能完全排除病虫害风险的可能增加。另一方面,垂枝桦的种源测试表明,北部种源的桦树可能在南部失败,与欧洲赤松和挪威云杉相反。北部桦树的低成功率可能表明,北方桦树严格适应于高纬度特定的光周期,使其适应增温和延长生长季的能力有限。

遗传适应是指种群遗传组成上的变化,使树适应于生长环境的变化。遗传适应基于遗传变异,使下一代的基因型得到选择而更适合变化着的生长条件。遗传适应可以相当快,实质性变化甚至在一代内就可以发生。不过,适应气候的遗传机制似乎要比加性系统复杂,但针对气候适应进行有效育种似乎是可能的。

6.2.5.2 遗传多样性

遗传多样性是指生物种之间的遗传变异。个体之间的变异是缓冲有害生物的机制,既为自然适应也为树的遗传改良提供根本性基础。

育种使调控一定性状的基因富集,但不耗损遗传多样性。更具体地说,种子园中的初始育种种群含有数以千计的正号树,数十上百个无性繁殖系(克隆)。而且,无性繁殖系在各个种子园不同。遗传变异还有自由授粉维持。此外,系列之内和之间的人工配种能预防近交,产生新的组合,维持育种种群的遗传多样性。林木的遗传多样性还在原地保护项目中获得保留;那里,天然树种群的代表性样株,作为基因储备,得到注册。这些树起着维持天然基因库的作用,而这些森林同时随需要又为育种提供新的材料。不过,使用无性繁殖系,如果考虑不周,可以减少遗传变异性。在这种情况下,人工林如果发生病虫害,就会有加重损害的潜在危险。

6.2.5.3 生物工艺在树木育种中的应用

传统的树木育种已经相当成功,尽管其理论是基于计量生物学和数理统计学,而不是深刻的生物学知识。种群遗传学也一直有用,但是对性状的遗传机制还没有完全明了。直到21世纪00年代后期,才有描述遗传密码如何在可见性特征上表达的机制。在分子生物学水平上,调控遗传的系统已被发现是个复杂系统:单个基因能参与控制多种性状的表现。而且,染色体外脱氧核糖核酸和核糖核酸的作用可能比先前假定的重要得多。还有令人捉摸不清的观测:环境可以引发基因功能上后代能承袭的变化。

基因工艺涉及基因绘图、基因转移,等等。基因绘图指详细描述遗传材料的位置和序列。方法上的快速发展实质性地增加了绘图的应用。基因组学,作为研究生物基因组和如何利用基因的学科,除了其科学目的,为遗传改良提供了新工具。例如,对不利的基因,能使之寂静;对有利的基因,能从其他有机体移入。尽管森林树株不是遗传学基础研究的理想对象,却不乏雄心勃勃的研究。例如,已经开发有转基因树,诸如耐除草剂而又木质素改性的杨树[12],但商业化的这类树苗在不久的将来几乎不会有。一个重要的原因是,田间试验需要很长时间。另一方面,基因操纵没有得到公众的广泛接受;这阻碍了基因工艺在树木育种中的直接应用。不过,基于分子遗传学的方法,诸如数量性状基因位点、标记辅助遴选,已经带来乐观性的期望[13],但分子遗传学在树木育种中的大规模实施尚需时日。

6.3 促进树种群生长:流程和措施

6.3.1 生长和生长空间的需求

6.3.1.1 空间、生长和死亡

树种群生物量的积累可以分为增长、加速、鼎盛和下降四个阶段,如图6-20所示。这模型适用于任何肥力的立地,但立地肥力决定发育的速度和树种群可能积累的生物量(载容量)。

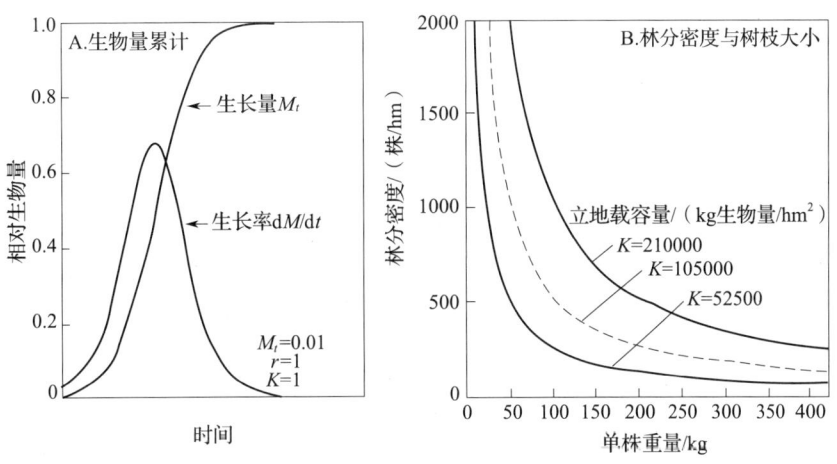

图6-20 林分生物量的积累与林龄和林分株密度的关系[14]

注:对应式(6-8)和式(6-9),基于koivisto为芬兰南部寒温带欧洲赤松林编制的生长产量表。

树生物量的增加引发死亡,树种群株密度(单位面积上的株数)从初始值下降。如果树的大小一定,株密度在肥沃立地上会比贫瘠立地上高,因为可获资源量不同。生长、生物量和载容量之间的关系可以用下列公式描述:

$$M_t = M_0 \cdot \exp(r \cdot t) \cdot (1 - M_t/K) \quad (6-8)$$

$$dM/dt = M_t \cdot r \cdot \exp(r \cdot t) \cdot (1 - M_t/K) \quad (6-9)$$

式中 M_t ——树在时刻t的生物量

M_0 ——树的初始生物量

K ——立地能载容的最大生物量(载容量)

对生长空间的需求随树种变化,如图6-21所示。垂枝桦,较之挪威云杉和欧洲赤松,对密集(或单位面积上的生物量)的增长更敏感,由此引发的死亡发生得更早。树干体积为

0.02m³ 的垂枝桦大约需要 2m² 的生长空间,而成熟的桦树可以蓄积 0.25m³,大约需要 10m² 的生长空间。挪威云杉需要的空间幼年时大致为 1.5m²,而成熟时则大约为 6m²。欧洲赤松所需的生长空间介于垂枝桦和挪威云杉之间。树种间的这些差别指示耐阴性上的差异,因为垂枝桦相当不耐阴(先锋树种),而挪威云杉则相当耐阴(顶极树种)。

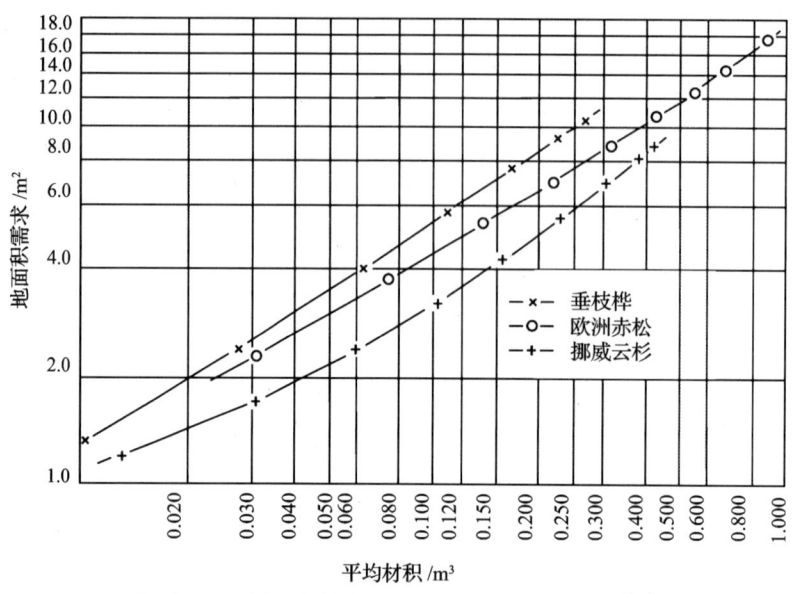

图 6-21　树需求的生长空间与树干体积的关系[15]

注:立地肥力同等,无疏伐。

6.3.1.2　树群的生物量和株密度

树的大小与所需要的生长空间之间的负相关意味着,林分株(数)密度随着树的长大而下降,如图 6-22 所示(株密度常简称为林分密度,但前者只是后者的众多指标之一,见第 5 章 5.3.2 节)。如果林分初始株距小,树株会比在大株距下生长得缓慢。而且,生长空间会较早饱和,树会较早开始死亡。树继续生长变大,导致更多死亡。同样的进程也发生于初始株距较大的林分,随着时间的推移,在株密度与材积代表的二维平面上形成一条轨迹线(株密度与材积曲线):各群体的发育是不同年龄、不同株密度的林分前后相继。这个过程遵循 Yoda 幂函数模型[16]:

$$Y = C \cdot \lambda^{-1/2} \tag{6-10}$$

式中　Y——林分中树的生物量

　　　λ——林分株密度

　　　C——参数,代表林分在 $\lambda \to 0$ 且只有单株树时的生物量

幂值"-0.5"适用于寒温带和温带的许多不同树种,描述空间(s)和生物量之间的关系,决定林分中各树株的生长:

$$s = 1/\lambda \tag{6-11}$$

令 L 代表树某一器官的维度。因为维度的平方和维度的立方(容积)决定面积,那么,

$$s \propto L^2 \propto (L^3)^{2/3} \propto (\bar{Y})^{2/3} \tag{6-12}$$

因此,

$$s \propto \lambda^{-3/2} \Rightarrow \bar{Y} = C \cdot \lambda^{-3/2} \tag{6-13}$$

式中　$\bar{Y}$——树的平均生物量

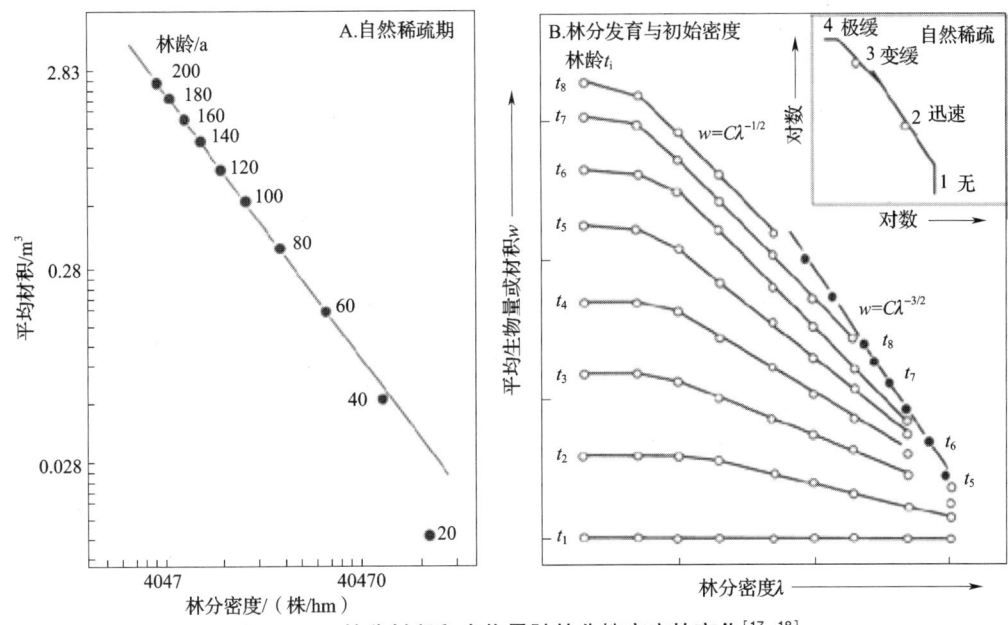

图 6-22 林分材积和生物量随林分株密度的变化[17-18]

坐标轴都是以对数表达

在对数坐标系中,如图 6-22 所示,幂函数模型代表林分株密度与单株生物量之间的线性关系,其斜率在所有树株同等大小的条件下是 -1.5。该线标示一定株距(或林分株密度)下树能长多大。树要是长得更大,就会有单株死去,林分经历自然稀疏。

6.3.1.3 株距和林木分化

随着时间的推移,种群中树的大小发生分化。单株间即使开始时同等大小也会分化,因为在生长率上有遗传变异。另一方面,林内有效资源量也有变异,使树株有不同的生长率。大小分化在起始株距紧密的林分中尤其明显。例如,在稠密的幼林中,大多数树偏小,大小分布曲线严重左偏(图 6-2)。小而挨挤的树代表演替过程中垂死的部分,大而占据优势的树则变得更具优势。随着时间的推移,大树的比例在初始株距大的林分中明显胜过初始密集的林分,如图 6-23 所示。后一种林分的树总体上要小,其中较小的树还在数量上占优势。只要木材

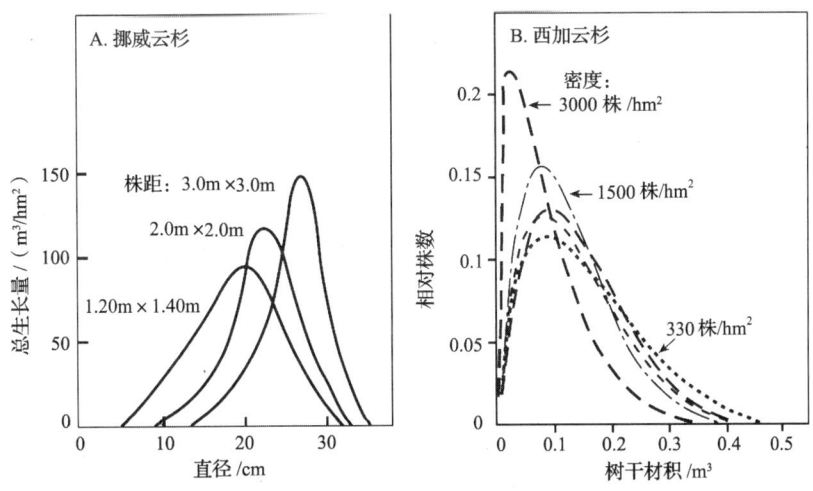

图 6-23 林分初始株距影响树的分化[19-20]

价值因尺寸而异(例如,造纸材对锯材),那么,轮伐期内调控株距就是森林管理人员能用于增加木材价值的一项基本措施。适当的疏伐能使林分生长集中于选中的树,促进这些树生长,缩短超越预定尺寸所需的时间。

6.3.2 疏伐及其资源可获量效应

6.3.2.1 概念

从树苗种群的建立到林分的最终采伐(主伐),培育已建立树株的措施包括抚育幼林和疏伐较年长的林分。

抚育幼林指管理苗期的树种群(或群落)。抚育可以包括多项措施:为达到指标密度进行补植;在肥沃立地上控制草本植物竞争;控制树种组成,诸如在优先针叶树的条件下去除落叶树;调控中选树种的密度使之更好生长和发育。因此,抚育措施主要针对这样的树苗:在长期的生长发展中可能正面临失败,或者不能支撑远期管理追求的实现。抚育作业不出木材,但如果树苗足够大,则可以为能源生产提供生物质。不过,这些措施,包括林分达到商品材规格之前的疏伐(材前疏伐),主要是为了使树种群能达到立地的生长潜力,促进轮伐全期的生长和发育,最终实现管理目标。

疏伐针对的是较年长的种群,因此能提供商业性木材和生物质。图6-24显示森林经不经历疏伐的基本差异。林分蓄积量所包含的生物量只代表林分建立以后所生产的总生物量中的一部分。那些在自然过程中丢失的生物量能通过反复疏伐收获。同时,林分立树的总生物量能维持低于自然稀疏所容许的值。疏伐量因此大于自然过程的移除量。也因此,保留的树株拥有更多生长空间而能生长更快。适当的株距尤其能调控辐射、土壤水分和养分的可获量。此外,林内温度条件、风力、空气湿度也与株距有关,但不如前面三个因子那么紧密。

6.3.2.2 对林冠和树冠内辐射的影响

要考察株距对树株截获辐射的影响,得先区分树内和树间的遮阴。树内遮阴意味着,树冠内的叶比树冠上的叶得到的辐射要少。这是由于其他树干、叶、枝对辐射的截留。假设树冠内有一任意点 $r_{x,y,z}$,令 $\bar{I}_r$ 代表入射在该点上的平均辐射,那么[21]:

$$\bar{I}_r = p_r \cdot I \quad (6-14)$$

式中 p_r——辐射从树冠传输到点 r 的概率

 I——树冠外的辐射

概率 p_r 取决于光的射向分布和树冠性质[21]:

$$p_r = \exp(-LAD \cdot k \cdot t_r) \quad (6-15)$$

式中 LAD——树冠的叶面积密度

 t_r——光线从树冠表面到点 r 在冠内的途径长度

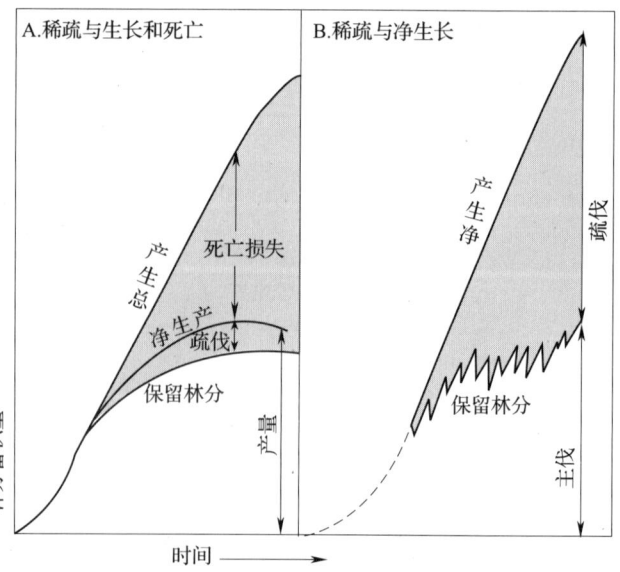

图6-24 林分稀疏与发育的关系

注:轮伐期中保留材积关系到净生长,受自然生长和发育的促进。

k——消光系数,取决于树冠材料的性质和入射光的分布

因此,对于在深度 z 处的轮生枝而言,平均相对入射辐射是[21]:

$$\bar{I}_z = \frac{1}{A_z} \int A_z \int p_r \mathrm{d}x\mathrm{d}y \qquad (6-16)$$

式中 A_z——树冠在深度 z 处的水平截面积

就整个树冠而言,入射辐射占冠外辐射的比例在下部要比上部低。冠内遮阴对光合作用的效应要小于辐射的降幅,因为光合作用对辐射的响应是饱和型的,如图 6-25 所示。

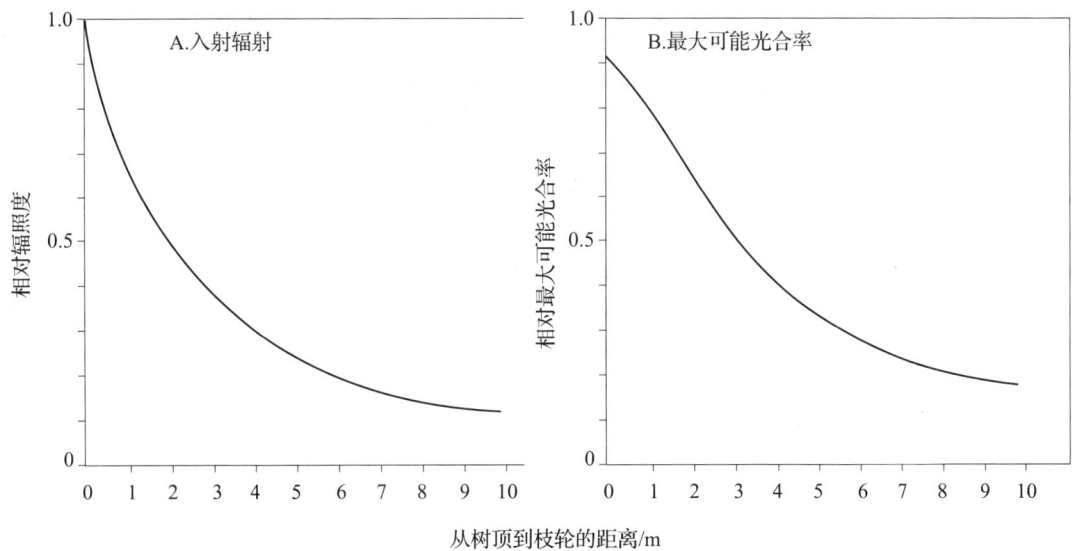

图 6-25 辐照强度和光合作用率:林冠内相对冠外[21]

树间遮阴与林分密度有关。如果 $r_{x,y,z}$ 与前面一样是树冠内的一个点,那么,没有邻树遮阴这个点的概率 $p_{r无邻}$ 是[21]:

$$p_{r无邻} = (1 - T_z/A)^\lambda \qquad (6-17)$$

式中 T_z——高度 z 处的平均树冠投影面积

A——单元面积

λ——林分株密度,见式(6—11)

林冠的总投影面积 K 则为:

$$K = \int V_z \int [1 - \exp(-LAD \cdot k \cdot t_r)] \mathrm{d}x\mathrm{d}y \qquad (6-18)$$

式中 V_z——高度 z 处林冠投影面积

点 r 不受本树或其他树遮阴的概率是:

$$p_{r无阴} = \exp(-LAD \cdot k \cdot t_r) \cdot \exp(-LAD \cdot \lambda \cdot t_r) \qquad (6-19)$$

因此,同时考虑树内和树间遮阴后,入射在枝轮上的平均相对辐射成为[21]:

$$\bar{I}_z = \frac{1}{K} \int K \int [\exp(-LAD \cdot k \cdot t_r) - \exp(-LAD \cdot \lambda \cdot t_r)] \mathrm{d}x\mathrm{d}y \qquad (6-20)$$

如图 6-26 所示,辐射在树冠上部减弱不大,无论林分密度;树冠下部则不然:林分密度的影响相当明显。那是,邻树的遮阴基本集中于树冠的下部。这影响还取决于树株的水平分布:均匀分布下最大,随机分布下则最小。

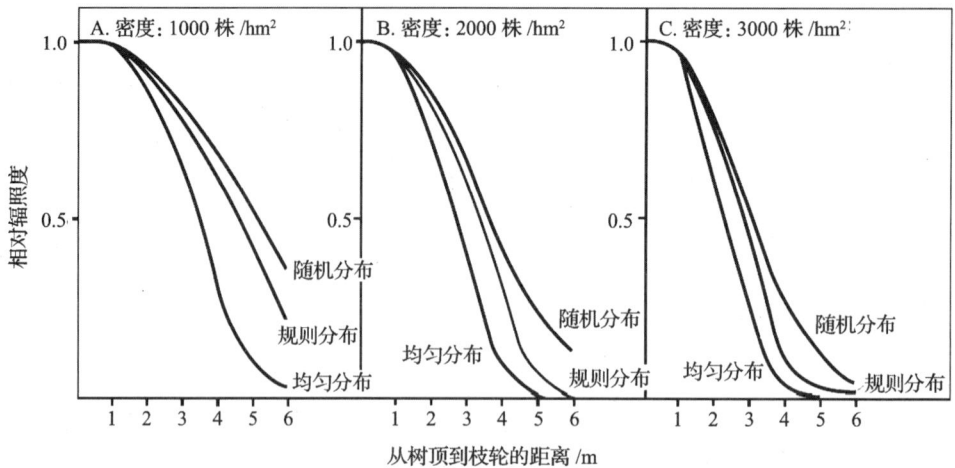

图6-26 林分株密度对林内相对辐射的效应:作为树株水平分布的函数[21]

6.3.2.3 对土壤水分的影响

林冠叶面上的水量是降水与蒸发和透冠水(穿过林冠到达地面的水)之间的平衡,主要取决于叶系的动态和面积。疏伐减少叶面积,因此减少水的截留和蒸发,增加透冠水,如表6-6所示。疏伐后,土壤水分条件倾向于地下水位上升,土壤水分增多,土壤剖面中水的可获量普遍变多。

表6-6 疏伐对水分循环的影响

分量	疏伐前		疏伐后	
	mm	%	mm	%
降水	101	100	101	100
蒸散	79	78	71	70
地表外流	4	4	4	4
向下渗流	18	18	26	26
平衡	0	0	0	0
土壤水分/(m^3/m^3)	0.28		0.33	

注:北纬60°欧洲赤松林的Kellomäki-Väisänen[22]模型计算值;林龄45年,树干平均胸径12cm,均高12m;疏伐前密度1500株/hm²,疏伐后1000株/hm²;土壤水分:表层10cm的容积比,6—8月的15年平均值,假定其间林分不变。

6.3.2.4 对养分可获量的影响

疏伐对养分可获量的影响基本是通过促进养分循环:把收获废除物中的养分加入土壤。另外,在凉性森林条件下,疏伐加速枯落物和腐殖质(包括起源于疏伐前的那些)的腐解,从而也增加养分的可获量。这主要是由于土壤温度的升高。养分供应的增加在年轻林分中多于成熟林,如表6-7以氮为例所示。在其他区域,温度的增加因为促进水分蒸发,可以使地面有机质过于干燥而不一定加速分解,抑或抑制分解[k-1]。

表 6-7　　疏伐对可溶氮(铵态氮和硝态氮)量的影响[23]

示例		林龄/a	密度/(株/hm²)	蓄积量/(m³/hm²)	氮供应/[kg/(hm²·a)]
例1	疏伐前	40	1568	232	38
	疏伐2年后	42	1098	162	48
例2	疏伐前	55	1443	315	24
	疏伐2年后	57	1082	236	35
例3	疏伐前	70	712	365	20
	疏伐2年后	72	534	274	32

注：中等肥力欧洲赤松林 Kimmins - Scoullar Forcyte[10]模型计算值。

6.3.3 疏伐体制

6.3.3.1 概念

有两种决定伐与留的疏伐体制：选择制、系统制。

选择制疏伐逐树遴选，确定是去除，还是留下继续生长。遴选的基本标准是：树的健康状态、林冠内地位等生物学性质，或者树干曲直等技术性质。选择制疏伐着眼于林分的一般结构，特别注重调控林分未来的生长和发展。在作业的机械化上，选择制疏伐面临的问题远远超过系统制疏伐：系统制决定树的去留所依据的基本是相对于其他树的位置，例如，在林中为伐树机开辟道路的位置。

选择制疏伐可以针对林冠的下层(下层疏伐)或上层(上层疏伐)，如图6-27所示。

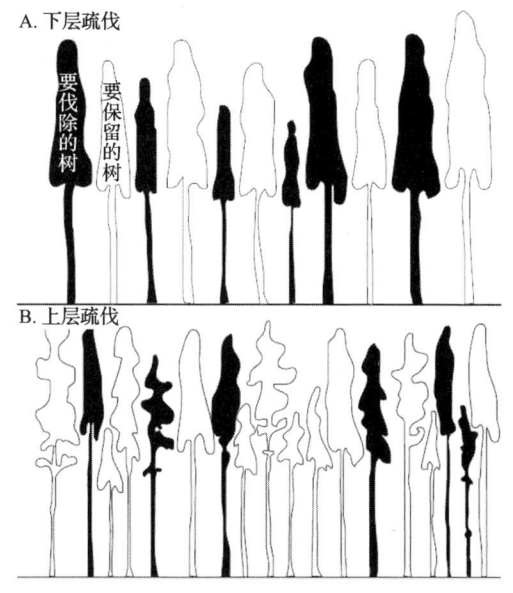

图6-27　选择性疏伐着眼于林分中大小分布的不同层次

下层疏伐的是被压树，面临自然死亡的那些高危个体。上层疏伐去除优势树和亚优势树，为保留树释放空间。这让被压树继续生长。无论上层还是下层疏伐，保留的树具有最大的生长，最佳的技术性质。在实践中，选择制疏伐是下层疏伐和上层疏伐的结合。

图6-28显示下层疏伐和上层疏伐的异同。下层疏伐的全是被压树或中等树，没有优势树。上层疏伐的树主要是优势树，但也有被压树和中等树。上层疏伐通常着眼于整个林分，但被去除的可能性优势树大于中等树和被压树。下层疏伐中最可

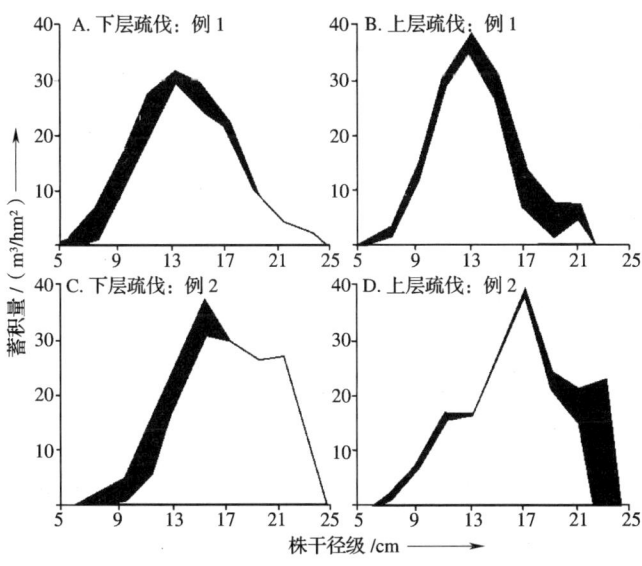

图6-28　选择性疏伐着眼于林分中大小分布的不同层次

能被去除的则是被压树。

6.3.3.2 树生长和树种群生产力

株距或疏伐对寒温带和温带树的高生长影响甚微。通常,中度疏伐会稍微增加很密林分的高生长。另一方面,如果株距过于宽大,高生长甚至可能受抑制。径向(直径)生长不是那样,而会随株距扩大有实质性增加(图6-29)。树干在下部增长最大,变得更像圆锥形,而非圆柱形。疏伐还增加树其他部分的生长,因为部分间生长的比量性。疏伐因此促进根生长,增加树的机械强度和固着力度。中等树和亚优势树对疏伐响应最旺,因为这些树获得的资源增幅要比优势树和被压树多。

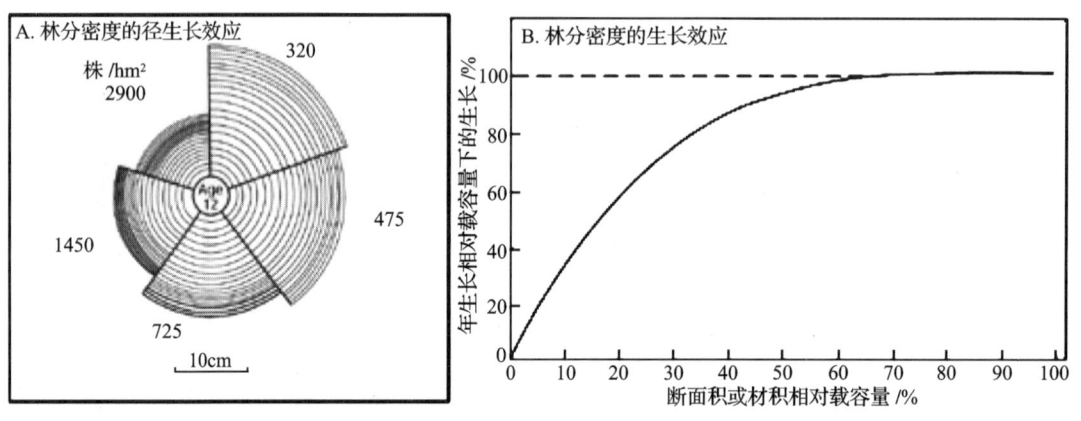

图6-29 林分生长与密度的关系[20,25]

在一定的限度内,疏伐对林分水平的生长只有微小影响。疏伐后的生长分给较少的树株,树株个体生长的增加能补偿由于株数变少而造成的生长损失。林分的生产力因此是相对恒定的,独立于株距;这代表蓄积量足以接近立地的载容量,如图6-28B所示。这意味着,保留树的生长有实质性提高,特定的木材维度会比没有疏伐的情况下提前达到。

疏伐的木材产量效应与生产力效应截然相反。疏伐收获本来会损失于自然死亡的木材,因此能增加轮伐全期的总木材产出量。放宽的株距也能使大量树超越各类商业性木材期待的最小维度,使轮伐全期的木材产出量更高。图6-30中以挪威云杉年轻林分为例说明这一点。

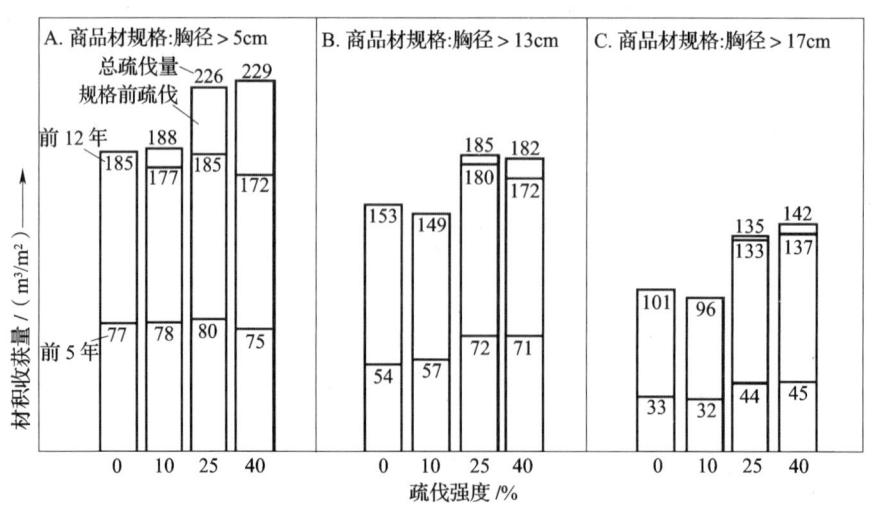

图6-30 林分密度对早期产量的影响:挪威云杉[24]

与没有疏伐的林分相比,采收率的增加使木材产出量(主要为造纸材)增幅高达40%。在最宽的株距下,树干的尺寸甚至超过了锯材原木,实质性提升了木材的价值。上层与下层疏伐之别对造纸材的产量似乎没有影响。对锯材原木产量的提升,上层疏伐则要比下层疏伐高。

6.3.4 疏伐规则

6.3.4.1 概述

轮伐全期的疏伐计划包括选择时间和疏伐强度。疏伐的主要目的取决于树种群的现实生长速率,如图6-31所示。

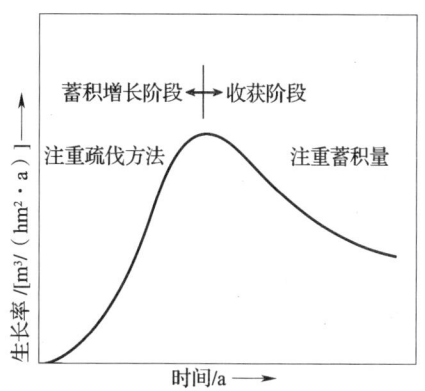

在加速生长期,主要是遴选要保留下来继续生长的树,提高蓄积量,改善保留树的抗风、抗雪、抗病虫害能力。生长的鼎盛期代表拐点,之后的疏伐目的更多是为了收获木材。疏伐的频率和强度也不同:鼎盛期前最好是高频率,低采收;之后,疏伐强度可以增加,返伐期则相应加长。

疏伐的返伐期长度与强度呈负相关,因为强度越大,需要恢复的时间越长。

图6-31 疏伐在轮伐全期的应用

6.3.4.2 疏伐的时间和强度

疏伐的规则各国不同,与森林功能和林业实践有关。一般来说,生长发育和发育阶段决定疏伐的时间和强度。芬兰用的是优势树高度和林分胸高断面积,如图6-32所示。疏伐规则因树种和立地特定,使疏伐林中优势高和断面积的关系遵循预期的轨迹。一旦这种关系超越特定的轨迹线,就推荐疏伐,按给定的强度,使林分断面积(或其他代表林分密度的立树量指标)降低到给定的下限值之上。这一循环反复多次,直到林分成熟而主伐。

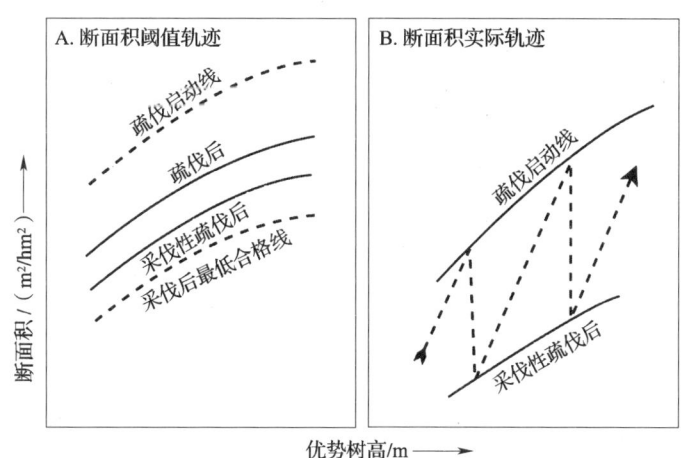

图6-32 应用林分优势树高和树干断面积决定疏伐时间[24]

注:优势树高常在实践中被树龄替代,但更能反映立地条件和树的生长响应。

6.3.4.3 轮伐期长度

随着轮伐期的推进,有必要在主伐前多次疏浅。疏伐的需要强烈取决于树的生长率和林业中一般采用的轮伐期长度。轮伐期的长度常常是由生态因子、经济和环境价值、以及支配林业的传统和常规性因素所决定的折中。一种确定的方法是用连年生长量和平均年生长量的交叉点,作为生物成熟而主伐的时间点,如图6-33所示。轮伐期经常长于交叉点所指示的时间,因为即使少量延长轮伐期也会增加锯材原木的产量和质量。在实践中,轮伐期的长度是凭借具体的直径值(胸高直径)决定的;树超过这个值就被认为

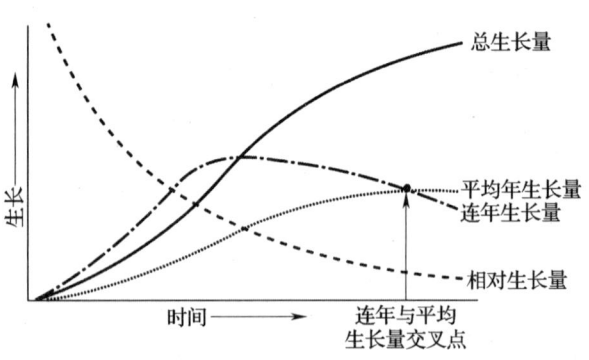

图6-33 林分生长的进程
(连年生长量和平均年生长量的交点指示轮伐期的长度)

已经达到主伐的成熟度。例如,在芬兰,欧洲赤松成熟的临界胸径值目前是28cm,挪威云杉是25cm,垂枝桦是25cm。在寒温带南部中等肥力立地上,这些分别相当于80、90和70年的轮伐期。

6.3.4.4 轮伐全期的疏伐计划

轮伐全期的疏伐计划取决于树种、立地肥力、收获方法、林业的具体目的,等等。这些因子的效应必须平衡,使可持续性生产力符合疏伐的经济盈利性。这意味着,生物和环境因子对疏伐的技术和经济方案施加限制。在生物学方面,疏伐强度低,返伐期又短,应该是最合适的选择。这样的疏伐模式可能不经济。表6-8显示芬兰条件下在各种立地肥力上的一套疏伐计划。

表6-8 轮伐全期的疏伐计划:欧洲赤松为例[24]

优势树高* 立地分类	轮伐期 长度/a	疏伐 次数	疏伐时的优势树高/m			主伐时 优势树高/m
			第1次疏伐	第2次疏伐	第3次疏伐	
30+	70	3	13	18	22	26
27	80	3	13	17	21	25
24	90	3	13	17	20	23
21	100	2	12	17	19	21
18	110	2	12	16	19	
15	120	1	13	16~17		
12		0				
9		0				

注:* 对应林龄100年时每公顷100株最大的树的平均高度(m)。

6.3.5 管理树种的混交

在肥沃立地上,多种树可能共享相同的空间和资源,组成混交群落。混交群落的生长和发育是由各树种的表现以及树种间的交互作用塑造的。生产力上,混交群落可以比株距和平均直径等性质相似的单树种纯林甚至更高。这与混交种间的相对比例和群落的发育阶段有关,

如图6-34所示。对于挪威云杉和桦树混交林,如果年轻时桦树占优势,成熟时挪威云杉占优势,则林分生长量最大。这与树种之间的寿命差别有关:桦树年轻时比挪威云杉长得快,但生长速度封顶也早。这意味着,桦树在成熟混交林中比例的增加会降低林分的累计生长量。不过,轮伐全期有桦树的适当混交(占总材积的份额不超过25%)似乎能使林分的总生长量增加3%~5%,而使大径级木材的产量增加甚至更多(5%~10%,随立地肥力而不同)。桦树和欧洲赤松混交林的情况与此类似[27]。

6.3.6 管理旨在缓和气候变化及其影响

6.3.6.1 管理旨在碳汇除缓和气候变化

森林地域上立地肥力、树种组成和年龄多变。因此,森林景观是由生长率各异的林分组成的。刚更新的立地可能损失碳,年轻林分则获得碳。获碳量随林分的成熟和生长的减缓而减少。因此,要可持续性管理森林景观,就必须使各林分代表树一生中的不同阶段,使森林生态系统的木材产量和碳汇除量保持适当的平衡。气候变化影响森林的生长和发育,因此可以影响到森林地域的动态,以及木材产量和碳汇除量之间的平衡。要在气候变化下优化这种平衡,管理方法可能必须改变,如表6-9以寒温带南部条件下常规管理的林区为例所示[28]。

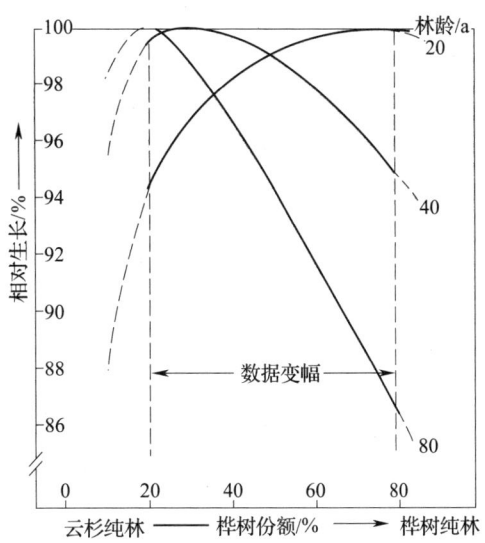

图6-34 垂枝桦和挪威云杉混交林:桦树的比例影响林分生长[26]

注:计算中假定各混交林的蓄积量都是200m³/hm²。

表6-9 森林生态系统碳储量(Mg/hm²)和改变管理后的碳汇除效应(%)[28]

管理体制*	系统总碳量 (树+土壤)		全树 总碳量		整株(树地上 部分)总碳量		根系 总碳量		土壤 总碳量	
	Mg/hm²	%	Mg/hm²	%	Mg/hm²	%	Mg/hm²	%	Mg/hm²	%
欧洲赤松										
BT(0,0)	68	—	31	—	27	—	3.5	—	37	—
BT(15,0)	70	3	32	6	28	6	3.7	5	38	2
BT(30,0)	73	7	34	12	30	12	3.9	10	39	3
BT(15,15)	73	7	34	12	30	12	3.9	10	39	3
BT(30,30)	78	14	37	22	33	23	4.3	20	41	7
UT(0,0)	95	38	45	47	40	47	5.1	44	50	31
挪威云杉										
BT(0,0)	128	—	46	—	35	—	11.4	—	82	—
BT(15,0)	131	2	48	4	36	4	11.8	4	83	1
BT(30,0)	136	6	52	12	39	13	12.5	10	84	2
BT(15,15)	135	6	51	10	39	11	12.3	8	84	3
BT(30,30)	142	11	56	20	43	21	13.2	16	86	5
UT(0,0)	188	47	90	94	69	96	21.3	87	98	20

续表

管理体制*	系统总碳量（树+土壤）		全树总碳量		整株(树地上部分)总碳量		根系总碳量		土壤总碳量	
	Mg/hm²	%	Mg/hm²	%	Mg/hm²	%	Mg/hm²	%	Mg/hm²	%
桦树										
BT(0,0)	56	—	22	—	20	—	2.3	—	34	—
BT(15,0)	58	3	23	6	21	6	2.5	6	35	2
BT(30,0)	60	7	25	12	22	12	2.6	11	35	3
BT(15,15)	61	8	25	13	22	13	2.6	13	36	5
BT(30,30)	64	15	27	25	24	25	2.9	25	37	9
UT(0,0)	80	44	35	62	31	62	3.8	61	45	32
合计										
BT(0,0)	106	—	40	—	32	—	8.5	—	66	—
BT(15,0)	109	3	42	5	33	5	8.8	4	67	2
BT(30,0)	112	6	45	12	36	13	9.3	10	68	3
BT(15,15)	112	6	44	11	35	11	9.2	9	68	3
BT(30,30)	118	11	48	21	38	22	9.9	17	70	6
UT(0,0)	154	45	73	83	58	83	15.4	81	81	23

注：* BT(0,0)—基本疏伐；BT(15,0)和BT(30,0)—分别增加林分断面积的疏伐启动值15%和30%；BT(15,15)和BT(30,30)—分别把林分断面积的疏伐启动值和伐后保留值都增加15%和30%；UT(0,0)—没有疏伐。

据表6-9中的计算，在无疏伐这一采留管理体制下，只有主伐，生态系统(树加土壤)在管理单元的水平上、轮伐全期100年间的碳存储速率平均为154Mg/hm²。其中，48%(73Mg/hm²)储于树内，52%(81Mg/hm²)在土壤中。在基本疏伐体制下，生态系统的碳储量比无疏伐体制下低了45%。但是，疏伐体制不同，对生态系统的总碳储量就明显不同。增加疏伐启动值，也就是相对基本疏伐体制推迟疏伐，但减小疏伐强度，使碳储量增加：无论在树中还是土中，也无论树种和立地肥力。当启动疏伐的蓄积断面积值分别增加15%和30%时，对应的碳储量增加3%和6%。如果断面积的疏伐启动值和伐后保留值都抬高30%，生态系统中碳储量的增幅则进一步上升到11%。不过，森林生态系统的碳储量在没有疏伐只有主伐时最高。

管理森林碳资源的主要议题包括：如何结合木材产量和碳汇除量，如何塑造森林景观的结构以确保两者的同时实现。森林管理仍然可以是提高森林碳汇除划算有效的途径，特别是考虑到木产品本身储碳。不过，要优先考虑碳汇除而实施多目的性管理，就可能必须在相互冲突的追求中有所取舍，如图6-35所示。

只有主伐的采留管理体制使森林生态系统的碳储量最大化，超过任何其他体制。另一方面，只有主伐的体制生产的木材少于其他体制。要降低这种木材产量和碳汇除量之间的取舍关系造成的机会成本,就选择在轮伐全期都维持高蓄积的疏伐采留管理体制。高蓄积还可以增加木材产量,同时也就是增加碳汇除量,从而容许缩短轮伐期,降低机会成本。

6.3.6.2 适应气候变化的管理

跨政府气候变化专门委员会[30]报道,净初级生产在南半球和热带有增长,但空间变异大,特别在降水减少的地区,可能会下降。在北半球,净初级生产的下跌在地中海区域尤其突出,但干旱的增频可以减少温性甚至凉性森林的生长,如图6-36所示。更具体地说,模型模拟表明,挪威云杉在北欧只有在酢浆草—黑果越橘型等肥沃而又湿润的立地上才可以成功:那里,在延长的干旱期还有充足供水。在这些条件下,挪威云杉可能比桦树和其他落叶树种更有竞争力,尽管桦树在肥沃立地上的优势会增加。同时,在不那么肥沃而目前由挪威云杉占据的酢浆草—黑果越橘型之类的立地上,欧洲赤松会增加优势。

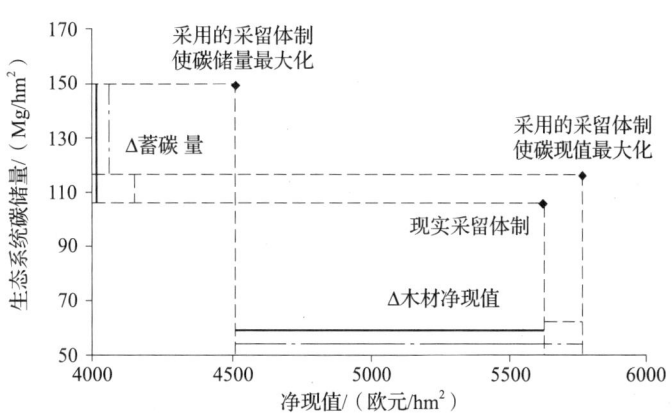

图6-35 计算实现最大木材净现值和最大碳储量的成本[29]
注:相对于现实管理模式:基本疏伐采留体制。

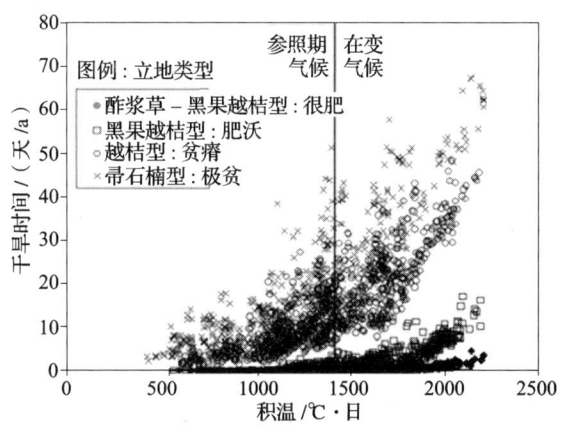

图6-36 干旱日数与积温及立地类型:
参照期(1960—1991年)以及随后气候变化条件下
干旱日——土壤水分低于永久萎蔫点的日子

对芬兰的模型计算显示,气候变化可以使有些地域的环境变得对挪威云杉不是最好,从而降低森林生态系统的生产力。在这样的条件下,管理的主要任务是:维持森林生态系统目前的生产力,特别是维持挪威云杉的生长。有些模型模拟用三种基本策略调整现有的管理去应对气候变化。

首先,缩短轮伐期,以便减少干旱事件增多的影响。第二,挪威云杉在酢浆草—黑果越橘型立地上由欧洲赤松或桦树取代,只有在主伐前就由其占居的、肥力更高(湿润)的立地上才优先栽植。第三,栽植挪威云杉时,用更南的种源。挪威云杉的成功区域可以用最大和最小积温值界定。新种源因此是用这些值的改变描述的。现在,这个最大值是2500℃·日(先前为2600℃·日),而最小值是360℃·日(先前为170℃·日)。

缩短轮伐期会减少挪威云杉的生长(≤16%),但增加芬兰全国范围内的总生长(≤28%)——因为欧洲赤松和桦树增加的生长(表6-10)。南方的增幅最大,高达35%。这远远超过在酢浆草—黑果越橘型立地上优先欧洲赤松的情况(12%);那是,欧洲赤松的生长增加不能弥补挪威云杉的生长下滑。优先桦树能弥补:总生长的增幅高达38%。采用挪威云杉较南的生态型也增加总生长(31%)。

表 6-10　芬兰各树种在所选管理体制下的生长:2070—2099 年平均值

管理体制	生长/[m³/(hm²·a)] （括号内:作为现实管理体制下生长值的%）			
	欧洲赤松	挪威云杉	桦树	合计
现实管理体制				
南部:1~10 号区	2.81	0.26	3.62	6.69
北部:11~13 号区	3.19	0.58	0.84	4.61
全国	2.96	0.39	2.49	5.84
胸径达阈值时主伐				
南部:1~10 号区	3.42(+22)	0.24(-8)	5.36(+48)	9.02(+35)
北部:11~13 号区	3.70(+16)	0.49(-16)	1.07(+27)	5.26(+14)
全国	3.54(+20)	0.34(-13)	3.62(+45)	7.50(+28)
在挪威云杉先前占据的黑果越橘型立地上优先欧洲赤松,胸径达阈值时主伐				
南部:1~10 号区	4.06(+44)	0.17(-35)	3.29(-9)	7.53(+13)
北部:11~13 号区	3.99(+25)	0.39(-33)	0.70(-17)	5.08(+10)
全国	4.03(+36)	0.26(-33)	2.24(-10)	6.53(+12)
在挪威云杉先前占据的黑果越橘型立地上优先桦树,胸径达阈值时主伐				
南部:1~10 号区	3.12(+11)	0.17(-35)	6.79(+88)	10.08(+51)
北部:11~13 号区	3.53(+11)	0.49(-16)	1.14(+36)	5.16(+12)
全国	3.29(+11)	0.30(-23)	4.49(+80)	8.08(+38)
优先挪威云杉的较南生态型,胸径达阈值时主伐				
南部:1~10 号区	3.04(+8)	0.67(+158)	5.56(+54)	9.27(+39)
北部:11~13 号区	3.60(+13)	0.44(-24)	1.23(+46)	5.27(+14)
全国	3.27(+10)	0.57(+46)	3.80(+53)	7.64(+31)

6.4　改善木材质量:流程

6.4.1　株距和疏伐对木节子的效应

有各种指标描述木材质量,诸如树干分支、木节子数量、基本密度,等等。木材质量因此关联到树的生长及其在各部分的分配。树的基因性质强烈影响木材质量,但环境条件能更为重要。树株的间距因此在木材的质量方面起有重要作用。树枝的维度和寿命以及木节子的大小都与林分的起始株距和疏伐造成的株距相关。

欧洲赤松枝的直径生长在密度较低的林分中对株距很敏感,特别在轮伐期的早几年;此时,正值树干下部(未来的桩端原木)的内心形成,因此会把株距的效应输入锯材质量。这种敏感性随林分密度升高而下降。在欧洲赤松的年轻林分中,1500~2500 株/hm²的密度足以使枝条的直径达不到 15mm。要把枝条的直径限制在 10mm 以内则必须有 10000 株/hm²,如表 6-11所示。在轮伐全期,初始株距对树枝生长的影响会逐渐消失。要获得欧洲赤松高质少节的木材,管理中林分密度和立地肥力的交互作用显而易见。

表6-11　欧洲赤松的最大枝径:芬兰南部20~25年的林分[32]

最粗枝的直径/mm	林分株密度/(株/hm²)		
	高肥力	中等肥力	低肥力
16	1700	1300	
15	2300	1700	
14	3300	2500	
13	4500	3500	1100
12	6500	5000	1700
11	9500	7500	3500
10	14000	11000	3800

如图6-37所示,树苗的初始生长以冠部积累活枝为特点。在这阶段,枝的寿命依然短暂。就欧洲赤松而言,枝的寿命是10~15年。死枝再占据主干10~20年,直到主干木完全没有活枝或死枝。不过,根端原木的表材是无节子的,产出净木。主干内心含有节子:主干上部有活节,中、下部有活节,还有死节。窄株距,与宽株距相比,能强烈提高净木比例,但也实质性限制树干直径生长。要获得高质木材(即,生产大量无节子净木),就得平衡掌握树干直径生长的增加和枝生长的减少,外加枝的提早衰亡和整除。

疏伐后,树枝生长不再受林分初始株距的影响,立即响应新增空间。这种响应是双重的。现有树枝生长增加,变粗。新的枝条可以出现。树枝衰亡减少,在树干上的滞留时间延长。因此,净木比

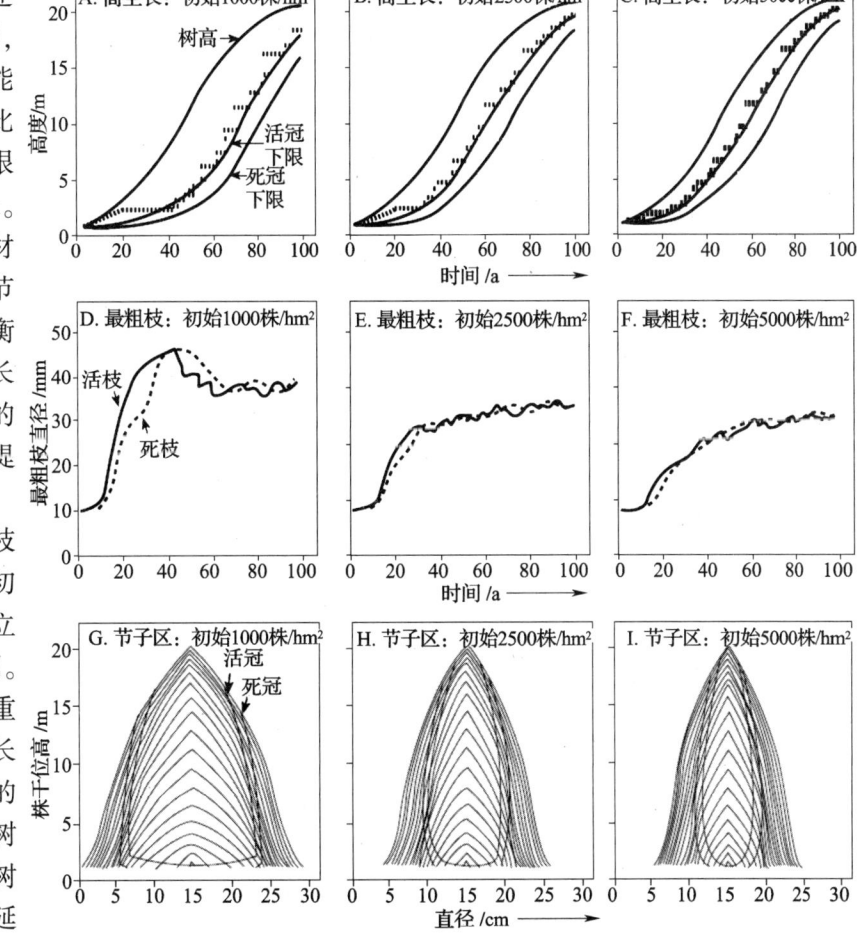

图6-37　初始林分密度在没有管理时对欧洲赤松树冠生长发育的影响[33]

例下降,但同时树干直径生长增加。按绝对值计算,净木量能有实质性增多,如图 6-38 所示。增加的生长能补偿树枝生长增加对木头质量的效应。

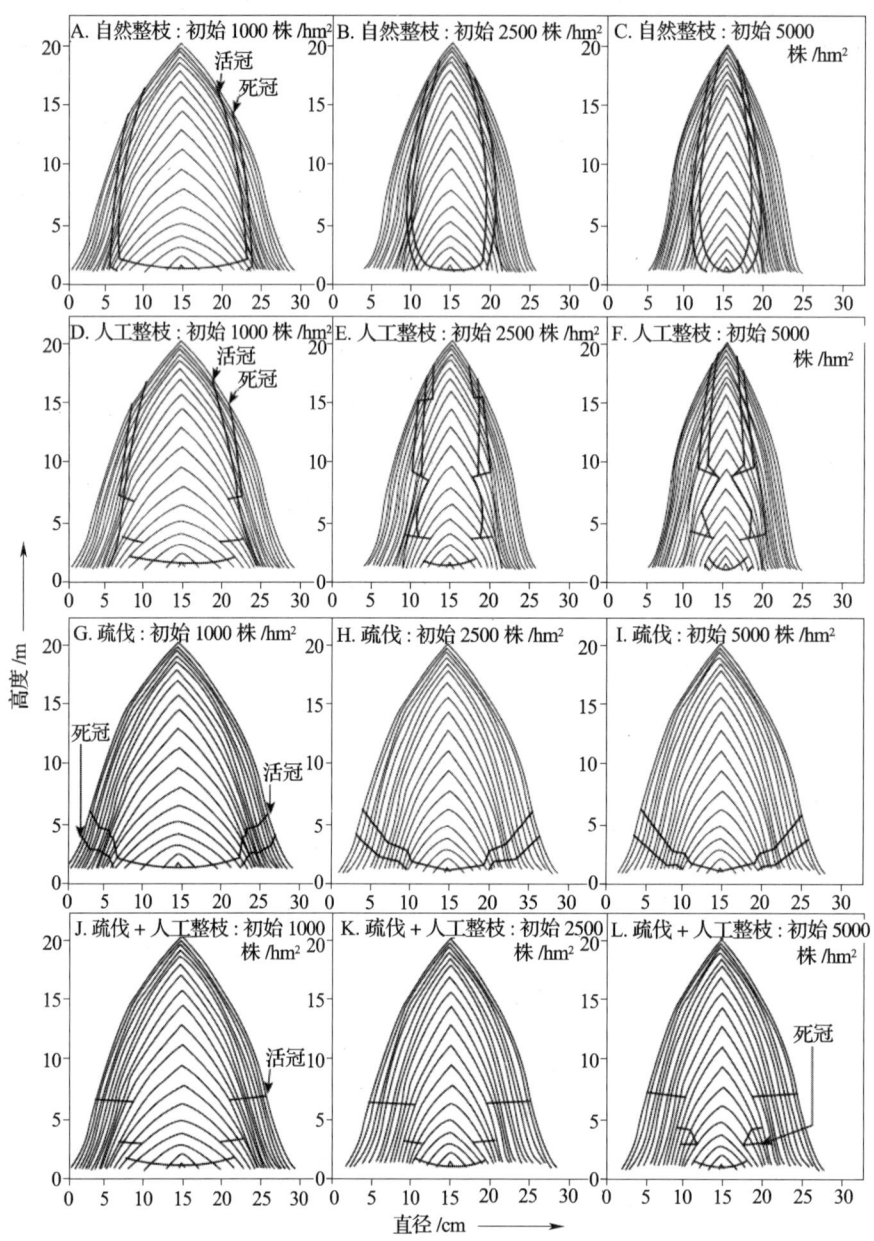

图 6-38 欧洲赤松林整枝和疏伐的节子效应与初始株距的关系[33-34]

6.4.2 整枝对木节子的效应

初始株距只是木材质量管理的一部分。要提高净木的形成,就必须机械整枝。整枝作为森林培育的措施是指整除树冠下部生长缓慢的活枝和依附在树干上的死枝,如图 6-39 所示。这与随其自然死亡和枯落相比,可以促进净木的形成。树干无枝无节生长的时间得以延长,导致更多的净木。要使净木产量最大化,可以在轮伐全期多次整枝。整除仍然活着的枝条,就排除了树干附有死枝的可能,能实质性减少木头中的节子数。

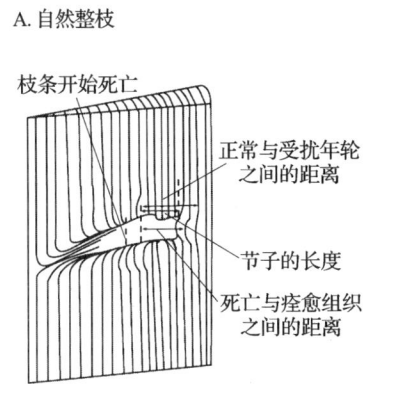
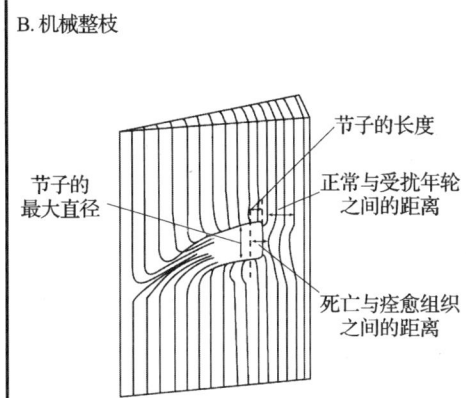

图 6-39 整除死枝对净木形成的效应

整枝消除被整枝条的生长，但对树株整体的净生长量没有效应。不过，整除过多仍然旺盛生长的活枝会减少高生长和径生长，因而对树干的生长有影响。对于欧洲赤松，整除活树冠的 20% 不影响直径生长，抑或增加之。整除 50% 则会减少生长 10 年。整枝的最佳时间恰好是树生长最快的年龄。因此，管理时应该考虑结合整枝和疏伐，既促进树干生长，又减少垂死枝和已死枝对木头质量的抑制效应。

6.4.3 株距对木头基本密度的效应

木头的基本密度与年轮宽度相关，进而与株距有关。就年轻的欧洲赤松，木头的基本密度在林分密度小于 2000 株/hm² 的条件下，约为 350kg/m³；在林分密度大于 7000 株/hm² 的条件下，为 400kg/m³ 左右；而当林分密度高达 30000 株/hm² 时，则可以是 450kg/m³ 左右[35]。这是由于随着林分密度上升，早材比例下降。与年轮宽度的这种负相关意味着，木头的基本密度在贫瘠立地上要高于肥沃立地值。

6.4.4 气候变化对木头性质的效应

在封闭箱以及开顶箱实验中，如表 6-12 所总结，温度和二氧化碳浓度的双升高改变欧洲赤松木的性质，但结果并不完全一致。升高二氧化碳，早材和晚材厚度随之增加，但木纤维素含量却下降。另一方面，升高温度，木头密度和纤维长度随之增加，木质素含量也增加，但可提取物的含量却减少。不过，这些变化较之生长变化相对要小。即使温度和二氧化碳浓度都升高，木材性质的变幅相当宽，就像在自然条件下那样。

表 6-12 升高温度和二氧化碳（CO_2）浓度对欧洲赤松木一些性质的效应[36]

变量	统计上显著的效应				变化/% 开放箱值					
	增 CO_2		增温		增 CO_2		增温		增温+CO_2	
	封闭箱	开顶箱	封闭箱	开顶箱	封闭箱	开顶箱	封闭箱	开顶箱	封闭箱	开顶箱
高生长	0	0	0	0	19	没测	12	没测	9	没测
径增长	+	0	0	0	66	54	19	30	47	25
早材厚度	+	0	0	0	70	66	10	25	46	22

续表

变量	统计上显著的效应				变化/% 开放箱值					
	增 CO$_2$		增温		增 CO$_2$		增温		增温 + CO$_2$	
	封闭箱	开顶箱	封闭箱	开顶箱	封闭箱	开顶箱	封闭箱	开顶箱	封闭箱	开顶箱
晚材厚度	+	0	0	0	56	30	39	41	50	31
早材份额	0	0	0	0	7	8	−8	−4	−3	−2
晚材份额	0	0	0	0	−14	−16	15	8	6	4
平均密度	0	0	+	0	−6	4	6	4	6	7
早材密度	0	0	—	0	−6	18	2	20	6	16
晚材密度	0	0	0	0	−1	26	2	9	2	23
最小密度	0	0	0	0	−9	2	−3	4	6	−5
最大密度	0	+	0	0	−2	11	2	−4	−1	15
纤维长度	0	0	+	+	−2	4	5	12	6	11
可提取物	0	0	—	0	11	−6	−15	−18	−20	−7
木质素	0	0	0	+	3	1	−1	7	3	8
纤维素	—	0	0	0	−3	−1	2	−2	−1	−3
半纤维素	0	0	0	—	−3	1	0.4	−4	1	−4

6.5 管理养分资源和立地肥力

6.5.1 概念

养分资源和立地肥力的管理是指采取人为措施,借以维持或增加养分的可获量,实现森林土地长期生产力的可持续性。管理在局地进行,通过选择适当的树种,促进土壤有机质(枯落物、腐殖质)的腐解,对养分循环进行调控。促进腐解是用整地(机械措施、人工火烧)使养分变成能为树生长所用。收获把木材和生物质中养分运出立地,从而减少否则可以利用的养分。这些损失能由施肥补偿,借以维持森林生态系统的生产力。而且,施肥能用于增加立地的生产力,甚至使之超越自然载容量。

6.5.2 管理立地肥力:整地

6.5.2.1 机械整地

机械整地是指用机械措施控制养分的可获量、地下水位、土壤的物理性质,借以促进更新和生长过程。机械整地模拟主要的自然干扰,产生持久效应。机械整地采用开沟、松土或整植物(清除地被植物和根系),混合土壤上层的矿质性材料与腐殖质。结果是,竞争性植被减少,土壤有机质腐解得到促进,更多的养分可供利用,进而改善树的更新和生长。栽植作业还会比没有整过的地上成本低,技术上容易。

机械整地的影响与土壤温度密切相关。整地减少地面上隔热的枯落物和腐殖质层,因此改善导热性,增加热流进入土壤剖面,如图6-40所示。土壤温度的增加与土壤表面有机质覆盖率的下降有关。较高的土壤温度促进微生物的活性和土壤有机质的分解,使更多养分变成可用。例如,有更多的氮以矿质形式(铵态氮、硝态氮)供树生长。矿质养分,诸如磷、钾、镁、钙,也有增加。另外,整地还使土壤母质更暴露于风化作用。

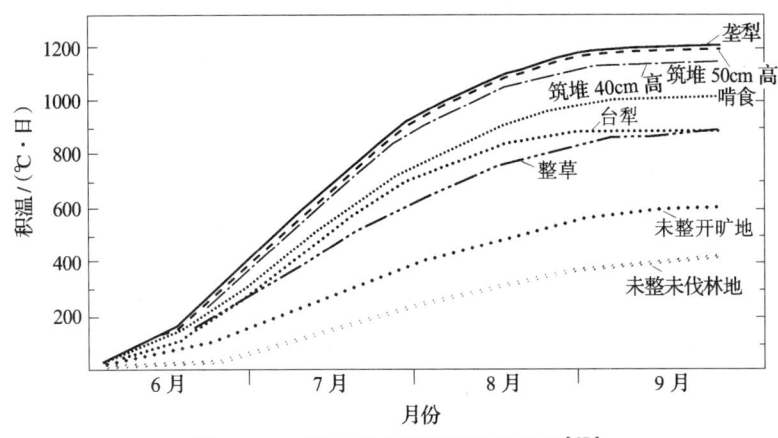

图6-40 整地的土壤表面温度效应[37]

注:积温值:6—9月份日均温≥5℃的累计值。

6.5.2.2 开沟

开沟涉及土壤水过量而抑制树生长的立地,用于调控森林土壤的水分资源。一般来说,这是泥沼地的情况:水涝,通气性差,使不适应频繁水淹和高地下水位的树生长受到限制。开沟降低地下水位,促进根活动,导致较高的存活和生长,如图6-41所示。同时,泥炭的分解也得到促进,使更多的养分可供生长利用。开沟对生长的影响取决于立地的肥力、开沟的强度和树种群的性质。

6.5.2.3 人工火烧

人工火烧是指皆伐迹地上的控制性用火,借以焚烧伐树废除物、地被植物、部分枯落物和腐殖质层,使更多的养分可供利用。而且,人工火烧减少地被植物的养分竞争。在寒温带,人工火烧对生长的长期影响强烈关联到土壤温度的上升,及至根生长的促进。这是因为火烧掉了部分枯落物和腐殖质,使有机质层变薄,且导热性变高。而且,烧黑了的地面增强辐射的吸收和热流进入土壤剖面。

人工火烧对氮和矿质养分的可获量有持久影响,如图6-42所示。土壤酸性的下降意味着氮(铵态和硝态)可

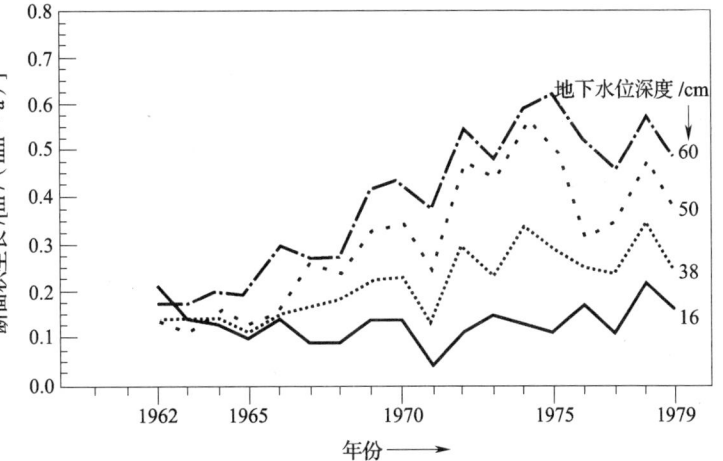

图6-41 开沟造成的地下水位差别对欧洲赤松生长的影响[38]

获量的增加。火烧迹地土壤中钙镁的浓度能比未烧立地高上数十年。这基本是由于土壤温度的增高及其引起的土壤有机质分解的加剧。矿质土的风化也会增加。人工火烧对树存活和生长的许多积极影响还与林地卫生的改善有关。那是，火燃时，腐殖质层和土壤上层的温度能超过200~300℃，足以致死有害生物。

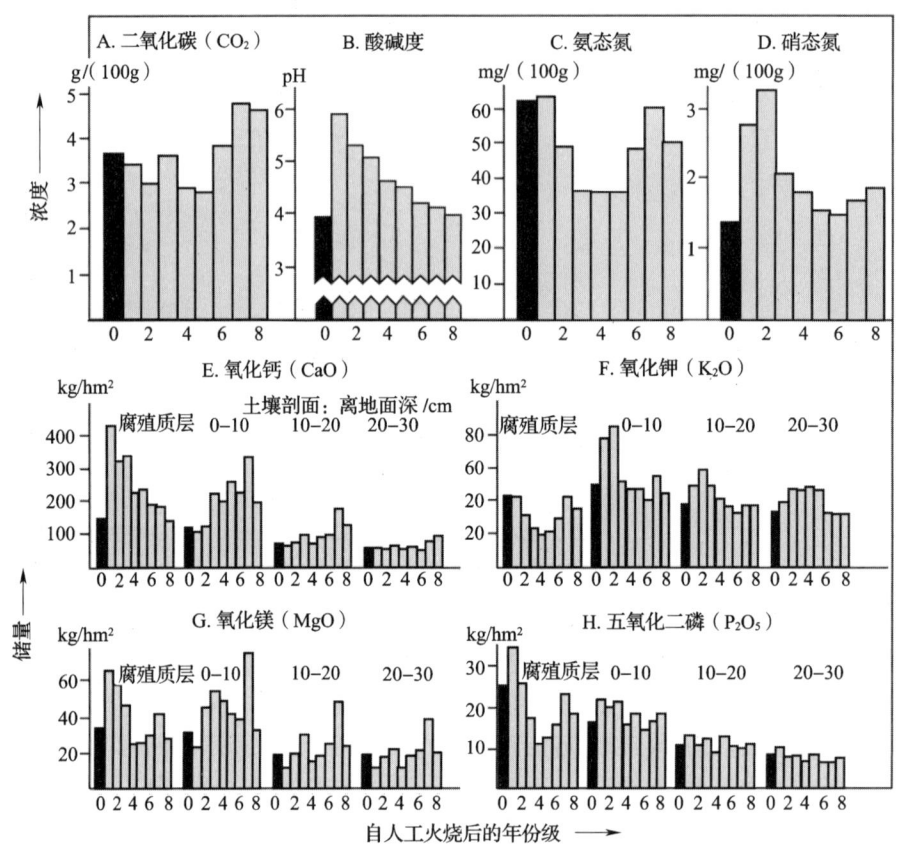

图6-42 人工火烧对高地腐殖质和矿质土壤化学性质的影响[39]

横坐标的数字代表自人工火烧后的年级：0—之前　1—不到1年　2—2至3年
3—4至6年　4—7至9年　5—10至12年　6—13至19年　7—20至32年　8—33至50年

6.5.3 管理立地肥力：施肥

6.5.3.1 影响生长的机制

施肥是给生物地球化学循环增添养分。在凉性森林中，定期增添氮增加高地上树的生长。氮肥对树生长的影响经由生理生态过程，受下列因素调控：a. 养分的生物地球化学循环；b. 能量在光合作用中的固定；c. 树的生长利用光合产物，如图6-43所示。树干生长和其他部分的生长都增加，但从施氮到生长响应之间有滞后，期间首先受制于总叶量的增加。而且，氮肥增多枯落物，进而加速林分内的养分循环。因此，树对氮肥的响应包括短期的生理响应和长期的生态响应。生理响应涉及树的现实氮状态，生态响应则有关氮的生物地球化学循环。

树对氮肥的响应因树种而异。这些差异通常关联总叶量动态方面的差异，即叶系更新率的差异。按照欧洲赤松的典型情况设定：叶系生物量由4个龄级组成，$B_{i;tj,tj+1}$ ($i=1,2,3,4$)；叶系的总氮量为$N_{tj,tj+1}$。那么，叶系的氮浓度$c_{tj,tj+1}$为：

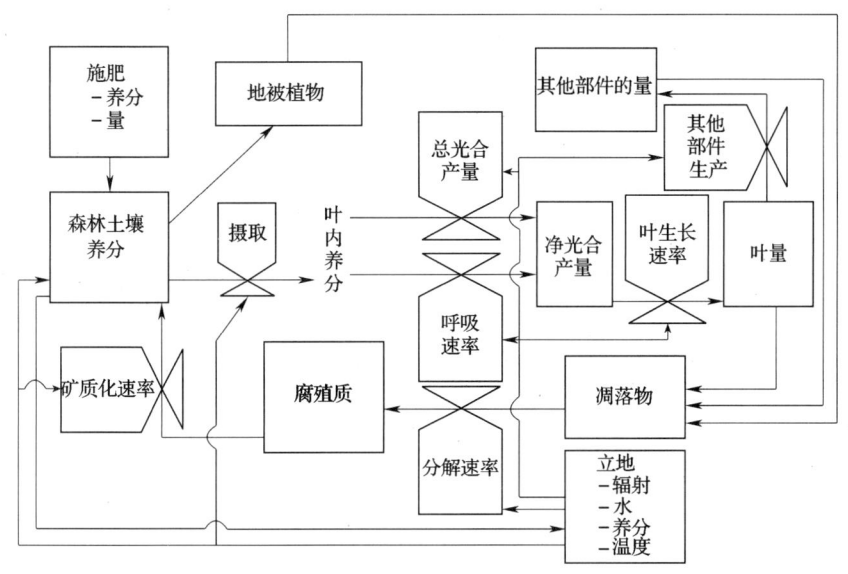

图 6-43 生态系统中氮肥对控制树生长的生理生态过程的一些基本影响

$$c_{tj,tj+1} = \frac{N_{tj,tj+1}}{\sum_i B_{tj,tj+1}} \quad (6-21)$$

令 $\Delta B_{o;tj}$ 为叶系的生长, ΔN_{tj} 指示随之结合进叶系的氮量, 那么

$$\Delta N_{tj} = p_1 \cdot \Delta B_{o;tj} \quad (6-22)$$

式中 p_1——新叶的氮浓度

假定叶系中的自由氮只有一部分可以结合进新叶, 那么, $N_{tj} < N_{tj,tj+1}$; 这意味着叶系的生长不能超过一定的上限:

$$\Delta B_{o;tj} \leqslant \frac{1}{p_1} N_{tj,tj+1} \quad (6-23)$$

还假定叶系的生长和含氮量之间呈线性关系, 那么, 生长量是:

$$\Delta B_{o;tj} = \Delta p_3 \cdot c_{tj-2,tj-1} \cdot B_{o;tj-2,tj-1} \quad (6-24)$$

其含意为:

$$\Delta B_{o;tj} = \min\left(p_3 \cdot c_{tj-2,tj-1} \cdot B_{o;tj-2,tj-1}, \frac{1}{p_1} N_{tj,tj+1}\right) \quad (6-25)$$

参数 p_3 代表叶系生长对自由氮变化的响应。叶系的总氮量是:

$$N_{tj,tj+1} = N_{tj-1,1} + I_{tj} - p_1 \cdot B_{o;tj} \quad (6-26)$$

式中 I_{tj}——摄入叶系的氮量

现年生长的叶翌年还是树冠的一部分, 即:

$$B_{oi;tj,tj+1} = \Delta B_{o;tj} \quad (6-27)$$

如果 p_2 是成年叶(非现年叶)中每年死去的分数, 那么,

$$B_{o;tj,tj+1} = B_{i-1;tj-1,tj}, i = 1 \quad (6-28)$$

$$B_{o;tj,tj+1} = (1-p_2) \cdot B_{i-1;tj-1,tj}, i = 2,3 \quad (6-29)$$

假定树干木生长 p_{tj} 与叶系量之间受线性相关支配, 那么:

$$p_{tj} = k \cdot \sum B_{i;tj-1,tj} \quad (6-30)$$

式中 k——联结树干木生长和叶系量的参数

因此，施氮对树干木生长的效应能从叶系中结合的总氮量演算得出。这也意味着，营养供应的改善使更多的地上生物量受到较小根系的支撑[40]。

6.5.3.2 生长响应

对氮肥的响应要数优势树最大，无论剂量，如图6-44所示。这意味着旺盛的生长指示对氮肥的旺盛响应。同样，对氮肥的响应随立地肥力增加，但肥力最高的立地例外。最高的响应发生于生长正值鼎盛的树，之后生长响应随树龄和成熟度增长而减小。不过，重复施氮会增加生长，只是生长响应的幅度越来越小，但依然与施氮率有关。

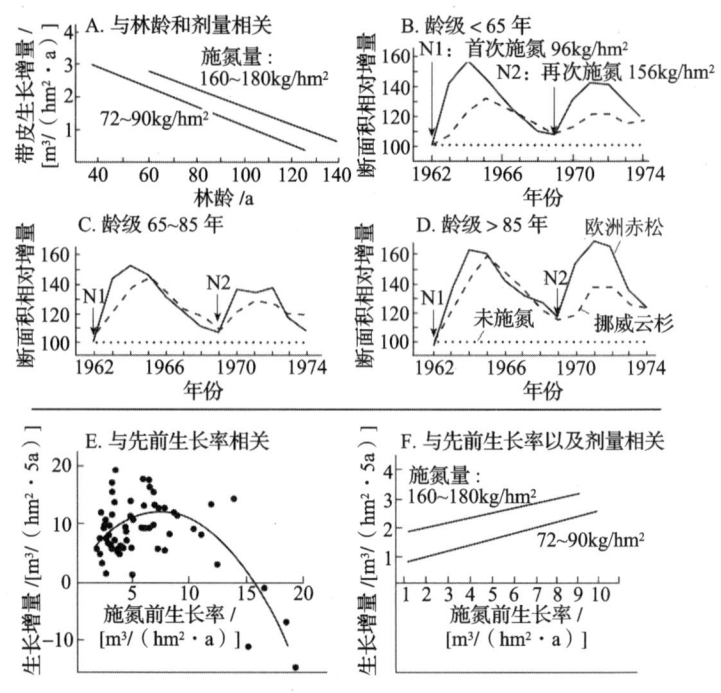

图6-44 欧洲赤松和挪威云杉生长对氮肥的响应[41-42]

6.5.4 木材收获及其对养分资源的影响

6.5.4.1 影响

传统收获方法只采收树干材，采收率为80%~90%（约为树总生物量的65%）。留在立地上的收获废除物包含树养分含量最高的各部分（叶、枝、根）。整株收获采收干材、枝、叶，实质性提高生物质的采收率（超过80%的树总生物量）。全树收获则采收干材、枝、叶、树桩、粗根，只留下细根，采收率大约为树总生物量的95%。这意味着养分损失随采收率增加。与较年长的林分相比，年轻林分活组织比例高，养分浓度高，因此养分损失也高（表6-13）。

表6-13 挪威云杉和欧洲赤松林改限收干材为收获整株后多损失的养分[43]

树种	年龄	损失值相对只采收干材而造成的损失值/%			
		氮	磷	钾	钙
挪威云杉	18	195	233	161	206
	50	114	115	26	40
	85	91	104	42	29
欧洲赤松	18	188	212	171	129
	28	130	149	97	83
	33	172	150	102	69
	39	164	200	140	88
	44	124	133	108	84
	64	103	114	94	412
	75	77	67	56	59

收获造成的养分损失,如果轮伐期足够长,能由自然方式补偿。所需的恢复时间显然取决于收获强度和养分补充速率,如图6-45所示。在凉性森林中,应用传统的木材收获法和长轮伐期可能足以容许可持续性木材收获,尽管养分输入缓慢。与之截然相反的是短轮伐期加集约收获的林业;这样的组合可能有害,除非有迅速的养分补充。但即便有,养分管理上仍然必须特别慎重。

6.5.4.2 森林养分管理和可持续性生产:案例

森林生态系统的可持续性管理整合养分循环、轮伐期长度、商品和服务,借以优化树生长消耗的每单位养分的产量。只着眼木材产量,养分(氮)利用率会有实质性变异。对欧洲赤松林管理的情景分析清楚显示了这一点。表6-14概述情景分析所包括的管理体制。计算采用的林分情况是:初始苗1.3m高,密度4000株/hm², 寒温带中等立内定期疏伐,每到期末则皆伐。最先的四种情景略有例外:代表的是自然演替,没有疏伐。应用的

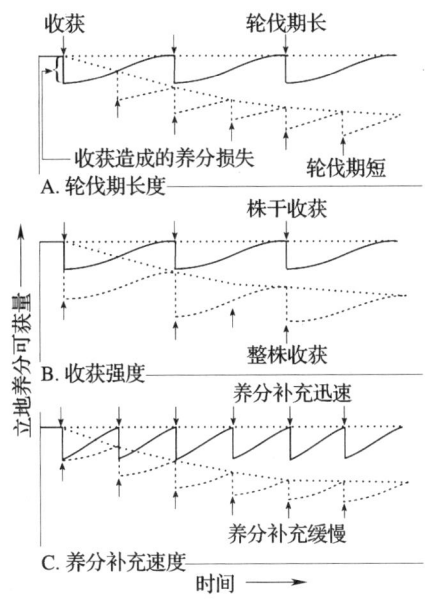

图6-45 影响立地养分可获量的因子[43]

收获作业法是传统收获法或者整株收获法。有施肥时,氮剂量为150kg/hm², 发生在地肥力。轮伐期80年和120年,重复3期,每期模拟开始后的第41年和第61年。

表6-14 不同采留管理体制对欧洲赤松林生产力的影响:体制描述[44]

体制编号	轮伐期长度/a	模拟期长度/a	收获方法	收获林龄/a (收获强度*/%)	施肥时间/模拟开始后年数
1	120	360	定长采运法		
2	120	360	整株收获法		
3	80	240	定长采运法		
4	80	240	整株收获法		
5	120	360	定长采运法	40、60、80 (0.4、0.35、500)	
6	120	360	整株收获法	40、60、80 (0.4、0.35、500)	
7	80	240	定长采运法	30、40、60 (0.4、0.35、500)	
8	80	240	整株收获法	30、40、60 (0.4、0.35、500)	
9	120	360	定长采运法	40、60、80 (0.4、0.35、500)	61~81
10	120	360	整株收获法	40、60、80 (0.4、0.35、500)	60~81
11	80	240	定长采运法	30、40、60 (0.4、0.35、500)	41~81
12	80	240	整株收获法	30、40、60 (0.4、0.35、500)	41~81

注:* 小数代表收获强度,指干材积在疏伐中采收的份额;整数指最后一次疏伐中每公顷保留树株数。

长轮伐期,配以定期疏伐和施肥,通常给予最高的总生长量,但如果林分随其自然(天然林),不管理,光主伐,总产量也就略低而已,如表6-15所示。总产量中所收获的木材占的比例在管理林分中超过50%,而在天然林中则不到30%。延长轮伐期,定期疏伐,外加施肥,木材产出量是天然林的翻倍。这些结果表明,管理只能暂时增加生态系统的生产力,但能实质性增加木材产出量。

表6-15　欧洲赤松林轮伐期的生长和木材产出量:据表6-14管理体制模拟[44]

体制编码	生长量 总计量/(Mg/hm²)	生长量 平均量/[Mg/(hm²·a)]	枯落物量 总计量/(Mg/hm²)	枯落物量 平均量/[Mg/(hm²·a)]	收获量 总计量/(Mg/hm²)	收获量 平均量/[Mg/(hm²·a)]	枯落物份额/%生长
1	1170	9.8	836	7.0	194	1.62	71
2	1170	9.8	836	7.0	257	2.15	71
3	813	10.2	541	6.7	167	2.08	66
4	809	10.1	537	6.7	222	2.78	66
5	1109	9.2	617	5.1	296	2.47	57
6	1036	8.6	551	4.6	401	3.34	53
7	774	9.6	327	4.1	274	3.43	42
8	657	8.2	282	3.6	322	4.03	43
9	1290	10.7	756	6.3	312	2.60	59
10	1219	10.2	694	5.8	429	3.58	57
11	906	11.3	403	5.0	304	3.80	44
12	848	10.6	529	6.6	412	5.15	44

氮的生产效率在轮伐全期是每千克氮360~400kg干物质,如表6-16所示。最大值出于天然林,最小值则来自管理强度最大的林分。这意味着管理使林分的氮循环比自然条件下更开放,氮损失增加。这些差异紧密关联到氮在树体内的转移,以及氮通过枯落物和土壤有机质分解的循环。单位氮的生产力随树内供氮和生物化学循环供氮的增多而提高。

表6-16　欧洲赤松林轮伐全期的氮消耗:据表6-14所列管理体制模拟[44]

体制编码	生产量 总计量/(kg/hm²)	生产量 平均量/[kg/(hm²·a)]	枯落物量 总计量/(kg/hm²)	枯落物量 平均量/[kg/(hm²·a)]	收获量 总计量/(kg/hm²)	收获量 平均量/[kg/(hm²·a)]	kg产量/kg氮
1	2970	24.8	2573	21.4	2845	23.7	394
2	2970	24.8	2573	21.4	2845	23.7	394
3	2030	25.4	1664	20.8	1852	23.2	400
4	2035	25.5	1664	20.8	1839	23.0	398
5	2848	23.7	2183	18.2	2737	22.8	398

续表

体制编码	生产量		枯落物量		收获量		kg产量/kg 氮
	总计量/(kg/hm²)	平均量/[kg/(hm²·a)]	总计量/(kg/hm²)	平均量/[kg/(hm²·a)]	总计量/(kg/hm²)	平均量/[kg/(hm²·a)]	
6	2717	22.6	2055	17.2	2457	20.5	381
7	1984	24.8	1275	15.9	1822	22.8	388
8	1829	22.9	1182	14.8	1562	19.5	360
9	3309	27.6	2574	21.5	3450	28.8	390
10	3123	26.0	2411	20.1	3231	26.9	390
11	2323	29.0	1504	18.8	2230	27.9	390
12	2165	27.1	1396	17.5	2077	26.0	392

氮平衡在轮伐全期都是负的，即使天然林也是如此。这表明，收获木材能降低森林生态系统中氮的长期可获量，如表 6-17 所示。唯有一种管理体制例外：延长轮伐期，定期疏伐，外加施肥，只收获干材。模拟结果表明，要常规经营使用森林，就得格外注意养分上的管理。即使损失木材中的氮，也能实质性减少可供未来森林生长利用的氮资源。养分在水分循环中的损失进一步增加管理下林分的氮损失。总之，好像是这样的：采用疏伐，只收获干材，施肥，而且定期进行，轮伐期要长，木材产出量就会增加。这使氮能获得高效利用，不至于从森林生态系统中丢失。

表 6-17　欧洲赤松林轮伐全期的氮平衡：根据表 6-14 所列管理体制模拟[44]

体制编码	氮积累		氮损失				氮平衡	
			渗滤		收获			
	总计量/(kg/hm²)	平均量/[kg/(hm²·a)]	总计量/(kg/hm²)	平均量/[kg/(hm²·a)]	总计量/(kg/hm²)	平均量/[kg/(hm²·a)]	总计量/(kg/hm²)	平均量/[kg/(hm²·a)]
1	372	3.1	300	2.5	41	1.2	−69	−0.6
2	372	3.1	300	2.5	53	3.0	−282	−2.3
3	249	3.1	298	3.7	130	1.6	−179	−2.2
4	249	3.1	293	3.7	330	4.1	−374	−4.7
5	372	3.1	318	2.7	223	1.9	−169	−1.4
6	372	3.1	320	2.7	595	5.0	−544	−4.5
7	249	3.1	162	2.0	224	2.8	−137	−1.7
8	249	3.1	125	1.6	413	5.2	−291	−3.6
9	643	5.4	325	2.7	232	1.9	+86	+0.7
10	643	5.4	314	2.6	638	5.3	−309	−2.6
11	520	6.5	322	4.0	246	3.1	−47	−0.6
12	520	6.5	319	4.0	699	8.7	−498	−4.2

6.6 管理非生物性风险

6.6.1 概念

非生物性风险是指由强风、暴雪和野火引发的灾害,摧毁个别树株,抑或数公顷林分,乃至数千公顷的森林。风雪灾害涉及风和重力的机械作用;火则直接烧毁,或者以高温损害树干形成层,使生长减少,抑或致死。树还能遭低温伤害,即使在春夏秋季:只要低温超过枝叶在年生活循环中的抗冻性。冻害可以抑制树的生长,但一般只有小苗才冻死。另外,生物性和非生物性灾害的发生明显有交互作用,如图 6-46 所示。许多有害昆虫和真菌爆发是因为先有死树、垂死树。风害雪灾把一些树折断,拔倒,使害虫有额外资源,增加繁殖,最终侵害那些原先幸免于难的树株。

6.6.2 风害危险

6.6.2.1 机制

树和森林受风害的危险取决于两大方面:一是风的性质(速率、持续长度、阵发性),二是森林生态系统结构(树高和直径、冠面积、根深、根宽、林分密度、土壤类型、地形)[45]。树在风力、雪压或风雪交加下弯曲,直到弯曲度超过树干的最大抵抗力而折断,或者超过根系的最大抵抗力矩而拔倒(图 6-47)。

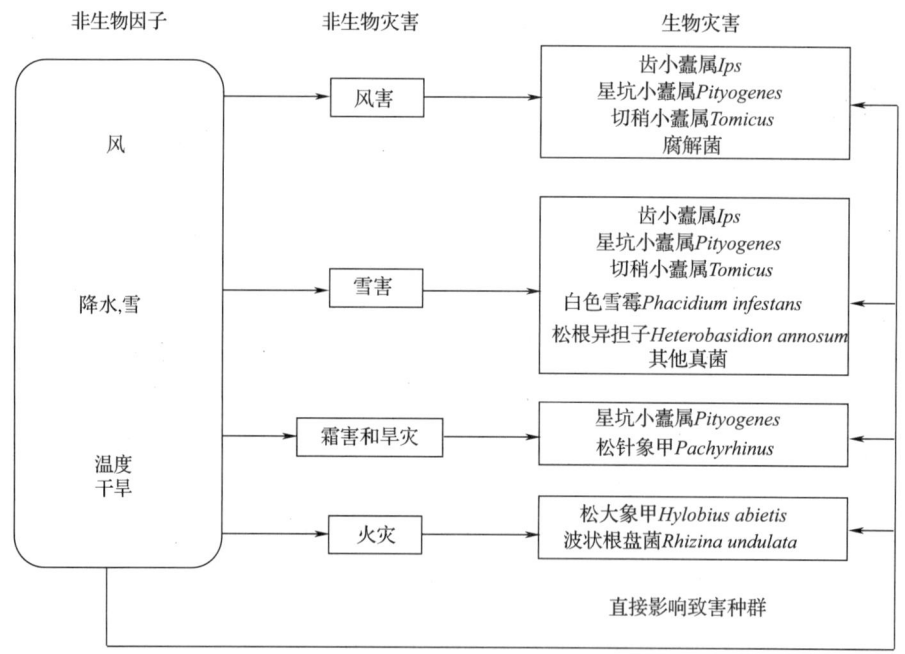

图 6-46 气象和气候影响有害昆虫和真菌种群的爆发,导致非生物性灾害

要折断树,拔出树,风必须超过一定的速度阈值(致害起点风速,简称临界风速);这值取决于弯曲树所需要的力矩(弯矩)[45]。弯矩沿树干从上往下增大,在根端可用下式给出:

$$T = \sum F_i \cdot h_i \tag{6-31}$$

式中 T——树干在根端的弯矩,N·m

i——树在特定高度处的截面
F_i——截面 i 处的风力，N
h_i——截面 i 到地面的距离，m

风力是树截面截拦风的函数：

$$F = C_d \cdot \frac{1}{2} \cdot \rho \cdot \mu^2 \cdot A \quad (6-32)$$

式中　μ——风速，m/s

　　　A——树冠与风向垂直的截面积，m^2

　　　C_d——由树冠性质决定的阻力系数

　　　ρ——空气密度，kg/m^3

参数 C_d 的值变动于 0.03～0.60 之间，取决于树种和叶量。树在风中弯曲时，还进一步受重力作用。结果，总弯矩变为：

$$T = \sum (F_i \cdot h_i + m_i \cdot g \cdot X_i) \quad (6-33)$$

式中　g——重力加速度，m/s^2

　　　m——树在截面 i 的质量，kg

　　　X——该物量从截面 i 原点的水平位移，m

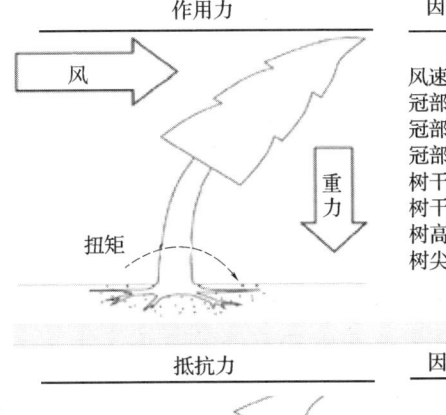

质量也包括树冠上的积雪。树干靠弯曲强度(S)抵抗弯矩；对于梁型柱体：

$$S = \frac{T \cdot d}{2I} \quad (6-34)$$

式中　d——直径，m

　　　I——惯性，m^4

弯矩也指向根系。根系抗拔是靠支撑力矩 RS(N·m)：

$$RS = \frac{g \cdot m \cdot RS_m}{A_{rsw}} \quad (6-35)$$

式中　g——重力加速度数，m/s^2

　　　m——根系范围内的根量和土量(根土盘)，kg

　　　RS_m——根系的平均深度，m

　　　A_{rsw}——代表动摇根土盘固着强度的参数

弯矩超过树根的强度，树就被拔倒。弯矩超过树干的强度，树就折断。

足以拔倒树、折断树的风速(临界风速)取决于树的性质，如图 6-48 所示。树越小，临界风速越大。类似地，树干相对树高越粗(从近似圆柱形变得更像圆锥形)，或者，树冠占树的总量(生物量或长度)越小，临界风速也越大。不过，与折干相比，树通常更容易拔倒，无论其性质和大小，除非既矮又极细。

6.6.2.2　现实气候下的风害危险

临界(致害起点)风速各地不同，图 6-49 以芬兰为例。图中分三种情景：轮伐期按现实常规，或者延长 10%，或者缩短 10%。后两种相当于分别提高和降低皆伐的起始直径阈值 10%。南部的森林主要是挪威云杉成熟林，最易遭风害，延长轮伐期后则更不堪承受，因为树的弯矩随成熟度上升，临界风速随之变小。反之，缩短轮伐期使树达不到高易损性、高弯矩就

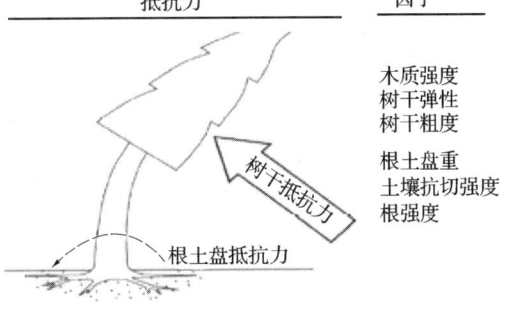

图 6-47　风害机制

受树干和根系的弯曲和抗力影响[45]

被砍伐；因此，更高的风速才能造成伤害。

风害最可能发生于风力有突变而树没适应的立地，例如，毗邻新皆伐迹地的林分，或新近高强度疏伐的林分[48]。因此，要规划皆伐的空间配置和森林边缘的管理，就必须首先弄清皆伐会如何影响气流到达迹地边缘时的速度和方向及其造成损害的风险水平。要减少区域尺度上的风害，就必须避免尤其在高龄林分中新辟林缘，伐除最易受害林分（通常高龄），等等。另一方面，随着时间的推移，迹地上幼苗林不断生长，逐渐郁闭，林缘风害危险再次下降[49]。

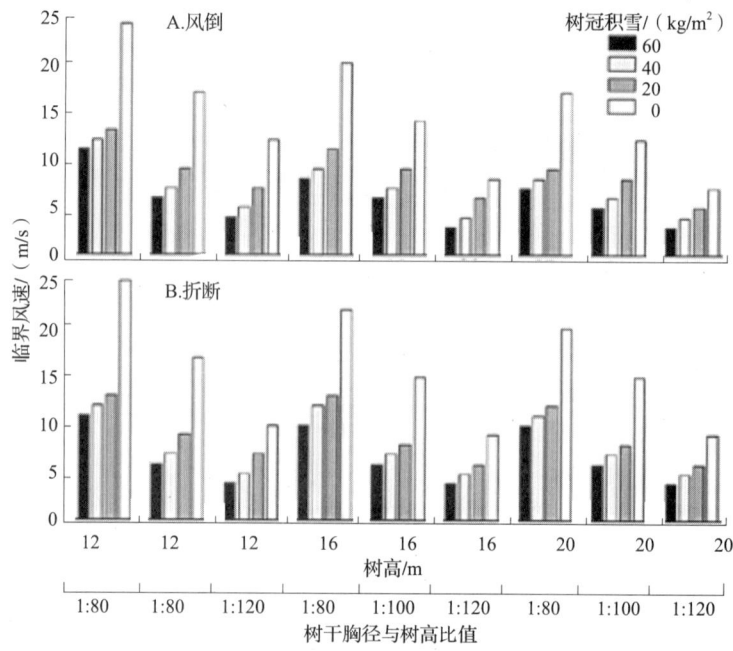

图6-48 欧洲赤松的临界（致害起点）风速随树的高度、干形和积雪变化[46]

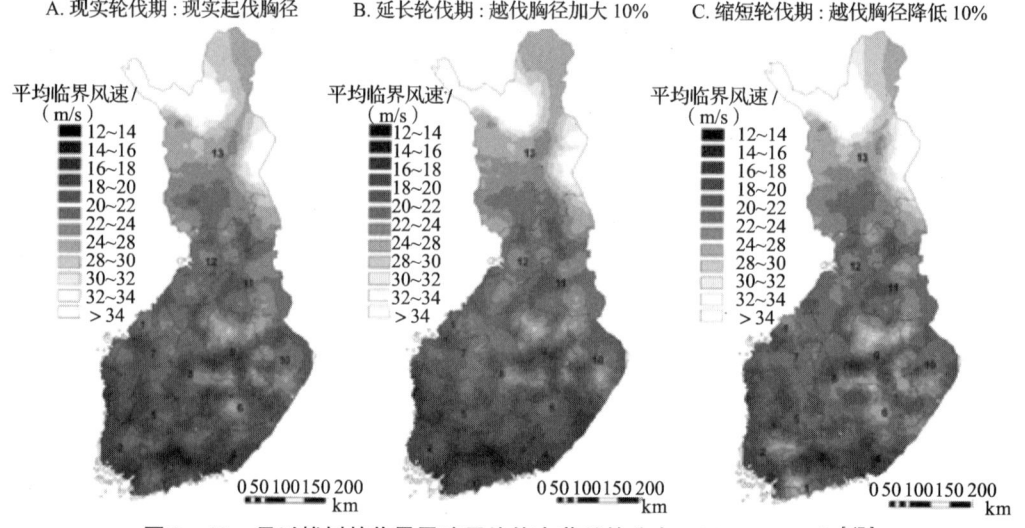

图6-49 足以拔树的临界风速平均值在芬兰的分布：1991—2020年[47]

注：机制性风灾模型模拟值，基于全国森林清查数据集。

要平衡木材生产和风害危险，可以先用模型模拟，如表6-18所示。该模拟以森林地域中易受风害的森林边缘（林缘）总长度代表风险大小，管理上假定是皆伐和栽植更新，规划则以10年为1期，总共有3期[50]。采用了启发式最优化技术，森林生长模型和机制性风灾模型。把风险设置为要么最大化，要么最小化，兼带或不带木材收获的均匀流量指标。在这些设置中，只考虑风险性林缘的最短化（问题2），或者只考虑维持木材收获的均匀流量（问题5），或者这两者兼顾（问题4），都是很现实的规划问题。问题1和3代表森林收获使林缘面临最大的风险，用以说明风险会如何因皆伐不当而增加。

表 6-18　　　　　　　　　　对风害危险的森林规划管理[50]

规划问题：395hm² 森林		问题 1：林缘最长	问题 2：林缘最短	问题 3：林缘最长，伐除 12000 m³	问题 4：林缘最短，伐除 12000 m³	问题 5：伐除 12000 m³
收获材积量 /m³	第 1 个 10 年期	6964	2989	12015	11958	11998
	第 2 个 10 年期	9307	8752	12006	11932	11999
	第 3 个 10 年期	15561	3698	12007	11999	12003
	合计	31832	15439	36028	35889	36000
最终蓄积量/m³		67536	81929	64087	64606	64874
林窗数/（面积/hm²）	第 1 个 10 年期	17(2.4)	10(2.0)	26(2.3)	20(2.9)	20(3.2)
	第 2 个 10 年期	27(1.9)	12(3.6)	33(1.7)	19(3.1)	27(2.0)
	第 3 个 10 年期	45(1.4)	9(2.8)	24(2.3)	25(2.1)	23(2.3)

注：风险性林缘的确定以 20m/s 为临界风速[m]。计算指芬兰中部的凉性森林（北纬 63°01′，东经 27°48′），以欧洲赤松和挪威云杉占明显优势，兼带一些桦树类和其他阔叶树。

模型计算显示,要减少风害危险,可以适当调节伐树的强度、返伐期长度和设置。要减少易受害林缘的总长度,可以做三方面的努力:a. 聚合皆伐区(即减少林缘的总长度);b. 把皆伐区放在年轻林分(即树高 <10m)的边缘,或者临界风速高的林分的边缘;c. 设法使地域中的林分不是忽高忽低,起伏剧烈。而且,集聚同期的皆伐区还能降低作业成本。不过,要均匀的收获流量可能会使风害危险(以易受害林缘的总长度为指标)居高不下(对比问题 4 与 2)。只降低临界风速的标准(最小化风害危险),不设定收获追求,木材收获量就不一定增加,反之亦然。在森林单元的水平上,最优的皆伐体制还取决于永久性林窗(农田、湖泊等)和高龄林分的年龄结构和空间分布。

6.6.2.3　气候变化下的风害危险

气候变化能改变森林的生长和树种组成,从而影响树的干径、高度、种类分布和蓄积量,因此也可能影响风害危险。图 6-50 显示芬兰的情况:在现实常规管理体制下,森林结构随气候的变化可能会如何影响平均临界风速在全国的分布。

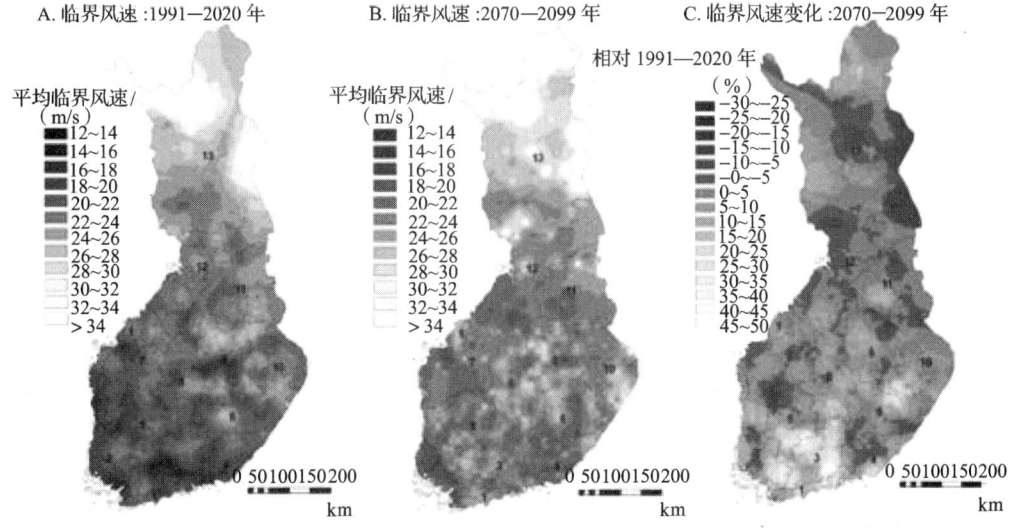

图 6-50　芬兰临界（致害起点）风速平均值的分布:21 世纪气候变化效应[47]

现实是，临界风速值在南部最低（即致害风险最高），因为那里主要是挪威云杉成熟林蓄积量高。在北部，主要是欧洲赤松的中龄林，相应的临界风速要高得多（即风险较低）。在气候变化下，随着干旱频率上升，挪威云杉失势，较抗风的欧洲赤松和桦树会在南部增加优势度。同时，在北部，随着森林生长和成熟度的提高，临界风速的平均值可能下降，虽然不至于比南部还低。不过，各地的林分在结构和其他性质上有差异，遭受风害的危险因此也大不相同。而且，随着土壤解冻期延长，外加风气候本身也可能变化（如，高风速和风暴更频繁），预计风害的危险会增加。

6.6.3 雪害危险

6.6.3.1 机制

雪在树冠上的滞留会降低临界（致害起点）风速。降雪过湿，风速中等（<9m/s），树有可能被弄倒，折断（图6-51）。树冠在气温低于0℃的降雪条件下积雪尤其多。积雪超过40kg/m²，树干就会弯曲，枝被折断；积雪超过60kg/m²，常常使树折断。树还能被积雪压倒，如果土壤潮湿，缺乏冰冻，扎根不稳。

对于针叶树，积雪造成的力在树冠上的分布对应叶物量的分布，如图6-52所示。这些力对欧洲赤松主要指向树冠的上部，对挪威云杉则还指向其长幅树冠的下部。这种力与叶系分布上的对应性意味着，对欧洲赤松，积雪附加的总弯矩大多在树干上部，因此树干常常在冠低折断。挪威云杉则没有常规，树干可以在冠内任何部位断裂。欧洲赤松树株在年轻时遭雪害的风险尤其高，常常是由于积雪本身或者外加风的交互作用。

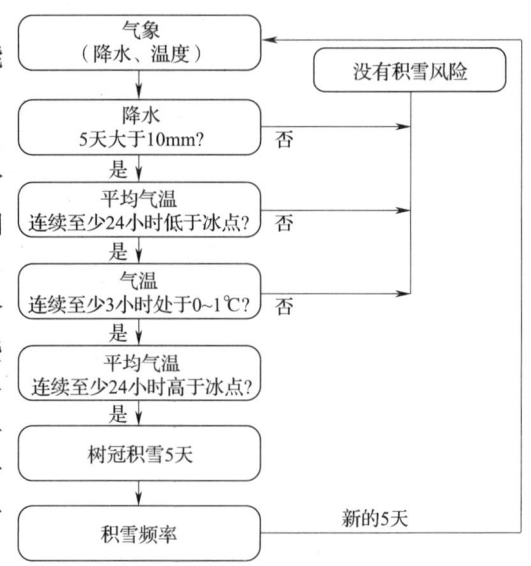

图6-51 树冠上的积雪随降雪强度、风速和气温变化[51]

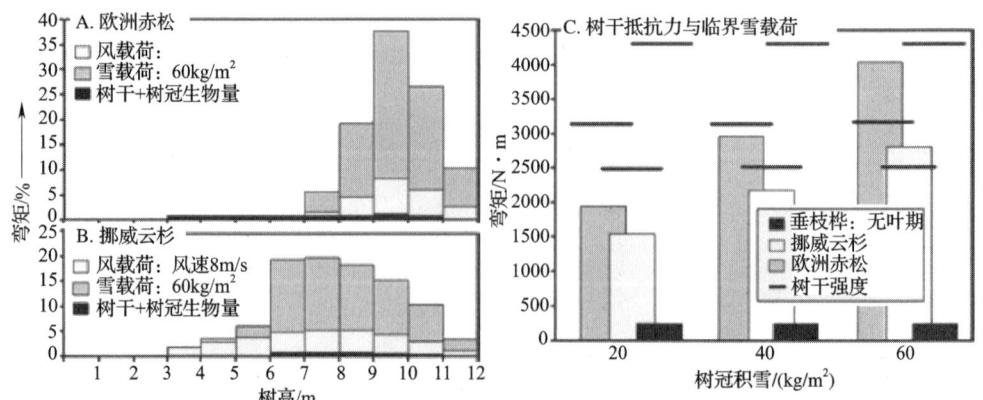

图6-52 弯曲力矩沿树干的相对分布和足以使树干折断的最低（临界）积雪量[52]

注：计算条件：树高12m，树干直径与树高比为1：120，风速8m/s。

与基线期1961—1990年相比，雪灾的危险在1991—2020年间可能减少几天，全国各地都是如此。这种减少在第2个30年（2021—2050年）间会持续，尤其在西北部。到世纪末

(2070—2100年),雪灾的危险在南部可以降至 0~6 天,在北部则为 6~12 天。就全国而言,年平均危险天数在第 1、第 2 和第 3 阶段分别比 1961—1990 年减少 11%、23% 和 56%。这意味着,在中部南方的大部分地区,到 21 世纪末,有雪灾危险的日子每年不足 8 天。现实雪灾最多的西部和东北部也是如此:从每年 30 多天到 21 世纪末的每年 8 天[54]。

6.6.3.2 现实和气候变化下的雪灾危险

在芬兰,如图 6-53 所示,森林遭受雪灾的现实危险在西北部和东北部最高,每年超过 20 天

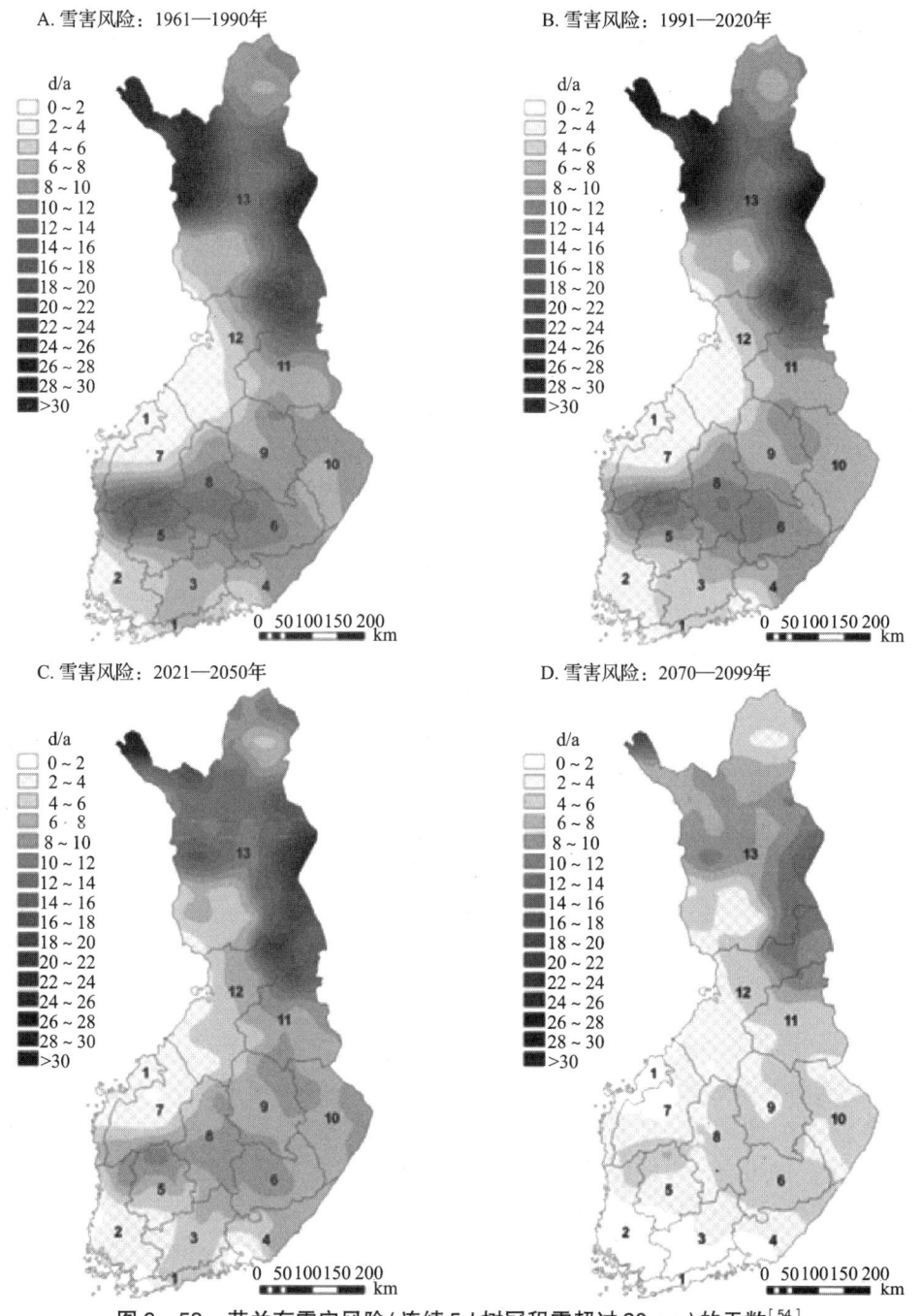

图 6-53 芬兰有雪灾风险(连续 5d 树冠积雪超过 20mm)的天数[54]

(Kilpeläinen et al., 未发表数据)

(即 5 天树冠积雪量大于 20mm)。这种危险在西部沿海和南部最低。气候变化能增加土壤未冻期(晚秋和早春)的雪灾危险,使树拔倒,折断。地面冻结的概率会下降,特别是在中部和南部,土壤的年最大冻结深度会减少[53]。

6.6.4 火灾危险

6.6.4.1 机制

降水、气温和空气湿度的长、短期变化影响燃料水分,进而影响森林火灾的可能性。在纯自然条件下,闪电是森林火灾的常见起因。这是个随机事件,发生概率可以用回返期的概念描述。这是指给定立地被再次火烧的间隔年数。在北欧,回返期为 50～200 年,贫瘠(干旱)立地上比肥沃(中生性)立地上要短。一般来说,在寒温带潮湿条件下,火烧面积有限,至多数十公顷。不过,实际面积强烈取决于森林地域的格局和性质:结构是怎么镶嵌的,泥炭地和湖泊如何改变景观。单独的火灾在大陆性气候下可以比潮湿气候下影响的面积大。

火的传播速度与地形、风速和燃料量有关。这些因素都影响燃烧强度和火焰高度,及至损害树冠和树干形成层,因此影响树的死亡(图 6-54)。树小冠低,株干皮薄,甚至能死于弱而焰低的小火,而树大冠高,株干皮厚,可以存活焰高炽烈的大火。

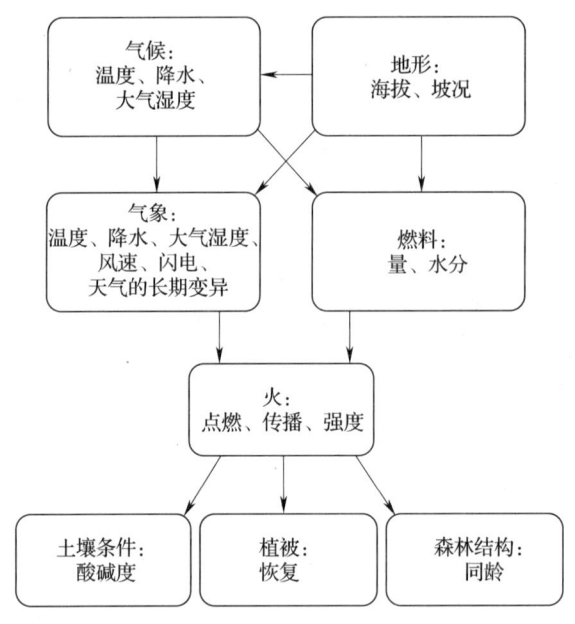

图 6-54 野火发生和传播的影响因子:北欧寒温带条件[55-56]

6.6.4.2 现实和气候变化下的火灾危险

对于芬兰各地,图 6-55 显示火灾危险会如何随气候变化。火灾危险是指每年发布火警的天数,基于干旱的出现使森林容易发生野火。因此,火灾危险指示野火发生的气候潜力,而不是火的实际事件。火灾危险的增加在 21 世纪末会尤其大,那是,假定年平均气温到那时已经上升了 4℃。同时,年降水量的增加在南部至多为 20%,在北部为 40% 左右,主要在冬季。不过,夏季的蒸散增加之多会使火警发布天数即使在北部也要翻倍,尽管现实的情况是,低蒸散限制着那里森林火灾的风险。

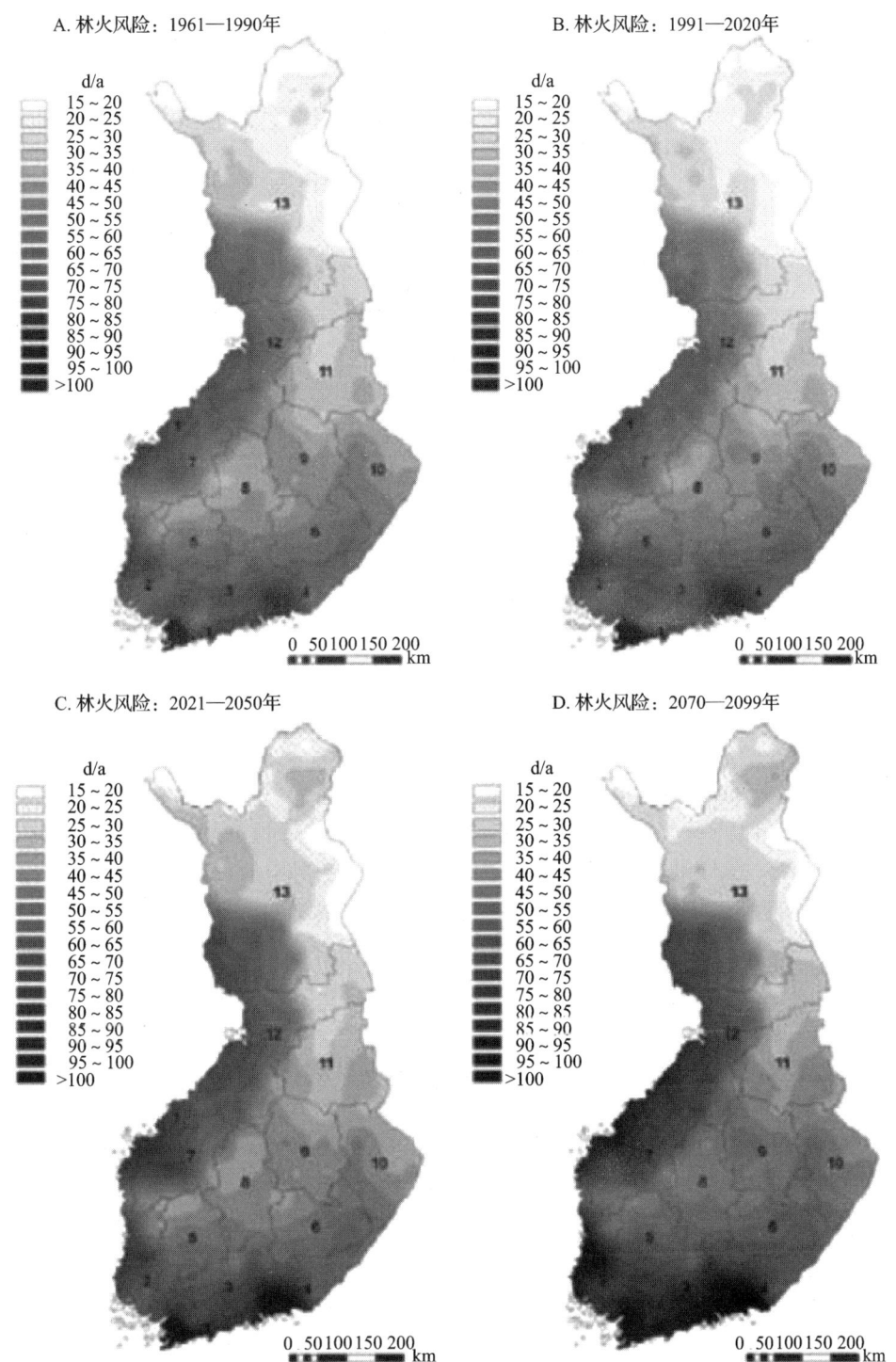

图6-55 发布火警的天数:基线(1961—1990年)和预测气候变化下在芬兰的分布[57]

6.6.5 霜冻风险

在寒温带和温带,绽芽时间与春季气温有关[58]。芽得先在冬季经历低冷气温。即使在气候变化下,这些低冷要求有可能得到满足。但可以预期绽芽会来得早。没有实验证据提议这种提前绽芽会导致灾难性冻害。相反,种源移栽实验早已把挪威云杉和欧洲赤松的北方种源移种在芬兰南部,使其经历相当大的"气候变化"(增加积温度多达 600℃·日),结果是,芽绽得早了,而且生长也强劲增加[59]。这是与下列发现一致的:欧洲赤松在绽芽时仍能忍耐 −20℃ 的低温,即使在升温条件下[60]。

6.7 管理生物性风险

6.7.1 概念

6.7.1.1 森林食植生物

植物与食植生物一起构成的系统能给树和森林造成生物性损害。这里讨论这种系统的影响以及有害生物管理的应用,主要就凉性森林而言。传统上,对森林有害生物种群实施的是"自上"控制:通过利用诸如捕食生物、寄生生物、病原体之类的天敌。另一种可能性是"自下"控制:通过增加树对有害生物的抵抗力。为此,能用各种方法,诸如天然抗性机制、抗性克隆,等等。植物与食植生物协同进化理论自 20 世纪 70 年代起发展迅速,使森林有害生物管理方面的研究兴趣至少截至 20 世纪 80 年代中主要是"自下"[61](图 6-56)。因此,这里分成三部分叙述。第一部分针对引发树上食植种丰富度的因子和树对有害生物的抗性机制。第二部分涵盖森林有害生物的生物和化学控制。最后部分讨论森林有害生物管理的生态学和应用。

20 世纪 80 年代的估计是,食用活植物的昆虫(活植虫)大约占所有生物种数的 1/4 左右(即至少有 361000 种)[62]。此外,哺乳纲下兔形、啮齿、反刍等目的动物也活食植物,虽然这些物种数要小好多(2300 种)。以活食植物为主的昆虫在各目中所占的比例不同:鳞翅目(俗称蛾和蝶)、同翅目蚜总科(俗称蚜虫)和直翅目蝗亚目(俗称蚱蜢)中种的几乎全部是,但只有 30% 左右的鞘翅目(俗称甲壳虫)种食用活植物组织[62]。森林害虫的大多数是鳞翅目或鞘翅目(小蠹亚科、天牛科、象甲总科等等)的食植种。凉性森林的优势无脊椎食植生物还包括蚜虫和膜翅目广腰亚目(俗称锯蜂),这些在热带森林极为稀见[63]。在食用活植物的哺乳动物中,驼鹿被列为凉性森林的关键种。驼鹿和其他反刍动物(驯鹿、其他鹿)取食区域广,还挑食,可以影响森林生态系统的次生演替和树种组成。

食植动物开采植物的方式众多。有些在外面咬、啃,其他吸用植物细胞或导管系统的内含物。有些挖坑进入供主植物,而另一些则形成瘿瘤。昆虫在食用植物的种数上多有变异。有些种专食单种植物或某一属的植物;这些是单食种。

寡食种食用少数几种植物。杂食种是统吃者,通常食性宽广,包括多个种或属的植物。

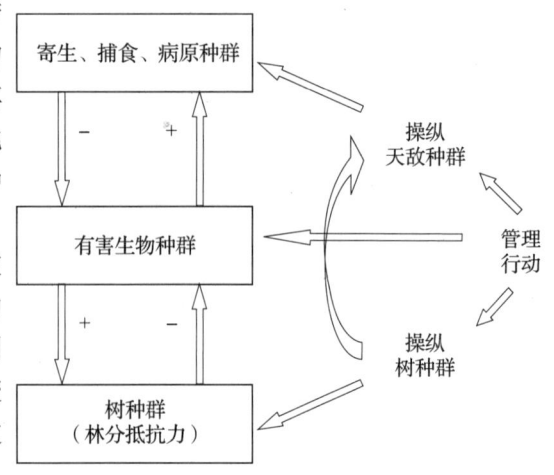

图 6-56 负反馈调控病虫害种群[61]

注:可以用天敌或树种群(林分抗性)调控病虫害种群。

锯蜂和蚜虫往往是单食性或寡食性。相比,许多甲壳虫、蛾、蝶是高度杂食性。每个昆虫组都含有重要森林害虫,诸如松叶蜂科(新叶蜂属和松叶蜂属)严格单食性锯蜂,还如极度杂食性的鳞翅类,如舞毒蛾(图6-57)。

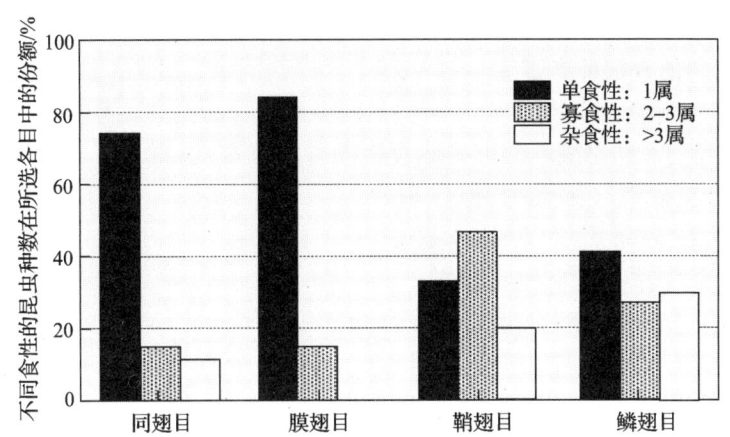

图6-57 北美迁入性昆虫4个目中单食、寡食和杂食种的比例

6.7.1.2 有害生物爆发的特征

大多数食树生物对活树造成的损害微乎其微,因此不是有害生物。有些哺乳动物和昆虫却能造成严重损伤和生长损失;如果种群密度上升过高(爆发),甚至能把树置于死地,改变森林生态系统。各种有害生物在爆发频率、强度、持续时间和影响面积上有变异。这对有害生物的管理和控制有重要意义[61]。爆发分属三大类型,如图6-58所示。

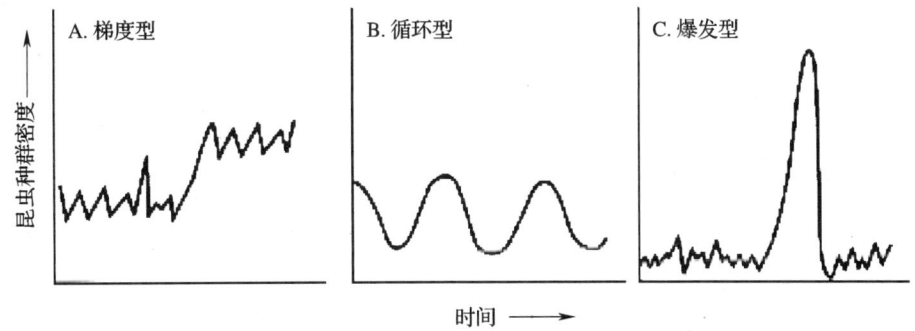

图6-58 森林昆虫种群动态的三种主要模式[61]

梯度型通常不扩散到周围条件有失欠缺的地域。表现为这种类型的森林食植动物在丰富度上通常取决于局地性环境因子,诸如地形性气候条件,易受害的树株数,或者繁殖材料的可获量。可获量在森林遭受干扰后能急剧增多。典型的干扰因子有林火、风倒、皆伐。有多种甲壳虫(松大象甲、纵坑切梢小蠹、横坑切梢小蠹)依赖于炭化木,或皆伐迹地的树桩,表现出梯度型爆发[65]。

周期型爆发已经让生态学人着迷了数十年[n]。循环定期发生,诸如每8~11年(非脊椎动物、兔形目动物)或者每4~5年(啮齿动物)。经常发生于特定立地和林分条件,往往出于供主防御响应,或因为天敌。典型循环型食植动物的例子有芬诺斯堪迪亚桦树林中的秋白尺蛾(图6-66),还有那里的田鼠属和䶄属的各种啮齿动物。突发性害虫经常长时间保持低种群密度,但能突然发展爆发。这种爆发能从局地核心向外扩展,覆盖大面积的森林;还通常持续数年。突发性生物种的例子有松叶蜂科的松柏锯角叶蜂和某些小蠹(云杉八齿小蠹、大小蠹属)[61]。

6.7.2 侵害树的食植生物种

6.7.2.1 关联树种的食植种丰富度

有些树种受许多种食植生物的损害,有些只受少数几种的损害。有多项研究显示,植物种本身的丰富度、进化史和防御战术都影响取食生物种的丰富度(种数)。取食昆虫的种数经常与供主(在汉语文献中习称寄主,但昆虫常常并不寄生)树种的分布广度、群体丰富度、或者广度和丰富度两者一起呈现正相关。植物特征(诸如大小、结构复杂性、特定地域上的发生时间、所占生境的数目和分类学上的孤独性)也解释树种间在取食生物种数上的变异[66]。

树种分布区越大,种群规模越大,其取食生物的种类就越丰富。分布广阔的树或灌木种有许多种活植虫相关联。这适用于大鳞翅类(图6-59)、锯蜂和多个其他食植组。在截至1983年的大多数研究中,树种分布范围、群体丰富度或范围和丰富度两者一起,能解释取食生物种数差异的20%~90%[67]。

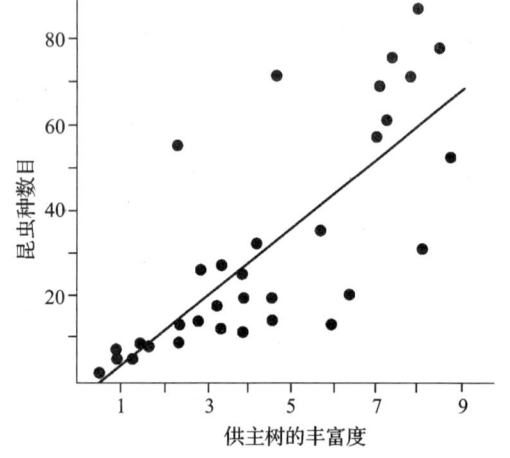

图6-59 芬兰大鳞翅类种数与供主树丰富度的相关性[67]

6.7.2.2 供主植物的大小和生长型

供主植物的大小能为取食生物种数的多寡提供显著性解释。按照植物的各种生长型,比较取食种数,通常会呈现如下从多到少的序列:树→木本灌木→多年生草本植物→杂草和其他一年生植物。那是,植物越大,取食的生物种越多。至少有两项因子解释这一观察。植物越大,为取食生物提供的表面积自然就越大。第二个因子是,植物越大,在构造上的多样化程度就越高;沿着器官组织类型的梯度,就能容许更多的生态位分隔。比如在芬兰,树较大的种就比树较小的种要受到更多食植动物种的侵害[67]。

6.7.2.3 供主植物分类学上的亲缘性

在影响多少生物种取食一株树的因子中,有一组涉及该树与其他植物的亲缘程度。这是因为近缘植物在生理生化上相似,从而增加取食生物成功的概率。这方面,只有严格的单食生物才可能是例外。因此,生化上孤独的树应该受较少生物种取食,因为难以迁入。另有假说提出,取食生物种在供主分类单位内的适应性辐射是与供主的多样性呈正相关[66]。供主植物的亲缘种越丰富,其取食生物的种数也应该越丰富。

这两种说法似乎都对。分类学上孤独的树种似乎只受少数几种食植生物的损害,诚如下面针对许多引进树种的讨论所示。至于芬兰的本源树种,供主植物分类单位内的种数解释了食性极端专化的锯蜂种数变异的84%。树丰富度与分类学孤独性的相对重要性显然随食植生物的组别而不同。如,鳞翅目通常是杂食性,那些涉及供主植物丰富度的因子似乎较重要[66]。

6.7.2.4 引进植物带入的昆虫

植物不时被有意无意地带入其他大陆和偏远地域(外源种),为研究昆虫群落的动态提供了有用的大规模实验。在许多情况下,树种的引入新地域新大陆已经造成了持久的大规模森林管理难题。

引进的树种也许拥有强大的化学防御机制,或许在分类学(生物化学)上与本源植物毫无瓜葛。那样就很可能发生食植昆虫的 B 型招引:招引进行得非常缓慢,如图 6-60 所示。例如,原产澳大利亚的桉树已经引入非洲、北美和南美一百多年,但仍然没什么当地杂食昆虫能侵殖。同样的现象也见于英国与南非之间相互引种的阔叶树;而且,食用引进树种的昆虫明显小于食用本源树种的昆虫,两地都这样[68]。

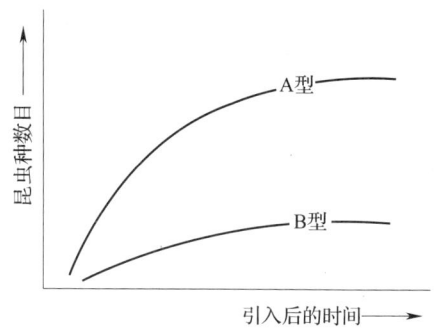

图 6-60　引入植物的昆虫招引曲线:
两种极端类型

A 型—防御差或一般化的植物所趋向的类型,
以快速积聚昆虫的生态阶段为主
B 型—防御强或分类学(化学)上边缘性的植物主要
通过进化过程被侵殖,招引非常缓慢

引入澳大利亚的松树只有很少几种取食昆虫,但引入北美或欧洲的松树种和云杉种在短时间内就招有大量的取食种,遵循图 6-59 所示的 A 型曲线;例如,引入欧洲的扭叶松和西加云杉[68-69]。分类学上的孤独性明显影响引入植物的昆虫招引速率。引入的壳斗科树,如果在引入地有近缘种,就会在引入后 100 年内招有接近正常数量的潜叶虫。相比,分类学上较边缘的树种只招有少数几种潜叶虫。同样,北美黄杉在欧洲没有同属种,引入后显示非常缓慢的取食种累积[69]。

6.7.2.5　引入食植生物在森林生态系统中的作用

食用活植物的昆虫,随着不断增长的大量商品活动,不断侵入新的生物地理领域。与国际贸易和全球化的增进一起,入侵性生物种的作用及其对生态系统的影响已经成为生态学的主要议题之一。外源种的入侵被认为是对本源生态系统的一种主要威胁[70]。例如,北美重要的无脊椎害虫中超过40%是外源种。森林昆虫中合适的例子有:多种腐木性甲壳虫、象甲和食树性外源锯蜂;这些种比对等的本源种更容易引起灾害性爆发[71]。在鳞翅目的各种食植昆虫中,舞毒蛾是毁灭性入侵外源种的一个著名例子。在许多地方,入侵性外源种已经取代动、植物的本源种,使当地生态系统的物种组成改变,生物多样性下降[70]。关于管理这些引入害虫的议题具有现实意义,因为这类害虫造成的影响严重而且不断蔓延,特别对北美的森林生态系统,也越来越多地在欧洲。大约在 20 世纪 90 年代侵入欧洲的是亚洲天牛和栗树潜叶虫[64]。

北美有近 400 种外源昆虫依靠树和灌木生活。其中有 75% 来自欧洲[71]。表 6-19 显示,截至 2007 年,欧洲最常见的森林昆虫中大约有 300 种已经侵入北美,但只有 50 种从北美侵入欧洲。引入昆虫在两地的建立上之所以如此不对称,好像是因为北美森林广泛,并有更多样的树种作为潜在的供主植物,而欧洲森林则多样性较低,破碎度较高。欧洲和北美的昆虫之间在生活史性状上的差异也重要。例如,孤雌繁殖的昆虫比有性繁殖的昆虫更可能建立起持久生存的种群;孤雌繁殖的活植昆虫种在欧洲要比北美普遍[71]。

表 6-19　入侵性食用活植物的昆虫种的成功建立:欧洲和北美之间截至 2007 年

昆虫目	鞘翅目:小蠹、象甲	双翅目:蝇	半翅目	同翅目:蚜虫	膜翅目:锯蜂	鳞翅目:蛾	合计
从欧洲侵入北美	65	12	34	84	34	77	306
从北美侵入欧洲	9	8	4	22	8	5	56

6.7.3　树对食植生物和病原体的抗性机制

6.7.3.1　成分性抵抗力

（1）次生代谢物

食植生物触发选择性压力,使供主植物进化防御(抵抗力),避免被食用。植物对食植生物(昆虫和哺乳动物)的防御机制有三大类:

① 物理或机械性防御:钩、刺、叶粗糙,等等。

② 成分性防御:意味着植物含有恶性植物化学剂,使植物本身难吃或有毒,或者能干预昆虫的消化系统。这些是防御性的化感物质。可获氮含量低,水含量低,也都是成分性防御机制。

③ 诱发性防御:是抵抗中激活的一种防御选择,只发生于植物组织受伤而本身生产(或其他部位触发)化感物质的时候[64]。

一般来说,植物的次生化合物分为三大组:以氮为基础的次生化合物,以碳氮为基础的萜烯化合物和苯酚[72]。含氮化合物中主要是生物碱(约 6500 种不同的结构)。其中许多剧毒,味苦。结构上,生物碱是一组样式繁多的螯合物,氮是一杂环的组分。生物碱是氨基酸代谢的产物,常见于草本植物,包括植物中的许多极毒化合物(尼古丁、咖啡因、吗啡、士的宁、颠茄,等等)。针叶树的生物碱还没有研究透彻。例如,挪威云杉和欧洲赤松鲜物量的 0.03%~0.08% 左右是生物碱。具体的百分比取决于树的种类和器官[72]。

针叶树的含油树脂是一种碳基萜烯化合物(也简称为树脂),是又稠又黏的液体,由叶、木、根中的专化分泌组织产出。针叶树分泌结构的解剖组织类型多异,简单的只含树脂细胞,较复杂的则包含高度进化的树脂管系统。在众多的针叶树属中,松属和云杉属具有最为复杂的树脂生产结构。例如,冷杉属生产简单的树脂泡或树脂囊。含油树脂物质给予针叶树其特有的芳香味。

单萜、倍半萜和双萜是含油树脂的主要成分。这些都是萜烯化合物。对于松属和云杉属的大多数种,含油树脂基本是双萜(树脂酸),外加少量的单萜和倍半萜[72]。单萜和倍半萜易挥发,而双萜通常是稳定的。要不是单萜作含油树脂的溶剂,树脂酸就不会流入流出树的受伤点。含油树脂中各化合物的相对比例在针叶树种之间,植物组织之间,甚至同树种的个体之间都有变化。有些单萜和树脂酸强烈取决于遗传性。这是抗性育种项目的基础[73]。

对于许多单食和杂食昆虫及哺乳动物,萜烯化合物是食用排斥剂。萜烯化合物提供重要的化学抗性,抵抗食植生物,尤其为针叶树。例如,新叶蜂属许多种的锯蜂蛹不吃当年生的针叶,只吃较老的针叶。这一取食行为的解释可能在于对这类蛹有毒的双萜罗汉松酸。其浓度在当年生的针叶中较高,而在较老的针叶中几乎为零[74]。

阔叶树中含有苯酚非常普遍。苯酚和单宁在这些叶中的浓度可以高达干物量的20%。苯酚在针叶树中抑制木腐真菌的生长[73]。

(2)成分性抵抗力随季节的变化

图6-61显示栎树叶质量的季节性下降。就大多数阔叶树而言,氮和水的含量在年轻叶中高,随着季节的推进而下降。丹宁和苯酚却随叶的年龄增加。如图6-62所示,许多食植生物把食用阔叶树的时间定在叶质最优的生长季早期:养分浓度高,有碍消化的次生代谢物浓度低。因此,昆虫侵害阔叶树的大爆发大多发生在这个时期[75]。这方面的优秀例子是:食用栎树的幽波尺蛾和食用山桦的秋白尺蛾。山桦在叶的质量上也显示类似的季节性趋势[76]。

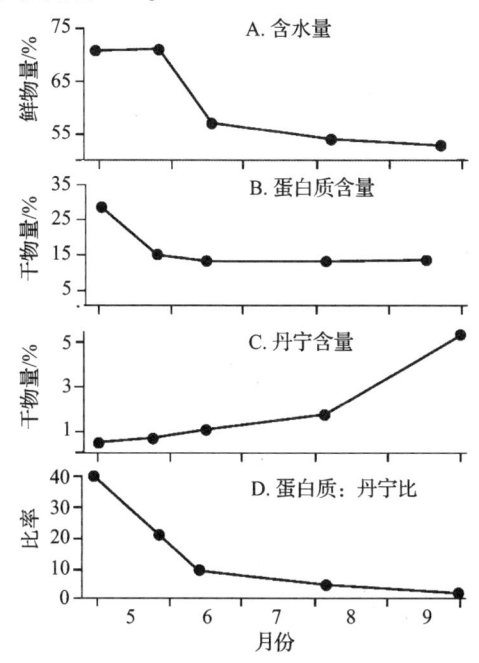

图6-61 栎树叶成分的季节性变化:水、蛋白质和丹宁[75]

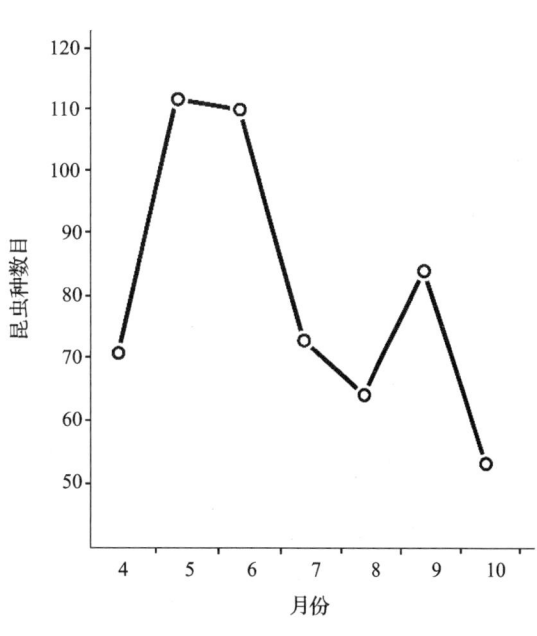

图6-62 食用栎叶的鳞翅目虫蛹种数随季节波动:英国[75]

6.7.3.2 诱发性防御

(1)滞后诱发性防御

滞后诱发性防御,又名长期诱发,涉及树的变化,通常发生于食植侵害后一到多年。此外,滞后诱发性防御极少随轻微食植活动发生。需要严重食植活动才能引发显著的长期植物响应。有证据显示,滞后诱发性防御能由各种经历触发。它发生于鳞翅目中至少两个食叶虫:欧洲落叶松上的落叶松芽蛾[77]和山桦的秋白尺蛾[76]。欧洲落叶松被芽蛾除叶后,翌夏发出富含纤维的针叶。此外,针叶的蛋白质含量连续几年维持在很低水平。因此,如图6-63所示,这种针叶对于蛾蛹是很差的食物,导致高死亡率,乃至种群崩溃。在山桦中,除叶事件后新发叶的酚含量高,氮含量低,如图6-64所示。

两个树种的滞后诱发性防御都持续3~4年。之后,叶的质量恢复正常。滞后诱发性防御可以持续数年,影响连续多代昆虫。由于时间滞后,长期可诱抵抗力能构成驱动力,使食植动物种群有周期性波动[76]。滞后诱发性防御很可能解释鳞翅目的这两个种为什么分别在欧洲

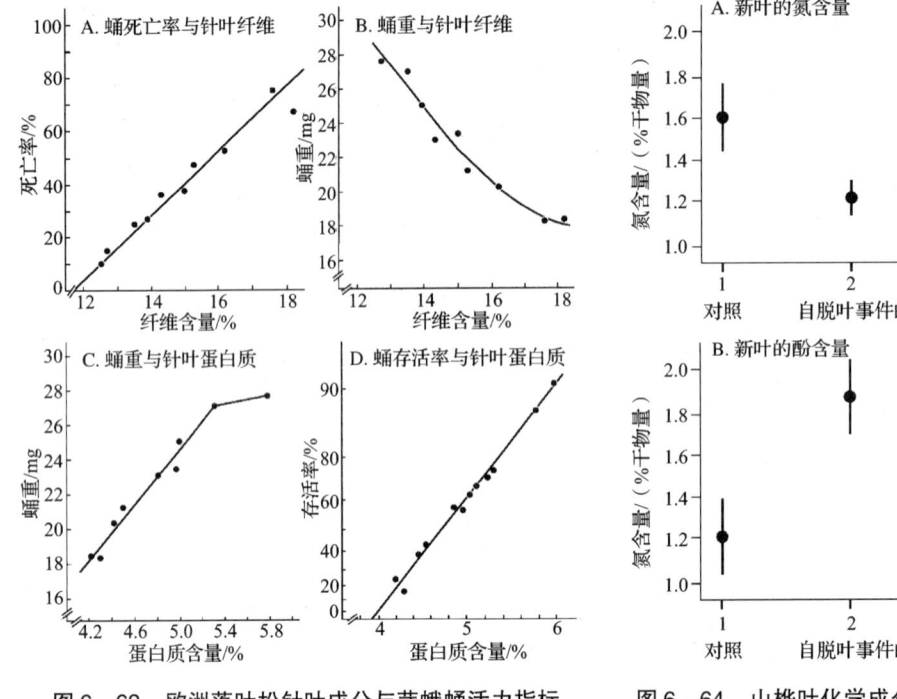

图6-63 欧洲落叶松针叶成分与芽蛾蛹活力指标的相关性[77]

图6-64 山桦叶化学成分与脱叶史的关系[76]

落叶松和山桦上都呈现周期为9年的循环(图6-65和图6-66)。

(2) 快速诱发性防御

快速诱发性防御,又名短期诱发,涉及树的变化发生于出现食植活动或组织受伤后的数天之内。这时间太短,对食植种群,不足以造成周期性循环,但可以产生不良后果。此外,食植生物不久后再次遇到供主植物时,会在食物偏好和取食行为上有变化(图6-67)。

秋白尺蛾蛹食用两天前损害过的山桦叶,较之食用未受过损害的

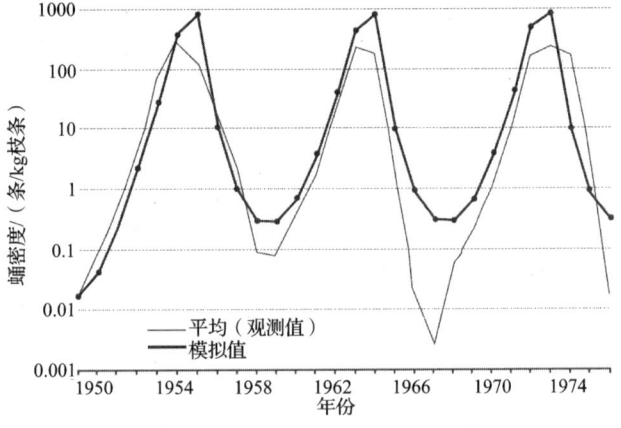

图6-65 落叶松芽蛾的种群波动:依据脱叶诱发的叶系质量变化进行模拟计算[77]

叶子,会明显体重低,死亡率高,如图6-67所示。与受害叶相邻的叶子也会有快速诱发性防御。这反应出于特殊的激发子激活毗邻的完好叶子生产酚。快速诱发性防御在植物界好像广泛存在,从草本植物到木本植物,有效防御许多的食植昆虫组,包括螨、蛾、蝶、甲壳虫[78]。

快速诱发性防御是针叶树的重要防御机制,赖以抵抗小蠹和相关病原蓝变真菌的侵害[61]。树在小蠹的侵害下首先产生树脂流驱赶。小蠹如果侵害成功,就在树皮下挖掘隧道,进行洞穴系统的首期建设。这在周围的韧皮部激发创伤反应,其组织对小蠹所携带真菌的入侵作出响应,如图6-68所示。共生真菌的入侵诱发创伤周围的细胞快速坏死,也诱发激发子刺激所在组

第 6 章　森林生态系统管理

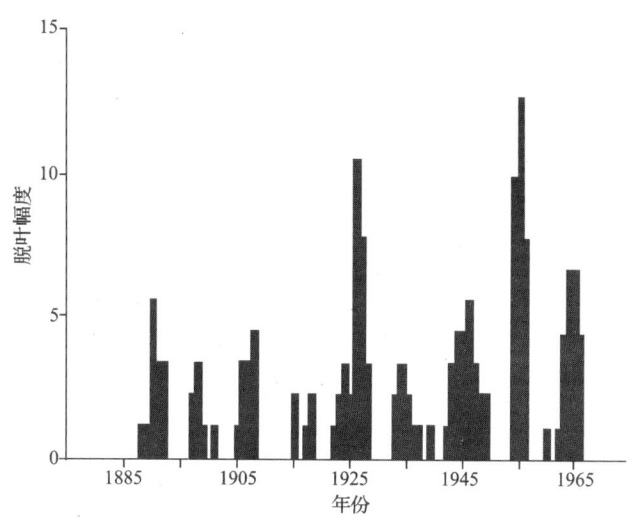

图 6-66　秋白尺蛾对山桦的损害:芬兰芬诺斯坎迪亚地区[76]

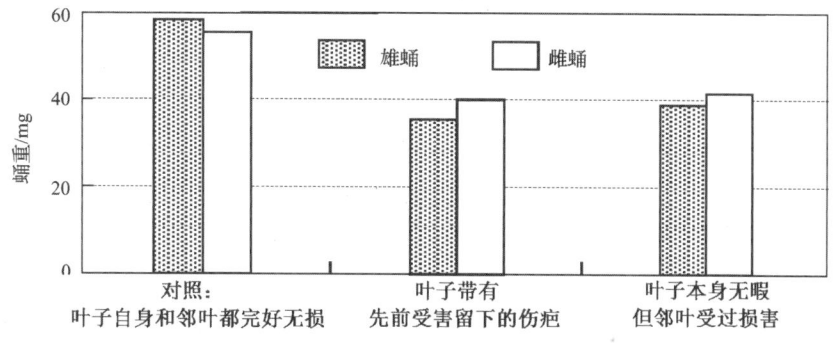

图 6-67　秋白尺蛾蛹平均体重与饲料叶受害史的关系[76]

织的糖和蛋白质代谢途径,合成萜烯、苯酚和其他化感物质。这些措施创建障碍,屏蔽进一步的真菌感染和小蠹食用韧皮部和木质部组织。树防止小蠹和真菌侵害的能力明显取决于树的能源。被压树能源低,不能生产足够的树脂战胜小蠹和真菌[65]。

在 2003 年有报道[79],甲基茉莉花素是个潜在的植物激发子,能在针叶树中诱发广泛的植物防御反应,诸如创伤树脂管的形成,单萜和双萜的积累,萜烯合成酶活性的引发,抑或额外多酚薄壁组织细胞在形成层带的形成。有研究显示,甲基茉莉花素还能保护植物防御病原体。甲基茉莉花素在许

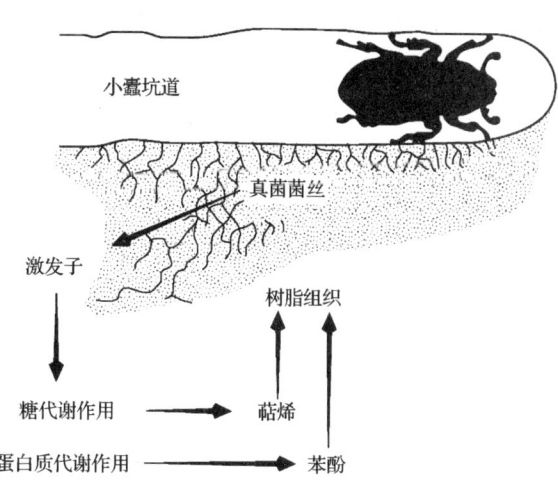

图 6-68　针叶树创伤对小蠹和相关真菌的动态响应[61]

多植物中是个类似信号或激素的化合物,参与多种过程,诸如生长,光合作用,抵抗病虫害[79]。

松大象甲生活于针叶树小幼苗株干的韧皮部和皮层,在皆伐迹地上对栽植的欧洲赤松和挪威云杉造成严重损害。有项研究给欧洲赤松苗施用不同量的甲基茉莉花素,结果,处理过的苗被松大象甲啃的茎皮面积显著较小[80]。此外,这些处理增加了树脂管的数目和萜烯树脂

酸的生产。另一方面,处理过的苗生长慢,表明有得有失。

6.7.4 解释植物间化学防御变异的模型

如图 6-69 所示,有些食植生物在相当多样的生态系统栖息,优先取食适应于高生产力环境(肥沃土壤)的天生速生种的组织,相对回避居于低生产力环境(贫瘠土壤)的天生慢生种的组织。植株如果获取资源的能力有限,内禀生长速率又低,那么,在遭受食用后,以生长进行弥补的能力也是有限的。例如,有人研究了冬季啃牧对寒温带木本植物生长的影响,毫无例外地显示:生长天生缓慢的树种(黑云杉、白云杉和绿桤木),在以生长弥补食用损失的能力上,比不上速生树种(绒叶柳、香脂杨和脂桦)。弥补能力差的树和灌木必须以防御机制遏制生物食植活动。通常,适应于低资源的植物在组织内具有高浓度的萜烯、苯酚和其他碳基化感物质[81]。

树和灌木,如果是从高生产力的环境下进化而来,就是已经凭生长迅速,超越相邻植物,在自然选择中胜出,因此在可获光和养分资源的竞争上占据优势。这样,天然速生的木本植物在选择中受到青睐,以化学防御为代价,把资源用于生长。适于丰富资源的树还进化出了地下储存器官,借以容纳养分和碳水化合物的大量储备,供遭受食用活动后进行

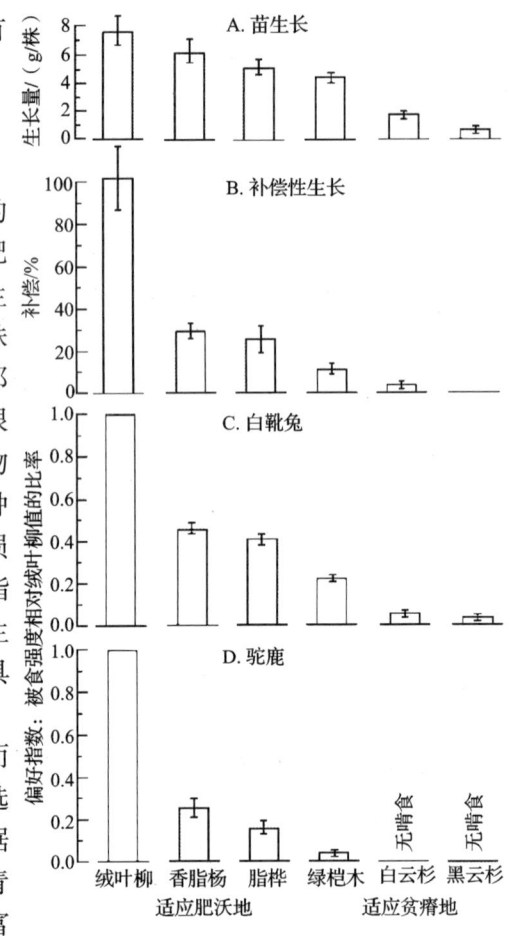

图 6-69 木本植物苗的生长、弥补性生长和对白靴兔和驼鹿的可口性:美国阿拉斯加[81]

营养更新。因此,植物有个两难齐全的困境需要解决:要生长还是要防御。生长和防御之间有取舍,使植物有生长主导型和分化(防御)主导型之分。生长主导型植物以四高生理性状为特点:高生长速率,高表现型可塑性,高补偿能力,高诱发性防御。分化(防御)主导型植物则生长速率低,表现型可塑性低,补偿性生长低,成分性防御高。表 6-20 比较这两种类型。

表 6-20　生长主导型和分化主导型多年生植物的一些特征[82]

植物形状	生长主导型植物	分化主导型植物	植物形状	生长主导型植物	分化主导型植物
相对生长速率	高	低	表现型的可塑性	高	低
资源获取率	高	低	对食植生物的成分性抵抗力	低	高
资源利用效率	低	高	对食植生物的诱发性抵抗力	高	低
给叶面积的分配	高	低	竞争能力	高	低
储备	低	高	资源丰富的环境	多	少
次生代谢作用	低	高	资源有限的环境	少	多
呼吸速率	高	低			

6.7.5 管理森林有害生物

6.7.5.1 树的抵抗力

树拥有广泛的抗性机制,出于自然选择下的进化。要成功减少灾害,森林管理的一个有效方法是,选择那些对有害生物具有高"自然"抗性的树种源。例如,桦树或桦树无性系对食植性哺乳动物、野兔和田鼠的抗性与小枝的树脂珠数目相关,如图6-70所示。树脂珠含有大量的纸皮桦酸。这对哺乳目的许多食植动物都有毒。较之其他桦树(柔毛桦、山桦、黄桦、匐生桦、加拿大黄桦、纸皮桦),垂枝桦和白桦有大量树脂腺(图6-71),因此很能抵抗哺乳动物的食用[83]。

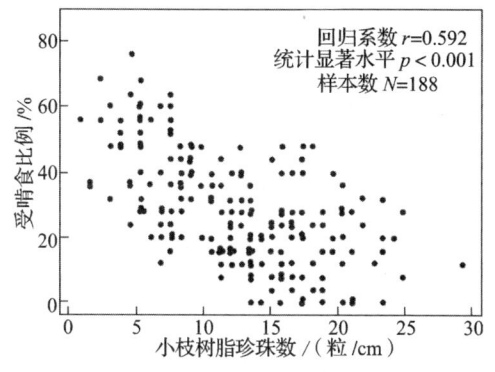

图6-70 垂枝桦苗树脂珠数与雪兔食用强度[83]

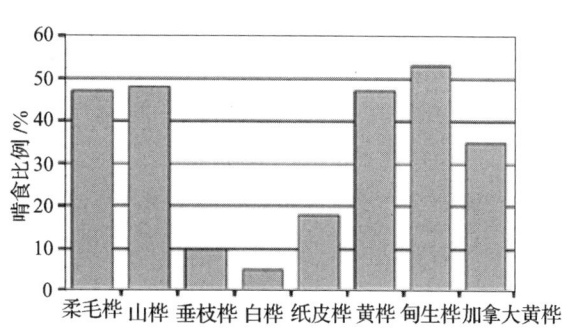

图6-71 各种桦树苗被雪兔食用的比例[83]

乔松象甲是西加云杉人工林在加拿大卑诗省、美国华盛顿州和俄勒冈州沿海地区失败的主要原因。这一害虫也正成为云杉人工林的威胁,造成木材产量和质量相当大的损失。来自各种试验的结果有力地说明:树种间对这种象甲的损害有遗传性变异。白云杉抗性尤其大,受害水平是5.5%,而当地种源的水平则为23%。这种抗性可能是化学性的,来自萜烯[84]。

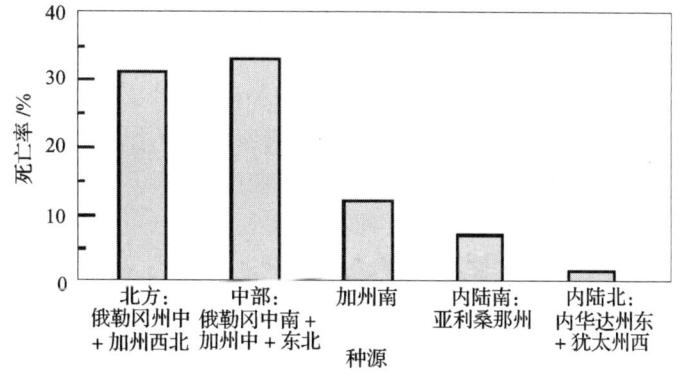

图6-72 各白冷杉种源由冷杉弱瘤小蠹引起的死亡率[84]

冷杉弱瘤小蠹及其附随病原性棕变真菌侵害白冷杉和其他同属冷杉,造成相当大的损害。不过,明显的是,白冷杉的某些种源很容易受害,而其他种源则很能抵抗,如图6-72所示。抗性冷杉对这种小蠹入侵努力的反应是,在韧皮部和外层边材形成树脂坏死伤口,借以防止真菌的传播,杀死或击退昆虫[84]。

6.7.5.2 环境因子对树的抵抗力的影响

资源的可获量可以改变叶内碳基次生化合物和氮化合物,从而改变叶子对有害生物和病原体的抵抗力。图6-73说明氮肥、遮阴、干旱和大气二氧化碳富集如何影响有些碳基次生化合物(苯酚,单宁和萜烯化合物)和氮浓度[85]。一般来说,氮肥使碳基次生化合物浓度下降,氮

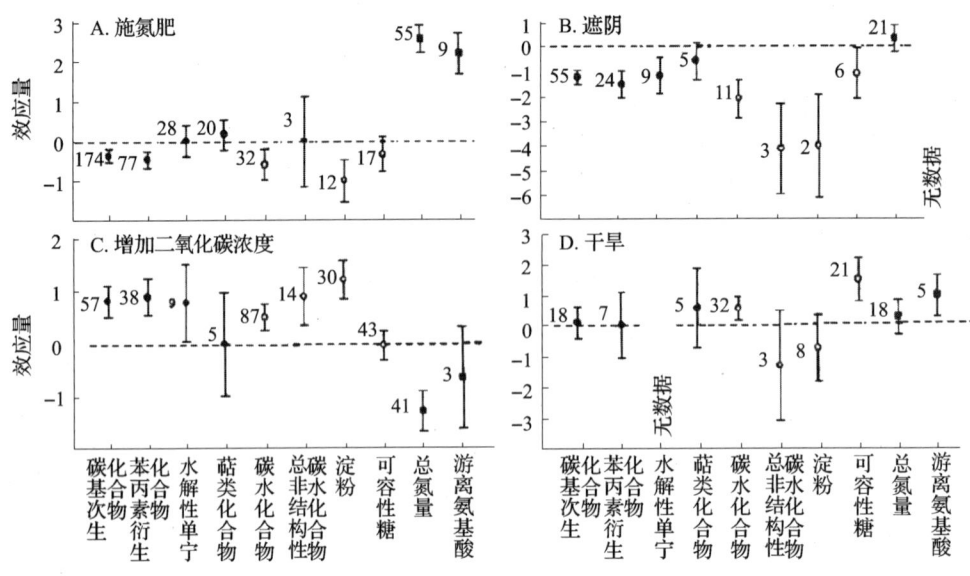

图6-73 资源可获量调控对叶化学成分的影响:平均效应、95%置信区间和研究数目[85]

浓度上升,因而使施过肥的树对食植生物更可口。遮阴也倾向于降低碳基化合物浓度,随之增加可口性。大气二氧化碳富集增加叶内碳基次生化合物的浓度,降低叶的氮浓度,使叶组织对食植生物不那么可口。因此,气候变化可能增加树对森林有害生物的抵抗力。有证据显示,对食植的无脊椎动物和哺乳动物,都是这样[86-87]。

6.7.5.3 生物防治用于管理有害生物

"自下"管理有害生物是指这样一种管理策略:增加树对有害生物的抵抗力,或者减少有害生物的食物资源可获量。管理有害生物也可以"自上":操纵那些控制有害生物种群动态的天敌,诸如捕食动物、寄生生物和病原体(图6-56)。诸如鼩鼱科和啮齿目的捕食性脊椎动物最能限制低密度害虫种群的增长,如图6-74所示。捕食性无脊椎动物和寄生虫,诸如蜘蛛目、叶螨科、甲壳虫和姬蜂科,则在害虫种群密度中等时最有效。细菌、病毒和真菌那样的病原体一般控制高密度的害虫种群。多种捕食或寄生性生物已经用于森林害虫的生物防治。成功率仍然不高,处于17%~37%,如表6-21所示[88]。

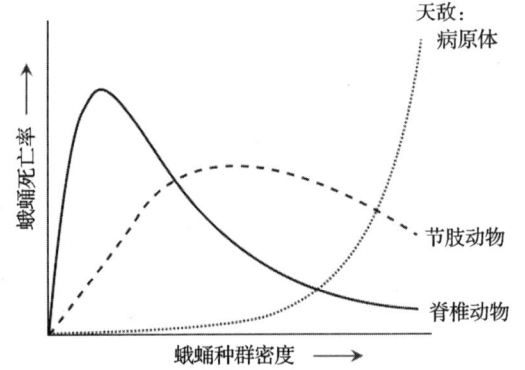

图6-74 舞毒蛾蛹的死亡率随种群密度和天敌变化[57]

表6-21 害虫的生物防治:美国和加拿大截至1972年[88]

生物防治的成功度	美国	加拿大	
	森林害虫和农业害虫	森林害虫	农业害虫
害虫种数	91	36	27
有效防治了的害虫种数	18	6	10
防治种数占害虫种数的比例/%	20	17	37

续表

生物防治的成功度	美国	加拿大	
	森林害虫和农业害虫	森林害虫	农业害虫
释放过的寄生种和捕食种数	485	104	85
成功建立的寄生种和捕食种数	95	36	28
成功种数占释放种数的比例/%	20	35	33

6.7.5.4 病毒用于管理有害生物

松柏锯角叶蜂在欧洲和北美广泛致害欧洲赤松。有种核型多角体病毒经常在这种叶蜂爆发的衰退期给虫蛹造成相当大的死亡率。这种病毒在受感染虫蛹的中肠上皮细胞核中迅速繁殖,在虫蛹群之内和之间轻易传染,使虫蛹的死亡率徒增。因此,核型多角体病毒和其他杆状病毒经常用于生物防治,如图6-75和表6-22所示。

松柏锯角叶蜂蛹和核型多角体病毒之间的交互作用取决于供主植物的叶质量。虫蛹在食用酸雨处理过的松针后就不那么受核型多角体病毒影响。因此,生物防治的效率取决于诸如空气污染那样的环境因素。

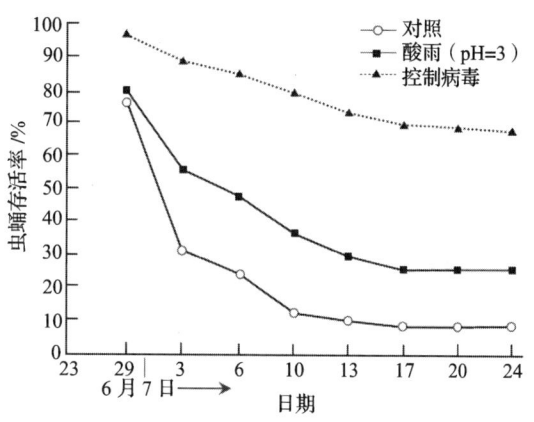

图6-75 松柏锯角叶蜂蛹在核型多角体病毒悬浮液处理后的存活率:控制病毒(零暴露),喂以酸雨处理过的针叶,或只灌溉(对照)

表6-22 森林昆虫可用杆状病毒*防治的潜力:一些例子[89]

	害虫	供主树种
鳞翅目 Lepidoptera	云杉卷叶蛾 Choristoneura fumiferana	云杉属
	紫色卷叶蛾 Choristoneura muriana	云杉属
	美国白蛾 Hyphantria cunea	阔叶树
	舞毒蛾 Lymantria dispar	阔叶树
	烟毒蛾 Lymantria fumida	日本冷杉
	模毒蛾 Lymantria monacha	针叶树
	天幕毛虫 Malacosoma disstria	杨属白杨派山杨亚派
	黄杉毒蛾 Orgyia pseudotsugata	北美黄杉
膜翅目 Hymenoptera	云杉吉松叶蜂 Gilpinia hercyniae	云杉属
	红头松叶蜂 Neodiprion lecontei	松属
	北美松叶蜂 Neodiprion pratti pratti	松属
	松柏锯角叶蜂 Neodiprion sertifer	松属
	短叶松叶蜂 Neodiprion swainei	北美短针松

注:*除了紫色卷叶蛾的颗粒体病毒外,全为核型多角体病毒。

6.7.5.5 细菌用于管理有害生物

生物防治的一种常用方法是利用形成孢子的细菌(苏云金杆菌)。该菌含有毒性蛋白质的晶体可以在发酵箱人工生产。昆虫一旦摄入这些细胞,就会因细胞毒素在肠内释出,随上皮细胞失调而死亡。因此,这种细菌行为上恰似高效率、高专化的杀虫剂。其应用,随着北美和欧洲出于环境和社会政治考虑而限制甚至禁用人工杀虫剂,在大面积森林害虫的控制中迅速增长。多种森林鳞翅目昆虫容易受这细菌的影响。因此,已经分离开发出多个有效菌株,分别针对特定的昆虫种。菌株之内和之间多变异,用错菌株就达不到控制预定昆虫的目的[64]。

6.7.5.6 真菌用于管理有害生物

真菌作为生物防治方法的最好例子是,用白腐菌大伏革菌防止异担孔菌属的根腐病原,使之不能殖居新鲜的针叶树树桩。异担孔菌属有三个独立种,在欧亚大陆和北美洲分布广泛。在欧洲,根腐菌是人工管理条件下针叶林的重要病原,造成巨大经济损失。防治机制是竞争性排斥。伐树后立即在新鲜树桩上施播大伏革菌孢子悬浮液,就能有效预防异担孔菌。这两种真菌都是树桩表面的基本殖居菌,但大伏革菌能在两相竞争中胜出,使异担孔菌不能在树桩上建立,不能进一步感染立树(图6-76)。一般来说,树桩的这一生物处理是作为伐树流程的一部分进行的:有办法用收获联合机的伐头施播孢子[64]。

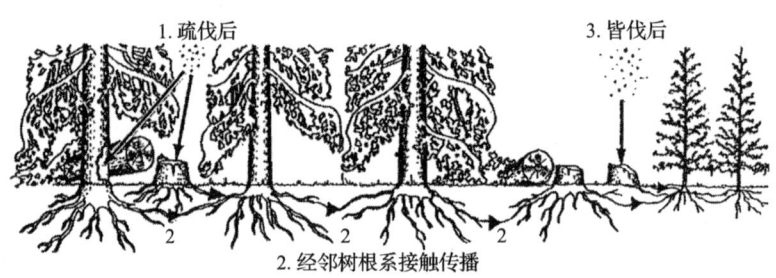

图6-76 根腐病在针叶林人工管理条件下的建立与传播[64]

6.7.5.7 化学防治用于管理有害生物

有些杀虫剂源于植物,是植物用于防御食植生物的化感物质。除虫菊酯和尼古丁是其中的好例子。较早广泛使用的滴滴涕和类似的艾氏剂、狄氏剂等杀虫剂如今在许多国家面临禁用。经验表明,这些杀虫剂对目标害虫的影响还不如对害虫天敌的影响大。因此,喷施后害虫种群在没有自然控制的情况下反而会急剧增长。这些杀虫剂是比较稳定的化合物,能溶于脂类,因此沿食物链富集,致死高级捕食生物。此外,许多害虫迅速发展抵抗力,抵御使用最为广泛的杀虫剂[64]。

由于上述原因,杀虫剂在防治森林害虫中的使用自20世纪70年代以来急剧下降。马拉松和杀螟松等有机磷酸酯,作为昆虫生长的调节剂,是当今常用的产品。这些材料抑制几丁质的合成,中断蜕皮进程,从而干扰昆虫的发育。有机磷能用于有效防治许多鳞翅目森林害虫,诸如松尺蛾、云杉蚜虫以及普通锯角叶蜂之类的松叶蜂。仍然使用的其他杀虫剂是人工合成的拟除虫菊酯:灭虫菊和二氯苯醚菊酯。这些杀虫剂对广泛的害虫都有效,对哺乳动物无害。

6.7.5.8 信号化学物质用于管理有害生物

树原本为防御而生产的次生代谢物常常吸引专化昆虫。这些昆虫利用次生代谢物定位,识别供主树。大多数例子来自作为最常见森林害虫的小蠹。许多种小蠹食用针叶树,因此其引诱剂主要是针叶树大量生产的挥发性萜烯,如表6-23中所列。

表6-23　供主树用于吸引森林昆虫的次生性代谢产物:例子[89]

昆虫	供主树种	化学物质
欧洲大榆小蠹 Scolytus scolytus	榆属	α-荜澄茄油烯 α-cubenone($C_{15}H_{24}$)
南部松齿小蠹 Ips grandicollis	松属	牻牛儿醇 geraniol($C_{10}H_{18}O$)
		苧烯 limonene($C_{10}H_{16}$)
		甲基胡椒酚 methyl chavicol($C_{10}H_{12}O$)
		香叶烯 myrcene($C_{10}H_{16}$)
美国南方松大小蠹 Dendroctonus	松属	3-蒈烯 3-carene($C_{10}H_{16}$)
		α-蒎烯 α-pinene($C_{10}H_{16}$)
纵坑切梢小蠹 Tomicus piniperda	松属	α-蒎烯 α-pinene($C_{10}H_{16}$)
		α-松油醇 α-terpineol($C_{10}H_{18}O$)
松大象甲 Hylobius abietis	松属	α-蒎烯 α-pinene($C_{10}H_{16}$)
		α-松油醇 α-terpineol($C_{10}H_{18}O$)
		3-蒈烯 3-carene($C_{10}H_{16}$)
乔松木蠹象甲 Pissodes strobe	松属	苧烯 limonene($C_{10}H_{16}$)

　　许多次生化学物还参与供主植物对昆虫的联系、产卵或食用的接受。次生代谢物可以刺激食用(诱食剂)或产卵，也可以遏制(抑制剂或排斥剂)，取决于所涉及的昆虫种。锯蜂在选树选枝产卵时尤其非常谨慎。各种生物碱和萜烯化合物是特别有效的食用排斥剂。树排斥剂的浓度及其内部分布能影响所受虫害的程度和分布。正如前面提到的，松柏锯角叶蜂蛹只食用较老的松针，避免当年的针叶，因为后者含有毒性双萜。

　　有许多化学物质被称为信息化学物质，在生物之间传输信息。最著名的是信息素（又称外激素）。信息素为种内个体间的互动作媒介，在森林昆虫防治项目中潜力不小。最重要的有：鳞翅目雌虫为吸引雄虫发出的性信息素，许多小蠹种的聚集信息素。雌雄各自都能释放聚集信息素，使两性在供主树株上相聚，交配，并协同一起对该树发起侵害，摧毁其防御系统。许多信息素起源于食物。昆虫可以直接利用。有时，昆虫本身或相符的微生物能改变信息素。小蠹的有些种能把α-蒎烯代谢成反式-马鞭草烯醇和马鞭草烯酮，用作聚集信息素的部件。

　　图6-77描述云杉八齿小蠹侵害系统中的化学通信原理，涉及聚集信息素和反聚集信息

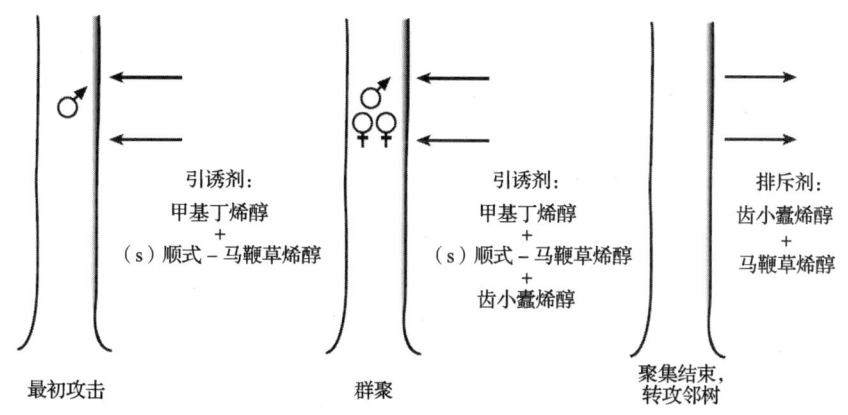

图6-77　云杉八齿小蠹的化学通信系统[65]

素。聚集信息素在最初侵害和群聚期的主要组分是甲基丁烯醇和顺式-马鞭草烯醇。两个组分(马鞭草烯酮、齿小蠹烯醇)是作为反聚集信息素,在雌性进入坑道系统后释出,好像调节坑道密度,使侵害转移到新树皮区或邻树[64]。

信息素诱捕能广泛运用于普查、侦探和监测许多种蛾(舞毒蛾、松小眼夜蛾、模毒蛾等)和小蠹。有些松叶蜂信息素就是在21世纪00年代中用专门为这种森林昆虫设置的信息素诱捕系统确定的。信息素诱捕能监测虫害易发地域的种群水平。监测的主要目的是探明害虫数的增长,以便提前计划适当的控制方法,把措施局限于害虫密度高的地域。诱捕中昆虫数接近凭经验预定的阈值时,集约抽样能在划定的高危地域进行。

大量诱捕法是直接控制害虫种群的一种方法。常常用以对付鳞翅目和鞘翅目害虫。北美和欧洲的许多试验用大量诱捕法对付舞毒蛾,但结果尚无定论。在瑞典中部和挪威南部发生于1978—1982年间的云杉八齿小蠹重大爆发中,进行了大面积的大量诱捕。灾疫在1977年从一些旱灾地域开始,每年致死100万m³左右的云杉。如图6-78所示,疫情在1983—1985年缓和。造成缓和的主要因素可能是:广泛的人工控制运动(包括救护采运和大量信息素诱捕),供主抗性的增加(随着最易损林分的消除),丰富的降雨(有利于抗性的增加)[64]。

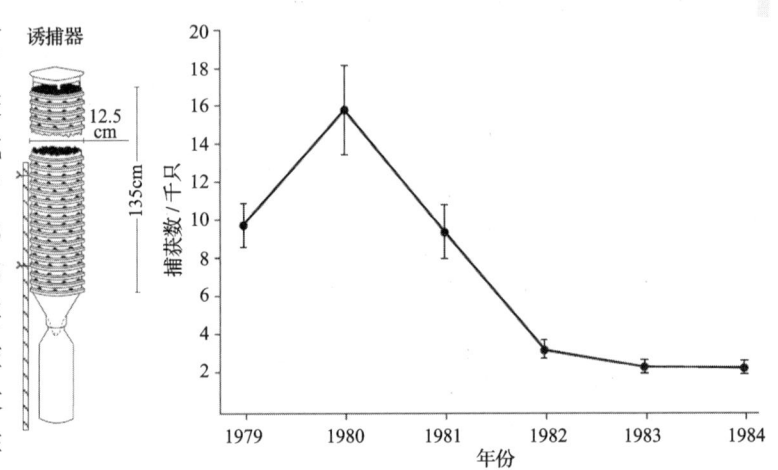

图6-78 信息素诱捕齿云杉八齿小蠹[65]

挪威东南部重灾期每个诱捕单元捕获齿小蠹的平均数

6.7.5.9 森林管理和结构对森林有害生物的影响

管理森林和有害生物都面临同一重要议题:森林管理和森林结构是否影响森林有害生物的密度和危害。人工林单种栽培常被看成比"天然"林更容易有病虫害的爆发[90]。还有一种普遍性的假设:简单生态系统(单种栽培)不如复杂生态系统(混交林)稳定。因此,食植生物在简单生态系统中更可能"逃避"天敌的制控。图6-79比较纯林和混交林中昆虫的丰富度或致害性,显然支持以上说法。

截然相反的结果也有报道。在卡累利阿地峡上,芬兰和俄罗斯两边的森林管理强度不同。对比这两边共有的害虫种揭示,食叶程度,尤其小蠹数量,在未管理的混交林中较高;那是因为树间竞争强度较高,增加树的死亡率,同时为小蠹产生较多的繁殖材料[91](图6-80)。

林分密度还能影响得病率。欧洲赤松受松树枯梢病菌感染的情况随林分密度呈线性增长。其原因可能是,林分加密,树间种内竞争加剧,或者林内小气候改变,都有利于真菌生长(图6-81)。

森林管理的一个重要结果是碎片化。大面积连续的森林地域被破碎为许多半孤立或全孤立的地块,会潜在影响有害生物种群的动态。在加拿大,森林天幕毛虫的爆发发生于寒温性混交林。脱叶历史记录提供证据表明,爆发期的延长与森林碎片化程度相关。对这相关变化的一个重要贡献因素好像是,碎片化限制了天敌的传播。孤立的森林地域,能有高密度的害虫,却可能受不到天敌的侵害[64]。

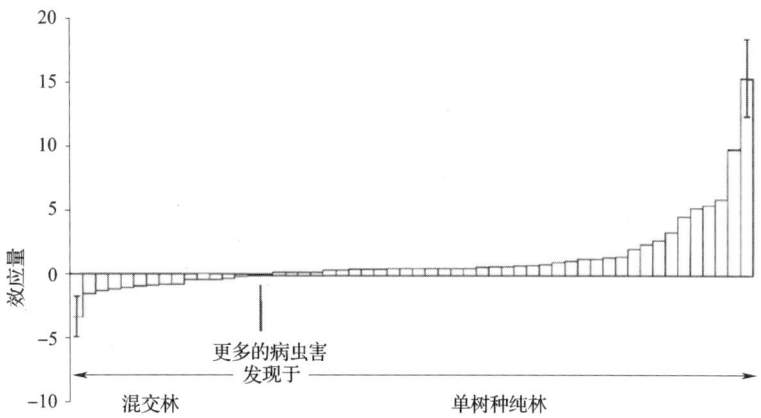

图6-79 对比纯林和混交林中昆虫的丰富度或致害性:54项研究的结果[90]

注:效应值是纯林值减混交林值,因此正值指示纯林值较大。

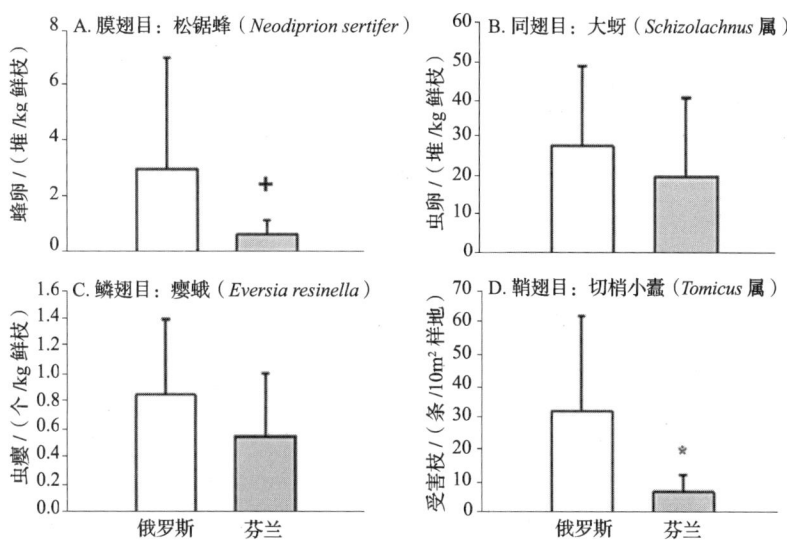

图6-80 食植昆虫数:卡累利阿地峡上未管理的俄罗斯和人为管理下的芬兰欧洲赤松林对比[91]

6.7.6 气候变化与森林害虫

气候变化会改变变温动物的分布,这种分布最终是由气候因子决定的。特别是冬季气温的上升,会降低冬季死亡率,因此有人提出会是影响昆虫分布范围的关键因素。例如,分布地域也许向极地扩展,在山区还沿海拔向上迁移,因为昆虫的种数是与纬度和海拔呈负相关的。同时,食叶虫、木蛀虫和小蠹的影响可能随生长季的延长而变得更有害,导致多化性(一年内超过两个世代)。

舞毒蛾是西欧的一种重要森林食叶虫,北及丹麦和波兰。通常用CLIMEX软件做

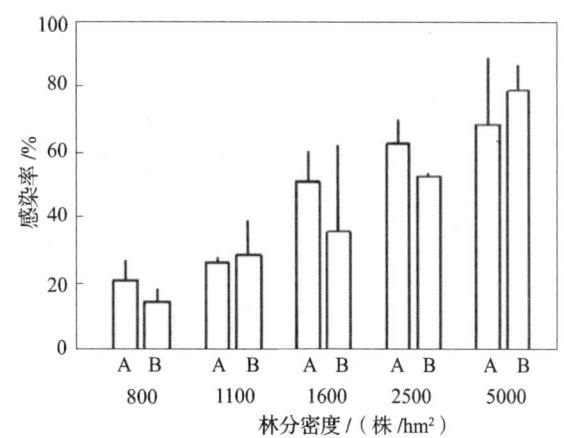

图6-81 欧洲赤松林受松树枯梢病菌致害程度与林分株密度的关系[64]

A,B—树两种不同的来源

变温生物的分布模拟,基于气象数据。图6-82显示,在全球平均气温上升3.6℃的条件下,舞毒蛾在欧洲的预期分布。届时,潜在区域涵盖芬兰的芬诺斯坎迪亚地区北部,直至北极圈[92]。

对害虫分布或种群动态进行具体预测是可能的,只要温度具有关键性影响。松柏锯角叶蜂是欧洲赤松在北欧的重要食叶虫,以卵的形式过冬,不能在-36℃以下存活。卵的冻死严重限制松锯蜂爆发的地理分布。模拟预测提出,冬季的变暖会在北部区域降低卵越冬的死亡率。在芬兰,大多爆发出现在南部地区,但在东部和北部的爆发频率预期会在较暖气候条件下增加(图6-83)。

图6-82 舞毒蛾在全球平均气温上升3.6℃的条件下在欧洲的分布:CLIMEX模拟结果[92]

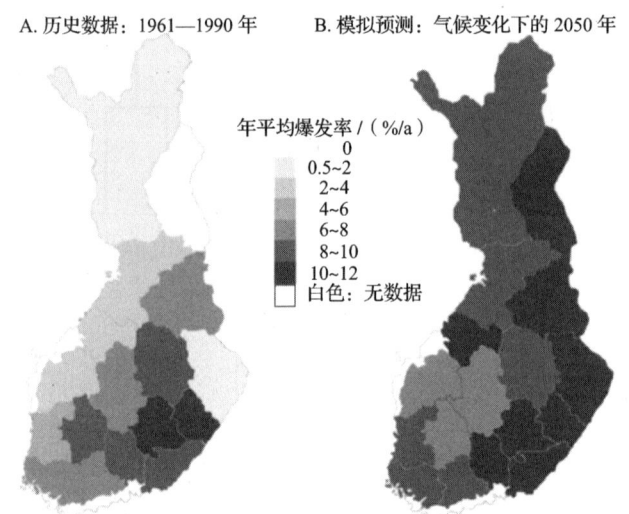

图6-83 芬兰各林业局区松柏锯角叶蜂爆发市区数占总市区数的比例[93]

注:全国有19个林业局,总共又细分为459个市区。

6.8 管理旨在适应气候变化

6.8.1 概念

在全球范围内,包括森林在内的森林生态系统容易受气候变化的损害[94]。一般来说,这种易损性是气候变化下生态系统的敏感度、适应能力和暴露度的函数。易损性在汉语文献中习称脆弱性,但所需要描述的是后果,不能局限于生态系统本身的性质;脆弱性不是暴露度的函数。敏感度指生态系统响应给定气候变化的程度,包括有益效应和有害效应。生态系统可以调整自己去适应变化着的气候。

这由适应能力指示,包括调整做法、过程和结构,借以缓和乃至抵消受害的潜在性,或者利用给定气候变化所创造的机遇。生态系统可以有回弹力,那是,对气候的多异性和变化不敏感,有适应能力。气候变化、冲击(影响)、易损性和适应之间的关联如图6-84所示。这显示,适应是缓和气候变化不可分割的一部分,为适应而做出的努力是受政策框架制控的。这些努力还在很大程度上取决于生态系统自我适应而不能避免的剩余影响(净影响)。因此,可能需要积极或有计划地适应(适应管理)气候变化下的影响和易损性。

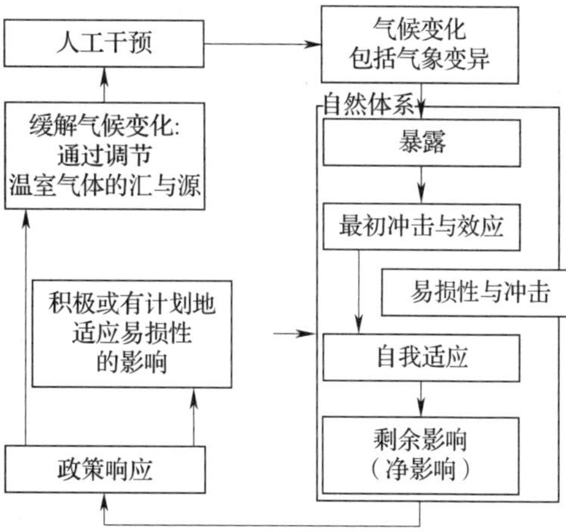

图6-84 气候变化、影响、易损性和适应之间的关联[94]

6.8.2 林业适应及其管理

6.8.2.1 评估需要

适应管理是通过调整和修改现实管理而进行的,旨在满足如下要求:"缓和乃至抵消潜在损害,或者利用给定气候变化所创造的机遇"[94]。在实践中,适应管理意味着改变森林生态系统的结构及运作,借以抵制气候变化的有害影响,同时利用气候变化创造的机遇。因此,树种群和群落在结构(如树种组成、大小分布)上多变,抵抗力和生产各类服务的能力方面也多变。

适应管理的需要各地不同,取决于森林在气候变化下的易损性。具体可以根据跨政府气候变化专门委员会的原则[94]进行评估,按标准定义:a.气候会变化的程度和气候变异性的程度;b.森林暴露于气候危险的程度;c.气候变化对森林的影响和森林对气候的敏感度;d.森林自我适应的程度;e.剩余影响(净影响),包括积极使森林适应气候变化的需要。依据这些标准,能确定指南,用于评估适应管理的需要,如表6-24所列。

表6-24 评估适应管理的需要:指南[95]

评估重点	影响适应性管理需要的因子描述
气候变化和气候变异性	－确定气候在温度和降水上如何变化,及气候参数在季节性变异上的任何变化 －确定气候变化如何改变积雪和冻土的时间长度 －确定气候变化如何改变大风和湿雪的风险 －确定气候变化如何改变土壤水分和土壤的承载容量
气候变化对森林的影响,森林对气候的敏感度	－确定气候变化如何减少或促进更新和生长 －确定有无任何生物种优先利用气候变化,影响森林未来的优势种 －确定气候变化如何改变火、风、雪、虫和病原体诱发的灾害风险
自我适应能力	－确定主要树种通过基因变异适应气候变化的能力 －确定主要树种对本地昆虫、病原体、大风、大雪和火的抵抗力 －确定主要树种如何通过天然播种响应气候变化 －确定主要树种如何通过生长响应气候变化,木材质量如何因此变化

续表

评估重点	影响适应性管理需要的因子描述
易损性	－确定最容易受损害的森林地域:正在消失或失去独特性的最高危现实森林 －确定有无树种组成永久改变或现实森林优势表现型消失的任何风险 －确定树生长和木材质量的任何下降 －确定生物性和非生物性损害是否可能增加:造成木材数量和质量的重大损失,以及计划外伐树和管理需要的增加 －确定土壤载容量是否有任何下降,外加木材收获和运输上的问题
规划适应的需要	－确定有无任何需要进行基因管理:必须转移基因型和新种,才能避免任何重要损害,维护森林生长 －确定森林适应气候变化最合适的树种组成 －确定是否需要改变疏伐作业(时间、强度)和轮伐期长短,借以避免任何不利影响,利用任何机遇 －确定是否另外需要调整管理实践,以减少生物性和非生物性风险 －确定是否需要增强维护林业和非木质林产品生产的基础设施

6.8.2.2 适应管理的框架

林业需要的适应可以分成如下焦点领域:a. 基因管理;b. 森林保护;c. 森林更新;d. 育林管理;e. 森林作业;f. 非木资源;g. 公园和原野区管理。要选择适应管理所需要的行动,可以用表6-25给出的框架作为起点。

表6-25　　　　　　　　适应管理所需要的行动:框架[95]

需要评估的领域	描述
管理规划 －管理规划系统:考虑气候变化的影响,风险管理计划,一般管理计划 －管理规划:改变森林景观性质,旨在减少生物性和非生物性损害的风险 －管理规划:维护和改善对生物多样性保护重要的森林景观的结构性质	管理规划为育林作业提供策略框架,使森林的运作和结构适应气候变化。终极目的是避免气候变化的不利影响,利用气候变化提供的任何裨益
基因管理 －树种组成:优先森林中选出的现实优势种 －改变森林的遗传结构:适当选择种源,育种,或引进异源树种	预期各树种的地理分布和最佳地域上移,北移,时空上出现新的树种组合。因此,需要行动,使森林适应这些变化,维持森林的遗传多样性和回弹力
森林保护 －生物性和非生物性损害的风险:需要控制那些代表潜在风险的外源生物种入侵	森林结构(树种组成、年龄分布)可能变化,追随火、风和大雪等干扰在频率和强度上的变化。昆虫和其他有害生物侵袭的风险因此可能增加,而且还会由于本源生物生命期的延长和外源生物的入侵进一步恶化

续表

需要评估的领域	描述
育林 – 更新:天然更新要成功,也需要人工林 – 抚育幼林:需要在成商品材前疏伐 – 树种群生长发育:需要改变疏伐作业和轮伐期长度 – 土壤管理:需要施肥,干扰土壤剖面,借以促进养分循环和林分更新	育林管理包括实地作业,使森林的运作和结构对应变化着的气候 设计这些作业以改变森林的树种组成和遗传结构,控制树种群的生长发育,减少生物性和非生物性风险,维持立地肥力,以便满足树生长和更新成功的需求
技术和基础设施 – 开发木加工技术:适应各树种供材上的可能变化和木材质量变化 – 林业和非木材森林利用的基础设施	设计技术和基础设施,以满足各树种的供材变化和木材质量变化。此外,明显需要维持并加强基础设施

6.8.2.3 适应管理:以欧洲为例

基于欧洲金合欢项目[96],表6-26总结欧洲所选森林区域的情况。其中,欧洲的森林是沿着南北向温度梯度和东西向湿度梯度分组的,以便确定气候变化的一些主要影响,也确定适应不断变化的气候条件所需要采取的一些主要措施(图6-85)。

在寒温带条件(凉湿)下,温度和降水量增加,多种现有的本源树种和外源树种可能生长加快,寿命缩短,使树种群更换加速。这要求缩短轮伐期和定期疏伐,借以避免树生长率的递减及其相伴的生物性损害。管理中优先天然更新,为使森林适应气候变化提供巨大的遗传潜力。在北欧,这项选择可能是现实可行的,因为天然更新是常用林业做法,即使在人工造林时,天然苗对新林分的总成功也有实质性贡献。优先天然更新,从长远来看可以使树种组成不可避免地转为落叶树种占优势,结果是较多的硬木供应。

要支持针叶树竞争,可能得加大人工林作业强度,包括谨慎遴选树种和种源,借以确保更好响应气候变化。可以发起树种改良项目,从遗传潜力上改善人工林,使之既适应温度的上升,也尽可能降低受春秋冻害的危险。不过,要确保有效结果,而合适的材料又有限,必须有至少25年左右的时间;为有足够的试验,周期得更长。人工针叶林中落叶树的天然更新可能需要更多的材前疏伐,以释放针叶树。之后,加大疏伐的频度和强度,借以推迟树的早衰,减小生物性损害的危险。定期疏伐还能通过促进生长提高树的机械强度,因此降低非生物性损害的危险。大西洋森林的北部(如苏格兰)在适应上大致与凉性森林相同,但不必特别担心春秋冻害危险。

图6-85 欧洲金合欢项目使用的森林区划[96]

寒温带—等于凉性森林的欧洲部分 地中海—地中海流域的温旱性森林大西洋、大陆—温性森林,强调土壤水可获量上的差异

表6-26　　　　　　　　　　　主要适应措施:欧洲各森林区域[96]

未来条件	对森林的影响	主要适应措施
凉性森林和大西洋森林的北部		
温度和降水量增高;积雪期和冻土期缩短;土壤有机质分解加快	生长繁殖提高;阔叶树的优势上升;火灾危险短期内下降但长期会增大;风害和雪害危险短期内增加	缩短轮伐期,定期疏伐;优先天然更新;人工更新优先现有种的较南种源,优先阔叶树种;针叶林定期抚育,材前疏伐保针叶树,去落叶树;在幼林期和更新迹地上抑制得势的草本植物;限制从那些有病虫害可能会在气候变化下损害森林的地区进口新鲜木材
大西洋森林的南部和大陆森林		
温度增高;降水量减少;干旱危险增加;春秋霜冻危险减小;土壤有机质分解加速;火灾危险增加	干旱危险;现有落叶树种天然更新率和生长下降;内源损害和外源损害频率增加	缩短轮伐期,定期疏伐,加大株距;优先耐旱针叶树造林,加大株距;树种改良项目,以增加人工林的耐旱性;限制从那些有病虫害可能会在气候变化下损害森林的地区进口新鲜木材
地中海森林		
温度增高;降水量减少;干旱危险增加;春秋霜冻危险减小;土壤有机质分解加速;火灾危险增加	干旱危险严重;现有落叶树种天然更新率和生长下降;有些树种被淘汰;破坏性火灾频率增加	缩短轮伐期;需开发土壤管理技术和种植技术,以满足干旱加剧造成的特殊条件;引进目前在干旱亚热带成功的物种;人工林的管理可能需要用目前在干旱亚热带受欢迎的技术补充;大规模树种改良项目,以增加人工林的遗传潜力,帮助适应温度和干旱的增加;种植时和疏伐时都加大株距;特殊的消防措施;限制从那些有病虫害可能会在气候变化下损害森林的地区进口新鲜木材

　　大西洋森林(温湿)的南部,降水量的减少可能增加有些地区(如英国南部)的干旱危险,特别在所模拟阶段的后期。这一趋势可以妨碍现有树种的天然更新。要缓和这个问题,就优先人工造林,采用较耐旱树种,特别是针叶树种。而且,选用较南种源和树种能提高森林对频繁干旱影响的抵抗力。干旱的影响还可以通过种植和疏伐时加大株距缓和。要减小木材体积和质量上的可能损失,则可以用育种:结合高生产力和耐旱性。要有特殊措施应对火灾危险的增大。

　　在大陆森林(温湿到温旱)和地中海森林,干旱加剧造成严重影响,需要大规模的树种改良项目,借以在遗传潜力上改善人工林,使之能适应较高的温度和干旱损害的高风险。而且,可以从欧洲外引用新的耐旱树种取代现有种。需要开发土壤管理技术和栽植技术,借以应对地中海森林在干旱危险增加下的特殊情况。具体地说,面对降水季节性加剧,冬季降水多,夏季严重干旱,可能需要取代目前的人工林技术,采用目前干旱亚热带优先的技术。干旱的影响也可以通过栽植和疏伐时加大株距来缓和。要减小木材数量和质量的可能损失,则可以用育种:结合高生产力和耐旱性。火灾的危险会实质性增加,特别在大陆森林;即使在地中海森林之外,也需要特殊的消防措施。

参考文献

[1] Odum, E. P. 1971. Fundamentals of Ecologny. 3rd edn. Toronto. W B. Saunders Co. ISBN – 721 6 – 6941 – 7. 574 pp.

[2] Guittet, J. and Laberche, J. C. 1974. L'implantation naturelle du pin sylvestre sur pelouse xerophile en foret de Fontainebleau ——II. Demographie des graines et des plantules au voisinage des vieux arbres. Oecologia Plantarum 9:111 – 130.

[3] Kellomäki, S., Hänninen, H., Kolström, T., Kotisaari, A, and Pukkala, T. 1978. A tentative model for describing the effects of some regenerative process on the properties of natural seedling stands. Tiivistenlmä: Alustava malli joka kuvaa siementymisen sekä taimien synnyn ja lasvun vaikutusta luovtaisen taimikon rakenteeseen, Silva Fennica 21:1 – 10.

[4] Pukkata, T. 1987. Simulation model for natural regeneration of Pinus sylvestris, Picea abies, Betula pendla and Betula pubescens. Silva Fennica 21(1):37 – 53.

[5] Parviainen, J. 1982. Metsäpuiden taimien kasvatus ja istutus: luentosara menetelmien biologisista perusteista ja vaikutuksista taimini. Joensuun tut – kimusasema. Metsäntutkimuslaitoksen tiedonantoja 43:1 – 114.

[6] Uotila, A. 1985. Siemenen siirron vaikutuksesta männyn versösyöpäalttiuteen Etela – ja Keski – Suomessa. On the eftect of seed transfer on the susceptibility of Scots pine to Ascocalyx abietina in southern and central Finland. Folia Forestalia 639:1 – 12.

[7] Eriksson, G. and Ekberg, I. 2001. An Introduction to Forest Genetics. SLU. Uppsala. 166 pp.

[8] Zobel, B. and Talbert, J. 1984. Applied Forest Tree Improvement. John Wiley & Sons. 492 pp. ISBN 0 – 471 – 09682 – 2.

[9] Suomen maa – ja metsatalouden kansallinen geenivaraohjelma. 2001. Maa – ja metsätalousministerion julkaisuja 12.

[10] Haapanen, M. and Mikola, J. 2008. Metssänjalostus 2050 – pitkän aikavälin met – sänkalostusohjelma. http://metla. fi/julkaisut/workingpapers/2008/mwp071. htm.

[11] EU – direktiivi1999/105/EY metsanviljelyaineiston kaupasta. http://eur – Iex. europe. eu/Lex/UrIServ/site/fi/oj/2000/1_011200011fi00170040. pdf.

[12] Tiimonen, H. 2007. Ugnin characteristics and ecological interactions of PtCOMY – modified silver birch. Dissertations Forestales 51. http://www. metla. fi/dissertations.

[13] Bailian, L., Houmin, C. and Hasan, J. 2007. Performance and value of CAO – deficient pine. Final Report. North Carolina State University. 64 pp.

[14] Koivisto, P. 1962. Kasvu – ja tuottotaulukoita. Summary: Growth and yield tables. Communicationes Instituti Forestalis Fenniae 51(8):1 – 48.

[15] Aaltonen, V. T. 1925. Metsikön itseharvenemisesta kja puiden kasvutilasta luon – nonmetsissä. Referat: Uber die Selbstabscheideidung ind den Wuchsraum der Bäume in Naturbestanden. Communicationes Instituti Forestalis Fenniae 9:1 – 17.

[16] Yoda, K., Kira, K., Ogawa, H. and Hozumi, K. 1963. Intraspecific competition among higher plants. XI. Self-thinning on overcrowded pure stands under cultivated and natural condition. Journal of Biology, Osaka City University. D14:107-129.

[17] White, J. 1980. Oemographic factors in populations of plants. In: Solbrig, O. T (ed.). Oemography and evolution in plant populations. Botanical Monographs 15 Blackwell Scientific Publications. Oxford. pp. 21-48.

[18] Kira, T, Ogawa, H. and Sakazaki, N. 1953. Intraspecific competition among higher plants. I. Competition-yield-density interrelationship in regularly dispersed populations. Journal of Institute of Polytechnics, Osaka City University D4:1-16.

[19] Braathe, P. 1952. Planteavstandesns virkning på bestandsutvikling og masse-produksjon in granskog. Medeeland av norske Skogsforskoksvedent 11:425-469.

[20] Jack, W. 1971. The influence of tree spacing on Sitka spruce growth. Irish Forestry 28:13-33.

[21] Oker-Blom, P. and Kellomäki, S. 1982. Metsikön tiheyden vaikutus puun latvuksen sisäiseen valoilmastoon ja oksien kuolemiseen. Teoreettinen tutkimus. Abstract: effect of stand density on the within-crown light regime and dying-off of branches. Folia Forestalia 509:1-14.

[22] Kellmäki, S. and Vaisänen, H. 1997. Modelling the dynamics of the boreal forest ecosystems for climate change studies in the boreal conditions. Ecological Modelling 97 (1,2):121-140.

[23] Kimmins, J. P. and Scoullar, A. 1984. Forcyte-10. A user's manual. University of British Columbia. 112 pp.

[24] Vuokila, Y. 1987. Metsänkasvatuksen perusteet ja menetelmät. WSOY. Porvoo. 258 pp.

[25] Möller, G. 1954. The influence of thinning on volume interment. State University, New York. World Forestry Series. Bullentin 1.

[26] Mielikainen, K. 1985. Koivusekoituksen vaikutus kuusikon rakenteeseen ja kehitykseen. Summary: Effect of an admixture of birch on the structure and development of Norway spruce stand. Communicationes Instituti Forestalis Fenniae9:1-17.

[27] Mielikäinen, K. 1980. Mänty-koivusekametsiköiden rakenne ja kehitys. Summary: Structure and development of mixed pine and birch stands. Communicationes Instituti Forestalis Fenniae 99(3):1-82.

[28] Garcia-Conzalo, J., Peltola H., Briceño-Elizondo, E. and Kellomäki, S. 2007. Changed thinning regimes may increase carbon stock under climate change: a case study from Finnish boreal forests. Climatic Change 81:431-454.

[29] Garcia-Conzalo, J. 2007. Effects of management on timber production and carbon stocks in boreal forest ecosystem under changing climate: a model approach. The Finnish Society of Forest Science. Dissertationes Forestales 42:1-48.

[30] Parry, M. L., Canziani, O. F., Palutikof, J. P, van der Linden, P. J. and Hanson, C. E. (eds.) 2007. Climate Change: Impacts, Adaptation and Vulnerability. Contribution of

Working Group II to the Fourth Assessment Report of the Intergovernmental Panel on Climate Change, Cambridge University Press, Cambridge, UK, ISBN 978 – 0521 – 70597 – 4. 976 pp.

[31] Kellomäki, S., Peltola, H., Nuutinen, T., Korhonen, K. T. and Strandman, H. 2008. Sensitivity of managed boreal forests in Finland to climate change, with implications for adaptive management. Philosophical Transactions of the Royal Society B 363: 2341 – 2351.

[32] Turkia, K. and Kellomäki, S. 1987. Kasvupaikan viljavuuden ja puuston tiheyden vaikutus nuorten mäntyjen oksien läpimittaan. Abstract: Influence of the site fertility and stand density on diameter of branches in young Scots pines. Folia Forestalia 705: 1 – 16.

[33] Oker – Blom, P., Kellomäki, S., Valtonen, E. and Väisänen, H. 1988. The structural development of Scots pine stand with varying initial density: a simulation model. Scandinavian Journal of forest Research 3: 185 – 200.

[34] Vaisanen, H., Kellomäki, S., Oker – Blom, P. and Valtonen, E. 1988. The structural development of Scots pine stand with varying initial density: a preliminary model for quality of swan timber as affected by silvicultural measures. Scandinavian Journal of forest Research 4: 223 – 238.

[35] Tuimala, A. Finish Forest Reserch Institute. Unpublished material.

[36] Kilpeläinen, A., Peltola, H., Ryyppö, A., Sauvaal, K., Laitinen, K., and Kellomäki, S. 2003. Wood properties of Scots pine (Pinus sylvestris) grown at elevated temperature and carbon dioxide concentration. Tree Physiology 23: 889 – 897.

[37] Mälkönen, E. 1972. Näkökohtia metsämaan muokkauksesta. Summary: Some aspects concerning cultivation of forest soil. Folia Forestalia 137: 1 – 11.

[38] Miina, J. 1996. Management of Scotch pine stands on drained peatland: a model approach. University of Joensuu, Faculty of Forestry. Research Notes 43: 1 – 29.

[39] Viro, P. J. 1970. Prescribed burning in forestry. Communicationes Instituti Forestalis Fenniae 67(7): 1 – 49.

[40] Fagerström, T. and Lohm, V. 1977. Growth of Scots pine (Pinus sylvestris L.). Mechanisms of response to nitrogen. Oecologia (Berl.) 26: 305 – 315.

[41] Gustavsen, H. G. and Lipas, E. 1975. Lannoituuksella saatavan kasvunnlisäyksen riippuvuus annetusta typpimäärästä. Summary: Effect of nitrogen dosage on fertilizer response. Folia Forestalia 246: 1 – 20.

[42] Möller, G. and Rytterstedt, P. 1974. Gödslingseffektens varaktighet och förlopp hos tall och gran. Föreningen Skogsträdsförädling Institute för Skogsförbättring. Årsbok 1974.

[43] Kimmins, J. P. 1987. Forest Ecology. New York. Macmillan Publishing Company. ISBN 0 – 02 – 36405 – 2. 531 pp.

[44] Kellomäki, S. 1991. Metsänhoito. University of Joensuu, Faculty of Forestry. ISBN 951 – 696 – 712 – 4. Gummerus Kirjapaino Oy. Jyvaskyla. 501 pp.

[45] Peltola, H. and Kellomäki, S. 1993. A mechanistic model to calculate windthrow and

stem breakage of Scots pies at stand edge. Tiivistelmä: Malli mäntyihin tuulesta kohdistuvien murtavien ja kaatavien voimien laskemiseksi. Silva Fennica 27:99 – 111.

[46] Peltola, H., Nykänen, M. – L. and Kellomäki, S. 1997. Model computations on the critical combination of snow loading and windspeed for snow damage of Scots pine, Norway spruce and birch sp. at stand edge. Forest Ecology and Management 95:229 – 241.

[47] Peltola, H. University of Joensuu, Faculty of Forest Sciences. Unpublised data.

[48] Peltola, H., Kellomäki, S., Väisänen, H. and Ikonen, V – P. 1999. A mechanistic model for assessing the risk of wind and snow damage to single trees and stands of Scots pine, Norway spruce and birch. Canadian Journal of Forest Research 29:647 – 661.

[49] Zeng, H., Peltola, H., Talkkari, A., Strandman, H., Venäläinen, A., Wang, K. and Kellomäki, S. 2006. Simulations of the influence of clear – cuttings on the risk of wind damage on a regional scale over a 20 – year period. Canadian Journal for Forest Research 36:2247 – 2258.

[50] Zeng, H., Pukkala, T., Peltola, H. and Kellomäki, S. 2007. Application of ant colony optimization for the risk management of wind damage in forest planning. Silva Fennica 41(2):315 – 332.

[51] Päätalo, M – L., Peltola, H. and Kellomäki, S. 1999. Modelling the risk of snow damage to forests under short – term snow loading. Forest Ecology and management 116:51 – 70.

[52] Nykänen, M – L., Peltola, H., Quine C. P., Kellomäki, S. and Broadgate, M. 1997. Factors affecting snow damage of trees with particular reference to European conditions. Silva Fennica 31:193 – 213.

[53] Vanäläinen, A., Tuomenvirta, H., Heikinheimo, M., Kellomäki, S., Peltola, H., Strandman, H. and Väisänen, H. 2001. Impact of climate change on soil frost under snow cover in a forested landscape. Climate Research 17:63 – 72.

[54] Kilpeläinen, A. University of Joensuu, Faculty of Forest Sciences. Unpublished data.

[55] Päätalo, M. – L. 1998. Factors influencing occurrence and impacts of fire in northern European forests. Silva Fennica 32(2):185 – 202.

[56] Kercher, J. R. and Axelrod, M. C. 1984. Analysis of Silva: a model forecasting of effects of SO_2 pollution and fire on western coniferous forests. Ecological Modelling 23:165 – 184.

[57] Kilpeläinen, A. University of Joensuu, Faculty of Forest Sciences. Unpublished data.

[58] Häkkinen, R., Linkosalo, T. and Hari, P. 1995. Methods for combining phonological time series: application to bud burst in birch (*Betula pendula*) in Central Finland for the period 1896 – 1955. Tree Physiology 15:721 – 726.

[59] Beuker E., Kolström, M. and Kellomäki, S. 1996. Changes in wood production of *Picea abies* and *Pinus sylvestris* under a warmer climate: comparison of field measurements and results of a mathematical model. Silva Fennica 30:239 – 246.

[60] Kellomäki, S. University of Joensuu, Faculty of Forest Sciences. Unpublished data.

[61] Berryman A. A. 1986. Forest Insects. Principles and Practice of Population Management. New York and London. Plenum Press. ISBN 0-306-42196-9. 279 pp.

[62] Strong, D. R., Lawton, J. H. and Southwood, T. R. E. 1984. Insects on Plants, Community Patterns and Mechanisms, Oxford. Blackwell Scientific.

[63] Kouki, J., Niemelä, P. and Viitasaari, M. 1994. Reversed latitudinal gradient in species richness of sawflies (Hymenoptera, Symphyta). Annales Zoologici Fennici. 31:83-88.

[64] Wainhouse, D. 2005. Ecological Methods in Forest Pest Management. Oxford. Oxford University Press. ISBN 0-19-850564-7. 228 pp.

[65] Berryman, A. A. 1988. Dynamics of Forest Insect Populations, Patterns, Causes, Implications. New York. Plenum Press. ISBN 0-30-42745-1. 603 pp.

[66] Tahvanainen, J. and Niemelä, P. 1987. Biogeographical and evolutionary aspects of insect herbivory. Annales Zoologici Fennici 24:239-247.

[67] Neuvonen, S. and Niemelä, P. 1983. Species richness and faunal similarity of arboreal insects. Oikos 40:452-459.

[68] Connor, E. F., Faeth, S. H, Simberloff, D. and Opler, P. A. 1980. Taxonomic isolation and the accumulation of herbivorous insects: a comparison of introduced and native trees. Ecological Entomology 5:205.

[69] Roques, A., Auger-Rozenberg, M.-A. and Boivin, S. 2006. A lack of native congeners may limit colonization of introduced conifers by indigenous insects in Europe. Canadian Journal of Forest Research 36:299-313.

[70] Shigesada, N. and Kawasaki, K. 1997. Biological Invasions: Theory and Practice Oxford. Oxford University Press. ISBN 0-19-854851-6. 205 pp.

[71] Mattson, W., Vanhanen, H., Veteli, T., Sivonen, S. and Niemelä, P. 2007. Few immigrant phytophagous insects on woody plants in Europe: Legacy of the European crucible? Biological Invasions 9:957-974.

[72] Harborne, J. B. 1999. Plant Chemical Ecology. In: Comprehensive Natural Products Chemistry, Volume 8: Miscellaneous Natural Products Including Marine Natural Products, Pheromones, Plant Hormones and Aspects of Ecology. K. Mori (Volume Editor). Oxford, Pergamon, an Elsevier Science Imprint. ISBN 0-08-043160-7. 650 pp.

[73] Rosenthal, G. A. and Berenbaum, M. A. (eds.). 1991. Herbivores: their interactions with secondary plant metabolites. Vol. 1. The Chemical Participants. Academic Press, San Diego.

[74] Niemelä, P., Mannila, R., and Mäntsälä, P. 1982. Deterrent in Scots pine, *Pinus sylvestris*, influencing feeding behaviour of the larvae of *Neodiprion sertfier*. Annales Entomologici Fennici 48(2):57-59.

[75] Feeny, P. 1970, Seasonal changes in oak leaf tannins and nutrients as a cause of spring feeding by winter moth caterpillars. Ecology 51(4):565-581.

[76] Haukioja, E., Neuvonen, S., Hanhimäki, S. and Niemelä, P. 1988. The Autumnal moth in Fennoscandia. In: Dynamics of Forest Insect Populations. Patterns, Causes, Im-

plications (A. A. Beryman, Ed.), Plenum Press, New York. ISBN 0 – 306 – 42745 – 1. 163 – 178 pp.

[77] Baltensweiler, W. and Fischlin, A. 1988. The larch budmoth in the Alps. In: A. in Dynamics of Forest Insect Populations. Patterns, Causes, Implications (A. A. Berryman, Ed.), Plenum Press, New York, ISBN 3 – 06 – 42745 – 1. pp. 331 – 351.

[78] Tallamy, D. W and Raupp, M. J. (Ed.) 1991. Phytochemical Induction by Herbivores, John Wiley & Sons, New York. 431 pp.

[79] Cheong, J. – J. and Yang, D. C. 2003. Methyl jasmonite as a vital substance in plants. Trends in Genetics 19: 409 – 413.

[80] Heijari, J., Nerg, A. – M., Kainulainen, P., Viiri, H., Vuorinen, M. and Holopainen, J. K. 2005. Application of methyl jasmonate reduces growth but increases chemical defence and resistance against Hylobius abietis in Scots pine seedlings. Entomologia Experimentalet Applicata 115: 117 – 124.

[81] Bryanti, J. Tuomi, J. and Niemelä, P. 1988. In: K. S. Spencer (ed.) Chemical Mediation of Coevolution, Academic Press, San Diego, pp. 367 – 389.

[82] Herms, D. A. and Mattson, WJ. 1992. The dilemma of plants: to grow or defend. The Quarterly Review of Biology 67 (3): 283 – 335.

[83] Tahvanainen, J., Julkunen – Tiitto, R., Rousi, M., and Reichardt, P. 1991. Chemical determinants of resistance in winter – dormant seedlings of European white birch (*Betula pendula*) to browsing by the mountain hare. Chemoecology 2 (1): 49 – 54.

[84] Mattson, W. J., Niemelä, P. and Rousi, M. (eds.) 1996. Dynamics of forest herbivory: quest for pattern and principle. USDA Forest Service General Technical Report NC – 183, St Paul, MN.

[85] Koricheva, J., Larsson, S., Haukioja, E. and Keinänen, M. 1998. Regulation of woody plant secondary metabolism by resource availability: hypothesis testing by means of meta – analysis. Oikos 83: 212 – 226.

[86] Bezemer, T M. and Jones, T H. 1998. Plant – insect herbivore interactions in elevated atmospheric CO_2: quantitative analyses and guild effects. Oikos 82: 212 – 222.

[87] Mattson, W., Kuokkanen, K., Niemelä, P., Julkunen – Tiitto, R., Kellomäki, S. and Tahvanainen, J. 2004. Elevated CO_2 alters birch resistance to Lagomorpha herbivores. Global Change Biology 10: 1402 – 1413.

[88] Krebs, C. J. 1972. Ecology. New York. Harper & Row. ISBN 06 – 043770 – 7. 694 pp.

[89] Speight, M. R. and Wainhause, D. 1989. Ecology and Management of Forest Insects, Clarendon Press, Oxford, pp. 10 – 15.

[90] JacteL, H., Brockerhoff, E. and Duelli, P. 2005. A test of the biodiversity – stability theory: meta – analysis of tree species diversity effects on insect pest infestations, and re – examination of responsible factors. In: Scherer – Lorenzen, Ch. Korner and E. D. Schulze (Eds.). Forest Diversity and Function. Ecological Studies 176. Berlin. Heidelberg. Springer. ISBN 3 – 540 – 221191 – 3. 399 pp.

[91] Veteli, T. O., Koricheva, J., Niemelä, P. and Kellomäki, S. 2006. Effects of forest management on the abundance of insect pests on Scots pine. Forest Ecology and Management 231:214–217.

[92] Vanhanen, H., VetelI, T. O., Päivinen, S., Kellomäki, S. and Niemelä, P. 2007. Climate change and range shifts in two insect defoliators: gypsy moth and nun moth – a model study. Silva Fennica 41:621–638.

[93] Virtanen, T., Neuvonen, S., Nikula, A., Varama, M. and Niemela, P. 1996. Climate change and the risk of *Neodiprion sertifer* outbreaks on Scots pine. Silva Fennica 30(2–3):89–98.

[94] Climate Change. 2001. Impacts, Adaptation, and Vulnerability. Contribution of Working Group II to the Third Assessment of Report of the Intergovernmental Panelon Climate Change. Cambridge University Press, Cambridge. ISBN 0-521-01500-6. 1032 pp.

[95] Kellomäk, I. S., Peltola, H., Bauwens, B. Dekker, D., Mohren, F., Badeck, F., Cracia, C., Sánchez, A., Pla, E., Sabaté, S., Lidner, M. and Pussinen, A. 2004. European Mitigation and Adaptation potentials: Conclusions and Recommendations. In: Management of European forests under changing climatic conditions. Final report of the Project "Silvicultural Response Strategies to Climatic Change in Management of European Forests" funded by the European Union under the contract EVK2-200ι00723 (SilviStrat) (eds. Seppo Kellomäki and Sanna Leinonen). University of Joensuu, Faculty of Forestry. Research Notes 163:401–427.

[96] Parry, M. (ed.) 2000. Assessment of Poterntial Effects and Adaptations for Climate Change in Europe. The European Acacia Project. Jackson Environmental Institute, University of East Anglia, Norwich. UK, 320 pp.

[a] Pukkala, T. and von Gadow, K. (eds). 2012. Continuous cover forestry. 2nd ed. Springer, New York. 296 pp.

[b] Knoke, T. 2012. The economics of continuous cover forestry. In Continuous cover forestry, edited by T. Pukkala and K. von Gadow, Springer, New York. pp. 167–194。

[c] Fox, T. R., Jokela, E. J. and Allen, H. L. 2008. The development of pine plantation silviculture in the southern United States. Journal of Forestry 105:337–347.

[d] Anony. 2015. Missouri crop resource guide: Missouri rice facts. University of Missouri Extention. Available at http://crops.missouri.edu/audit/rice.htm.

[e] Anony. 2015. Table 15——U. S. sugarcane: area, yield, production, sugar output, recovery rate, and sugar yield per acre, crop years. USDA Economic Research Service. Available at http://162.79.45.209/data-products/sugar-and-sweeteners-yearbook-tables.aspx.

[f] FAO. 2015. FAOSTAT crop production. Food and Agricultural Organization of the United Nations Statistics Division. Available at faostat3.fao.org/download/q/qc/e.

[g] Flynn, B. 2009. Pulpwood plantations in Brazil: the key to the future. Available at http://www.risiinfo.com/blogs/Pulpwood-plantations-in-Brazil-the-key-to-

the – future. html.

[h] Wahlgren, H. E. and Schumann, D. R. 1975. Properties of major southern pines. Revised. USDA Forest Service Research Paper FPL 176 – 177, Forest Products Lab, Madison, Wisconsin. 76 pp.

[i] Gomide, J. L. 2006. Eucalyptus Wood Characteristics Brazilian Pulping Industry. Available at http://www.celso – foelkel. com. br/artigos/outros/Arquivo% 2006% 20 – TAPPI% 20Tutorial2. pdf.

[j] Vance, E. D., Maguire, D. A. and Zalesny, D. S., Jr. 2010. Research strategies for increasing productivity of intensively managed forest plantations. Journal of Forestry 107: 183 – 192.

[k] Yin, X., Perry, J. A. and Dixon, R. K. 1989. Influence of canopy removal on oak forest floor decomposition. Canadian Journal of Forest Research 19:204 – 214.

[l] Yin X. 1999. The decay of forest woody debris: numerical modeling and implications based on some 300 data cases from North America. Oecologia 121:81 – 98.

[m] Zeng, H., Pukkala, T. and Peltola, H. 2007. The use of heuristic optimization in risk management of wind damage in forest planning. Forest Ecology and Management 241: 189 – 199.

[n] Barbosa, P., Letourneau, D. and Agrawal, A. (eds) 2012. Insect outbreaks revisited. Wiley – Blackwell. ISBN 978 – 1 – 4443 – 3759 – 4. 480 pp.

第 7 章 木材采置

7.1 引言

木材采置是林业的一项初级功能,由木材收获等从森林到工厂(或其他消费者)之间为供应木材所必需从事的一切活动所组成。采置涉及木材的购买、测量和贮存,作业的规划和监督,商务的管理。如果购买立木,那么,就得收获。木材收获包括树木的伐倒,再从伐桩点运往路边贮存点(集材场),最后从集材场运到厂地(图 7-1 的中心框内容)。采运由前两步组成。要采置,还得建有企业组织,作业组织,支付系统,安全与职工健康系统,风险防治系统,以及其他工序管理系统。总之,木材采置是个复杂的管理系统,如图 7-1 所示。

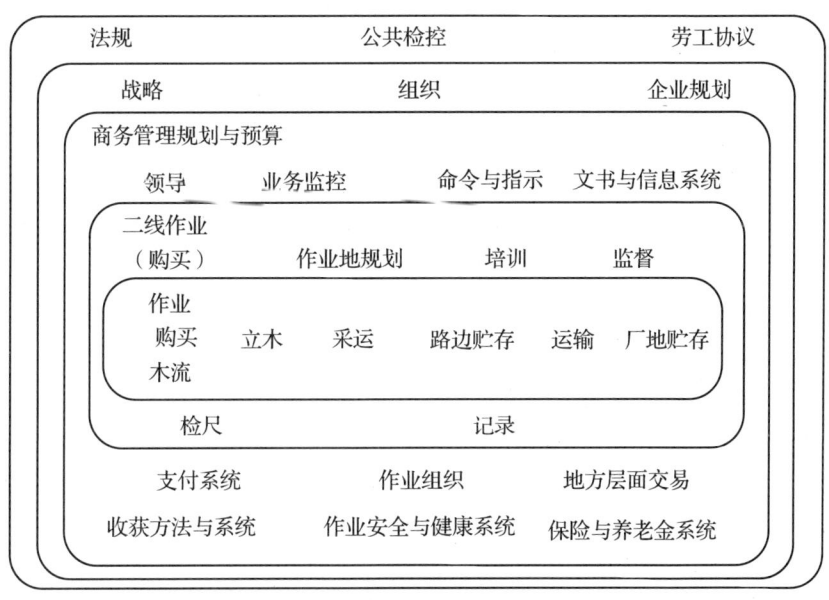

图 7-1 木材采置作为管理系统[1]

木材采置不仅是关于获取。获取过程中和获取后还得尽量使木材少受损坏。在可持续性管理的背景下,采置还得考虑环境效应:对温室气体排放,对立地,对生物多样性、森林多用途和景观等的影响。除了传统的木材,本章还讨论能源生物质、木片、树皮等木原料。

7.1.1 发展历程

木材采置在工业化国家经历了多个发展阶段,如表7-1以芬兰为例所示。

表7-1　　　　　　　　　芬兰木材采置史上的转折点

时期	进　步
16世纪起	大规模工业用木;焦油和木制品的国际市场
18世纪	芬兰首家商业制材厂;没有培训的季节工;斧头、手锯、马运、河运(漂运)
20世纪40年代	工具开发、工具维护、作业技术;工人生活条件改善
20世纪50年代	林内运输引进农用拖拉机
20世纪60年代	引进链锯和林用拖拉机(集材机、集运机);雇用固定的熟练伐木工和机械工
20世纪70年代	大规模采用伐树机(加工机、收获联合机)
20世纪90年代	高端利用规划控制系统,应用物流和作业分析、信息通信技术、全球定位系统、地理信息系统等种种复杂的管理系统

长期雇用的熟练伐木工和机械工在20世纪70年代开始取代季节工。同时,企业家作为大型森林工业公司监督下的承包商开始进入收获业务。在有些国家,大规模雇用没有技能或者不负责任的承包人员,又没有适当监督采运作业,结果出现了严重问题。北欧国家的现实做法是,森工公司向私人林主购树,再自己采运。不过,有些芬兰农民继续像以前那样做交货销售,既负责伐树,还把木材从林内运往路边集材场。这样做的比例正逐渐减小(见第8章图8-3)。

木材采置需要提高生产力,降低成本,这就导致了森林作业的机械化。链锯在20世纪60年代的引进产生了重大影响。最初的林内运输机械化来得更早:20世纪50年代引进农用拖拉机。推土机在热带的高大森林中特显身手,提取既粗又重的树干和原木。第一批专为林用作业设计的拖拉机是20世纪60年代在北美开发出的集材拖拉机。在20世纪60年代中期,北欧国家引入了首批轮式集运机。

迈向定长伐树法应用的重要一步是长臂抓钩式装载机的引进。这种机子减少了归堆集材所需的手工劳力。直接装上集运机取代了原本必须先做的机械化集材。同样,原条收获法得益于夹钳承载梁式集材(拖拉)机和抓钩式集材(拖拉)机的引入。结果,操作集材机的人不再需要帮手。随着林用拖拉机的出现,几乎立即就有了伐树归堆联合机,打枝机,(单轴多锯片圆锯)横截机,(打枝造材归堆联合)加工机,及至收获联合机。不过,这些新机器在当时必须进一步改进才能用得盈利,对疏伐尤其如此。在山区,索道集材和(架空)索道技术的开发大有进展。其轻便版被引入疏伐。索道集材的缺点是成本高,优点则是对有些生态系统的地面干扰小。

职场研究在收获技术的发展中起了重要作用。工作效率作为一项追求自20世纪90年代还愈益注重于人体工效学及安全因子、木材质量和环境等议题。森林的健康也成了重要议题。发展的重点已经从技术方面转向进程调控,运用物流和管理的现代原则,配以先进的规划和调控系统。结果是图7-1所概括的复杂管理系统。

7.1.2 木材品种

初级商品材种(木材品种)是:软木锯材原木、硬木锯材原木、软木造纸材、硬木造纸材以及自21世纪初起越来越多的用于能源生产的森林木片(采运废除物、树桩)。此外,还收获特种材和薪材,供专化生产、建筑项目和能源生产用。把树干横截成各种木材(造材)对工业木材的价值有很大影响。因此,可以把横截看成是厂地过程的第一阶段(转换)。

要在林内就把树干横截成原木,使锯材原木的分布符合制材厂的要求,可以用模拟程序规划,如图7-2所示[2]。这种程序让用户决定怎么横截林内的树干才能给出要求的分布。模型让用户能针对特定的市场情况选择适当地段的立树。模拟结果还能运用于半自动化横截作业,遴选适当的价值与要求矩阵。收获联合机在20世纪90年代就装有横截程序,使用各种维度和等级的价值与要求矩阵。在制材厂,原木按大小和质量级评等。质量级依据肉眼能见的节子和缺陷,自20世纪90年代中后期还包括肉眼看不出,用x射线断层扫描才能发现的缺陷。

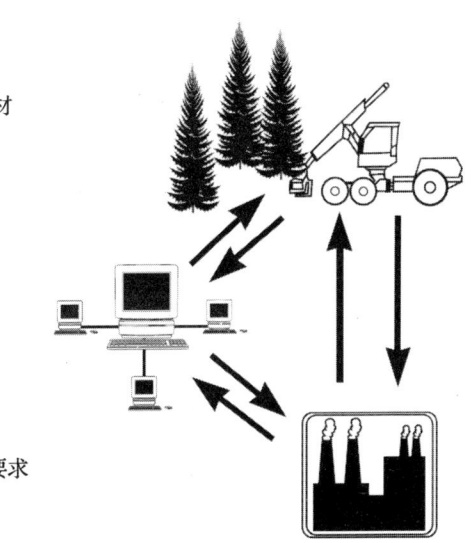

- 电脑化树干造材

- 模拟材段分布:
　　小头直径
　　长度
　　等级

- 来自制材厂的要求

图7-2　为待伐林分选择横截程序[2]

最重要的木材品种,按价值递减的顺序,排列如下:
① 特形材,诸如卷曲纹理硬木;
② 特质原木和电杆;
③ 锯材原木和旋切用原木,分树种;
④ 桅杆和梁木;
⑤ 造纸材,分树种。机械制浆在质量要求上比化学制浆更严格,因此机械制浆材可能价值更高;
⑥ 森林木片(粉碎的采运废除物)、薪材、木柴等。

木材品种的质量标准国家之间不同,甚至公司之间也不同,取决于工序和贸易政策。因此这里描述的只是一般情况,外加现实做法的一些例子,往往出自芬兰。每个材种都有尺寸和质量的最低要求。材种也可以有特定的质量分级系统。例如,松锯材原木是依据开锯时的价值分级。锯材原木质量级的设定应该使锯成材的出材率和质量最优化,可以依据试锯或电脑模拟。通常先确定最小梢端直径,再为原木维度和种种缺陷(各种节子、卷曲、弯曲、朽木等等)设定评等规则。表7-2举例说明这些因子如何影响松锯材原木作为惯常锯成材的价值[3]。这只是个例子,反映特定的市场情况和特定的应用工艺。

表7-2　欧洲赤松锯材原木(商品名红木原木)的相对价值:与直径和质量级的关系[3]

原木梢头(小头)的皮下直径/mm	质量级		
	I	II	III
150	92	84	83
250	126	104	93
350	142	111	98

评等系统也可以考虑锯成材的最终用途。桩段原木(在汉语文献中常称根段原木、干基材,但实际并不含根),如果只有几个节子,是为一级,主要用于生产高质锯成材。出自树干梢端的原木含有活节。这种锯成材是为二级,通常用于生产镶板和家具。原为树干中段的原木含有大量干节,产生的锯成材是为三级,一般用于建筑,诸如修建木屋。图7-3举例说明这三个级别。有些国家把锯材切成单一的特定长度。但要提高出材率,控制质量,最好有多种不同的长度选择。在芬兰,原木的长度以30cm为级差增加,从310cm开始,直到610cm。

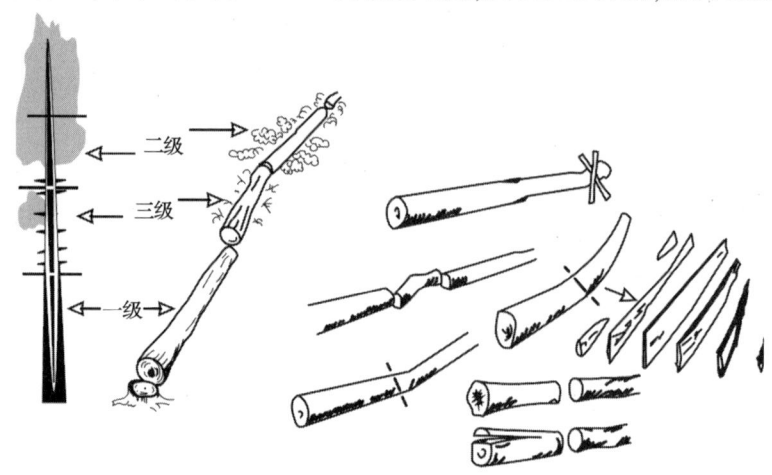

图7-3　横截锯材原木的一些基本原则

用于制作磨木浆的云杉造纸材有严格的质量要求:必须新鲜("绿色"),没有病情,没有朽木。云杉造纸材如果达不到这些标准,芬兰的做法是,与松树造纸材一起做化学制浆。要得到最好的磨木浆,则用直段云杉造纸材。松木和硬木造纸材在芬兰基本用于硫酸盐制浆厂,但其他国家在得不到云杉时也用松木做磨木浆。

化学制浆对木头质量的要求不是特别严格,但没有缺陷的新伐木能确保皮脱得好,用硫酸法时还高产高质。混合新伐和干燥造纸材还会引发制浆问题。就总成本而言,造纸材用鼓式剥皮和削片的最佳软木段长为4~5m,常常弯曲的桦木则为3~4m。

造纸材自20世纪90年代初也开始细分,依据制浆的工序和最终产品的质量[4]。造纸材在加工行为和纤维性质上随树龄有所不同。可以把带有腐朽等缺陷的原木与健全原木分开,还可以按径级分开。树龄和形成层的年龄也是造纸材分类的好依据。对于磨木浆,云杉心材和晚材的百分比是显著影响能源消耗的额外因素。要减少木头在鼓式剥皮中的损失,可以按造纸材段的大小分别剥皮。

造纸材的其他分类标准有:树龄(首次疏伐、其他疏伐、主伐)和木段原本在树干的相对位置(桩段原木、梢段原木或制材厂木片)。还有生长立地和地理区域。这些细类可以分别加工,或者以适当的比例混合加工。立木价格也可以作细分的依据。必须考虑到额外的精细分类意味着额外的收获作业成本。必须最优化收获作业成本和厂地加工阶段的获益,相应决定分类的地点和水平。

7.2 木材收获和运输

7.2.1 收获方法和收获作业系统

收获方法指收获木材的既定方法,以具体的作业和产品的形式为特征,如表 7-3 所示。

表 7-3　　　　　　　　　　收获方法

方法	特征
定长法(短木法)	给树干打枝,齐桩切成原木,运到路边集材场,再运往厂地
原条法(树干法)	给树干打枝,或切除梢顶,运到路边集材场或者直运厂地
整株法	连树干带枝运到路边集材场或者直运厂地
树段法	把树干切成几段,但不打枝,直运厂地
木片法	树干(或树)在林地或路边集材场就弄成木片

原条法和定长法最为常见。原条法,配上牵重拖拉机(集材拖拉机),世界各地都用,在工业化规模的作业中最普遍。定长法越来越受青睐,特别是因为对疏伐的兴趣日益增长。定长法和载重拖拉机(集运机)已在北欧条件下证实有优势。诸多因素影响这些方法的盈利性,如下列比较所示:

① 定长法用于平均材积较小的树干时盈利性相对较好,反之亦然,如图 7-4 所示。集运的装载量与树干大小的关系不大。集材拖拉机则是树干越小,装得越少。

② 原条法在林地运输距离较短时相对具有优势,因为装载量不怎么重要。树干装卸没有像给材种分类那样耗时,如图 7-4 所示。

③ 定长法可以使运往厂地的距离最小化,在运输不同材种的调度上比较灵活。原条法也能这样,但必须把横截放在集材场做。

④ 原条法需要很大的集材场;要设立,有时既难又贵。对于小规模林主尤其如此。

⑤ 在用于疏伐时,对保留树造成的损害,定长法要比原

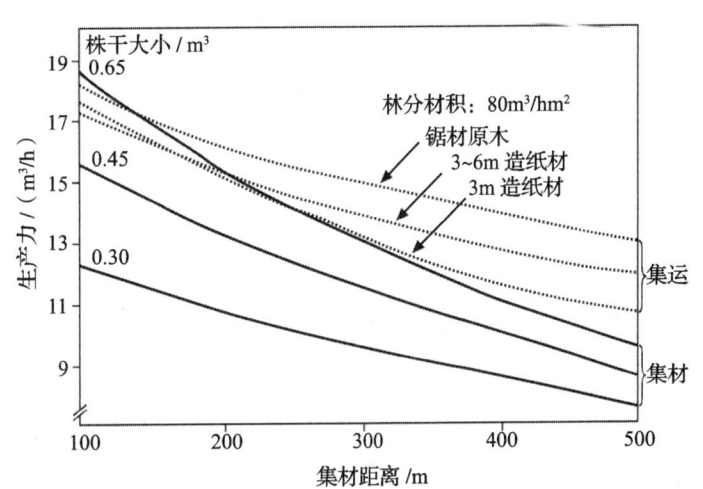

图 7-4　集材生产力[5](20 世纪 60 年代)和集运生产力[6](20 世纪 70 年代)随树干大小和林地拖拉距离变化

注:所指生产力水平只适于某些条件,但条件因子的相对影响具普遍性。

条法少。小径级树干更适宜用定长法。

⑥ 集运机引发土壤板结、辙沟和水土流失的风险要比集材拖拉机小。集运机行驶速度较慢,引起全身振动(林用机械操作人员面临的健康危险)较小。

⑦ 载重集运机能保持木材清洁。沙粒之类的污染物会给场地设备造成非正当磨损和其他问题。

⑧ 公用道路上卡车能运载的树干材积量要比定长切的木材少,除非树干的桩梢混合装载。要这样混装,得用重型装载设备。漂运树干由于技术和经济原因往往不实际。

⑨ 横截树干在林内做可以结合其他截切元素,要比在集材场做既快又容易。可以建立中心化木材转换站(造材中心站),但那样的投资既昂贵又缺乏灵活性。

⑩ 集中横截能采用现代自动化工艺和最优化工艺。用 x 射线断层扫描,决定原木的内部质量,这在未来也许会切实可行。一般相信,横截要提高质量,得在造材中心站做,不在林内做。造材中心站还能使锯成材库存最小化,从而节省利息成本。在这种情况下,精确按照制材厂的生产计划横截树干成为可能。另一方面,在林内横截,依赖移动信息技术,也可以利用收获联合机上配备的电脑系统;这方面一直在积极开发,越来越能满足制材厂的生产要求。这也是半自动化的。

⑪ 原条法不适于疏伐和其他某些条件;要用,就必须配备定长法。同时采用两种基本方法会增加作业地点之间机械搬运的路程,产生其他费用。

⑫ 在山区运输树干,索道系统可能要比定长法生产力高。

各种收获作业系统代表人与机器(设备)的不同组合,构成收获作业序列。比如,可以把定长法组织成如下收获作业系统:收获联合机伐树,横截;集运机从林内运到集材场中转贮存;卡车运到厂地。原条法能组织如下:伐树打枝联合机伐倒,打枝;集材机在林内运输,在集材场中转贮存;造材机横截,卡车运往厂地。国内、国际上使用的收获作业系统繁多。上述第一例在北欧国家最常用。第二例在北美等地经常用。如图 7-5 所示,定长法相对原条法在世界范围内的份额正不断增加[7]。

还可以用"热""冷"作业链描述收获作业系统。热系统意味着作业步骤之间相互依赖;每一步依赖前一步的输出。因为集材场地有限,集材机要不断运去木材,就非得有横截机以同样的速度工作;集材拖拉机不作业,横截机便无事了。这是个典型的"热"采运系统。"冷"系统的一个例子是,收获联合机做定长切伐,集运机断后。这些作业之间可以有很长时间差。如果这两种机器生产力不同,又要在单位地面上输出相等,可以调节所需要的机器数量或作业时间。

树只能逐株伐,打枝和横截通常也得逐株做。因此,伐小树时,单位材积消耗的时间少,单位成本

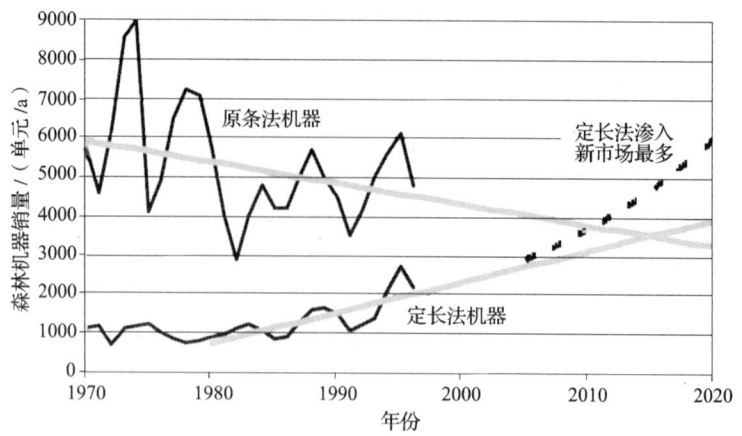

图 7-5 适合原条法和定长法的森林机器在世界市场上的销售量

高。如图7-6所示,随着树干材积趋向零,单位成本趋向无限大[8]。这是疏伐(尤其首次疏伐)采运成本高(参见第9章图9-3)的主要原因。为了避免伐倒后再逐株处理,伐小树有三种合理选择:多株处理,树段法和整株法。

7.2.2 采运机械

有各种各样的设备和机械可以用于采运:从简单的工具和畜力拉动的集材设备,到农用拖拉机(图7-7)和推土机之类的中级工艺,乃至收获联合机、复杂索道和直升飞机等专用高级工艺。什么工艺适当?这取决于所在国的发展阶段,具体作业的规模和采运的对象及条件。例如,农用拖拉机能配上各种各样的辅助设备,在发展中国家可以用于林主自己的采运作业,也能用于人工林业。下面只讨论工业化国家大规模机械作业中常用的机械。在手工操作的机动伐树中,工人用电锯伐树,打枝,横截树干。如果用定长法,通常是由工人把不太重的木材手工归堆。定向伐倒是门重要的技术活,使伐倒木的朝向方便林内交通,不损伤保留的树,还使伐倒木离地面的高度适合打枝,减少归堆时需要手工移动木材的距离。

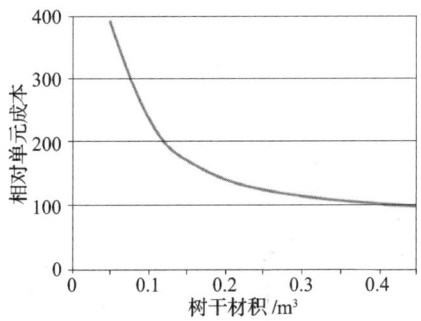

图7-6 皆伐时收获联合机的相对
伐树成本随树干材积变化[8]

图7-7 配有集运装备的农用拖拉机
(照片:Valtra Ltd.)

7.2.2.1 链锯

链锯是最常见的林用电动工具,从既沉重又不实用的工具进化成现今轻便高效的机器。20世纪50年代到20世纪70年代是链锯的黄金时代。轻金属和发动机技术的进步是现代电锯发展的决定性因素。截至20世纪90年代最重要的技术创新如下:

① 由链取代传统锯片,由边片和顶片合成的槽形刀取代传统的锯齿;
② 离心式离合器使耦合链随着发动机加速自动运转;
③ 膜质汽化器使发动机的运转与链的位置无关;
④ 变轻变小,便利打枝,便利处理小径树;
⑤ 可靠性改善;
⑥ 振动减弱;
⑦ 安全性能改善,尤其在反冲力方面;
⑧ 大量的其他技术改进。

电锯的发展方兴未艾,尽管已历经漫长演化,而且已被截切机器和收获联合机部分取代。

7.2.2.2 收获机

木材截切机械化的最初步骤之一是移动剥皮机的开发。这些机器有些国家仍然在集材场用,但工业化国家现在通常是在制材厂采用离心式剥皮机,或者在制浆厂采用鼓式剥皮机。收获联合机也能配置剥皮设备,同时做打枝剥皮。

机械化截切意味使用截切机器,主要是伐树机,伐树归堆(联合)机,伐树集材(联合)拖拉机,打枝归堆(联合)机,横截机(横截归堆联合机),加工机,收获联合机。最后两种机器用于定长法收获作业系统。

收获联合机做伐倒,打枝,横截和归堆作业,还做材积检尺,为评等彩色标记,用进料辊剥皮(主要用于桉树和金合欢人工林),对树桩进行防治真菌处理。这些是最先进的截切机,因此在这本是简述采运机械的地方,值得进一步描述。有如下两类收获联合机:

① 双柄收获联合机,伐头安装在液压操作的起重臂上,打枝造材归堆设备在原动机上。

② 单柄收获联合机,伐树打枝造材头轻便而坚实,安装在液压操作的起重臂末端。

单柄收获联合机适用于疏伐,其他选择制采伐,以及皆伐。桩端直径不得超过75cm。如果只用于皆伐,双柄收获联合机是个可能选择,但主要制造商一直注重只生产单柄收获联合机。收获联合机有大有小,小到只能用于疏伐,大到笨重。中型收获联合机,重14~18t,是一种全能型的好机器,疏伐和皆伐都做,除非树超大。图7-8是个例子。2007年出现了用于疏伐收获的所谓收获集运联合机。这些机子能伐树,打枝,造材,还做集运。就短距离集运和小型林分,收获集运机似乎是种颇具竞争性的选择[22]。

最先进的收获联合机自20世纪90年代起拥有依据人体工效学设计的驾驶室,座位和控制设备(图7-9)。必不可少的是往外能看清树基到树顶,内部灯光效应好,因为这些昂贵的机器常常两三班连续作业,部分在天黑以后。单元高离地面,不会使土壤过分板结。电力传输采用液

图7-8　中型单柄收获联合机在疏伐

(照片:Pertti Harstela)

压,电液系统调控机器。广泛应用自动化,从动力传输系统的控制,到木材的测量,还对横截作业有决策性支撑。收获联合机的技术可靠性和可维护性一直在持续改进。

自动测量系统经过适当调试,在准确性、可靠性上足以用于商品检尺和实用作业。有机械辊产生电脉冲,指示测量长度;进料辊或打枝刀则兼作直径传感器。电脑系统用最初的测量数据预测树干锥曲线。有些制造商在20世纪90年代就已经开发有能够学习林分内树木特征的系统。横截已经半自动化:电脑根据原木各种维度和质量级的价值与需求矩阵,建议具体的横截点。但联合机操作员仍然必须定义原木的质量,可以最终选定横截点。

要不要剥皮取决于原料的最终用途及其质量要求[9]。树皮保持木材新鲜,可以是厂地的

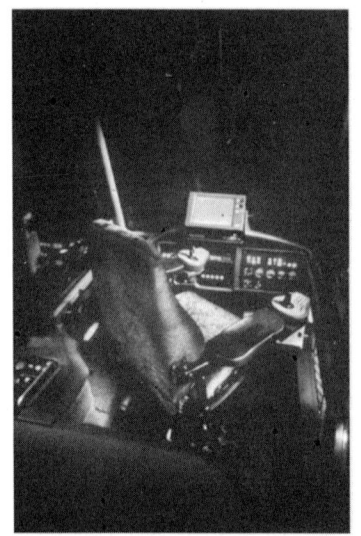

图7-9　20世纪90年代
收获联合机的驾驶室

(照片:Ponsse Ltd.)

理想燃料。另一方面,有些树种(例如桉树)在厂地可能不好剥皮。干燥木材可能有利于漂运,抑或能降低运输成本。运用的育林做法可能也需要减少养分外流,留下树皮。剥皮是由收获联合机头上的进料辊和打枝刀完成。此外,长度测量辊能使树皮稍有破裂。在树皮也是价有所值的原料时,例如用作能源,应该尽量少剥皮。

在树液流动的季节最不该剥皮,而夏末和冬季剥皮则相对无足轻重。调整打枝刀的压力能减少剥皮。压力过低,由于刀片振动,能引发问题,直径测量的准确度也会下降。此外,进料辊抓紧的应该是树木,而非树皮。这样能减少对皮的压力。

在原条法和整株法中,横截和打枝可以在集材场做,利用链锯或者专做横截的造材刀。如果把树干运往贮木场,则需要折臂式起重机或旋转式机械装载机。有些国家用造材中心站(贮木场和加工终端)。要处理大径级树干,往往必须有大型起重机和输送机。造材中心站可以在厂地,或在专用终端。这种终端能使各种材种的运输最优化。

7.2.2.3 集材机和集运机

要在森林里运输木材,有专用森林拖拉机,诸如集材机和集运机。有以下典型的技术特征改善机器的机动性:又大又宽的低断面轮胎,防滑履带套,转向架,或履带式牵引装置;框式操纵驾驶;液压动力传输系统;车底离地高;每轮驱动;液压抓钩式装载机。

大轮子和转向架容易越过一般障碍,减少机器对土壤施加的表面压力。框式操纵,在崎岖地面上载重驾驶时,要比轮式操纵来得精确;还能防止拖拉机陷入进退维谷的境地,甚至能让操作员利用前轴钟摆似的运动清雪。

最早的森林拖拉机是集材机,拖着的原木、树干或树有部分不离地。传统集材机装有绞盘机,用以把伐倒木先移近拖拉机,再把一端举离地面,最后整个绑在拖拉机上。得有工人(捆木工)站着把这载荷系在绞盘的绞缆上。较为先进的集材机有液压抓钩式(抓钩装载机)和夹钳承载梁式,不再需要捆木工,提高了生产力水平。图 7-10 和图 7-11 是抓钩式集材机的照片。

图 7-10 抓钩集材拖拉机
(图片:Pertti Harstela)

图 7-11 原条集材拖拉机容易在疏伐中损害保留树
(照片:Pertti Harstela)

集运机用于定长法,以轮式单元载运全部负荷。林用拖拉机的另一个分类标准是大小——拖拉机承载质量或负荷的能力、发动机功率,或两者兼顾。表 7-4 列举一个分类系统。

小型拖拉机主要用于疏伐,大型拖拉机则主要用于主伐。机器作业的生产力和单位成本强烈依赖于作业条件,但也取决于技术配置、年使用率、奖金和工薪水平、甚至操作员技能和作业组织方式。机械化作业相对手工作业的盈利性很大程度上取决于所在国的工薪水准。

中型集运机适用于皆伐和疏伐。在北欧,作业地往往偏小,做的又是皆伐和疏伐,所以常用中型森林机器。这样能把从林分到林分转移机器的成本压到最低。在皆伐为主的地域,大型集运机可以是最经济的选择。如果要力求减少损害保留树,少干扰土壤,可能最好选用小型集运机,配以履带式转向架车轮。图7-12显示2010年代后期出的一款履带式转向架。

表7-4 集运机依据承载能力和引擎功力的分类

集运机	承载能力/Mg	引擎功力/kW
微型拖拉机	<5	<40
小型拖拉机	5~9	40~100
中型拖拉机	10~12	90~130
大型拖拉机	13~15	130~210
超型拖拉机	>15	>150

疏伐常用中小型集运机。这些机器的单元宽度决定林内路面的宽度(一般4m左右)。集运机通常宽不到270cm,但相对很高。高宽比这么大,车底还高离地面,却又需要侧向稳定,这是一对矛盾。把发动机和主框架等沉重组件尽量低放能影响重心。但不管怎么样,要用集运机,应该使林内路面尽可能没什么横向坡度(图7-13)。只要路面横向不倾斜,即使纵向上下坡度高达40%~50%(24°~27°),集运机也能照行不误[11-12]。

图7-12 配有10个轮子和履带式转向架的中型集运机:主要用于泥炭地等承载力差的立地

(照片:Ponsse Ltd.)

图7-13 集运机甚至能用于相当陡的地形但需要妥善设计的林内路面

(照片:Pertt Harstela)

要在更陡峭的山区集材,则必须用索道或直升飞机。小地形崎岖的地方尤其如此。索道运输意味采运成本相比拖拉机运输大幅增加。绞车加半悬式系统没有架空式系统昂贵,而且易用,但干扰土壤,能引发土壤流失。架空式系统使载荷完全脱离地面,因此能避免破坏土壤。用联锁绞车系统操纵悬空索道是20世纪80年代索道采运的重要创新。那样,因为不再需要制动回空索,索道在张力上就远远低于传统架空式系统[12]。规划索道采运本身是门艺术,但随着电脑系统在使用地形模型方面的发展,已有实质性改进。

直升飞机采运分常规法和立木法,用于价值高但没有其他方法能收获的木材,例如在峭峻或土壤易受侵失或离路太远的地域,常见于加拿大卑诗省和美国西北部,显然对地面干扰少。常规法在20世纪70年代进入实用,飞机只做集材:用电动吊钩把伐倒木(单株或成捆)吊运到集材场。立木法始于21世纪初,地面人员攀树打枝,去顶,再把树干伐成似倒非倒,飞机把树干最终在伐口拉断,直接吊走[a,b]。

7.2.2.4 长途运输

木材运往厂地可以用公路、铁路或水路。最经济的方法取决于公路和铁路网络,基础设施和所在国的发展阶段,还取决于运输距离和木材品种。在芬兰,卡车运输在 100~150km 以内是划算的。木捆漂运则是距离更远又有合适水道的情况下最能盈利的方式。此外,与水接触不得损害木材。这种方法最慢。铁路运输和船运也是远距离运输的经济选择。

运载定长木材的典型卡车在芬兰有以下特点:卡车加拖车总重 60t,载重容量 39~42t,发动机输出功率 350~500kW,齿轮箱有 18 档,数量不等的车轴、浮动轴、升降轴,等等,由买方指定。图 7-14 是一辆运木卡车的照片。卡车常常是自载式的,但起重机可以卸掉。

要增加卡车的承载能力,可以把起重机留在集材场。有些卡车和拖车有可释放的横梁,只要倾斜车辆,木捆就能轻易从车上掉入水中漂运。从运木卡车或轨道车卸货,厂地终端通常用高架桥式起重机或堆木叉式起重车(归楞机)。图 7-15 显示一种伸缩臂式装卸机单元的照片。归楞机在厂地终端的最佳大小和模型取决于到货车辆上木捆的大小,年木材流量,以及在终端需要移动的距离。终端可用空间的大小是另一个因子,因为楞堆的高度取决于归楞机的臂幅[13]。

图 7-14 运输各类定长木材的卡车

(照片:Sisu Logging Co.)

图 7-15 伸缩臂式归楞机

(照片:Kalmar Industries Ltd.)

7.2.2.5 生产力

设备、作业方法与技术的发展和机械化程度的提高使森林作业生产力有了巨大增长。一大进步是把剥皮期从森林换到厂地。永久性森林卡车路的建筑也加强了这种发展。进一步的改进来自对森林作业更为有效的组织和规划。有效利用现代信息和通信技术则是最新的发展之一。表 7-5 回顾劳务生产力在所选国家的历程。

表 7-5 采运劳务生产力增长的比较[14]

年代	保加利亚	加拿大:卑诗省	德国:巴登	芬兰
	生产力的年增长/%			
1953—1960	无数据	无数据	6.0	4.3
1960—1964	4.8	7.8	5.7	6.7
1966—1970	0.6	3.8	8.5	9.4
1970—1974	3.0	-0.9	3.9	12.2
1974—1980	2.6	1.7	7.1	7.6

所有这些国家的采运劳务生产力在20世纪50年代前都增长缓慢,自此之后一直增长显著。工业化国家的增长尤其显著。其中,从20世纪60年代起,芬兰的增长率更是名列第一。图7-16说明1980—2005年间的增长趋势。

7.2.3 收获木物质作能源

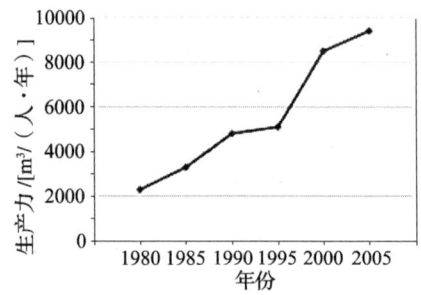

图7-16 芬兰的采运劳务生产力[15-16]

为产能收获森林的低质生物量正迅速增长。起初,这涉及另外收获那些不适合其他工业用途的采运废除物或小树。但随着能源价格的上涨,能源生产和其他工业用途之间的竞争预期会加剧,甚至波及造纸材。生物炼制是利用木物质的新思路。要优化利用来自疏伐的生物量,一种有意义的选择是,把树的整体或分段运往厂地,再用现代鼓式剥皮机之类设备使圆木、枝材料和皮相互分离。这样,可以把这些不同的部件最佳地用于制浆,生产生化和燃料制品,或直接产能。

树叶含有大量养分。在芬兰,一般建议在收获能源材时,要把采运废除物的30%左右留在立地上。大部分贫瘠立地则干脆被排除出收获采运废除物之列。

收获圆木的机器常常也能用于收获生产能源的其他生物质。这通常指收集主伐的采运废除物,以及在早期疏伐中整株收获小径级树。但随着时间的推移,也有为能源生产挖树桩的。在为能源生产挽回风害或虫害木材时,可以用常规的圆木机器和收获方法。事实上,森林能源供应链添加的唯一额外时期是削片,发生于林内,路边集材场,终端,或最终用户厂[17]。

7.2.3.1 收获主伐的采运废除物

在北欧国家,大部分初级森林能源是从主伐提取。要有效回收采运废除物,一个先决条件是机械化伐树:单柄收获联合机能把采运废除物归堆,集运机(或农用拖拉机)再用抓钩式装载机将其轻易装上森林挂车[17-18]。春夏期间,先让采运废除物在采伐迹地干上几周,减少含水量,也让叶子脱落掉。

也可以先捆扎采运废除物,再进入供应链的其他阶段。一个例子如图7-17所示。这样做能减少空间要求,增加集运机和长途运输的有效载荷。此外,把材料扎紧捆实,能大大加快装卸速度。

标准集运机能把材料运到路边集材场,堆积在那里贮存较长时间,再削成木片(碎片)外运。采运废除物无论松散紧实,集运机都能运。如果松散装,常常调整抓钩式装载机,从叉子末端去除或内移相连接的支撑横杆,使叉子能插入采运废除物。主伐云杉树时,还能收获伐桩作能源。起伐桩用配有起重设备的挖掘机[20]。起重设备可以起出整个伐桩,也可以先把伐桩一分为二或更多块后再起(图7-18)。先分裂的好处是大为减小所需要的提升力以及粗根带起的腐殖质面积,增加运输时的载荷体积。起出的伐桩堆放在立地上干燥,也让风雨清除残留的土壤。用普通集运机集运。

7.2.3.2 从早期疏伐收获森林能源物质

要收获立树作能源,必须额外伐树加工。北欧现今最常见的方法是,单柄收获联合机在配备专为处理能源材改装的抓钩后,进行伐树,捆扎(图7-19)。改装后的抓钩能一次抓2~5棵树,做好捆扎供集运。也能用配备有伐树把手的链锯手工伐树[21]。

如7.2.2节所述,2007年出现了适合疏伐的所谓收获集运联合机。这种机器也用于收获

图7-17 捆扎干燥后的采运剩余物

（照片：Antti Asikainen）

图7-18 用 OlliPallari 树桩器起出伐桩

（照片：Antti Asikainen）

小树作能源；先伐树，再切成 6m 长的树段供集运。同一机器还能集运到集材场，因此作业只需要一个机器单元。就短距离集运和小型林分，收获集运机似是种颇具竞争性的选择[22]。

7.2.3.3 削片

森林生物质的削片在森林里就能做。这里，削片机把生物质喂入削片单元，打成碎片，再运往路边。这种做法在 20 世纪 90 年代的北欧国家很受欢迎，但不到 2010 年就几乎已从芬兰和瑞典消失。这样的机器只有在平坦的林地上用于疏伐才经济划算，用于主伐和崎岖地形则太重，还太贵。

取而代之的是在路边集材场做削片[23]。削片机可以安装在卡车上，也可以是个拖拉机驱动的小型单元（图 7-20）。削片机最合适的大小取决于削片作业量，还有林道网络的条件。木片由削片机直接吹入木片卡车，运往厂地。这种削片车运系统的一个问题是，削片机与卡车之间的交互作用。没有空车，削片机就不能作业；削片机一坏，卡车就得等着。另外，卡车的直接装载时间取决于削片机的生产力。

图7-19 配有多树伐头的单柄收获联合机：
西班牙索里亚

（照片：Perttu Aunttila）

图7-20 路边集材场削片

（照片：Antti Asikainen）

削片也可以在原料出处和最终用户厂间的终端做。在这种情况下，待削材料先运到终端贮存。在终端削片可以用固定削片机或移动削片机。大型终端用固定削片机，例如，年供应 10 万 t 以上。削片机在终端运行时，不受运输条件限制，能把材料卸在地上，因此生产力较高。如果终端就在最终用户厂，则可以用前端装载机把材料直接馈入进料贮存器。如果终端位于原料出处和最终用户厂之间,或者如果终端为多家最终用户,那么就需要卡车和运输。

7.2.4 筑路开通林区采运

要开通林区,进行采运,可以建设公路、铁路或索道。有时还可能用运河连接天然湖泊和河流系统,供漂运或船运。森林卡车路常被视为公路网络的补充。在芬兰,三类森林卡车路有权享受政府对私人用地的补贴:森林卡车主道、森林卡车副道和支路。

先规划道路系统(路网),再设计定位各条道路。要确定路线,在陡峭地区特难[11,24]。图7-21是一些路网的基本模型。沿山脊筑路可能比较容易,但路的位置应该使集材尽量是下坡。有些索道采运系统则是上坡运输更可取。除了林业用途,筑路还必须考虑其他用途。

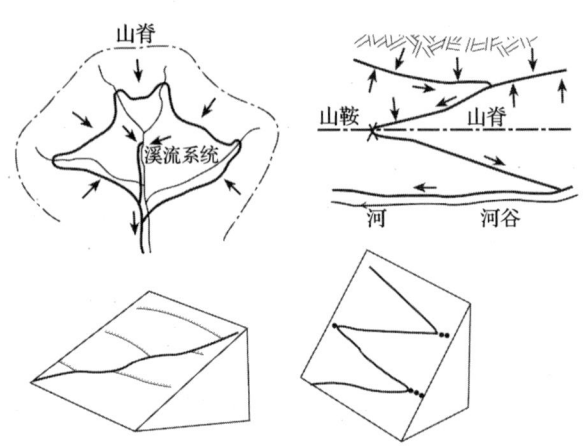

图7-21 山区条件下典型的道路网络[24-25]

要最有效地覆盖一个区域,理论上,道路应该笔直而平行,但实际上有许多因子决定理想路网和每条路的具体位置。图7-22举例说明如何既避免湿地和其他具有环境价值的地域,又保持路线基本是直的。

最优化函数能用以估计大面积林区的最佳路间距,但极少用于确定单条路线的盈利性或长度。路线的实际定位超出那些函数的范畴。要发现最好的可能路线,有多种电脑程序可以用。在山区条件下,地形的坡度是个问题,数字地形模型特别有用。那些提供道路布局的模型考虑地形和地质特征,必需的土方工程,建筑及维护的成本,环境方面和收获成本。

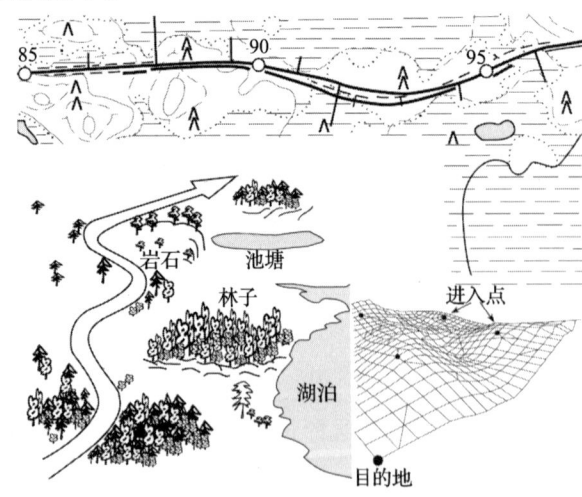

图7-22 森林道路在沼泽地区的定位和数字地形模型用于丘陵地区的电脑规划

森林道路的规划包括:勘测地形,确定分水岭;设定路线,包括弯曲;定线立标;测量土方工程;规划涵洞、出口、漂积和桥梁;设计岔路衔接;绘制剖面图;计算土方量,选择方法、材料和机器。编制文件包括道路图和土方计算。有计算机模型可供规划道路纵断面,计算土方量,规划景观地域。

森林卡车路形形色色,取决于季节性还是全年运输木材的条件和需要。好的森林路堤传统上由三个主要层次组成:

① 表层(耐久层):细碎料大小必须参差不齐,土壤材料空隙度必须细小,形

成的材料质地均匀,承载力和耐磨性俱佳。

② 基层(分压层):必须是粗质料混合细碎料,黏合性好,诸如冰碛加黏土。

③ 底层(隔离层)防止水的毛细管运动:结构均匀而又相当粗糙。

要保持道路干燥,路堤本身必须高出周围地形。要抬高路堤,可以就地取材,甚至取自沟渠和下水道。下水道和地表布局必须把水引离道路。粗质碎石当今常用于改善森林道路,原则上能用于所有三个主层,但那样也等于要求降低车速,加剧轮胎的磨损。

建筑森林卡车路有如下成分:规划(削割和剖面),准备地基,建筑堤坝、涵洞和桥梁,调控河道,挖运填方和表料,挖掘(移除)岩石,压碎石头,铺筑路面,整治相关地域(包括稳定陡坡)。做削割和地基有两种主要方法:推土机法和挖掘机法。

推土机移土沿路的纵向特别有效,但也能做侧向。推土机主要用于丘陵地区承载力良好的土壤,诸如砂土和砾石土;在山区也用,因为成本要比挖掘机低。

挖掘机容易从两侧的下水道和沟渠把土起运到路的主体,抬高路面,因此特别适用于地形平整、土壤承载能力低的地区。有些作业规模小,使用多种机器不经济,使用挖掘机就不失为一种好方法。这种方法没有多少环境争议,因为能埋大石块和伐桩。在坡地上,打石墙能预防土壤流失。

道路的常规养护至关重要,包括平整路面,清理沟渠、下水道和涵洞,清除路边的树和灌木。有时需要给路面重铺砂砾,整形。

7.2.5 贮存木材

可以把木材贮存在森林里、路边,或者在终端的其他某种运输线旁,最终在厂地原木楞场。在用整株法和原条法时,集材场、贮木场或造材站也用作木材贮存点。在这些情况下,必须有空间足以处理树干,贮存各种木材。出于安全考虑,这些活动用的机器之间不得在路线上有交叉,各单元作业时必须相距够远。土壤如果承载能力不够,就容易让树干污染上沙粒和类似杂质。

使用定长法能减少空间需求。甚至路边沟渠也可能堆放木材。好的贮存点有以下特点:

① 有足够的空间让卡车加拖车调头;

② 有足够的空间让不同材种堆积,分别又独立运输;

③ 土壤承载能力和路面都足以应对卡车;

④ 木堆在卡车的装载臂幅之内;

⑤ 没有电线或其他障碍会给卡车或装载机的作业造成危险;

⑥ 能轻易进入公路,不威胁到其他使用路人;

⑦ 木堆足以装满运载车,避免从一个个装载点移来移去。

为了防止原木黏上土粒,在装载时夹带石头,应该在商品木堆下面放置木块。木材贮存的其他方面在描述木材损坏的那节讨论。

7.3 收获作业的组织与规划

7.3.1 组织木材收获

能组织大型收获作业的有：大林主，林主协会，拥有林区特许权的承包大户，向林主购买木材再倒卖给工厂的企业，森工公司的木材采置部。这些组织可以用独立企业家（承包人）的服务进行操作。类似于股票市场的圆木商品交易也可以出售木材。

在许多国家，木材采置部的组织都是依据区域责任，同时也有些功能任务。组织结构一直随如下两方面的普遍趋势发展：一是扁平化的等级（精练管理）；二是"开放"的弹性或矩阵结构（功能性结构），采用项目、团队等形式。也可能用外源服务和外包。尤其小公司，常常形成企业网。

采置企业使用独立森林机械企业家或承包人，这些人一般曾在木材采置部领班的严格监督下工作过。当今的企业家属于公司的工作团队，分担越来越多的责任；同时，他们的工作质量受质量管理系统的监督。有人在 20 世纪 70 年代后期发现，公司在拥有森林机械的生产力和性能方面都不如独立承包人。这加速了公司从自己拥有机器变为使用承包人的机械。随着作业地规划和木材检尺（由收获联合机上配备的电脑自动测量）从公司员工转为企业家做，管理成本下降。要把作业地规划之类责任转交给承包人，必需好好培训承包人和操作员，严格监督工作质量。

工薪可以依据计时率、奖金计时率、日工作量或者计件率。一种常有的观念是，生产力在计件工资制下最好，在计时制下最差。不过，工人健康、工作质量和作业安全都能因此受损。有些森林管理者相信，计件制会降低工作质量，不该用于育林作业。质量管理系统提供持续促进活动质量和产品质量的方法，同时兼顾生产力，成本效益，环境方面和作业安全方面。

计件制曾在 20 世纪 70 年代瑞典的链锯伐树作业中被计时制取代，生产力随之下跌了 10%~17%，直接成本上升 30% 左右。收入水平下降 10%。工作事故下降 9%，因事故缺勤下降 48%。计时制成本较高，可能因此加速了林业机械化。

7.3.2 规划与监督木材采置

木材采置，与其他形式的生产一样，面临的基本问题是，如何以合适的形式，在合适的地点，合适的时间，供给商品（材种）和服务。在造材（转换）和采置成本方面最优化木材价值也是一项主要追求。要实现这些追求，每个组织都必须在管埋系统上投资，包括规划，监测和调控活动。第一步是定义组织的追求。工商企业依据商务理念和战略规划谋求活动的盈利性。当今许多木材采置组织在商务战略中强调生产以顾客为中心，质量管理，以及从速应对商务环境的意外变化。

7.3.2.1 战术规划

战术规划通常按年度考虑。但资源规划需要看得更远，对应培训、招聘、投资和财务安排的时间尺度。典型的战术规划就是年度木材采置计划，包括各林业局区各种木材的采置量和采置预算。这通常有每月、每周乃至每日的指标，而且定期更新。图 7-23 说明所涉及的原则。要使采置成本最小化,可以用最优化模型。

详细的木材采置计划包括下列事项:
① 木材规格要求;
② 起初的贮存点(林内贮存点、路边贮存点、厂地原木楞场贮存点);
③ 储备;
④ 立木(购买的);
⑤ 立木(公司自己土地上打记的林分:交货购买);
⑥ 购买(立木——打记林分和交货;销售购买);

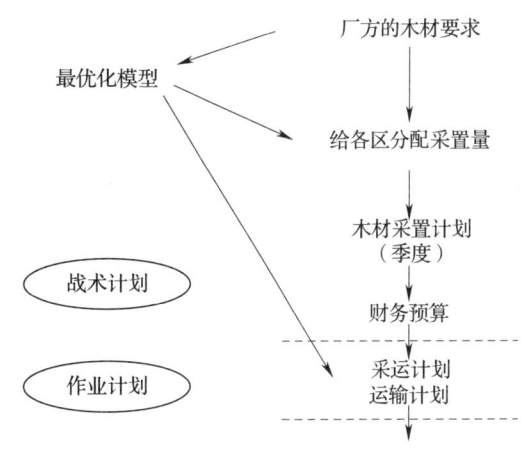

图 7-23 组织年度木材采置的规划过程:例子

⑦ 木材进入路边贮存点;
⑧ 采运购买的打记林分(从自己的森林采运,交货);
⑨ 公司间木材交换;
⑩ 运往厂地(公路、铁路、水路,或由其他企业送货);
⑪ 终端贮存点。

在实践中,编写这样的计划需要熟识当时的条件和潜在的不确定因素。实施和更新计划就像玩游戏:自己的作业为一方,自然、竞争对手和意外事件构成对抗团队。

木材采置规划的目的在芬兰曾是把采置量分布到各个地区,满足对木材的最低质量要求,使成本最小化或至少维持在合理水平。随着竞争加剧,客户意识和要求增强,迫使企业效益成本比最大化。采置目的包括最优化采置成本和木材质量。缩短贮存时间能保证木材质量良好,最小化投入资本(利息成本)。以顾客为中心的商务理念涉及采置以市场情况为导向。为了缓冲意外事件和恶劣气象条件,必须有些库存。

所有这些导致了现代物流原则和新颖管理技术的应用。管理系统的高效率使木材能从树桩迅速流入厂地。其基本先决条件如下:
① 组织精练;
② 过往时间短暂;
③ 有能力处理不同的产品(材种、质量级和维度);
④ 有能力设定孰先孰后。

7.3.2.2 作业规划

在上述背景下,作业规划是指现实物理作业的安排。每台机器每个人每周乃至每天的工作安排因此是作业计划的必要部分。作业计划使用下面描述的作业地计划。要为特定的作业期选择合适的作业对象(林班),必须编集有待作业的林分或地点明细表。

要对作业进行以顾客为中心的现代规划和调控,必须先有实时信息系统。收获联合机和集运机都配备有微型电脑,另加移动电话调制解调器,可以用于通报木材日产量,接收指令,获悉市场情况和对应的原木长度和维度要求。电脑根据原木各种维度和质量级组合的价值矩阵,选取这些组合中的理想分布,帮助确定横截规格。电脑模拟,诸如图 7-24A 和图 7-24B 所示,可以用于选择合适的作业地和林班,以及各个地点上的最佳横截安排。

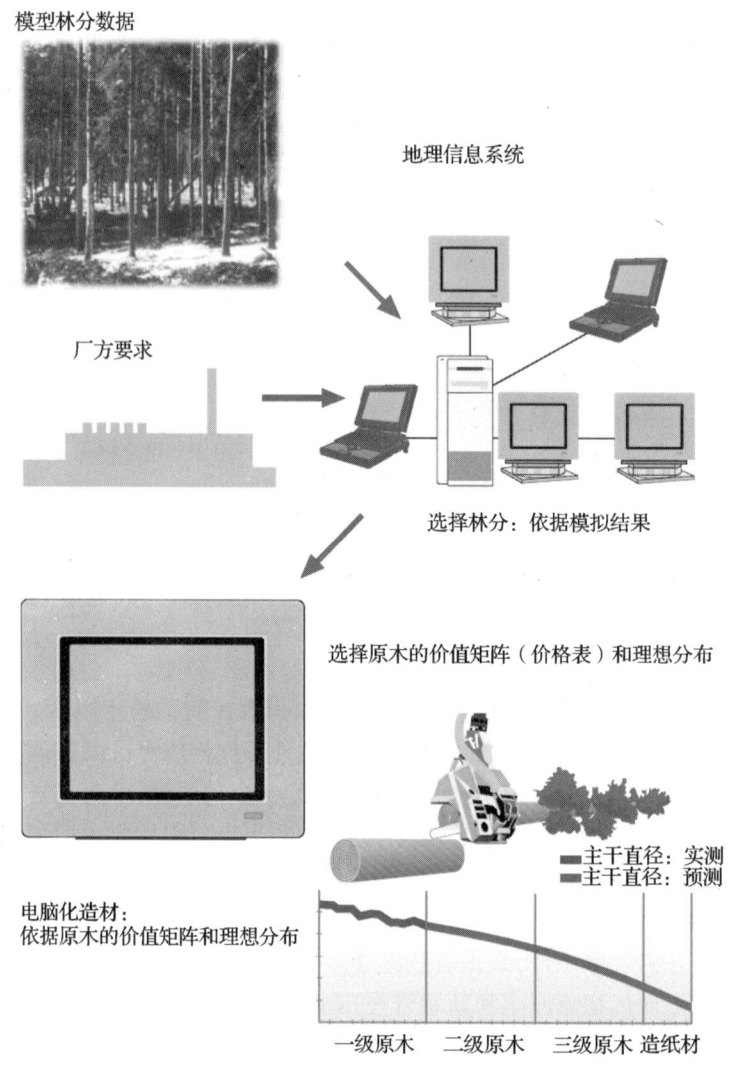

图7-24A 利用电脑物流系统即时监督和调控收获作业

运木卡车在通信装备方面与森林机器相似,诸如卫星辅助的地理定位系统。这些系统还用地理信息系统,储有林分和路边贮存数据,对接地图。运木卡车司机用数据通信网络收悉种种指令,诸如库存、运输量、时间表、盈利性最丰的路线、甚至回程载荷。地理信息系统用于所有规划活动,从大型的最优化模型和决策支撑系统到便携式个人电脑辅助的野外调查。

这种信息和控制系统有助于缩短木材从树桩到厂地原木楞场的运输时间,最优化原料在不同目的地之间的分布,改善木材质量,避免木材运输上的不必要重叠。大公司要有多家制浆厂和制材厂,消耗大量木材,就必须拥有这样的先进规划系统,才能高效作业,特别是如果拥有的私家林数量众多但各地面积偏小,作业点的面积也相应不大。要从地理上集中的速生人工林给一家或很少几家厂供应木材,规划环境则会简单得多。

作业规划使用种种运筹学方法为各种机器、机器系统和工作团队编集工作程序。要为运木卡车规划路线和回程载荷程序,则用启发式模型和人工智能软件。规划和调控系统通常是

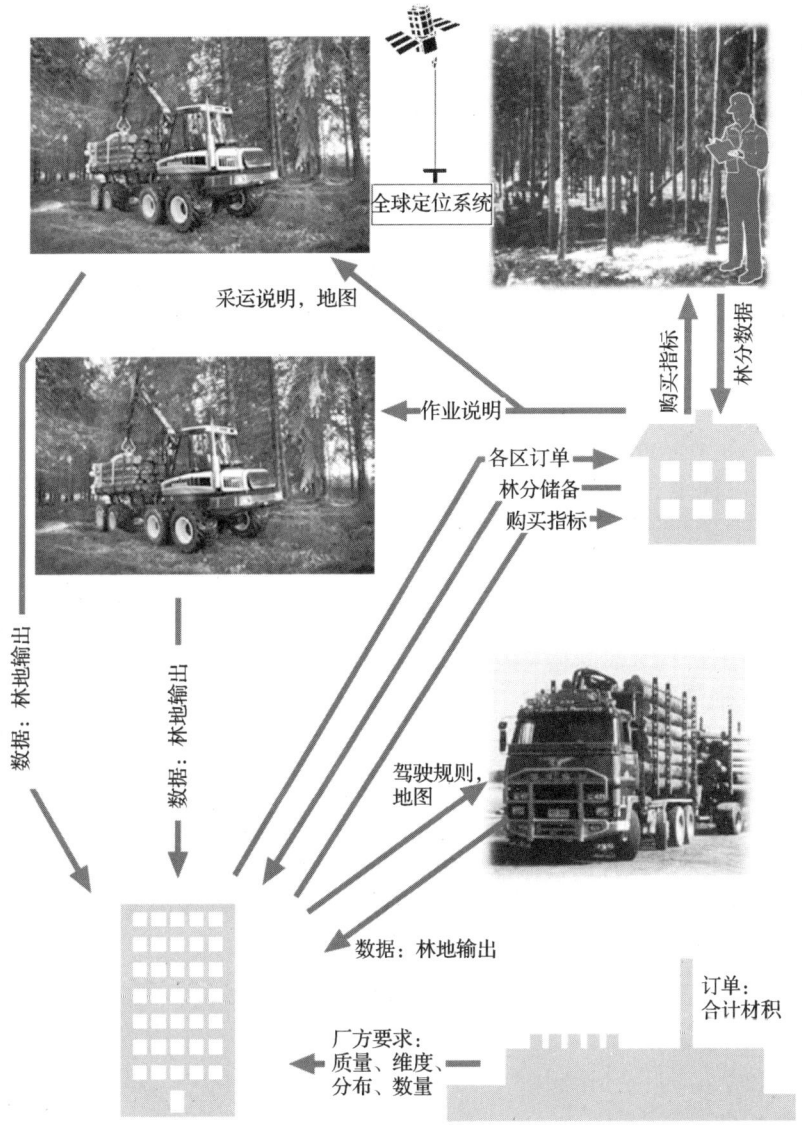

图 7 -24B 利用电脑物流系统即时监督和调控收获作业

等级性的,服务于生产团队的调控和组织的各级领导。这些系统支撑通用管理范式,诸如"结果管理"和"质量管理"。质量管理系统可以包括"环境系统","安全与风险控制系统"和产品认证。发展方向是从固定性结构模型进步到互动性灵活决策支撑系统,容许利用各种数据、模型和人工智能随时查询。

7.3.2.3 作业地计划

作业地计划为作业规划提供信息,保证收获作业高效、安全又环保,如图 7-25 所示。对规划的需要取决于当时条件。如果涉及的是众多私人林,规模小,条件差异相当大,规划就特别重要。先选择伐树地点,标记林分边界,再决定是否需要扩展路网。实际作业地规划包括下列内容:

① 建议育林措施,按需要分林班和小班,满足林业、多用途、环境和景观目标;

② 按照收获的方法、季节、机器和劳力，划分小班边界；

③ 按照木材品种和质量级，估算木材体积；

④ 估计生产力和成本计算方面的条件因子，估算计件工资率；

⑤ 规划木材贮存，满足商品贮存的要求（参见木材贮存章节），最小化林内运输距离；

⑥ 标记具有环境价值而需要特殊处理或排除于采伐作业的地方；

⑦ 标记要伐除的树株，但如果这是伐树工或机器操作员做的事，那么，设置保留密度（伐后林分密度）；

⑧ 规划林内主裸道和普通裸道，除非这是作业人员的事；

⑨ 计算生产力、成本和资源需要；

⑩ 编集作业地图，包括索引，道路，林班，小班，集材场，林内裸道网，环境上重要的地方，需要特殊处理的地方，安全因子（电线、通道等）。

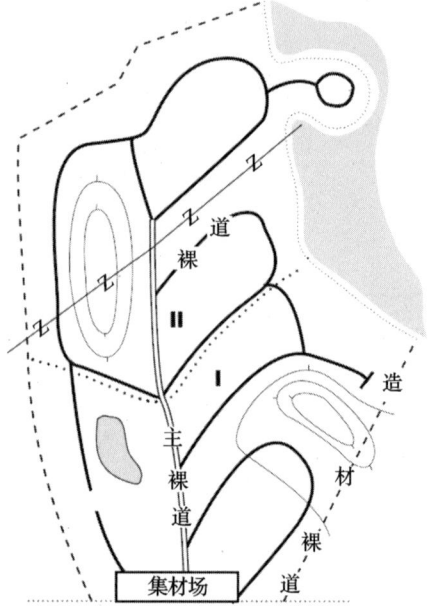

图7-25 作业地图

环境方面是工地规划的重要部分。要促进生物多样性等，可以保护关键生物类型、河边森林和其他缓冲带，或者用特殊方法伐除；可以保留树群，留下老树和腐木[24]。

裸道在汉语文献中习称土路、轨道式路面，但意义重点在于道路的裸露，至多只沿纵向铺两条狭带（其间距大致等于左右车轮间距），还清除植被。规划周到的裸道网能增加林内运输效率，不干扰土壤，避免疏伐时损害保留树株。规划裸道和集材道必须考虑很多因素。在北欧国家，详细的裸道规划是由机器操作人员做的。这些人还选择疏伐中要去除的树株，做许多环境性的决定。企业家和机器操作人员因此必需训练有素。

7.4 收获工业林

7.4.1 收获条件

用于制浆的木材生产越来越多地来自热带和亚热带的桉树和金合欢人工林，以及比例相当大的松树人工林（参见第11章11.3节）。有些地区因原有的树被伐，立地受干扰而多少闲置；在那里，人工林能为当地居民的生计和经济提供良性支持。例如，大型制浆厂可以雇用只有300来人，而各类林业活动能用上多达4000人。林业在单位用地雇用的人数方面远超过大规模农业。

人工落叶阔叶（硬木）林的年材积产量平均变动于 $20 \sim 40 \text{m}^3/\text{hm}^2$。有些新地块每年能生产 $70 \text{m}^3/\text{hm}^2$ 之多[26,29]。因此，要给一家大型现代制浆厂供料，可能只需要10万~20万 hm^2 的人工林。此外，如果人工林靠近制浆厂，条件就非常有利于收获的成本效益。地面一般平坦，承载能力在旱季足以让卡车直接从伐桩运走木材。相比，雨季的地面承载能力可能很差。

如果木材的用途单一，诸如化工制浆，人工林又不在公共地域，作业规划的情况就相对简单。也容易最优化树的轮伐期，只要依据林分产量、采运成本和制浆工艺中的木材价值。桉树的典型轮伐期是 7~8 年。

情况并不总像上述的那么好。可能土地竞争激烈，政府优先肥沃地农用。贫瘠的土壤条件可以大幅减少年产量。如果人工林位于偏僻地区，远离制浆厂和基础设施，采运和运输成本就会相当高。发展中国家工薪低，但许多公司负责员工的社会福利，给地方社区和自然保护区提供实利。手工操作也许仍能产生成本效益，但会造成健康问题，除非采用人体工效学方式组织（图 7-26）。

图 7-26　桉树林内直接手工装车

（照片：Pertti Harstela）

土壤常常不适合筑路，所以必须从远处运入石砾。路通常分两种：

① 永久性的运木路，路面全天候都能用，宽度应该足以让逆向行驶的两辆车安全通过。

② 馈给路（副路）通往实际伐树区，承载能力可以依季节规划，使工人和机器能进入伐树区，减少集材距离和集运距离。

路的设计和建筑应该尽可能少干扰土壤，维持适当排水，提供安全的过河通道[26]。

7.4.2　采运工艺

工业速生林条件有利于定长法，用得最多的也确实是定长法。这些人工林实践短轮伐期，树在采伐时的大小与北方条件下类似，因此，用于寒温带和温带的工艺也适合。主伐时的典型树干材积是 $0.25m^3$，树高 25~30m。松树人工林常做隔行疏伐。

工薪水准在许多速生人工林国家依然相当低。劳务密集型工艺和中级工艺因此可能是成本收益最高的。高度机械化系统可能最适宜设置在缺乏地方劳务的边远地区。工业国也有人工林，越来越多使用收获联合机、集运机和运木卡车；这些机械都配备有液压装载机（图 7-27、图 7-28）[28]。

图 7-27　收获联合机和集运机在人工林业中愈益普遍：集运机正在收获桉树

（照片：Ponsse Ltd.）

图 7-28　收获联合机在伐桉树时给剥皮

（照片：Ponsse Ltd.）

例如，西班牙有研究表明，树干材积超过 $0.07m^3$，使用收获联合机就能盈利。尽管如此，用得最多的还是手工链锯伐树。在陡峭地域或丛生林（萌生林），先用链锯伐树能显著提高收获联合机作业的生产力[27]。

人工落叶林可以用萌生更新。因此，采运不得损害伐树桩和根系。在大多数情况下，还必须去除采运废除物。伐桩最好要低，皮木都没受损伤。这用链锯容易做到，也能用伐头上带有链锯的收获联合机做。

7.4.3 采运期剥皮

要不要剥皮取决于树种以及原料的最终用途和质量要求。育林作业规程也可能要求尽量减少养分从林分的流失，把树皮留在林地上[29]。

收获桉树时，应该在收获作业中尽早去除树皮。树皮一干燥，就会紧紧黏在树干木上，极难剥离。因此，可以给单柄收获联合机配备专用剥皮辊，在给料阶段就能去皮（图7-28）。

7.5 木材损伤

7.5.1 损伤原因

木头的抗腐力因树种不同。许多树种的树干在皮下有个外围带（边材），比内部（心材）更易腐解。含水量是个能显著增加木头腐解风险的因子。下列因子能引发木材损伤和破坏：机械冲击、磨损或污染；风化和其他物理变化；暴露于火、水汽、干燥或化学品；化学反应、蒸发和其他组成变化；真菌分解；昆虫和水生生物；动物侵害；细菌、病毒或其他微生物引起的分解或变色；高等植物的影响。

气候条件和生物有机体在全球变异太大，要全面陈述，篇幅不容许。以下只是一般概括，重点放在北欧条件。谈到的物种只是举例而已。

7.5.2 非生物性损伤

木材在采运期间都能受到损伤和污染。引发机械断裂的典型元素有：伐树，打枝，横截，拖曳（集材）。伐树时，如果与伐树切口（上口）相背那面的伐树槽口（下口）不够大，能使树桩那端开裂。大树顺陡坡向下倒，很难不断。收获联合机进料辊很"激进"能损坏原木表面，尤其在生长季初期。打枝刀在处理弯曲树干时能切入木头，阔叶树种尤其如此，除非适当设计调整进料设备和打枝设备。用单柄收获联合机作业时，把原木的桩端支撑在地上，能避免原木在横截时开裂。

进料辊和打枝刀都能使木材部分脱皮。炭化木和烟尘是制浆工艺中的麻烦事，但如果产生于很久以前的森林火灾，却不容易察觉。泥土、石块和塑料片是厂地工序的又一些问题。要消除这些问题，在木堆底下放置木块，谨慎装载，都重要。应该让公众意识到，把塑料放在木堆里，极端有害。

剥皮后充分干燥，能使木材贮存较长时间仍不受许多微生物的腐解，还减少木材重量，降低运输成本。剥皮后干燥不足就贮存会使木头更容易腐解。干燥本身对大多工序都有害。磨木制浆厂和制材厂尤其需要新鲜伐木。即使硫酸盐法在用新鲜伐木时也要好弄些。采运时部分破裂树皮鞘会促进木头干燥，因此是不利之举。此外，树皮如果用于产能，去除就是浪费燃料。剥皮有时在林地做比较可取，因为在厂地木场难做（例如，树皮干掉了），还能降低运输成本。如前所述，可以配备收获联合机高效剥皮，也可以单独使用剥皮机。

木头中的自由水位于细胞内腔和细胞间隙,结合水则位于细胞壁内。先由毛细管力、静压和扩散移除自由水和其他液体,再由扩散开始移除结合水。然后,木头结构可以发生变化,其可透性下降。纹孔闭塞显著降低软木的可透性,尤其在心材部分。干燥的一个结果是裂纹。这能使原木当不成锯材和旋切用材。干缩在树干的弦向最大,导致径向缩裂。干燥木变硬,皮在木头上黏得更紧。因此,鼓式剥皮后,原料有损失,或者木片中含皮量高。

化学反应、呼吸作用和蒸发作用都改变木头的化学性质。贮存木材使木头色泽变暗,因为化学反应,诸如提取物和真菌分解的氧化作用,还有化学物质的排泄。比如,丹宁容易随细小水流从云杉皮泄入木头。

干燥受诸多因子影响:环境温度、水分、风、降水、木堆大小、原木长度、原木表皮损伤、木头性质。原木的剥皮或剖开,木材贮放暴露于直射阳光和风,都能加剧干燥。树伐倒后的风干,原木纵横交叉式的堆放,则是另一些加速干燥的方式。覆盖木堆顶部,防止雨水进入,是贮放薪材的有用方法。把木材贮放在水中,或者给木材洒水,则能阻碍干燥。漂运木捆的水上部分可以保持干燥,除非不时翻转或洒水。

7.5.3 真菌性腐解

生物性腐解主要发生于木材的贮存和风干期。木材在露天或在地上的耐久性在很大程度上是抵抗真菌性腐解的结果。真菌侵害能使木头变色。蓝变真菌不影响木头的机械强度,菌丝利用木细胞内的可溶性物质作营养,使木头变色。木腐真菌也影响木头颜色,但主要影响是造成腐朽。对于大多数木腐真菌,含水量在35%～75%干物量时最宜于生长,含水量低于22%左右则不能生长。真菌生长能在65℃时开始,但在寒温带的最佳温度却是22～30℃。

真菌分泌酸和酶,借此溶解纤维素、半纤维素、木质素和果胶,分解木头。腐解过程需要氧气和水分,释放二氧化碳和水。木头酸性增加,这在制浆工艺中则增加氢氧化钠的消耗。腐解木柔软易碎(图7-29)。

腐朽有下列常用的分类:

① 褐腐由真菌引起。真菌先用全纤维素,但对大多数木质素却弃之不顾。这些真菌通常发生于针叶树,但有27%左右的种类专司引发阔叶树腐解。腐朽木呈棕色,甚至黑色,干燥后形成小立方块。

② 白腐一般发生于阔叶树,但有18%的种类只侵害针叶树。引发白腐的真菌消费木质素的速率是消费全纤维素的2～3倍,尤其在腐解的第一阶段。化学制浆因此能获得合理的纤维产量,除非木头腐解过度。白腐菌是开发生物制浆中令人关注的选择,但问题是,这些真菌在有碳水化合物时,分解木质素更快。这意味着木质素和纤维素同步分解。有一类白腐称为腐蚀性腐朽(蜂窝状白腐),因为受害木常常分解不均。纤维素和木质素在腐解的第一阶段分解均匀,但后来在浅色的凹处只用木质素,留下单纯的纤维素。木质素的分解从细胞膜向细胞壁推进。木质素消耗掉后,相当比例的纤维素也分解。

③ 软腐是腐朽的第三种类型,形

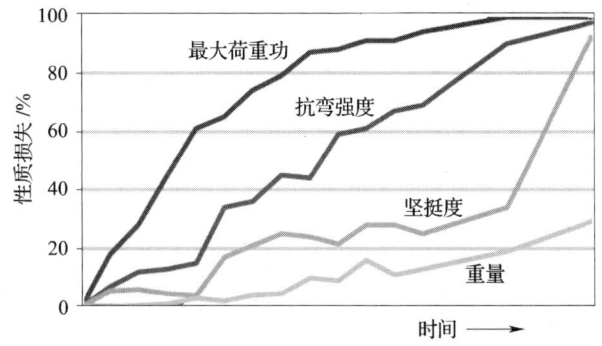

图7-29 木头在贮存期间的分解和性质变化

成垂直于木纤维的多重硬表面。木头在形状和硬度上长期不变,但能与纤维成直角断裂。软腐菌需要氧气较少,因此软腐一般发生在湿润条件下,就像木杆与土壤保持接触那样的情况。这些真菌还喜好高温,因此在经常发生高温的木片贮存中,也是腐解的一个重要因素。

7.5.4 腐朽类型对比和腐朽预防

在腐解的第一阶段,干物质的损失在有褐腐时最快。纤维素分解在有软腐和褐腐时最快。已有大量工作细致研究了腐朽类型对水青冈木的影响[30-31]。

在北欧,堆放的圆材在贮存第一个夏季期间损失 2%~5% 的干物质。表 7-6 给出物量损失和冲击弯曲强度之间的关系。腐朽即使在早期就对木头的强度性质影响剧烈。

表 7-6　　木头物量损失和冲击弯曲强度之间的关系[32]

物量损失/%	褐腐		白腐
	硬木	软木	硬木
	相对于健全木的值/%		
1	6~27	28~38	21
4	60~70	25~55	26
6	80	62~72	50
10	70~92	85	60

要避免真菌腐解,可以缩短贮存期,用种种方法使木头保持高含水量,诸如避免破皮、洒水或者干脆贮存在水中。一个普遍目标是,确保木材从森林快速运往厂地。有些公司认为,造纸材的夏季贮存不得超过两个月。要延长贮存,则应该尽可能降低含水量——最好低于 27%。这通常意味必须在组织良好的贮存站做木材的剥皮和风干。

7.5.5 昆虫侵害和水生生物侵害

木蛀虫在营养需求上差别巨大。有些种类,或其新孵幼蛹,只食用内皮,在有些情况下,仅仅食用坑道里的真菌,并不破坏木头本身。这些昆虫能携带蓝变或木腐菌。其他昆虫侵入木头,造成损伤,乃至木结构崩溃。某些白蚁就是例子。

昆虫与真菌一样,也能以不同方式分类:
① 按照分类学上昆虫的各个目;
② 依据侵害皮木的阶段(活树、原木、贮存堆、建筑物和其他木结构);
③ 按营养来源(纤维素、淀粉、真菌等);
④ 按照所适宜的木头状态(干燥木或新鲜木)。

昆虫在喜好的生活条件方面也有差异。有些喜好阴湿条件,有些偏好向阳温暖的地方。雌虫常常先必须把受精卵排入皮内或木内才能感染木材。预防这类昆虫侵害的一种方法是,避免在它们的聚集期把木材贮于林内。其他方法包括化学处理,水贮,覆盖木堆,剥皮,缩短贮存时间。必须先知道昆虫的生活习性,才能找到相应的预防措施。

在热带和亚热带,昆虫的威胁更严重。两千种左右的白蚁尤其值得注意。从实用观点看,

白蚁的分类依据生活习性和生活模式:
① 土栖性白蚁:地下巢居白蚁,筑冢白蚁,纸板巢白蚁。
② 木栖性白蚁:干木白蚁和湿木白蚁。

要预防栖土白蚁的侵害,可以机械隔离木制建筑和木堆。这对木材堆显得昂贵。其他预防措施包括:化学处理,把木材迅速从树桩转往厂地。生物方法也在考虑之列。天然抗白蚁的木材确实有,但也不是完全有效。有些树种的心材很有抵抗力。

水生生物能在漂流运输和水贮期间侵害木结构和木材,尤其在热带海域,在礁湖或三角洲的微咸水域。原木短期贮存后水运,风险就小。例如,蛀船虫能先作为小之又小的蛹在木头表面定居,钻打微乎其微的孔洞进入;一旦成年,就在木头中形成大而越来越深的坑道。原木表面几乎毫无可以觉察到的感染迹象,但严重内患却是真而又真。

7.5.6 细菌和生物反应性腐解

至于其他损伤木头的微生物,细菌值得一提。细菌性降解能发生于木材的长期贮存或漂运。这在软木中较为普遍,但也发生于抗软腐的硬木中。细菌能减少木头中的果胶、糖和淀粉含量,但基本不动纤维素或木质素。在北欧国家条件下,把松木锯材原木或桦木旋切用原木水贮几星期,就能看见细菌显著的影响。细菌能破坏细胞纹孔和髓射线细胞,增加木头对液体的可透性。这能妨碍锯成材的涂漆和其他表面涂饰。还有其他生物化学功能也起有重要作用,尤其在木片贮存中。这个话题在7.5.8节专节讨论。

7.5.7 贮存对工序的影响

为了提供贮存木头对工序影响的概念,下面举例说明一些主要来自北欧国家的研究结果。例如,原木贮存能给锯木加工引发如下成本[33]:
① 洒水,额外的处理和本地运输能增加成本。
② 处理性损坏,沉水木和树皮侵蚀能导致原料损失。
③ 变色,或其他生化或生物缺陷,能增加质量分类的难度;树皮的丢失可以妨碍径级分类。
④ 在框锯木材厂,加工能力可能因原木干燥而下降。
⑤ 干燥原木,或泥土污染的原木,能使锯子和刀片需要更频繁的刃磨和维护。
⑥ 树皮过湿、过干或冰冻,可以妨碍剥皮。
⑦ 锯成材如果出自湿贮的原木,要干燥,就会增加窑的能耗。
⑧ 湿贮原木锯出的木材可能需要延长干燥时间。
⑨ 对木材贮存的投资意味利息支出。
⑩ 窑在干燥陆地贮存原木的锯成材时,能耗下降;树皮燃料的价值上升。

各种贮存和运输方式导致不同的干燥程度和化学反应,影响云杉在夏季的机械制浆性质。腐朽也造成有害效应[34]。在北欧国家,冬季气温特低,没有明显变化。冬季结束后不久,贮存历史不同的造纸材做出来的纸浆在亮度上差别甚小,抑或微不足道。夏季水贮两个月意味纸浆亮度下降2单位左右,显著增加漂白费用。在8月份,漂流洒水木材在做成纸浆的亮度上要比绿色造纸材低2~4单位。木材干物质含量只要在42%~60%,做出来的纸浆或新闻纸在强度、掉毛或印刷性质上就没有明显差异[35]。木捆漂流时不洒水,上部就会干燥。这样,纸浆的强度下降,磨浆工序本身出现困难。新工序对干燥造纸材则不那么敏感[36]。

在另一项实验中,造纸材陆地贮存1~2个月,在亮度上跌掉1个单位,但做成的磨木浆在强度性质上没有明显下降。贮存3~4个月,纸浆的撕裂强度和抗拉强度则明显受影响。贮存更久,亮度和抗拉强度进一步下降[36-37]。

化学制浆受木头贮存的影响不如磨木浆大。木头在贮存期的损失在北欧条件下大致是每年3%~5%。干燥、真菌性腐解,以及化学反应,都能使木头在剥皮和削片中有额外损失,影响蒸煮的时间和化学品的消耗[38-39]。褐腐尤其能在削片中引起显著损失,因为木片是如此之小。圆材贮存不显著降低松节油的出油率,但减少浮油产量[41]。如果不要浮油,贮存期树脂的损失则有益于对蒸煮工序。外加贮存期会损失木材,由于减少投资而降低的利息成本是缩短贮存时间的又一个原因。

7.5.8 木片贮存

木片在制浆厂大堆贮存的周转时间往往只有几天,没有生物性败坏。不过,有可能需要长时间贮存和运输,因为厂地需有缓冲库存,生产上难免有间歇,运输距离遥远,或者木片用作能源。

木片中的木头,但尤其皮和叶,在长时间的贮存中,易受生物反应、化学反应和真菌性腐解的影响。在有些消费量不大的地方,可以给能源生产性木片挡雨,应用人工干燥。木片的含水量通常相当高,变差也不小,外加其他条件,能促成木片堆败坏。木片堆的自然加热能引发火灾危险,真菌孢子则能给厂地员工引发健康危险。对于制浆厂用贮料仓贮存木片也一直争论不休。细节参见 Assarsson[42]、Bergman[43-44]和 Hakkila[5]的文章和教材。

7.5.8.1 木片受损机制

引发木片堆败坏的主要有三种过程[45],每种都与温度和水分密切相关:

① 生物反应:活的薄壁组织细胞和形成层细胞的呼吸反应消耗养分,释放二氧化碳、水和热量。木片小,氧气的扩散进入和二氧化碳的扩散排出都快。这使反应加剧。呼吸作用从0℃开始,随温度上升,直到40℃。温度再高,细胞开始死亡,一般在60℃就不再有任何功能。

② 微生物反应:微生物反应主要是由于四大类微生物。a. 变色菌和霉菌(子囊菌纲、半知菌类)引发变色问题,软腐,以及人类对孢子的过敏反应。b. 木腐菌(担子菌纲)是木片分解的主要负责者。这些要么是白腐菌,侵害碳水化合物和木质素,要么是褐腐菌。c. 软腐菌(子囊菌纲、半知菌类)附着于木片表层,使木片软化。极少有软腐菌从贮存木片隔离出来。软腐菌侵害进展缓慢,但范围广泛,因为能在抑制其他真菌的低湿和高湿条件下生长。d. 包括酵母(子囊菌门、担子菌门)和细菌,在木片贮存中似乎不太重要。大部分腐解菌最适于20~30℃的温度,在温度超过40℃后受到抑制。对于这些真菌,大堆木片的中心通常太热。腐解菌在水分含量为25%~60%时生长迅速。这些真菌还需要氧气,束缚氮。氧气通常足够。氮却可以是腐解菌的限制因子,因为无皮无叶的木片氮含量很低。

③ 化学反应:木片堆中发生有各种各样的有机化学反应。死细胞中的非饱和性提取物随时能与氧气发生放热反应。这些直接氧化反应,在温度约为40℃时开始有一定的重要性;在温度达到50℃左右时,则至关重要。如果温度升到燃点,例如,在碎屑、树皮和树叶形成的凹处,这样的过热可能就是由于化学氧化反应。纤维素组分的酸水解也是一种产热反应。

木片是吸湿性的。这意味着木片吸收和失去水分。因此,木片堆,如果不盖上,在含水量上受降雨影响,还受木堆本身的形状和大小影响。堆成锥体形,吸收的雨水要比平顶堆吸收的少。水蒸气经过木片堆表层时,先冷却,再凝结。因此堆顶的 1~2m 最湿润。随着温度和蒸发增加,微生物反应由于烟囱效应先从木片堆内部开始。外部的空气从木片堆的基部周围进入,变热。温暖而湿润的上升气流富含空气传播性微生物,其活性在堆中不断加剧。

木片堆内的温度取决于环境气温和降水,堆本身的规模和紧密度,以及树皮、树叶和碎屑在堆内的含量和分布。在北欧国家的气候条件下,木片堆中心的温度,在贮存的第 1 个月内,通常每天增加 1~2℃。随着贮存时间的延长,温度一般能升到 60~70℃,然后保持恒定。有些实验显示,最高温度甚至在 2~3 周内就能达到。桦木片要比松木片或云杉木片容易变紧实。这促进温度上升。在热带条件下,木片堆形成不久就达到最高温度。在北欧冬季,木片堆的很多部分会冰冻。要避免过度冰冻,可以在木片堆底部引入暖空气或蒸汽。温度的上升会使纤维断裂,促进变色过程,略为增加真菌活动。

随着贮存期延长,木片堆的温度可以升到 100℃ 或更高,炭化或自燃风险增加。这种风险在用于能源生产的整树木片堆中很高,因此必须采取预防措施[46]。

7.5.8.2 量变和质变

木片变色能很快发生,常常在堆中较热又酸性强的区域最为广泛。夏季贮存期间,在凉爽以及温和气候下,最大的干物质损失发生在木片堆的周边,温度为 20~50℃。在寒冷冬季,最大的干物质损失则发生于木片堆的中心。在凉爽以及温和气候下,木片堆的损失在起先 2~3 个月内平均每月 0.5%~1.0%,往后随着贮存期延长而不断加速。半年后,木片也许已经严重败坏。延续贮存在温暖又湿润的气候下导致的木片损失大致是温和气候下的加倍。正常贮存通常很少改变软木木片中纤维素、半纤维素和木质素的含量;但有人发现,长达两年的贮存造成松木和云杉木片中阿拉伯半乳聚糖、木聚糖和葡甘露聚糖的败坏[47]。桦木片的木质素含量增加,而提取物和木聚糖含量降低。

木片在贮存期间树脂含量显著下降。松木片在降幅上较之云杉木片和桦木片要大,一个月内可以超过总量的 50%。最大的损失通常是在木片堆较热的中心部分。在相当大的程度上,树脂的快速风干是由于温度依赖性的化学反应。不全面和假设性的解释包括:活细胞呼吸、真菌反应、生化反应。

7.5.8.3 贮存的制浆效应

木片贮存对制浆的影响众多,随制浆法有所不同[48]。

(1) 硫酸盐制浆法

木片室外贮存 2~3 个月,牛皮纸浆的制浆产量(基于烘干材重)保持不变。必须把木头损失加入总贮存损失。在凉爽以及温和气候下,这期间的每月木头损失是 0.5%~1.0%。

延长室外贮存到 24 个月,针叶树木片的制浆产量下降 2%~5%。木片堆内大有差异。

木片室外贮存对浮油和松节油之类副产品的产量有不利影响。浮油产量下降是由于木头中树脂有损失,也由于树脂氧化中的化学变化。树脂的水溶性增加。

牛皮纸浆的强度随着贮存时间的增加而降低。

真菌活动使木片酸化,进而增加中和木片所需要的氢氧化钠的消耗。

(2) 亚硫酸盐制浆法

以上所述都适用。此外,随着木片贮存时间的增加,未漂白纸浆的亮度剧烈下降。要把这纸浆漂白,倒是没问题。但避免这种需要,就能节省这笔漂白开支。树脂定量的下降还伴有定性效应。脂肪酸的氧化减少树脂的氯化。这对黏胶丝浆和纸张生产的质量是个重要因素。在黏胶丝浆,氯化树脂释放有害颗粒。在造纸厂,黏性富氯树脂是种种树脂障碍的主要原因。

(3)精磨机械浆

大颗粒的比例增加。纸浆的强度性质迅速恶化,即使贮存仅一个星期就可以有显著影响。未漂白纸浆的亮度下降,漂白化学品的消耗增加。提取物含量减少。

有鉴于这些显著因子,木片如果要用于生产机械浆,最好贮存在贮料仓内。

7.5.8.4 有用措施

为调节水温条件,预防自燃风险,推荐以下预防措施[46]:

① 各种木燃料分别堆放贮存:大多火灾源于不同品种之间的交界处,或者,不同渗透率造成的压实和非压实木片之间的交界处;

② 尽量减少堆中含水量的消散;

③ 避免堆中有金属:假定金属具有催化作用;

④ 把木片堆成长方体贮存:高度等于基宽的1/2;

⑤ 确保堆的周边均匀,无凹无凸;

⑥ 使堆的纵向与盛行风向一致;

⑦ 堆高不超过6~7m:既有利于良好干燥,又把能量损失减到最低。

为了避免自燃,整株硬木木片堆在压结前应该低于12m,压结后低于9m。软木木片堆的对应极值分别为10m和7m。树皮堆则是7m和4m,锯屑堆6m和4m。

制浆厂需要制浆材料均匀一致,也使用各种原料的混合体,因此可以分开贮存不同来源的木片。风造成木片的气流筛选;在用鼓风机传送木片或从高处投放木片时尤其如此。有些现代木片贮存系统因此使用输送机和堆垛机从顶部做堆。各种等级的木片便会形成厚度相等的层次。回收木片时不打扰这些层次就能实现均匀化。回收机切片穿越所有层次,确保质量、大小和含水量上都均匀一致。堆垛机做的堆没有压结,含有大量空气和氧气。生物和生化过程在现代贮存系统因此要比在老式贮存系统木片堆有所压结的情况下更易发生。短暂的周转时间至关重要。

新木片层如果放在旧木片堆上,很快就会招来真菌感染。最好的做法因此是用加堆和减堆。减堆用于给制浆过程供料,上面不加新木片。加堆则用于贮存新木片,如此等等。

要减少木片在木片堆变坏,可以用如下方法[44]:

① 贮存木片的周转既快又稳定,不混合新老层次;

② 管理程序到家;

③ 控制堆的大小(建议高度不超过15m,但如果贮存时间长于2~4周,则不超过8m);

④ 尽量减少对木片堆的压结(例如,被拖拉机压结);

⑤ 避免混合落叶树和针叶树木片;

⑥ 控制碎屑;

⑦ 用贮料仓贮存木片;

⑧ 密封木片(氧含量必须低于1%;昂贵);

⑨ 贮存在水中(昂贵),或给木片堆洒水(洒水降低温度,但由于堆中典型微生物的性质,没有其他积极作用,因此效益有限);

⑩ 对木片作辐射处理;

⑪ 化学处理(已为室外贮存提出并测试过形形色色的化学品,包括制浆厂化学品;化学物

品不该危及制浆工序,造成大气或土壤排放,或威胁人类健康)。

总之,木片贮存期在厂地通常如此短暂,只要采用现代贮存系统,管理到家,控制碎屑,有现代输送机和堆垛机,又有效周转,在正常情况下就足够了。其他方式不是太贵就是低效。要化学处理木片堆,底部则必须不透水。

7.5.9 树皮贮存

对于水贮原木或洒水原木的皮,很难不做人工干燥就直接风干贮存。试验显示,平均含水量在贮存前后几乎一样。还测出了贮存使干物质大量损失,含能量下降。此外,贮存材料内外的孢子之多,使人类健康受到威胁[49]。干燥后贮存树皮要容易些。木片含水量能下降,尤其如果给贮存堆通风。干物质损失低,真菌生长相当有限[50]。一种可能是,先用些刨花之类的干材料与树皮混合,再贮存[51]。

7.6 木材收获的环境影响

7.6.1 常用概念

木材采运常常被指控为破坏林区,造成荒漠化(参见第10章)。在凉性森林带,采用天然更新,或人工更新(播种、栽植),就不难做可持续林业。例如,北欧国家和欧洲大陆在这方面有悠久的传统。在南半球,问题要大些,但大多数是人为造成的,诸如放牧过度。

木材采运在热带是可以促进沙漠化,但过程通常很复杂。例如,热带雨林中拥有商品价值的树种不多。因此,采运木材后依然有森林覆盖。伐树可以降低生物多样性,除非确保伐除的树种有更新。筑路开通林区使人更容易进入,除非控制通行。轮垦(刀耕火种)、森林火烧和放牧导致森林破坏。天然就薄的腐殖质层很快耗尽,土壤流失随之发生。工业林常常就是在这种先前已遭破坏的地域上建立的,在这种情况下,林业本身不可能是沙漠化的起因。

水蚀能引发严重问题,尤其在山区。水的侵蚀力强烈取决于水的流速。流速的指数影响强调,控制水的流速是控制侵蚀的重要部分。因此,要尽量减小采运对水土流失的促进作用,可以采取的措施大多数结合流速的控制。另外,还有如下重要方面:

① 保护滩地森林和水岸(缓冲带,集材道不穿过河床等流水的地基);
② 适当规划皆伐和林窗(形状、方向、大小)以预防风倒等;
③ 适当规划木材采运季节(避免雨季);
④ 适当规划道路的网络、建筑技术和维护;
⑤ 合适规划作业地点和采运作业;
⑥ 适当的科学技术、工作技巧和作业监督。

下列环境影响也有关:
① 非可更新能源的消费及其造成的排放。
② 养分随木材从森林的移除。整株采运尤其如此,因为树叶含有树体养分总量的很大比例。因此,即使先部分打枝,去除树顶,抑或让树伐倒后带叶风干,再把树运出林地,也是有益之举。养分贫瘠的森林立地对养分的移除尤为敏感。要减少破坏性林火的风险,应该在野火易发期收走采运废除物。
③ 皆伐后,养分随水土的流失和深层淋失(环绕湖泊、河流和其他水道保留缓冲带;避免

在敏感地域强度干扰土壤和集约整土法;等等)。

④ 农药和木头防腐剂的残留化学物质。避免有害影响在这里包括:只用这类影响已被测试和认可为最小的化学品;使用前精心规划作业,选好时间;采用的喷洒方法使化学品限施于目标对象。同样重要的是,施用期间的作业安全。化学物质可以通过呼吸器官、消化道和皮肤吸附于人体。

⑤ 对景观、多用途、生物多样性和林分健康状况的影响,例如,对保留树的损害和对土壤的干扰。

7.6.2 能源消耗和温室气体排放

木材收获的机械化意味着能源消耗增加了 10 倍。尽管如此,以芬兰为例,木材收获和运输所消耗的能源量在 20 世纪 90 年代中期只是全国初级能源消耗总量的 1%～2%,柴油燃料消耗总量的 5% 左右。要不是之前 15 年的技术发展,这些消耗数值就至少还会高 1/3[24]。进一步降低燃料消耗的潜力依然可观。发表于 2006 年的瑞典研究显示,更高效的发动机,优化液压系统,混合动力技术与替代能源,优化物流路线,减少轮胎摩擦,以及培训司机,可以把柴油消耗降低 30% 以上[52]。

森林作业和木材长途运输在 1996 年的芬兰占温室气体排放的 2% 左右[24,53]。当年收获的木材中所含的碳量要比林业作业所排放的碳量高出 20 倍[53]。林业和森工部门的能量平衡也有盈余,如图 7-30 所示。在芬兰,森工产品中所固定的太阳能量超过林业和森工系统所用外源能量的翻倍。相对于靠燃烧木材生产的能量为内源能量,外源能量是指木材收获、制材、制浆和造纸过程所用燃料和电力中不是内源能量的那部分。如前所述,尚有可能减少机械化木材收获和运输的能源消耗。用更新能源取代化石性能源,则能实现完全可持续性系统,但今天要这样做,依然太昂贵。不过,用森林生物质生产能源一直在增加(参见第 3 章 3.3.7 节,第 4 章 4.3.1 节)。

采运和运输机械液压系统用的油是污染源。有些森工公司已经解决了这个问题,用植物性或其他生物降解性油类完全取代矿质油。比之传统矿质油,菜油虽贵,却有更优良的技术性质,诸如黏度适于链条润滑或用作液压油。不过,菜油用作液压油时,能污染机器外表,一旦过热便丧失优良性质。生物降解性矿质油也有供应。

7.6.3 疏伐对森林立地的影响

原则上,疏伐,尤其初次疏伐,有三类不利影响:对地面的占用(裸道),对保留树的损伤,对土壤的干扰。此外,需要关注:养分的损失,裸道对选树的影响,风害雪害的引入,病虫害。这些关注事项尤其难以短期研究。

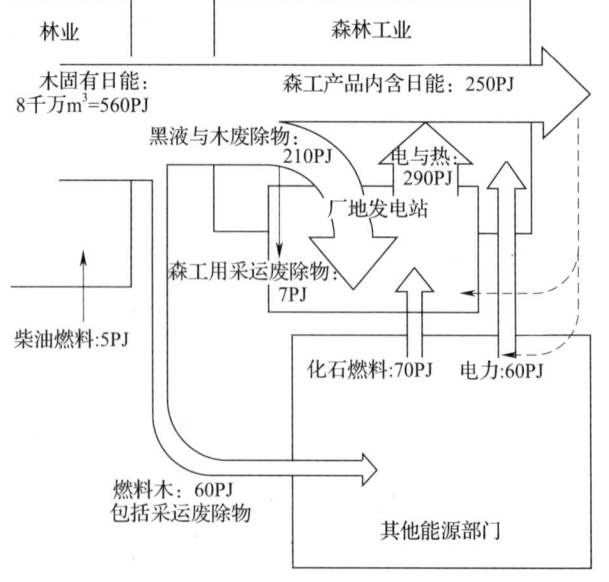

图 7-30 芬兰森林部门的能流[54-55]

普遍接受的疏伐损伤极限在北欧国家是保留树总数的5%。可接受的裸道宽度是4m左右,推荐的裸道间距是20~30m。辙沟深过10cm造成损害,这样深的辙沟不该超过裸道总长度的10%。表7-7以芬兰的一片云杉林为例,总结初次疏伐采运引发的间接成本(林分未来产值的损失)[56]。

表7-7　　　　疏伐采运后未来产值的损失:芬兰云杉林[56]　　　　单位:欧元/hm²

影响	贴现率/%	
	0	5
裸道(面宽4m,间距20m)	216	81
对保留树的损伤	106	40
辙沟形成、土壤干扰	43	15
总计	365	136

收获给林主带来的获益是:
① 初次疏伐作业的立木价格:1150 欧元/hm²;
② 由于初次疏伐,未来收获时木材货币价的增值能超过上述立木价格好多倍。

疏伐采运对生长积蓄量总有些影响,但获益在寒温带远大于损失。如果是生产锯材原木连带造纸材,疏伐的获益则包括:疏伐木材的实际立木价格、不疏伐就不会有的较早收入、提增的价值生长(未来收获时锯材原木的份额较大)。任何不利影响都能尽量减小,只要机器操作员既精心又熟练,而且采运作业和裸道网规划得当。

辙沟能损伤树根。造成辙沟的两个技术原因是,地面压力和车轮打滑。轮胎或履带上高而"激进"的筋条是又一个因子。对土壤的另一个重要影响是土壤板结,以含水量、容重和大孔隙空间量为指标,可以用透度计测量。土壤板结首先是由于采运机械对地面的压力。这在地面冰冻也不能减少板结而土壤是黏土的条件下尤其显著。

采运损害所造成的经济后果难以估计,取决于数项因子,但有些初步尝试,比较疏伐采运的某些方法和机器的总成本(直接和间接成本)。表7-8所示的研究做于20世纪90年代中后期,比较芬兰条件下的微型履带式集运机(皮重4t)、小型轮式集运机(7~9t)和中型轮式集运机(12~14t)。

表7-8　　　　芬兰疏伐采运总成本:用手持动力锯伐树,不同机器集运　　　　单位:相对值

机器类型(皮重)	直接成本	间接成本	总计
集运机(10~12t)	100	66	166
小型集运机(7t)	125	56	181
履带式小型拖拉机(4t)	135	49	184

这些结果支持的观点是,中型林业机器(皮重10~12t)——在北欧最受欢迎——也是疏伐中最经济的机型。

7.6.4　主伐对生物多样性、森林多用途和景观的影响

主伐时,上节讨论的方方面面大部分不如疏伐时那么重要。养分随水土的流失和淋溶,对

生物多样性的影响,对森林多用途的影响,还有景观,这些则更为重要。许多企业已经或正在开始实施环境政策、指令以及含有实际收获作业说明的指南。关于环境考虑对采运成本的影响,已有不少研究[c]。

有些计算表明,在皆伐区成组保留树,为了生物多样性、景观,或两者兼顾,可能略为增加采运的直接成本,尤其如果保留的是大树。优势来自留下死树或受损树当作继续腐解的材料,不干扰小型的关键基因型。这样能使成本降低,是由于腐解中的树株常常反正都会留下,而关键基因型主要由不起眼或小径级木材组成,难成采运对象[57]。保留树的立木价值能是伐除树总值的1%~6%。此外,这些措施对下一代的未来产量可以产生不利影响[58]。不用皆伐,只做择伐,在北欧国家的现有条件下会显著增加采运成本,降低林分产量。降幅为20%~30%,由于随后的更新差,林分密度低,或者两者兼有[59-60]。择伐在生产力上没有皆伐高。这些影响在很大程度上取决于树种和环境条件。

还有其他方法也增加采运成本,降低林分产量,诸如限制皆伐地域的面积,把择伐或天然更新用于不适合的立地。不过,如果环境保护、游憩或景观价值是林区的最重要追求,那些方法也值得考虑。

7.7 木材贸易

7.7.1 国内市场上购置木材

森工企业或其他木材用户如果在木材上不能自给自足,就必须从国内或国际市场购买。可以按如下方式组织木材购置:a. 设立公司自己的木材采置部门,b. 成立专门的木材采置公司,c. 使用中介或企业家的服务,传递所需木材。有三种初级途径购置木材:

① 购置立树(标定林分):买方负责采运;
② 使用交货销售:林主或中介伐树,把木材运到路边或厂地;
③ 获取森林特许权:公司长期租赁森林地域,负责林业活动。

公司还可以与其他公司调换不适合自己用的木材品种,或者远离自己厂地的木材。法规,还有买方、卖方和中介之间的合同,构成木材贸易的基础。重要的是,要知道什么时候一批木材的所有权从卖方转向买方。其他关键考虑是,谁对采运造成的损害负责(与承包和分包人的合同);涉及木材贮存的权利是什么,谁对第三方的任何受害负责;分配给采运和木材贮存的时间有多长;木材在什么时候,什么地方,用什么方法检尺;谁负责更新,等等。贸易合同中最重要的段落涉及立树、树干或木材品种的价格和质量规格,以及预定的支付计划。木材贸易的另一份重要文件是检尺证书。这包括木材的材积,按照质量规格逐级列出。

木材检尺能在交易行为之前或之后在立木上做,在伐树期间或之后做,在路边或在厂地原木楞场做。在伐树期间(收获联合机检尺)做,或者往后在厂地原木楞场做,成本最低,是许多国家的首选。贸易合同因此经常用目测估计材积,森林管理规划提供的信息,或者草测。最终支付依据检尺证书。但先前的初步信息在规划收获和工序作业时也都需要。有电脑操作系统可以根据各种木材规格设置标定林分的价格。

在芬兰,木材购置传统上一直是先有林主和买方公司代表之间直接联系。遍布全国的地方性森林管理协会提供各自区内标定林分的信息。这些协会有时也当中介。小规模私有森林财产数量庞大,要从中找到林主有林分适合购买,颇具挑战性。林权越来越多地从当地农民所有变为异地市民所有;林主对森林财产也有不同用处,而不是生产木材。因此,购置木材必须用新方式。要提高购置效率,现代营销理论是个起点。要发现适合购买的林分,可以用森林管理规划(如果能弄到)和基于航空或卫星图像的空间系统。其他可用的营销方法包括林主注册,林主分录,辅有电话或个人联系的直邮广告,间接营销事务(会议、信息、培训活动等),卖家满意度研究(客户满意度),以及作为公司质量制度组分的监控系统。电子网上有不少互动性决策支撑系统[d]。

在芬兰的问卷调查显示,林主鉴赏木材价格水平,公司的可靠性,个人联系,采运的高质量,木材的可靠检尺,能把木材横截成诸多品种的胜任力,以及环境方面。年轻人尤其鉴赏环境方面[61]。因为林业收入经常用于农场投资或家庭开销,年轻人比老年人更愿意出售木材。立木价格上涨使人更愿意在短期内出售,而价格下跌则减少供应[62]。立木价格高本身因此并不能保证木材供应的长久稳定,但好价格可以鼓励林主投资改进育林。文化、制度和经济环境,因而还有林主行为,各国不同。

7.7.2 国际木材市场

圆木和木片的国际贸易不太广泛,在20世纪70年代仅占木材贸易总额的7%,尽管这一相对份额已是当时的历史最高水平。这表明,厂地靠近原料的来源一般更能盈利[63]。

木材品种的价格在国家之间有一定程度的差异。这种差价可以超过国际运输的成本。还有其他原因进行国际木材贸易。尽管运输纸浆的原料要比运输纸浆本身贵,但圆木和木片的国际贸易会继续。要办制浆工业,必须大量投资;这些投资的折旧时间长。此外,制浆厂唯有大规模作业,才能提供足够的投资收益。因此,要在一个国家建立新的纸浆生产能力,就必须拥有大量资本资源,或者在那里已经有制浆业或具有丰富原料,否则就难以做成。相比,做制材厂或其他机械木工业则要容易些,因为所需投资量较小,生产规模不必大。进口木材,只要量不大,即使价格高,还能使国内木材价格保持在合理水平。对于出口国,圆木贸易可以是工业投资的一个重要来源。

有些专家相信,木原料的全球生产,从长远来说,将在区域间分得更清。热带和亚热带是速生硬木人工林的天然区域,而寒温带则更适于长纤维性的针叶林。按照这一见地,这些地带的制浆厂将重点加工各自区域内的天然原料。不过,热带也有大量的人工松林。

国际原木贸易的一个难题是,如何预防不良生物,尤其昆虫,从一国传播到另一国。为了预防,许多国家已经实施严格的法规。传播的风险洲际运输木材要大于洲内或气候带内运输。污染元素,诸如重金属或微量放射性沉降物,也能成问题。进口商必须知道这些风险以及各国的任何相关法规。非法伐树,连带非法出口,据估计量相当大,是天然林和热带林遭受破坏的原因之一。因此,认证木材的来源是国际木材贸易的必要特征,以满足客户和民意。

木原料主要以四种状态进出口:圆木,废材(木屑等工序废除木),木片与碎料,木丸。按联合国粮农组织定义[e],圆木包括从林地采收的一切木头(干、枝、根、桩等);在林地直接从圆木做成的木片归属圆木,而非木片与碎料;木丸的直径不超过25mm,长度不超过100mm。这四项的出口在2014年全球合计2.3亿m³,等于总采收量的6%左右,为历来最高(图7-31)。如表7-10所示,最大的出口国是俄罗斯、美国、新西兰、越南和澳大利亚;前三国以出口圆木为主,后两国则以出口木片与碎料为主。最大的进口国是中国、日本、德国、瑞典和奥地利;其中除了日本都主要进口圆木。德国还是出口大国(进出口比大致为2:1)。因此,国际木材贸易的最大流量主要在工业化国家之间,外加一些经济崛起国。此其一。

其二,出口大国的森林资源不一定丰富。圆木的最大出口国历来是占世界森林总面积1/5 的俄罗斯,但第二大出口国新西兰的森林面积却只有俄罗斯的1%(表7-9)。新西兰森林面积的1/5 是人工林[i]。出口木片与碎料最多的前 8 名都是人工林大国,虽然人工林在全国森林面积中的份额有高(至少 16%)有低(至多 6%)。高的是越南、泰国、智利、南非,低的是疆域辽阔的澳大利亚、美国、巴西、俄罗斯、印度尼西亚。废材出口的前10 名都是欧盟国家,合计世界总值的62%。木丸出口近 4 成来自美国和加拿大,前 10 名的其余成员除了越南全是欧洲国家。

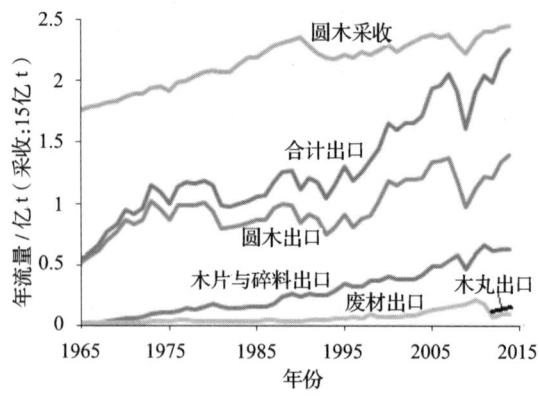

图 7-31　全球木原料出口:据联合国资料[e]

表 7-9　　　　木原料进出口大国:2014 年(数据取自各种资源[e-h])

区域	年流量/万t	木原料份额/%				森林面积/万hm²	森林覆盖率%	人均蓄积/m³	国内生产值(美元/人)
		圆木	木片类	废材	木丸				
全球	22650	62	27	4.2	6.7	399914	31	73	7178
出口									
俄罗斯	2450	86	9.4	1.1	3.6	81493	50	570	12926
美国	2384	60	23	0.17	17	31010	34	130	54597
新西兰	1732	96	4.4	0	0	1015	39	873	43837
越南	1561	1.9	93	0.47	4.8	1477	48	9.5	2053
澳大利亚	1203	22	78	0.27	0.006	12475	16	369	61219
进口									
中国	6982	77	23	0.032	0.00012	20832	22	11	7589
日本	2320	19	80	0.063	0.42	2496	69	37	36332
德国	1318	69	20	2.8	8.9	1142	33	45	47590
瑞典	1084	79	6.2	4.8	10	2807	68	314	58491
奥地利	1054	77	6.9	3.2	13	387	47	136	51307

其三,进口大国的森林资源往往并不贫瘠。就森林覆盖率而言,除了芬兰(第 6 大木原料进口国)和诸多群岛或热带小国等,日本和瑞典居世界之首[f]。日本人工林占森林总面积的近1/2,但都是防护林,不用于生产[i]。德国和奥地利在覆盖率上也高于世界平均值,而且如第 3 章3.3.3 节所介绍,那些森林所拥有的生长蓄积量平均高达 300m³/hm²,属于世界最高之列。

木原料进出口与圆木生产互成因果,又都受世界政治与经济的影响。如图 7-31 所示,全球圆木采收量一直略有增长,除了两次显著下跌:一次在紧接苏联解体后的 20 世纪 90 年代前期,另一次始于 2008 年的金融危机(参见 3.3.4 节)。圆木出口量出现相应的下跌。第二次下跌更是因为俄罗斯为了降低圆木出口于 2007 年大幅提高关税——俄罗斯工业圆木出口量在 2006 年占了生产量的 29%,世界出口量的 39%。在 2014 年,俄罗斯圆木产量回到了 2006 年的水平,但出口量却只是 2006 年时的 41%——连续 5 年如此。不过,世界圆木出口量没有因此滞留在低谷,而是不断回升(图 7-31)。显然,只要有求,迟早会有货源相应。

就工业圆木而言,如图 7-32A 所示,进口来自中国。其余世界的进口量一直徘徊在 0.8~1亿 m³ 之间。这种稳定并不是因为缺乏变化,而基本是两股趋势的动态平衡:进口量在欧盟的总体增长大致弥补在日本的持续下降。在欧盟内部,各国进口量也不乏兴衰。芬兰进口量曾在 21 世纪 00 年代中期高达 1200 万~1600 万 m³,仅次于中国和日本,但在 2009 年暴跌近 3/4。德国则自 21 世纪 00 年代中期在 10 年内剧增了 2 倍(表 7-10)。

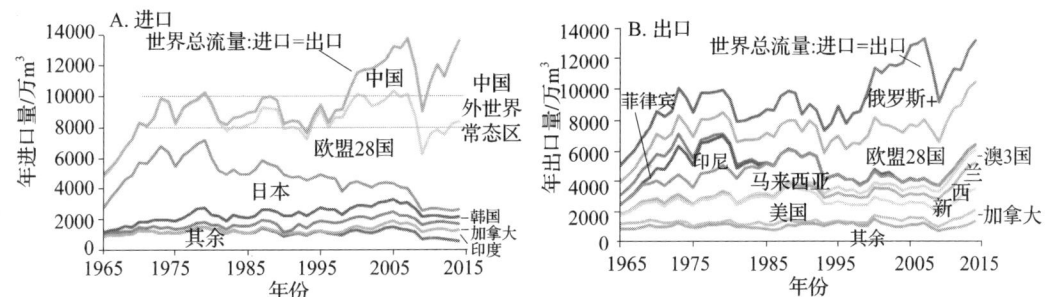

图 7-32　工业圆木进出口市场变迁史:联合国数据[e]

线间宽度指示各国的份额

俄罗斯+—自 1992 年加乌克兰和白俄罗斯,之前为苏联数据　欧盟 28 国—
不含波罗的海 3 国 1992 年前作为苏联一部分时的数据　澳 3 国—澳大利亚、巴布亚新几内亚、所罗门群岛

至于工业圆木的供应,欧盟和俄罗斯的出口量在 2008 年前大致等于欧盟和中国的进口量(图 7-32B)。之后,俄罗斯出口锐减造成的亏缺主要靠北美和大洋洲少数几个国家以及俄罗斯的近邻(东欧和前苏联加盟共和国)持续的出口增长到 2014 年时被补上。此外,犹如日本不再巨额进口工业圆木一样,先后席卷菲律宾、印度尼西亚和马来西亚的超量出口工业圆木之风显然已成历史(毁林之风另当别论)。但出口热带硬木最多的国家依然在这区域:巴布亚新几内亚、马来西亚(20 世纪 80 年代时的 1/6)、所罗门群岛、以及缅甸(出口中国的份额在 2013 年分别为 89%、48%、97% 和 24%)。

上述是进出口市场的宏观轮廓。具体出口圆木的国家遍布世界各地。如,联合国数据[e]显示,中国在 2013 年从 109 个国家进口了工业圆木,平均从每个国家进口软木、热带硬木和其他硬木中的两类。与工业圆木相比,中国的木片与碎料进口也在 21 世纪内爆长(2014 年占世界的 1/4 左右),废材进口则一直下降,木丸进口似乎刚刚起步(表 7-10)。

还应该谈及回收纸的进出口。回收纸不是木原料,但进出口量大,可以直接影响对木原料的需求。在 2014 年,回收纸进口量在全球相当于工业圆木进口量的 1.2 倍,在中国这个比值高达 1.6 倍,假定圆木材积与木浆产量的比值等于 3m³/t(即 1998—2008 年世界造纸材与木浆产量[e]的比值)。全球回收纸进口量与造纸材年产量的比率在 2006—2014 年一直维持在 40% 左右。中国使进入 21 世纪后本来会趋于稳定的回收纸进出口市场翻了一番(图 7-33)。

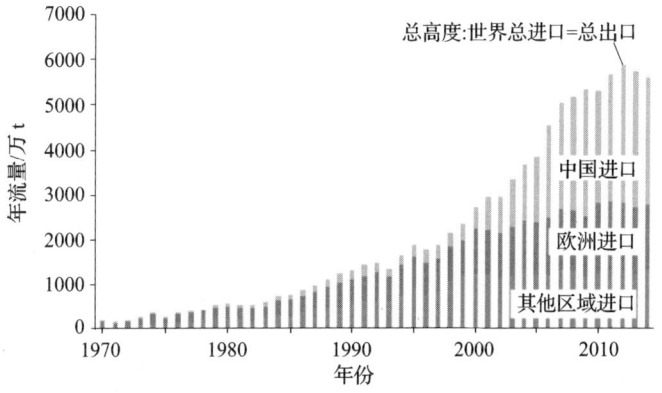

图 7-33　回收纸进出口:据联合国资料[e]

参考文献

[1] Harstela, P. 1994. Forest work science and technology, Part 1. Joensuu, Finland. Joensuu University. Silva Carelica. Nro 25. ISBN 951-708-194-4. 112 pp.

[2] Ahonen, O. - P. and Lemnetty, J. 1995. Leimikon tukkijakauman ohjjaukksen keinot. ummary: Means to controlling log distribution within a harvesting site. Helsinki, Finland. Metsäteho. Metsateho Review. Nro 5. 4 pp.

[3] Usenius, A., Halinen, M., Hemmila, P. and Sommardahl, K. O. 1987. Sahapuurunkojen apteerauksen kehittäminen. Espoo, Finland. VTT. 115 s. VTT tutkimuksia. Vol. 491, nro 1.

[4] Bjurulf, A. and Spangberg, K. 1994. Nya massavedssortiment en möjlighet till báttre råvaruutnyttjande. Stockholm, Sverige. Skogforsk. Resultat. Nro 19. ISSN 1103-4173. 4 pp.

[5] Kahala, M. and Rantapuu, K. 1968. Tutkimus sahapuun kokoisten runkojen ja kokopuidenhakkuusta, juonnosta ja varastokäsittelystä. Summary: Study on cutting, skidding and handling at the landing of saw-log sizes stems and full trees. Helsinki, Finland. Metsateho. Report. Nro 276. 6 pp.

[6] Kahala, M. 1979. Puutavaran kuormatraktorikuljetus ja siihen vaikuttavat tekijät. Summary: Forwarder transport of timber and factors influencing it. Helsinki, Finland. Metsateho. Tiedotus - Report. Nro 355. ISBN 951-673-045-0. 7 pp.

[7] Asikainen, A., Ala-Fossi, A., Visala, A. and Pulkkinen, P. 2005. Metsäteknologiasektorin visio ja tiekartta vuoteen 2020. Joensuu, Finland. Finnish Forest Research Institute. Metlan työraportteja / Working Papers. Nro 8. ISBN 951-40-1960-1. 91 pp.

[8] Rajamäki, J., Kariniemi, A. and Oijala, T. 1996. Koneellisen hakkuun tuottavuus. Helsinki, Finland. Metsäteho. Metsatehon rapottti. Nro 8. 50 p.

[9] Tienvieri, T. 1966. Mekaanisen massan vaatimukset puuraaka-aineelleja hakkeelle, AEL/METSKO Seminaari 12.-13. 11. 1996. Tikkurila. Metsateollisuuden Koulutuskeskus. pp. 2-6.

[10] Liiri, H., Asikainen, A., Lindblad, J., Ala-IIomäki, J. and Nuutinen, Y. 2004. Reducing of unwanted barking in single grip harvester cuttiing. In: NSR conference on forest operations 2004. Proceedings. Joensuu, Finland. Joensuu University. Silva Carelica 45. ISBN 952-458-557-X. pp. 280-284.

[11] Dietz, P., Knigge, W. and Loffler, H. 1984. Walderschliessung. Hamburg und Berlin. Verlag PaulParey. 426 pp.

[12] Samset, I. 1988. Winch & Gable Systems. Dortrecht, Boston, Lancaster. Martinus Nijhoff/Dr W Junk Publisher. ISBN 90-247-3220-4. 539 pp.

[13] Heinämäki, J. 1991. Kurottajatrukkien käytön optimointi puutavaraterminaaleilla. Summary: The optimum use of log stacking trucks at wood terminals. Helsinki, Finland. University of Helsinki, Department of Logging and Utilisation of Forest Products. Tiedonantoja - Research Notes. Nro 54. ISBN 951-45-6012-4. 109 pp.

[14] Vanhanen, H. and Heikinheimo, L. 1983. Productivity in forestry and socio-economic change

1950 – 1981. Wien, Austria. United Nations. TlMI/EEC/WP Nro 2/R58. 10 pp.

[15] Hakklia, P. 1995. Procurement of timber for the Finnish forest industries. The Finnish Forest Research Institute. Research Papers 557. ISBN 951 – 40 – 1433 – 2. 46 pp.

[16] Ollonqvist, P. 2006. Ammattihenkilöstön työpanospuunkorjuussa ja metsänhoitotöissä 1995 – 2005. Metsätilastollinen vuosikirja 2006. Metsäntutkimuslaitos. ISBN 951 – 40 – 2020 – 0. 234 pp.

[17] Andersson, G., Asikainen, A., Björheden, R., Hall, P. W., Hudson, J. B., Jirjis, R., Mead, D. J., Nurmi, J. and Weetman, G. F. 2002. Production of Forest Energy. Chapter 3. In: Richardson, J., Björdeden, R., Hakkila, P., Lowe, A. T., Smith, C. T. Bioenergy from sustainable forestry: Guiding principles and practise. Dordrecht – Boston – London. Kluwer Academic Publishers. ISBN 1 – 4020 – 0676 – 4. pp. 49 – 123.

[18] Wígren, C. 1992. Studie av bränsleanpassa davverkning med engreppsskördare hos Mellanskog. Stockholm, Sverige. Skogsarbeten. Skogsarbetenresultat. Nro 8. 4 pp.

[19] Asikainen, A., Ranta, T., Laítila, J. and Hämäläinen, J. 2001. Hakkuutähdehakkeen kustannustekijät ja suurimittakaavainen hankinta. Summary: Cost factors and large scale procurement of logging residue chips. Joensuu, Finland. Faculty of Forestry, University of Joensuu. Research Notes 131. ISBN 952 – 458 – 033 – 0. 107 pp.

[20] Laítil, J., Ala – Fossi, A., Vartiamäki, T., Ranta, T. and Asikainen, A. 2007. Kantojen nostonja metsäkuljetuksen tuottavuus. Summary: Productivity of stump lifting and forwarding. Joensuu, Finland. Finnish Forest Research Institute. Metlan työraportteja / Working Papers. Nro 46. ISBN 978 – 951 – 40 – 2033 – 9. 27 pp.

[21] Heikkila, J., Laitila, J., Tanttu, V., Lindblad, J., Sirén, M., Asikainen, A., Pasanen, K. and Korhonen, K. T. 2005. Karsitun energiapuun korjuuvaihtoehdot ja kustannustekijät. Joensuu, Finland. Finnish Forest Research Institute. Metlan työraportteja / Working Papers. Nro 10. ISBN 951 – 40 – 1964 – 4. 56 pp.

[22] Jylhä, P., Väätäinen, K. and Asikainen, A. 2007. Korjuri osaksi puunkorjuukalustoa. (Harwarder as a part of wood harvesting fleet) Julkaisussa: Kariniemi, A. (tomi.). Kehittyvä puuhuolto. 2007. 14 – 15. 2. 2007, Jyväskylä. Seminaarijulkaisu. Helsinki, Finland. Metsäteho Oy, ISBN 978 – 951 – 673 – 198 – 1. pp. 87 – 91.

[23] Kärhä, K. 2007. Metsähakkeen tuotantokalusto vuonna 2007 ja tulevaisuudessa. Summary: Production machinery for forest chips in Finland in 2007 and in the future. Helsinki, Finland. Metsäteho. Metsätehon katsaus. Nro 28. 4 pp.

[24] Harstela, P. 1996. Forest work science and technology, Part II. Joensuu, Finland. Joensuu University. Silva Carelica 31. ISBN 951 – 708 – 409 – 9. 138 pp.

[25] Heinrich, R. 1982. Logging of mountain forests. FAO. FAO Forestry Paper 33. ISBN 92 – 5 – 101225 – 3. 37 pp.

[26] Armitage, I. 1998. Guidelines for the management of tropical forests. 1. The production of wood. Rome, Italy, FAO. FAO Forestry Paper. Nro 135. ISBN 92 – 5 – 104123 – 7. pp. 193 – 223.

[27] Spinelli, R., Owende, P. M. O. and Ward, S. M. 2002. Productivity and cost of CTL harvesting of *Eucalyptus globulus* stands using excavator – based harvesters. Forest Products

Journal 52:67 - 77.

[28] Hartsough, B. R. and Cooper, D. J. 1999. Cut to length harvesting of short - rotation eucalyptus. Forest Products Journal 49(10):69 - 75.

[29] Ugalde, L., Perez, O. and Mead, D. J. 2001. Mean annual volume increment of selected industrial forest plantation species. Rome, Italy. FAO. FAO Forestry Paper. Nro FPI1. 27 pp.

[30] Curling, S., Clausen, C. A. and Winandy, J. E. 2001. The effect of hemicellulose degradation on the mechanical properties of wood during brown rot decay. In: The 32nd Annual Meeting of the International Research Group on Wood Preservation. IRG Secretariat SE - 100. Stockholm, Sweden. pp. 9 - 11.

[31] Suolahti, O. 1961. Laho ja sen torjunta. Porvoo, Helsinki. 124 s. WSOY.

[32] Wilcox, W. W. 1978. Review of literature on the effects of early stages of decay on wood strength. Wood and Fiber 9(4):252 - 257.

[33] Söderström, O. 1986. Timmerlagringens inverkan på olika processer m. m. iskågver - kindustrin. Summary: The influence of saw log storage on some processes in the sawmill industry. Uppsala, Sverige. Department of Forest Products, The Swedish University of Agricultural Sciences. Report 181. ISBN91 - 576 - 2784 - 3. 45 pp.

[34] Cowling, E. B. 1961. Comparative biochemistry of the decay of sweetgum sapwood by white - rot and brown - rot fungi. USDA Forest Service Technical Bulletin 1258. 79 pp.

[35] Pennanen, O., Laamanen, J., Lucander, M., Terävä, J. and Varhimo, A. 1993. Kuusikuitupuunlaadun säilyminen kesällä mekaanisten massojen raaka - ainee - na. Summay: Spruce quality in the summer as mechanical pulp raw material. Helsinki, Finland. Metsateho. Metsätehon katsaus 1. ISSN 1235 - 483X. 9 pp.

[36] Haikkala, P., Liimatainen, H. and Tuominen, R. 1987. Impact of dry and frozen wood on groundwood pulp quality. TAPPI 1987 Pulping Conference Proceedings, TAPPI PRESS, Atlanta, pp. 363 - 369.

[37] Tienvieri, T. 1966. Mekaanisen massan vaatimukset puuraaka - aineelle ja hakkeelle, AEL / METSKO Seminaari 12 - 13. 11. 1996. Tikkurila. Metsäteollisuuden Koulutuskeskus. pp. 2 - 6.

[38] Micales, J. A. 2008. Enzymes associated with wood decay and their potential uses in industry. Madison. Center for Forest Mycology Research. www. fpl. fs. fed. us/dlocuments/lpdf2001I/mical01a. pdf. 11 pp.

[39] Hainari - Maula, J. 1985. Erään sulfaattisellutehtaan puuraakà - aineen vaihtelun vaikutus sellunsaantoon ja laatuun, Diplomityö. Teknillinen korkeakoulu, Puunjalostusosaston selluloosatekniikan laboratorio. Espoo. 106 pp.

[40] Kawase, K. and Igarashi, T. 1970. Chipping and pulping of decayed woods. College of Experimental Forestry, Hokkaido University. Research Bulletin 27(1):161 - 295.

[41] Fenge, D. and Wegener, G. 1984. Wood. Chemistry, Ultrastructure, Reactions. Berlin, New York. Walter de Gruyter. 613 pp.

[42] Assarsson, A. 1969. Some reactions during chip storage and how to control them. Point - Claire. Pulp and Paper Magazine of Canada 70(18):74.

[43] Bergman, O. 1972. Deterioration and protection of wood chips in outside chip storage. Rome, It-

aly. FAO. FAOITWC7I2126. 33 pp.

[44] Bergman, O. 1985. Deterioration and protection of wood chips in outside chip storage. Uppsala, Sverige. Institution för virkeslära, Sveriges Lantbruksuniversitet. Rapport. Nro 170. ISBN 91 – 576 – 2532 – 8. 95 pp.

[45] Hakkila, P. 1989. Utilization of residual forestry biomass. New York. Springer – Verlag. ISBN 3 – 540 – 50299 – 8. pp. 376 – 385.

[46] Thornqvist, T. 1987. Bränderi stackar med sönderdelad trädbränsle. Uppsala, Sverige. Institution för virkeslära, Sveriges Lantbruksuniversitet. Rapporter och Uppsatser. Nro 163.

[47] Fuller, W. S. 1985. Chip pile storage – a review of practices to avoid deterioration and economic losses. Atlanta. TAPPPI RESS. Tăppi68(8):48 – 52.

[48] Anonymous. 1973. The production, handling and transport of wood chips. Rome, Italy. FAO. TF – INT 55 (NOR). pp. 60 – 79.

[49] Fredholm, R. and Jiris, R. 1988. Säsongslagring av bark från våtlagradestockar. Summary: Seasonal storage of bark from wet stored logs. Uppsala, Sverige. Institutionen för virkeslärä, Sveriges Lantbruksuniversitet. Rapport. Nro 200. ISBN 91 – 576 – 3406 – 8. 31 pp.

[50] Jirjis, R. and Lehtikangas, P. 1994. Lagring av torkad bark iventilerad stack. Summary: Storage of dried bark in ventilatedpile. Uppsala, Sverige. Institutionen for virkeslärä, Sveriges Lantbruksuniversitet. Rapport. No 243. ISSN 0348 – 4599. 29 pp.

[51] Jiris, R. and Lehtikangas, P. 1992. Långtidslagring av blandat barkkutterspåns – bränsle. Summary: Long term storage of mixed bark – shavings fuel. Uppsala, Sverige. Institutionen for virkeslärä, Sveriges Lantbruksuniversitet. Rapport. Nro 230. ISSN 0348 – 4599. 34 pp.

[52] Löfroth, C. and Rådström, L. 2006. Allt lägre bränsleförbrukningi skogsbruet, Uppsala, Sweden. Skogsforsk. Resultat. No 3. ISSN 1103 – 4173. 4 pp.

[53] Karjalainen, T. and Asikainen, A. 1996. Greenhouse gas emissions from the use of primary energy in forest operations and long – distance transportation of timber in Finland. Forestry69(3): 215 – 228.

[54] FFIF. 2008. The Finnish forest industry and energy 2008. Helsinki, Finland. Finnish Forest Industries Federation. 16 pp.

[55] Finnish Statistical Yearbook of Forestry. 2006. Helsinki, Finland. Finnish Forest Research Institute. ISBN 978 – 951 – 40 – 2020 – 9. 438 pp.

[56] Kokko, P. and Sirén, M. 1996. Harvennuspuun korjuujalki, korjuujäljen seuraus – vaikutukset ja niiden arviointi. Vantaa, Finland. Metsäntutkimuslaitos. Tiedonantoja 592. ISBN 951 – 40 – 1501 – 0. 10 pp.

[57] Hallenberg, T. 1996. Luonnon monimuotoisuuden huomioonottamisen vaikutus korjuukustannuksiin uudistamisaloilla. Pro Gradu. Joensuun yliopisto, Metsatieteellinen tiedekunta, Joensuu. 60 pp.

[58] Aldentun, Y. and Sondell, J. 1991. Studie av naturvardshansyn I praktisk skogs bruk. Summary: A study on nature conservation in practical forestry. Stockholm, Sverige. Skogarbeten. Redogorelse 1. ISSN 0346 – 6671. 12 pp.

[59] Karlsson, B. and Lönnstedt, L. 2006. Strategiska skogsbruksval – konsekvenser av alternativ till

trakthyggesbruk med gran. Stockholm, Sverige. Skogforsk. Skogforsk Resultat 1. ISSN 1103 – 4173. 4 pp.

[60] Lundqvist, L. 1993. Changes in the stand structure on permanent Picea abies plots managed by with single – tree selection and low thinning. Scandinavian Journal of Forest Research8 (4): 510 – 517.

[61] Sikanen, L. 1999. Discrete event simulation model for purchasing process of marked stands as a part of customised timber procurement in Finland. D. Sc. thesis. Joensuu University. Faculty of Forest Joensuu, Finland. 49 p.

[62] Kuuluvainen, J., Karppinen, H. and Ovaskainen, V. 1996. Landowner objectives and nonindustrial private timber supply. Forest Science42: 303 – 309.

[63] Kärkkäinen, M. 2005. Maailman metsäteollisuus. Helsinki. Metsäkustannus. ISBN 952 – 5118 – 78 – 9. 452 pp.

[a] Anon. undated. Helicopter logging. Available at http://www.ritchiewiki.com/wiki/index.php/Helicopter_Logging [as of November, 23, 2015]

[b] Anon. undated. Heli – logging. Available at https://en.wikipedia.org/wiki/Heli – logging [as of November, 23, 2015]

[c] Goychuk, D., Kilgore, M. A., Blinn, C. R., Coggins, J. and Kolka, R. K. 2011. The effect of timber harvesting guidelines on felling and skidding productivity in northern Minnesota. Forest Science 57: 393 – 407.

[d] Anon. Undated. Decision – making software. Available at https://en.wikipedia.org/wiki/Decision – making_software

[e] FAOSTAT available at http://faostat3.fao.org

[f] FAO. 2015. Global Forest Resources Assessment 2015: country reports. Food and Agricultural Organization of the United Nations, Rome. Available at http://www.fao.org/forest – resources – assessment/current – assessment/country – reports/en

[g] Anon. 2015. Forests in the ECE region: Trends and challenges in achieving the Global Objectives on Forests. United Nations Economic Commission for Europe ECE/TIM/SP/37, Geneva. ISBN 978 – 92 – 1 – 117088 – 7. 207 pp.

[h] IMF (International Monetary Fund). 2015. World economic outlook database April 2015. Available at www.imf.org/external/ns/cs.aspx? id = 28.

[i] Anon. 2006. Global planted forests thematic study: results and analysis. Planted Forests and Trees Working Paper 38. Food and Agriculture Organization of the United Nations, Rome. 178 pp.

第 8 章 木材测量

8.1 原则和概念

木材这里指木原料,从立树到木堆,到圆木、原木、木片和其他生物质,乃至锯屑等工序废除物。测量是指确定数量和质量,包括与之难分难解的含水量。数量项目有数目、大小、体积、重量。计算买卖价格或费用,检控和管理木材贮存与供应,做研究开发,等等,都需要这类信息[1]。

各国,乃至各地,有各自的测量规程。就说圆木体积,芬兰的数据通常是带皮的,爱尔兰也是。但大多数国家用去皮实积。带皮材积要比去皮材积高出 18% 左右(参见第 4 章第 4.2.9 节)。规程的不同也能使各国的去皮材积数据出入很大:对 0.256m^3 的一块原木,极端值能低至 0.197(瑞典),高达 0.270(俄国)[a]。至于锯成材的体积,北美用名义尺寸(原木时的体积),能比实际尺寸高出 28%[a]。对单位体积中究竟含多少木料,更是各有各的假定。在涉及国际数据时,必须认真考虑这些问题。

8.1.1 测量的原因

木材测量在木材采置的多项步骤中都起作用。买方要向林主投标,通常先分树种测量(或评估)林分的立木材积和质量,以便确定该开什么价,也以便规划收获作业和随后的长途运输回厂地。林主也可能在规划销售前先对林分的蓄积量做出评估。

要确定购买价格、工人工资、采运方工资,也得测量木材。要用卡车长途运输木材,可能需要检控付费载荷。在厂地,要计算卡车、火车或水路运费,要检控从林地运出的木材数量和质量,跟踪圆木贮存,监测圆材使用,又得测量木材。要确保测量器运作正常,所用方法适当,测量结果符合准确度标准,又得进行检控校对测量。因此,对同一批木材,可能测量多次,毫无必要地抬高测量成本。今天,通常只测一两次。

除了上述在木材采置的各个环节和相关厂地的各种处理中的实用需要,研究开发工作也需要形形色色的木材测量活动,以便获取材积、重量或质量信息。

8.1.2 材积与重量

给定原木,长度是指两头中点之间的最小距离,直径则是垂直于纵轴的平面上两个平行弦切线之间的距离。有时测一处直径,有时测几处,取决于准确度要求和测量方法。例如,如果只要长度和梢头直径(顶径),测一处就行。在机械化伐树中,会沿原木长度检尺几十处直径。

也能用质量。

确定木材的体积(材积)可以借助于立体量法、木容量法或流体称量法。立体量法需要确定木条表面的多个坐标点,据以计算体积。在木容量法中,把木条(或捆)淹没在盛水器内,使水位上升,再结合上升高度值与盛器维度,算出沉木材积。在流体称量法中,把木条(或捆)悬浮在空气和水中称重,再从称重值中分别减去空气和水的重量,得出材积。立体量法较简单,在实践中最常用[2]。

实体体积(实积)是木堆体积减去木条间的空隙。就木条而言,实质实积是实质上的实积,用长度和至少两个直径值算出。技术实体量是以长度和顶径算出的实积。

就原木而言,有顶径、中径和两端测定实积之别,都用长度,但分别是以顶径(顶端直径)、中径(全长中央的直径)和两端(顶端和桩端)直径算出的实积。

至于小径级原木,如果逐根单测,单位材积的成本能很高[2](图8-1);因此常常成剁、成车或成捆测。这样测定,使每根原木的体积(或单位材积的原木数目)不影响时间花费。

垛堆体积是指成垛成捆这些序木堆的总框围体积,包括木条之间的空隙。散堆体积则指无序木堆或载荷等的总体积,包括木块之间的空隙。垛堆体积按堆的长度和高度以及原木的长度算,

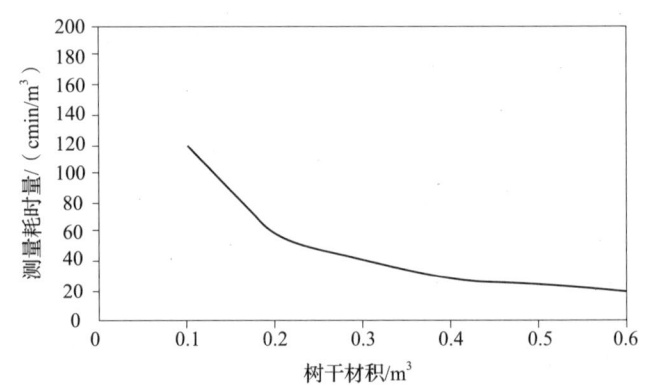

图8-1 原木大小对逐根测量时间的影响[2]

注:cmin—厘分

可以直接用于度量预订发往制浆造纸厂的造纸材。有些国家还把这个度量转化为实质实积。木片、锯屑或树皮是用容器确定散堆体积。薪材和燃料木片仍然以散堆体积单位测定,尤其如果运往小型发电厂和薪材用户。

测重主要用于制浆木材和产能木材,可以在供应链的不同环节用秤做。在集运和车运的装载期,抓钩式装载机上配备的秤能测木材质量[3]。整个载荷能用放在载荷区下的秤测定[4]。最常用的方法是,把车开到秤上过秤,再减去空车质量。含水量和其他质量指标常常是连带秤重测定或估算。

8.1.3 准确度与精确度

测量准确度和测量误差造成测量值的不定性。准确度是正确衡量特定性状的能力,精确度是衡量值保持一致的能力。测量误差导致偏离真实确切值。随机误差意味着,误差是随机的,有正有负。测量次数增加,随机误差的平均值趋向零。随机误差的方差描述测量的精确度[5]。系统误差(偏差)意味着,测量误差通常要么是负,要么是正,既使测量次数再多,误差的平均值也不会趋向零[5]。测量的准确度由均方差描述,同时包含偏差和随机变差如下:

$$\text{均方差}(x) = \text{偏差}^2 + \text{随机变差}(x) \tag{8-1}$$

在实践中,测量准确度这一概念常被误用为描述两方测定值的差异:木材交易某一方的基本测量值相对于授权检控方的检控测量值。检控测量值只是估计值,不是绝对正确的测量结

果,而是从检控测量的统计分布中抽取的随机结果。例如,芬兰的做法是,对单批木材,无论体积量大小,基本测量和检控测量之间的差值不得超出±4%。在瑞典,说的是"准确度"要求,设在±6%～±3%之间不等,取决于木材批件的大小[6](图 8-2)。事实是,材积测量的准确度随方法和树种有实质性变异,而且,批件的材积和原木(或木段)的平均维度越小,变异就越大。

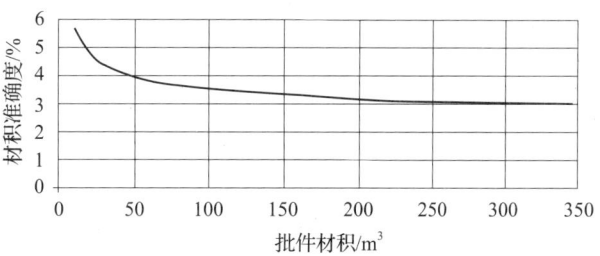

图 8-2 对材积的准确度要求随木材批件的材积而变化:瑞典木材计量规则[6]

8.1.4 测量的地点

木材测量的方法(因地点)历经变迁(图 8-3)。这是因为木材采置和处理在工艺及物流方面的发展,测量工艺和信息工艺的改善,以及木材利用的变化[1]。最早都是手工测量,立木和标记林分当然林地测,原木和木堆则在路边集材场测。芬兰主要用收获联合机全自动或半自动测量树干和原木,还有厂地测量原木或整车检尺(图 8-4)。

测量方法及地点随销售类型和卖主不同。私人和城市销售森林立木时,一般是收获联合机测(图 8-4A)。如果单算交货销售,厂地测量能超过1/3,虽然远不如21世纪初中期的50%～80%;路边测量和秤重也占不小比例,但前者是在减少,秤重是在增多(图 8-3B)。在国有林和工业林的销售中,收获联合机测量略少于厂地测量:47%对53%(图 8-4B)。综合所有林主类型,

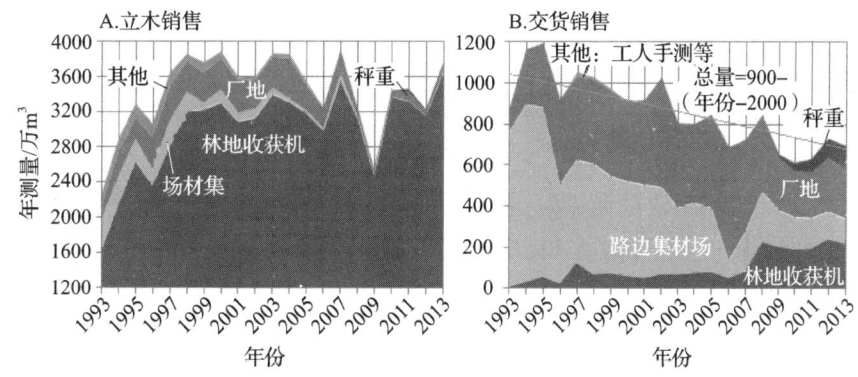

图 8-3 木材测量的不同地点份额:芬兰私人林[b-c]

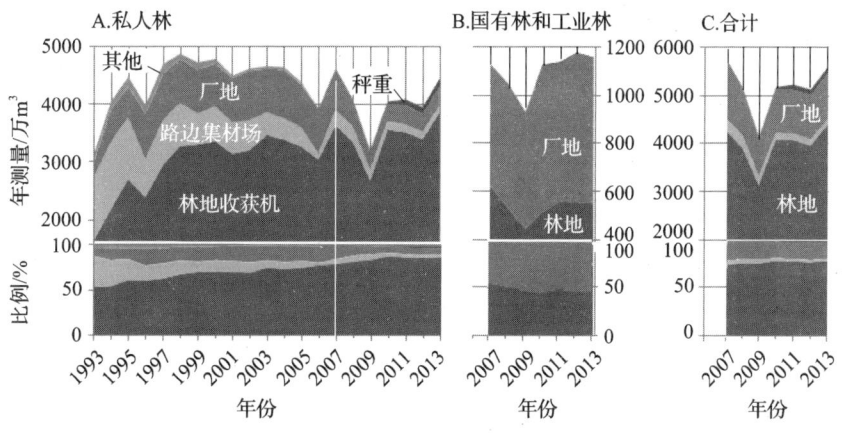

图 8-4 木材测量地点随时间和林主类型不同:芬兰数据[b-c]

在 2010—2013 年间,收获联合机测量占 78%,厂地测量近 18%(图 8-4C)。

8.2 测量立木

常把立木(立在原地的树)测量看成是森林资源清查工作的一部分,管理规划的一部分。但立木材积信息还有其他用途,例如,用于估计商品材的数量和质量,以便向林主开价,还可以用于估计购买价格和运输成本。测量需要区分木材品种(材种),诸如锯材原木树干、造纸材树干,可以据以计算采运成本和工资,确定向不同工厂运送的盈利性,估计用于不同木制品的盈利性。

在 20 世纪 70 年代,立木测量成为芬兰最常用的木材测量方法[8]。测量通常分两步:先每木检尺,再详细测量样树。有时还包括收获规划,估计采运工作的生产力和成本,安排收获作业的时间表。完整的每木检尺涉及测量每株待伐树的胸高直径(胸径)。检尺前,先准确认定树种以及树干能充当的木材品种,诸如松锯材原木干、松造纸材干、云杉锯材原木干。特别重要的是,必须先决定各材种的最低维度要求:一是锯材原木要求的树干直径,二是各材种两头的分界直径阈值。

测量样树是为了确定用于计算单株材积和各材种比例的系数,分别地区、树种、干材品种和径级。在实地作业阶段测定计算材积所需要的直径和长度数据。采用预定的抽样法选择样树。如果树干形态(干形)在测定区内变异明显,那么,把测定区分成小区抽测样树(样树区段)。采用的抽样法是,沿线布点的速测镜法,或固定间距抽样法。把电子测径器连接上专供野外使用的电脑(野外电脑),测定直径、高度和材种材段之间分界点的直径。

在芬兰最初形成的做法中,测定的样树参数是:树的高度,树干的胸径、小头直径、锯材原木材段的长度。其中,胸径和锯材长度是必测的,小头直径只在岛屿森林、高海拔地区等树干形状特殊的情况下才测[9]。

今天,不再套用上述做法,因为成本高,而且木材常常很快就运到厂地。不过,研究开发项目仍然使用各种抽测方法。此外,已有较为便捷的方法,使买方可以估计林分的出材量[10]。已经开发并测试有多种新的测量工艺,可以探测直径大小分布、树高和材积。这类工艺通常应用激光扫描或机器视觉。有时,只要在林内的不同部分做几次自动化扫描,就能分出树的种群,测量成本很低。但是,必须认识到的是,立木测量是根据一定的横截规则给出各材种的材积。如果做横截的人应用不同的规则,各林分的木材估计值和实际值之间就会有相当大的差别。

8.3 在采运中测量木材

8.3.1 机械化采运

8.3.1.1 方法

采运作业的机械化程度自进入 21 世纪以来在欧盟迅速提高[11-12]。在芬兰、瑞典、英国和爱尔兰,超过 90% 的伐树用单柄收获联合机做。用收获联合机时,几乎总是边伐边测。图 8-5

显示收获联合机上配置的自动测量系统部件。

收获联合机上配置的测量器在打枝和横截期间测量所收获木材的长度和各处直径。测量软件先计算各树种各树干类型的数目(锯材原木干、单板原木干、造纸材干),原木的体积及数目,段材的体积及数目,再分树种和材种登记结果。收获联合机驾驶室有显示器连续显示木材长度和直径。测量器随要求显示结果,打印,还登记打印校对值,供质量检控用。测量器必须在各种条件下都能运行,其技术测量参数应该可控可调[12]。为了检控测材准确度,测量器抽取木材批件作样本,单独打印结果,精确到 $0.001m^3$[13]。测量结果必须能回溯标记林分中至少最近100根原木(或木段)或最近50株树干。

木材体积通常按材段测量,如图8-6所示。计算各材段的体积是用圆柱体积公式,也有用截锥体积公式,根据每隔 1～10cm 测定的直径和这些间距的长度[13]。计算

图8-5 收获联合机上配置的测量系统

图8-6 确定木材体积:用收获联合机上配置的测量器

1.3m 长桩端材段的材积是依据从伐口往上 1.3m 高处的直径,用各树种特定的桩端剖面函数或表格。计算树干梢端材段的材积则用实际长度。

长度测量的准确度是 1cm。直径是带皮测量,准确度为 1mm[13]。只要测量器能用材段长度测定体积,就这么测,除非各方人员另有选择[12]。木材测量单元的体积也能用逐段测定的小头直径(或中央直径)计算的实积,但现代收获联合机在材积计算中很少使用这一原则。带皮材积的显示和登记准确度都是 $0.001m^3$。

所有收获联合机上配置的测量器都用相同的工作原理。图8-7是这种单元的照片。测量直径是根据树干掠过打枝刀或进料辊的位置。至少有一把打枝刀有电子传感器。长度通常是由旋转辊反推正在处理的树干侧面而测得。随着树干的输入,旋转辊沿树干表面旋转,辊上装有的脉冲传感器产生脉冲,确定长度[14-15]。

8.3.1.2 测量器的自控和校对

对收获联合机上配置的测量器,必须定期做自控和校对,才能维持准确度和可靠性[14,16]。先由测量软件随机抽取大量样树,收获联合机操作员再以电子测径器手工测量这些树的原木和材段。考虑到准确度要求,每个工作日应该测量一株样树,尽管正式的说法是每2～3天至

少一次[13]。原木直径每隔1m测量一次,从离桩端0.5m处开始。测径器有记忆库存储数据,同时也登记原木的长度和实积。这些测量结果再被转入收获联合机上的测量器。操作员用以确定是否需要改变测量器上先前设定的直径和长度检控值,并做出相应决定。

要校对长度,先测量一系列原木的长度,再比较机测值与手测值(实际值)之间的平均差。把这些检控结果输入电脑化的测量器,测量器便自动把长度测定值校准得对应实际值。直径的基本校准也用这同样的程序,但测定的是特制的金属管。不必重复基本校准,除非这多功能设备遭到损坏或明显改变[16]。直径的校准通常用检控测量[13]。

收获联合机操作员负责测量器的状态和表现,必须在采伐每一片新的标记林前对测量器进行检查、校准。在采伐同一林分的过程中,如果测量条件发生显著变化,诸如温度有变,降了雪,还得重新核准。

8.3.1.3 木材测量的检控

木材测量系统不可或缺的一部分是,检控收获联合机测量器的木材体积测量及计算准确度。收获联合机只要能测量木材,就都有检控系统[13]。新式收获联合机使用依据树种确定桩端原木和材段体积的方法,自动选择样树,必须每半年至少检控一次;检控时间表的设定取决于自控校对测量获得的准确度信息。对于没有这些技术选择的旧式收获联合机,至少对所有收获林分的5%进行检控测量。此外,对蓄积量不少于3000 m^3 的各个林分也必须检控。以随机选择法确定用哪些林分进行检控。

检控测量通常在采运期间做。做测量的人可以是公司代表(收获联合机承包人的工作单位),雇主代表(收获联合机操作员的老板),或专职人员。从标记林分随机选取一些样本做检控,实际测量样本原木。此外,只要卖方、买方、采伐权主、企业家、工人或其代表中有任何人要求,都必须做检控。在这种情况下,各方当事人(而非收获联合机操作员)将提前收到检控测量的通知。

检控测量的方法尽量模仿基本测量方法(图8-8)。如果基本测量是以纵向材段为基础,那么,检控测量也应该用纵向材段或中央直径实积测量。在检控测量中,材段长度是1m,不能更长。其余部分的准确度为0.10m。横向测量带皮直径,准确度为1mm。对于桩端原木和材

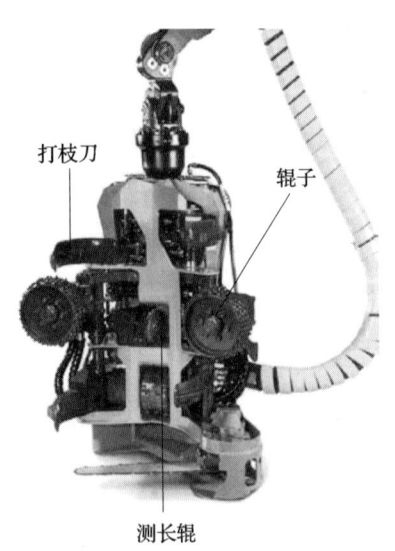

图8-7 收获联合机上测量器的测量传感器

图8-8 收获联合机做的木材检控测量

段,测径点是在 1.3m、1.5m、2.5m 等长度处。对于其他原木和材段,测径点是在 0.5m、1.5m 等长度处,以及最后材段的中央。原木实积是各材段作为圆柱体体积的总和[13]。

在新式收获联合机做的检控测量中,应该在林分中为各材种抽查 10 根原木(或材段),为各主要树种抽查 30 根;对于旧式收获联合机,对应的样本数则分别为 15 和 40 根[13]。样本数的确定也可以依据原木(或材段)在长度、直径或材积上的相对差异的标准差。长度和直径的置信区间应该为 1.5%,材积的置信区间为 1%。要确定标准差,必须分别各个材种,手工测量至少 5 根原木(或材段)。

对于检控木材批件,基本测量值和检控测量值之间在锯材原木、单板原木和造纸材总材积上的差异不得超过准确度标准±4%[13,16]。在这个前提下,单个材种只要在总材积中所占的比例不足 10%,则不一定要达到±4%。

如果检控结果不合格,就必须对不合格的那些材种做额外测量。如果额外测量后结果仍然通不过,就必须校准测量器。

如果基本测量和检控测量之间的总差异超过±4%,就必须校正基本测量结果。对各材种的体积值,分别进行校正。应该校正的数据是自从测量器最近校准调整(或检控测量)之后所测的木材批件数据。最后向各方当事人通报:检控测量使基本测量结果得到了校正。

8.3.1.4 测量的准确度

芬兰森工公司和国有林采运作业的数据显示,在 20 世纪 90 年代早期,用于检控的锯材原木材种组的 90% 和造纸材种组的 82% 达到测量准确度±4%[14]。各材种材积值与检控测量值的平均差异介于 -0.4% ~ +0.6% 不等。那些检控木材批件的平均材积为 8.1m³。测量准确度在不同制造商的测量器之间没有统计意义上的显著差异。

造纸材比锯材原木测量更费事,因为直径较小,分枝较多。也因为直径较小,直径测量的一定绝对误差会使造纸材在材积上的相对误差较大。对于桦木锯材原木、单板原木、造纸材和松木造纸材,材积测量准确度不如其他材种[14]。伐树季节的不同以及测量器和伐树器的新旧程度都不影响准确度。具有影响的基本局限于收获联合机及其操作员[9]。

据 Ala - Ilomäk[15]和 Neiuwenhuis[17],单柄收获联合机上配置的测量器在每根木材的测量准确度上取决于木材的分枝性、弯曲度、卷曲度、分叉性、体积和树种,还取决于收获联合机和测量器的搭配组合。没有哪个变量起决定性作用,也不完全理解为什么在测量时会出误差。分枝越多,材积的测定值与实际值的差异就越大[15]。定期校准收获联合机测量系统大大改善测量的准确度[17-18]。

测量的准确度自从 1990 年以来有显著改善。Skogforsk[18]在 2006 年发现,长度和直径测量技术在先前 10 年中没有大变化,但准确度却在其间的后 5 年中有改善,尽管在同一林分中研究的 7 种收获联合机之间有相当大的差异。校准功能也比以前好得多;但在一定的直径范围内,许多收获联合机校准不好。

在北欧国家,收获联合机测量准确度的指标值在 20 世纪 80 年代就已确定,是 90% 的原木在长度上偏差不超出±2%,在直径上偏差不超出±4%[18]。在 2006 年,5 种最好的收获联合机在长度测量上达到 84% 的水平,在直径测量上只达到 68%;各种收获联合机给出的原木材积标准差为 2.6% ~ 4.2% 不等,平均材积误差从 -1.1% 到 +1.5% 不等。每台收获联合机采伐的材积是 31 ~ 33m³。

8.3.1.5 横截的最优化

收获联合机上配置的测量系统通常与木材采置信息系统集成操作。机上配置的电脑帮助操作员决定每株树干的最佳横截点。如果横截要使价值最大化,最大化的是每株树干的价值。如果横截要满足需求,收获联合机操作员努力满足的是厂方开出的原木的指标比例分布[19-20]。这两种横截方法都要求先预测树干形态(干形)。对于采伐的每一株树干,收获联合机一旦处理了最先的1.5~3m长度,便给出从这一高度到20m高度的首批曲线估计值。这种估计使用回归模型、混合模型和干形理论。也有可能利用先前树干的现存数据。电脑在预测干形曲线后,开始比较各种横截方案,从中挑出使树干产生最高价值的方案。最优化使用原木的各种横截维度与价格矩阵。维度越珍贵,在矩阵中的价值就越大。如果横截是要使价值最大化(追值横截),矩阵值维持不变。如果横截是要满足需求(应求横截),矩阵值会自动上下调整,例如,去除没有需求的维度,调低生产明显过剩的维度。在实践中,横截最优化对树干纵向质量变异小的树种最有效。如果树干质量变异明显,必须手工选定横截点;这通常是松木和桦木的情况。

8.3.2 手持机动采运

8.3.2.1 集材机抓钩带秤测定木材质量

在手持机动采运中,可以在林地运输过程中过秤木材,测定质量[3,27]。这起初只是为了确定伐木工工资、企业家费和集材司机工资,尤其在芬兰国有林;现在还能为林主估计木材价格,为负责采运和运往厂地的企业家估计工资。这种方法旨在测量材积不足110m³的批件。

测木材质量的秤位于装载机的抓钩上。抓钩配有加速传感器,具有更正绝对误差的性能。装载时,抓钩的每一次负荷都得到秤重;车载负荷的总重量是所有抓钩负荷的加和。可以按照各树种的鲜材密度值把这个质量换算为材积。这时的换算可以用为了木材长途运输而编集的区域性原本鲜材密度值,分树种、月份和新鲜等级[22-23];也可以依据样本负荷或其他独立样品的测量获得鲜材密度值。木材可以分单个或成组伐木工秤重。不同车次的所有木材载荷都可以卸在林地相同的贮存堆。这样,可以全载荷把木材从林地集运到路边集材场,提高集材效率。对各类相关设备的准确度,已经有过测试;方法是用抓钩带秤反复测量同批木材6次[27]。结果变动于8109~8487kg之间。平均质量与检控测量值只相差0.7%。

要确定木材的实积,必须先确定各材种的鲜材密度。只要抽测样本抓捆(抓钩一次所抓木材量)的质量和体积,就能做到这一点。所需抽测的样捆数取决于鲜材密度的容许误差和采伐地段的总材积量。如果容许皆伐10m³的材积在鲜材密度上误差3%,则需要3~6捆,随材种不同;桦木造纸材需要3捆,松锯材原木、松木造纸材和云杉锯材原木需要6捆。如果皆伐100m³或更多材积,则必须有4~9捆。因此,收获量越大,这种测量方法就越经济。如果只允许鲜材密度上误差2%,需要的样捆数就翻一番,使这种方法的成本变高[3,21]。

8.3.2.2 其他方法

要在采运中测量,还有多种其他方法可以用。但那些方法基本只适合于确定采运工的工资,而且只在路边或供应链其他环节的最终测量被推延的情况下。这些方法用得越来越少,这里只作简单综述。

一是伐树工负责测量,基于前面描述过的立木测量[24]。每木检尺和样树测量都在采运中做(图8-9)。如果树株在林内

图8-9 伐树工负责木材测量

各地之间明显不同,先把林分划为样树分区。估计林分中待伐的树株数目,据此确定抽样密度。用电子测径尺以 1mm 的准确度测量胸高直径。以 0.10m 的准确度测量所有待伐树上各材种的长度。测量器产生信号指示什么时候样树需要测量。测定商品材长度和小头直径。

另一种方法测量抓钩所抓木捆(抓捆)的周长,形成并测试于 20 世纪 70 年代后期,适用于集成抓捆的如下规格的原木:横截成设定而大致为 1.6~3.5m 的长度,或设定为 3.0~5.5m 的长度[25-26]。测定抓捆中央的周长和构成抓捆的原木平均长度。还用抓捆中带有标记的桩端原木清点树干数目。对各根原木,这一方法用长度和中央直径。

8.4 路边木材测量

8.4.1 锯材原木和单板原木

8.4.1.1 软木

在路边逐根测量软木原木,如图 8-10 所示。确定实积的方法在国家之间有变异,有的带皮,有的不带皮,具体包括测量原木的长度和直径(要么小头或小头与桩端,要么各指定材段),有时用随机抽取的样本[6,27]。例如,在瑞典,还可以按贮存垛测量锯材原木[6]。

图 8-10 锯材原木或单板原木的小头直径测量

在芬兰,直径是与顶端切面成平行测量的;对于材段,则沿水平方向测定。测点如果有节子或其他膨胀,必须朝桩端方向换到膨胀影响消失的地方。如果树皮不全,得估计补足完整厚度[27]。用卡尺或尺杆测量直径。今天,电子卡尺是首选,因为能把测量结果直接输入电脑。如果原木横切面呈现不小程度的椭圆形,必须测量直径两次,分别沿互成直角的两个方向。两次测量值的平均数是原木的直径。

测量原木两端间的最短距离为原木的长度。按照指定的长度值,把原木横截成设定(固定)的长度。实得长度与指定值的偏差必须不超过 3cm,除非另有商定。如果偏差超过商定值,以厘米读测原木长度,把测定值四舍五入归为最近径级的中点值。如果原木横截成相似长度,其长度通常按 0.3m 的长度级测量[27]。

用单位材积数(m^3/m)确定软木原木的实积,代表各径级(直径级别)单位长度上的带皮实积。这些值的确定分区域,分松木和云杉。原木的平均长度影响单位材积值,所以必须按照这长度值,用系数校正原木的总实积[27]。测量原木批件的准确度通常只有 ±8% ~ ±10%。误差主要来自三个方面:a. 单位材积数表中对原木形状按区域与径级的一概而论;b. 手工操作仪器的使用;c. 在考虑原木表面树皮和冰雪时带有的主观性[2]。

8.4.1.2 硬木

对硬木锯材原木和单板原木,用原木测量法。直径和长度的测量方法与软木原木一样。依据单位材积值确定实积,再依据平均长度,用校正百分比值校正[27]。

以小头直径测量硬木原木时,用"截除缺陷"的总长度乘以所在径级的单位材积值,得出各径级的截除缺陷的实积。截除缺陷是指不合格做原木的短段树干。计算各径级合格木材的实积时,先从原木的总长度减去截除缺陷的长度,再乘以所在径级的单位材积值[27]。

8.4.1.3 特种材

对松木干材,依据长度和中央直径确定实积。直径是带皮测量值,长度是两端切面之间的最短距离。计算实积时,用没有校正的单位材积数(m^3/m)和平均长度[27]。

对小径级原木,用长度和小头(或中央)直径确定实积。测量方法上与正常锯材原木类似。与正常锯材原木之间的直径分界阈值通常是松木15cm,云杉16cm。测用小头直径时,又是以单位材积数确定实积。采用中央直径法时,以圆柱体积的公式确定实积,再依据原木的平均长度,用百分比值校正。

8.4.2 测量木垛

8.4.2.1 概念

对有序放置的造纸材(垛、捆),以测垛法确定带皮实积。如前所述,单根原木体积越小,单位测量成本越高。所以,用测垛法测量价值较低的小径级材种,如图8-11所示。这种方法应用于横截成一定(设定、固定或近似)长度的造纸材[28]。以这些原理测量锯材原木同样可以降低成本[6]。

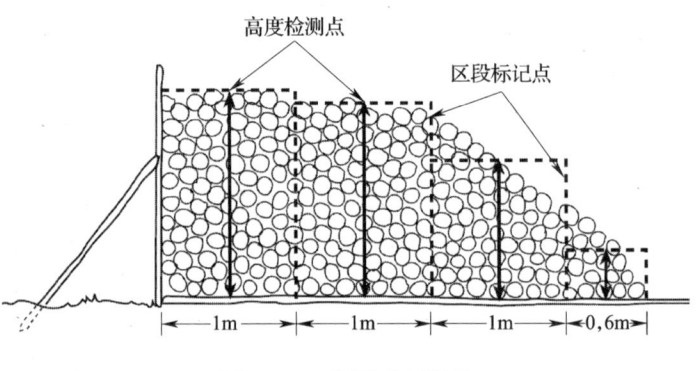

图8-11 测量造纸材垛

按下列步骤确定造纸材垛的实积:

① 测量垛(或捆)的长度、高度和宽度,用以计算框围体积。

② 确定垛堆密度系数,包括a.平均直径;b.打枝及分枝系数;c.弯曲系数;d.有序度系数,据以确定垛堆密度。

③ 用框围体积乘以密度,得出垛堆的实积。

8.4.2.2 测量木垛的框围实积

对每个木垛,长度是指两侧最外一排原木的最外边缘之间的距离。如果两边没有标杆,或者标杆是直立的,长度是最底层(地面)原木边缘之间的距离。如果标杆不是直立,是歪的,则估用最外排原木的平均位置。如果是卡车载荷(简称车荷),垛的长度等于车荷捆的宽度,也就是车厢横撑在底层和车荷捆顶端水平的内部间距[28]。

要测量高度,必须把木垛分成1m长的区段。超过10m长的垛则可以按2m分段。实测最后区段的长度,每0.1m为一级。在垛(或车荷捆)的两头测量各个区段在中央的高度。这是与垛的长度互成直角的高度,具体为最低一排原木的底部水平与最高一排原木的顶端水平之间的距离[28]。垛宽(或车荷捆长)是定长原木的长度(固定或设定)。如果原木已被横截成近似长度,垛宽是估计的原木平均长度;可以先测量一定数量的原木,再计算平均长度。对于抓钩载荷和卡车载荷,要测定原木的长度,先把原木两头放平,再测量两头之间的距离[28]。垛(或车荷)的框围体积是区段(或车荷捆)框围体积之和。

8.4.2.3 测量木垛的密度

垛堆密度是垛内原木的实积与相应框围体积之间的比率,用平均实积百分比值和垛堆密度系数确定。这些密度系数是独立估计值。如果密度系数在垛内不同部分相差明显,必须按差别把垛分成相应小区测算[28]。

如前所述,垛堆密度系数有四个:平均直径,打枝及分枝系数,弯曲系数,有序度系数。平均直径是原木两头直径的算术平均值。径级的确定不分桩端梢端。测量原木两头的直径,计算平均值,就得出直径。也能依照所有原木的平均直径值,凭视觉选择平均原木[28]。

要确定打枝及分枝系数,凭视觉评估木垛属于哪个等级:

一级:没有枝桩,也没有枝基膨大;
二级:有些短枝桩和轻度枝基膨大;
三级:偶有枝桩和枝基膨大;
四级:不少枝桩和枝基膨大。

弯曲系数分五级确定,最后两级(四级、五级)只适用于芬兰北部的硬木。有序度系数分四级确定:一级代表剁堆得好,四级表示堆得最糟[28]。

把密度系数值加和,再加上所涉材种的平均实积百分比值,便得出木垛的实积百分比值。表8-1分木材长度给出软木垛和硬木垛的平均实积百分比值,表8-2则显示垛堆密度系数对这些比值的影响。

表8-1　　　　　　软木和硬木的平均实体体积百分比值[28]

木材长度/m	2.00~2.50	2.51~3.50	3.51~4.50	4.51~5.50	5.51~6.00
软木量/%	66	63	61	60	59
硬木量/%	57	54	52	50	49

表8-2　　　　　垛堆密度系数对平均实体体积百分比值的影响[28]

密度系数		对平均实积的影响		密度系数		对平均实积的影响	
		软木	硬木			软木	硬木
平均径级/cm	9	-3	-3	打枝及分枝系数/等级	一	+2	+1
	11	0	0		二	0	0
	13	+2	+2		三	+2	-1
	15	+3	+4		四	-4	-2
	17	+4	+6	弯曲系数/等级	一	+1	+2
	19	+4	+7		二	0	0
	21	+5	+8		三	-1	-2
	23	+5	+8		四	-2	-4
	≥25	+6	+9		五	-3	-6
				有序度系数/等级	一	+2	+1
					二	0	0
					三	-2	-1
					四	-4	-3

这种方法在实践中的测量准确度相当差。对松木、云杉和桦木造纸材,材积误差的标准差据报道是7%~8%(材长3m)[29]或3%~13%(材长超过3.5m)[30]。对于不足20m³的批件,误差能高达20%~25%。尽管如此,这一方法常被误以为是新方法的参比基准。材积误差主要有三个来源:a.测定框围体积上的技术难度和主观性(诸如冰雪量考虑中的主观性);b.确

定实积百分比值时不同步骤中的主观评价;c. 垛堆密度系数表中有关造纸材形状和其他许多性质的一概而论。

8.4.2.4 运料车抓钩过秤木捆载荷

木材运输车的司机必须检控载荷,才能避免车辆超载,确保车轴间负荷平衡。依据这同样的测量原理,可以用集材机抓钩上配置的秤(参见 8.3.2.1 节)。称重是装车过程的一部分。抓钩的每次载荷在进到运输车上时被自动(或人工)登记。对这种测量方法,已经做过测试:用3种不同的秤器,安装在9辆运料车的起重机上[31]。总共称了2万 m³ 的木材,再对比这些结果与厂地的测量值(实际重量)。单位木材批件总量的平均测重误差为 0.1% ~ 0.5% 不等,随秤器种类而异。对于运料车的各次载荷,有 82% ~ 96% 的称重误差不到 ±4%,也是随秤器种类不同。最实用的秤器不必单独过秤每个抓钩载荷。用这种秤,每装一车平均多花 2min 时间。这包括准备工作,给秤设零,等等。其他秤需要近 5min 时间,因为必须做每个抓钩载荷。除了额外时间,这还会增加误差概率。

在 21 世纪初,为了适应私人林主的交货销售,测量小批木材,这种方法被修改[32]。第一个目的是,使同车载荷中不同林主的小批件不必分开测量,进而使卡车运料合理化。这里的前提是,车荷总材积能根据鲜重比例分类,而每个批件内的鲜材密度又相似。背景是两项战略目标:a. 促进造纸材使用称重;b. 不在路边集材场测量木垛。修改后的方法旨在测量材积不超过 110m³ 的批件。

各个材种和批件的质量都是在路边集材场装车时测量,登记。每个称重单元(车荷、单捆)的总材积是在厂地测量,再依照质量分归各个批件。这种方法在用于测量各批件的造纸材体积时,给予令人满意的准确度。对材积平均为 7.4m³ 的批件,材积差异的标准差为 9%,42% 的批件满足准确度 ±4%,78% 达到准确度 ±10%[32]。批件材积影响准确度:材积为 22m³ 时,绝对误差是 ±5%;材积为 2m³ 时,误差是 ±9%。在另一项造纸材的抽样调查中,抓钩式装载机法在准确度上反正远比地面木垛测量法高:材积差异的标准差分别为 7.9% 和 16.9%[32]。

第二个目的是,要能使用测重,即使没有任何可用的固定式测重设备,诸如在某些厂地(小到中型的制材厂、木材剥皮站)或木材终端(火车站、木材漂运点)。方法最好既能用于造纸材,还能用于锯材原木和单板原木。这里,修改后的方法是,用鲜材密度(kg/m³)把鲜重转换成材积。获取鲜材密度值的途径包括:厂地抽取车荷(或木捆)样本,再称重;或者用现成的鲜材密度表(分材种、地区、月份和新鲜级)[22-23]。

8.5 厂地测量木材

8.5.1 概念

木材测量在厂地做的比例在 20 世纪 90 年代增长迅速,在 21 世纪 00 年代中期达到顶峰,在 21 世纪 10 年代即使包括国有林和公司林也就 18% 左右(图 8-3、图 8-4)。尽管具体份额的波动,收获机械化程度的提高,全年季节变幅的减缓,木材从树桩到厂地流动的加速,都使得有可能在厂地测量木材,确定薪酬和购买价格。应该注意的是,尽管大多数木材是在厂地测量,其中只有一部分是为了确定购买价格或采运费和工资[33]。

木材在厂地测量是一种现代方式,既可靠又便利。为确定购买价格的测量常常是在厂地做最便宜:中心化的接货站,使用最先进而理性的测量方法。中心化测量处理木材的流量大,容许在仪器上投入较多的资金。要检控质量,确定公司之间交换木材批件的材积,确定卡车运输率,也在厂地测量。对锯材原木,可以用光学木材测量器,或用基于抽样的框围测量。就造纸材而言,芬兰的情况如图 8 – 12 所示。最常用的是基于抽样的测重,但逐年变幅大。运木车上的垛堆测量似乎用得越来越少。相比,框围扫描测量,激光扫描测量,以及铁路运输和漂流运输时的木捆测量在各年的测定量相当稳定。

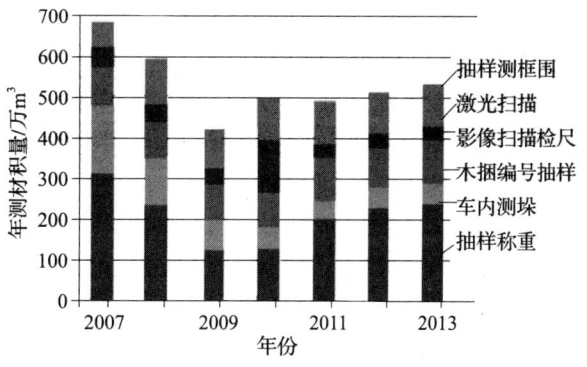

图 8 – 12 厂地测量造纸材的方法:芬兰[b]

8.5.2 木材的测重

对几乎所有的木材进货,大型制材厂和制浆厂都用固定式整车检重机(或卸载设备)称重。运木卡车到达后,先得到鉴别,木材来源被登记。司机把车开上检重机,重载牵引单元和拖车的总质量被记录。卸装后,再过秤空车,得到皮重。两次测重的差值是净载荷质量。

净载荷质量是支付运输费的基础,还用于检控厂地的原料进货。如果计算木材的购买价格依据体积单位,常用各种取样程序把获得的质量读数转换成材积。此外,制材厂以体积单位检控原料的消费。

在芬兰,厂地用得最多的是抽样测重法,主要针对造纸材(图 8 – 12)[1]。这种方法有三个阶段:先称重整批木材,再从中选择样本(木捆或车荷),最后测定样本[33]。

具体地说,称重用整车检重机,或抓钩式(或叉式)起重车等卸载设备上配置的秤器。用随机抽样法选择样本,可以分层或不分。如果分层,每车载荷都有特定的质量等级(层),依据载料的鲜材密度估计值划分。从各层分别抽样,以提高抽样效率和准确度。测量样本的质量和实积,据以确定鲜材密度。实积可以逐根测量,也可用流体称量法或光学测量器确定。从这些测量结果,依据抽样法,按质量等级、测量批件或新鲜等级,计算平均鲜材密度[22,33-35]。

用抽样测重时,要使准确度在单位测量批件的水平上满足 ±4%,就必须在那个水平上选择样捆。但要那样做通常并不实际,除非测量批件的实积至少有 $100m^3$。用分层抽样时,锯材原木有 3~4 层就够,造纸材需要 4~6 层。那样,每层的鲜材密度处于 70~100kg/m^3。对于大批件,要考虑鲜材密度的季节性变异,可以测量最近的 5~10 捆,得出平均值作鲜材密度系数[22,33]。

车荷的框围测量,如前所述,涉及垛堆密度的估计平均值(有序度系数)。其准确度首先影响分层抽样测重的准确度。这些系数直接影响车荷是否分配到正确的层,进而影响基本测量。分层本身对测量准确度的影响要小得多。抽样不分层,测量误差就会大不少[34]。

8.5.3 测量造纸材

8.5.3.1 车上测量材垛体积

造纸材垛测量在车上与在路边类似[35-37]。在卡车和铁道车上是按批件做。测批件框围用量杆,也可用自动化摄像机或图像处理技术。如果带有过多的冰雪,在计算时当作减除系数考虑。目测垛堆的密度。与其他方法相比,这种方法投资要求低,劳力需求高,适于小批件测量:单位测量批件的准确度能满足所要求的±4%。据有关研究,在卡车上测量载荷材积在准确度上略优于在路边集材场测量垛堆,均方差为3%~13%[36,37]。不过,根据这些研究,只有40%~70%的批件达到准确度±4%。垛堆密度在卡车和火车批件中高于路边测量的垛堆。因此,不能不分场合使用相同的数值。而且,在调整各垛堆的实积百分比平均值时,只用径级和垛堆密度等级(而非现用的所有四项系数),才能使卡车批件达到相同的测量准确度。

8.5.3.2 框围扫描

要以厂地测量确定木材的购买价格,就必须有方法能鉴别木材批件的不同来源。那是,多个来源的木材可以在同一辆车上,必须在测量过程中分别认定(另见8.4.2.4节)。

框围扫描法应用激光和图像处理工艺,按照卡车(或火车)载荷中的各个木捆,形成三维模型,是芬兰为厂地测量造纸材而开发的。这种方法用于小批件的总体测量和材段的抽样测量。1000型和100型自动化材积测量机及其测量站(图8-13)最早问世于20世纪90年代初[35,38],随后是2000型方式测量器(图8-14)出现于21世纪初[35,39]。自动化材积测量站只建过四个,但越来越多的制浆造纸厂,尤其小厂,在用2000型方式测量器。对车荷的每个木捆,框围扫描法能自动测量体积,客观确定购买价格。但早期的方法测量准确度不够。

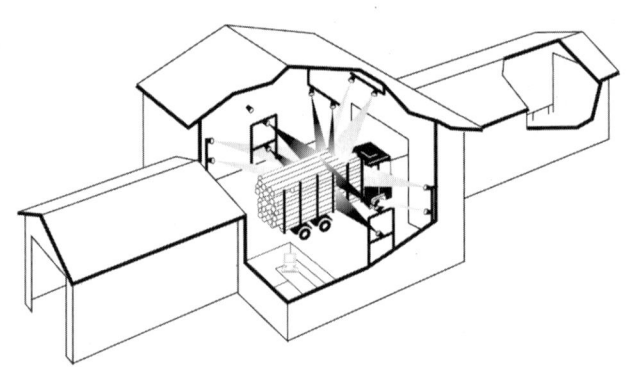

图8-13 框围扫描原理:1000型自动化材积测量机

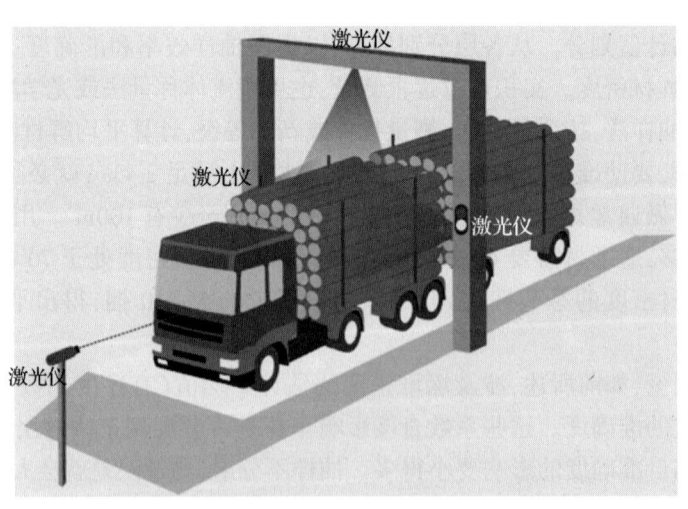

图8-14 扫描原理:2000型方式测量器

应用1000型自动化材积测量机时,激光束从木捆表面反射,摄像机扫描激光束的反射比[38],从而录下每捆的两侧和顶部最表层原木的轮廓,如图8-15所示。据此确定这些木段的直径、长度和位置,进而计算每捆的框围体积和实积。这些材段占车荷造纸材总量的20%~25%。

测量器必须放在有遮蔽的空间,因为测的是反射比值。测量是随着重载车以 2~5km 的时速驶过测量站而进行的,实际过程需要 30s 左右。同时记录车荷质量。最后用框围体积和实积函数计算实积。

框围扫描测量是通过持续监测垛堆密度和木材鲜材密度检控的。从框围扫描法为各个木捆算出垛堆密度。要合格,这个值必须位于相应材种的规定阈值范围以内:对松木造纸材,那是 58%~78%。如果不合格,则用垛堆测量法重测。以同样的方式检控鲜材密度测量。车荷的鲜材密度值

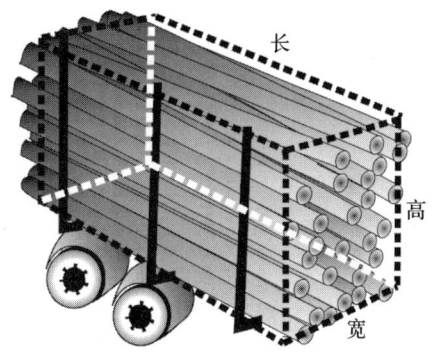

图 8-15　卡车木捆框围体积的扫描

必须是在相应材种的规定上下阈值之间。否则,用垛堆测量法重做。为了检控框围扫描测量法的准确度,每年抽测 50~60 车载荷。检控测量的项目是构成车荷的木框围体积和实积:分别用量杆和流体称量法确定。以这些结果作为基准,检查框围扫描测量系统的检控值[38]。

简化版自动化材积测量机 100 型系统只能自动测定框围体积和平均材段长度。用于计算各木捆实积百分比值的诸项系数都由人工测,实积计算则与垛堆测量类似[35]。

2000 型方式测量器是全自动框围扫描系统,可放在露天,与固定式称重站等相连[35,39]。测量时,卡车(或火车)通过拱门式的框架,三台扇式激光仪构建木捆的连续二维剖面及垛堆特征。另有一台测距仪测量车辆的位置和速度。结合这些信息与数据,创造出车荷中各木捆(或其片段)的三维模型。再从激光图像中去除起重机和标杆之类会干扰分析的内容。用测量数据建立特定的实积函数,再据此把木捆(或其片段)的框围体积转化成实积。

8.5.3.3　抽样测量框围和木捆

抽样测量框围法是抽样测量造纸材的重要方法。所有卡车载荷的框围体积都是既按车荷整体也分木捆测量,还分木材批件。从样捆的测量值确定车荷的框围体积和实积,再以这些体积值算出平均垛堆密度(实积百分比值)。从样捆数据算出垛堆密度,再乘以框围体积,得出批件实积。这个方法的其余部分与测重类似。抽样测量框围法不如测重法可靠,因为车荷密度要比鲜材密度变异大[33-35]。

抽样测量木捆法用于漂流(或火车)运往厂地的造纸材[33-35]。这里,木材是按木排(或全火车)测量。数清有多少木捆,再用样捆的测量数据确定木捆的平均实积。如果是火车运材,除了清点木捆数目,常常还测量所有木捆的总高度,测量样捆,据以确定垛堆密度。

8.5.3.4　自动化造纸材测量分等站

通常用两种方式测量造纸材及其分段的样本木捆和检控木捆:由双人团队靠手工用电子卡尺逐件检尺,或者由抓钩式装载机(或长臂叉式升降机)在水体和空气中用流体称量法称重[33-34]。从 20 世纪 90 年代起,制浆造纸厂开始安装新开发的自动化测量分等站。这些设备证明在成本、操作安全和造纸材测量准确度上都具竞争性,既能用于样本木堆和检控木堆,也能用于小批件整体[33,35]。作业时,造纸材捆先由叉式升降机(或抓钩式装载机)从侧面放上输送带。那里,各材段被分开,传输到实际测量点。随后是自动化测量材段的体积。系统能自动抽取样段,供手工测量,检控准确度。自动化测量分等站的工作原理如图 8-16 所示。

在芬兰乌伊马哈尤的木材处理终端测量系统测量站,批件过秤后,材段被分开,落过背景清明的测量区,其间被矩阵摄像机扫描。获得的图像能通过旋转等进行三维变换。测量每根材段的长度和直径 7~13 次,据此确定体积。这种测量站每秒钟能测 35 根木段[35]。

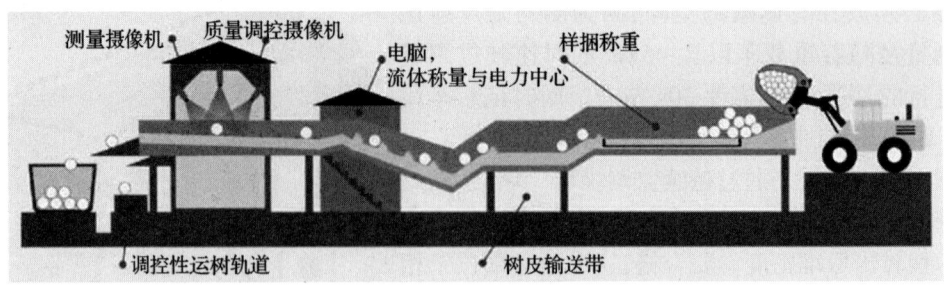

图8-16 自动化造纸材测量分等站:工作原理

芬兰奥卢大学测感实验室测量站用激光和摄像机技术测量样捆的材段。矩阵摄像机扫描由激光源发送但被木段反射掉的光。测量每根材段平均2万次。每根材段的体积分成5cm长的圆柱体计算。这种测量站每分钟能测10~15根材段[35]。

在1000型方式测量站,直径是在材段移过测量架时测量的。系统由2~4台扇式距离激光器和4~8台摄像机组成,用于探测材段的三维剖面信息。这种测量站可以安装在轮子上,因此能移往木材场或运输终端。测量站也能是固定式的:安置在剥皮鼓前,使样捆不必额外运往测量站[35]。

8.5.4 测量锯材原木和单板原木的体积

每个木材厂都用某种方式检尺锯材原木和单板原木。在小型制材厂是手工测定,通常逐根使用小头直径法,类似于路边测量(见8.4.1节)。卡车载荷的垛堆测量法也用于锯材原木,原则上类似于造纸材(见先前介绍),但锯材原木的平均垛堆密度(实积百分比值)较高,各垛堆密度系数的相对效应较小[33,35]。

几乎任何现代大中型制材厂和单板厂都有光学原木扫描仪,在分等分材种时自动化测量每根原木[33,40]。扫描仪安装在原木输送带的起端,依据原木的影子轮廓每隔0.02m测量一次直径。最后的直径值是同时从两三个不同方向、以1mm的准确度测量的结果,如图8-17所示。

原木长度按1cm的准确度测量。具体的测量及其实积计算都是沿纵向分段进行,与收获联合机上配置测量器的检尺方式相同。如果树皮不全或表面有冰雪覆盖,原木分等分类人员根据既定规则因情对扫描结果进行加减修正:如果缺失率或覆盖率是15%~20%,材积的修正率为1%[40]。

现有原木扫描仪在原木直径、长度和材积的测量上都有很高的准确度;对于原木批件的体积,通常是±1%[35,40]。每天都用各种校准管和测验木材检控扫描仪的直径和长度测量准确度。定期用手工检尺由仪器系统从原木流量中随机选取的样本检控材积读数。测量站工作人员每一两周检尺一次检控木材(参见

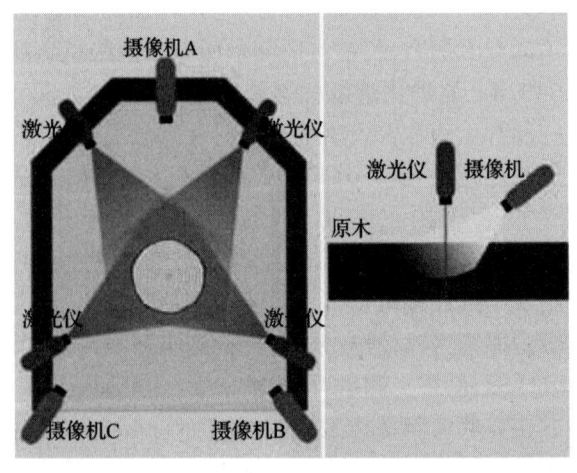

图8-17 使用光学测量器测量原木:原理

8.3.1.3 节)。要确保材积检控的结果可靠,应至少检尺 50 根原木[35,40]。

有些制材厂把光学扫描仪放在剥皮作业之后,测定的是皮下体积。这样,要确定带皮材积,就得另加树皮值:依据树种、地区和小头去皮直径,采用相应的加皮数表或函数式[27]。

8.5.5 测量机械木材加工的副产品

制浆厂、刨花板厂和纤维板厂都使用大量制材厂木片、单板厂木片和旋切木片做原料。这些原料按干重测量、定价、销售。卡车(或火车)的木片载荷在到达厂地时称鲜重,再从中抽样确定含水量,据以换算出干重。抽样的频率取决于木片的树种,从特定制材厂、胶合板厂或单板厂的传送材积量,以及季节。至于每车荷的样本数,木产品工业与制浆造纸业的贸易协会之间有协议定义。含水量的确定用烘箱干燥(压力加热器),但也有用高频干燥和微波干燥(参见 8.7.2.2 节)。关于芬兰、瑞典和挪威的木片测量和质量分析,已有通俗说明书[41]。

对于芬兰的工业木片和造纸木片,干重和实积之间的换算系数都已分树种和地区确立[42]。根据这些数值,1t 松木和云杉干木片平均等于 2.30~2.48m³ 制材厂木片,或 2.45~2.55m³ 去皮造纸材;1t 桦木干木片平均等于 2.02m³ 单板厂木片,或 2.03m³ 去皮造纸材。

要确定车荷的散堆体积,现在极少用框围检尺。如果用,以固体含量把散堆体积转化为实积。在接收厂地的测量中,制材厂木片固体含量为 39.0%~41.0%(松木、云杉),单板厂木片为 37.5%(桦木、云杉)[42]。

生产纸浆、刨花板、纤维板和越来越多的木屑丸也用锯屑和刨削片做原料。不过,这类材料的最大出路是各种发电厂用以发电,在这方面类似于树皮。测量项目一般是质量和含水量。小型发电厂用各种各样的换算系数确定实积和干重。对于锯屑,在冬季和夏季,通常分别用平均值 35.0% 和 38.7%[42]。

8.6 探测木材质量

8.6.1 木材质量的概念

通常把木材质量定义为木材对特定最终用途的技术适合性[1]。任何偏离正常都被视为缺陷[2]。正常木材这一概念隐含这样的理念:对于每种特定的最终用途,都有一种理想的材料匹配,而且还能从自然生长状态的树木中发现这种材料。缺陷分为数量缺陷和质量缺陷,分别减少产品的产量和削弱产品的质量。

在木材测量中,通常用两种方法反映质量概念:要么探测木材中的淘汰质量,要么给木材逐根或成批分等(或分级)。至于不同等级之间和合格与不合格之间的界限,则都是依据买卖双方在成交合同中为各材种设定的要求。对于各材种的要求,木材买方与加工厂之间现在却不一定相同。

木材质量的检控从伐树和横截开始:其间,木材按种类和等级被区分而放开。主要木材品种是锯材原木、单板原木、各特殊机械加工材种、各造纸材种、能源木;每个材种再分树种。这些材种自此一直分放,从林地运输,到长途运输,到贮存。特别要注意两个方面。一是依据树的质量,确保按照各材种要求正确横截。二是保护木材的原始质量,诸如避免机械损伤、杂质、去皮、生物性败坏(变色与腐解)和不必要的干燥。

8.6.2 质量测量方法

8.6.2.1 收获和运输

在路边集材场,开始长途运输前,对所有木材品种进行最低质量检查。这可以影响木材的最终目的地。这么严重的质量败坏,在贮存时间短暂的现代木材采置系统下,尚属少见。在装车期间,如果有原木(或材段)不符合采伐时划定的原始材种的维度或质量,进行降等处理,放入其他材种;那是,锯材原木和单板原木降为造纸材,高质量原木降为低质量原木,干燥或腐解的机械制浆材降为化学制浆材,高档特种原木降为低质材种或等级。

8.6.2.2 厂地造纸材

制浆造纸厂在探测木材质量时,主要关注收货时的淘汰比例。这里,要么用分层评估,要么抽样评估[35,43]。先看是否有树种出乎意料,材段过小,腐解和变色过度;准确度要求取决于各厂对木材的终极用途。

在分层评估中,目测淘汰材段在木捆两端和侧边的材积百分比值,把木捆(或其分段)分入不同等级[35]。随机抽取部分木捆进行样本质量测定:对每根淘汰木的材积进行测量,评估。对每个木捆,确定总材积中淘汰木的比例,设定质量级别。质量级别的数目和相互间的界限各厂不同,取决于造纸材的终极用途和淘汰木的有无。一般用五级。至于淘汰木在每个质量级中的平均百分比值,用最后 10 个样捆的结果,或者用最后 14 个样捆的结果但剔除最低两个和最高两个观测值。再把这平均百分比值用于进货时目测设定在同一质量级的所有木捆(或其分段)。据此,从各木捆(或其分段)的总体积值中减去淘汰木材积,得出净实积。

对造纸材质量的分层评价不同于抽样评价,因为按淘汰级别抽样针对所有批件,不分木材供户,而抽样评价则是按供方抽样[35,43]。分层评价大多用于造纸厂的云杉造纸材,但也用于制浆厂的松木、桦木和山杨造纸材。在两种方法中,样本中有淘汰材段的起因都包括:直径过小,偏离名义长度过大,树种不对,分叉,弯曲过分,腐解,木材干燥,烟垢及其他杂质,等等。单人或双人团队目测评估样本材段,还为了确定材积,既以手工但大多又靠自动化测量样捆、木捆分段和分堆材段(参见 8.5.2 节、8.5.3 节)。在 8.5.6 节提到过的乌伊马哈尤木材处理终端测量系统测量站,质量评估是个自成一体的工作期,用取自电脑屏幕的材段图做。在奥卢大学测感实验室测量站和 1000 型方式测量站,材段分级有两部分:部分由操作员看树种、分叉、腐解、烟垢等杂质,部分由自动化测量系统做淘汰的维度因素(材段过小、弯曲)。

8.6.2.3 厂地锯材原木和单板原木

锯材原木和单板原木的分等分类都在厂地与材积测量一起做。分类线的操作员凭视觉依据直径、长度和缺陷情况,把原木分为不同的等级以及等外。确定原木体积的扫描结果为此提供支撑。例如,从直径和长度数据,可以计算原木表面的挺直度指数和匀称指数,分出桩端原木、中段原木和梢端原木。用检控材积测量的原木样本(参见 8.5.7 节)连续监测原木分等的质量。

自从 21 世纪初,大型松木制材厂采用现代 x 射线设备对原木分等,作为电脑断层扫描摄影术应用的一部分[44]。例如,芬兰在 2008 年有 8 家这样的制材厂。这种系统用 x 射线,从 16~24 个径向,连续即时透视原木,探测原木特征和木头特征,能提供海量的数据。要有效利用这种系统,必须配有高能软件对这些数据进行收集,处理和分析,还需要高能人士对结果进行解释,并在木材的生产规划和后续加工中,有效利用这些结果。

应用电脑断层扫描摄影系统是为了提供原木内部质量的准确信息,使原木分级适合于终极产品(结构材、细木工及家具材、多节与心木特种锯成材,等等),为原木锯解和后续截切的设计打好基础。质量探测的主要项目与原木各分段的如下信息相关:表面的确切形状,树皮与木头之间的边界,心木柱形状和维度,轮生枝节之间净木段的长度和径宽,节子的类型和直径,生长轮的宽度和密度。

8.7 测定含水量

8.7.1 概念和用途

含水量可以按鲜物或干物量定义,如 4.2.7 节所详细描述。木材科学、林业、木材采置和生物能源用户,都用鲜物量算,把含水量理解为水占鲜物量的比例。在工程学、物理学、化学和木材利用工业中,含水量意味着水占干物量的比例。

木材测量的许多应用需要含水量信息。有时,在利用木原料和生物燃料中,称的是鲜物量,但干物量却是定价、工资或合同费、贮存计量、材料平衡分析等的基础,需要含水量值把鲜物量换算成干物量。大多数利用木头的制造工艺需要含水量信息,以便检控工艺参数,干燥材料和产品。例如,在化学制浆中要间接确定蒸煮化学品的剂量,在机械制浆中要评估产品质量和能源消耗,在制材厂要调控木头干燥,评估心材制品出产量,这些都必须先知道木材的含水量。发电厂和液化生物燃料厂等能用原料含水量的初步信息提高工序的出产量和效率[45]。

8.7.2 方法选择

烘箱干燥仍然是用木行业和生物能源厂用于确定实木(或木片)含水量的唯一方法。这种方法以 103℃的温度持续干燥实木(或木片)样品 24 小时。测量的能力取决于可用压力加热器的数目和干燥速度。压热器通常相当小。另一个缺点是没有任何配套的即时测量技术,尽管自 20 世纪 50 年代就一直有这方面的尝试[35,45]。

检查实木制品的含水量用手持电子水分仪,其应用涵盖实木和胶合锯成材制品以及破碎薪材。这种仪器实际测量阻抗或介电常数,据以推算含水量[45]。介电型水分仪常用于检查木屋的水分状况,等等。阻抗型水分仪的电极侵入木头,多少有破坏性,而且测的木头含水量必须低于纤维饱和点(25% ~30% 干物量)。介电型水分仪只需要接触木头表面,甚至曾隔层空气还能成功地即时测定含水量;不过,因为对表面水分敏感,准确度通常不高。介电型的一个优势是,即使含水量超过纤维饱和点,也能测量。测量的原理是传感能量或电容的损失。总体而言,这些仪器对测量环境相当敏感,对含水量的操作范围有限,对木头要么测量表面(表面仪),要么测量深入度(钉子仪)。

手持水分仪属于速测法或快速水分计的范畴。这些包括:微波或时域反射计和红外反射器,以及烘箱速干法、红外灯干燥法和寒冷条件下的热重法干燥[45]。市场上有数十种速测仪,也实际用于测量木头和木片水分。不过,这些仪器都不太适合连续即时作业。

市场上有出售基于微波测量或热中子测量的仪器,可供即时测量木片[45]。这些仪器都用组合法:用放射性和超声波表面测量补偿材料密度上的变化。微波测量法得不到流行,因为对温度、雪、冰都敏感。热中子测量法通常利用半衰期短暂的放射性同位素,测量时必须聚焦准确。这一点,外加价格相对偏高而产品支撑又有风险,放缓了这种方法的突破。

阻抗光谱法在频率范围上与电容法相似,但覆盖光谱较宽。从这些光谱结果,通过高端模拟,能了解木头内部不同深处的情况。这两种方法都受木头密度、温度和纹理方向影响。阻抗光谱法有测量木片水分的潜力[45]。

8.7.3 发展潜力

市场上还没有方法或设备可以直接测量带皮圆木的含水量。原则上,x 射线图像能显示一些可供探测水分的信息,但不能把这看成是即时测量。据现有知识,热中子法使用新颖的中子发生器,似乎是透过圆木材段(或木捆)测量水分的唯一选择[33,45]。这种只测含水量的投资有失昂贵。作为替代,用木行业应该考虑开发全面测定木头质量的总系统。

测量木片的水分可以容易得多。红外技术很具竞争性,但有个前提:测量时水分分布必须相对均匀,不但在木片内,而且在整个木片堆中。近红外技术也合适,但必须先开发出能普遍应用的功能渗透力和分析演算程序。组合性测量系统可能更有潜力提高准确度,开阔应用性。具体的做法可以是用侵入法校正表面型测量(红外、阻抗)。这样,用多波长和明了的分析演算程序执行近红外测量,用能量低而半衰期长的放射性同位素产生聚焦伽马辐射,测量同位素的线性衰变。此外,还需要测量木片层。含水量和密度这种系统都能测。可以用阻抗测量和其他电测量获得适当的组合[46]。

对于含水量潜在测定方法的详细信息,可以查看编集类报告[45-46,d]。

8.8 木材测量的成本

8.8.1 概念

木材测量的成本是针对具体情况选择适当方法的一个重要标准。本节提供选定木材测量方法估算成本的例子。成本尽量用函数表达。应该注意的是,木材测量成本和收获成本都强烈取决于所测树干的大小和总材积之类现实状况。此外,对不同的状况,方法不同,反应也不同。

8.8.2 收获联合机兼做测量

测量器是收获联合机检控系统的一个组成部分;没有测量器,收获联合机就不能正常运作。因此,要从收获成本分出测量成本,这多少带有主观性。这里用的价格是可以单独购买后再安装的测量单元的价格。这个单元包括传感器、软件、打印机、键盘和车载电脑。对于收获联合机兼做的测量所涉及的平均成本,估算时用的默认值如表 8-3 所列。

表 8-3　　　收获联合机兼做的测量所涉及的平均成本:21 世纪初后期值

因子及其单位	默认值
测量器的购买价格/欧元	15000
残余价值:占购买价格的百分比/%	20
测量器的使用期/a	5

续表

因子及其单位	默认值
年生产力/(m³/a)	30000
年利率/%	5
测量器的每年维修成本占总成本的百分比/%	10
测量器的每年运行时间/h	600
操作员的每小时成本:含社会保障费/(欧元/h)	20

使用这些默认值,测量木材的平均成本是 0.50 欧元/m³。这种平均成本取决于测量单元的投资成本和维护成本。购买价格为 1 万欧元和 2 万欧元,测量成本就分别变成 0.47 欧元/m³ 和 0.64 欧元/m³。

8.8.3　卡车或集材机兼做的测量

卡车和集材机上可以用秤。除了实际的计量单元及其传感器,还需显示器连带计算单元。在卡车上,通常可以让显示器连接已有的配置电脑。相反,集材机基本设置不带电脑,所以如果要按秤,就得另买电脑。类似的计算值可以套用收获联合机兼做测量的情况。但购买价格比较低,约为 6000 欧元,不算车上配有的电脑。在这些假设条件下,测量成本是 0.44 欧元/m³。如果另外配置电脑,投资成本就多增加 2000 欧元,测量成本变成 0.46 欧元/m³。

8.8.4　路边测量

如果单人用电子卡尺逐根测量原木,下式给出时间花费[47]:

$$t_1 = 1.15 t_{eff} V_t + t_o V_{tot} \tag{8-2}$$

式中　t_1——逐根测量原木的时间花费(工地时间),cmin/m³

　　　t_{eff}——测量 1 根原木的时间花费(有效时间),cmin

　　　V_t——原木的平均材积,m³

　　　t_o——移动、准备和计算所消耗的时间,cmin/堆

　　　V_{tot}——需测量原木的总材积,m³

如果 V_{tot} 是 100m³,t_{eff} 是 12cmin(即 0.12min,因为 cmin 为厘分,即 1% 分钟),V_t 是 0.1m³,t_o 是 650cmin,那么,时间花费 t_1 是 145cmin/m³。假设劳动力成本是每小时 20 欧元,测量的直接成本是 0.48 欧元/m³。不过,外加开车到木堆的成本、其间的工资和每日生活津贴,使每堆的成本另外增加 100 欧元左右。因此,成本大致是 1.5 欧元/m³。但如果木堆很小,测量成本能高达 10 欧元/m³。

如果由两人团队用电子卡尺测定成捆的造纸材垛,时间花费的算式是[48]:

$$t_b = 1.15 \times [34.7 + (1095 + t_c + t_o)/V_b] \tag{8-3}$$

式中　t_b——测定成捆的造纸材垛的时间花费(工地时间),cmin/m³

　　　V_b——木捆的平均材积,m³

　　　t_c——计算所消耗的时间,cmin/捆

　　　t_o——走动和准备所消耗的时间,cmin

如果 V_b 是 100m³,t_c 是 1000cmin(即 10min),t_o 是 600cmin,劳力成本(两人)合计 40 欧元/h,那么,测量的直接成本是 0.47 欧元/m³。与逐根测量一样,开车到木堆和其他相关费用使每堆的成本增加 100 欧元。

8.8.5 厂地测量

木材测量越来越多在厂地做,因为能合理化,还能降低成本。这正逐渐成为厂地木材终端的主要任务。此外,化学品的运输和工业木片的度量通常也经由木材终端处理。结果是,能归咎于木材度量的成本份额不再明确无误。投资成本和人员成本都对木材测量所涉及的费用有明显影响。一般而言,可以把测量成本估计为 0.20~0.60 欧元/m³ 不等。

8.9 木材测量方法的未来发展

木材测量的现实做法是许多年科学研究和实践发展的结果。在芬兰,与瑞典和挪威类似,木材测量自 20 世纪 30 年代以来一直是公共研究的主题。这一领域的研究在芬兰森林产业链中仍有强劲代表,自 20 世纪 90 年代以来从诸多森林学科的专业性知识向物理学、统计学、电脑信息技术、以及其他技术科学大量扩展。

关联木材测量的研究开发受多股力量驱动,包括:木材采置愈演愈烈的变化,木材用户需求的变化,工艺发展所提供的潜力,对降低测量成本的需求增长,法规的变化。木材测量方面的发展已表现有三条主要路径[48]:

① 一直在寻求使新颖技术和机器视觉应用变得成本竞争性强,效率高,可靠性高;
② 已经把测量行动与木材处理中的其他活动进行了有效结合;
③ 已经在测量结果的分析中应用数学模型和统计方法。

传感器和数据处理工艺发展迅速,已经使新的测量仪器和方法商品化。要实现降低测量成本但不降低测量准确度,所用系统最好减少测量特定批件木材的次数,方法最好能自动化,降低劳力成本。数据处理的发展使得能对测量数据进行多功能有序排列,复杂计算和传输,但同时要求木材采置和利用链有人能高效组织信息,具有高水平人力技能。

法规对测量仪器及结果施有准确度和可控性要求。各种利益集团愈益强烈地意识到需要改善木材测量,呼吁实践、方法、结果和准确度上提高透明度,增加各类林主对市场的木材供应。

必须首先综合了解木材性质和木头性质,才能成功开发测定数量和质量的新方法。这方面的研究一直注重于数学描述树干、原木、材段与垛堆的外部性质和木头的内部形态特征,通常导致预测模型和转换数表等,进而发展测量方法和说明[47]。近来则更强调木头的结构和视觉与物理性质,借以预示测量措施,有益于确定树或木材的体积、质量、含水量或质量特征。

传感木材和木头关键特征的技术最好既不接触,更不破坏所测材料[48-49]。已有新型工艺,诸如电脑断层摄影术、数字图像扫描、激光扫描、电磁传感和声学法,能改善木材数量与质量的测定。这些工艺的应用一般在厂地和木材终端,但迟早会推广到林地收获联合机伐树和集材机运输期间。短期内,最看好的似乎是数字图像扫描方法[49-50]。

如果测量是为立木销售确定购买价格,在芬兰最常用的方法是由收获联合机兼带做。这种方法的份额很可能至少会维持在现有水平,尽管厂地测量有可能增多。这是因为除了确定售价,木材测量还有其他目的。

可望收获联合机兼做测量的方法会在北欧以外的国家获得接受,进而流行,尤其在中欧、东欧和俄罗斯;那里,在采运地优化横截是个重要议题,会越来越多地采纳机械化短木收获法。对于开发面向产品的木材采置系统,收获联合机兼做木材测量与横截伐倒木都重要。这意味树干的横截符合工厂的规格要求,材种的分布遵循终端产品的需求。因此,应该尽量多功能利用收获联合机测量法连续收集的大量数据,借以满足木材采置与利用链的各种需要。

在路边测量伐木和在林地测量立木的做法正变得愈益少见,既因为成本过高,也因为其他方法的发展。现有趋势表明,对于立木销售和交货销售的木材,厂地测量会增多,因为成本低而准确度高。其他的原因是,比较容易监督质量,能可靠利用新的测量方法,诸如框围扫描法和光学原木扫描法,即使批件相当小。

测定木材数量和质量的潜在未来技术包括:机械接触结合其他非接触性技术,电磁应用,电导率测量,声学工具[57]。电磁应用提供广泛的机遇,不但给光学方法(可见光、激光、红外、近红外、紫外),还给其他方法(微波、x射线、伽马辐射)[47,51]。电导率测量包含各种电场测量、核磁共振和电磁谐振。声学方法有超声波测量法和声波测量法(来回时间、共振谱)。

木材测量的研究开发给增强竞争性提供潜力,不仅对于森林工业,还对于森林机械与测量仪器制造业。测量方法的发展提高木材采置和利用的成本效益,增添木材加工的输出量和盈利性,改善尤其在机器视觉技术的专业知识,提升产生新颖木制品和木材测量的潜力,加强相关的各种商务活动。

芬兰的森林产业链在2004—2005年开创了木材检尺研究开发项目[57]。作为项目的基础,还建立了木材测量要达到的指标状态。从这些前景,衍生出如下主要研究开发活动领域:

① 确定用材林的质量特征;
② 用收获联合机设备对木材做非接触性测量;
③ 在制材厂、单板厂和胶合板厂测量原木的去皮形状和质量;
④ 检控木材在林地和终端贮存期间质量上的变化;
⑤ 即时测量木材的干重;
⑥ 即时测量工业木片;
⑦ 测量能源木;
⑧ 检控测量信息;
⑨ 对木材质量的测定进行成本效益分析。

最为至关重要的开发步骤涉及下列项目的实施:a. 基于质量测定造纸材和能源木;b. 可靠而快速确定木材水分;c. 成本效益与流量能力双高的方法测定木捆、原木与材段的样堆,以及小批件的木材;d. 收获联合机设备对木材一定特征的测量潜力,能依据不同工厂、最终用途和定制产品的要求,用这些特征评估树干的适宜性、最优化归类分配、检控横截。

收获联合机数据适合于高度的创新利用,例如,估算森林生物质能量,无论是采运工业圆木时累积的树冠、非商品圆木段和树桩,还是疏伐后加工或成捆的多株干小树。结合收获联合机测量与称重,通过取样、收集和分析锯屑确定含水量,这不失为既测重又评估木材质量的一种方法。

评价木材质量日显重要,这对造纸材、原木和生物能原料的一般测量与检控测量都是种压力。具体的挑战是,无论对于满车载荷,还是对于木捆、木垛,既要评估相关工艺与产品管理和最优化的整体特征,还不能一根根木材地做。对于监控木材质量的变化,确保木材质量均匀适宜制作工艺，使木材能生产定制的木产品、浆产品和纸产品，一个愈益重要的方法是，自动化定位并鉴别厂地、终端和路边贮存中不同质量级的木材堆。

总之，要对来自木材采置与利用链不同环节的测量结果进行管理、结合、分析、解释，尚需高效而可靠的方法。要提供工具，支撑决策，应该利用木原料来源与木制品用户之间的双向信息流动。

参考文献

［1］Granvik, B.-A. 1993. Puu- ja metsäteknologian peruskäsitteitä ja termejä. Osa 2: metsäteknologia [Basic concepts and terms of wood and forest technology Part 2: forest technology]. University of Helsinki, Department of Forest Resource Management, Publications 1, Helsinki. ISBN 951 – 45 – 632 – 4. ISSN 1236 – 1313. pp. 98 – 171.

［2］Kärkkäinen, M. 1984. Puutavaran mittauksen perusteet [Principles of timber measurement]. Helsingin yliopiston monistuspalvelu, painatusjaos, Helsinki. ISBN 951 – 99582 – 3 – 1. 252 pp.

［3］Sikanen, L. 1993. Metsätraktorin kuormainvaakaan perustuvan mittaus – menetelmän soveltuvuus puutavaran tilavuusmittaukseen [The applicability of forwarder – based weight measurement system for timber volume measurement]. M. Sc. Thesis. University of Joensuu, Faculty of Forestry. 29 pp.

［4］Shetty, M. K. and Lyons, K. 2007. An onboard load measuring device for off – highway log trucks. International Journal of forest engineering 18(1): 33 – 40.

［5］Kangas, A and Päivinen, R. 1994. Metsän mittaus [Forest mensuration]. Silva Carelica 27, Joensuun yliopisto, Joensuu. ISBN 951 – 708 – 965 – 1. ISSN 0780 – 8232. pp. 5 – 6.

［6］Anon. 1999. Regulations for measuring of roundwood. Recommended by the Timber Measurement Council 1999 – 05 – 19. Karlstad, Sweden. 50 pp.

［7］Melkas, T. 2008. Puutavaran mittausmenetelmät vuonna 2007. Abstract: Wood measuring methods used in Finland 2007. Metsäteho Review nr 37. ISSN 1459 – 7721. 4 pp.

［8］Anon. 1992. Pystymittaus 1 [Measurement of standing trees – Method 1], Ministry of Agriculture and Forestry 4. 5. 1992, Helsinki. 10 pp.

［9］Uusitalo, J. 1997. Pre – harvest Measurement of Pine stands for Sawing Production Planning. Acta Forestalia Fennica 259. Tammer – Paino Oy, Tampere. ISBN 951 – 40 – 1599 – 1. ISSN 0001 – 5636. 56 pp.

［10］Keane, J. 2007. The potential of terrestrial laser scanning technology in pre – harvest timber measurement operations. Coford. Harvesting & Transportation No 7. Available at http://www.coford.ie/iopen24/pub/ccntreescan.pd [Reference 8. 12. 2008]. 4 pp.

［11］Karjalainen, T., Asikainen, A., IIavsky, J., Zamboni, R., Hotari, K. – E. and Röser, D. 2004. Estimation of energy wood potential in Europe. Working Papers of the Finnish Forest Research Institute 6. 43 pp. ISBN 951 – 40 – 1939 – 3. ISSN 1795 – 150X. Available at http://www.metla.filjulkaisut/workingpapers/2004/mwp006.htm [Reference 23. 06. 2008].

[12] Asikainen, A., Liiri, H., Peltola, S., Kajalainen, T. and Laitila, J. 2008. Forest energy potential in Europe (EU27). Working Papers of the Finnish Forest Research Institute 69. 33 pp. [Website document]. ISBN 978 – 951 – 40 – 2080 – 3. ISSN1795 – 150X. Available: http://www.metla.fi/julkaisut!workingpapers/2008/mwp069.htm. [Reference 23.06.2008].

[13] Anon. 2006. Maa – ja metsätalousministeriön asetus hakkuukoneella valmistet – tavan puutavaran tilavuuden mittaamisesta koneen mittalaitteella [Statute of Ministry of Agriculture and Forestry on measuring timber volume manufactured with harvester using the measurement device of the machine]. Ministry of Agriculture and Forestry 18.4.2006, Helsinki. 5 pp. + App.

[14] Ahonen, O. – P. and Marjomaa, J. 1994. Hakkuukonemittauksen tarkkuus. Abstract: Accuracy of harvester measurement. Metsäteho Review 10/1994. ISSN 1235 – 483X. 10pp.

[15] Ala – Ilomäki, J. 1993. Yksioteharvesterin mittaustarkkuuden riippuvuus rungon ominaisuuksista. Summary: Relationships of the scaling accuracy with the stem properties using the scaling devices of single – grip harvester. The Finnish Forest Research Institute, Research Papers 450. ISBN 951 – 40 – 1275 – 5. ISSN 0358 – 4283. 26 pp.

[16] Anon. 2007. Instruktion för virkesmätning med skördare rekommenderad av Rådet för virkesmätning och redovisning [Instructions for timber measurement with harvester recommended by Timber Measurement Council]. 2007 – 04 – 15. 29 pp.

[17] Neiuwenhuis, M. and Dooley, T. 2006. The effect of calibration on the accuracy of harvester measurements. International Journal of Forest Engineering 17(2): 25 – 33.

[18] Möller, J. J. and Arlinger, J. 2007. Virkesvärdestest 2006 – mätnoggranhet [Study on timber value – accuracy of measurement]. Resultat från Skogforsk 5/2007. ISSN 1103 – 4173. 4 pp.

[19] Möller, J. J., Moberg, L., Sondell, J., Wilhelmsson, L. and Arlinger, J. 2004. Automation of bucking for quality. In: Uusitalo, N, Nurminen, T., Ovaskainen, H. (eds.). NSR conference on forest operations 2004 – Proceedings. Silva Carelica 45: 108 – 120. ISBN 952 – 458 – 557 – X

[20] Uusitalo, J. and Kivinen, V. – P. 2001. Alykkyyttä katkonnan ohjaukseen [Intelligence to bucking control] Kehittyvä puuhuolto 2001, Seminar Publication, Metsäteho. pp. 91 – 95.

[21] Naasko, M. and Vuollet, E. 1995. Traktorin kuormainvaaka puutavaran mittaukseen [Weighing equipment mounted of the crane of forest tractor]. Forestry Development Unit, Finnish Forest and Park Service, Bulletin 10/1995. 3 pp. ISSN0785 – 5311.

[22] Marjomaa, J. 1992. Puutavaralajien tuoretiheyksien vaihtelu. Abstract: Variations in the weight of timber assortments. Metsäteho Review 4/1992. 8 pp. ISSN 1235 – 483X.

[23] Kainulainen, J. and Lindblad, J. 2005. Puutavaralajien tuoretiheyden alueellinen vaihtelu mittausasemien vastaanottomittauksessa [Regional variation in green density of timber assortments in the receipt at mills in Finland]. Working Papers of the Finnish Forest Research Institute 19. 29 pp. [Website document]. ISBN951 – 40 – 1981 – 4. ISSN1795 – 150X. Available: http://www.metla.fi/julkaisut/work – ingpapers/2005/mwp019.htm. [Reference 23.06.2008].

[24] Anon. 1996. Yksivaiheinen metsurimittaus, mittaus – ja laskentaohje [One – stage measurement of standing timber instructions for measurement and calculation]. Metsäteho and Finnish Forest Research Institute, Helsinki. 24 pp.

[25] Kärkkäinen, M. 1979. Kuitupuun mittaus kourakasoissa. Summary: Measurement of solid vol-

ume of pulpwood heaps. Folia Forestalia 410. 24 pp. ISBN 951 – 40 – 0414 – 0.

[26] Anon. 1992. Kehämittaus [Grapple heap measurement]. Ministry of Agriculture and Forestry 5. 10. 1992, Helsinki. 6 pp.

[27] Anon. 2002. Maa – ja metsätalousministeriön asetus puutavarapölkkyjen ka – ppaleittaisten mittausmenetelmien vahvistamisesta [Statute of Ministry of Agriculture and Forestry on measurement methods of logs by piece]. Ministry of Agriculture and Forestry 18. 11. 2002, Helsinki. 10 pp. + App.

[28] Anon. 1997. Pinomittaus [Measurement of stacked pulpwood timber]. Ministry of Agriculture and Forestry, 9. 6. 1997. Helsinki. 7 pp.

[29] Lehtimäki, J. 2001. Lyhyen kuitupuun kehä – ja pinomittauksen tarkkuus. Abstract: Accuracy of measuring short pulpwood in stacks at logging sites and in piles at roadside landings. B. Sc. Thesis. Häme Polytechnic, Evo, Training Programme of Forestry. 52 pp.

[30] Sairanen, P. 1995. Pitkän kuitupuun pinomittaus tienvarsivarastoissa [Measurement of long pulpwood at roadside landings]. In: Verkasalo, E. (ed.). Puutavaran mittauksen kehittämistutkimuksia 1989 – 1993. Finnish Forest Research Institute, Research Papers 558: 24 – 53. ISBN951 – 40 – 1434 – O. ISSN 0358 – 4283.

[31] Vuollet, E. and Tiuraniemi, K. 1993. Kuormainvaaka käyttökelpoinen autokulje – tuspuun mittaukseen [Weighing equipment mounted on timber crane is feasible for measurement of timber transported with trucks] Forestry Development Unit, Finnish Forest and Park Service, Bulletin 7/1993. 4 pp. ISSN 0785 – 5311.

[32] Heikkilä, J., Lindblad, J., Hujo, S. and Verkasalo, E. 2004. Pienten kuitupuuerien mittaus puutavara – auton kuormainvaa'alla [Measurement of small parcels of pulpwood using the weighing equipment mounted on the crane of timber truck]. Metsätieteen aikakauskirja 4/2004, pp. 527 – 540. ISSN 1455 – 2515.

[33] Marjomaa, J. 1996. Puutavaran tehdasmittaus. Abstract: Timbermeasurement at the mill. Work Efficiency Association, Department of Forestry, Review 3(556). 4 pp. ISSN 1235 – 483X.

[34] Ojiala, T. and Teräv, J. 1994. Puutavaran tehdasvastaanoton menetelmät. Abstract: Methods used in the reception of timber at mills. Metsäteho Review 1/1994. 8 pp. ISSN 1235 – 483X.

[35] Lindblad, J. 2006. Puutavaran tehdasmittaus menetelmittäin [Methods of timber measurment at the mill]. In: Kíviniemí, M. (ed.). Puukauppa – valmistelu, sopímus, puutavaran mittaus. Metsäkustannus Ltd., Helsinki, pp. 372 – 387. ISBN952 – 5118 – 82 – 7.

[36] Sairanen, P. 1984. Kuitupuukuorman mittaus rautatiekuljetuksessa [Measurement of pulpwood loads for volume in railway transport. Finnish Forest Research Institute, Research Papers 136. 22 pp. ISBN 951 – 40 – 0972 – X. ISSN035 – 4283.

[37] Nevalaínen, M., Saíranen, P. and Verkasalo, E. 1997. Pitkän kuitupuun ajoneuvokuormien pinomittauksen kehittäminen [Developing stack measurement of long pulpwood in vehicle loads]. Finnish Forest Research Institute, Research Papers 653. 41 pp. + App. ISBN951 – 40 – 1581 – 9. ISSN 0358 – 4283.

[38] Marjomaa, J. and Sairanen, P. 1996. AVM – 1000 kehyskuvamittaussema. Abstract: AVM – 1000 frame ímage measurement station. Metsateho Review 3/1996. 8 pp. ISSN 1235 – 483X.

[39] Moilanen, P. 2004. Puutavaran tilavuuden mittaaminen puutavara – autossa Modus 2000 lasermittarilla. Abstract: Measurement of timber volume in truck with Modus 2000 laser measurement device. M. Sc. Thesis. University of Joensuu, Faculty of Forestry. 49 pp.

[40] Marjomaa, J. 1996. Tukin mittaus optisella tukkimittarilla. Abstract: Log measurement using an opticalmeasurement device. Metsateho Review 1/1996. 8 pp. ISSN 1235 – 483X.

[41] Anon. 1995. Massanvalmistuksessa käytettävä hake, kuiva – tuoretiheys [Chips used in manufacturing pulps, basic density]. SCAN – CM 43: 95. Scandinavian pulp, paper and board testing committee. 4 pp.

[42] Lindblad, J. and Verkasalo, E. 2001. Basic density and conversion factors for industrial and pulpwood chips. Paperi ja Puu – Paper and Timber 83(6): 458 – 461. ISSN 0031 – 1243.

[43] Anon. 1999. Puutavaran laadun mittaus laatuositemenetelmällä [Measurement of timber quality by stratified methods. J. Ministry of Agriculture & Forestry, Helsinki. 2 pp.

[44] Björklund, L. and Julin, B. 1998. Värdeoptimerad sönderdelning av datortom – ograferade tallstammar. Summary: Value optimised cross – cutting and sawing of CT – scanned Scots pine stems. Swedish University of Agricultural Sciences, Department of Forest – Industry – market Studies. Report No 48. 37 pp. + App. ISSN 0284 – 379X. ISRN SLU – SIMS – R – 48 – SE.

[45] Järvinen, T., Kalvas, T., Malinen, J., Teppola, P., Tiita, M. and Virtanen, A. 2008. Puun kosteuden jatkuvatoiminen mittaus [Continuous measurement of moisture content in wood]. Paperi ja Puu – Paper and Timber 90(3): 28 – 33. ISSN0031 – 1243.

[46] Järvinen, T., Malinen, J., Tiitt, M. and Teppola, P. 2007. State – of – art selvitys puun kosteuden mittauksesta [State – of – art review on the measurement of moisture content in wood]. VTT Research Report, Nro VTT – R – 013 – 325 – 07. 90 pp. Available at: http://www.vtt.fi/publications. Reference 23. 06. 2008.

[47] Rummukainen, A., Alanne, H. and Mikkonen, E. 1995. Wood Procurement in the Pressure of Change – Resource Evaluation Model till year 2010. Acta Forestalia Fennica 248, Tammer – Paino Oy, Tampere. 98 pp. ISBN 951 – 40 – 1478 – 2. ISSN 0001 – 5636.

[48] Lindblad, J. 2006. Mittauksen kehittäminen [Development of timber measurement]. In: Kiviniemi, M. (ed.). Puukauppa – valmistelu, sopimus, puutavaran mit – taus. Metsäkustannus Ltd., Helsinki, pp. 404 – 407. ISBN 952 – 5118 – 82 – 7.

[49] Sorsa, J. – A., Imponen, v., Hujo, S., Korpilahti, A., Poikela, A. andRäsänen, T. 2006. Kuvaan perustuva mittaus apteerauksessa ja puutavaran lajittelus – sa [Image – based measurement in cross – cutting stems and sorting timber). Metsäteho Report 194, 21. 9. 2006. 23 pp. + App. ISSN 1459 – 773X.

[50] Osterberg, P. and Ihalainen, H. 2006. Puun laatutiedon mittaaminen kuvasta [Measurement of wood quality from digital image]. Metsäteho Report 197, 2. 11. 2006. 21pp. ISSN 1459 – 773X.

[51] Hämäläinen, J., Hujo, S. and Korpilahti, A. 2006. Puutavaran mittauksen tutkimusja kehitysohjelma [Research and development programme of timber measurement]. Metsäteho Report 191, 11. 5. 2006. 18 pp. + App. ISSN 1459 – 773X.

[a] Anon. 2010. Forest product conversion factors for the UNECE region. United Nations ECE/TIM/

DP/49, Geneva. ISSN 1020 – 7228. Available at http://www.unece.org/fileadmin/DAM/timber/publications/DP – 49. pdf

[b] Melkas, T. 2008 – 2014. Wood measuring methods used in Finland (2007 – 2013, by year). Metsäteho Review Available at http://www.metsateho.fi/wp – content/uploads/2015/02/

[c] Metsätilastollinen vuosikirja 2013. Finnish Statistical Yearbook of Forestry 2013. Metsäntutkimuslaitos. 450 pp. ISBN978 – 951 – 40 – 2064 – 3.

[d] Österberg, P., Antikainen, J. and Melkas, T. 2014. State – of – the – art survey of biomass measurement technologies in the bioenergy supply chain. Sustainable Bioenergy Solutions for Tomorrow (BEST) research program report. Available at http://www.metsateho.fi/wp – content/uploads/2015/02/Tuloskalvosarja_2015_01_State_of_the_art_study_of_biomass_measurement_technologies_po_ym. pdf

第 9 章 木材市场和成本

9.1 引言

在世界大部分地区,林产品公司从市场交易获得原料。圆木的卖方可以是地方性、区域性或全国性的。所有权可以是公有,也可以是私有。林产品公司还能拥有大面积林地,从中采置全部或部分自己需要的原料。不过,自 20 世纪八九十年代起,工业所有林在许多地区一直在减少。

全球森林面积超过 80% 是公有。据《森林评估 2015》的资料,如第 3 章 3.3.2 节所介绍,在 2010 年是 82.3%,但自 1990 年起,一直在以 1.1% 的年率下降。至于生长蓄积量,私有林的份额不能从这些统计数据直接算出,但如果假定各国单位面积上的蓄积量水平与公有林相当,那么,大致是总蓄积量的 1/5。这样的森林面积数据并不能可靠指示各种所有权下的森林究竟提供了多少木材。例如,在欧洲,公有林和私有林处于商业利用的份额大有变异[3]。

何况,各种所有权的份额随时间变化,即使在稳定的政治体制下。例如,工业所有权下的用材林地在美国一直增多到 1990 年左右,之后开始减少[4]。这种发展的一个重要成分是木材投资管理组织在 20 世纪 70 年代形成后,大量获取林地。北欧国家的趋势类似。Zhang et al.[4] 用交易成本理论看待这种发展,基于对企业为什么想要或不要拥有自己使用的资源这一命题的解答。另一项发展有关各种国际认证服务规则,世界各地的公司都在 21 世纪初开始采用。这些规则要求企业必须在资产表中列出森林财产的市场价值,而非以前那样的账面价值。大笔森林财产增加公司内部投资,降低净资产收益率(净收入与资产净值的百分比)。从现有业主和投资人的眼光看,这使公司变成了不那么理想的投资对象。

9.2 木材采置的经济结构

9.2.1 非工业私有林所有权:私人林

私有林所有权可以进一步分为工业私有林(工业林)和非工业私有林(私人林),其所有权分别属于公司和个人。私人林主与工业林主不同,因为所有权与木材加工是不挂钩的。这类所有权被特征化为"家庭林业"或"农场林业",借以表明如下典型情况:个人拥有,家庭成员共有,或者农场所有。

要理解非工业私有林主的行为,必须先看他们拥有森林的目的,还看支配他们行动的法律和法规等体制背景。私有林主不是个均匀划一的团体。在工业化国家,地主的追求越来越多元化[5-6]。越来越少的林主以出售木材盈利为首要追求,或者需要依靠林业收入维持日常生计。林主这种木材供应行为上的改变,使林产品公司在木材采置上面临越来越大的挑战。

9.2.2 工业私有林所有权:工业林

公司有了自己的森林,在木材采置上会有很多变化。要获得所需原料,公司不必依赖圆木市场,只需做出经营决定:采伐多少木材,使用多少。显然,要有足够的木材供源,大公司必须拥有大片林区。每年可能会用上数百万个立方米,相当于10万~200万公顷的土地面积。要获得那么多的土地,随着世界人口及用地压力的持续增长,正变得越来越难。

图9-1显示木材采置在工业和非工业森林所有权环境下的一些特性。许多公司是在混合环境中操作:一部分(通常一小部分)供应来自自己的森林。要依赖私人林主,保障木材供应,公司必须利用市场机制。木材价格固然是个核心因子,但森林政策也起重要作用:能刺激林主不但出售木材,还进行育林作业,从长计议,显著增加木材供应。

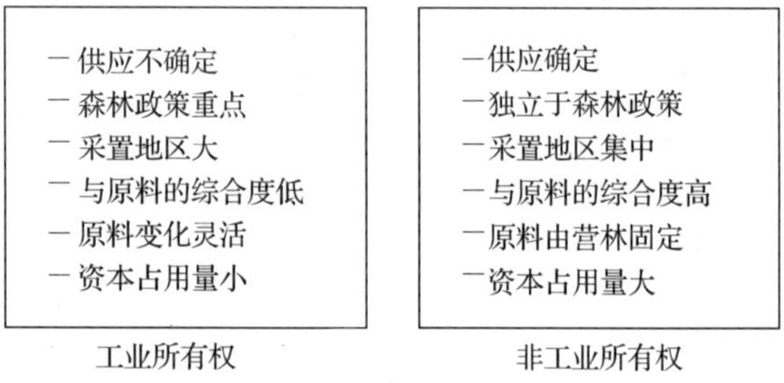

工业所有权	非工业所有权
—供应不确定 —森林政策重点 —采置地区大 —与原料的综合度低 —原料变化灵活 —资本占用量小	—供应确定 —独立于森林政策 —采置地区集中 —与原料的综合度高 —原料由营林固定 —资本占用量大

图9-1 木材采置在不同林地私有权环境下的特性

工业所有权使公司能整合管理原料的技术性质与制造工艺和产品规格,提高原料的利用与加工效率。另一方面,森林生长需要几十年,技术和消费格局都能时过境迁,公司最终拥有的树可能不再是那时的理想类型。生产占用的资本量对公司越来越重要,因为投资人都企求高投资收益率,以相对值而言。因此,公司资本少,分母小,就容易产生高比率,似乎更值得投资。这可以抬高股票价格。

木材投资管理组织和房地产投资信托,分别开创于20世纪70年代和20世纪60年代,是相对的新型林主。例如,在美国缅因州,20世纪90年代销出的工业林地总量中,75%是木材投资管理组织购买的[7]。全美国,到2006年,先前工业拥有的用材林地有将近80%转入了这类公司名下[a](图9-2)。有不少是因为林产品公司把自己改成了信托。木材投资管理组织和房地产投资信托本质上充当投资公司,在森林作业规程的约束下,从两个来源寻求财务收益最大化:木材收获净收入和土地转售。他们需要为金融市场提供富有竞争力的收益。不过,收益如果偏低,还有两项因子能予以部分补偿:一是风险较低,二是与股票市场的收益呈低相关,抑或负相关。资产组合如果包括林地,则能缓和波动。

在各家木材投资管理组织和房地产投资信托中,有些强调森林所有权的长期化和林业的集约化,而其他则把转售林地和预期地价上涨作为收入的主

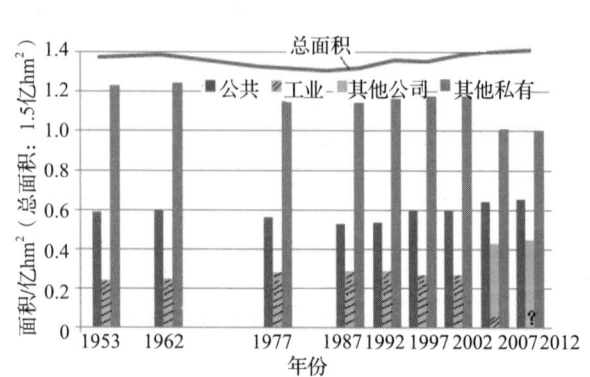

图9-2 美国用材林地的所有权变迁:文献数据[4,a-b]

要来源。前者提供较为稳定的木材供应,而后者的特点是土地交易之前或之后的大采大伐。

9.2.3 公共所有权

要从公有林采置木材,可以用9.3.2节中描述的各种销售类型或特许权购买圆木。社会差别很大,采置的作业环境也随之变异不定。相关的政治维度在第10章讨论。

9.3 森林管理和木材生产经济学

9.3.1 所有权目的

与所有权的目的一样,拥有林地的裨益多种多样。这种多样性不但适用于非物质的裨益,还适用于物质性裨益。卖木材、狩猎、采摘浆果和蘑菇,这些活动可以在自己的林地上做,也可能做不了。尽管世界各地变异大,销售圆木常常提供最大的经济裨益。不过,也有广大的地区,尤其在干旱区域,薪材是首要的物质裨益。水土保持、水资源管理和其他生态系统服务也可能是主要裨益。非木质林产品,在热带地区一直非常重要[9],在工业化国家也正变得愈益重要[10,11]。

9.3.2 木材销售收入

木材销售收入是由林主和木材买方之间交易决定的。概念上,交易能在三种地点发生:森林(立木销售)、路边(路边销售)、厂地(加工地)。

9.3.2.1 立木销售

在立木销售中,买方不是买树,而是买从卖方森林伐树的权利。因为树在合同期内还在长,销售的木材量是估计值。试图精准确定这个量,既不可行也不经济。通常,双方同意每立方米的价格,分树种和木材品种,但真正的木材量是在伐树后才检尺的。伐树权可以根据实施各类收获的地域定义(确切材积未知),也可以按照确定的大致地域内有待采收走的一定材积量定义。

通常,还得同意收获必须发生的时间框架。这使买方能根据后勤和加工地的木材需求灵活安排收获。此外,收获的时间还可以受气象条件的强烈影响,因为这在很大程度上能决定采运对林地的影响,必要时得重新安排。外加木材量和价格,销售协议还必须确定的重要问题有:使用的机械;伐树时间,顾及森林的自然季节性;采运的质量控制,确保尽量减少对保留树的可能损害,保护易损土壤,维护各种道路。

相比其他原料,木材价格高度依赖于地利。这主要有两方面原因:一是收获与运输的成本,二是木材本身的性质。在世界许多地方,木材收获与运输成本过高,甚至使收获变得经济上不值。距离利用地点越远,立木价格越低,直至为零。

森林特许权是个相关概念。典型的特许权使持有人在规定时期有权交费使用规定的森林地域。费用可以是年率,也可以根据采走木材的数量、质量、价值或这三方面的某种综合。特许权协议通常含义务:按要求的方法管理林地,例如,负责采伐迹地有足够的森林更新,或提供其他森林用途。特许权利可以超越木材收获,诸如有权采收各种非木质产品,或者有权安排旅游服务。特许权协议由地主(通常为当地政府)和公司(或合作团体)之间达成。

9.3.2.2 路边销售

路边销售也可称为交货销售,意味卖方负责木材在林地内的采运。卖方通常把树干切成材种(见第 8 章)。这可能限制工序上的选择,不能按特定目的最优化横截树干。另一方面,这种形式的销售使林主(经理)能如愿以偿,按照自己的育林观念,以最理想的方法进行采运。此外,林主可能希望从事收获活动,还增加总收入,不把这部分的价值留给购木公司。

9.3.2.3 厂地销售

在厂地销售中,卖方承担木材采运,还把木材送到厂地。因此,厂地销售也可称为送货销售。这种采购方式使林产品公司能把木材采置投资降到最低,同时对原料质量的控制也最少。要保证工序运行顺畅、连续,必须在厂地有库存原料。就原料质量而言,库存立木(活树)最好。

9.3.3 成本

9.3.3.1 森林管理

建林成本和收获成本通常是森林管理最重要的成本类别。建林成本在世界各地当然差别悬殊。在有些地区,必须摊算地租成本,而在其他地区,林地既没有其他用处,也没有租赁市场。重要的成本因素有两方面:一是国家或地区的一般工薪水平,二是必需的林地作业。一个极端是,前一代林分收获后,新一代天然形成。在另一个极端,先需要大量整地,抑或开沟,再需要栽种又大又贵的树苗,还需要金属围栏使食植动物不能进入。有案例显示,人工林的建林成本在地区之间变异大,如表 9 – 1 所列。最高的成本一般发生于更新需要围栏的情况下。围栏成本在 2007 年大致为每米 5 欧元[20]。

表 9 – 1 人工林的建林成本

国家	每 hm² 建林成本	参考文献,年份	国家	每 hm² 建林成本	参考文献,年份
阿根廷	602 ~ 1125 美元	12,2005	芬兰	660 ~ 1240 欧元	14,2006
巴西	600 ~ 800 美元	12,2005		800 ~ 1500 欧元	c,2012
智利	547 ~ 600 美元	12,2005	德国	2000 ~ 5000 欧元	15,2001
乌拉圭	500 美元	12,2005	英国	1100 英镑	16,2001
拉脱维亚	446 ~ 623 欧元	17,2011	瑞典	860 欧元	18,2008
	392 ~ 595 欧元	17,2012	美国南部	600 美元	12,2003
	567 ~ 630 欧元	17,2013	美国矿地	1500 ~ 2500 美元	19,2005
	558 ~ 662 欧元	17,2014	澳大利亚	2000 澳元	13,2007

对应表 9 – 1 中拉脱维亚的数据,林分的抚育成本平均为建林成本的 37%(32% ~ 44%)。芬兰的这个比值[c]可能类似。

圆木的收获采置成本项目众多,可以用芬兰的情况为例,如图 9 – 3 所示。图中用内隐物价折算系数指示通货膨胀的影响;疏伐和主伐费用包括机械化采运;采置限于购买国内圆木,送货到厂,管理费用包括中心与地方管理费、辅助费等工薪、旅费,以及行政、经销和场所费[c]。收获成本与其他成本一样,不但随时间变迁,而且这种变化在作业链的各个环节常不一致,与通货膨胀也不一致。另外,疏伐的成本要比主伐高多了(原因参见第 7 章 7.2.1 节)。

9.3.3.2 森林基础设施

森林道路(林道)通常是森林基础设施中最大的投资。林道成本强烈取决于当地条件,特别是地形和一般工资及成本水平。在有些地区,林道是在收获时建筑的,筑路开销成为收获成本的一部分。许多地区有现成的林道网,收获时可能只需要做些维护工作,在欧洲一般都是这样。这样的开销通常不列入收获成本报,而是单独列入林业管理费用。

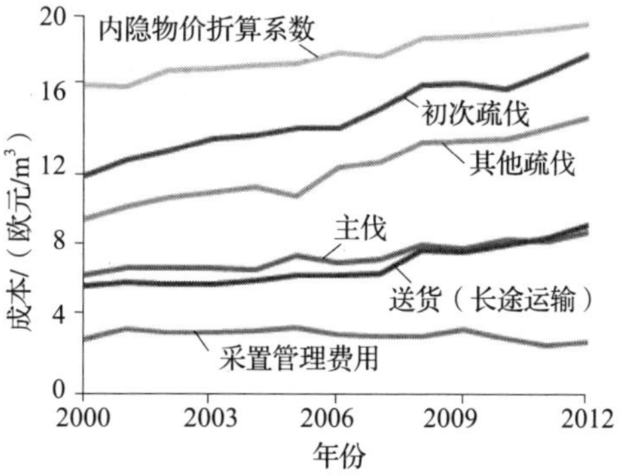

9.3.3.3 管理和税

管理费用和税因地相差悬殊。对于芬兰的私有林,管理费用一直略低于销售总收入的10%[21]。Green[22]在1997年分析美国的情况时,把这个比值假定为10%。

图9-3 圆木的收获成本:芬兰平均数据[c]

9.3.4 木材生产的财务分析

林业的盈利性和经济可持续性对保障木材的持续供应颇为重要。木材价格过低,可以使育林缺乏投资,导致森林资源逐渐耗竭。此外,林主也不大会愿意把木材价格降到林业投资产生不了合理的收益。

以最简单的形式表达,盈利性意味林业收益大于成本。森林面积大,就可能每年都有木材销售收入。对于小林主,这一点不可能,要考查收支,最好用5年或10年那样较长时段的平均值。这个意义上的盈利性在世界各地很不相同。这主要是两个因子间的比率:总收益(通常是立木收益)对总成本(主要为育林成本)。

图9-4显示芬兰1998—2012年私人林主的盈利性元素(也适于集体林)。其中,有效税率基于Uotila[21]。具体数值每年间有所不同,主要取决于立木销售量及其价格。成本方面一直比较稳定。从现金流量看,林业的盈利性尚优,虽然有下降的趋势。随着总收入平均每年下降3.22欧元,税后净收益占总收益的份额从1998年的62%下降到2012年的53%(每年-0.78%)。

净盈余的标准定义包括作为扣项的利息支出。许多林主没有林业财产方面的贷款,没有利息支出,因此以为不必考虑资本利息。但是,要想尽量扩大财富,就应该考虑林地和立木投资上的变换利润率。

在市场经济中,森林财产有市场价值。林主通常要求有一定水平的盈利性,所有权才值得拥有;否则可以出售财产,把钱用向其他投资,抑或消费。所有权衍生的非市场价值可以增加森林所有权的吸引力,即使在金融盈利性低下的情况下。实际上,正如9.2.1节所说,很多私人林主有各种所有权目标,钱财产出不一定是决定因素。

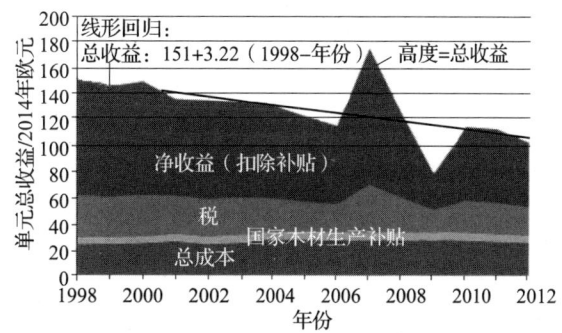

图9-4 芬兰私人林主收益的组成:年鉴数据[c]

要能评估林业投资的长期利润,必

须有利率。要确定利率,通常可以先用无风险或低风险投资作起点。根据所涉经济活动的风险大小,加上风险费用(有风险与无风险之间的差额)。据 Andersen[23],低风险选项的一个例子是全球政府债券的平均获利率:在 1999 年是 2.8%。股市投资的风险费用大致是 4%~4.5%,而对于林业投资,则可假定为 1%~2%。鉴于以上考虑,适合工业化国家林业的实质利率(去除通货膨胀率后的利率)可以是 4%~5%。Lausti&Penttinen[24]分析了芬兰林业的相对盈利性,发现平均实质收益率为 3%。其数据包括所有林主。可以论证,对于那些以金融盈利性为目的的林主,收益率要稍高些。

林业财务收益可以用两种途径分析。途径一,可以考查更新投资所产生的收益:从更新费用获得了什么收益率?这可以算作净现值(折算至基准年的数值):对所有育林成本和收获(疏伐、主伐)收益进行折算、加和。不然,可以计算人工林投资的内部收益率。途径二,计算林区的资本价值,再与之对比年度净收益,得出收益率。

表 9-2 以例子显示如何用现值计算人工林投资的净收益。这是美国南部的一片南方松人工林。贴现系数由下式计算:

$$\text{贴现系数} = 1/(1+\text{实质贴现率})^{\text{年数}} \tag{9-1}$$

用 5% 作为计算现值的实质贴现率。结果表明,人工林投资有盈利,第一个轮伐期每公顷的净现值为 230 美元。无限轮伐期计算得出的完全土地期望价值是 280 美元。

表 9-2　　　　林业现值计算例子:美国南部的南方松林　　　　金额单位:美元

处理	林龄/年	数量	单价	收益	贴现系数	贴现收益
控制硬木树	0	1hm²	-250	-250	1.000	-250
栽植	0	1hm²	-213	-213	1.000	-213
控制杂草	1	1hm²	-150	-150	0.952	-143
疏伐	12	62t/hm²	9 美元/t	558	0.557	311
施肥	14	1hm²	125	125	0.505	-63
主伐:锯材原木	35	60t/hm²	35 美元/t	2100	0.181	381
主伐:削片联制材	35	60t/hm²	19 美元/t	1140	0.181	207
总计				3061		230

表 9-3 以例子显示如何计算森林投资收益率。这些数值适合芬兰森林,也即一般的斯堪的纳维亚森林。分析假定:林区处于稳定状态,每年收获 1 公顷;森林有 75 个龄级,每个龄级正好 1 公顷。得到的投资收益率是 2.85%。看来,这个例子中的林业盈利不大,林主从所有权获有某些非木材性价值。

表 9-3　　　　林业投资收益率计算例子:芬兰森林　　　　金额单位:欧元/hm²

轮伐期收获总收入 - 育林成本	15810 - 1000 = 14810
每年管理费用	10
每年每公顷净收入	14810/75 - 10 = 187
平均森林期望价值(按实质贴现率3%)	6554
投资收益率	187/6554 = 2.85%

9.4 圆木市场

圆木市场的特征概念是派生性需求。个人和企业作为消费者,购买林产品,尤以纸产品和木制品最为重要。要生产这些产品,工业界必须有原料。因此,对圆木的需求被归类为派生需求。

圆木市场中的基本关系如图9-5所示。随价格上涨(A区),木材供应跟进:意味着私人林主出售木材的意愿上涨。而且,来自边远地区的木材,尽管采运成本高,这时也有增加。在需求方,木材价格上涨降低工业界的盈利性,使需求下降。价格低(B区)则使供给减少,尽管工业界购买木材的意愿增强。不过,这种意愿在经济活动低迷而产品需求低下时大不了。

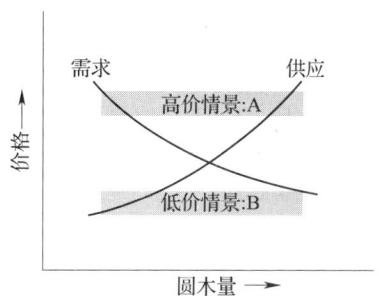

图9-5 圆木供求之间的基本关系

受派生需求本质的支配,木材价格上的变化大多数是由求方发起,通常基于经济活动的水平:活动水平高,木产品和纸产品的消费随之增多。用最简单的数学式概括就是,微分单位时间(dt)内价格(P)的增长率(dP/P)与需求(V)成正相关,需求的增长率(dV/V)与价格成负相关:

$$\frac{dP}{Pdt} = \beta_{pv}V - \alpha_p \tag{9-2a}$$

$$\frac{dV}{Vdt} = \alpha_v - \beta_{vp}P \tag{9-2b}$$

式中α_p、β_{pv}、α_v和β_{vp}都是参数。假定价格和需求在分别等于P_0和V_0时处于稳定状态(没有变化),那么,式(9-2)等于零。重新整理后得到

$$\alpha_p = \beta_{pv}V_0 \tag{9-3a}$$

$$\alpha_v = \beta_{vp}P_0 \tag{9-3b}$$

$$\frac{dP}{dt} = \beta_{pv}(V - V_0)P \tag{9-4a}$$

$$\frac{dV}{dt} = \beta_{vp}(P_0 - P)V \tag{9-4b}$$

式(9-4)在形式上与模拟捕食生物与猎物种群关系的Lotka-Volterra函数式相同。那是,价格捕食需求。当然,木材需求与价格(乃至与经济活动)之间的变化关系不一定那么简单,因为还有其他影响因子,诸如工业界的能力情况、成品库存和货币兑换率。

价格分名义价格(付出金额)和消除通货膨胀因素而得出的实质价格。两者按下式换算:

$$实质价格 = \frac{名义价格}{内隐物价折算系数} \times 100 \tag{9-5}$$

内隐物价折算系数在基准年为100,可以从国际货币基金组织的网站[c]查到。

综合经济活力可以由国内生产总值及其逐年的比值指示。这些值也像价格那样有名义与实质之分,也能从国际货币基金组织查到。

需要考虑的另一个议题是短期供应与长期供应之间的差别。对于圆木,短期指一到几年,而长期则等于森林轮伐期,常常是几十年。在典型情况下,并不是树一长到技术上可行的大小就收获林分。让树继续生长,价值会继续上升。因此,经济收获年龄到得较迟。这使林区中通常有多个龄级的林分技术上本该收获了,却等着达到更高的价值或市场价格。基于瞬时价格

水平,林主可以选择不卖,或卖一年乃至多年的生长量。

木材的长期供应取决于自然生长条件,一般价格水平和成本水平,以及所在国的所有权和政策背景,导致一定水平的育林投资。这些因素综合产生从林区长期获取的产量水平。在分析森林政策措施时,不要混合短期效应和长期效应。

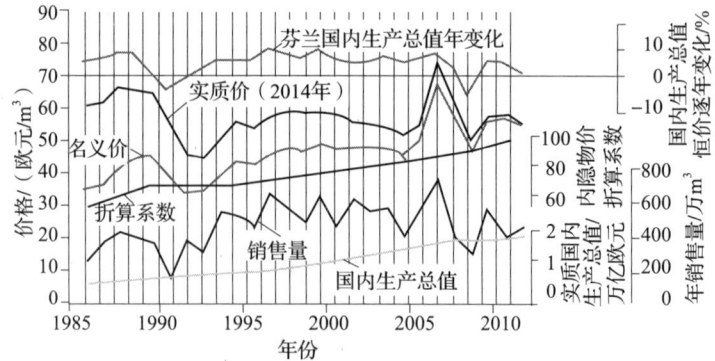

图 9-6 欧洲赤松原木在芬兰的私人林立木销售价:年鉴数据[c-d]

图 9-6 以例显示圆木价格和成交量之间在芬兰国内市场中的关系,说明两者如何随经济活力上升。市场在 1991 年后格局上的转变适逢 20 世纪 90 年代初的经济衰退。21 世纪 00 年代末也是。最低的实质价格也出现在那些年份。

圆木国际贸易的一些特性如图 9-7 所示。工业圆木总产量在 2014 年为 18.3 亿 m³ 左右(皮下),其中约有 7% 同年进入国际贸易(1.32 亿 m³)。圆木的平均出口价格先在 20 世纪 60 年代,后来又在 21 世纪初,经历了持续下降的最低值。在相间的 20 世纪 70 年代至 90 年代以及 21 世纪 00 年代中期之后,成交量和价格则上下波动循环。

圆木在国际间虽然有贸易,但成本常有差异[25](表 9-4)。如前所述,差异来自生物情况和经济(市场)背景。锯材原木更是产品质量纷杂,价格多变。表 9-4 中的价格是指高流量锯材原木。此外,还有特种原木,价格要高得多。造纸材价格反映各区域生物生长的条件:在亚热带和热带,生长快,造纸材成本低。另一个普遍趋势是,在收入高的国家,人口密的地区,消费水平高,木材成本往往也较高。

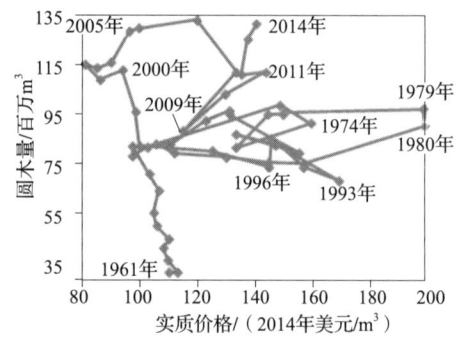

图 9-7 全球圆木出口价和数量:联合国数据[d]

表 9-4　　　　　　　世界不同区域的木材价格:2008 年　　　　　　　单位:欧元/m³

区域	芬兰	瑞典	德国	俄罗斯	加拿大:东部	美国:南部	智利
锯材原木价格	75	50	75	48	—	—	—
造纸材价格	35	35	40	—	42	30	25

世界工业圆木价格在 1965—2014 年的趋势如图 9-8 所示。名义价格随通货膨胀上升。实质价格一直在一定范围内波动。这种波动呈现明显的周期性,可以由正弦函数模拟:

$$\text{实质价格} = 125 + 25\sin\left[(\text{年份} - 2007)\frac{2\pi}{17}\right] \tag{9-6}$$

因此,以 2014 年美元计,工业圆木实质价格的长期均值、变幅、周期和一个初相位年份分别为 125 美元/m³、25 美元/m³、17 年和 2007 年。那是,实质价格在 2007 年约为 125 美元/m³,

在 2007+17/4 年约为 (125+25) 美元/m³, 在 2007-17/4 年约为 (125-25) 美元/m³。这些节点大致每隔 17 年重复一次。

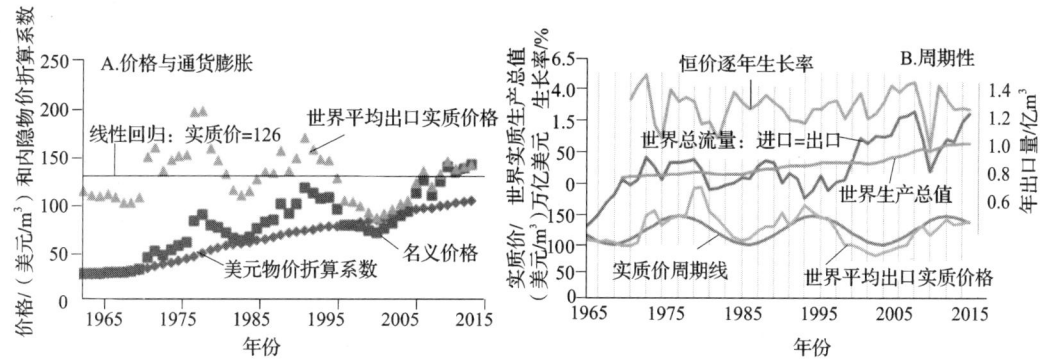

图 9-8　世界工业圆木出口价格(实质价为 2014 年美元):联合国等数据[d-e]

相比,工业圆木出口量(另见图 7-32)长期随世界生产总值增长,短期随着总值的年变化及价格波动。当经济活动下降时,出口量迅速下降,但价格往往不降反升;当经济活动回升时,出口量通常要到价格有较大幅度的下降后才开始回升(图 9-8B)。因此,出口量与价格呈现一定的负相关,但时间上有滞后,确实类似捕食生物与猎物种群大小之间的关系。

应该指出的是,价格变化在地方和区域层次不一定与全球吻合。木材不是匀质产品,在全球市场中的交易份额相对较小。联合国的数据[d]显示,工业圆木实质价格在亚洲、非洲和拉丁美洲自 21 世纪 00 年代中期起都有急剧增长,在 2014 年处于前所未有的水平,依次分别为 462,399 和 343 美元/m³。相比,北美和欧洲的价格在 21 世纪内一直比较稳定,分别徘徊在 150 和 80 美元/m³ 左右。世界工业圆木价格的明显周期性与 Yin[f] 的断言相一致:互为因果的两个变量的比值比单个变量更具规律性,群体的特征比个体的特征更具规律性。

9.5　总结

林产品公司的作业环境高度依赖于地利。有两种常见做法:公司从当地圆木市场采置私人林主提供的原料,或者通过购买或定期特许权,从公有林采置木材。

木材供应交易可以在圆木价值链的不同点上做:在林地作立木销售,在路边,或在厂地。点不同,购买价格当然不同。具体选哪个点取决于森林所有权的结构,中介的活动和公司的策略。公司在价值链中控制份额越多,内部成本就越高,但在物流上可以获取的收益也越大。

今天,森工企业相对很少自己拥有大量的林地。这是外包和资金压缩政策的结果。显著的例外是,拥有制浆厂的公司还拥有为之提供原料的热带和亚热带人工林。

参考文献

[1] Siry, J. P., Cubbage, F. W. and Ahmed, M. R. 2005. Sustainable forest management: global trends and opportunities. Forest Policy and Economics 7: 551–561.

[2] Anon. 2010. Global Forest Resources Assessment 2010. Main report. FAO Forestry Paper 163, FAO, Rome. 340 pp.

[3] Schmithusen, F. and Hirsch, F. 2008. Private Forest Ownership in Europe. UNECE Timber Committee.

[4] Zhang, Y., Zhang, D. and Schelhas, J. 2005. Small-scale non-industrial private forest ownership in the United States: Rationale and Implications for Forest Management. Silva Fennica 39: 443-454.

[5] Jones, S. B., Luloff, A. E. and Finley, J. C. 1995. Another look at NIPF's: facing our myths. Journal of Forestry 93: 41-44.

[6] Karppinen, H. 1998. Values and objectives of non-industrial private forest owners in Finland. Silva Fennica 32: 43-59.

[7] Jin, S. and Sader, S. A. 2006. Effects of forest ownership and change on forest harvest rates, types and trends in northern Maine. Forest Ecology and Management 228: 177-186.

[8] Neilson, O. 2008. Growth of global timberland investment. Timber Mart South 2008: 15-17.

[9] Wong, J, Thornberg, K. and Baker, N. 2007. Resource assessment of non-wood forest products. Non-wood forest products 13. FAO. Rome. Available at http://www.fao.rgldocrep10041Y1457elY1457eOO.HTM.

[10] Chamberlain, J. L., Bush, R. L., Hammett, A. L. and Araman, P. A. 2002. Managing for non-timber products. Journal of Forestry 112: 8-14.

[11] Cocksedge, W. 2006. Incorporating Non-Timber Forest Products into Sustainable Forest Management - An Overview for Forest Managers. Royal Roads University. 232 pp.

[12] Cubbage, F., MacDonagh, P., Sawinski Jr., J., Oonoso, P., Rubilar, R., Balmel, G., Ferreira, G., Morales Olmos, V., Hoeflich, V. and Siry, J. 2006. Timber Investment Returns for Plantations and Native Forests in the Americas. Poster presented in: IUFRO Forest Plantations Meeting, Oct 10-13, 2006, Charleston, South Carolina, USA.

[13] Taylor, C. 2008. Likely investment structures for hardwood sawlog plantations. Pp. 155-167 in: Brown, A. G. & Beadle, C. L. (eds.). Plantation Eucalypts for High-Value Timber. RIROC Publication No. 08/113.

[14] Finnish Statistical Yearbook of Forestry 2007. Metsäntutkimuslaitos. 436 pp. ISBN978-951-40-2064-3.

[15] Moog, M. and Borchert, H. 2001. Increasing rotation periods during a time of decreasing profitability of forestry-a paradox? Forest Policy and Economics 2: 101-116.

[16] Bright, G. 2001. Forest Budgets and Accounts. CABI Publishing. 380 pp.

[17] Jirgensone, A. 2015. Average costs of forest regeneration in Latvia in 2014 - from EUR557 to EUR662 per ha. Available at http://www.batlic-course.com/eng/analytics/?doc=107723.

[18] Swedish Statistical Yearbook of Forestry. 2008. Skosstyrelsen. 337 pp. ISBN: 978-91-88462787.

[19] Aggett, J. E. 2003. Financial Analysis of Restoring Sustainable Forests on Appalachian Mined Lands for Wood Products, Renewable Energy, Carbon Sequestration, and Other Ecosystem Serv-

ices. M. S. Thesis. Department of Forestry, V. P. I. 199 pp.

[20] Mills, S. O. 2007. http：//stevendeanmills. com/downloads/Mills FORsightResources_v4n3. pdf.

[21] Uotila, E. 2005. Yksityismetsätalouden kannattavuus – Maatilataolouden yritysja tulotilastot 2001 ja 2002 sekä alueittaiset katelaskelmat vuosille 2002 ja 2003. Metsätilastotiedote 756, Metsäntutkimuslaitos. 18 pp.

[22] Green, J. L. 1997. Federal income tax incentives for private forests in the United States. Unasylva 48 (2)：44 – 54. Available at http://www. fao. org/docrep/w4086E/w4086E00. html

[23] Andersen, P. 1999. A note on alternative measures of real bond rates. BIS Working Papers 80, Nov. 1999. 39 pp.

[24] Lausti, A. and Penttinen, M. 1998. The analysis of return and its components of nonindustrial private forest ownership by forestry board districts in Finland. Silva Fennica 32 (1)：75 – 94.

[25] Pöyry. 2008. Pöyry Forest Industry Consulting, Ltd.

[26] Siry, J. P. , Greene, W. O. , Harris, T. G. , Izlar, R. L. , Mansley, A. K. , Eason, K. , Tye, T. , Baldwin, S. S. and Hyldahl, C. 2006. Wood supply chain efficiency and fiber cost. Forest Products Journal 56 (10)：4 – 10.

[a] Smith, W. B. , Miles, P. D. , Perry, C. H. and Pugh, S. A. (coords.) 2009. Forest resources of the United States 2007. U. S. Department of Agriculture, Forest Service Geneneral Technical Report WO – 78. Washington, DC. 336 pp.

[b] Oswalt, S. N. , Smith, W. B. , Miles, P. D. and Pugh, S. A. 2014. Forest Resources of the United States, 2012. U. S. Department of Agriculture, Forest Service Geneneral Technical Report WO – 91. Washington, DC. 218 pp.

[c] Finnish Statistical Yearbook of Forestry 2013. Metsäntutkimuslaitos. 450 pp. ISBN 978 – 951 – 40 – 2064 – 3.

[d] FAOSTAT available at http://faostat3. fao. org

[e] IMF (International Monetary Fund). 2015. World economic outlook database April 2015. Available at www. imf. org/external/ns/cs. aspx？ id = 28.

[f] Yin, X. 1993. Variation in foliar nitrogen concentration by forest type and climatic gradients in North America. Canadian Journal of Forest Research 23：1587 – 1602.

第 ⑩ 章 全球森林政策及治理

10.1 背景

国际森林政策以及联合行动计划的发展之苗出自深厚的现实需要之土。在政策语境中，需要等于"令人给力的议题"，令国际关注、合作。那么，什么是不断演化的国际森林政策议程上的主要议题？有什么与森林有关的挑战要求包括森林部门之内的跨部门国际行动？

各种国际森林机构，从政策性机构，到推广性机构，乃至研究组织、环境组织，一直在按照各自的议程和要务，记载森林世界的主要议题和挑战。但是，尽管组织可以很不一样，构想不同，范围有别，却不难从相互的议程上找到类似的议题。当然，全球森林议题中有许多，诸如毁林，几十年来一直处于最重要的国际森林议题之列，而且如同减少贫困一样，一直是全球发展议程的切题焦点。也许，这些议题本来就无法分离，在排名上无所谓孰先孰后，要去除，只能一起除。

要一起除，就更需要从国际以及国家到地方各个层面上诸多角色的参与、协调和合作。这些角色大致分属 4 类，各有特点，互为"祸"（制约）"福"（依赖），如图 10-1 所概括。一是官方，追求治理，最好实践公众拥护的法律。二是企业，追求利润，最好熟知信誉至上，讲究公正。三是公民社会组织，追求公德，最好不依附政府，不谋名利。四是公民，追求生活，是社会的基础，其他角色角逐的对象，最好能独立抉择。随着全球化的深入，信息与通信工艺的普及，非官方角色已经成为全球森林政策和治理进程的有机部分。

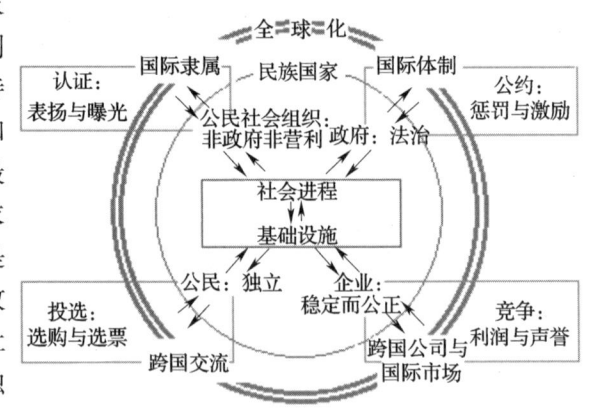

图 10-1 公民社会的主角与运作

注：出自 Chapin et al.[m] 图 15.3 的启示。

10.2 全球森林议程上的主要议题

10.2.1 毁林、退化、荒漠化

毁林是森林的长期乃至永久性有害丧失，而退化则是森林在提供商品和服务能力上的下

降。这些是世界林业正面临的相关而持久的两项挑战。毁林主要威胁热带森林,而森林退化几乎遍及世界各地。荒漠化构成世界环境退化中最惊人的过程之一,影响世界上大约 2/3 的国家、1/3 以上的地面和 10 亿多人口[1-2]。

10.2.2 多维度可持续性森林管理的挑战

可持续性森林管理,外加先前主要关注木材生产的永续产量林业,是数百年来每个拥有森林资源的国家面临的关键性挑战。在 18 世纪与 19 世纪之交,德国林业人士建立了旨在永续产量林业的作业性管理系统。但这种系统只在世界森林中相对较小的部分得以立足,直到在世界林业议程上先出现了更广泛而要求也更高的形式:多维度可持续性。这发生于 1992 年在巴西里约热内卢举行的联合国环境与发展大会(简称环发大会)。可以在非法律制约性《森林原则》[3]的第 2.b 款找到新的可持续性"宪法":"必须可持续性地管理和使用森林资源及林地,使之能满足当代乃至未来世世代代的社会、经济、生态、文化和精神需要"[3]。

有时把这五类需要凝聚成三类:经济、生态和社会。但更富逻辑性的结构应该分别对应人本和社会的需要,把文化需要从社会需要中分离出来。经济、生态、社会和文化这四方面有交互作用,又各有代价,需要综合权衡;这些构成现代可持续性森林管理概念的核心。现实中并不能把可持续性的关键概念和内容,像在表 10 - 1 中那样,泾渭分明地归入各自的框格。不同的维度之间,虽然原则上是互补的,但也重叠、竞争,有时还相当严重。这是因为,作为背景的"经济""生态""社会"和"文化"这些概念,本身就远非可以狭窄定义、相互割离而又恰好嵌合的世界建筑板块,而是全局性概念,只提供可持续性的大广角视图。

表 10 - 1　　　　　　　　林业可持续性四个维度的内容和概念:关键词[4]

人类系统维度	对应生命维度	关键词
经济	生产	盈利性、效率、经济增长、福利、生产力、投资、稳定性
生态	生态	活力、生物多样性、保护、生态功能、生态效率、最小损害、回弹力
社会	生计	福利、公平、就业、扶贫、控制变化、分享、社会责任、多功能利用
文化	生性	传统、认同、价值、文化多样性、精神性、美学、遗产

10.2.3 气候变化和生物能源

毁林改变土地使用,使碳排放显著增加,促进全球变暖。气候变化已经在对森林,对依赖森林的自然资源,也对人民生计,产生显著影响。气候变化还增多极端气象事件,诸如飓风、干旱及其相伴的火灾[5],最容易危及发展中国家,尤其使那里的贫民遭殃。森林一直是巨大的碳汇,许多森工产品也是。可以假定,森林在全球气候政策中的作用会不断增长。但如果适应和缓解气候变化的策略要依赖森林,就必须有国际合作,提供基金。

森林一直提供燃料,可谓与火俱来。时至今日,薪材仍然占世界木消费的 1/2 左右。生物能源还提供诸多的其他可能性。考虑到对这些可能性的兴趣正迅速增长,木材似乎会继续发挥关键作用,尤其因为只要生产适当,就不必与农业竞争肥沃土地。对于缓解气候变化,减少世界对化石燃料的依赖,不仅出自森林的生物能源,而且森林工业的副产品和工艺液体,都是重要工具。欧盟和美国都在 21 世纪 00 年代中期就做出决策,要在各自的能源组合中增加可更新能源的份额[6]。

10.2.4　生物多样性

生物多样性既指活生物也指生态系统内部和之间的变异性,自从环发大会在1992年接受《生物多样性公约》以来,一直是主要全球环境目标之一[5]。这个公约强调"生物多样性对于进化和对于维护生物圈的生命维持系统的重要性"。所有森林都在生物多样性保护中起有作用,但主要关注点是热带森林。据估计,现有热带原始森林含有世界陆地动植物种总数的50%~70%。各种热带森林的毁灭和退化继续是全球生物多样性丧失的主要原因之一[6,93]。

10.2.5　其他森林裨益和生态系统服务

缓解气候变化,维护生物多样性(以及实践非可持续性管理,就会造成有害效应),这些只是森林有益影响的两个重要例子。对森林的许多其他裨益,数百年前就有认识,诸如庇护野生动物,保护土壤,维护水资源,改善小气候。在林业和森林政策中,欧洲在20世纪30年代发展的森林功能理论考虑了这些保护性功能。在20世纪60年代,美国率先为联邦森林创建了多用途框架。往后,保护性功能一直被置于这种框架内,细节则被分入相应主题,诸如流域管理、野生动物管理、土壤保护、游憩管理。

森林的生态功能和社会功能在全球、区域、国家和地方各级水平上的重要性,自从20世纪80年代后期以来,吸引了越来越多的鉴赏和科学研究。在21世纪00年代中期,这些功能又被命名并分类为森林生态系统服务的一部分;森林生态系统服务这个概念最广可以涵盖所有基于森林的商品(材料)和服务[6,93]。无论用什么名称——森林裨益、生态系统服务或森林功能,要借助基于森林的商品和服务,增加民众福利,在许多国家都是重大挑战。这在1992年的环发大会《森林原则》以及许多其他国际森林陈述中都有明确记载。Capistrano et al.[6]强调,环境服务支付,作为平衡保护与开发的途径,必须在全球的水平上统筹解决。

10.2.6　森林和减贫

树和森林能为发展中国家减少贫困做贡献,但要实现这种潜力,又不乏障碍;这些已经在一系列国际会议及其出版材料中有明确记载[8]。据估计,在20世纪与21世纪之交,世界贫困人口的1/4直接或间接地依赖于森林。森林及林业可以为缓解贫困提供的产品和机遇不仅关系到发展中国家,还关系到转型国家,甚至在某种程度上,也关系到工业国。但最为迫切的是,缓解乃至铲除发展中国家的绝对贫困。

10.2.7　林产工业与产品:未来、竞争力和表现

森林工业在世界工业中享有一种几乎独特的地位:原料供应完全来自可更新资源。其产品,无论对人们的基本需要,还是较高层次的需要,都有效用(住房、能源、学习)。木产品加工只要求有限的能量输入。对世界森林及林业具有根本重要性的是:林产品产量与消费,贸易条件与市场趋势,森工部门之内的竞争,森工与其他工业部门之间的竞争,以及工业的盈利性、总体表现和未来前景。传统的森林工业,基于森林的"新"工业和森林及林业的未来都是紧密相连的,不仅在经济上,而且在可持续性发展的所有维度上。

这里所提的议题和挑战中有许多直接或间接地关系到如下三个方面:森林工业与产品市场,木材供应政策,可持续性森林管理的状态。什么是可持续性森林管理的维度之间在不同地

区、国家和地方环境中的平衡？应该是什么平衡？利益不同，价值观不同，对这些议题的看法就会不同，从而构成有关林业和森工的森林争议核心。对于评价森林部门的可持续性表现，重要的是建立可持续性森林管理的标准和指标，确保森林认证计划有效。

竞争全球化，盈利压力不断增长，从而引发企业制度以及地理上的变化，使传统生产区的活动减少，抑或工厂倒闭，虽然有时又在新的地方开创就业及收入机遇。在制度变化的制约下，各种企业正面临更大的挑战，设法使自身的经济可持续性能与社会和环境责任达到平衡。在许多情况下，企业和金融机构在关键市场上也受到来自买方、客户和其他利益者的压力；在欧盟和美国尤其如此，由于非政府组织的活动要求更具可持续性而又更公平的做法[6]。

10.2.8 森林治理

因为国际森林议程上的议题表很长，对这些议题如何考虑、解决、调节、管理本身变成了主要议题——全球森林治理议题。

森林治理对国家和国际都是种挑战。这是国家性挑战，因为国家对森林资源拥有主权，还因为许多国家本身治理软弱而成为可持续性森林管理的重要障碍。国家森林规划一直充当促进治理改革的重要机制，还充当国内和国际参与者之间互动的论坛。履行这些功能是靠加强跨部门的政策协调和战略，把森林纳入总体发展规划。好的治理有三个元素：法规，稳定而又公正的体制机构，独立的公民社会。无论是对于社会整体，还是对于全国和地方水平上的可持续性森林管理，这些都不可或缺。打击腐败和非法采运木材是良好治理面对的主要挑战之一。

森林治理是一种国际性挑战，因为许多生态影响（流域管理、病虫害管理）跨越国境，森林和森工产品也是如此。而且，有些森林功能表现有特别强烈的全球性特征（气候变化、生物多样性），抑或要求国际合作。最后，现有国际机构，诸如欧盟、联合国及其各种项目等，已经使国家之间从事共同活动。治理是今天研究国际关系和安排中涉及森林议题的一个关键概念。但这个概念有许多方面，所以，有用的做法是先考察它的各种含义以及与其他概念的关系，再以此为基础，较为详细地介绍当前国际森林治理结构中的机构、进程、协议和参与者。

10.3 国际体制、民族国家和全球治理

传统上，体制法代表理解国际合作和全球环境治理的最成熟方法。现实是，没有世界政府，常常也没有超国家的权威，但有时就特定的议题领域，在国际关系中需要规范行为。可以把体制法看成是思想体系，致力于解释民族国家之间寻求这种规范的机制和程序[11]。国际体制有许多，形成我们这个时代国际关系的制度结构。国际人权体制，以联合国安全理事会为中心的安全体制，国际原子能机构，世界贸易组织都是强劲国际体制的例子。

治理概念首先在20世纪八九十年代出现于政治学。这与如下声称相连：传统的民族国家模式不足以再代表政治现实，因为不能反映社会发生了的变化。一个例子是，一方面有金融市场的去管制化，质疑政府驾驭经济的能力，另一方面有各种富有凝聚力的政策网络，挑战国家纵向分级治理而把自己的意志强加于社会的能力[9]。一般的看法是，政府自上而下分级驾驭的能力正受到侵蚀；取而代之的是政策网络，代表国家和公民社会之间互动的灵活模式。

对于全球治理概念的内容，有多种观点。据 Okereke & Bulkeley[11]，仍然可以从体制的角度看治理：非民族国家参与者是国家机器的补充，从主权国家的权力转移微不足道。另一种观点反映世界政治的乌托邦式愿景，认为全球治理预示全球公民社会的出现。第三种视角把非

民族国家参与者的介入解释为集体解决问题的途径:有关各方寻求有效解决环境和其他由不受调控的经济全球化衍生出的难题。这样,全球治理被看成是"各地政府、私有机构、非国家参与者、企业和大众在较高水平上合作",寻求在"共同关心和共享命运"的领域取得成果。第四种是全球治理的"批判性版本",认为这主要是"霸权话语,旨在掩盖新自由主义经济发展在全球层面的负面影响"。一种极端想法是,发展不受任何人操纵;在全球、区域和国家层面上,系统受线式相互依赖关系牵引而向前漂动[10]。

国际体制的实现通常要经过漫长而痛苦的谈判进程,使参与的民族国家之间相左的利益和目的达到折中妥协。纵然如此,这并不意味所产生的体制都一定会有效运作。特别是,大多国际环境体制的支撑协议常常被认为缺乏深度。

有时,进展能在区域层面找到。"尽管在全球水平上建立有效国际体制的进展缓慢,欧洲国家已经把若干环境政策上的不少立法权从国家上移到欧盟的治理机构。尽管进步性环境决策在速度上似乎有放缓,欧盟的整体趋势表明,在协调和加强环境法规方面,在各地都有显著进展。欧盟继续主导全球环境治理,不仅在于倡导国际体制,还在于健全国内机构。"在气候变化和生物多样性的政策上是如此[12],在倡导全球森林公约上也大体如此。

但与环境政策不同,本身为区域政治体制的欧盟,却远不是森林治理的理想模型:"当然,我们有《森林行动计划》……《关于工业基于可持续性和创新型森林的通讯》……但除此之外,在欧盟林业没有得到任何明确授权的情况下,欧洲的森林及其相关部门受不少非森林政策和法规的制约。这种政策破碎化反映为,对于森林及林业,多少有发言权的机构数目众多。事实上,森林在欧盟不是被看成传递许多商品和服务的独立部门。相反,森林是有点生物多样性,有点碳汇,有点水的保护,有点可更新能源,有点商品原料,等等。对每个'有点',都有一套政策法规。在解决森林问题时,除了也许欧洲部长级保护森林会议,哪里都不以整体方式全面考虑各种交互作用"[13]。

总而言之,体制法假定,国家是性质均匀单一的参与者,偏好上先后顺序明确,既无视国内政治的重要性,也不管协议进程中混合交错的诸多不同动机和利益。而且,权力基本按领土界定,属于民族国家的范畴。与治理法不同,体制法忽略世界经济结构的重要性,还忽略国家与资本之间的复杂关系,自然也忽略哪些因素如何影响气候政策等。体制理论基本是"单议题聚焦",因此不给多少机会关注环境问题的相互联系。这是个明显的缺点,尤其对于气候变化这种与农业、旅游、住房、林业等许多其他议题领域密切相关联的情况[11]。许多这些气候变化议题内的关键方面似乎都有森林背景。

10.4　全球森林进程与森林资源的可持续性管理

10.4.1　两个先驱

10.4.1.1　联合国粮农组织林业部:信息、协作与能力开发

联合国建立于1945年,是第二次世界大战后新国际关系的根本步骤。同年,为应对农业生产崩溃所造成的粮食短缺,联合国粮食及农业组织(简称粮农组织)成立。粮农组织的使命含有林业,尽管不乏障碍。粮农组织林业部于1946年开始工作,同年就发表了《林业和森林产品:1937—1946年的世界形势》,在1948年,又发表《世界森林资源》。战后年份急需这些信息,因为世界各国正普遍面临双重挑战:重建,恢复经济增长与发展[14]。尤其在发展中国家,

木材资源大多尚未开发,所拥有的经济和工业可能性,在战后的一二十年内,极具吸引力。

那时候的精神可以用一篇文章的标题描述:《森林工业在打击经济不发达中的作用》,由粮农组织官员 Westoby 撰写[15]。但是,森林工业化模式的表现却令人失望。对发展中国家森林的利用,倒有大幅增长,史无前例,但是,对当地民众和国民经济,却没有产生预期裨益。批判现实而又探索替代政策,使 Westoby 写了本书:1975 年出版的《让树为人民服务》[16]。这个标题简明点出了粮农组织当时在逐渐采纳的森林性开发新范式,强调社区和乡村林业的诸多不同方面。1978 年在印度尼西亚举行的第八届世界林业大会,以《森林为人民》为主题,是面向社会型林业的里程碑。

自从 20 世纪 50 年代后期以来,粮农组织在发展中国家的工作重点主要集中在技术援助森林开发、育林、森林资源清查与政策发展、培训和教育。据 Kneeland[17],很难在发展中国家找到没有从粮农组织实地计划受过益的森林员。在 20 世纪 70 年代,粮农组织的重点转向农村发展。到 20 世纪 90 年代,几乎整个实地计划支撑社区林业、农村发展和参与式发展各国森林政策方法。还逐渐采纳森林防护与保护,可持续性森林管理概念的扩展,乃至森林在经济、社会和环境维度间的平衡。

同时,对于热带毁林的国际性关切增加。粮农组织、世界银行、联合国开发计划署和世界资源研究所在 1985 年联合发起《热带森林行动计划》,主要旨在打击毁林。但是,在许多国家,规划练习流于形式,使用自上而下的做法,没有产生多大影响。《计划》没能使林业投资出现预期的增幅,令发达国家失望[18],还被环境团体看成是提倡伐木,无视公民社会。这项动议与成功相距甚远,使粮农组织成为主要批评对象。对行动计划这种工具的失望,外加其他考虑,使 20 世纪 80 年代末出现了国际森林公约的想法[19]。项目本身逐渐变得过时,后来由联合国环发大会进程所取代。

从 20 世纪 90 年代早期起,粮农组织的技术援助活动扩大到转型国家面临的森林议题,对那里的林业管理实践和森林机构实行改革、现代化。传播世界森林的数据,出版各种材料,等等,继续是粮农组织最有名的活动。《联合国林业》杂志自从粮农组织在 1945 年成立以来一直提供世界森林和林业的信息。粮农组织现在提供的许多重要文件之一是《世界森林状况》报告[2],始于 1995 年,两年一期(但 2011 和 2012 年相继连出)。

粮农组织的《全球森林资源评估》自 1980 年每五年出一次。为了这个评估,各国采集各自的基本信息,但按照统一的概念和标准。信息更新不一定及时。不过,粮农组织提供的信息是全球层面上能获得的最好信息,一直是评估毁林、森林资源和森林利用趋势的依据。

对于木材和森工产品的生产、贸易和消费,粮农组织在提供统计数据和预测上,也起有关键作用。例如,粮农组织在 2010 年有专文[19]介绍粮农组织林业部的形势分析、目标和雄心。据此文,森林部门会继续受急剧的全球变化影响。全球化使贸易迅速扩展,使跨国合作增多,正开放新的机遇和挑战。林业变得愈益民众中心化,社会对森林的认知也发生了显著变化,愈益强调森林的环境、社会和文化价值。

森林部门与其他部门之间的交互作用愈益被理解为既是林业问题也是林业机遇的来源。同样,愈益得到认知的还有:不属于森林的林分和树不仅是生物能的来源,而且还在缓解和适应气候变化中起到关键作用。存在强烈的意愿提高可持续性森林管理对可持续性发展的贡献。森林及树对可持续性生计和根除饥贫的显著贡献得到了前所未有的鉴识。对于林业与农业、能源和水的关联,也有更多的认识。

但是,向可持续性森林管理的进展仍不平衡,对跨部门的维度、综合管理和景观方法这三方面的潜力常常利用不足。森林在许多发展中国家,尤其在热带地区的持续损失和退化构成严峻的挑战。农村生计常常依赖于森林的生产,借以支持就业,提供收入,减少贫困。对粮食、纤维和燃料需求的增长能触发大量土地的非计划性利用变化,包括大规模清除森林[19]。

从上述描述不难看出,粮农组织采用宽路子应对林业问题。出自战略目的,林业被宽广定义为相关森林及林外树株的所有主题,包括森林管理、生计、社会方面、商品和服务、政策与制度,以及经济与市场考虑[19]。对于世界森林与社会总体,以关键句的形式表达如下愿景:决策基于信息,部门之间协调有致、透明、参与式。出自树、森林和林业的裨益在不断增加,得到广泛的认同、鉴识;例如,林业获得的投资增多,在更广泛的发展战略中被赋予的优先级别上升。森林资源在大多数国家都有增长,生态系统服务越来越被认可、看重。

粮农组织认为,自身在林业中有许多相对优势和资产。例如,自己是跨政府组织,被授予责任援助各国林业的所有方面——社会、经济和环境,包括所有类型的森林生态系统的可持续性发展和保护;是全球森林信息的权威来源;在支持各国努力发展森林政策和机构能力方面,拥有经验、大量机构记忆、知识和信誉。粮农组织还认为,对于可持续性森林管理和森林利用,自己拥有世界各地长期的实地经验教训,在发展最佳实践法、标准和指南中有领导作用。

不过,粮农组织因过去的表现也受到批评,尤其在如下方面:在阻止毁林上的无能(不必否认这个议题的主导利益和压力都来自林业领域之外),对各国政府的强烈依赖性,以及相关的决策上依赖与政府的共识。尽管如此,可以假定,作为永久性的联合国森林机构,粮农组织将在有朝一日在创立的全球森林治理新建筑中,发挥重要作用。

10.4.1.2　国际热带木材组织与国际热带木材协议:贸易能拯救热带雨林?

国际热带木材组织是跨政府组织,在联合国贸易和发展会议主持下,成立于1986年,负责履行首次《国际热带木材协议》的任务,同年开始运作。早在协议谈判期间,对于热带森林命运的关切已经在世界各地增长。这在《国际热带木材协议》的序言中有反映:赋予保护与贸易以同等的重要性。协议的基本假设是,热带木材贸易的繁荣,只要出自管理有致的森林资源,就能开启可持续性发展,提供宝贵的外汇和就业机会,同时还保护天然森林,使之免遭破坏、退化和伐除。

《国际热带木材协议》不是传统型商品协议,但还是森林保护与开发的协议。Humphreys[18]指出,国际热带木材组织只是个带有保护授权的国际商品组织。据该组织的官方使命陈述,"国际热带木材组织,就热带木材的国际贸易与利用,也就自身资源基地的可持续性管理,促进讨论、咨询和国际合作"。

在1994年产生的第二个《国际热带木材协议》,于1996年生效;第三个是2006年谈判的,2011年年底开始生效。新目标之一是,加强成员国的能力,改善森林执法和治理,解决热带木材的非法采伐和贸易。协议组织的一个重要特性是,产出成员(热带发展中国家)与热带木材消费成员之间在决策、政策制定和项目开发上是平等的合作伙伴。后来还强调公民社会和贸易组织积极参与会议,介入项目工作[20,92]。在2008年,协议组织的60个成员国,包括生产国(如印度尼西亚、马来西亚、刚果、巴西)和木材消费国(如日本、美国、英国、法国、德国),代表了世界热带森林的80%左右,全球热带木材贸易的90%[20]。截至2015年年初,有33个生产成员,37个消费成员(包括中国),但加拿大先在2009年核准,而后又退出。组织秘书处有数十名员工,位于日本的横滨;在拉丁美洲和非洲有区域办事处协助项目监控和其他职责。大多数项目都是由消费成员国提供基金,日本、瑞士和美国是主要捐助国。

国际热带木材组织如何考虑最接近自己职责的全球森林议题?对于毁林,他认识到森林损失和退化原因多种多样，诸如贫困，土地制度无保障，竞争性经济诱因，不正当经济诱因，投资不足，非法采运，治理不力。对于公众和媒体挥之不去的看法，认为任何热带伐木都促进毁林，该组织视之为不幸。超越国家法律的伐木活动继续发生，又缺乏健全的森林管理规划，但同时，可持续性木材收获和加工在热带依然是个关键替代选择，能替代竞争性经济用地引发的毁林和退化。相比，最具破坏性的是清除森林，代之以大规模农业，养牛或人工纯林。国际热带木材组织想要推进的议题之一是森林持有权；认为，保障土地制度，保证地方社区（尤其原住民）能取得森林资源及其相关裨益，也能实质性帮助减缓森林损失，防止森林退化。

自2006年以来，国际热带木材组织一直在国家、区域和国际各个层面上，帮助推进给天然热带森林的投资。现有投资水平不足以支撑这些森林的可持续性管理，也不足以避免林地因短期利益被转为它用。经济利益与可持续性和扶贫能达成一致，但必须改善传统金融机制（如税收），采用新颖机制（如支付环境服务），建立有效的政策以及政府激励计划[20,92]。

在平衡热带木材贸易与保护上，国际热带木材组织成功履行这个艰难任务了吗？国家主权可能使生产国支持贸易相关的利益甚于支持保护，消费国也有经济利益可取。至于森林里的非法活动，国际热带木材组织在早期谨慎表示过关切，但在2006年前却毫无作为。在合法活动方面，这个组织倒一直在创新，首先推出了标准和指标动议，随后在热带国家做了不少实事，支持实地活动，进行培训与教育，辅助政策工作。从这个意义上说，它与粮农组织平行开展工作。

没有木材贸易带来经济价值，热带森林就更难保护，这一构想可能仍然有效，至少理论上如此。但必须有附加要求：明确定义并保护财产权；土地没有更有利可图的其他用途（如农业）；充分承认毁林的影响超越林地本身。在热带森林，这些要求极少能满足。事实还表明，贸易的裨益，常常很可观，但难以推广到足够维持森林基地，维持靠林吃林的民众的生计，除非有强大的国家政治意愿。这种政治意愿还应该超越林业，推广到改革其他国家政策和机构（如农业），不给森林造成负面影响。

10.4.2 联合国环境与发展大会环境公约

10.4.2.1 生物多样性公约及其扩展森林项目

《生物多样性公约》是于1992年谈判形成，1995年得到最后核准。生物多样性是指活生物及其居住系统本身内部和相互之间的变异性。"本公约的目标是……保护生物多样性，可持续性使用其组分，并公平合理分享由利用遗传资源而产生的裨益；实现手段包括遗传资源的适当取得，有关技术的适当转让，资金的适当提供，以及对这些资源和技术的一切权利的顾及。"[21-22] 其中开始的三条——保护、可持续性和公平裨益分享——被称为《生物多样性公约》的核心元素。协议前言罗列了与公约有关的原因、共同陈述和原则。至于保护生物多样性的主要论据，前言点出"生物多样性的内在价值和生物多样性及其组分的生态、遗传、社会、经济、科学、教育、文化、游憩和美学价值"以及"生物多样性对进化和保持生物圈的生命维持系统的重要性"[21-22]。

作为第一项论据，内在价值常被认为构成自然保护的根本理由。内在价值说，不管本身好在什么，都值得追求。所列本身被认为好的不同东西（价值）包括生命、幸福、愉悦、知识、德操、友谊、美丽、和谐。对应的概念是工具价值：指其他价值，具有工具性，那是，实现某种其他东西的手段。把生物多样性看成内在价值，本身好，不管对人类的工具和实用价值。许多哲学辩论与这一概念相关，有时构成强劲与温和两种自然保护态度之间的分水岭。不过，大多数争论衍生自生物多样性究竟能给人类什么裨益这一问题。当时期望的是,有些裨益潜力很大,诸如遗传资源作为药物开发的来源。这也解释了资源公平分配的原则,尤其从发展中国家的观点看。《生物多样性公约》序言重申:"各国对自己的生物资源拥有主权","也有责任保护自己的生物多样性并以可持续性方式使用自己的生物资源。"

在2002年,成员国初次建立了《生物多样性战略计划》,旨在指导《生物多样性公约》在国家、区域和全球水平上的进一步实施。计划认识到,"公约面临的根本挑战在于其范围广泛的三项目标。要使生物资源保护和可持续性利用成为主流,跨越国民经济、社会和决策框架的一切部门,这是个复杂的挑战,触及公约的核心。这意味将与许多不同参与者合作,诸如区域性机构和组织。自然资源基于生态系统法的综合管理是促进公约这一目标的最有效方式"[21]。战略计划的目标之一是,每个国家都有全国性的生物多样性战略和行动计划,通过综合各有关部门的生物多样性关切,产生实施公约目标的有效框架。

在2010年,通过了战略计划的更新版:《2011—2020年生物多样性战略计划暨爱知生物多样性指标》。缔约各方同意在两年内把这国际框架转化成各自国家的生物多样性战略和行动计划,并在2014年汇报实施进展[a]。

森林生物多样性是《生物多样性公约》中五大主题项目之一。《森林生物多样性工作扩大计划》在2002年通过。这个计划包括有广泛的目标、追求和130项活动,旨在(按照公约的第一款)"保护生物多样性,可持续性使用其组分,并公平合理分享由利用遗传资源而产生的裨益"[21-22]。森林计划的五项目标是:

① 应用生态系统法管理所有类型的森林;
② 减少威胁性过程对森林生物多样性的威胁,缓解这些过程的影响;
③ 保护、挽回和恢复森林生物多样性;
④ 促进森林生物多样性的可持续性利用;
⑤ 取得森林遗传资源,分享所获利益。

森林计划既强调了各国对自己的森林和生物多样性拥有主权,也强调了各国需要在自己的要务和需求背景下实施这一计划。

如前所述,《生物多样性公约》推荐森林管理用生态系统法。对于生态系统法与可持续性森林管理之间的差异,有过一些争议性讨论。Sayers & Maginnis[23]的结论是,生态系统法的真实价值不在于是可持续性森林管理的竞争概念,而在于作为一套通用指南,能帮助丰富辩论,给资源管理提供一个广阔的概念性框架。森林生态系统学的发展使这两种方法变得更相似。例如,Oliver[24]强调,现已过时的范式假定森林提供"自然的"假想价值(如生境)与提供以人为主的价值(如防火、木材)是水火不相容的。森林生态系统的动态观显示,这些价值多少是兼容的,在某种程度上甚至有互增效益。不过,也有人提议森林的生态系统管理明确采用以生物为主的方法,把森林管理主要看成是生物多样性保护的工具[25]。

在政治层面上,联合国环境规划署《生物多样性公约》的科学、技术和工艺咨询附属机构的下列看法已被接受:可持续性森林管理是把生态系统法应用于森林的一种方法。管理世界森林的主要范式究竟应该是可持续性森林管理,还是生态系统法?对这一问题的讨论无疑关系到未来全球森林治理的形式。若干年前考虑过的一种选择是,拥有法律约束力的森林文书能否是《生物多样性公约》下的协议。但当时注意到,《生物多样性公约》下的森林协议必须符合公约自身的目标:针对森林生物多样性,但不包括其他森林性议题。因此结论是,重点考虑的选择应该首先能加强联合国森林论坛[18]。

虽然《生物多样性公约》对核准国具有法律约束力,但其森林工作计划是软性法律,不需要各国议会正式批准。在全世界,森林保护都在增加。公约 2008 年的报告在强调生物多样性保护的危急形势时注意到,森林面积中被设定为生物多样性保护区的比例从 1990 年到 2005 年增长显著,估计有 11.2% 的森林总面积是以生物多样性保护作为首要功能。至于保护的有效性,则有些不确定性。

10.4.2.2 气候变化框架公约和森林议题

毁林是生物多样性与气候变化的公分母。据估价,毁林及其相关的用地变化占人为起源碳排放总量的 20%~25%,另外还是全球生物多样性损失的一个主要原因。

联合国《气候变化框架公约》出自 1992 年的联合国环境与发展大会(环发大会)。这公约建立了为减排温室气体进行国际合作的法律基础,但把较为具体的规定和义务留待往后的单独协议设定[5]。《京都议定书》确定于 1997 年,含有三项实施促进机制(排放交易、联合实施、清洁发展机制)。还有历届缔约方大会产生数目可观的决策。这些文件一起构成被称为"气候体制"的进程式系统。这种国际体制是指专设的盛行政治和管理系统,旨在依据具有法律约束力的公约,协调和规范参与国为了共同目标所采取的行动。

2007 年,在巴厘岛举行的联合国气候变化大会发起了谈判,为 2009 年年底在哥本哈根的会议起草新的国际气候变化协议。大会产生的结果对发展中国家尤其重要,至少在三个领域:适应资金,技术转让,减少毁林排放。也在巴厘岛,美国同意参与新进程。对于工业化国家在《京都议定书》下新的减排目标,大会设置了谈判时间表。同年在维也纳,京都缔约各方同意,应该用 -25% 到 -40% 作为减排目标范围,指导有关发达国家承诺的进一步会谈[26]。

还有,据公约执行秘书长 Yvo de Boer[26],巴厘岛行动计划呼吁,通向哥本哈根协议的谈判进程应该向私营部门、国际组织和公民社会开放。这给企业界,连同国际金融机构,提供了做贡献的机遇。有鉴于私人投资占到气候变化性投资和金融流量的 86%,企业是通向解决方案的关键。从全球森林治理的观点看,计算被避免了的毁林量这一提法也许是新气候政策议程上最重要的政策议题。

避免的毁林能帮助缓解气候变化吗?怎么能有效实施?这些都是重要的问题,因为正是主权和方法两方面的担忧使得气候政策制定者把"避免的毁林"项目从《京都议定书》清洁发展机制 2008—2012 年第一承诺期中剔除。但也有多个森林丰富的发展中国家早已表示,愿意探索减少毁林的途径,只要不侵犯国家主权。结果是,框架公约在 2007 年发起了一项动议,为了在发展中国家降低从毁林及森林退化的排放(简称降排),评估技术和科学议题以及新的"政策措施和正面激励机制"[27]。

对于避免有害气候变化的努力,降排政策进程即使成功,就一定能做出重要贡献吗?据 Gullison et al.[27],这取决于两个议题。首先,减缓热带毁林带来的潜在碳储蓄能足以使整体排放有实质性下降吗?第二,保护下来的热带森林(以及森林碳),即使面临某种程度不可避免的气候变化,能持续生存未来数十数百年吗?已有证据表明,对这两个问题的答案都是肯定的,尤其如果配以积极的措施,限制大气二氧化碳浓度。例如,把毁林率在 2050 年前降低到现有值的 50%,然后一直保持不变,直到 2100 年;这样,全期能避免直接释放的碳量高达 50 Gt(相当于 21 世纪初水平 6 年的化石燃料排放)。相对能把大气二氧化碳浓度稳定在 450mg/kg 所要求的同期减排总量,这能贡献到 12%。

在效率方面,用减少毁林实现减排,可能是可供选择的措施中代价最低的。据联合国跨政府气候变化专门委员会估计,所提议的减幅(或更大)可以按每吨二氧化碳花费 20 美元的价格做到。此外,减少毁林不仅避免了存储的碳从受保护森林中释放,而且通过减少大气碳,还帮助减少气候变化对剩余森林的影响。其他影响也许包括降雨量减少,生物多样性丧失,生物质燃烧污染引发的人类健康退化,等等[27]。Gullison et al.[27]在2007年评论实施时指出,迫切需要工业化国家和发展中国家支持降排政策进程,发展有效而公平补偿计划。还有许多问题需要解决,才能使降排计划运作起来。

2010年末在墨西哥坎昆举行的缔约方大会采纳了降排的加强版,简称降排加,添加了森林保护、可持续性森林管理和提高森林碳储量这三方面增强森林的活动[b]。相应的激励机制(降排加机制)在同年设立。相关的方法指导则在2015年达成协议[c]。

除了毁林,与森林部门相关的另一个主要议题是,国际气候政策不应该使世界各地的森林工业产生不公正的竞争优势和弱势。例如,芬兰森林工业联合会指出,《京都议定书》要求全球不到1/2的造纸工业削减温室气体[28]。与此相关的是,欧盟自己设置的中期减排目标雄心勃勃,已经引起关切,尤其在欧盟森林工业界:这是个欧盟外竞争对手没有的额外负担。欧盟在这件事上做了些调整。

在美国,已有提议,森林工业应该积极把握气候政策的裨益,林产品工业有独特的机遇,提供针对气候变化的可持续性解决方案。不过,必须有明确的长期气候政策,才能实现这种关系到林产品为"低碳"品的机遇。但也有挑战,例如,森林生物生产力在某些区域将随气候变化,林地可及性将随限制增多而变动[29]。

10.4.2.3 防治荒漠化公约——非洲和中亚议题

土地退化及荒漠化名列世界面临的最大环境挑战之中,威胁环境安全,动摇社会,危及食品安全,增加贫困。这是非洲和中亚部分地区的环境议题之纲。据估计,沙漠化目前影响1亿~2亿人,威胁远为更多人的生活和生计。这是环境难民的主要原因之一。总计有20亿人生活在干旱区,其中90%在发展中国家[30]。

据2006年的估计,土地退化使年收入损失650亿美元;这还不包括难以度量但极其重要的社会和环境代价,不但当代,而且未来世世代代[31]。把荒漠化和土地退化鉴定为大规模国际问题不是什么新现象。远在古希腊的柏拉图(公元前约427—347年)就记载了当地阿提卡山坡上因皆伐森林而造成的严重侵失和土地退化。Harveyand & Lowdermilk[32]说过"人类的最大敌人是土壤侵失"。但是,与毁林的情况一样,国际行动出现得相当迟缓,成效也是如此。在1977年,联合国荒漠化大会通过了《防治荒漠化行动计划》。尽管有这个及其他努力,联合国环境规划署在1991年得出结论,土地退化在干旱、半干旱和偏干半湿润地区已经变得更严重,尽管有"局地性成功的例子"[33]。

因此,如何克服荒漠化这一问题在1992年的联合国环境与发展大会(环发大会)上仍然受到主要关切。会议呼吁联合国大会准备尤其帮助非洲防治荒漠化的公约。这个公约,全称《联合国防治尤其在非洲经历严重干旱或荒漠化的国家荒漠化的公约》,简称《防治荒漠化公约》,通过于1994年,生效于1996年,在2008年,有198个成员,在2015年有195个成员(加拿大于2014年退出)。这是国际社会努力防治干旱地区荒漠化和土地退化的中心文件[34]。实现公约的关键工具之一是《国家行动计划》。这些计划的制定是以参与式的方法为框架,涉及地方社区。先由社区叙述在特定生态系统防治荒漠化的实用步骤和措施。计划由亚区和区域行动计划强化。

缔约各方在2007年通过了2008—2018年的十年战略。这份战略设想,未来的愿景和目标是打造全球伙伴关系,逆转和预防荒漠化和土地退化,缓解受影响地区的干旱,借以支持减贫和环境可持续性。从先前十年的实施中发现,限制因子阻止了公约的最优化部署。其中最主要的是:与姐妹公约(生物多样性、气候变化)相比,筹资不足;科学基础薄弱;各类成员间倡导和认知度不足;机构性缺陷;缔约成员间难以达成共识[34]。

IUCN[35]在2004年发现,缺乏共识主要是由于缔约国之间意见分歧:一方有了自己的行动计划,寻求资助实施,另一方是捐助国,要求对方政府提供控制荒漠化是国家重点的证据。有鉴于筹资从一开始就是至关重要的议题,依据《防治荒漠化公约》第21款,"全球机制"得以建立,在1997年开始运作。这个机制被定义为组织实体,其授权是"增加现有金融机制的效果和效率……促进引导性行动,发动大量金融资源,使之输入受影响的发展中国家成员"[36]。

关于森林和树在防治荒漠化和土地退化中的作用,全球机制实施有《森林财务战略计划》。这个计划倡导,包括符合环发大会的森林是相关政策进程获取投资的先决条件,也是国家、区域和国际森林资助和投资的考虑因子。这包括干旱和半干旱地区的森林、退化的森林、低密度森林,最重要的是,大面积(主要为热带)森林之外的林分和树。希望是,这个计划能给环发大会的各种活动和可持续性土地管理方面的其他进程之间带来更多的相互促进作用,以及更好的效果[36]。

10.4.3 联合国环境与发展大会启动的森林进程

10.4.3.1 区域森林进程:建立可持续性森林管理的标准和指标

在1992年的联合国环发大会后,区域森林进程开始进一步发展,实施《森林原则》和《21世纪议程》的建议。这些活动的核心一直是,建立标准和指标系统,借以显示向可持续性森林管理的进展。

在地理和森林覆盖面积上,蒙特利尔进程最大。其成员国分布于七大洲之五,合起来代表世界温带和凉性森林的90%左右,外加诸多热带森林地域,占世界森林的60%。在那个意义上,这是国际性的,而非区域性。蒙特利尔进程由加拿大政府在1993年发起。正式名称为"温带和凉性森林的保护与可持续性管理标准和指标工作组",旨在推动国家层面上建立和实施国际同意的标准和指标,重点放在欧洲以外。在2008年有12个成员国:阿根廷、澳大利亚、加拿大、智利、中国、日本、韩国、墨西哥、新西兰、俄罗斯、美国和乌拉圭[38]。这些数据在2015年仍然适用。

森林欧洲进程,在2009年11月之前正式称谓为欧洲森林保护部长级会议,于1990年就已经开始,在森林议题的视角上比其他区域进程都宽。较之其他区域进程,欧洲进程做得最活跃的是发展区域合作,制定面向可持续性森林管理的森林政策。这是个泛欧进程,在2002年有44个欧洲国家[37],到2015年有46国加入欧盟。

从1990年到2008年,五届部长级会议就较大的主题通过了19项主要决议,诸如,适应山地森林管理,生物多样性,可持续性森林管理的社会经济考虑,可持续性森林管理的经济活力、森林、水(图10-2)。第六届部长会议(2011年)通过了《欧洲森林2020》决议和授权谈判具有法律约束力的欧洲森林协议[d]。第七届部长会议(2015年)则针对四个方面作出决议:欧洲森林在全球议程中的作用,可持续森林管理的绿色经济社会方面,变化环境下的森林保护,森林欧洲进程的未来方向[d]。部长承诺都按照可持续性森林管理的三大支柱定位,目的是促进经济、生态以及社会和文化维度之间的平衡,进而加强互增效益。

各个区域进程都针对可持续性森林管理,注重强调开发区域性标准和指标,促进改善对这一概念的意思和维度的理解，起了非常重要的作用[37]。虽然都出自环发大会的启示，区域进程不同，在标准和指标以及其他活动上，采取的方法也略有不同。例如，蒙特利尔进程在报告中更关注各国的目的，而不像欧洲进程那样注重区域水平，显然是因为地理上既广袤又分散得多。

亚马逊合作条约的"塔拉波托进程"，像欧洲进程一样，依据跨政府协议，有秘书处负责实施较大的承诺组集。非洲木材组织是14个成员国跨政府的林业议题组织，旨在促进非洲可持续性管理下林木的生产和贸易。对于制定标准和指标，非洲国家的一项主要兴趣是用以推动森林认证。在这方面，非洲木材组织和国际热带木材组织进行了协作，使前者制定的那套标准和指标与后者的保持一致。中美洲的其他标准和指标进程、近东进程、非洲干旱带进程和亚洲干燥林区域倡议，都没有那么永久性的结构，都受到联合国粮农组织的协助。亚洲森林合作伙伴是个这样

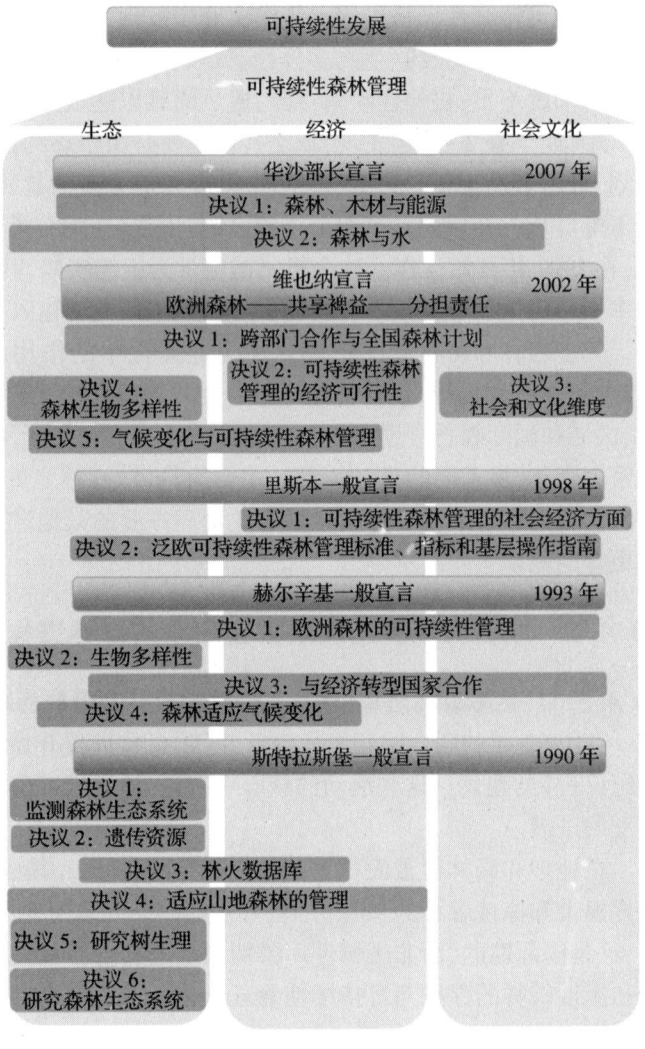

图10-2 森林欧洲进程与宣言：从斯特拉斯堡到华沙

的例子：与联合国森林论坛发展合作关系，处理各种议题，诸如林火，非法采运木材、土地恢复、地方分权。一般不把国际热带木材组织看成区域进程，但讨论制定标准和指标时必需提到。这个组织在这方面是先锋，早在1992年，就为湿润热带森林产生出7项标准和66项指标的一套体系，适用于国家和森林管理单元水平[37-40]。

森林欧洲进程很注重发展泛欧标准和指标。这方面，最早的概念和原则先在芬兰首都赫尔辛基于1993年就已通过，然后于1995年作为部长级会议可持续性森林管理标准和指标，指定监测可持续性森林管理的进展时，在国家层面上，应该测量什么。1998年在里斯本举行的第三届部长级会议接受了适于可持续性森林管理的泛欧作业层指南；2002年欧洲进程专家级别会议通过了改进版泛欧指标体系[39]。

虽然区域间随森林特征、林业特征和社会经济内容有差异，但有六项标准每个进程都包括。这里提呈的是在欧洲的设置。同样，对应的定量和定性指标也是欧洲的，借以较为全面地给出标准和指标体系结构的境况。这种结构相当详细，使国际承诺落实到国家水平，还落实到森林管理规划和实践的层次[39]。

"标准"意味一般目标，能据以做出判断、决策。"指标"是定量抑或定性的参数，能据以相

对于标准进行评估。指标客观而明确地描述标准的内容,指示状态或方向随时间的变化[39]。各国的定量指标用可以获得的统计数值给出,而定性指标则以文本形式给出,涉及政策、目标、所用的政策工具、和前后部长级会议之间发生了的变化。定性的指标,如果与政策相关,被归纳为各种总体指标;如果与标准较为直接相关,则按政策领域归组。表10-2列出泛欧标准与指标系统中的标准和定量指标目录。

表10-2　　　　评估可持续性森林管理:泛欧标准与指标系统[39]

标准	定量指标(有删减)
C1:维护并适当改善森林资源及其对全球碳循环的贡献	1.1 森林面积;1.2 生长积蓄量;1.3 年龄结构或直径分布;1.4 蓄碳量
C2:维护森林生态系统健康和活力	2.1 大气污染物的沉降;2.2 土壤状况;2.3 脱叶现象;2.4 森林损害
C3:维护并鼓励森林生产功能(木材和非木材)	3.1 增长量和下降量;3.2 圆木;3.3 非木产品;3.4 服务;3.5 管理规划的森林
C4:维护、保护并适当改善森林生物多样性	4.1 树种组成;4.2 更新;4.3 自然程度;4.4 引进树种;4.5 枯木;4.6 遗传资源;4.7 景观格局;4.8 受威胁森林树种;4.9 受保护森林
C5:维护并适当改善森林管理下的防护功能	5.1 防护林(土壤、水、其他生态系统功能);5.2 防护林(基础设施、管理的自然资源)
C6:维护其他社会经济功能和状况	6.1 森林拥有;6.2 森林部门对国内生产总值的贡献;6.3 净收入;6.4 服务花费;6.5 森林部门的劳力;6.6 职业安全和健康;6.7 木材消费;6.8 木材交易;6.9 木能源;6.10 游憩可及性;6.11 文化和精神价值

部长级会议报告《欧洲森林的状况:2007年》是对欧洲森林状况和管理不时更新的全面描述。报告依据可持续性森林管理的泛欧标准与指标组织,首次包括政策和机构方面的定性指标。详细信息覆盖所有6项标准,相关的35项定量指标和17项定性指标,分46个欧洲国家(包括俄国)。提供的数据虽然有许多发展,但可获性和质量依然随标准、指标和国家参差不齐。《欧洲森林的状况:2011年》则不乏改善[d]。

从整体判读这些结果可以得出的结论是,一般而言,欧洲森林处于相对良好的状态。与前一期报告的情况相比,大多数据显示,要么态势稳定,要么向可持续性森林管理进展。不过,有些国家的森林部门面临严重问题,抑或处于危急状态,主要在南欧和东欧。在所有国家,行将到来的挑战中有许多要求更有效果也更有效率的政策和行动,有更多的部门和参与者与森林产生利益关系。

Capistrano et al.[6]强调,在获取较高水平的政治支持上,与区域机制相比,全球进程散漫,成功机会通常不那么好。下节讨论全球进程——依据环发大会上做出的推荐和陈述发生的森林对话与进程,显示从巴西里约以来,全球森林政策的路径有多么坎坷,进展有多么缓慢。

10.4.3.2 从联合国环境与发展大会到森林论坛:持续森林对话,寻找森林公约

(1)联合国环境与发展大会

关于森林管理,1972年在瑞典首都斯德哥尔摩举行的联合国人类环境大会已经有所考虑。具体反映在题为《自然资源管理中的环境方面》一节中的行动计划:需要林业环境方面的新知识,世界森林覆盖和状况的数据,森林火和病虫的研究,森林信息向发展中国家的转输。关于森林的"国际层面的行动建议"针对的基本是粮农组织这个联合国负责森林的机构[41]。但是,一直要延迟到筹备1992年的环发大会时,联合国才在森林政策方面开始发展有明显的作用。

在筹备环发大会的早期谈判中,就达成了一致,要在气候变化框架公约和生物多样性公约上形成决议。有多项提议还要在里约启动签署第三个公约——全球森林公约。这方面的提案在1990年出自欧洲理事会、发达七国集团(七国集团)、欧洲议会和第二届世界气候大会。粮农组织提出要主持森林公约的谈判[41-42]。

但是,诚如Humphreys[18]详细报道过的那样,森林公约的想法虽然享受发达国家的支持,但77个发展中国家集团(77国集团)明确表示不能接受。这个集团争论,森林是国家主权资源,不能受国际监管;还拒绝认可照管原则。照管原则由发达国家引入,意味着一切国家都有责任为人类共同利益照管好各自的森林。换句话说,77国集团排斥这种隐含的想法:森林不仅归属国家主权,还在一定程度上代表整个人类的共有资源。这一直是搜索具有法律约束力的全球森林公约中的主要窘境。没有公约共识,环发大会谈判的两项森林结果采用软性法律的形式[43]。一是《关于所有类型森林的管理、保护和可持续性发展的全球协商一致的无法律约束力的权威原则声明》(通常被称为《森林原则》[3]),二是《21世纪议程》[33]的第11章《打击毁林》。

不过,《森林原则》仍然是个里程碑,强化国际对世界森林未来的关切,尽管是软性法律,却是关于森林的第一个全球共识。各国既然承诺要致力于从速实施这些原则,也就是决定让自己接受评估:是否在森林议题上足以参与进一步的国际合作。相对于更富约束力的森林协议,这是个弱化版本。

较早的"毁林"讨论有许多把焦点放在热带森林上。但是,《森林原则》"应该应用于所有类型的森林,无论天然还是栽植的,在所有地理区域和气候带,包括寒温带、温带、亚热带和热带"。与斯德哥尔摩大会相差的是把"林业"换为"森林"[41]。森林的重要性在多方面得到了强调,最简明的说法陈述是:"森林对经济的发展和一切生命形式的维护都不可或缺"。

《森林原则》由一大批命题组成,可以称之为道德原则和政治推荐的混合。正如先前所说,可以把这些原则的2b款看成多维可持续性这一新概念的道德基础。虽然其内容有许多长期以来一直是国际林业界陈述的一部分,至少有些元素能在多个国家的森林政策、法规和实践中找到,但信息之明确,政治承诺水平之高,使《森林原则》拥有当之无愧的根本重要性。

《21世纪议程》是环发大会的行动计划,可以把其中的《打击毁林》[33]行动看成是把《森林原则》付诸实践的行动计划[42-43]。各种行动被安排在四个计划领域(A~D,如下),每个计划领域内定义行动依据、追求、活动和实施手段,下面只举几例。

A. 维持一切森林、林区及林地的多作用和多功能。行动定义陈述:在为支持和发展树、森林及林区的多种生态、经济、社会和文化作用而采取的政策、方法和机制中,存在一些重大的不

足之处。

B. 通过重整森林、非林地造林、更新造林和其他重建手段,改善所有森林的防护、可持续性管理和保护,推进退化区域的绿化。追求之一是适当准备和实施国家林业行动计划或管理、保护和可持续性发展森林的规划。这虽然也能被认为是个活动或实施手段,但无论如何也为发展国家森林方案奠定了进一步基础。这些计划已经成为主要设施,能用于促进可持续性森林管理,使《森林原则》在国家层次上可以操作。

C. 促进有效利用和评估,借以收复森林、林区和林地所提供的商品和服务的全面价值。这个计划领域的追求之一是"改善认知树、森林及林区所具有的社会、经济和生态价值,包括因缺乏森林所引发损害的后果;提倡着眼于把这些价值纳入国民经济核算系统的各种方法"。这依然像在1992年一样是个主题,虽然在所提议的手段上已有许多进展。

D. 对森林以及包括商业贸易和进程在内的相关方案、项目和活动,建立或加强能力,进行规划、评估、系统观察。在管理性活动方面,计划呼吁,对林业发展性活动和保护方案的影响进行评估,评估的关键变量包括:发展的目的、裨益和成本,森林对其他部门、社区福利、环境条件和生物多样性的贡献,以及这些贡献在当地、区域和全球水平上的影响。计划还呼吁,在适当情况下,评估各国不断变化的工艺和金融需要。

从1992年的《21世纪议程》森林章节中摘引这些例子的目的是要说明,早有切题的计划和时至今日依然有效的方案。关于《21世纪议程·打击毁林》这一主要挑战,固然能在许多领域发现一些进展,但一直显得无能为力。应该受责备的既不是《21世纪议程》,也不是《森林原则》,而是环发大会之后所发生抑或没发生的事情。

但总地来说,纵然没有具有法律约束力的公约,环发大会的森林遗产是森林的里程碑事件,诚如 Chipeta & Michaelsen[42] 所总结的那样:首先,森林先前一直被取之当然,熟视无睹,但在环发大会上,却比许多其他部门获得了更多的关注。第二,各国政府在承认森林的全球作用时,强调了国家对森林的主权;其必然结果是,政府接受了国家要确保可持续性森林管理的责任。第三,政府同意要确保保护和开发之间的平衡,包括维护林产品贸易的机遇,产生商业活动,提供可持续性生计。第四,森林管理的多部门性得以脱颖而出。最后,环发大会昭彰国内以及国际利益集团之间的伙伴关系,因此呼吁加强国际合作。环发大会为森林议题开创了势头,但这势头没有及时在联合国系统内产生现实结果。一直要延迟到1995年,联合国可持续性发展委员会才建立了只有两年寿命的跨政府森林委员会[18,43]。

(2) 跨政府森林委员会及跨政府森林论坛

跨政府森林委员会有着第一个真正的全球论坛这一名分,那里,各国政府可以就森林政策和政治交换意见。虽然任何联合国成员国都能参与,但正式会员仅限于可持续性发展委员会的53个成员国。作为跨政府森林委员会的支撑组织,跨部门森林工作队成立。这由八个享有森林性权属的组织构成,其中五个是联合国机构:粮农组织作为主持机构、生物多样性公约组织、经济和社会事务、开发计划署和环境规划署。其他三个是国际热带木材组织、世界银行和国际林业研究中心。初衷是,跨部门森林工作队充当非正式而灵活的机制,支撑跨政府森林委员会[43]。

跨政府森林委员会的议程是:a. 环发大会森林决策的实施;b. 资金援助和技术转让;c. 森林评估和标准与指标;d. 贸易和环境与森林的关系;e. 国际组织、机构和工具。委员会花大量时间谈判政府和其他参与者也许希望采纳的各种建议和推荐,以便在国家层面上促进可持续性森林管理。

跨政府森林委员会在所召开的最后会议上,审思了森林公约的希求性,但就像环发大会,没能就此议题达成一致。结果是,创建跨政府森林论坛继续联合国的森林政策对话。普遍认可森林对话的价值,继续这个脆弱进程,尽管面临的政治气候被论坛的闭幕声明描述为"缺乏全球团结和发达国家对森林议题缺乏承担",这些是森林委员会的重要优点[18]。跨政府森林论坛多少是跨政府森林委员会的复制,寿命也只长了一年,从1997年到2000年。谈判过新的行动提案,涉及贸易、毁林背后的原因、受防护的地区、森林商品和服务的价值化、森林覆盖在环境至关地区的恢复,等等;但在倡导新老提案的实施方面,进展不大。

与前任组织一样,森林的国际安排也是跨政府森林论坛最后会议的主题。加拿大一直在为森林公约艰苦谈判,还有些其他支持国家,包括哥斯达黎加、马来西亚、俄国、瑞士和芬兰,另加欧盟。但森林公约没有获得势头,结果又是推荐继续对话,只是用略为不同的形式[18]。

(3) 联合国森林论坛

这次不是"跨政府"而是联合国森林论坛,成立时是以2001—2005年为初始期,但已被两度延长,先到2015年,再到2030年。新论坛提高了森林议题在联合国系统内的地位,因为成员包括所有国家,又直属联合国经济与社理事会。作为支撑机构,森林合作伙伴成立。这是个跨部门组织,与先前的跨部门森林工作队类似。由粮农组织主持,总共有14个组织成员:原来跨部门森林工作队的八个,另加防治荒漠化公约、气候变化框架公约、全球环境基金、国际森林研究机构联合会、世界农林间作中心和世界自然保护联盟[44]。森林合作伙伴被认为是联合国森林论坛为数不多的成功之一[6]。

联合国森林论坛建立了三个特设专家小组,分别负责:监测评估和报告;金融和环保型技术转移;可能的森林法律框架的参数。从2007年起,会议由每年改为每两年一届。在第二、三、四届会议上,成功达成了一共12项决议,包括给2002年可持续性发展世界峰会的部长声明[44]。

其他决议的主题包括实施跨政府森林委员会和跨政府森林论坛的行动提案,森林健康和生产力,与森林有关的科学知识,森林的社会和文化方面,以及加强合作。但是,就金融、传统的森林性知识等一些其他议题的谈判,都最终破裂,没有达成协议。

在第五届会议(2005年),联合国森林论坛在关于森林的部长级宣言和新国际安排这两项事宜上都未能达成一致。甚至论坛本身的延续似乎也出现了一定的危机,但还是同意再进一步举行两届会议。这两届会议为全球森林对话和谈判开辟了一些新基础。在第六届会议,成员国重申了以下共享的全球森林追求,还承诺在全球、区域和国家层面上努力工作,使这些追求能在2015年结束前实现[44]:

全球追求1:既通过防护、恢复、非林地造林、更新造林等等可持续性森林管理,扭转全球森林覆盖的损失,又增加努力,预防森林退化。

全球追求2:提高基于森林的经济、社会和环境裨益,包括改善靠林吃林民众的生计。

全球追求3:显著增加世界各地受保护森林的面积和其他可持续性管理的各种森林的面积,以及林产品来自可持续性管理的森林的比例。

全球追求4:扭转官方给可持续性森林管理的发展援助上的下滑,动员各种来源,使实施可持续性森林管理有显著增加的额外新金融资源。

第七届会议能够达成协议,产生了新的自愿性森林文件:《关于各种森林的无法律约束力的文书》,简称《森林文书》。《森林文书》的目的是,"加强所有层面上的政治承诺和行动,借

以有效实施各种森林的可持续性管理,实现共享的全球森林追求(出自第六届会议,如上)";
"提高森林对实现千禧年发展目标等国际商定的各种发展目标的贡献";"为国家行动和国际合作提供框架"[44]。

《森林文书》的实施原则,以《里约宣言》和《森林原则》为基础,包括"各国负责各自森林的可持续性管理和各自森林性法律的执行",还包括参与原则和良好治理原则,但还另有两条新的原则。这两条原则关系到为实现可持续性森林管理而增加筹资。一个新的重点是,把可持续性森林管理描述为"动态而逐渐演化的概念"。至于如何实现《森林文书》的目的,主要陈述分有两部分:"国家政策与措施"和"国际合作与实施手段"。前一部分含有列表,罗列成员国为履行上述承诺应该做些什么。

《森林文书》的国际部分,也针对成员国,在最初的四点中强调来自私有、公共、国内和国际的金融资源的重要性,特别对于支持发展中国家和转型国家。与第七届会议相连但需要在第八届会议期间发展的一个决定是,适用于一切森林的自愿性全球金融机制暨组合方法暨森林筹资框架。这是个确保《森林文书》实施的至关重要的元素,因此也是联合国森林论坛至关重要的成功因子。《森林文书》在2007年由联合国大会通过。从当时看,既然森林论坛的工作计划截至2015年,这也指示最终同意或拒绝具有法律约束力的森林公约的截止期。如果是拒绝,也许还能依据《森林文书》,选择建立一种带有可靠金融手段的灵活而有效的国际森林安排。第七届会议实施的步子纵然都不大,但如果往最好的想,也许指示了更好治理世界森林方面的新势头。

往后各届正是围绕《森林文书》进行工作。第11届会议的《2015年后国际森林安排》的决议草案把联合国森林论坛的核心职能概括如下[e]:

① 以综合而整体的方式(包括通过跨部门途径),提供一致、公开、透明、参与式的全球平台,就有关各种森林的议题(包括新出现的议题),制订政策,进行对话,合作和协调;

② 促进、监测和评估可持续性森林管理的实施,特别是《关于各种森林的无法律约束力文书》的执行及其全球森林目标的实现,并为此调动、催生和协助资金、技术和科学资源的获得;

③ 在各层次倡导治理框架,促进有利条件,以实现可持续性森林管理;

④ 就有关各种森林的议题,促进一致而协作性国际政策的制订;

⑤ 加强高层次政治接触,在主要组群和其他利益者的参与下,支持可持续性森林管理。

10.5 市场性参与者和进程

10.5.1 世界银行和战略性森林筹资

就像任何经济部门那样,林业和森林工业必须筹措开发资金(筹资)。森林防护也必须有投资,否则国家公园就会只是地图上的标界而已。筹资机构以及整个金融系统对于世界经济的有利发展起有关键作用;一旦失败,甚至可以产生更深入的影响,诚如2008年的事件所昭示。但是,无论普通年份还是正常年份,出资人在开发资金的计划和决策中都拥有发言权。世界银行尤其如此:凭借贷款和技术援助工具,拥有"独特的召集力"[45-46]。

世界银行一般合指国际复兴开发银行与国际开发协会。前者本身成立于1944年,目的是在战后世界筹措重建和开发资金。这是联合国之类国际机构新体系的一部分,但独立于联合国。它受提供初始资本的成员国控制,大部分初始资本来自美国;在2008年有185个成员国,在2015年有188个。

世界银行是基础设施投资和开发援助金融资源的最大提供者。国际复兴开发银行的客户是中等收入国家和贫穷国家,而国际开发协会则关注世界上最贫穷的国家。两者发挥不同而又协同的作用,推进包容性而又可持续性全球化的愿景。世界银行广义上是指世界银行集团,其中的国际金融公司是面对私营部门的筹资机构[45-46]。世界银行长期以来一直还是森林部门的重要筹资来源;在最初数十年中,主要贷款给商业性作业,诸如采运、锯制、制浆造纸业和人工林业。这符合当时的主导开发概念,把森林工业看成是依据森林开发的原动力。

随着粮农组织和国际林业界在20世纪70年代中期开始反思,改变发展中国家依据森林的开发,使之转化为面向民众的林业,这同样影响了世界银行在1978年出台的首项森林政策。世界银行扩大了林业投资的范围,以满足农村贫民的需要,同时还更关注环境考虑。但有过批评说,世界银行的贷款政策在实践上继续面向工业多于民众。

在20世纪80年代,对热带森林命运的关切加剧,世界银行给提高资金的许多大型项目被视为直接或间接地促进热带毁林。环境组织和公众舆论的压力使世界银行在1991年的森林战略中做出了实质性政策修改。战略的一个关键元素是,只要是商业性采运热带湿润原始森林,不管具体情况,世界银行集团一概不给提供任何资金。在许多其他方面,这个战略也表明了对森林保护的关注。新政策还产生了未曾设想的后果。Humphreys[18]指出,这一纯粹热带原始林的"禁伐令"却在联合国环发大会上强化了发展中国家的担忧,认为是否定了他们开采自己森林的权利,因此使他们更坚决地反对具有法律约束力的森林公约。

在2000年评审这项政策的实施[78]时发现,战略的两项中心目标(减缓森林破坏和增加森林覆盖)没有得到实现。结论是:只管热带湿润森林,重点太窄;对于保护森林在局地和全球水平上不同的成本和裨益,没有提供相应的筹资机制;对于全球化和经济自由化影响森林的强大力量,远见不足。

与之相关,受批评的重点是世界银行的森林政策和一般经济政策之间缺乏协调:一方面同意保障森林项目的贷款,另一方面却又采纳一定的贷款政策,支持能促进毁林的体系性宏观经济调整。森林战略再经修订:把投资禁令限于"不可持续性的商业采运,以及具有环境意义或文化意义的森林地区的采运";把范围扩展到涵盖一切类型的森林。主要目标是,以可持续性的方式利用森林潜力减少贫困,整合森林与可持续性经济发展,提高森林在全球和各地至关重要的环境服务及价值[78]。

世界银行早就与世界自然基金会进入战略联盟关系,使之只支持森林照管理事会认证方案。在森林认证领域,这被视为异常,因为还有其他竞争性认证方案存在。这种战略的一个重要部分是,与其他非政府组织、私营实体、捐助机构和全球倡议,诸如森林合作伙伴、联合国森林论坛和全球环境基金,建立关系,加强合作[8]。在2008年,世界银行集团森林部门业务的价值为每年3亿~5亿美元,但预期会有实质性扩大。

2007年的中期评审说,世界银行在实施森林战略方面,通过更有效地管理宏观及部门整体上的计划和项目对森林资源的影响,等等,取得了实质性进展;在把承诺拓展到非热带森林方面,也是如此。这项评审建议,世界银行应该扩大放贷,提高针对森林性活动进行干预的质量,增加关注扶贫和广益性经济增长,强化森林合作伙伴的关系[45]。

10.5.2 世界贸易组织:自由贸易和森林可持续性?

世界贸易组织(世贸组织)是国际组织,负责全球或准全球层次上的跨国贸易规则。这个组织成立于1995年,继承1948年创建的关税与贸易总协定。为了减少关税和其他贸易壁垒,一直在进行系列性多边谈判,俗称"贸易回合"。第八个系列是1986—1994年进行的"乌拉圭回合",这是最近一轮终结了的回合,导致世贸组织的形成。目前进行的贸易谈判称为"多哈回合"。

世贸组织在2008年有150个成员,在2015年有160个。它由成员政府管理,由成员国做出一切主要决策,通常依据共识[47]。世贸组织正推进贸易自由化,使商品和服务的跨国流通不受限制。自由贸易的想法依据"比较优势"这一古老经济原理:国家要繁荣,就利用自己的资产,专注做自己做得最好的产品,用以交换其他国家做得最好的产品。长此以往,这将裨益所有参与国。工业产品的关税已经大幅下降,在工业国平均不到5%。

自由贸易虽然正在推进,但不是唯一答案。工业国的农业极少实践自由贸易这一思想。发展中国家言之凿凿地指出,工业国对自己有竞争优势的工业产品推进自由贸易,但保护自己缺乏竞争力的农业等部门。为什么不让发展中国家也这么做?世贸系统的批评者声称,国家间的谈判力远非平等。特别是,世贸组织只允许一些例外,允许关税降得慢些,但根据发展经济学,发展中国家如果采取比这些规则严格的措施,保护自己的工业,有时确实能受益。世贸组织在2013年达成"巴厘一揽子协定"[f],在两方面都有一定进展。这是巴哈回合的第一份全球多边贸易协定,使发达国家撤销对发展中国家的农产品实施硬性进口限额,而且只要这种进口不超过一定额度,就不征收关税;也使一些发展中国家暂时免受处罚,即便出口补贴超出规定的上限。

贸易和竞争从来都不是静态的。在特定产品上的竞争力能从一个公司或国家转移到另一个。基本的假定是,在开放型经济的刺激下,国家能进而在其他商品或服务上变得富有竞争力。这最好是个逐渐的过程,但变化也能来得很快,造成痛苦,诚如种种工业(包括森林工业)、产品和公司的经济历史所表明。当代的全球化正推进快速变化。先是"外包",把公司的有限功能放到公司外或国外做;再是"离岸",把整个生产单元移往其他国家。中国在2001年加入世贸组织,把世界带到了一个全新的"离岸"水平[91]。Capistrano et al.[6]认同,贸易自由化总体上能提供机遇,改善市场的开发,增加经济盈余。但是,有些地方市场不完美,财产权不明确,贸易自由化也能负面影响森林及其衍生裨益的分享。

在21世纪00年代前半期,林产品工业的贡献约占世界国内生产总值的1.2%,国际商品贸易的3%[1]。工业圆木的贸易流量在此前的40年里翻了一番,在2014年开创了历史最高(图7-32)。加工成品的贸易也在增长。林产品从非热带国家的出口在上升,而从热带国家的出口自20世纪70年代后似乎一直相当稳定。但是,进入这个世纪后开始有些例外。中国成了世界上原木和锯成材的最大进口国,尤其从热带国家,后来从俄国,在2010年代起从新西兰等(见第7章7.2节)。"乌拉圭回合"使进口关税显著减少。在发达国家,林产品和木制品的关税低(一般小足5%),对进口的影响有限[1-2]。

因为还有国家不是世贸组织成员,任何措施,只要能决定市场的开放,又随产品、区域和国家变异不小,就仍然能影响贸易。这些措施包括出口关税、出口限制(例如禁止采运)、出口关税,产品的技术标准(生产方法、加工方法等)、卫生和植物卫生措施,以及环境和社会标准(认证、产品标签等)。其中,进出口关税和大多非关税性措施都依据国家政策和法规。滑动性关税(附加值越高的产品关税越高)也阻碍贸易[1,47]。

诚如讨论国际热带木材组织时所提到,对毁林以及森林覆盖损失的关切正给政府、私营部门和国际机构施加越来越大的压力,要求澄清贸易与环境之间的影响和交互作用,尤其与可持续性森林管理的关系。Humphreys[18]发现有这样的情况:有些贸易限制本来是为了保护环境,或防止非法采运,却受到世贸组织规则的阻碍。这也是需要自愿森林认证的原因之一。针对国际和区域贸易的讨论,包括世贸组织的贸易与环境委员会的讨论,都把重点放在这些议题上[1,47]。

在2009年,世贸组织正追求使林产品关税进一步自由化成为多哈开发议程结果的一部分。世贸组织活动涉及森林部门的另一个例子是非关税壁垒的决策,这影响用于建筑的林业产品。国内标准及技术规则的差异和纷繁会使市场分隔化,无意间构成贸易壁垒,因此有必要为木材、木材产品和木材建筑,按性能,对照建筑法典,建立标准[47]。

10.5.3　森林工业联合会:在皮木之间

森林工业是世界森林界的主要全球性参与者。有鉴于森工的未来完全有赖于森林的命运,也许有人会预期森工联合会在全球政策领域显山露水,不无影响。影响他们当然有,但在国际上公开可见的形象却相当低调。或许有人会假定,这只是因为他们比媒体有更直接的渠道把信息传达政策制定人,但这可需要证据。例如,在欧盟内,单单为了让欧盟理解欧洲的整个森林产业链实际上到底有多大,森林工业就不得不竭尽全力。

森工之所以公众能见度低,可能的一种解释是,尽管已有许多公司是货真价实的全球性公司,但因地理区域、产品分支(基本木材、木制品、制浆造纸),尤其规模大小(全球、大、中、小、微型)和相互竞争,森工内部四分五裂,难以找到共同的声音,抑或根本就没有找。不管什么原因,大多数情况是,单家公司在媒体中曝光,几乎总是受环境组织指责,因而产生的公众形象大多是负面的。造纸工业虽然为新闻性报章杂志提供纸张,用的是可持续性来源的再生性纤维,但在媒体中却一直难免屡战屡败,被标定为非持续性开发的罪魁祸首之一。对于这些,森工领袖们早已心知肚明,一直在试图改变,也许已经略有成功。森工在全球水平上低调,但在森林资源大国或大区,却已经以联合会的形式找到了自己的作用。

欧洲造纸工业联合会总部在比利时首都布鲁塞尔,是个不为盈利的组织,旨在汇合欧洲制浆造纸工业,推崇这个工业的成就和产品裨益[48]。这个联合会在2008年有18个成员国,代表分布在欧洲各地从中小型企业到跨国规模的约800家制浆、造纸和制板公司和1200家造纸厂;其合计产量占世界总值的27%[49]。使命是推进成员的商务部门,方法是采取具体行动,尤其对工业、环境、能源、林业、回收、财务政策和一般竞争力这些领域中的活动和新举措进行监测、分析。通过联合会,造纸工业增加自己的能见度,针对新出现的议题采取行动,以整体的名义参与讨论。

在2008年年初,欧盟委员会针对可更新能源、碳排放交易和温室气体减排目标,推出了意义深远的提案。欧洲造纸工业联合会对此表示关切。它声称,为生产生物燃料而增加生物质栽培,尤其因为生产者很可能得到更多的国家补贴,将会导致原料短缺。至于碳排放交易,联合会争论说,"不必全面拍卖,就能确保碳市场及碳价格妥善运作。而且,全面拍卖不会帮助工业达到目标要求,反而会不必要地损害欧洲工业"[48]。连同其他工业一起开展的疏通活动确实使欧盟气候政策在年底有所修改。

美国森林与造纸协会是美国森林、制浆、造纸、纸板和木品工业的全国贸易协会[49]。其使命是,通过成功影响公共政策,维持并增强美国林产品工业的利益。成员公司从事栽培、收获和加工木材及木纤维;以原生和再生性纤维,制造纸浆、纸和纸板产品;生产工艺木产品和传统木产品。它们一起生产全美纸产量的80%以上,木品和林产品总量的1/2左右。协会成员集体承诺,截至2012年,把温室气体排放强度(每公吨产量所排放的二氧化碳公吨数)从2000年的水平减少12%。到2008年,似乎有望能实现这一目标。

在美国森林与造纸协会的环境、健康和安全验证计划中,林业和回收是诸多主要组分中的两项。为了确保这些资源有未来,林产品工业实施了"尽责照管"计划,既满足可持续性发展的目的,又为全球经济提供再生性产品。美国森林与造纸协会及其成员公司同许多林业倡导组织有合作关系,包括可持续性林业倡议、世界可持续性发展工商理事会和森林对话;它们在2009年正一起从事发展一项跨利益集团的重要国际森林与气候倡议[49]。

北美的森林工业没有共同的联合会,在很大程度上由于贸易利益不同;但不乏合作,不但在上述倡导组织之中,还在蒙特利尔进程中。加拿大林产品协会是加拿大木材、纸浆和纸生产企业在国内外政府、贸易和环境事务中的代言组织[50]。林产品工业是加拿大最大的雇主之一,在2008年直接或间接地提供近75万份工作,遍布全国。协会成员负责加拿大75%的作业森林。入会的条件之一是,公司必须在森林实践上先获得第三方认证。协会在2007年宣布,加拿大林产品工业,自认为在可持续性森林管理方面是全球领袖之一,设置了环境责任和气候变化行动的新水准:到2015年在全工业水平实现碳中和,而且不购买碳信用额。已经就这一举措与世界自然基金会(加拿大)建立伙伴关系。

10.5.4 森林业主联合会:提升非企业私有林业的名声

在许多国家,尤其欧洲,林主有影响全国森林政策的长期传统。林主间的国际合作在欧洲也最先进。

欧洲森林业主联合会在2008年代表1600万私人林主,在24个欧洲国家合计拥有大约1亿公顷林地[51]。这是欧洲私人林业面向各级欧洲机构的发言组织,在欧洲协助加强各国林主组织,维护提高经济上可行、社会上有益、文化上宝贵和生态上负责的可持续性森林管理。林业在欧洲条约中没有法律授权,因此得分别在多个政策领域解决林业议题。森林性议题涉及欧盟委员会的至少8个总司(相当于国家的部级机构)。这些责任如此破碎分布在欧盟、国家和区域各级各种机构中,容易导致相互分歧抑或相互对立的看法和决定。林主联合会在进行活动时,对准一切有关的委员会总司、欧洲议会和欧洲理事会。

各林主是社交网络的一部分,从城乡过渡地区,到社会政策通常不那么容易交流的偏远农村地区。林主联合会在这方面起有搭桥作用,使地方上的私人林主能向全欧表达关切,提供知识,进而影响欧洲森林。为了维持并改善这种有用的影响,联合会一直在参与欧盟环境总司的许多工作或专家小组,诸如欧洲气候变化计划,自然2000和各种主题策略(可持续性自然资源利用、土壤保护、林火预防),积极贡献专业知识[51]。

国际家庭林业联盟是全球家庭林业的代言组织,在2015年代表全球各地2500万林主,向公共和森林政策制定者传达家庭林业的价值和挑战[52]。联盟成立于2002年,通过21世纪00年代中后期的组织正规化,在国际森林性进程中获得了非政府组织地位。联盟会参与联合国森林论坛、生物多样性公约等,寻求与那些国际组织更积极的合作,促进可持续性林业,并继续与成立于2004年的全球社区林业联盟合作[53]。

私人林主把自己看成是实施可持续性森林管理最重要的组分之一。其联盟认为,应该把家庭林主视为国家、区域和全球开发实现可持续性森林管理进程中的重要伙伴。从地方到全球的所有层次上,与私人林主和地方社区进入伙伴关系和真诚磋商,能使各国和国际的可持续性森林管理承诺获得愈益建设性的实施[54]。在欧洲,还有增进商业性国有林组织利益的欧洲国有森林协会。这个组织在2008年有隶属20个欧洲国家的26个成员,一直参与森林欧洲进程,等等。

10.5.5 森林认证：市场份额争夺战

在全世界推行可持续性森林管理,如前面已经讨论,可以靠各种进程,依据的是多边环境公约和权威性原则声明;公约具有法律约束力,而权威声明,由《森林原则》及其他联合国推荐所代表,在法律上是软性的,但具有政治和道德约束力。还有另外两条推行途径,要么补充国际公约,要么补充原则声明:股东自我监管(例如,森林工业内部的企业社会责任规则)和依据市场的自愿认证计划。自从20世纪90年代早期,自愿森林认证在可持续性森林管理的采纳上已占据重要地位。这种认证在温带和寒温带进展最大。在得到认证的总面积中,热带森林在2008年只占13%。

森林认证计划有不少,都声称能认证林业实践是否可持续性,但可以分为两大类:一是林主和森工启动的认证计划,被视为自我监管和市场要求的混合型;二是源自环境组织倡议的认证计划,是环境利益和市场要求的杂交。两类认证的内涵都是给市场传递信息:得到认证的木材来自可持续性管理的森林。可以从这个视角看待两类认证在标准、程序以及市场份额竞争上的差别。

第一类认证计划中最有名声的是,加拿大标准协会的森林管理标准,美国可持续性林业倡议和较早的泛欧森林认证计划。泛欧森林认证计划已发展为森林认证体系认可计划,覆盖全球;以利益各方参与进程的方式,对国家森林认证计划进行评估,相互认可。这些国家计划本身建立于旨在推行可持续性森林管理的跨政府进程[40]。上述的加拿大标准和美国倡议都是对应的全国性森林工业集团在1993年启动的,都依据国际标准化组织环境管理系列(ISO 14000)标准和蒙特利尔进程约定的标准及指标。森林认证体系认可计划起源于1999年由11个欧洲国家发起的泛欧森林认证倡议,其依据是欧洲森林保护部长级会议通过的标准及指标和相关的《泛欧作业层指南》。在2001年,加拿大和美国成为最早加入这一计划的非欧洲国家。该计划的中国办公室于2007年在北京成立。

在2008年,森林认证体系认可计划把八个跨政府进程产生的可持续性森林管理标准及指标用作国家标准的基础。这些进程有149个政府的支持,覆盖世界森林面积的85%。其可持续性标准由诸如泛欧作业指南之类在作业层面上对指南具体定义。哪个认证体系要想得到认可,就必须先达到这些标准。如果发现有指南不适用,必须合理解释这种偏差。这个认可计划与国际标准化组织环境管理系列标准相互兼容,有国际认可论坛的认可[54]。

第二类森林认证体系依据环境组织的倡议。作为监管形式,这是外源的,出自林业部门之外,可以归属为非国家性环境监管,受市场运动支撑。世界上第一个独立的森林认证计划,名为聪慧木头,是由雨林联盟和绿色和平组织在1990年创建。与这两个和其他非政府环境组织一起,世界自然基金会成立了森林认证集团,这个集团转而同意形成森林照管理事会。森林照管理事会的认证体系独立于既成商业主和林业主的认证计划,成为"面向环境"的主导认证体系。在早期,理事会还交涉过一些英国商人,希望进口和交易可持续性管理的林木及其产品[55,78]。

森林照管理事会声称,其认证体系和标准是依据环境、社会和经济原则的共识组成。虽然这被描述为基于市场的计划,Humphreys[18]注意到,"森林照管理事会的支持者没有把这个计划的成功完全留给自由市场的力量,而是通过非政府组织赞助的森林与贸易网络,从事某种形式的需求操纵"。其目的是,"鼓励公司只用出自管理良好的林木。""管理良好"是指获得森林照管理事会自己的认证,而"鼓励"有时可能近乎于意味着把过滤了的信息强行灌输给用户,组织抵制运动,用公共网站罗列各家公司是否符合森林照管理事会的标准。

森林照管理事会不依据国际标准化组织的环境管理系列标准,没有国际认可论坛的认可,也不依据区域进程建立的标准及指标体系。理事会设立规则的依据是,环境、社会和经济利益三足鼎立安排。与其他体系相比,理事会采用更严格的环境标准,还略微更关注某些特选的社会指标。背景使然,森林照管理事会认证享有国家和国际环境界最为广泛的接受,给公众留下的印记可能也较好。

但是,森林认证体系认可计划是世界的主导认证计划:截至2007年,被独立认证为可持续性管理的生产性森林达2亿公顷;这相当于世界森林总面积的5%。在2015年,被认证的森林面积是2.63亿公顷[g]。这个计划的优势是,依赖了区域进程的成就:在大量透明的跨政府合作下系统产生的标准及指标。自愿的森林认证,尤其那些能用作证据机制的高效产销监管链认证,还能发挥重要的补充作用:补充下节讨论的政府打击非法采运的执法努力[54]。

10.5.6 森林执法治理:打击非法采运

非法采运所得原木及其加工产品的贸易,据估计,构成国际木料性贸易中相当可观的一部分。在进入21世纪时,欧盟从巴西进口的木产品中有80%出自非法起源,从印度尼西亚、喀麦隆和马来西亚进口的木产品中的相应比例分别是75%、50%和35%。在输入其他进口大国如美国、日本和中国的木产品中,这种份额也有这么大。据世界银行估计,自那以后的十年中,发展中国家政府,因未能执行森林法律,错过采运收费收税,每年损失150亿美元的收入和宏观经济增长。这超过了官方开发援助中可持续性森林管理专款总值的8倍[57]。

欧洲联盟的《森林执法、治理和贸易行动计划》发表于2003年,承认欧盟作为非法热带木材市场具有责任。该计划提出了一系列可供选择的方案,欧洲机构能用以支持全球努力,减少市场对廉价非法林产品的需求。这些方案的核心在于自愿木材许可证体系,覆盖进口欧洲市场的多种林产品。

在没有多边森林治理体制的情况下,合法性许可证计划的实施依据欧盟与愿意介入的热带木材生产国之间的一系列自愿双边协议。这些协议使欧盟承诺提供基金,热带国家借以进行能力建设和机构设置,执行森林法律,规划森林资源的开发,从中赢得收入。在约定的投资期后,欧盟从这些伙伴国家进口具有合法证明的林产品[57]。

非法采运根源久远,形式繁多。例如,Kummer[58]在对菲律宾毁林的研究中提出森林里有三种非法活动:a. 非法采运,这是商业性采运无证,或超过准许额度;b. 出口时在发货单上低报,抑或干脆走私海外;c. 特许权的发放是出于不正当的政治经济利益。第三种形式上可以是合法操作,但比较这种合法与那些实践迁移耕作的农民迫于生计而占用公有林的情况,促发一位菲律宾森林科学人士得出这样的结论:"合法的不道德,道德的不合法"[59]。菲律宾中央银行早在 1964 年就已经对木材出口统计值的可靠性提出过质疑[60]。

如今,非法采运的定义是,对木材进行违反国家法律的收获、运输或买卖。收获过程本身可以非法,诸如,使用腐败手段得以进入森林,无证采收或从保护区采收,伐除受保护树种,采收量超过协议限额。对森林的非法采运不仅是个热带问题,还发生于任何地方,只要政府软弱而开采森林又有利可图[61]。

良好治理被普遍认为是国家及地方各级实施可持续性森林管理的必要条件。同样普遍的是,尽管有些进展,良好治理的辞令尚未转化为良好治理的地面实践。腐败仍然是各国在治理上所面临的最严重挑战之一,其隐患对穷人打击最烈。Humphreys[18]提到,非法采运到了20世纪90年代中期才成为国际政策议题。但即使在政府间谈判文本首次提及非法采运之后,还得过 10 年,才出现连通亚洲、非洲和欧洲的区域进程,试图以森林治理和执法改革,去解决这个问题。欧洲和东亚北部森林法律和治理进程是由俄国在 2005 年发起的。

要打击非法木材的贸易,但单边实施许可证计划本身可能违反国际贸易法,同时又缺乏多边性全球禁令的支持,使欧盟选择自愿计划。Humphreys[18]的结论是,如果这个计划管用,会有更多合法采运的木材流向欧盟和日本,非法贸易则越来越多地涌向美国。如果真是这样,就会产生匪夷所思的局势,因为正是美国国务院出力最多,催化了非法采运问题上的国际合作。要不是美国的经济实力,就不会有相关主题的首次区域会议——2001 年在印度尼西亚巴厘岛举行的东亚森林执法和治理部长级会议[18]。作为反应,美国在 2008 年修订了《莱西法》,使政府有权惩罚非法收获木材及其产品的贩卖,包括那些不明木材来历的人[h]。

正如第 7 章(7.2 节)所示,中国圆木进口自 20 世纪 90 年代急剧增长,在 2014 年占了世界总额的 38%,远远超过任何国家。中国不时被指控为非法木材从南美一些国家出口的首要目的地——通常在中国用作原料,制成地板和家具,再出口美国和欧盟。从"高风险"列表之外的大多数热带国家出口的材积(圆木等量)中,中国也占大多数。"高风险"国家的定义是非欧盟的十个非法木材出口大国:巴西、喀麦隆、中国、刚果共和国(有别于刚果民主共和国)、加蓬、加纳、印度尼西亚、科特迪瓦(象牙海岸)、马来西亚和俄国[61]。不过,合理的结论似乎是,要制止非法木材及其制品的全球贸易,现有的自愿协议,尽管值得赞扬,还必须有其他国际手段予以扩展,加强。同样明显的是,反非法原木之所以能起步,在很大程度上是由于国际及各地环境性非政府组织的活动,如下节所讨论。

10.6 公民社会参与者和进程

10.6.1 环境性非政府组织和市场运动

环境性非政府组织,自从 20 世纪 70 年代以来,对世界森林的治理发挥着愈益重要的作用。如前所述,治理这一概念包含非政府性参与者的介入:基于市场的参与者和代表公民社会的参与者。公民社会是指显示公民利益和意愿的非政府组织和机构的集成,常被看成是社会中有别于政府和企业的第三"部门"[i]。在公民社会参与者中,环境性非政府组织几乎主导全局。

环境性非政府组织有一长串的功绩:提出重要森林议题,首先供公众讨论,然后经常推上政治议程。据粮农组织前林业局长 Hosny El-Lakany[62],几家环境性非政府组织在 20 世纪 70 年代和 20 世纪 80 年代成功地设法使世界警觉毁林的增长,使林业进入国际议程。他们在联合国环发大会以及随后的进程中发挥了重要作用。针对包括林业在内的可持续性发展,公民社会组织还参与了不以联合国环发大会为基础的全球论坛(诸如粮农组织林业委员会、国际木材贸易委员会、世界银行森林策略)以及众多的机构、公约和多边论坛。

El-Lakany[62]提到,"非国家性参与者与政府之间的交互作用在国家和国际层面上都不尽是一帆风顺,这是挑战最轻的说法。随着兴趣从毁林演化到其他议题,诸如贸易与认证、非法活动、治理、生物多样性、民众生计以及较后的气候变化和能源,不和谐变得尤其明显。许多政府和私营企业创建了使能机制,使对话能继续,使反感和疑心能消散"。下面简要介绍活跃于森林议题的三家环境性非政府组织的目标和活动,并讨论一些市场运动。

世界自然基金会,最早称为世界野生动物基金会,成立于1961年,已成为世界上最大的独立保护组织之一。这个基金会在2008年有近500万名遍布5大洲的支持者,在90多个国家设有办事处,可以安全地声称,在国际保护运动的演进中发挥了重要作用[63]。其使命是,阻止地球自然环境的恶化,建立人类与自然和谐共存的未来;方法是,保护世界的生物多样性,确保可更新自然资源的可持续性利用,促进污染和浪费性消耗的减少。

世界自然基金会的工作原则包括全球性、独立性、多元文化性和非政党性;依据最好的既有科学信息解决议题,批判性评估自己的所有努力;寻求对话,避免不必要的对抗。本是"少数几位杰出绅士"对环境怀有深深关切的产物,世界自然基金会对商务生活和国家政府采用"非对抗"战略。其全球森林项目有三个焦点:保护、尽责林业、恢复[63]。

世界自然基金会说,自己通过促进可信的森林认证,还通过揭露非法和不可持续性实践这些以廉价产品削弱市场的行为,为尽责生产的林产品创建市场。它通过全球森林与贸易网络与致力于尽责林业的370多家公司合作。世界自然基金会同意,人工林,如果管理良好又立地适当,能与生物多样性保护和各地需要相互兼容并存,同时还裨益经济增长,产生就业。

就对抗战略而言,与世界自然基金会相反,绿色和平组织处于另一个极端。绿色和平组织把自己定义为国际运动组织,使用非暴力性直接行动和创造性交流,揭露全球环境问题,促进解决方案,确保绿色而和平的未来。据绿色和平组织,自己之所以存在,是因为脆弱的地球值得有发言权,还值得有答案、变化和行动。可以公平地说,这个组织最以行动著名。森林是行动的六个重点领域之一,旨在保护世界的原始森林和依赖于这些森林的动物、植物和民众。

绿色和平组织的基石原则和核心价值包括:以和平而非暴力的方式对环境破坏"作证";用非暴力对抗提高公众辩论的水平和质量;维护金融独立于政治和商业利益;等等。绿色和平组织声称,在发展运动战略和政策时,十分注意反映自己对民主原则的根本性尊重,寻求能促进全球社会公平的解决方法[4]。

国际地球之友在2008年自我定义如下:"我们是世界上最大的草根环境网络,团结69个全国性成员组和大约5000个地方性积极分子组织,遍布各大洲。我们拥有分布在世界各地的200多万成员和支持者,就当今最紧迫的环境和社会议题开展运动。我们挑战现行模式的经济和企业全球化,推进有助于创建可持续性环境和公正社会的解决方案"[65]。森林是六大运动主题之一,简述如下:"我们想要中止机器密集型企业伐木,中止把森林转变为农地和牧场。我们反对'碳汇'和其他以人工林取代多样性森林的计划。我们想要地方社区和原住民众以各自传统的可持续性方式控制各自的森林。"

环境协会的游说主要针对动员大众媒体和一般公众[66-68]。环境性非政府组织常常被人们用作信息来源,有许多确实享有很高的信誉。这种信誉赋予环境性非政府组织巨大的媒体力量,例如在针对市场的环境森林保护运动中;这些在美国、加拿大和欧洲最为明显,也最具影在欧洲,绿色和平组织多次发起运动,反对北欧制浆造纸公司,声称产纸用的木头有一部分来自保护价值高的原始森林。其焦点是芬兰造纸公司和国家森林组织,尽管芬兰是严格受保护的地域占国土面积的比例最高的欧洲国家之一,国有林组织在生物多样性保护上是领先者之一。绿色和平组织,连同其他环境性非政府组织,一直积极卷入拉普兰北部国有林中萨米原住民众驯鹿放牧与木材采运之间的长期冲突。这些国有林中有40%属于保护区,不得伐树。有些萨米驯鹿牧民多次把采运问题带上联合国人权委员会;其结论总是,采运的规模不足以危及驯鹿放牧的未来。这场错综复杂的冲突还因环境团体获得广泛媒体报道而带有国际性。环境性非政府组织运动的影像线索,也许在某种程度上还牵连到其他(主要与盈利性相关)的因素,最终使一家曾从冲突区购买木材的制浆造纸公司关闭了在拉普兰的制浆厂。

在美洲,关注森林保护的环境性非政府组织,从地方社团到大型跨国组织,数量众多,形式各异。代表梾木联盟的Smith & Quaranda[56]说,环境性非政府组织在美国历来设法影响政府政策,但在20世纪90年代开始实施新战略,注重影响美国市场对林产品的需求,借以实现森林保护的目的。不少森林保护组织,诸如梾木联盟、森林伦理、雨林行动网络、市场倡议以及绿色和平组织开展了引人注目的运动,旨在影响美国这个世界上最大的木产品市场对林产品的需求。其最终目的是,使足够的美国大型企业用户支持尽责的林业实践,借以改变世界上最大的木产品和纸产品公司的实践。

据Moore[68],市场运动的有效性,除了媒体的力量,还依赖这一事实:大多数知名度高的全球性公司会尽其所能,保护自己企业品牌的价值。在这种背景下,环境性非政府组织的全球市场运动正挑战可持续性信息交流的传统途径。展望未来,目的将愈益是,公司必须有社会许可证,才能在一定区域运作;至关这一目的成败的概念依然是透明、参与和科学。这个结论同样来自Moore[68],绿色和平的早期参与者但现在被绿色和平列为走向了反面的"核能工业、游说工业和遗传工程工业雇用的发言人"[j]。可以对照上述建议与Smith & Quaranda[56]的如下结论:环境性非政府组织的市场倡导是相对较新的战略,"其帮助社会走向地球森林的可持续性利用的全部潜力尚待实现"。

10.6.2 工会处于防御战

森林和木匠工会在一些国家的全国森林政策中起过作用,有时甚至起过实质性作用。但如今,由于工作机械化,生产率上升,工会减员,这种作用一直在减少。其他原因也有影响,反映了环境主义的政治变化和影响膨胀,诚如在北美那样。

美洲国际木业工会由美国和加拿大成员建立于1937年,曾繁荣过许多年,会员最多时有11.5万之众。但是,据工会自己的说法[69],在里根当总统的年代(1981—1989年),大规模兼并、合并和反工会情绪给森林工业造成动荡,使工会人数暴跌。同期,致命的损害来自极端环境运动:以诡辩诉讼,使工厂进不到原料。数以万计的会员就由于名为西点林鸮的小鸟而丢了工作。在1987年,美洲国际木业工会成员沿美、加国境线分裂形成各自的全国联盟。到1994年,工会美国部在并入国际机械师及航天工人协会形成木工部时,勉强凑有2万名成员[79]。

这个工人协会隶属于国际建筑与木业工人联合会,其总部在瑞士第二大城市日内瓦。联合会在2005年与世界建筑与木业工人联合会创建了新的全球工会联合会:建筑与木业工人国际。这是全球性工会联合会,组合成员在建筑、建材、木材、林业及其联盟部门的自由民主工会:在2008年含有约318个工会,代表130个国家的1200万成员;在2015年依然是这些数字。总部在日内瓦[70]。

据建筑与木业工人国际,森林在可持续性管理下能给缓解气候变化做出重要贡献,还能促进更大的社会进步与平等。森林要成为可持续性,其管理必须在经济、环境和社会上是可持续性的。世界各地的森林工人能在维持森林中发挥关键作用,但首先他们的权利必须得到尊重,他们必须能自由加入工会,集体谈判,更公平地分享他们帮助产生的经济获益。这个工人国际反对木材采运中非法而不可持续的做法。

任何认证系统,只要在标准中包括尊重国际劳工组织的核心劳工标准,建筑与木业工人国际一律支持。这个组织与森林照管理事会有较为广泛的协作关系[70],但又不时有争议[k]。因为建筑与木业工人国际不仅提倡工人在既有工业的组织,而且还帮助非正式部门的人员会合起来,集体改善自我的处境,所以,尚待证据才能定论,工会成员还会继续减少;更确切地说,未来成员的分布倒可能会从世界的"北方"转向"南方"。

10.6.3 其他公民社会参与者和进程

10.6.3.1 原住民

原住民构成传统上一直生活在森林中的人群的重要部分,即使时至今日,仍然最依赖于森林。对于"原住民"这一概念,没有通用的定义;但有许多标准可以在全球范围内用以确认原住民,诸如《国际劳工组织公约》第169号所述:原住民是在殖民期之前就在该地区生活的那些人的后代,或者自从殖民期之后一直维持自己的社会、经济、文化和政治机构。此外,第169号还声明,自我认同对原住民至关重要。他们常被集体称为"第四世界",虽然他们自己一直用"第一民族"[71]。

联合国大会在2007年通过了《原住民众权利宣言》。为了这个宣言,民族国家与原住民之间谈判了20多年。该宣言承认,迫切需要尊重并推进原住民的固有权利,尤其土地、领土和资源的权利;这些权利衍生于他们的政治、经济和社会结构,以及文化、精神传统、历史和哲学。自2002年以来,联合国原住民议题常设论坛一直是经济与社会理事会的顾问团体,被授权讨论原住民议题,诸如经济与社会发展、文化、环境、教育、健康和人权[72]。

10.6.3.2 世界社会论坛

世界社会论坛是世界在社会和经济领域发展中相对较新的现象。大量非政府社会组织和运动对全球化(更确切地说,对世界的主导性经济和政治机构推行全球化的方式)持有批判态度。世界社会论坛把这些组织和运动连接起来。论坛的名称与世界经济论坛相对,后者是世界经济和政治领导人一年一度在瑞士城市达沃斯大多关起门来举行的对话和战略会议[73]。

世界社会论坛组织过多次大规模的国际非政府组织会议,最初是在与世界经济论坛相同的时间。最初的会议安排在巴西的阿雷格里港,举行于2001、2002、2003和2005年,但还有2012年。2004和2006年在南亚(印度、巴基斯坦)。2007年(肯尼亚首都内罗毕)、2011年(塞内加尔首都达喀尔)、2013和2015年(突尼斯)在非洲。在2008、2010年,只安排了地方性会议,遍布世界。2016年则首次聚会"北方"(加拿大蒙特利尔)[l]。讨论的主要议题都涉及全球化的重要方面,寻找全球发展更社会化、民主化和可持续的替代方式。世界社会论坛在组织和政治上都是种新颖过程:空间开放,没有联合声明,没人代表整个论坛,横向而非非传统的纵向领导。可以把这个开放空间视为全球民主对话的进程,原则上任何人只要坚持论坛的原则宪章就能参与,而且地位平等,进而影响和塑造替代方式的机遇也平等。这些与其他已有的全球论坛、进程或联合形成鲜明对比。对于世界社会论坛,包容性本身是个重要维度,对自身的潜力至关重要。根据这些原则,不允许政党成为论坛的组织者[73]。

既然如此,世界社会论坛也就没有森林议程,虽然参与其中的环境性非政府组织、工会和其他公民社会组织自己有。例如,在芬兰社会论坛内部,就有依据无地民众提出的农地要求,批评巴西大规模人工林的建造。世界社会论坛的活动重点是,改变全球经济、社会和环境治理的结构和实践。不难想象,论坛与世界政治中更为传统但多少分享有共同目标的参与者可以相互影响,又一起合力产生影响;这些影响能导致的变化越大,就越能至少间接地也为更有效的森林治理形式开辟空间。任何人,只要对公民社团参与世界政治的动态有兴趣,就应该跟踪观察世界社会论坛这一新颖的公民社会运动[74-75]。

与此相关,必须提及奥胡斯公约。作为治理结构的一部分,奥胡斯公约支持一切公民社会组织参与决策和获得信息。其正式全称为《联合国欧洲经济委员会关于在环境问题上获得信息、公众参与决策和诉诸法律的公约》,于1998年在丹麦的奥胡斯通过,在2008年有包括欧洲共同体在内的41个缔约方,在2014年则有47方。奥胡斯公约虽然范围上是区域性的,但意义是全球性的:使环境权与人权挂钩相连。这不仅是个环境协议,还是个政府担当责任、凡事透明又有事必应的公约。奥胡斯公约赋予公众权,使缔约各方和政府当局有义务给公众提供信息,让公众参与决策,还有义务让公众在不满信息和参与条款的执行时能诉诸法律。"对于全世界社会所面临的严重环境、社会和经济挑战,如果没有包括公民个人和公民社会组织在内的各种利益者的介入和支持,仅靠政府当局解决不了",这是《奥胡斯公约战略计划2008》[76]的一个结论。

10.7 朝向更好的全球森林治理?

10.7.1 诊断全球森林治理状况:体制、治理和无治之间?

"如果有人读了(关于我们森林政策的)材料后,还不太确定我们究竟有没有这一政策,或者是有过但又没了,或者是有就好尽管实施不了,原谅他",L. T. Carron[77]在《国家森林政策——神话、宣言、授权或象征?》一文中如此写道。在考察所谓全球森林治理的元素、进程、机构和后果时,那些曾在澳大利亚提起过的关切中有不少似乎很是中肯到位。

国际体制的传统理论认为,体制要存在,就必须依据具有法律约束力的国际公约构成国际法的一部分。全球森林公约没有在1992年的联合国环发大会上实现,所有试图在这方面达成一致的后续努力都以失败告终。因此,严格意义上的国际森林体制并不存在。这通常是个"第一"结论。但另一个问题是,体制概念是否足够灵活,使现有形式的全球森林治理"不过"也能被考虑成体制。诚如Humphreys[18]所引用并进一步发展,欧洲森林政策研究应用较为宽松的体制概念;据此得出的结论是,自从20世纪90年代中期以来,已经出现了可以识别的国际森林体制,表现为具有森林授权的多边性环境协议,以及《国际劳工组织公约》中有关原住民和部落的条款。《生物多样性公约》和《联合国气候变化框架公约》都符合传统体制概念,分别有对森林的"生物多样性授权"和森林关联。《防治荒漠化公约》也有森林关联。此外,还有一长串"软性森林法"型的原则、承诺和法规:《森林原则》《21世纪议程·打击毁林》,跨政府森林委员会与跨政府森林论坛的行动提案,联合国森林论坛的决议,甚至森林照管事会某些认证特性(接受国际应用的合同法)。据争辩,把所有这些元素捆绑打包,明确的森林体制便脱颖而出,并随着新领域协议的出现,逐渐扩展,加强[18,83,87]。

国际体制的普通定义说,体制是成套的显性及隐性"原则、规范、规则和决策程序,足以使参与者的期望在(国际关系的)一定议题领域趋于一致"。把森林议题置于"宽松"体制这一建议明确不是为了符合上述定义,因此可以发现,相当多的决定性元素,诸如"显性规则""决策程序"和"参与者的期望在一定议题领域趋于一致",在现有森林体制中都似乎没有。至于《生物多样性公约》和《联合国气候变化框架公约》的严格元素,趋于一致的分别是生物多样性和气候议题,而非森林;在这些体制中,森林要么是应用领域,要么是工具,而不是"一定议题领域"。

虽然在一定情况下总有可能按照具体定义使用概念,但更普遍地说,即使森林体制的"宽松"概念也只勉强满足体制所关联的通常要求。具体地说,"体制"可以给予承诺:全球森林议题处于"管理"和"控制"下;但就森林而言,这种承诺是信守不了的。另一种解释是,正在扩展和加强的是"适用森林的环境体制",而不是森林体制,试图平衡可持续性森林管理的一切维度。必须强调的是,这种考虑是按照国际关系和政策的理论应用"体制"概念;其他领域用"体制"是为了不同的目的,不那么严格。

这里可以用欧盟的森林性问题做个比较:这些问题是随目的不同在众多不同的总司处理,这样也管用,但是分别进行,而不是依据森林和林业的整体观。不同管理部门之间的竞争正阻碍对潜在互增效益的利用。没有人声称这一切合起来构成欧盟的森林政策或森林体制,但有些人可能看到,环绕欧洲森林,已经存在发展环境体制的元素。出于这个原因,有必要进一步讨论为什么目前的重点已经从体制法移向治理法[11,79]。

传统上,体制法是对应国际系统的"现实主义"法而出现的。"现实主义"法纯粹以无政府状态和追求统治描述国际政治[11]。就森林而言,不应该忘记这一"现实主义"角度。作为极端例子,世界的森林有很小一部分实际上不在任何人(政府)的管辖范围,而是内部政治冲突的战场,是资助战争的工具,或是国际毒品生产的田野[1]。当然,对于森林资源,或林业用地,有更传统的竞争,通过合法手段和正当目的,诸如用于人工林;这也能是追求统治世界森林的一部分。

体制法基本是以国家为中心,因此不能为概念性分析非民族国家参与者的介入提供多少空间,也不考虑内部政治中的利益分歧[80-81]。所有这些被排斥的内容却都是治理讨论的中心元素。虽然大多数治理概念把全球化导致民族国家权力的削弱看成是治理法的核心元素,但在如何把权力明确放入治理的不同定义方面,变异不小[11]。

认识到国家政府受到削弱但依然重要的作用,全球森林治理的概念能捕获环境性非政府组织和私营参与者(森工、林主等)愈益增长的作用。这个概念强调各种参与者之间的网连和联盟,联盟在那些正进行森林谈判的国家之间最明显(谈判国家组),而网连则在环境组织之间最明显。治理一词除了采用多方利益者的途径,还在森林进程和决策中涉及多层次结构的组织和机构:从全球(例如联合国森林论坛、生物多样性保护公约)和区域(蒙特利尔进程、森林欧洲进程、欧盟)到国家(政府、全国协会、全国森林规划)和地方(认证、国内各级计划、地方行动),所有这些又都有交互作用。有鉴于森林裨益的多样性,就森林的安排必须是多部门但又相互联系,为此,治理法较灵活。治理思维的一个重要组成部分是,这种交互作用应该包括有学习过程和对话,借以帮助促进寻求解决方案的过程[9,83,88]。

总之,组成全球森林治理现状的是:机构体系,国家和非国家参与者,协议,声明,另加进程及其内外交互作用,都与世界森林相关又就此表达过兴趣和关切,都在先前章节中多少描述过。不过,同时还必须做的另一个结论是,全球森林治理的现有形式失之软弱。还未能制止毁林和森林退化,也没能及时而可持续性地足以应对其他重大的全球森林议题。世界森林的可持续性,如果定义为令人满意地履行经济、生态、社会和文化各方面的适当要求,仍然遥远;尤其是,无论区域之间,还是国家之间,都有失平衡,多有偏颇。至少在某种程度上,区域间和国家间在可持续性"差距"上正在不断扩大,大多不利于贫民、较穷的国家和其他国家中欠发达的地区[83]。

全球森林治理如果走依据理性政策这一途径,就必须不能只意味着"事情在称为治理的空间自由漂浮"。治理应该要紧。这意味着,全球森林议题在哪里最迫切,哪里就有运作机制应对,而且这些机制能在合理的时间内产生理想的结果和影响。从这个着眼点,能诊断出世界森林缺乏治理的许多症状,正如先前所概论。澳大利亚的全球森林治理是否存在这种哈姆雷特式的提问(如本章开头所引用)不是无稽之谈。澳大利亚后来能改变方向,建立并实施了一套坚实的森林政策。至于全球森林治理,要看是否也有可能发生类似变化,必须先总结目前不足的一些原因[83]。

10.7.2 全球森林治理软弱的原因

全球森林治理(或乏治)的现有结构不是设计产物,而是自20世纪40年代(最早可以上溯数百年)以来,作为不同目的和利益的结果逐渐发展而来。主导目的,或曰精神,是在不同时代各种境遇下所构思的最能造福人类的世界森林。但这一直被迫与其他利益相争,也通过其他利益去争:国家利益和目标,经常合法但不尽然;私人利益,太经常短见但也不尽然;国际政治和经济,主流强劲但也给世界森林的绿液循环注入矛盾。

世界森林治理软弱的原因众多[6,18,83]。有些容易认识,被广泛接受。其他也许广泛认识,但补救行动上不易被接受。有些较普遍的原因以复杂的方式关系到经济和社会的机构及思想体系的根基,可能不容易克服心理障碍,进行分析考虑。不过,这些"根源"描绘公共和私营机构所面临的许多挑战。置若罔闻可能不是最好的进路。相反,对这些根源及其土壤进行调查、反思和辩论还可能帮助给治理之林找到治疗之方。但下面的简短列项先从最容易看到的东西开始:树叶,同属一株树,却高度分散。

① 破碎化:显然,在国际政治和政策制定的宽广平台上,不乏国际组织、机构、参与者、协议、公约、进程和对话涉及森林。但其中大多数涉及森林只是作为各自更大议程的一小部分或附带而已。缺乏领导。联合国森林论坛下的森林合作伙伴关系这一机构有用,但只有沟通的方式进行协调[6,18]。

② 国际森林机构软弱:一切国际机构,只要授有的森林议题范围广泛,无不能力有限。粮农组织林业部是粮农组织中的微小部分,预算相当小,区域办事处更小。联合国森林论坛有秘书处,但也小,没有任何实施能力。至于区域森林进程,森林欧洲进程最稳定,但运作主要靠各参与国的热情志愿,没有专职支撑欧洲森林的稳定机构。国际热带木材组织也相当小,还在某种程度上,好像处于锁定状态,没有进展迹象。森林执法、治理和贸易本身是个有用进程,但缺乏普遍性框架,各地各级靠不同机制零敲碎打,范围有限。先前没有讨论过的各种联合性国际森林研究组织,加在一起,倒是与需求处于较好的平衡状态:国际林业研究中心针对热带森林,欧洲森林研究院针对凉性森林,国际森林研究机构联合会覆盖世界各地。

③ 联合国整体软弱:通常批评联合国既官僚又低效(已经略有好转),但联合国的软弱主要出于政治原因。世界上最强大的那些国家似乎在一件事上相当团结一致,那就是让联合国

在作用和资源上都保持在低等水平,因而可能为这些国家自己的国际活动,抑或为他们自己更能控制的国际组织,留出更大空间。联合国的所有项目都饱受资金不足之苦。还有批评说,国际和全球机构中的"民主差距"也延伸到联合国[18,74]。

④ 国家主权强治理弱:所有国家都热心国家主权这一原则,但在各自国内实施尽责森林政策的能力或政治意愿上,却相距甚远。政府也许与当地或国外不负责任的森林商有偏袒关系,或许在执行农业或其他经济政策时,采用的方式有害森林。常常发生的是,精英政府不愿意进行农村土地改革,使森林成为无地民众的最后诉诸。在那种情况下,可以说,不是贫穷本身,而是少数几人的财富,最终使毁林居高不下。在极端情况下,国内外的冲突使政府对大面积的森林完全失去控制。在国际环境协议和森林声明中,主权总是与责任一起被捆绑打包,依据的是"共同但分担责任"的原则。共同责任是指,要缓解全球环境问题,谁也担当不起把任何国家排斥在参与决策和采取行动之外;分担责任则意味着,不是各方都必须承受同等的负担[85]。

⑤ 筹资匮乏:普遍的认识是,传统筹资机制和现实基金量都不足以支撑可持续性森林管理,但同时,又越来越需要机制补偿森林的非市场性多功能裨益。既然认识到森林裨益和影响都是跨部门的,就必须建立广泛的配套筹资机制和工具,借以从地方、国家、国际、公共和私人来源吸引基金,诚如有些相关报告所强调[44,90]。有鉴于需求来自社会的每个部分,必须对非森林社会从三个视角合理解释额外的资金:增加森林裨益,提高表现性能,改善社会公平。良好的治理是所有国家和国际资助的先决条件。以同样的精神,还应该注意加强国际森林机构,借以发展全球森林治理的体系和表现。

⑥ 利益对抗和冲突:利益上的分歧、冲突和对抗是国际关系的日常部分。在森林进程中,虽略有变差,但分裂线首先主要是在发展中国家与发达国家之间,其次是在各方内部森林资源大国与小国之间。冲突和对抗发生于森林公司与环境组织、原居民和其他地方民众之间,以及不同森林用途和用户组之间。市场竞争存在于企业之间;机构竞争存在于联合国内的各种项目和组织之间;环境组织之间一定程度上也有竞争,为民众和媒体宣传中的"市场份额"。森林工业和环境组织内部的冲突常常不难理解。但危险的是,森林冲突和对抗变成自馈式进程;有时,在某种程度上,还变成组织谋求生存和获取支持的社会建构;最终,甚至可能变成"一叶障目"的那一叶,使人们难于看到发现解决问题的进展也许只要求有所不同:较深入地理解别人、对话、合作、网连和伙伴关系。一句话,建筑社会资本。这种变化有可能吗?在波兰华沙举行于 2007 年的欧洲森林部长级会议上,EI - Lakany[62]谈到环境性非政府组织与政府和私营企业之间先前的不信任,然后说:"现在盛行的氛围是共处和合作,而非对抗。"

⑦ 新自由主义学说:自从 20 世纪 80 年代初,有一套学说和原则,通常被称为新自由主义,在很大程度上指导了经济和政治方面的思想、政策及商务实践。这个概念不太好,因为自由主义基本是个哲学和政治概念,其内涵一直随时间不同而不同,即使现在还有不同,例如,在欧洲和美国之间。而且,有些人称之为"新"的内容,别人却说是"经典"。不过,在经济学和经济政策方面,新自由主义内容倒是比较一致。作为经济理论,它的根基是奥地利和芝加哥学派的经济学。据 Samuelson & Nordhaus[80],新自由主义代表右翼对现代主流经济学的批判,强调个人自由在经济和政治事务中的中心重要性,认为不受政府干预的市场竞争(最小政府)能导致经济的最有效运转。在经济政策领域,常有的看法是,这在国际货币基金组织、世界银行和美国财政部达成一致的"华盛顿共识"中有证实:贸易与投资自由化,金融市场,私有化,去管制化,加强私有财产权与市场机制,减少税收与公共支出[81]。在商业界,新自由主义学说以股

东价值为最高境界,说的是,商务的唯一任务是增加业主的财富。公司的社会责任被摈弃。

Humphreys[18]以广泛但略有片面的论证声称,新自由主义是毁林和全球森林治理危机的主要终极原因。Saastamoinen[84]争论说,股东价值这一思想体系正威胁可持续性和责任心的诸多元素,这些元素正是森林工业模式的积极特征,尤以北欧森工最能代表。不过,贪婪,作为世界金融体系的特征,据说不是由于市场经济固有的逻辑,而是有人蓄意选择的结果;这些人处于关键地位,能以其余社会为代价,中饱私囊。

10.7.3　改善森林治理:原木堵塞还是进展缓慢?

对于全球森林治理的不良状态,上述诊断和原因考察只是提议需要变化。有鉴于原因和起因是在不同的层面上影响,似乎需要既有踏实可靠的渐进步骤,也有影响较大的变化,还有更实质性的改革,才能加强治理的进程、机构和体系。较小的步骤和变化较容易制定,实施。要从事较大的组织变化和改革,例如,在20世纪90年代所提议的那些,则变化的内外驱动力必须导向一致。在国际层面上,自从20世纪80年代后期以来的历史显示,很难达成具有约束力的全球森林协议,无论为的是富有影响的变化,还是小小的改革。有鉴于此,明智的做法可能是,携同研究和公民社会以及其他合作伙伴,凭借气候变化体制和生物多样性体制的有关元素为指导,沿着《关于各种森林的无法律约束力的文书》《森林执法、治理和贸易》和粮农组织所设想的路径,以小而踏实可靠的步骤,向前迈进[86-87]。

在参与者和利益者之间建筑社会资本,谋求更多互增效应,尽量减小摩擦,加强森林专注机构,为《关于各种森林的无法律约束力的文书》寻找新资金,这些应该是"急事慢做"策略的一部分,产生具体而不避轻微的结果,同时不断寻求更踏实可靠的全球森林治理安排。这条路径的一个重要部分应该是,在主要环境性及其他非政府组织、森工企业和国际森林专注组织之间,寻找更有效的对话、互动和理解[88-89]。这要求尤其环境性非政府组织和企业界双方必须有新思维。如果这种讨论可以在任何级别(国家、区域、国际)启动,明智的做法可能是,首先从拥有距离(较之实际冲突)和建立基础的话题开始,诸如有关森林的道德及伦理原则和价值。这些都是森林伦理学的核心问题[90]。

对于全球治理形式和内容的全球性辩论,道德论证是必然而重要的一部分,无论涉及的是"全球化"口号下愈益深化的国际互动中经济、环境、社会和文化的哪一方面。如前所说,辩论的另一个常用关键词"新自由主义"也有特定的根源和内容。世界森林界处于,抑或继续处于,锁定状态? 盛行的新自由主义学说阻碍森林治理上的重要改善? 这些是诊断得出的结论吗? 在这种背景下,先看看Humphreys[18]的提议会有所帮助。

Humphreys[18]对企业界持批判态度,声称:如果全球环境退化再持续,比方说,半个世纪,所需要主张的治理改革在规模上将相对既少又小,而需要对企业活动进行的干预和限制则会既多又大。他有失偏颇,把企业看成唯一的毁林祸首(大多分析者认为其他直接参与者更重要),还对所有的企业都一概而论,不分好坏。但不难同意他的这个观点:现在的新自由主义世界没什么是不可避免的,也没什么是永恒的;还有其他各种替代选择。他在分析中主张的选择是全球政治民主化:恢复向公众负责的当局对企业的主宰地位,坚持为造福自己的社区管理经济[18]。

对全球森林治理的另一项分析[83]得出的结论是,新旧治理模式的并存最终将取决于如何解决国际、国家和地方各级之间或许最重要也最需求的链接集:社会公正的问题。世界森林的命运不能脱离贫困、收入分配不公和负债等现实。这些是合理的信息,不仅对于工商界,还对于政府和从政人员：国家政府——对各自的自然资源拥有主权；国家和国际从政人员——从事各自被选出从事的任务；世界的主导国家——负责加强国际机构的民主和资源，包括森林专注机构，使这些机构能为可持续性发展，执行各自的任务，造福全人类。

起始于2007年的全球金融和经济危机证实，贪婪、短视、不负责任和缺乏担当，一旦渗入金融和商业界最具影响力的部分，就能造成巨大的风险，其后果殃及普通民众，也殃及环境。但除了严重恶果，包括导致2008—2012年的全球经济衰退，这还动摇了被称为新自由主义霸权的某些根基。这包括市场原教旨主义、新自由主义国家和新自由主义全球化[81-82]，理论上都是在引人入胜的自由与自在（解放）的旗帜下推进的，但在实践中却太经常只意味不负责任的自在和牺牲大众而换取的少数几人的自由。市场竞争和市场经济繁荣不需要市场（或其他）极端主义，只需要踏实可靠、能担当又高效的国家和国际机构体系，保护人类生命的福祉和尊严，保障市场的公平运作，保全环境及其生态系统的健康。

唯有能学习的人才能领导。世界应该比不久的过去更严肃也更全面地接受可持续性发展。平衡经济、生态、社会和文化各方面的必要性在政治与金融权力中心也应该学。对于林业、森工和全球森林治理，这将提供新的机遇，不再被困在原木堵塞中，也不再像原木那样飘浮在国家既得利益、国际政治分歧和不耐烦资金的湍流之中，而能发现自己的地位，在全球可持续性未来新建筑中，充当踏实可靠的栋梁。

参考文献

[1] FAO. 2006. Global forest resources assessment 2005. Progress towards sustainable forest management. FAO Forestry Paper 147, FAO, Rome. 320 p.

[2] FAO. 2007. State of the World's Forests 2007. Food and Agriculture Organization of the United Nations. Rome.

[3] United Nations. 1992. Report of the United Nations conference on environment and development (Rio de Janeiro, 3 – 14 June 1992). Annex iii non – legally binding authoritative statement of principles for a global consensus on the management, conservation and sustainable development of all types of forests.

[4] Revised from: Saastamoinen, O. 2005. Multiple ethics for multidimensional sustainability in forestry? In: Erkkilä, A., Heinonen, R. E., Oesten, G., Pelkonen, P. and Saastamoinen, O. (Eds). European forests and beyond, an ethical discourse. Silva Carelica 49: 37 – 53.

[5] IPCC. Climate Change 2007. Impacts, Adaptation and Vulnerability. Contribution of Working Group II to the Fourth Assessment Report of the Intergovernmental Panel on Climate Change, M. L. Parry, O. F. Canziani, J. P. Palutikof, et al. (eds), Cambridge University Press, Cambridge, UK, 976 p. ISBN 978 – 0521 – 70597 – 4.

[6] Capistrano, D., Kanninen, M., Guariguata, M., Barr, C., Sunderland, T. and Raitzer, D. (2007). Revitalizing the UNFF: Critical Issues and Ways Forward. CIFOR. Press. 57 p.

[7] State of Europe's Forests. 2007. The MCPFE Report on Sustainable Forest Management in Europe. Jointly prepared by the MCPFE Liaison Unit Warsaw, UNECE and FAO. Warsaw. 247 p.

[8] van Gardingen, P. R. 2003. Forests and poverty reduction: Action needed by development, research and training institutions. Forests in poverty reduction strategies. Capturing the potential (eds Oksanen, T., Pajari, B and Tuomasjukka, T.). European Forestry Institute, Tuusula, pp. 87 – 100.

[9] Hogl, K., Nordbeck, R., Nussbaumer, E. and Pregernig, M. (eds.). 2008. New Modes of Governance for Sustainable Forestry in Europe. Project 6447 GoFOR. Deliverable 12: Synthesis report. University of Natural Resources and Applied Life Sciences, Vienna.

[10] http://www.Valt.helsinki.fi/vol/laitos/lintersektioportaali/governance. Visited 12.2.2009.

[11] Okereke, C. and Bulkeley, H. 2007. Conceptualziing climate change governance beyond the international regime: a review of four theoretical approaches. Tyndall Centre for Climate Change Research Working Paper 112.

[12] Alcock, F. 2005. Conflicts and Coalitions Within and Across the ENGO Community. Paper presented at the 2005 Berlin Conference on the Human Dimensions on Global Environmental Change: International Organisations and Global Environmental Governance. Belin, Germany. December 2, 2005.

[13] Vorher W. 2008. Forest – based sector research and innovation need far – reaching policies. In: Pülzl H. (ed.) Forest governance and the role of forestry research. Proceedings. EC/FTP Workshop. Kranjska Gora, Slovenia 19 – 21 May 2008.

[14] Unasylva. 1995. The dawn of FAO's work in forestry and early achievements. An interview with Rene Fontaine, a founder member of the FAO Division of Forestry and Forest Products. Unasylva 223 (volume 57): 3 – 9.

[15] Westoby, J. C. 1962. The Role of Forest Industries in the Attack on Economic Underdevelopment. The State of Agriculture. FAO, Rome.

[16] Westoby, J. C. 1975. Making trees serve people. Commonwealth Forestry Review 54(3,4): 206 – 15.

[17] Kneeland, D. 1995. FAO Forestry at 60. Unasylva 223 (vol. 57): 3 – 9.

[18] Humphreys, D. L. 2006. Deforestation and the Crisis of Global Governance. London. Earthscan.

[19] FAO. 2010. FAO Strategy for Forest and Forestry. FAO, Rome. 9 p. http://www.fao.org/docrep/012/al043e/al043e00.pdf. Visited 12.4.2015.

[20] Carrillo, R. 2008. International Tropical Timber Organization. In: Holopainen, J, and Wit, M. (eds.) Financing Sustainable Forest management. Tropenbos International, Wageningen, The Netherlands. ETFRN News 49, September 2008. pp. 18 – 19.

[21] Convention on Biological Diversity. 2002a. The Strategic Plan for the CBD.

[22] Convention on Biological Diversity. 2002b. The Expanded Programme of Work on Forest Biological Diversity (EPWBD).

[23] Sayers, J. and Maginnis, S. (eds.). 2007. Forests in Landscape. Changing Realities: Ecosystem Approaches and Sustainable Forest Management. Earthscan.

[24] Oliver, C. 2007. Ecosystem Management. In: Forests and Forestry in the Americas: A Forestry Encyclopedia. http://wiki.safnet.org/index.php/Main_Page. Visited 12.10.2008.

[25] Pretzsch, H. Grote,R., Reineking, B., Rötzer,T. and Seifert, S. 2008. Models for Forest Ecosystem Management: A European Perspective. Annals of Botany 101 (8): 1065–1087.

[26] The press release on closing press briefing by the UNFCCC Executive Secretary Yvo de Boer on the outcome of the two–week conference and the successful adoption of the Bali roadmap for a future international agreement on climate change. http://www.un.org/climatechange/blog/news.shtm. Visited 12.8.2008.

[27] Gullison, R. E., Frumhoff, P. C., Canadell, J. G., Field, C. B., Nepstad, D. N., Hayhoe, K., Avissar, R., Curran, L. M., Friedlingstein, P., Jones, C. D. and Nobre, C. 2007. Tropical Forest and Climate Policy. Science 316 (5827): 985–986.

[28] Finnish Forest Industries Federation 2008. www.forestindustries.fi. Visited 12.9.2008.

[29] AuJisi, A., Sauer, A. and Wellington, F. 2008. Trees in the Greenhouse: Why Climate Change is Transforming the Forest Products Business? WRI report World Resources Institute. 74 p. http://www.wri.org/publication/trees–in–the–greenhouse. Visited 12.2.2009.

[30] Adeel. Z., Bogardi, J., Braeuel, C., et al. 2007. Overcoming the Greatest Environmental Challenge of Our Times: Re–thinking Policies to Cope with Desertification, United Nations University – International Network on Water, Environment and Health, Ontario, Canada. http://www.un.org/esa/socdev/unpfiil

[31] Global Environment Facility and Global Mechanism. 2006. Resource Mobilization and the Status of Funding of Activities Related to Land Degradation. Global Environment Facility. Washington D.C. USA.

[32] Lowdermilk, W. 1935. Man made desert. Pacific Affairs 8 (4): 409–419. Republished in Morgan, R. P. C. (Ed.). 1986. Soilerosion and its control. Van Nostrand Reinhold Company, New York.

[33] United Nations General Assembly A/CONF. 151/26. 1992. Agenda 21: Chapter 11. Combating Deforestation. http://www.un.org/esa/sust–dev/documents/agenda21/english/agenda21chapter11.htm. Visited 12.2.2009.

[34] UNCCO Decision 3/COP.8. The 10–year strategic plan and framework to enhance the implementation of the Convention (2008–2018) adoptedby the Parties at COP8 held in Madrid in September 2007.

[35] IUCN. 2004. A report on the implementation of National Action Plans to Combat Deforestation and Land Degradation in Africa.

[36] Anony. 2008. The Global Mechanism of UNCCD. UNCDD and Forest Finance. In: Holopainen, J. and Wit, M. (eds.). Financing Sustainable Forest Management. Tropenbos International, Wageningen, The Netherlands. ETFRN News 49, September 2008. pp. 14–17. http://www.globa–lmechanism.org/about–us/what–is–the–gm. Visited 12.2.2009.

[37] MCPFE 2002. Improved Pan–European Indicators for Sustainable Forest Management as adopted by the MCPFE Expert Level Meeting 7–8 October 2002, Vienna, Austria. The Ministerial Conference on the Protection of Forests in Europe (MCPFE), Liason unit Vienna.

[38] http://www.rinya.maff.go.jp/mpci/. Visited 12.11.2008.

[39] http://www.mcpfe.org/commitments. Visited 12.11.2008.

[40] Rametsteiner, E. and Simula, M. 2002. Forest certification: An instrument to promote sustainable forest management? Journal of Environmental Management 67 (1): 87 – 98.

[41] Holmgren, L. 2008. Framing Global Public Policies on Forests. Sustainable Development and the Forest Issue on the UN Agenda 1972 to 2007. Acta Universitatis Agricultural Sueciae. SLU. Doctoral Thesis No. 2008: 6.

[42] Chipeta, M. and Michaelsen, T. 1995, Post – UNCED forestry and mountain development: new challenges for FAO. Unasylva 182.

[43] http://www.un.org/esa/forests/ipf_iff.html. Visited 10.9.2008.

[44] United Nations' Forum on Forests. Report of the seventh session (24 February 2006 and 16 to 27 April 2007). Economic and Social Council. Official records, 2997. Supplement No. 22. United Nations. New York, 2007.

[45] Contreras – Hermosilla, A. and Simula, M. 2007. The World Bank Forest Strategy. Review of Implementation. The World Bank. Washington, D.C.

[46] http://go.worldbank.org. Visited 10.9.2008.

[47] http://www.wto.org/. Visited 12.2.2009.

[48] http://www.cep.iorg/. Visited 13.9.2008.

[49] http://www.afandpa.org/. Visited 12.2.2009.

[50] http://www.fpac.ca/en/. Visited 12.2.2009.

[51] http://forestportal.efi.int/. Visited 12.2.2009.

[52] http://www.familyforestry.net/. Visited 12.2.2009.

[53] http://en.acicafoc.org/. Visited 12.2.2009.

[54] http://www.pefc.org/internet/html/about_pefc.htm. Visited 13.9.2008

[55] http://www.fsc.org/. Visited 13.9.2008.

[56] Smith, D. and Quaranda, S. 2008. Environmental Non – government Organization (ENGO) Market – Based Forest Protect on Campaigns in America Forestry Encyclopedia for Americas. http://wik.isafnet.org/index.php/Main_Page. Vistied 12.2.2009.

[57] Special Report: EU illegal timber imports', EU Forest Watch July/August 2001. www.fern.org. Visited 12.2.2009.

[58] Kummer, D. M. 1992. Deforestation in the postwar Philippines. Ateneo de Manila University Press. 178 p.

[59] Saastamoinen, O. 1996. Change and Continuity in the Philippine Forest Policy. In: Palo, M. & Mery, G. (Eds.) Sustainable Forestry Challenges for Developing Countries. Kluwer Academic Publishers. pp. 121 – 139.

[60] Palo, M. 1980. Forest sector statistics – a development plan for the Philippines. Philippines multiple – use forest management project. Working paper 2. FAO. Manila. 121 p.

[61] www.globaltimber.org.uk. Visited 27.12.2008.

[62] EI – Lakany, H. 2007. Chairman's introduction – Statements of Multi – Stakeholder Groups. Fifth Ministerial Conference on the Protection of Forests in Europe. Conference Proceedings. 5 – 7 November 2007, Warsaw, Poland. pp. 27 – 28.

[63] http://www.panda.org/about_wwf/who_we_are/history/index.cfm. Visited 15.10.2008.

[64] http：//www.greenpeace.org/finland/fi/. Visited 12.2.2009.

[65] http：//www.foe.co.uk/. Visited 12.2.2009.

[66] Krott, M. 2005. Forest Policy Analysis. Springer. European Forest Institute. 323 p.

[67] Cubbage, F. W, O'Laughlin, J., Bullock, C. S. III. 1993. Forest Resource Policy. John Wiley & Sons, Inc. 562 p.

[68] Moore, P. 2007. An Inconvenient Truth. Vancouver Sun, August 20, 2007.

[69] http：//www.goiam.org/content.cfm? cid = 908. Visited 10.12.2008

[70] http：//www.bwint.org. Visited 10.12.2008.

[71] http：//www.ilo.org/indigenous/lang – en/index.htm. Visited 12.2.2009.

[72] http：//www.un.org/esa/socdev/unpfii/

[73] http：//www.wsfindia.org/. Visited 12.2.2009.

[74] Patomaki, H. and Teivainen, T. 2004. A Possible Wordl. Democratic Transfrmation of Global Institutions. Zed Books. 242 p.

[75] Pasanen, J. and van der Wekken, R. 2007. World Social Forum Today – Finnish Engagements and Future Visions. KEPA's Working Papers 20：1 – 29.

[76] Aarhus Convention Strategic Plan. 2008. "Vision and Mission" of the Aarhus Convention Strategic Plan, para. 4, adopted by the Meeting of the Parties to the Aarhus Convention, in Riga, Latvia, 13 June 2008. http：//www.unece.org/env/pp/. Visited 14.12.2008.

[77] Carron, L.T. 1983. National forest policy – myth, manifesto, mandate or mandala. Australian Forestry 46：261 – 269.

[78] Operation Evaluation Department. 2000. http://go.worldbank.org. Visited 10.9.2008.

[79] Jokela, M. 2006. The European Union in Global Forest Governance. The Dynamics of Social Learning in the Construction of Global Problems and Actorness. Annales Universitatis Turkuensis. Ser B Tom 289：1 – 287. Humaniora. Turku.

[80] Samuelson, P. A. and Nordhaus, W. D. 1989. Economics. 13th ed. Philippine Copyright 1989 by McGraw – Hill Book Company. 1013 p.

[81] Patomäki, H. 2008. The Political Economy of Global Security. War, future crises and changes in global governance. Routledge. 292 p.

[82] Stiglitz, J. E. 2004. The Roaring Nineties. Why We're Paying the Price for the Greediest Decade in History. Penquin Books. 389 p.

[83] Glück, P., Rayner, J., Cashore, B., et al. 2005. Changes in the governance of forest resources. In：Mery, G., Alfaro, R., Kanninen, M., and Lobovikov, M. (eds.) Forests in the global balance – changing paradigms, p. 51 – 74. IUFRO World Series Volume 17. International Union of Forest Research Organizations (IUFRO). Helsinki.

[84] Saastamoinen, O. 2008. Kestävyys, kannattavuus ja omistaja – arvo metsäteollisuudessa. Silva Carelica 54：70 – 79.

[85] Honkonen, T. 2008. Common but differentiated responsibility as a regulatory and policy principle in multilateral environmental agreements. University of Joensuu. Faculty of Law, Economics and Business Administration. Academic Dissertation. Electronic Publications of the University of Joensuu. ISBN：978 – 952 – 219 – 181 – 6. http：//joypub.joensuu.filpublica-

tions/ dissertations/honkonen_common/honkonen. pdf. Visited 12. 2. 2009.

[86] Palo, M. and Mery, G. E. 1995. Transition from deforestation to sustainable forestry – a distant dream? In: Palo, M. & Mery, G. (Eds.) Sustainable Forestry Challenges for Developing Countries. Kluwer Academic Publishers. pp. 1 – 14.

[87] Glück, P., Tarasofsky, R., Byron, N. and Tikkanen, I. 1997. Options for Strengthening the International Legal Regime for Forests. Joensuu. European Forest Institute.

[88] Shannon, M. 2002. Understanding Collaboration as a Deliberative Communication, Organisational Form and Emergent Institution. In: Gislerud, O. and Neven, I. (eds.) 2002. National Forest Programmes in an European context. EFI Proceedings 44: 7 – 25.

[89] Kouplevatskya – Yunusova, I. and Buttoud, G. 2006. Assessment of an iterative process: The double – spiral of re – designing participation. Forest Policy and Economics 8 (5): 529 – 568.

[90] Holopainen, J, and Wit, M. (eds.) 2008. Financing Sustainable Forest Management. Tropenbos International, Wageningen, The Netherlands. ETFRN News 49, September 2008.

[91] Friedman, T. L. 2007. The World is Flat. The Globalized World in the Twenty – First Century. New York: Picador/Farrar, Straus and Giroux.

[92] http://www.itto.or.jp/live/Live_Server/221/AboutITT020080208 – E. doc. Visited 23. 8. 2008.

[93] Hassan, R., Scholes, R. and Ash, N. 2005. Millenium Ecosystem Assessment. Ecosystems and Human Well – being: Current State and Trends. Volume 1. ISBN 1 – 55963 – 228 – 3. Island Press.

[a] https://www.cbd.int/decision/cop/?id=12268

[b] http://www.un-redd.org/AboutREDD/tabid/102614/Default.aspx

[c] http://unfccc.int/meetings/bonn_jun_2015/in-session/items/9026.php

[d] http://www.foresteurope.org/

[e] http://www.un.org/esa/forests/

[f] https://en.wikipedia.org/wiki/Bali_Package

[g] http://pefc.org/

[h] Gregg, R. J. and Porges, A. 2008. Amendment to the US Lacey Act: implications for Chinese forest products exporters. Forest Trends and Sidley Austin LLP. http://www.forest-trends.org/documents/files/doc_504.pdf

[i] https://en.wikipedia.org/wiki/Civil_society

[j] https://en.wikipedia.org/wiki/Patrick_Moore_(environmentalist)

[k] http://www.bwint.org/default.asp?index=5737&Language=EN

[l] https://en.wikipedia.org/wiki/World_Social_Forum

[m] Chapter, F. S., III, Matson, P. A. and Vitousek, P. M. 2011. Principles of terrestrial ecosystem ecology. 2nd ed. Springer, New York. ISBN978 – 1 – 4419 – 9504 – 9. 529 pp.

第 ⑪ 章　地方和全球环境中的森林部门

11.1　森林部门与国民经济

11.1.1　概念

森林部门这一概念涵盖林业和森林工业（森工）。两者高度相互依赖。对木材的需求是派生性需求，如第9章（9.4节）介绍，是由对森工产品的需求所决定。森工需要木材，还需要许多其他项目，诸如机械、能源、化学物品、交通服务、贸易服务。在芬兰，森林部门的输入基本来自于国内。因此，森林部门在产出和输入结构上的变化对许多行业和整个经济都有实质性效应。对于大量依赖进口的行业，诸如电气设备业，这些效应明显不那么大。

要考查行业之间在国民经济背景下的相互依赖性，输入输出分析是个适当的方法。下面介绍这种分析的背景理念和模型梗概，还举例说明国民经济与林业部门之间的联系。输入输出表反映行业与行业间的效应和依赖性。在许多国家，这样的表属于国民账户体系。输入输出模型是利用表中数据进行分析的工具，例如，能用以考查经济变化如何影响生产、收入和雇用。

11.1.2　输入输出表

行业×行业输入输出表分行业列出生产数据。全表横向和纵向都一分为二，形成2×2四个分区，如图11-1所示。上下区分别是输出值和输入值；左右区分别是所用的中级产品值和最终产品值。因此，在上区的各横行显示各行业的产品如何（纵列）被分别用作各行业的中级输入（分区Ⅰ）和用作最终产品（分区Ⅱ）。中级输入是指原料以及其他那些生产还需要的短期性商品与服务。最终产品是指三种用途的商品与服务：消费（私人或公众）、投资、出口。库存上的变化，以及统计上的任何差值，充当平衡项。在下区的各横行指示初级输入有多少用作生产（分区Ⅲ），多少用作最终产品（分区

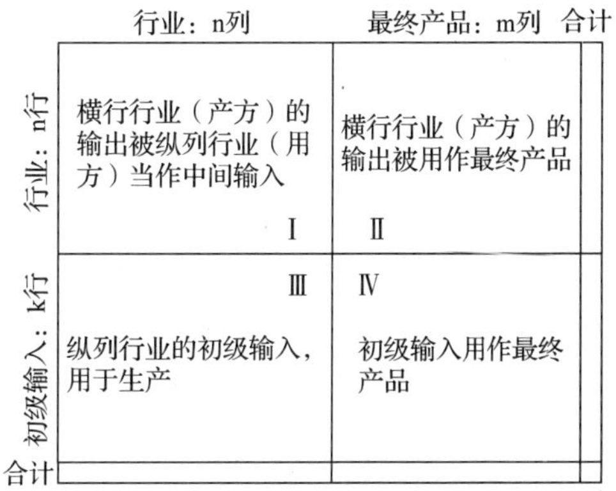

	行业：n列	最终产品：m列　合计
行业：n行	横行行业（产方）的输出被纵列行业（用方）当作中间输入 Ⅰ	横行行业（产方）的输出被用作最终产品 Ⅱ
初级输入：k行	纵列行业的初级输入，用于生产 Ⅲ	初级输入用作最终产品 Ⅳ
合计		

图 11-1　行业×行业输入输出表的结构

Ⅳ)。初级输入包括商品进口、产品纳税值减相应补贴、工资加薪金、其他间接净税值、固定资本消耗、以及运行盈余。

在左区的各纵列显示各行业所利用的中级输入(分区Ⅰ)和初级输入(分区Ⅲ),因此是描述各行业的成本结构。对于各个行业,纵列总和等于输出值,还等于横行总和。产量与耗用量总是一般多。在右区的各纵列显示用于制造某类目最终产品的商品(分区Ⅱ)和初级输入(分区Ⅳ)。各行业基本价值中的增值等于初级输入减去进口和净商品税值。如果只从初级输入减去进口,得到的则是买方价格中的附加价值。

用左区各纵列的各横行值除以相应纵列的总和,便使输入输出表转化为输入系数表。输入系数值代表单位产量所需要的中级输入(分区Ⅰ)和初级输入(分区Ⅲ)。每个纵列的总和都等于1。有了这个表,就能计算最终需求上的增长如何直接影响输入的利用。

11.1.3 生产模型

输入输出模型有各种版本。其中最简单的是使用中级输入系数 a_{ij} 的生产模型。以1号行业为例。行业 j 每生产一个单元,就需要行业1输出 a_{ij} 单位的产品。要满足所有 n 个行业的输入要求和最终需求,行业1必须使输出水平满足下式:

$$x_1 = a_{11}x_1 + a_{12}x_2 + \ldots + a_{1n}x_n + d_1 \qquad (11-1)$$

或

$$(1-a_{11})x_1 - a_{12}x_2 - \ldots - a_{1n}x_n = d_1 \qquad (11-2)$$

式中　x_j——行业 j 的输出

　　　a_{ij}——输入系数

　　　d_i——对行业1输出的最终需求

从总输出中减去用于中级输入的商品,就获得用于最终消费的商品。可以给每个行业写出类似的方程。再以矩阵形式一起表达这 n 个方程:

$$(I-A)X = D \qquad (11-3)$$

式中　I——$n \times n$ 单位矩阵

　　　A——输入系数的 $n \times n$ 矩阵

　　　X——行业 $1, 2, \cdots, n$ 的总输出 $n \times 1$ 矢量

　　　D——$n \times 1$ 最终需求矢量

方程的解是

$$X = (I-A)^{-1}D \qquad (11-4)$$

这个解显示,各个行业必须生产多少产品才能满足需求。$(I-A)^{-1}$ 是里昂惕夫逆矩阵。里昂惕夫发明了输入输出方法,为此获得了1979年的诺贝尔经济学奖。

逆矩阵中的纵列显示,横行上的行业必须生产多少单元才能使纵列中代表的行业生产一单元的最终产品。各列的加和给出所需的总输出。横行显示纵列中对最终产品需求上的每单位变化如何影响横行中行业的输出。里昂惕夫逆矩阵由直接影响(输入系数)和间接影响组成。能算出这些影响是因为生产中级输入需要中级输入,等等。

有了逆矩阵,就能找到最终需求上的变化所产生的直接和间接输出效应。也有可能用矩阵考查输入结构上的变化有什么效应。矩阵还指示,在行业间生产中级输出不够的情况下,是否要随需求上升而增加进口。

要计算每单元最终产品的直接和间接雇用需求,确定雇用系数和输入系数上的变化如何

影响雇用,可以用下面的公式。各行业的雇用系数是雇用人数除以总输出。其变化意味生产力上的变化。

$$L = W(I - A)^{-1} \quad (11-5)$$

式中　L——每单位最终产品矩阵所需要的劳力输入

　　　W——雇用系数矢量的对角矩阵

矩阵 L 的纵列显示各行业每单元的最终产品需要横行端头所指行业有多少直接和间接雇员。各列的总和是列头所指行业的总劳力输入。

也能算最终产品的初级输入含量。对于国民经济,最终产品的价值仅由直接和间接初级输入组成。没有中级输入。这出自如下事实:中级输入的部分价值总是来自于初级输入,生产中级输入所需要的中级输入的部分价值也是,如此等等。计算整个生产链时,就只剩下初级输入。用如下方程解初级输入含量:

$$B = C(I - A)^{-1} \quad (11-6)$$

式中　B——最终产品矩阵的初级输入含量

　　　C——输入系数矩阵的初级输入部分

这矩阵的纵列不仅显示进口,还显示每单元最终产品含有的直接与间接增加值的各个部分。用这矩阵,可以考查最终需求上的变化如何影响基本经济参数。

逆矩阵也能用于环境分析。例如,只要知道各工业每单元输出所排放的二氧化硫量,就能用硫系数取代式(11-5)中的雇用系数,确定生产上的变化如何直接和间接地影响排放量。

上述模型不包括衍生效应。衍生效应是指增产使家庭收入上升,消费随之上升而引起更大的增产。很难确定这些衍生效应,主要因为缺乏适当的数据。粗放的经验法则是,加入衍生效应,会使上述模型给出的生产数值上提 50%。此外,这模型没有与投资挂钩。要包括投资,必须用动态模型。

输入输出模型是为短期分析边际变化而设计的。各种系数在短期内通常变化不大。高值系数比低值系数稳定,只有少数几个最高系数的变化才不是无足轻重。如果必须作长期考虑,例如生产能力有实质性变化,任何行业的平均系数都会或多或少变化,因为从发展的眼光看,原则上新厂总比老厂效率高。可以把最新厂的系数用作平均系数,再估算未来的生产情况。

11.1.4　总输出

各国森林部门在输入输出结构上高度不同。有的国家能主要生产高档印刷纸,另一个国家可以生产出口木材。有的国家能得到国内原料,另一个可能全靠进口木材,再做家具出口。下面举例说明对芬兰森林部门输入输出分析的结果。输入输出表是 2004 年的,如表 11-1 所示。

芬兰森林部门由七个行业组成:林业,锯木业,单板和其他木板业,其他木制品业,家具制造业,制浆造纸业,纸制品业。为了比较,还考虑电力设备制造业的对应数据。电力设备制造业也是个重要出口部门,大量使用进口输入。此外,还以个人服务业代表家用市场业。

假定对各个行业产品的最终需求突然增加了 1000 万欧元。要生产这些产品,必须有中级输入,有行业内部做的,也有别的行业做的。生产中级输入也需要中级输入。如此等等,就产生出间接影响,总输出上的增长大于最终产品本身的增长。总输出的这些变化反映经济活动的增大和扩散。

表 11-1　　　　　　　　制浆造纸业在芬兰2004年输出入表中的列行　　　　　　　　单位：万欧元

列			行（在此为节约版面转置成纵列）		
1	农业	10	1	农业	1250
2	林业	97870	2	林业	290
3	采矿采石业	14570	3	采矿采石业	610
4	饮食与烟草业	7690	4	饮食与烟草业	2330
5	纺织、服装与皮革业	510	5	纺织、服装与皮革业	1170
6	锯成木、刨光木与浸渍木业	23850	6	锯成木、刨光木与浸渍木业	1460
7	单板与胶合板及其他制板业	1530	7	单板与胶合板及其他制板业	1990
8	其他木制品业	7290	8	其他木制品业	660
9	家具制造业	120	9	家具制造业	610
10	制浆造纸业	195900	10	制浆造纸业	195900
11	纸张纸板制品业	15390	11	纸张纸板制品业	28010
12	出版印刷业	8510	12	出版印刷业	45390
13	石油加工、炼焦及核燃料业	7720	13	石油加工、炼焦及核燃料业	750
14	化学原料及化学制品制造业	56320	14	化学原料及化学制品制造业	9530
15	橡胶与塑料制品业	1570	15	橡胶与塑料制品业	2450
16	其他非金属矿物制造业	1710	16	其他非金属矿物制造业	2050
17	碱性金属业	13280	17	碱性金属业	2140
18	金属制品与机械设备制造业	40660	18	金属制品与机械设备制造业	6290
19	电力及光学设备制造业	10980	19	电力及光学设备制造业	14990
20	交通运输设备制造业	540	20	交通运输设备制造业	720
21	其他制造及回收业	190	21	其他制造及回收业	610
22	电力、燃气和水的供应业	75420	22	电力、燃气和水的供应业	3170
23	建筑业	130	23	建筑业	4300
24	贸易	27350	24	贸易	17010
25	住宿和餐饮业	210	25	住宿和餐饮业	1570
26	运输及仓储业	102260	26	运输及仓储业	3670
27	邮政和信息传输业	4230	27	邮政和信息传输业	3390
28	金融中介和保险业	7360	28	金融中介和保险业	3930
29	房地产和商务活动业	38190	29	房地产和商务活动业	26580
30	公共管理、义务社会保障业	2540	30	公共管理、义务社会保障业	4940
31	教育	20	31	教育	2370
32	卫生和社会工作业	40	32	卫生和社会工作业	4250
33	其他服务业	910	33	其他服务业	6390
1~33：国内产品总用量		764880	1~33：中间使用		400780

续表

列			行(在此为节约版面转置成纵列)		
34	进口	132640	34	家庭消费	10910
35	产品税收减产品补贴	8940	35	政府消费	720
1~35:总产品使用		906460			
36	员工薪酬	174000	36	总固定资本形成	950
37	其他生产税收减生产补贴	−200	37	库存变化	9810
38	固定资本消耗	72880	38	出口欧盟国家	595270
39	营业盈余,净值	140570	39	出口其他国家	275270
36~39:增值(基本价格)		387250	34~39:总最终消耗		892930
1~39:总输出		1293710	1~39:总使用		1293710

林业不需要太多中级输入,因此如表11-2所示,对输出的间接效应小。例如,林业的最终产品是家用薪材和出口木原料。产品的一大份额被森工用作中级输入。与其他制造业相比,森工间接效应显著,增长效应广泛。林业,运输业,商务业,贸易,能源产业,金属制品业和化学制造业受益最多。例如,锯木业直接增长1000万欧元的产品出口,就能间接增长业内输出60万欧元,林业输出450万欧元,其他行业输出570万欧元。

表11-2　　最终需求增升1000万欧元的国内输出量效应:2004年芬兰　　单位:万欧元

生产最终产品的行业	国内输出增长量		
	直接	间接	总计
林业	1000	320	1320
锯木业	1000	1080	2080
单板和其他木板业	1000	770	1770
其他木制品业	1000	1010	2010
家具制造业	1000	740	1740
制浆造纸业	1000	990	1990
纸制品业	1000	990	1990
电力设备制造业	1000	550	1550
个人服务业	1000	580	1580

对于锯木业和其他木制品业,每单元最终产品的总输出变化大致相同。不过,加工的程度很重要。把价值450万欧元的木材加工为锯成材出口,能给最终产品增加1000万欧元,给总输出增加2080万欧元。把这些木材在国内进一步加工成其他木制品,则能给最终产品增加2990万欧元,给总输出增加2990万欧元。但是,必须记住需求的重要性。是对森工产品的最终需求决定木材的生产乃至利用,而不是相反。

相比,电力设备的生产需要不少进口输入,对国内生产的间接影响明显小于森工。就不需要什么中级输入的个人服务而言,情况亦然。

11.1.5 附加价值

总输出的变化是个总值(毛值)。国民经济最终从各个行业挣得的数额是附加价值(该行业在国内生产总值中所占的份额)。森工创造可观的附加值,尤其间接性的。例如,锯木业增加最终产品1000万欧元,能直接附加170万欧元的价值,间接附加630万欧元,如表11-3所示。间接效应主要裨益林业:总输出值中附加值的直接份额达76%。表11-3还有间接值与直接值的比率。例如,在制浆造纸业中,对应每单元直接产生的附加值,就有1.51个单元的间接附加值。

回到加工程度的例子,把价值450万欧元的木材加工为锯成材,国民经济能收入800万欧元。把那些木材进一步加工成其他木制品,附加的价值则是2330万欧元。

在电力设备生产的例子中,所创造的附加值明显小于森工。这是因为用有进口输入。在个人服务业中,附加值的份额高:中级输入需求本来就小,用的又主要来自国内。

11.1.6 雇用

输入系数很稳定。雇用系数却不是。生产力的上升能使雇用系数在相对较短的时间内发生实质性的变化。如果找不到新的输入输出数据,就可能需要更新系数。可以用生产率的趋势估计系数。这个方法的一个难处是发现可能的转折点。

表11-3 最终需求增升1000万欧元的附加价值(买方价格)效应

生产最终产品的行业	附加价值的增长/万欧元			间接与直接比
	直接	间接	总计	
林业	760	220	980	0.29
锯木业	170	630	800	3.71
单板和其他木板业	340	430	770	1.26
其他木制品业	340	440	780	1.29
家具制造业	390	330	720	0.85
制浆造纸业	310	470	780	1.51
纸制品业	340	420	760	1.24
电力设备制造业	370	270	640	0.73
个人服务业	580	300	880	0.52

在我们的例子中,雇用系数是2004年的,其他数据也是。森工的增长直接地,但尤其间接地,使雇用增加。价值1000万欧元的锯材最终产品在业内需要直接输入劳力32人,间接输入2人;给林业创造28个职位,给其他行业创造45个,如表11-4所示。间接值与直接值的比率是2.34。同样,制浆造纸业是资本密集型行业。把价值450万欧元的木材加工为锯成材,必须输入劳力107人。把这些木材进一步加工成其他木制品,则必须增加403人。

表 11-4　　最终需求增长 1000 万欧元对雇用人数的影响

生产最终产品的行业	雇员数的增加			间接值与直接值之比
	直接	间接	合计	
林业	61	21	82	0.34
锯木业	32	75	107	2.34
单板和其他木板业	73	49	142	0.67
其他木制品业	75	60	135	0.80
家具制造业	99	50	149	0.51
制浆造纸业	24	53	77	2.10
纸制品业	48	49	97	1.02
电力设备制造业	32	35	67	1.09
个人服务业	136	48	184	0.35

生产电力设备的间接雇用效应小于森工。个人服务则是劳力密集型。

从长远看,劳动生产力增长,单位最终需求的增长就不能创造那么多职位。要避免这个问题,可以改变前面提到过的生产结构,否则就必须首先确保生产增长超过生产力增长。要解决这个问题,一种有悖直觉的方法是,提高生产力。把生产力提高到超过对手,改善竞争力,就有可能获得新的市场份额和市场领域。

11.2　世界经济中的森林工业、林业和森林产业链

11.2.1　概念

经济链,又名产业链,在整个人类历史上各地都有出现。某类产业(或职业)集中在特定的地域有许多例子,原因多异,诸如自然资源方面的成本优势,运输,廉价劳力,或只因企业知识的存在[1]。

Gordon & McCann[2]描述了产业链的三种模式:纯团聚,工业园区,社交网络。纯团聚是地点集中的结果,代表传统的产业链发展,与亚当·斯密的劳动力专业化分工思想有关。森林产业链有这模式的一些元素,尤其与产业所需自然资源的位置有关。但是,在现代世界,客户的所在也在产业的选择地址中起有重要作用。这就引出产业链的下一个模式。

工业园区模式也适用于森工。其重点是分析公司的位置如何与交易的空间成本有关。对于森工,这些成本意义重大。为了尽量压低交易的空间成本,企业使自己毗邻其他公司和经纪人,或者在自己所属的生产与消费阶层内订立合同。Coase[3]依据对交易的成本和内化部分生产的成本之间的比较,以及对公司边界的分析,颇为著名地提出了这一观点。

产业链的三种模式中出现最晚的是社会网络模式。这种模式不但依赖经纪人之间的隐性和显性合同,还承认诚信对商务联系的重要性。因此,联系和链接不仅是公司之间

凭正式协议,而且更确切地说,也是个人之间同属相应的社会网络。在现实世界中,社交网络不一定有地理导向:通讯交流在世界各地之间随时随便都能高效率进行,不再受距离制约。

波特[4]在1979年提出的竞争战略模型(波特五力分析)已经成为广泛用于分析公司行为的框架。其产业链图表包括输入、服务和支撑行业,作为连接客户的生产资源。波特模型的基本版本限于国家水平,而森工的产业链常常是国际性的,抑或是全球性的。不过,波特法还是在分析个体公司或产业链战略的研究中得到了广泛应用。

11.2.2 国际森林产业链实例:欧洲森林产业链

Hazley[5]从产业链的角度,综合分析了欧盟中的林产工业及其相关行业。包括有5个部门:林业、机械木加工业、木家具制造业、制浆造纸业、印刷出版业。结果显示:大部分生产是中小型企业成组进行的,但制浆造纸业是个例外。排除制浆造纸业,重新分析 Hazley[5]的数据,得出企业大小等级的相对重要性,如图11-2所示。家具企业平均最小,出版企业平均最大(员工数中值分别是16和67)。

以 Hazley 的工作[5]为主要依据,各林产行业的典型产业链特性可以描述如下。机械木加工业所在地通常靠近原材料。锯成材主要是作为加工后的产品(而不是作为原料),从产地运往国外客户。这合乎经济逻辑,因为原料按质量价值不高。木家具制造业在产业链类型上则与此很不相同。这类企业绝大多数在工业区,邻近消费者。竞争力靠地方化学习、社会资本、以及投资的基础设施。行业大部分由中小型企业组成,但有显著例外,比如全球性的瑞典宜家家具公司。印刷出版业有地方性的,也有地区性或全国性的,抑或全球性的。印刷大多数是为全国市场,但全球发行一直在慢慢增加。竞争力更多受"纯粹商务因素"的影响;其他因子,诸如对家具业重要的局地学习,起较小的作用。

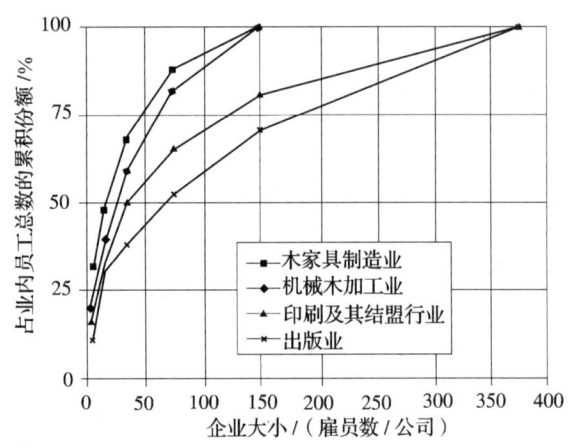

图 11-2 林产部门不同行业按员工数划分的大小分布:欧盟

11.3 林业和森林工业的全球化

11.3.1 纸浆工业愈益全球化而造纸工业愈益地方化

预期世界纸品消费会随生产总值继续增长,在2020年达到5.6亿t左右,如图11-3所示。但由于回收业的发展,这并不意味着对造纸材需求的成比例上升。事实上,木浆产量在2004—2014年一直徘徊在1.73亿t上下。同为联合国统计[a]的同期造纸材产量倒有大幅上涨,从5.2亿m³变成6.3亿m³(图3-8A)。这些增长主要出自亚洲和拉丁美洲(图3-8C)。

随着造纸材更多地出自人工林,而造纸厂越来越迁近客户,这两种生产在地点上相互分离。生产能力随之分隔。对国际市场纸浆的需求将继续比纸品消费增长得快。世界木浆出口在 2014 年达 5837 万 t,10 年内增长了 36%,近 1/2 是因为中国的大量进口(图 11-4)。硬木浆的份额一直在上升。增长最快的纸浆用桉木和金合欢木做原料,主要来自速生人工林。速生人工林区域占到硬木浆总产量的 1/2,软木浆的不足 1/5。这些区域(及其主要木浆生产出口国)是拉丁美洲(巴西、智利和乌拉圭)、亚太地区(印度尼西亚和新西兰)和非洲(南非)。

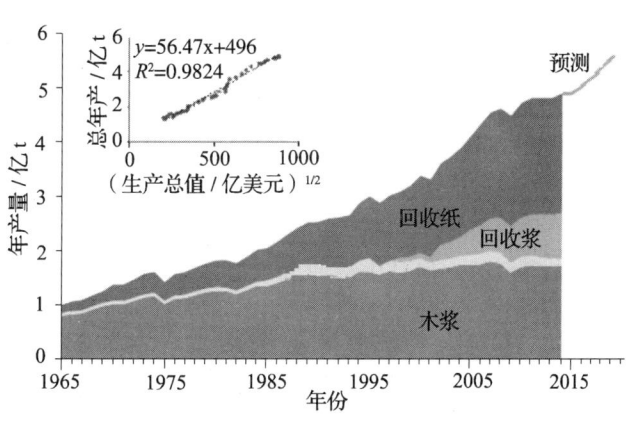

图 11-3 世界纸品消费:历史与展望

注:1980—2014 年实际和 2015—2020 年预估世界生产总值取自 IMF[b],其余为联合国数据[a]。预测值由内插图中的回归式算出。

对于全球制浆造纸业的结构和地理位置,木原料的可获量和成本一直施有决定性影响。美国造纸业曾用破布做原料,后来改用木料,随之从新英格兰的其他地区迁往缅因州,后来又迁往威斯康辛州的狐狸河谷和俄亥俄州的迈阿密河谷;再后来,扩展进入西北的太平洋沿海区,还进入南部区域。加拿大曾成为纸浆供应大国,全凭制浆造纸业西迁进入卑诗省,那里一度拥有似乎取之不尽的林木资源。北欧国家能在造纸业上后来居上,超越英国和欧洲大陆,根本上是因为能获得的木材成本竞争力高。

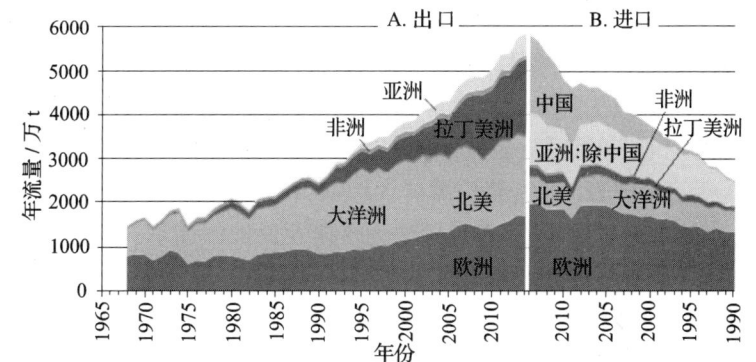

图 11-4 木浆市场上各区域的份额:据联合国资料[a]

11.3.2 纸浆生产的焦点转向速生人工林

纸浆工业正逐渐向南移,主要在南半球的国家起着越来越重要的作用,尤其就国际市场纸浆而言(图 11-4、图 11-5)。世界纸浆业的重点正转向木材成本上竞争力高、供应上又可持续的区域。以木浆净出口为指标,巴西在 2014 年首次超过历来的木浆第一大国加拿大,智利名列第

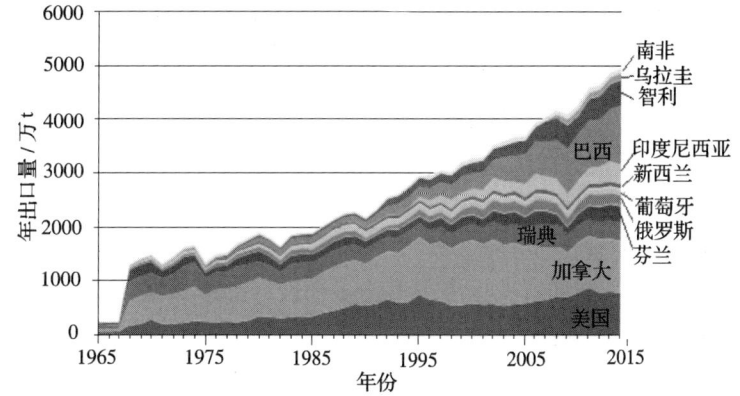

图 11-5 世界木浆最大净出口国的出口量变迁:联合国数据[a]

三,之后依次为芬兰、瑞典和美国[a]。联合国的专题问卷调查资料[c]显示,在2014—2018年新建市场纸浆能力中,仅巴西和智利这两国又会占85%。

新建制浆厂在这类速生人工林区域的最佳规模是100万~150万t。厂的规模受进料物流方面的成本限制,但随着遗传改良使每公顷的树生长量上升,厂的最佳规模将继续增加。这些制浆厂的成本竞争力之高(现金成本只有北欧最佳厂的1/2),将使依赖速生人工林供料的纸浆生产成为可持续盈利的生意。以速生人工林为基础的纸浆业和林业在发展上一直是进化性而非革命性的。但其中林业的发展在21世纪内倒很是迅猛。

11.3.3 速生人工林支撑的纸浆业成本和质量都有竞争力

工业速生人工林增长的驱动力是成本竞争力。其木材成本通常只是在北欧和北美的1/2。速生人工林的木材成本本身也有显著变异,为25~55美元/m^3。人工林还有质量优势,桉木和金合欢木尤其如此。其纤维均匀一致,特性上有着能为造纸加工最优化的潜力。

速生纤维的优点是成形好、饱满度高、透明度低、孔隙度极佳。纤维越小,越容易填补纤维网络和纸张表面的空隙。纤维长度变幅小,制成的纸孔隙变幅也小,吸墨性好,还表面光滑。

速生人工林的面积在南美和东南亚继续增长;在非洲也是如此,只是总数还相当小,但南非是个例外。南美洲的制浆造纸业只用人工林木为原料。在这方面,东南亚制浆造纸业不同,仍然部分依赖于天然林。这些人工林的发展用的是可持续性方式,顾及保护生物多样性的需要。大规模人工林的计划通常有如下组分:人工林的营建,地域内留存天然林的保护,自然植被在选定地区的恢复,流域保护。

年产100万t的制浆厂需要大约10万~15万hm^2适于人工林的土地(参见第7章7.4.1节)。要求的总面积,还得包括生物多样性保护的面积,很可能是这个数值的加倍。这些面积还得更大,如果企业只能用不那么肥沃的土地。理论上,有充裕的土地可供发展人工林,但实际上能获得多少面积则是另一回事。最好的地有许多已经属于森工企业。新的地在物流上不那么有利,价格上还可能必须与大豆等能源生产作物竞争而偏高。人工林区不一定全属于森工公司,而可能有很大部分属于私人林主、社区、村庄和森林基金。未来的人工林有如下特点:a.在地域上镶嵌式营建;b.兼顾生物多样性保护;c.有地方社区参与栽培。对人工林营建的附加条件会越来越多。但是,由于竞争优势,速生人工林的面积将继续增加。

11.3.4 全球森林工业作为可持续工业的例子

现代森林工业总体上是可持续的。同时,森林面积正急剧减少,主要由于转成农用。营建人工林缓和这一趋势,但不够快。人工林的积极效应正变得愈益显著。人工林不但使森工的发展转向世界的南方,还正在改善森工的可持续性。而且,以人工林为基础的现代制浆造纸业,只要采用最好的工艺,还有助于减少二氧化碳的排放。人工林应该营建在没什么保护价值的地域。在许多情况下,废弃或低产农用地就是这样的地域。此外,人工林的营建应该满足认证标准。

现代人工林的营建也考虑生物多样性。具体做法是采用镶嵌式人工林概念,原封不动地保留天然林、湿地(即使面积不大)和一些价值性灌木地及草地。最好的制浆造纸公司还度量和监测生物多样性管理。鸟是个生物多样性的有用指标。还必须考虑社会问题。当地人民的权利必须受到尊重。他们也应该从人工林业中获得经济收益。一种可能的方法是采用第三方林业计划,让当地人做栽培,销售木材给林业公司,从中得到收入。这类计划在巴西发展得较为成熟。

在全球范围内,营建速生人工林能提供显著收益。全球消费的工业圆木(参见表3-7、图3-7),按2014年的水平,需要8300万 hm^2 的人工林生产(假定 $22m^3/hm^2$)。因此,转向速生人工林有可能使大面积的森林,特别北方森林,没有任何工业用途。但前提是,基于木原料的生物燃料消费不会显著增加。出于好奇,也可以推算另一个极端:人工林要生产出足够的木材,提供所有的运输燃料,就必须有6亿多 hm^2。总之,人工林仍然需要增加面积,纵然是以可持续性方式营建。

参考文献

[1] Madsen, E. S., Smith, V. and Dilling-Hansen, M. 2003. Industrial clusters, firm location and productivity—Some empirical evidence for Danish firms. Working Paper No 03-26. University of Aarhus, Aarhus School of Business, Department of Economics.

[2] Gordon, I. R. and McCann, P. 2000. Industrial Clusters: Complexes, Agglomeration and/or Social Networks? Urban Studies 37: 513-532.

[3] Coase, R. H. 1937. The Nature of the Firm. Economica 4: 386-405.

[4] Porter, M. E. 1985. Competitive Advantage: Creating and Sustaining Superior Performance. The Free Press, New York.

[5] Hazley, C. J. 2000. Forest-Based and Related Industries of the European Union—Industrial Districts, Clusters and Agglomerations. Etla Series B 160. 427 pp.

[a] FAOSTAT available at http://faostat3.fao.org

[b] IMF (International Monetary Fund). 2015. World economic outlook database April 2015. Available at www.imf.org/external/ns/cs.aspx?id=28.

[c] Anon. 2015. Pulp and paper capacities: survey 2014-2019. FAO-Food and Agriculture Organization of the United Nations, Rome. ISBN978-92-5-008822-8.

附录　单位名称、符号和换算

物理量名称	以国际单位制表达数值	除以的数	以其他单位制表达数值
面积	平方厘米[cm^2]	6.4516	平方英寸[in^2]
	平方米[m^2]	0.092903	平方英尺[ft^2]
		0.8361274	平方码[yd^2]
		4046.86	英亩
	平方公里[km^2]	0.01	公顷[ha 或 hm^2]
		2.58999	平方英里[mi^2]
密度	千克每立方米[kg/m^3]	16.01846	磅每立方英尺[lb/ft^3]
		1000	克每立方厘米[g/cm^3]
能量	焦(焦耳)[J]	1.35582	英尺磅力[ft·lbf]
		9.80665	米千克力[m·kg]
		1	米牛顿[m·N]
	毫焦[mJ]	0.0980665	厘米克力[cm·gf]
	千焦[kJ]	1.05506	英制热量单位[Btu]
		4.1868	千卡[kcal]
	兆焦[MJ]	2.68452	马力小时[hp·h]
		3.6	千瓦小时[kW·h 或 kWh]
长度	纳米[nm]	0.1	埃米[Å]
	微米[μm]	1	微米[μm]
	毫米[mm]	0.0254	密尔[mil=0.001in]
		25.4	英寸[in]
	米[m]	0.3048	英尺[ft]
	千米[km]	1.609	英里[mile]
物质量	克[g]	28.3495	盎司[oz]
	千克[kg]	0.453592	磅[lb]
	公吨(吨)[t=1000kg]	0.907185	吨(=2000lb)
单位面积质量	每平方米克[g/m^2]	3.7597	每令(500张17英寸×22英寸纸)磅数
		1.4801	每令(500张25英寸×38英寸纸)磅数
		1.4061	每令(500张25英寸×40英寸纸)磅数
		4.8824	每千平方英尺[lb/1000ft^2]磅数
		1.6275	每3千平方英尺[lb/3000ft^2]磅数

续表

物理量名称	以国际单位制表达数值	除以的数	以其他单位制表达数值
单位面积质量	每平方米克数[g/m^2]	1.6275	每令(500张24英寸×36英寸纸)磅数
		3.7597	每令(500张17英寸×22英寸纸)磅数
		1.4801	每令(500张25英寸×38英寸纸)磅数
		1.4061	每令(500张25英寸×40英寸纸)磅数
		4.8824	每千平方英尺[lb/1000ft^2]磅数
		1.6275	每3千平方英尺[lb/3000ft^2]磅数
		1.6275	每令(500张24英寸×36英寸纸)磅数
功	瓦(瓦特)[W]	1.35582	每秒英尺磅力[ft·lbf/s]
		745.7	马力[hp=550ft·lbf/s]
		735.499	米制马力
	千瓦[kW]	0.7457	马力[hp]
压力、应力、单位面积力	帕(帕斯卡)[Pa]	47.8803	磅力每平方英尺[lbf/ft^2]
		98.0665	克力每平方厘米[gf/cm^2]
		1	牛每平方米[N/m^2]
	千帕[kPa]	6.89477	磅力每平方英寸[lbf/in^2]
		2.98898	水英尺高度(39.2℉)[ft H$_2$O]
		0.24884	水英寸高度(60℉)[in H$_2$O]
		3.38638	水银英寸高度(32℉)[in Hg]
		3.37685	水银英寸高度(60℉)[in Hg]
		0.133322	水银毫米高度(0℃)[mm Hg]
		100	巴[bar]
	兆帕[MPa]	0.101325	大气压[atm]
体积	立方米[m^3]	0.0283169	立方英尺[ft^3]
		0.764555	立方码[yd^3]
		0.001	升[L]
	立方毫米[mm^3]	1	微升[μL]
	立方厘米[cm^3]	16.38706	立方英寸[in^3]
		1	毫升[mL]
	立方分米[dm^3]	1	升[L]

索引兼汉英对照

1,5－二磷酸核酮糖 RuBP/ribulose－1,5－biphosphate,18

2011—2020年生物多样性战略计划暨爱知生物多样性指标 strategic Plan for Biodiversity 2011—2020 and the Aichi Biodiversity Targets,342

21世纪议程 Agenda 21,348

α－纤维素 α－cellulose,105

艾氏剂 aldrin/$C_{12}H_8Cl_6$,238

桉属 eucalypt/*Eucalyptus*,64

暗反应 dark reaction,17

奥胡斯公约战略计划 Aarhus Convention Strategic Plan,362

巴西南洋杉 candelabra tree/*Araucaria angustifolia*,113

白桦 Asian white birch/*Betula platyphylla*,235

白蜡树属 ash/*Fraxinus*,65

白冷杉 white fir/*Abies concolor*,236

白靴兔 snowshoe hare/*Lepus americanus*,235

白云杉 white spruce/*Picea glauca*,234

柏科 *Cupressaceae*,8

半环孔硬木 semi－ring－porous hardwood,99

半具缘纹孔 half bordered pit,111

半乳聚糖 galactan,122

半乳葡甘露聚糖 galactoglucomannan,105

半散孔硬木 semi－diffuse－porous hardwood,99

半天然森林 semi－natural forest,75

半纤维素 hemicellulose,102,103

半知菌类 *Fungi imperfecti*,281

胞间层 middle lamella,102

薄壁组织 parenchyma,136

薄壁组织细胞 parenchymatous cell,111

饱和水蒸气压 saturated vapour pressure,38

保留密度 density of remaining trees,274

爆发 outbreak,227

北方带 boreal zone,64

北美短针松 Jack pine/*Pinus banksiana*,238

北美鹅掌楸 tuliptree/*Liriodendron tulipifera*,101,132

北美红杉 coast redwood/*Sequoia sempervirens*,113

北美黄杉 Douglas－fir/*Pseudotsuga menziesii*,22,229

北美乔松 eastern white pine/*Pinus strobus*,102

贝壳杉属 *Agathis*,65

被子植物 angiosperm,8

本源种（本土、乡土、当地种）indigenous, native, local species,74,75,183,229

比量平衡 specific mass balance,25

比量性（异速生长）allometry,25

闭塞纹孔 aspirated pit,111

庇护法（伞伐、渐伐）shelterwood method,182

边材 sapwood,99,105,128,277

编外部件（抽提物组分）extraneous component,106

编外材料 extraneous material,109

标记辅助遴选 MAS/marker－assisted selection,189

标准 criterion,346

表面阻力 surface resistance,38

表皮 epidermis,14

表现型 phenotype,186

丙酮提取物 acetone extractive,106

剥皮 debarking,263,276,277

部件 component,7

材前疏伐 precommercial thinning,139,196

财务收益 financial return,324,328

采收 removal,71,72,214

采运 logging,255,298,302,306

采运废除物 logging residue,139

采运机械 logging machinery,261

采运系统 logging system,260

采置 procurement,255

参与性 participatory,88

测定 tested,191

测感实验室 MILA/Measurement and Sensor Laboratory,310,313

测量分等站 measurement and grading station, 310

层(抽样) stratum, 157, 162

产销监管链认证 chain-of-custody certification, 88, 357

产业链的三种模式 clusters, 378

厂地销售 mill sale, 326

车荷 load, 305

沉积型循环 sedimentary cycle, 33

柽麻 sunn hemp/*Crotolaria juncea*, 145

成本 cost, 285, 326

成分性防御 constitutive defence, 230

成年木 adult wood, 119

成群(整群、群状)抽样 cluster sampling, 161

成熟木 mature wood, 119

承包人 contractor, 270

持续林冠法 CCF/continuous cover forestry, 179

抽样 sampling, 156, 158

筹资 financing, 350

出材率 recovery rate, 257

初级输入 primary input, 372

初生壁 primary wall, 102, 109

初生代谢物 primary metabolite, 106

初生分生组织 primary meristem, 101

初生射线 primary ray, 101

初生细胞壁成分 cell wall constituent, 109

初生长 primary growth, 101

除虫菊酯 pyrethrin/$C_{21}H_{28}O_3$, $C_{22}H_{28}O_5$, 239

处罚 penalty, 167

穿孔板 perforation plate, 117

穿孔壁 perforated wall, 13

创伤树脂道 traumatic resin canal, 114

垂枝桦 European silver birch/*Betula pendula*, 100, 102

垂枝型挪威云杉 *Picea abies* forma pendula, 190

垂直管胞 vertical tracheid, 113

春木 spring wood, 23

纯团聚模式 pure agglomeration model, 378

唇形科 *Lamiaceae*, 65

次生壁 secondary wall, 110

次生代谢物 secondary metabolite, 116, 230

次生木质部 secondary xylem, 98, 100

次生韧皮部 secondary phloem, 101, 136

次生射线 secondary ray, 101

次生长 secondary growth, 101

刺柏属 juniper/*Juniperus*, 64

刺槐 black locust/*Robinia pseudoacacia*, 101, 132

聪慧木头 Smart Wood, 355

粗根 coarse root, 14

粗皮 rhytidome, 13, 97, 137

翠柏属 *Libocodrus*, 65

打击毁林 Combating deforestation, 347

大伏革菌 *Phlebiopsis gigantea*, 239

大洪水法 great deluge, 168

大量诱捕 mass trapping, 241

大鳞翅类 macrolepidoptera, 228

大麻 hemp/*Cannabis sativa*, 143

大麦 barley/*Hordeum vulgare*, 143

大小蠹 *Dendroctonus*, 228

大型干扰 major disturbance, 41

代表性浓度路径 RCP/Representative Concentration Pathway, 50

担子菌纲 *Basidiomycetes*, 281

担子菌门 *Basidiomycota*, 281

单板厂木片 veneer mill chip, 132

单纯形算法 simplex algorithm, 165, 166

单亲家系(半同胞家系) half-sib family, 187

单食 monophagous, 227

单糖 monosaccharide, 105

单纹孔 simple pit, 111

氮的生物固定 biological fixation, 36

氮循环 nitrogen cycle, 37, 216

导管 vessel, 13, 116

导管分子 vessel member, 117

导管元素 vessel element, 117

稻 rice/*Oryza*, 143

低热值 lower heating value, 141

滴滴涕 DDT/dichloro-diphenyl-trichloroethane/$C_{14}H_9Cl_5$, 239

狄氏剂 dieldrin/$C_{12}H_8Cl_6O$, 239

抵抗力 resistance, 189, 218, 230

地方社区 local community, 88, 341, 345

地理定位系统 GPS/global positioning system, 272

地理信息系统 GIS/geographic information system, 272

地球观察卫星 SPOT/Satellite Pour l'Observation de la Terre, 162

地球化学循环 geochemical cycle, 33

缔约方大会 COPs/Conference of Parties,342
电脑断层扫描摄影术 CT/computer tomography,313
甸生桦 Betula humilis,236
顶端分生组织 apical meristem,101
顶极树种 climax species,179,183,194
鼎盛生长 culminating growth,25
定长法 cut-to-length method,259
短期诱发 short-term induction,233
断面积 basal area,154,155
椴树 basswood/Tilia,124
对应木 opposite wood,121,123
垛堆体积 piled volume, stacked volume,296
鹅耳枥属 hornbeam/Carpinus,65
二次工序废除物 secondary process residue,139
二氯苯醚菊酯 permethrin/$C_{21}H_{20}Cl_2O_3$,239
二氧化碳排放比 specific emission of CO_2,139
伐倒 felling,71,72,261
伐树预算法 cutting budget method,163,164
繁殖周期 reproduction cycle,28
反馈 feedback,31,37
返伐期(回归年) cutting cycle,155,202
泛欧森林认证 PEFC/Pan-European Forest Certification,355
泛欧作业层指南 PEOLGs/Pan-European Operational Level Guidelines,346,355
方式测量器 MODUS device,308
防护性人工林 protective,86
防治荒漠化公约 UNCCD/United Nations Convention to Combat Desertification,344
防治荒漠化行动计划 PACD/Plan of Action to Combat Desertification,343
房地产投资信托 REITs/Real Estate Investment Trusts,324
纺锤形原始细胞 fusiform initial,101
非法采运 illegal logging,357
非林地造林 afforestation,68,182
非木质林产品 NWFP/non-wood forest product,71,85,86,170,325
非木质纤维 non-wood fibre,143
非生物性风险 abiotic risk,217
非政府组织 NGO/non-governmental organization,357
非洲干旱带进程 Dry-Zone Africa Process,345

非洲楝 Khaya,118
非洲木材组织 African Timber Organization,345
分层(抽样) stratification,157,158
分解 decomposition,34
分解性生物 decomposer,31
风化 weathering,36
风险 risk,174
风险费用 risk premium,327
服务 service,173,176,336
辐射松 radiata pine/Pinus radiata,103
辐射胁迫 radiative forcing,48
抚育 tending,178,179,196
腐解 decay,277,281
腐朽 rot,278
腐殖质 humus,34
附加价值 value added,373,376
复合胞间层 compound middle lamella,110
甘蔗 sugarcane/Saccharum officinarum,143
干扰 disturbance,39
干湿沉降 dry and wet deposition,33,36
干物量 dry mass,154
干燥 drying,277
高度生长 height growth,22
高粱 sorghum/Sorghum,143
个体生态学 autecology,141
各向相异性 anisotropism,98
根 root,14,94,96
根冠 root crown,98
根接 root graft,16
根土盘 root-soil plate,219
更新 regeneration,28,44
更新伐 regenerative cutting,178,179
更新造林 reforestation,183
工(业程)序废除物 industrial process residue,140,144
工具价值 instrumental value,341
工业园区模式 industrial complex model,378
工艺 technology,261
工资制 payment system,270
公民社会 civil society,336,337,357
公司与社区林业伙伴体系 company-community forestry partnership,89
供主(寄主) host,228

孤雌繁殖 parthenogenetic reproduction,230
固定 anchorage,14
雇用系数 employment coefficient,373
寡食 oligophagous
关税与贸易总协定 GATT/General Agreement on Tarriffs and Trade,352
关于各种森林的无法律约束力的文书 NLBI/Non-legally Binding Instrument on all Types of Forest,350
管胞 tracheid,12,121,126
管胞宽度 tracheid width,114
管胞长度 tracheid length,113
管理费用 administrative cost,327
管理体制 management regime,204,215
冠部 crown,95
冠成木(树冠材) crown-formed wood,119
冠内的途径长度 length of the path,31
冠隙概率 gap probability,31
冠长比 crown ratio,96
光反应 light reaction,17
光合总速率 gross rate of photosynthesis,19
光合作用 photosynthesis,16
光子通量密度 photon flux density,19
广腰亚目 sawflies/Symphyta,226
规范森林 fully regulated forest,163
国际标准化组织 ISO/International Standards Organization,355
国际地球之友 Friends of the Earth International,358
国际复兴开发银行 IBRD/International Bank for Reconstruction and Development,351
国际机械师及航天工人协会 IAM/International Association of Machinists and Aerospace Workers,359
国际家庭林业联盟 IFFA/International Family Forestry Alliance,354
国际建筑与木业工人联合会 IFBWW/International Federation of Building and Wood Workers,359
国际金融公司 IFC/International Finance Corporation,351
国际开发协会 IDA/International Development Association,351
国际劳工组织 ILO/International Labor Organization,360
国际林业研究中心 CIFOR/Center for International Forestry Research,348,364
国际贸易 international trade,287,330
国际热带木材协议 ITTA/International Tropical Timber Agreement,340
国际热带木材组织 ITTO/International Tropical Timber Organization,340
国际认可论坛 IAF/International Accreditation Forum,355
国际认证服务 IAS/International Accreditation Service,323
国际森林研究机构联合会 IUFRO/International Union of Forest Research Organizations,349,364
国际体制 international regime,336,342,362
国家行动计划 NAP/National Action Plan,344
还原型辅酶Ⅱ $NADPH_2$/nicotinamide adenine dinucleotide phosphate,17
含水量 moisture content,128,313
寒温带 cool temperate zone,64
旱性森林(干旱林、干燥林) dry forest,65
合格 qualified,191
核糖核酸 RNA/ribonucleic acid,192
核型多角体病毒 NPV/nuclear polyhedrosis virus,238
黑果越橘 bilberry/Vaccinium myrtillus,45,54
黑荆树 black wattle/Acacia mollissima,103
黑麦 rye/Secale cereale,143
黑琴鸡 black grouse/(Tetrao tetrix),172
黑云杉 black spruce/Picea marianna,235
横截 cross-cutting,257,302
横截面 cross-section surface,98
横坑切梢小蠹 lesser pine shoot beetle/Tomicus minor,227
横向切面 transverse surface,98
红花槭 red maple/Acer rubrum,103
红麻 kenaf/Hibiscus cannabinus,145
后代 progeny,188
呼吸作用 respiration,21
狐狸河谷 Fox River Valley,379
胡桃属 walnut/Juglans,65
互增效益 synergy,362
化学剂消耗 consumption of chemicals,107
化学能 chemical energy,31

桦科 Betulaceae,10
桦属 birch/Betula,10
环管管胞 vasicentric tracheid,118
环境方面 environmental aspects,274
环境和社会影响评估 impact assessment,88
环境与发展(环发)大会 UNCED/United Nations Conference on Environment and Development,334
环孔材 ring-porous wood,13
环孔硬木 ring-porous hardwood,97,130
环孔种 ring-porous species,13
黄桦 yellow birch/Betula lutea,236
黄麻类 jute/Corchorus,145
黄杉属 Douglas-fir/Pseudotsuga,8
蝗亚目 grasshoppers/Caelifera,226
灰分 ash,102,108
灰分含量 ash content,102,106,107
回弹力 resilience,244
回收性木纤维 recycled wood fibre,143
毁林 deforestation,334
混生节 intergrown knot,125
活植虫 phytopagous insect,226
火 fire,78,234
火灾损失指数 fire loss index,174
火灾危险 fire risk,224
机械组织 mechanical tissue,101
机载激光扫描 ALS/airborne laser scanning,163
积温 temperature sum,23
姬蜂科 ichneumonids/Ichneumonidae,237
基本密度 basic density,107,127,129,130,131,138,142,209
基本种群 basic population,187
基因工艺 gene technology,193
基因型 genotype,186,188
基因型与环境交互作用 interaction,39,40
激发子 elicitor,233
即时测量 on-line measurement,315
集材场 landing,255
集材机 skidder,260,263
集运机 forwarder,260,263
几丁质 chitin,239
己糖 hexose,105
技术实体量 technical solid measure,296
加拿大标准协会 CSA/Canadian Standards Association,355
加拿大黄桦 Canadian yellow birch/Betula alleghensis,236
加拿大林产品协会 FPAC/Forest Products Association of Canada,354
家庭林业 family forestry,323
嫁接 graft,189
检尺树(检尺木) tallied tree,157
检控测量 control measurement,296,301
建林成本 establishment cost,326
建筑与木业工人国际 BWI/Building and Wood Workers' International,360
剑麻 sisal/Agave sisalana,145
鉴定 identified,191
浆果采集 berry collection,171
降排 REDD/reducing emissions from deforestation and forest degradation,342
降排加 REDD+,343
降水(量) precipitation,37,38
交货销售 delivery sale,256,287,297
胶束 micelle,12,108
胶质层 G layer/gelatinous layer,123
胶质纤维 gelatinous fibre,123
皆伐法 clearcut method,182
秸秆 straw,143
节子 knot,125,127,206,208
节子木 knotwood,126
节子木的比例 proportion of knotwood,126
结合水 bound water,128,277
截除缺陷 jump cut,304
截留 interception,38
截容量 interception capacity,38
解 solution,165,166,168
金合欢属 acacia/Acacia,65
紧节 tight knot,175
尽责林业 responsible forestry,358
近东进程 Near East Process,345
禁忌搜索法 tabu search,168,169
经济和社会事务 ECOSOC/Economic and Social Affairs,348
经济可持续性 economic sustainability,327
经济收获年龄 economic harvest age,329
精练管理 lean management,270
精确度 precision,158,296

景观标量 landscape metric, 173
景观生态规划 ecological planning, 88
景美指数 scenic beauty index, 171
径向薄壁组织 radial parenchyma, 114
径向切面 radial surface, 98
径向生长 radial growth, 22, 100
净初级生产力 NPP/net primary production, 42
净光合速率 net photosynthetic rate, 19
净木 clear wood, 125, 207, 208
净生态系统交换率 NEE/rate of net ecosystem exchange, 42
净生长率 rate of net growth, 45
净资产收益率 return on equity, 323
竞争战略模型 competitive strategies, 378
救护采运 salvage logging, 241
局部改善法 local improvement method, 168
具缘纹孔 bordered pit, 111
锯材为主要目的产品 main end product, 85
聚合物 polymer, 105
聚集 aggregation, 166
菌根 mycorrhiza, 16
柯属 Pasania, 65
科学、技术和工艺咨询附属机构 SBSTTA/Subsidiary Body on Scientific, Technical, and Techological Advice, 342
颗粒体病毒 granulosis virus, 238
可持续性发展委员会 CSD/Commission on Sustainable Development, 348
可持续性林业倡议 SFI/Sustainable Forestry Initiative, 354, 355
可持续性森林管理 SFM/sustainable forest management, 2, 3, 175, 215, 334, 342, 351
可持续性森林管理标准和指标 criteria and indicators for..., 344, 346
可用干材 usable stem, 95
克拉松木素含量 Klason lignin content, 105
空气的比热 specific heat of air, 21
空气密度 density of air, 21
枯落量 litterfall, 34
枯落物(枯枝落叶) litter, 26, 34
跨部门森林工作队 ITFF/Interagency Task Force on Forests, 348
跨政府气候变化专门委员会 IPCC/Intergovernmental Panel for Climate Change, 48

跨政府森林论坛 IFF/Intergovernmental Forum on Forests, 348, 349
跨政府森林委员会 IPF/Intergovernmental Panel on Forests, 348
快速诱发性防御 rapid induced defence, 233
宽针扭叶松 lodgepole pine/*Pinus contorta* var. *latifolia*, 124
框围体积 frame volume, 304
阔叶树 broadleaved tree, 9
莱西法 Lacey Act, 357
梾木联盟 Dogwood Alliance, 359
蓝桉 blue gum/*Eucalyptus globulus*, 118
冷杉弱瘤小蠹 fir engraver/*Scolytus ventralis*, 236
冷杉属 fir/*Abies*, 8
理想型 ideotype, 190
立地 site, 156
立地指数(地位指数) site index, 156
立木销售 stumpage sale, 325
立树(立木) standing tree, 153
立树量(蓄积量、立木度) stocking, 44, 154, 202
立体量法 stereometric measurement, 296
利率 interest rate, 327
栎属 oak/*Quercus*, 65
栗属 chestnut/*Castanea*, 65
栗树潜叶虫 chestnut leaf miner/*Cameraria ohridella*, 230
连年生长速率 current rate of growth, 25
连年增长量 CAI/current annual increment, 156, 202
联合国环境规划署 UNEP/United Nations Environment Program, 342
联合国荒漠化大会 UNCOD/United Nations Conference on Desertification, 343
联合国开发计划署 UNDP/United Nations Development Program, 338
联合国林业 Unasylva, 338
联合国贸易和发展会议 UNCTAD/United Nations Conference on Trade and Development, 339
联合国欧洲经济委员会 UNECE/United Nations Economic Commissions for Europe, 77
联合国人类环境大会 UNCHE/United Nations Conference on the Human Environment, 347
联合国森林论坛 UNFF/United Nations Forum

on Forests, 349
　　链锯 chainsaw, 261
　　楝科 Meliaceae, 65
　　凉性(寒温带、泰加)森林 boreal forest, 64
　　粮农组织 FAO/Food and Agriculture Organization, 337
　　量子需要量 quantum requirement, 19
　　邻解 neighbourhood, 168
　　林班(forest) compartment, 155, 164
　　林窗 canopy gap, 41
　　林地枯落物层 forest floor, 33, 35
　　林分 stand, 155, 188
　　林分经济性规划法 planning based on stand economy, 164
　　林分密度 stand density, 31
　　林冠 canopy of a stand, 18
　　林冠结构 canopy structure, 18, 31
　　林冠郁闭 canopy closure, 27, 44
　　林业 forestry, 1, 340
　　临界风速 critical wind speed, 174, 218, 219
　　遴选指数 selection index, 190
　　鳞翅目 lepidopterans/Lepidoptera, 226
　　流体称量法 hydrostatic weighing, 296
　　流域 watershed, 37
　　流域保护 watershed protection, 88, 381
　　柳属 willow/Salix, 10
　　龙脑香科 Dipterocarpacea, 65
　　芦苇 reed/Phragmites, 143, 145
　　陆地卫星 Landsat/Land Satellite, 162
　　陆均松属 Dacrydium, 65
　　鹿科 deer/Cervidae, 226
　　路 road, 268, 275
　　路边销售 road-side sale, 325
　　路网 road network, 268
　　轮伐期 rotation, 329
　　轮伐期长度 rotation length, 156, 201
　　罗汉松科 Podocarpacea, 8
　　罗汉松酸 podocarpenoid acid, 231
　　逻辑斯谛函数 logistic function, 25
　　螺纹加厚 spiral thickening, 110
　　螺旋棱 helical rib, 122
　　螺旋裂纹 helical check, 122
　　裸道(土路) strip road, 275, 285
　　裸子植物 gymnosperm, 8

　　落叶松属 larch 等/Larix, 8
　　落叶松芽蛾 larch budmoth/Tortrix viridiana, 232
　　绿桤木 green alder/Alnus viridis, 235
　　绿色和平 Greenpeace, 355, 358
　　马拉松 malathion/$C_{10}H_{19}O_6PS_2$, 239
　　马尼拉大麻 manila hemp/Cannabis sativa, 145
　　迈阿密河谷 Miami River Valley, 379
　　螨 acarine mites/Acari, 233
　　贸易与环境委员会 CTE/Committee on Trade and Environment, 353
　　美国白栎 white oak/Quercus alba, 124
　　美国红栎 red oak/Quercus rubra, 123
　　美国森林与造纸协会 AF&PA/American Forest & Paper Association, 354
　　美洲国际木业工会 IWA/International Woodworkers of America, 359
　　蒙特利尔进程 Montreal Process, 344
　　米氏常数 Michaelis constant, 19
　　泌脂细胞 epithelial cells, 114
　　棉花 cotton/Gossypium, 145
　　苗圃试验 nursery test, 189
　　灭虫菊 bioresmethrin/$C_{24}H_{23}ClO_3$, 239
　　民族国家 nation state, 336
　　敏感度 sensitivity, 244
　　模毒蛾 nun moth/Lymantria monacha, 240
　　模拟退火法 simulated annealing, 168
　　膜翅目 hymenopterans/Hymenoptera, 226
　　蘑菇产量 mushroom yield, 171
　　莫克定义 Mork' definition, 99
　　母树法 seed-tree method, 182
　　母细胞 mother cell, 102
　　母质 parent material, 36
　　木材采置计划 timber procurement plan, 271
　　木材处理终端测量系统 MITLA, 310, 313
　　木材供应 wood supply, 328
　　木材检尺研究开发项目 Research and Development Programme of Timber Measurement, 318
　　木材品种 timber assortment, 256, 298, 312
　　木材生产最大化 maximising, 177
　　木材损伤 damage to timber, 277
　　木材投资管理组织 TIMOs/Timber Investment Management Organizations, 323, 324
　　木材贮存 timber storage, 268

木聚糖 xylan,105,123,126

木能源 wood energy, wood-based energy,78,139

木片 chip,281

木燃料 wood fuel,78,137,142,282

木容量法 xylometric measurement,296

木栓细胞 cork cell,137

木栓形成层 phellogen/cork cambium,136

木头 wood,7,97,100,136

木头的初生细胞壁成分 wall constituent,102

木头的化学组成 chemical composition,103

木头的可透性 permeability,129

木头的异常性 irregularities in wood,119

木头三基面 three primary planes of wood,98

木细胞 woody cell,111

木质部 xylem,7,12

木质素 lignin,105,122,123,126

木质素含量 lignin content,105

木蛀虫 wood-boring insect,279

目标 goal,164,166,167,177

目标程序模型 GP/goal programming model,166

牧豆树属 mesquite/*Prosopis*,65

耐冻性 frost hardiness,24

南青冈属 southern beech/*Nothofagus*,65

南洋杉科 *Araucariaceae*,8

内皮 inner bark,13,97,105,136,137,142,279

内皮层 endodermis,14

内生性措施 autogenic measure,178,179

内生性演替 autogenic succession,41

内在价值 intrinsic value,341

能量因子 energy factor,16

能流 energy flow,31,285,288,289,290

尼古丁 nicotine/$C_{10}H_{14}N_2$,239

逆矩阵 inverse matrix,373

年生长循环(周期) annual growth cycle,25

年循环 annual cycle,16

啮齿目 rodents/*Rodentia*,237

扭叶松 lodgepole pine/*Pinus contorta*,124,126,229

农场林业 farm forestry,323

农用拖拉机 farm tractor,261

浓缩树脂 pitch,107

挪威云杉 Norway spruce/*Picea abies*,25

欧洲赤松 Scots pine/*Pinus sylvestris*,18,23,24,27,28,32,42,45

欧洲国有森林协会 EUSTATFOR/European State Forest Association,355

欧洲和东亚北部森林法律和治理进程 European and North-East Asian Forest Law and Governance Process,357

欧洲金合欢项目 European Acacia Project,246

欧洲落叶松 European larch/*Larix decidua*,232

欧洲森林保护部长级会议 MCPFE/Ministerial Conference on the Protection of Forests in Europe,344

欧洲森林研究院 EFI/European Forest Institute,364

欧洲森林业主联合会 CEPF/Confereration of European Forest Owners,354

欧洲造纸工业联合会 CEPI/Confederation of European Paper Industries,353

派生性需求 derived demand,328,372

盆曼-蒙太史公式 Penman-Monteith equation,38

皮包节 encased knot,125

平衡含水量 equilibrium moisture content,129

平均年增长量 MAI/mean annual increment,156,202

评等 grading,257

评估和监控空气污染森林效应的国际合作项目 ICP Forests/International Cooperative Programme on Assessment and Monitoring of Air Pollution Effects on Forests,77

䶄 red-backed vole/*Myodes* 原 *Clethrionomys*,228

葡萄糖 glucose,105

普通锯角叶蜂 common pine sawfly/*Diprion pini*,239

桤木 alder/*Alnus*,132

桤木属 alder/*Alnus*,10

其他林地 other wooded land,66

其他有树地 other land with tree cover,66

企业 enterprise,378

企业家 entrepreneur,270

企业林 industrial private forest,323

启发式方法 heuristics method,166

起源 origin,187,190

气候变化 climate change,48,79,192,204
气候变化框架公约 FCCC/Framework Convention on Climate Change,4,343
气孔 stomata,14
气孔导度 stomatal conductance,19
槭属 maple/*Acer*,65
潜在蒸发(量) potential evaporation,38
潜在蒸腾(量) potential transpiration,38,39
乔松象甲 white pine weevil/*Pissodes strobe*,236
鞘翅目 beetles/*Coleoptera*,226
侵填体 tylosis,118
芹叶松属 *Phyllocladus*,65
轻木 balsa/*Ochroma lagopus*,103
清洁发展机制 CDM/Clean Development Mechanism,342
情景族 scenario family,49
秋白尺蛾 autumnal moth/*Epirrita autumnata*,231,232,233
鼩鼱 shrews/*Soricidae*,237
权力下放 decentralization,86
全球环境基金 GEF/Global Environment Facility,349
全球机制 GM/Global Mechanism,344
全球森林与贸易网络 GTFN/Global Forest and Trade Network,358
全球社区林业联盟 Global Alliance of Community Forestry,355
全树 complete tree,95,214
全纤维素 holocellulose,102
群落生态学 synecology,30
热带 tropical zone,64
热带森林行动计划 FTAP/Tropical Forest Action Plan,338
热量值 calorimetric heating value,141
热性森林(热带森林) tropical forest,65
热值 heating value,141,142
人工措施 controlling measure,178,179
人工更新 artificial regeneration,180,183
人工环境 controlled environment,189
人工火烧 prescribed burning,178,179,211
人工林(forest) plantation,75
人工林的概念 concept of forest plantation,81
人体工效学 ergonomic,256,262,275
韧皮部 phloem,7,12,13

韧型纤维 libriform fibre,116
日本冷杉 Japanese fir/*Abies firma*,238
日本柳杉 Japanese cedar/*Cryptomeria japonica*,132
日能 energy from solar radiation,138
绒叶柳 feltleaf willow/*Salix alaxensis*,235
容积含水量 volumetric water content,38
容许伐树量 allowable cut,163,164
柔毛桦 downy birch/*Betula pubescens*,236
软木特性 softwood characteristics,119
锐端细胞 prosenchymatous cell,99,101,110
萨米 Sami,359
三磷酸腺苷 ATP/adenosine triphosphate,17
散堆体积 loose volume,296
散孔材 diffuse-porous wood,13
散孔硬木 diffuse-porous hardwood,99,130
散孔种 diffuse-porous species,13
散射入射强度 diffuse irradiance,31
森林(资源)清查系统 forest inventory system,153
森林 forest,66
森林部门 forest sector,372
森林财务战略计划 FFSP/Forest Finance Strategic Program,344
森林对话 Forests Dialogue,354
森林废除物 forest residue,139
森林管理规划 forest management planning,153
森林合作伙伴 CPF/Collaborative Partnership on Forests,349
森林基础设施 forest infrastructure,327
森林健康 forest health,77
森林景观恢复 landscape restoration,88
森林伦理 Forest Ethics,359
森林面积 forest area,67
森林面积减少 reduction of forest area,68
森林面积增长 increase of forest area,68
森林欧洲进程 Forest Europe,344
森林群系 forest formation,64
森林认证 forest certification,88
森林认证体系认可 PEFC/Programme for Endorsement of Forest Certification,355
森林生物多样性工作扩大计划 EPWBD/Expanded Program of Work on Forest Biological Di-

versity,341
　　森林生物质(生物量) forest biomass,95
　　森林特许权 forest concession,287,325
　　森林文书 Forest Instrument,350
　　森林原则 Forest Principles,4,348
　　森林照管理事会 FSC/Forest Stewardship Council,351,355
　　森林执法、治理和贸易 FLEGT/Forest Law Enforcement, Governance and Trade,356,363
　　森林治理 forest governance,336,631,362
　　森林作业规程 FPCs/forest practice codes,324
　　杀螟松 fenitrothion/$C_9H_{12}NO_5PS$,239
　　筛胞 sieve cell,137
　　山桦 mountain birch/*Betula tortuosa*,232,236
　　山榄科 *Sapotaceae*,65
　　山松大小蠹 mountain pine beetle/*Dendroctonus ponderosae*,77
　　山榆 *Ulmus glabra*,100
　　杉科 *Taxodiaceae*,8
　　商品 goods,176,336
　　商品材高度 merchantable height,154
　　商品性生长蓄积量 commercial growing stock,71
　　上层疏伐 high thinning,199
　　上皮细胞 epithel cell,12
　　社会经济和环境影响 socio-economic and environmental impacts,88
　　社会网络模式 social network model,378
　　射线薄壁组织 ray parenchyma,12
　　伸长 elongation,22,99
　　生产力 productivity,156,201,203,210,216,234,265
　　生产性人工林 productive,84
　　生计 livelihood,88,275,324,334,340,341,344,349,350,357,359
　　生境适宜性 habitat suitability,172,173
　　生理生态学 eco-physiology,30
　　生理适应(顺应驯化) physiological adaptation, acclimation,51,192
　　生态位 niche,39
　　生态系统的概念 concept of ecosystem,29
　　生态系统的功能描述 function,29
　　生态系统的恢复和重整 restoration and rehabilitation,88
　　生态系统的结构描述 structure,29

　　生态系统动能学 energetics,31
　　生态系统法 ecosystem approach,173,342
　　生态系统生态学 ecology of the ecosystem,30
　　生态演替 ecological succession,40
　　生物地球化学循环 biogeochemical cycle,33
　　生物多样性 biodiversity, biological diversity,74,172,335
　　生物多样性保护 biodiversity conservation,88
　　生物多样性公约 CBD/Convention on Biological Diversity,4,341
　　生物化学循环 biochemical cycle,34
　　生物能 bioenergy,78
　　生物质燃烧 combustion of biomass,140
　　生物种法 species approach,173
　　生长 growth,16,22,189,191,235
　　生长轮(年轮) growth ring,99
　　生长期长度 length of growth period,23
　　生长蓄积量(立木蓄积量) growing stock,69
　　生长与产量研究 growth and yield study,44
　　省藤 rattan/*Callamus*,171
　　施肥 fertilization,178,213
　　湿度计常数 psychrometric constant,21
　　石蕊 cup moss/*Cladonia*,46
　　石细胞 stone cell,137
　　石梓 yeamane/*Gmelina arborea*,103
　　时域反射计 TDR/time-domain reflectometry,314
　　实积 solid volume,296
　　实验室试验 labouratory test,189
　　实用理论法 utility theoretic approach,167
　　实质实积 real solid volume,296
　　食物网 food web,31
　　食植生物 herbivore,226
　　世界建筑与木业工人联合会 WFBW/World Federation of Building and Wood Workers,360
　　世界经济论坛 World Economic Forum,360
　　世界可持续性发展工商理事会 World Business Council for Sustainable Development,354
　　世界农林间作中心 World Agro-Forestry Center,349
　　世界社会论坛 WSF/World Social Forum,360
　　世界野生动物基金会 WWF/World Wildlife Fund,358
　　世界银行 World Bank,351
　　世界银行集团 World Bank Group,351

世界资源研究所 WRI/World Resources Institute,338

世界自然保护联盟 IUCN/World Conservation Union,349

世界自然基金会 WWF/World Wide Fund for Nature,351,358

世贸组织 WTO/World Trade Organization,352

市场倡议 Markets Initiative,359

试验园 test orchard,189,190

视像化 visualization,172

适应度 adaptedness,189

适应管理 adaptive management,244

适应能力 adaptive capacity,244

收获 harvesting,255

收获方法 harvesting method,259

收获废除物 harvest residue,214

收获联合机 harvester,262

收获作业系统 harvesting system,260

收缩 shrinkage,122,129

疏伐 thinning,178,179,196,201,206,264

疏伐体制 thinning regime,199

输导细胞 conducting cell,111

输导组织 conducting tissue,99,100

输入输出表 input-output table,372

输入输出分析 input-output analysis,372

输入输出模型 input-output model,372

束状薄壁组织 strand parenchyma,118

束状管胞 strand tracheid,114

树 tree,7

树的寿命 life span,11

树的运作 functioning,16

树干 stem,11

树冠 crown of a tree,18

树冠投影面积 crown shadow area,31,197

树胶管 gum canal,118

树木育种 tree breeding,186

树皮 bark,7,14,136,283

树皮百分比 percentage,133,138

树皮厚度 thickness,137

树脂 resin,107,230

树脂道 resin canal,114

树脂反应 resin reaction,107

树脂沟 resin channel,14

树脂管 resin duct,14,230

树脂问题 pitch problem,107

树种群 population of trees,31

数量性状基因位点 quantitative trait locus,189

数字地形模型 DTM/digital terrain model,268

衰老 senescence,26

双亲家系(全同胞家系)full-sib family,187

水的潜热 latent heat of water,20

水分平衡 balance of water,37

水分循环 hydrological cycle,37

水解作用 hydrolysis,105

水青冈 beech/*Fagus*,132

水青冈属 beech/*Fagus*,65

水蒸气亏缺 water vapour pressure deficit,21

水蒸气压 water vapour pressure,21

私人林 non-industrial private forest,323

私有化 privatisation,86

私有林所有权 private forest ownership,323,324

死亡 mortality,26,44,76

松柏锯角叶蜂 European pine sawfly/*Neodiprion sertifer*,228,238,243

松尺蛾 bordered white moth/*Bupalus piniarius*,239

松大象甲 large pine weevil/*Hylobius abietis*,227,234

松动节 loose knot,125

松鸡 capercaillie/*Tetrao urogallus*,173

松科 *Pinaceae*,8

松属 pine/*Pinus*,8

松树枯梢病菌 Scleroderris cancer/*Gremmeniella abietina*,242

松小眼夜蛾 pine beauty moth/*Panolis flammea*,240

松叶蜂科 diprionid sawflies/*Diprionidae*,227

松叶蜂属 *Diprion*,227

苏云金杆菌 *Bacillus thuringensis*,238

速生人工林 fast-growing (forest) plantation,82,102,103,119,125,135,274,380

随机程序规划法 stochastic programming,174

随机上升法 random ascent,168

随机下降法 random descent,168

髓 pith,98,100

碎片化 fragmentation,241

娑罗双属 *Shorea*,65

羧化加氧酶 Rubisco/ribulose biosphosphate

carboxylase/oxygenase,18,19
 所有(权) ownership,69
 索道 cableway,264,265
 塔拉波托进程 Tarapoto Process,345
 太阳高度 sun's altitude,31
 泰加林带 taiga zone,64
 碳储 carbon storage,42
 碳汇 carbon sink, sink for carbon,42,139
 碳汇 carbon sequestration,88,173,204
 碳平衡 carbon balance,42,173
 碳三植物 C_3-plant,18
 碳四植物 C_4-plant,18
 碳源 carbon source,42
 桃花心木属 *Swietenia*,65
 提取物 extractive,103,104,127,130,142
 体制法 regime approach,336,362
 天幕毛虫 tent caterpillar/*Malacosoma disstria*,242
 天牛科 longhorn beetles/*Cerambycidae*,226
 天然更新 natural regeneration,180
 天然木质素 native lignin,105
 田间持水量 field (water holding) capacity,37,39
 田间试验 field test,189
 田鼠 meadow vole/*Microtus*,228
 铁榄属 *Sideroxylon*,65
 铁杉属 hemlock/*Tsuga*,8
 同翅目 homopterans/*Homoptera*,226
 同龄群 cohort,27
 同型细胞射线 homocellular ray,118
 投资收益率 ROI/return on investment,324,328
 透冠水(净降水) throughfall,38,198
 凸形系数 convexity factor,19
 途径长度 length of the path,197
 土地期望价值 LEV/land expectation value,328
 土地使用(用地) land use,88
 土地制度 land tenure,81,88,340
 土壤的渗水速率 infiltration rate of soil,39
 土壤水分 moisture,37
 土壤有机质 soil organic matter,34
 土壤有机质的腐解 decay,34
 推土机 bulldozer,269
 退化(森林) degradation,69,333
 脱氧核糖核酸 DNA/deoxyribonucleic acid,192
 驼鹿 moose/*Alces alces*,266,235
 挖掘机 excavator,269

 外包种植计划 outgrower scheme,88
 外皮 outer bark,13,97,105,137,142
 外生性措施 allogenic measure,178,179
 外生性演替 allogenic succession,41
 外源种(外来、引进种) exotic, alien, introduced species,188,229
 弯矩 bending moment,218
 晚材 latewood,23,98,123,128,130,132,135
 晚材百分比 percentage,99
 微晶 crystallite,109
 微纤丝 microfibril,105,108
 微纤丝的走向 orientation,110
 微纤丝角度 microfibril angle,122
 维管管胞 vascular tracheid,118
 维管形成层 vascular cambium,7,100,136
 维管形成层带 vascular cambial zone,98
 未来气候的情景 scenarios,48
 温带 temperate zone,64
 温性森林(温带森林) temperate forest,64
 纹孔 pit,12,109
 纹孔对 pit pair,111
 纹孔膜 pit membrane,110
 纹孔腔 pit cavity,110
 涡动相关法 eddy covariance method,42
 乌伊马哈尤(地名) Uimaharju,310
 无机部件 inorganic component,130
 无节木 knot-frcc wood,125
 无用干顶 unusable top,95
 鼯鼠 flying squirrel/*Pteromys volans*,174
 舞毒蛾 gypsy moth/*Lymaptria dispar*,227,230,243
 戊糖 pentose,105
 物(质)量 mass,96,154
 物(质)量密度 mass density,129
 物质因子 material factor,16
 西班牙草 esparto grass/*Stipa tenacissima* 和 *Lygeum spartum*,145
 西点林鸮 spotted owal/*Strix occidentalis*,359
 西加云杉 Sitka spruce/*Picea sitchensis*,229,236
 吸湿性 hygroscopic,128,281
 细胞壁 cell wall,102,107,127,128,129
 细胞排列 cell arrangement,102
 细胞腔 lumen,109
 细胞长度 cell length,98

细根 fine root,14
下层疏伐 low thinning,199
夏木 summer wood,23
先锋树种 pioneer species,179,183,194
纤丝 fibril,12
纤维 fibre,116,126,142
纤维饱和点 FSP/fiber saturation point,128
纤维管胞 fibre tracheid,116
纤维宽度 fibre width,116
纤维素 cellulose,102,103,108,122,126
纤维素含量 cellulose content,103
纤维长度 fibre length,116
鲜材密度(生材密度)fresh density,302
鲜物量 fresh mass,154
弦向切面 tangential surface,98
显热 sensible heat,20
现值 present value,205,328
线性程序规划法 linear programming,165
相对生长速率 relative growth rate,25
香脂冷杉 balsam fir/*Abies balsamea*,110
香脂杨 balsam poplar/*Populus balsamifera*,235
象甲总科 weevils/*Curculionoidea*,226
像元 pixel,162,167
消费性生物 consumer,31,175
消光系数 light extinction coefficient,31,197
小蠹亚科 bark beetles/*Scolytinae*,226
小麦 wheat/*Triticum*,143
小气候 microclimate,18,31
小型干扰 minor disturbance,41
心材 heartwood,27,99,105,128,277
心材形成 heartwood formation,123
新疆落叶松 Siberian larch/*Larix sibirica*,103
新叶蜂 *Neodiprion*,231
新叶蜂属 *Neodiprion*,227
信息化学物质 semiochemical,240
信息素 pheromone,240
形成层 cambium,7
形成层带 cambial zone,102
形成层射线原始细胞 cambial ray initial,101
胸径 DBH/diameter at breast height,154
休眠 dormancy,16
蓄积量 stocking,155
悬铃木属 sycamore/*Platanus*,65
选定 selected,191

驯鹿 reindeer 但北美称 caribou/*Rangifer tarandus fennicus*,359
驯鹿 reindeer 但北美称 caribou/*Ranifer tarandus fennicus*,226
蚜总科 aphids/*Aphidoidea*,226
崖柏属 thuja/*Thuja*,64
亚麻 linen/*Linum usitatissimum*,145
亚洲干燥林区域倡议 Dry-Forest Asia Initiative,345
亚洲森林合作伙伴 AFP/Asia Forest Partnership,345
亚洲天牛 Asian longhorn beetle/*Anoplura glabripennis*,230
演替 succession,30,39,175
燕麦 oats/*Avena sativa*,143
杨柳科 *Salicaceae*,10
杨属 aspen 等/*Populus*,10
洋麻 kenaf/*Hibiscus canabinus*,142
养分库存 nutrient storage,36
养分平衡 nutrient balance,36
养分循环 cycling of nutrients,31
样本单元 sampling unit,158
样树(标准木)sample tree,157,298
遥感 remote sensing,162
叶柄 petiole,15
叶绿素 chlorophyll,17
叶脉系统 vein system,15
叶螨科 spider mites/*Tetranychidae*,237
叶面积密度 leaf area density,31,197
叶面积指数 LAI/leaf area index,38
叶肉 mesophyll,15
叶系 foliage,12,18,212
叶系的能量平衡 energy balance of foliage,20
一次工序废除物 primary process residue,139
宜家家具公司 IKEA Company,378
宜人性 amenity,171,176
移动 move,168
遗传多样性 genetic diversity,192
遗传力 heritability,187
遗传适应 genetic adaptation,192
遗传算法 genetic algorithm,168,169
异担孔菌 *Heterobasidion*,239
异型细胞射线 heterocellular ray,118
异养呼吸 heterotrophic respiration,42

索引兼汉英对照

易损林缘 vulnerable edge,174
易损性(脆弱性) vulnerability,244
䅟草 reed canary grass/*Phalaris arundinacea*
盈利性 profitability,146
盈余 margin,327
营养繁殖 vegetative reproduction,28
营养级水平 levels of trophia,31
应拉木 tension wood,121,122,123
应力木 reaction wood,121
应求横截 bucking – to – demand,302
应压木 compression wood,121,128
硬木管胞 hardwood tracheid,118
优势(树)高度 dominant height,156
幽波尺蛾 winter moth/*Operopthera brumata*,231
有害生物 pest,226
有效表面阻力 effective surface resistance,39
有效热值 effective heating value,141
有性繁殖 sexual reproduction,128
幼龄木 juvenile wood,119,130
幼龄纤维 juvenile fibre,121
柚木 teak/*Tectona grandis*,65,132
榆属 elm/*Ulmus*,65
雨林行动网络 Rainforest Action Network,359
雨林联盟 Rainforest Alliance,355
育林废除物 silvicultural residue,139
阈值接收法 threshold accepting,168
愈创木基 guaiacyl,105
元胞自动机 cellular automata,170
原地保护 *in situ* conservation,192
原生木质素 protolignin,105
原始森林 primary forest,74
原条 full stem,95
原条法 tree – length method,259
原住民议题常设论坛 Permanent Forum on Indigenous Issues,360
原住民众权利宣言 Declaration on the Rights of Indigenous Peoples,360
圆木生产(量) roundwood production,72
圆木市场 market for roundwood,328
圆木消费(量) roundwood consumption,173,87
约束 constraint,164,165,166
越橘 cowberry/*Vaccinium vitisidaea*,46,170
云杉八齿小蠹 European spruce bark beetle/*Ips typographus*,228,240,241

云杉属 spruce/*Picea*,8
云杉蚜虫 eastern spruce budworm/*Choristoneura fumiferana*,239
运筹学 operation research,274
运木卡车 timber truck,265
运作 functioning,30
杂食 polyphagous,227
载容量 carrying capacity,27,193,194,210
早材 earlywood,23,98,122,123,128,130
造材 bucking,257
造材中心站 centralised conversion plant,260,263
造纸材木片 pulpwood chip,132
造纸材为主要目的产品 main end product,85
择伐法 selection method 或 forestry,182
栅格单元 raster cell,170
栅栏细胞 palisade cell,15
战略规划 strategic planning,153,270
战术规划 tactical planning,153,270
长期诱发 long – term induction,231
照管原则 principle of stewardship,347
蔗渣 bagasse,144
针叶 needle,14
针叶林带 coniferous zone,64
针叶树 coniferous tree,8
针叶同龄群 needle cohort,27
针叶原生细胞 needle initials,15
真菌 fungus,231,278
蒸发 evaporation,38
蒸腾速率 transpiration rate,20
蒸腾作用 transpiration,20
整地 site preparation,178,170,210
整土 soil preparation,178,184
整枝 pruning,178,179,208
整植物 screefing,210
整株 whole tree, full tree,95,214
正号树 plus tree,187
正态分布 normal distribution,177
支撑细胞 supporting cell,111
支撑组织 supporting tissue,99
枝 branch,12,207
脂桦 Alaska paper birch/*Betula neoalaskana*,235
蜘蛛目 spiders/*Araneae*,237
直翅目 orthopterans/*orthoptera*,226
直接和间接初级输入 direct and indirect prima-

ry inputs, 374
直接和间接雇佣要求 direct and indrect employment requirement, 373
直接和间接输出效应 direct and indrect output effects, 373
直径增长(量) diameter increment, 154
直射入射强度(直接辐照度) direct irradiance, 31
植被带 vegetation zone, 64
纸浆产量 yield of pulp, 107, 127
纸皮桦 paper birch/ *Betula papyrifera*, 236
纸皮桦酸 papyriferic acid, 236
指标 indicator, 346
指标 target, 166, 167, 177
制材厂板皮 sawmill slab, 126, 132
制材厂木片 sawmill chip, 132
制浆产量 yield of pulp, 105, 117, 136, 137, 282
制浆造纸特性 pulp and paper characteristics, 120
质量 quality, 189, 191, 206, 257
质量管理系统 quality management system, 274
滞后诱发性防御 delayed induced defence, 231
中级输入 intermediate input, 372
种内变异性 intra-specific variability, 11
种群 population, 187
种群生态学 population ecology, 30
种群统计学 demography, 30
种源 provenance, 185
种源区 region of provenance, 187, 190
种植林 planted forest, 81
种子源 seed source, 187, 190
周皮 periderm, 136
寻石楠 heather/ *Calluna*, 46
株干木 stemwood, 27
株密度 stocking, 155
竹子 bamboo/ *Bambuseae*, 142, 144
主伐 final cut, terminal cut, 179, 197
主干 bole, 154, 157, 207
苎麻 ramie/ *Boehmeria nivea*, 145
贮藏细胞 storage cell, 111

蛀船虫 shipworm/ *Teredos*, 279
抓捆 grapple bunch, 302, 303
桩 stump, 95
桩段原木(根段原木) butt log, 257
桩根系统 stump-root system, 95
追求 objective, 165, 166, 167, 350
追值横截 bucking-to-value, 302
准确度 accuracy, 158, 296, 299, 301
啄木鸟 woodpecker/ *Picidae*, 77
子囊菌纲 *Ascomycetes*, 281
子囊菌门 *Ascomycota*, 281
子细胞 daughter cell, 102
紫丁香 syringyl, 105
自动化材积测量机 AVM/automated volume measurement, 308
自然稀疏 natural thinning, 195
自养呼吸 autotrophic respiration, 42
自由水 free water, 128, 277
棕变真菌 *Trichosporium symbioticum*, 236
总初级生产力 GPP/gross primary production, 42
总的高生长 total height growth, 24
总光合速率 rate of total photosynthesis, 42
总生态系统生产 gross ecosystem production, 42
总生长率 gross growth rate, 44
总同化速率 rate of total assimilations, 42
纵坑切梢小蠹 common pine shoot beetle/ *Tomicus piniperda*, 227
纵向薄壁组织 longitudinal parenchyma, 114, 117
纵向管胞 longitudinal tracheid, 113, 114
纵向生长 longitudinal growth, 101
组织 tissue, 100
最近相邻法 NN method/nearest neighbor, 162
最优化 optimisation, 164, 166, 302
最终产品 final product, 372
作业 operation, 178
作业地计划 work-site plan, 274
作业规划 operational planning, 153, 271, 274
酢浆草 wood sorrel/ *Oxalis*, 46, 54, 205, 206